논어정의論語正義 【九】
Lun Yu Zheng Yi —The Corrected Meaning of the LUN YU—

—

1판 1쇄 인쇄   2024년 4월   5일
1판 1쇄 발행   2024년 4월 19일

—

저   자 ㅣ 유보남劉寶楠
역   자 ㅣ 함현찬
발행인 ㅣ 이방원
발행처 ㅣ 세창출판사
　　　　신고번호 제1990-000013호
　　　　주소 03736 서울시 서대문구 경기대로 58 경기빌딩 602호
　　　　전화 02-723-8660 팩스 02-720-4579
　　　　이메일 edit@sechangpub.co.kr 홈페이지 www.sechangpub.co.kr
　　　　블로그 blog.naver.com/scpc1992 페이스북 fb.me/Sechangofficial 인스타그램 @sechang_official

—

ISBN 979-11-6684-320-4 94140
　　　979-11-6684-221-4 (세트)

—

이 역주서는 2017년 대한민국 교육부와 한국연구재단의 지원을 받아 수행된 연구임.
(NRF-2017S1A5A7020726)

—

논어정의 論語正義

Lun Yu Zheng Yi —The Corrected Meaning of the LUN YU—

【九】

(권18 · 권19 · 권20)

논어정의

論語正義

Lun Yu Zheng Yi —The Corrected Meaning of the LUN YU—

【九】

(권18 · 권19 · 권20)

유 보 남劉寶楠 저

함 현 찬 역주

세창출판사

차 례

논어정의
論語正義
【九】

전체 차례

✳

논어정의
論語正義

해 제

1. 『논어정의』 번역의 가치

유학(儒學) 관련 경학 자료에는 동일한 원전 자료에 대해 오랜 기간 동안 수많은 학자들이 남긴 기록이 축적되어 있으며, 그것을 통해 이들의 형상이 어떻게 형성되는가를 살필 수 있다. 중국의 경우 『논어(論語)』 관련 주석서는 총 1,100여 종에 이르는데, 현전하는 가장 오래된 주석은 위(魏)나라 하안(何晏) 등이 쓴 『논어집해(論語集解)』이다. 이 책은 후한(後漢)의 포함(包咸)·주씨(周氏)·마융(馬融)·정현(鄭玄)과 위나라 진군(陳羣)·왕숙(王肅)·주생렬(周生烈) 등 7인의 주석과 『고논어(古論語)』의 공안국(孔安國) 주(注)를 모두 종합하여 집대성한 것이다. 이 『논어집해』는 양(梁)나라의 황간(皇侃)이 쓴 『논어의소(論語義疏)』를 통하여 후세에 전해졌다. 그런데 이 하안의 『논어집해』를 근거로 한 『논어』의 판본은 남북조시대(南北朝時代)에서 시작하여 수(隋)·당(唐)·오대(五代)를 거쳐 북송(北宋)에 이르기까지, 특히 황간의 『논어의소』본에 기대어 세상에 유행하였으나, 그 뒤에는 한동안 유행하지 않았다. 그 이유는 주희(朱熹)의 『논어집주(論語集註)』가 크게 유행함에 따라 자취를 감추게 되었기 때문인 것으로 생각된다. 다만 송(宋) 진종(眞宗) 3년(1000)에 칙명으로 형병(邢昺) 등이 하안의 『논어집해』를 다시 풀이하여 『논어주소(論語注疏)』

를 썼는데, 이것이 『십삼경주소(十三經注疏)』에 끼여 있는 논어의 전통적인 주해서 (注解書)이다. 이것은 황간의 『논어의소』에서 집해(集解)를 따로 떼어 지은 것이라 고 하는데, 그 내용은 원칙적으로 황간의 『논어의소』를 따랐으나 장구(章句)의 훈 고(訓詁)가 더욱 상세하였으므로, 황간의 『논어의소』를 밀어내는 까닭이 되었다. 그런데 이 황간의 『논어의소』는 당대에 일본에 전해졌다가 청대(淸代)에 청나라로 다시 전해짐으로써, 남송 때 없어진 이후 5백 년 뒤에 다시 유행하게 되었다.

한편, 주희의 『논어집주』는 형병의 『논어주소』의 경문을 바탕으로 고인(古人)들 의 여러 해설을 참고하여 지은 것인데, 이로부터 논어의 해설은 이 『논어집주』가 단 연 권위를 지니게 되었고, 오경(五經)을 중심으로 하던 유학이 사서(四書)를 더 중시 하게 되었다. 또한, 『사서집주(四書集註)』가 나온 뒤로 『논어』는 더욱 존중되고 널 리 읽혔다. 『사고전서총목(四庫全書總目)』을 통해 보면 『논어집주』를 이어 송대에 나온 『논어』의 주해서가 10여 종이며, 원대(元代)에도 다시 10여 종이 나왔고 명대 (明代)에는 30여 종이 넘고 있다. 청대에는 더욱 많아 백여 종이 넘는다고 알려져 있 다. 이것은 주희 이후로 유가의 경전이 오경에서 사서 중심으로 옮겨 갔으며, 그중 에서도 『논어』가 가장 존중되었음을 뜻하는 것이다. 따라서 주희 이후로는 유가의 경전 중에서도 『논어』가 가장 중시되어 모든 공부하는 사람의 필독서가 되었다. 원 대 이후로는 과거(科擧)에 있어서도 필수과목으로 채택되어 『논어』의 권위는 더욱 높아졌다. 특히 청대에는 고증학(考證學)이 발달함에 따라 진전(陳鱣)의 『논어고훈 (論語古訓)』, 반유성(潘維城)의 『논어고주집전(論語古注集箋)』, 유보남의 『논어정의 (論語正義)』 등 많은 연구서가 나왔다.

한국은 고려시대 말에 들어온 성리학을 그대로 계승·발전시켰으므로 『논어』가 더욱 중시되었다. 태조 원년(1392)에 확정된 과거법 이후 계속 과거에서 시험 과목 으로 중시되었으며, 성균관에서의 교육 과목에서도 사서삼경은 가장 중요한 교과 과목으로 채택되었다. 역대 임금들도 사서오경에 대해 깊은 관심을 가졌으며, 여러 기록으로 미루어 사서오경은 임금과 태자로부터 모든 지식인에 이르기까지 꼭 읽어야 할 필독서로 자리를 잡고 있었음을 알 수 있다. 이에 따라 예로부터 있어 오던 구결(口訣) 또는 토(吐)를 달아 원문을 읽는 법에서 한 걸음 나아가 경서의 언해(諺解)가 시도되었다. 언해는, 유숭조(柳崇祖)가 칙명을 받아 『칠서언해구두(七書諺解口讀)』를 지은 것이 처음이라고 하나[유희춘(柳希春)의 『미암일기(眉巖日記)』, 안종화(安種和)의 『국조인물지(國祖人物志)』] 전하지 않는다. 이황(李滉)도 선조 3년(1570) 『삼경사서석의(三經四書釋義)』를 지었으나, 이보다도 본격적으로 우리나라에서 읽힌 언해본으로는 선조의 칙명으로 이루어진 『논어언해(論語諺解)』4권과 이이(李珥)가 지은 『논어율곡언해(論語栗谷諺解)』4권이 있다. 이 밖에 작자 미상의 『논어정음(論語正音)』4권도 있다. 송시열(宋時烈)의 『논맹문의통고(論孟問義通攷)』도 있는데, 이것들을 통해 볼 때, 조선시대의 학자들은 무엇보다도 경문 자체를 올바로 읽고 정확하게 해석하려는 노력을 크게 기울였음을 엿볼 수 있다. 특히 정약용(丁若鏞)의 『논어고금주(論語古今注)』등은 경학 연구 면에서 독특한 업적이었다고 할 수 있다.

그런데 한국에서의 『논어』관련 경학 자료는 거의가 주희의 집주에 근거한 것이 대부분이다. 이는 고려시대 말의 성리학 도입 이래, 관리 등용에 있어 과거제도를 도입하여 관리를 선출했는데, 경전학 관련 과거는 오직 주희의 집주에 근거해 치러졌기 때문이라고 할 수 있다. 따라서 중국의 경우 『논어』관련 주석서가 총 1,100여 종에 이르지만 우리나라의 경우는 조선시대에 성리학이 국교였던 관계로 중국에 비해 양적·질적으로 부족한 실정이며, 번역 및 해석서도 주희의 집주와 관련된 자료가 대부분이다. 뿐만 아니라 지금까지의 『논어』관련 고전 자료의 대부분이 현대적으로 가공되지 않고 집성(集成) 형식으로 단순 정리됨으로써 자료적 가치에 비해 학문적 활용도를 담보하지 못하고 있다.

이제 완역된 본 『논어정의』는 하안의 『논어집해』, 황간의 『논어의소』, 주희의 『논어집주』와 더불어 『논어』주소(注疏)의 사거서(四巨書)로 손꼽히는 유보남의 『논어정의』를 번역한 것으로 논어학의 체계적 정립에 기여하고, 한편으로는 『논어』가 담고 있는 광범위한 영역과 주제를 총체적으로 조망할 수 있는 기회를 제시할 것이다. 또한 현대적인 문맥에서 접근 가능한 표준적인 번역 작업을 수행하는 동시에 표점과 주해를 더하여 한국 유학에 있어『논어』에 대한 새로운 이해와 해석의 지평을 넓혀 줄 수 있을 것이다.

2. 원저자 소개

유보남은 중국 청나라 때의 고증학자이다. 자는 초정(楚楨), 호는 염루(念樓)이다. 강소성(江蘇省) 보응(寶應) 출신으로, 문안(文安)·삼하(三河)의 지현(知縣)을 지내기도 하였다. 유보남은 처음에 모씨(毛氏)의『시경(詩經)』과 정씨(鄭氏)의『예(禮)』를 연구하였는데, 뒤에 유문기(劉門淇)·매식지(梅植之)·포신언(包愼言)·유흥은(柳興恩)·진립(陳立) 등과 함께 경전을 공부하면서 각각 하나의 경전을 연구하기로 약속하여, 자신은『논어』를 맡았다.

유보남은『논어』관련 주석서 중 황간과 형병의 소(疏)에 오류가 많고, 청담과 현학에 관련되었다고 탄식하였으며, 거친 곳이 있는 것을 병통으로 여겼다. 이에 한나라 이래 여러 학자의 학설을 두루 모으고, 송유(宋儒)의 의리론과 청유(淸儒)의 고증(考證)·훈석(訓釋)을 참고해서 초순(焦循)이『맹자정의(孟子正義)』를 저술한 체재에 따라 먼저 장편을 만들고 그런 뒤에 모으고 비교와 절충을 진행하였다.

유보남은『논어정의』를 도광(道光) 8년(1828)에 처음 쓰기 시작하였는데, 함풍(咸豊) 5년(1855)에 장차 완성되려 할 때 병으로 사망하였다. 이에 그의 아들 유공면(劉恭冕)이 저술을 계속하였으며, 동치 4년(1865)에 전서가 완성되었다.『논어정의』의 완성은 전후 38년이 소요되었으며, 동치 5년에 간행되었다.

그런데 유보남의『논어』연구는 가학(家學)에 기초한 것이지만, 그의『논어정의』는 그가 38세에 뜻을 두고 착수하여 평생을 바친 저작으로, 청대『논어』연구의 결정판으로 널리 알려져 있다. 그리하여 유보남의 『논어정의』는 흔히 한유(漢儒)의 구주를 망라한 하안의 『논어집해』, 위(魏)·양(梁) 제가(諸家)의 관점을 광범하게 수집하고 있는 황간의 『논어의소』, 주희의 『논어집주』와 더불어 『논어』 주소의 사거서로 손꼽힌다.

사실 청대의 고증학 중심의 『논어』 연구는 청나라 중기를 거치면서 유태공(劉台拱)의 『논어병지(論語騈枝)』, 초순의 『논어하씨집해보소(論語何氏集解補疏)』, 송상봉(宋翔鳳)의 『논어정주(論語程注)』에 오게 되면 한위경사(漢魏經師)의 『논어』 연구와 구주의 분석에 이르게 된다. 이러한 연구 성과와 초순의 『논어통석(論語通釋)』의 실사구시(實事求是) 제창은 경서에 대한 신주소(新注疏)가 생겨날 수 있는 토양이 되었는데, 그 위에서 성립된 것이 바로 유보남의 『논어정의』였다.

유보남은 『논어』를 연구함에 있어 정현의 주석을 높이 받아들였으며, 『논어집해』에 대해 "버리고 취함에 어긋남이 많고 의리가 조략하다."라고 하였고, 『논어의소』와 『논어주소』에 대해서는 "의리를 발명(發明)하지 못하고 뜻이 천박하여 미언대의에 대해서는 알지 못하고 전장훈고와 명물상수도 빠진 것이 많다."라고 하였다. 더욱이 송유의 논어학에 깊은 이해를 가지고 있었던 유보남은 자신의 이해를 시대적인 토양과 결합시킴으로써 한송겸채(漢宋兼采)의 논어학을 완성할 수 있었는데, 이것은 『논어정의』가 가지고 있는 최대의 특징이자 장점이다.

유보남의 저서로는 『논어정의』 이외에도 『석곡(釋穀)』, 『한석례(漢石例)』, 『염루집(念樓集)』 등이 있다.

3. 『논어정의』 소개

『논어』의 주석은 많으나 대표적인 것은 삼국시대 위나라의 하안이 몇 사람의 설을 편집한 『논어집해』와 남송의 주희가 새로운 철학 이론으로 해석한 『논어집주』

이다. 일반적으로 『논어집해』를 고주(古註), 『논어집주』를 신주(新註)라 한다. 고주를 부연·해석한 것이 송나라 형병의 소인데, 이는 『십삼경주소』에 수록되었다. 위·양 제가의 관점을 광범하게 수집하고 있는 황간의 『논어의소』는 앞에서 언급한 바와 같이 『논어』 주소의 사거서로 손꼽히기는 하지만, 본국에서 일찍 없어지고, 후한 정현의 『논어』 주석은 당나라 말기에 없어졌으나, 20세기 초 둔황[敦煌]에서 발견된 고사본(古寫本)과 1969년 투루판[吐魯蕃]에서 발견된 사본에 의해서 7편 정도가 판명되었다. 그리고 청나라의 유보남이 지은 『논어정의』는 훈고·고증이 가장 자세하다. 따라서 중국에서 『논어』의 제 주석(注釋) 가운데 가장 대표적인 것이 하안의 『논어집해』와 주희의 『논어집주』, 유보남의 『논어정의』인데, 세 가지는 각기 그 시대를 대표하는 저작으로서 각각의 특징을 최고(最古: 『논어집해』), 최정(最精: 『논어집주』), 최박(最博: 『논어정의』)으로 정의할 수 있다.

『논어정의』는 기본적으로 『논어』를 20편으로 분류하되, 「팔일(八佾)」·「향당(鄕黨)」이 예악제도를 많이 말하였으므로 자세하게 주석하여, 「팔일」을 2권(권3, 4)으로 나누고 「향당」을 25절 3권(권11, 12, 13)으로 나누었으며, 권24에는 하안의 「논어서(論語序)」를 수록하였고, 부록으로 「정현논어서일문(鄭玄論語序逸文)」을 붙이고 유공면의 「후서(後序)」를 더하여 모두 24권으로 구성되어 있다.

유보남은 도광 8년(1828)에 처음 『논어정의』를 쓰기 시작하였으나, 만년에 벼슬을 하게 되자 그 정리를 아들 공면에게 맡겼다. 『논어정의』의 편찬이 완성된 것은 함풍 5년 겨울인데, 유보남은 그해 가을에 완성을 보지 못하고 죽고 말았다. 『논어정의』는 권1에서 권17까지는 권의 제목 아래 "보응유보남학(寶應劉寶楠學)"이라고 되어 있고, 권18에서부터 권24까지는 "공면술(恭冕述)"이라고 되어 있어, 앞의 17권은 유보남이 저술한 것이고, 그 뒤로는 아들 유공면이 완성시킨 것임을 알 수 있다. 『논어정의』는 동치 4년(1865)에 전서가 완성되었으니, 책 편찬의 시작부터 전서의 완성까지, 전후 38년이 소요되었으며, 동치 5년에 간행되었다.

『논어정의』의 편찬 종지는 아들 유공면이 "자기의 견해를 주로 하지 않고 또한 한·송의 문호의 견해를 나누고자 하지 않았다. 성인의 도를 발휘하고 전례를 증명하여 실사구시하기를 기약했을 뿐이다."라고 한 것을 보면, 한학과 송학의 장점을 아울러 취하여 『논어정의』를 완성한 것이라고 할 수 있다.

『논어정의』는 범례상에 있어서 경문(經文)과 주석의 글은 모두 송 형병의 소본(疏本)을 따랐고, 한과 당의 석경(石經), 『논어의소』 및 『경전석문(經傳釋文)』의 각 본의 이문(異文)을 소 가운데 열거하였다.

『논어정의』의 경문은 『십삼경주소』의 형병의 소본을 저본으로 하고, 주문(注文)은 하안의 『논어집해』를 사용하고 있다. 그리고 유보남이 경문의 문자 교감(校勘)에서 중시하고 있는 것은 당송 이래의 판본이다. 한·당·송의 석경은 물론이고, 황간의 소, 육덕명의 『경전석문』에 실려 있는 명본(名本)을 형병의 소본 문자와 비교하여 자신의 새로운 소 안에 반영하고 있지만, 명·청 시기에 새로 출현한 문자의 차이에 대해서는 생략하고 논하지 않는다. 이 또한 『논어정의』의 특징 중 하나이다. 유보남은 황간의 소에 실려 있는 하안의 주석이 비록 상세하기는 하지만 대부분 전적의 근거가 없는 것이라고 보고 대신 형병의 소에 실려 있는 하안의 주석을 사용한다.

청나라 때의 관료이자 학자인 장백행(張伯行, 1652~1725)의 『청사열전(淸史列傳)』에서는 『논어정의』의 장점을 다음과 같이 요약하고 있다.

"『논어정의』가 경문의 해석에서 뛰어난 것이 있는데, 예를 들면 『논어』 「학이」의 제12장인 '유자언체지용(有子言體之用)' 장을 『중용』의 설이라고 밝힌 것과, '50세에 천명을 알았다.'라는 것을 '하늘이 나에게 덕을 주셨음을 알았다.'라는 의미로 해석한 것, 자유·자하가 효를 물은 것에 대한 해석에서 '사(士)의 효'라고 말한 것, '뗏목을 타고 바다로 떠나겠다.'라고 한 것을 지금의 고려(한국)를 가리킨다고 해석한 것, '시에서 홍기시키며, 예에 서며, 음악에서 완성한다. 백성은 따르게 할 수는 있어도 알게 할 수는 없다.'를 공자의 교육 방법으로 본 점, '문왕이 이미 돌아가셨으니 문(文)이 이 몸에 있지 않겠는가?'를 간책(簡策)을 얻었음을 가리킨다고 한 것, '번지가 무우대에서 놀다가 덕을 높이며, 간특함을 닦으며, 의혹을 분별함에 대해 물은 것'에 대해 노나라가 기우제를 지낼 때, 번지가 기우제의 제사문을 가지고서 물었다는 것을 밝힌 것, '벗 사이에는 간절하고 자상하게 권면하며, 형제간에는 화락하여야 한다.'라는 것에 대해 벗 사이에는 책선(責善)하지만 형제간에는 책선해서는 안 된다고 해석한 것, 백어(伯魚)에게 『주남』・『소남』을 배웠느냐?'라고 물은 것을 백어가 장가를 든 다음에 규문(閨門)의 훈계를 내린 것으로 해석한 것, '사해곤궁(四海困窮)'을 홍수의 재난으로 보아 요임금이 순임금에게 명령하자 순임금이 이를 받들어 다스린 것으로 해석한 것 등이다. 이 모두는 2천여 년 동안이나 드러나지 않았던 옛 성현의 뜻을 비로소 밝힌 것이다. 「팔일」・「향당」 두 편에서 밝힌 예제(禮制)는 상세하고도 정확하다."

이 외에도 『논어정의』의 특징을 정리해 보면, 유보남은 "옛사람들이 책을 인용할 때 원문을 검증하지 않았기 때문에 간혹 착오가 있을 수 있다."라고 보고, 이를 고려하여 한나라 이후 여러 서적이 인용하고 있는 『논어』의 어구에 대해 교감의 근거를 밝히지 않는다.

그리고 『논어정의』를 보면 문자훈고(文字訓詁)나 선진사사(先秦史事), 고대의 전적을 박람(博覽)하면서도 요령이 있다. 광범하게 인용하고 좋은 것을 골라서 따랐으며, 책 속에서 충분히 앞사람의 『논어』 연구 성과를 흡수하였다. 청인(淸人)이 집록한 정현의 남아 있는 주석을 모두 소 안에 수록하고 『논어집해』를 사용하여 한・위의 옛 모습을 간직했다. 경의 해석은 주를 근거로 하고 있으며, 또 경에 의거해 소를 보충하였고, 소에 잘못이 있으면 경의 뜻에 근거해 변론하였다. 또한 『논어정의』에서는 청대의 고증학을 드러내고 문자훈고와 사실의 고정(考訂)에 주의하였으며, 전장(典章), 명물(名物), 인명, 지명, 역사적 사건에 대해 모두 하나하나 주석하고 고증하여 자세하게 갖추었다. 그러나 책 속에 채택된 여러 사람의 학설에 구애되지 않았으므로 중류(衆流)를 절단(截斷)하였으나 대의가 남김없이 모두 개괄되었다. 또한 내용이 박흡(博洽)하고 고석(考釋)이 자세하게 갖추어져 있으며 정밀하다.

또한 『논어정의』는 가장 최후에 나온 저술답게 이전의 여러 주석서의 장점을 고루 흡수하였다. 한·위의 고주를 보존하였을 뿐 아니라, 이런 고주에 대해 상세하게 소해(疏解)하였고, 그 결과 『논어』의 주석 내용을 풍부하게 했으며, 고거(考據)와 의리를 아울러 중시하였고 간혹 송유의 학설을 채택하기도 하였다. 뿐만 아니라, 『논어정의』는 금문학파에 대한 이해도 있으며 건륭(乾隆)·가경(嘉慶) 고증학 황금시대의 다음 시대 저술로서 제가의 설을 집대성한 것이 이 책의 제일 공적이라고 할 수 있다.

이 외에도 『논어정의』의 또 다른 특징이라고 한다면 일본(日本) 오규 소라이[荻生徂徠]의 『논어징(論語徵)』에서 『논어』「술이(述而)」의 "子釣而不網" 구절과 "子貢曰, 有美玉於斯" 구절의 2조를 인용한 점이라고 할 수 있겠으며, 당시 시대상을 반영하는 문제들, 즉 동서문화우세론(東西文化優勢論)이나 민본사상(民本思想)에 관한 내용도 함께 담고 있는 점을 그 특징으로 꼽을 수 있다.

4. 『논어정의』 번역의 필요성

한국에 『논어』가 전해진 것이 언제인지는 분명하지 않지만, 일본 『고사기(古事記)』 응신왕 대(應神王代, 270~310)의 기록에 의하면 백제의 조고왕(근초고왕)이 보낸 화이길사[和邇吉師: 왕인(王仁)]가 『논어』 10권과 『천자문(千字文)』 1권을 가지고 왔다고 한 것을 보면 늦어도 3세기 중엽 이전에 전래된 것으로 볼 수 있다. 이렇게 『논어』가 한국에 전해진 이후로 이에 대한 많은 연구가 진행되었다. 통일신라시대인 682년(신문왕 2) 국학이 체계를 갖추었을 때 『논어』를 가르쳤으며, 그 뒤 독서삼품과(讀書三品科)로 인재를 선발할 때도 『논어』는 필수과목이었다. 조선시대에는 오경보다 사서를 중요시하는 주자학이 등장하여 사서의 중심인 『논어』는 벽촌의 학동들까지 배우게 되었다. 이황의『논어석의(論語釋義)』와 그의 문인 이덕홍(李德弘)의『사서질의(四書質疑)』가 그 면모를 짐작하게 해 준다. 또한 정약용의『논어고금주』는 한·당의 훈고와 송·명의 의리에 매이지 않고 문헌 비판적·해석학적 방법론에 따라『논어』를 해석하였다.

그런데, 국내에『논어』를 연구하고 이해할 수 있는 원전이 번역되어 있기는 하지만, 그것이 거의 성리학 중심의 원전이라는 것은 주지의 사실이다. 중국의 경우『논어』관련 주석서는 총 1,100여 종에 이르는데, 한국의 경우 나름의 특색과 독특한『논어』관련 연구 성과가 간혹 눈에 띄기는 한다지만, 조선이 성리학을 토대로 성립한 국가였던 관계로 대부분 성리학이나 정주(程朱) 계열의 학문 풍토를 벗어나지 못하고, 그에 따라 중국에 비해『논어』와 관련된 다양한 주석서에 대한 연구가 양적·질적으로 매우 부족한 실정이다. 뿐만 아니라『논어』나 그 밖의 연구·주석 역시 주로 주자 내지는 송유들의 전거에 의존하는 비율이 큼에 따라 한대 이후『논어』에 대한 다양한 연구·주석서를 접할 기회가 많지 않았으며, 오늘날에는 한글 전용의 분위기에 따라 한글로 번역된『논어집주』를 제외하면 거의 다른 주석서들에 대해서는 접근할 엄두조차 내지 못하게 되었다.

한대의 훈고학이나, 청대 고증학의 문장은 대단히 어렵다. 그들의 학문적인 깊이와 박식함에서 오는 어려움도 적지 않지만, 논리의 전개가 우리들의 허를 찌르는 부분이 많기 때문이기도 하다. 또 한국의 경학이 주자학 일변도로 걸어오면서 나름대로 형성된 주자학적 문리(文理)의 언어적인 전통이 다양한『논어』해석학의 글에 접근하기 힘들게 한다.

그렇지만 어렵다고 그냥 내버려 둘 수가 없는 것이 바로 유보남의『논어정의』이다. 앞서 소개하였듯이『논어정의』는 중국에서『논어』의 제 주석 가운데 가장 대표적인 것으로, 고증학자의 귀납적 추리법이 고도로 발휘된 책이기 때문이다. 더욱이 송유의 논어학에 깊은 이해를 가지고 있었던 유보남은 자신의 이해를 시대적인 토양과 결합시킴으로써 한송겸채의 논어학을 완성할 수 있었는데, 이것은『논어정의』

가 가지고 있는 최대의 특징이자 장점이라고 할 수 있다. 따라서 『논어정의』를 우리 말로 번역하고 주해한다는 것은 논어학에 대한 전체적인 계통을 확인할 수 있고, 또한 성리학적 해석과의 차별성에 대해서도 알아볼 수 있는 훌륭한 학문적 기초를 마련하는 작업이라고 할 수 있다. 아울러 『논어』와 공자, 맹자의 사상, 그리고 선진시대의 각종 제도나 사상에 대해서 이만큼 집요하게 관련 자료를 제시하고 있는 책도 많지 않다는 점에서 『논어정의』에 대한 번역 작업은 한국의 논어학 관련 연구에 있어 무엇보다 필요하다고 할 수 있다.

5. 선행 연구

유보남의 『논어정의』는 논어학 연구에 있어서 해석이 가장 뛰어나면서도 이전에 있던 여러 『논어』 주석서의 장점을 고루 흡수한 해석서임에도 불구하고, 우리나라에서는 이 책에 대해 천착하거나, 『논어정의』만을 단독으로 다룬 전문 선행 연구 성과가 거의 전무한 실정이다. 그나마 유보남의 『논어정의』가 언급된 연구 성과물로는 2010년 윤해정의 『朱熹의 '論語集注'와 劉寶楠의 '論語正義'에 나타난 '仁'의 해석학적 비교』가 있고, 또 2003년 김영호의 「중국 역대 《논어》 주석고」가 있지만, 모두 단편적으로 『논어정의』에 대해 언급하고 있을 뿐이며, 그 외에 유교 경전학 관련 연구 논문에 언급되는 내용 역시 이 책이 갖고 있는 특징 내지는 서지적 정보에 대한 언급만 있을 뿐, 이 책에 대한 전반적인 연구는 아직 이렇다 할 만한 성과가 없는 실정이다.

따라서 『논어정의』의 경전학적 가치의 입장에서 볼 때, 이 책에 대하여 현대적인 문맥에서 접근 가능한 표준적인 번역 작업을 수행하는 동시에 표점과 주해를 더하여 한국 유학에 있어 『논어』에 대한 새로운 이해와 해석의 지평을 넓히기 위한 번역 작업이 무엇보다 시급하다고 여겼다.

역자는 유교철학을 전공하여 박사학위를 받았으며 한문 전문 연수기관인 성균관 한림원에서 사서오경을 중심으로 한문을 공부하였다. 현재 성균관대학교 유학·동양학과 겸임교수로 재직하면서, 학부 및 대학원에서 강의하고 있으며, 성균관 한림원 교수로서 한문을 가르치고 있다.

그동안 역자는 기초 한문 교재를 대상으로 『(교수용 지도서) 사자소학』·『(교수용 지도서) 추구·계몽편』·『(교수용 지도서) 격몽요결』을 집필하기도 하였다. 또한 역자는 한국연구재단의 명저번역지원사업을 통해 오규 소라이의 『논어징』을 공동 번역한 연구 성과가 있으며, 또한 연구재단의 토대연구지원사업을 통해 『성리논변』·『동유학안』(전 6권)·『주자대전』(전 13권)·『주자대전차의집보』(전 4권)를 공동 번역하여 출판한 연구 성과가 있다. 이 외에도 역자는 왕부지의 『독사서대전설』을 공동 번역하여 『왕부지 대학을 논하다』·『왕부지 중용을 논하다』라는 번역서를 출판하였고, 성균관대학교출판부를 통해 『논어』·『맹자』를 공동 번역하기도 하였는데, 이 『논어』는 『교수신문』 선정 최고의 『논어』 번역본으로 선정되기도 하였다.

일러두기

* 이 책은 1958년 중화민국(中華民國) 47년 4월에 중화총서위원회(中華叢書委員會)에서 간행한 유보남(劉寶楠)의 『논어정의(論語正義)』를 저본으로 삼고, 1990년 3월 중화서국(中華書局)에서 출판한 고유수(高流水) 점교본(點校本) 『논어정의(論語正義)』를 대교본으로 삼았다.

* 이 책의 표점은 기본적으로 1990년 3월 중화서국에서 출판한 고유수 점교본 『논어정의』를 따르되, 기본 원칙은 성균관대학교 한국유경편찬센터(http://ygc.skku.edu)의 표점 기준을 따르기로 한다.

* 청(淸) 유보남(劉寶楠)의 『논어정의』 24권을 완역했다. 아울러 부록(附錄)한 「정현논어서일문(鄭玄論語序逸文)」과 유공면(劉恭冕)의 「후서(後敍)」, 그리고 「청사고유보남전부유공면전(淸史稿劉寶楠傳附劉恭冕傳)」도 함께 완역했다.

* 주석은 『논어정의』 원문에서 원전의 내용을 인용한 경우는 출전만 밝히고, 『논어정의』 원문에서 출전만 밝힌 경우는 원전의 원문과 함께 번역을 싣는다.

* 주석의 내용이 같거나 중복될 경우 각주는 되도록 한 번만 제시했다.

* 한글과 한자를 한글(한자)로 병기하였다.

* 서명과 편명이 명확한 경우에는 책은 '『』'로, 편은 '「」'로 표시하고, 명확하지 않은 경우에는 모두 '『』'로 표시했다.

* 각주의 서명과 편명과 장 제목, 인명(人名)과 지명(地名)의 한글과 한자는 권마다 처음으로 제시할 때만 한글(한자)로 병기하였다.

* 인용부호는 " ", ' ', " ", ' '의 순서로 표시했다.

* 이해를 위해 역자가 추가로 삽입한 문장이나 낱말은 '( )'로 표시했다.

* 인명과 지명에 한해서 원문에 밑줄을 표시했다.

* 유보남의 『논어정의』에는 매우 많은 인명이 등장함에 따라 주요 인물의 인명사전을 부록으로 붙였다.

범 례

恭冕述

공면이 서술함

一. 經文「注」文, 從邢「疏」本. 惟「泰伯」篇: "予有亂臣十人", 以子臣母, 有干名義, 因據『唐石經』刪"臣"字, 其他文字異同, 如漢·唐·宋『石經』及皇侃「疏」·陸德明『釋文』所載各本, 咸列於「疏」. 至山井鼎『考文』所引古本, 與皇本多同. 高麗·足利本與古本亦相出入, 語涉增加, 殊爲非類, 旣詳見於『考文』及阮氏元『論語校勘記』·馮氏登府『論語異文疏證』, 故此「疏」所引甚少. 古本·高麗·足利本, 有與皇本·『釋文』本·『唐石經』證合者, 始備引之, 否則不引. 至「注」文訛錯處, 多從皇本及後人校改, 其皇本所載「注」文, 視邢本甚繁, 非關典要, 悉從略焉.

하나. 경문 「주」의 문장은 형병(邢昺)의 「소」본을 따른다. 다만 「태백(泰伯)」의 "나에게는 다스리는 신하 열 사람이 있다."라고 한 구절은 자식으로서 어머니를 신하로 삼아 명분과 의리를 구함이 있으니, 『당석경(唐石經)』을 근거로 해서 "신(臣)"

자를 삭제했을 뿐이고, 그 외의 글자의 다르고 같은 것들, 예를 들어 한(漢)과 당(唐)과 송(宋)의 『석경』 및 황간(皇侃)의 「소」와 육덕명(陸德明)의 『경전석문』에 실려 있는 각 판본과 같은 것은 모두 「소」에 나열해 놓았다. 야마노이 가나에[山井鼎: 야마노이 곤론[山井崑崙]의 『칠경맹자고문(七經孟子考文)』에 인용한 고본(古本)과 같은 경우 황간본과 많은 부분이 같다. 고려본(高麗本)과 아시카가본[足利本]은 고본과는 역시 서로 차이가 있고 말이 증가된 것 같으니, 전혀 같은 종류가 아니고, 이미 자세한 것은 『칠경맹자고문』 및 완원(阮元)의 『논어교감기(論語校勘記)』와 풍등부(馮登府)의 『논어이문소증(論語異文疏證)』에 보이므로, 이 「소」에서 인용한 부분은 매우 적다. 고본과 고려본과 아시카가본에 황간본과 『경전석문』본, 그리고 『당석경』의 증거들과 일치하는 것이 있는 것들은 처음 보이는 것은 구체적으로 갖추어 인용하였고, 그렇지 않은 것은 인용하지 않았다. 「주」의 글 중 잘못되었거나 뒤섞인 것은, 대부분 황간본과 후대 사람들이 교정하고 바로잡은 것을 따랐는데, 황간본에 실려 있는 「주」의 문장은 형병본보다 매우 번거롭기 때문에 불변의 법칙[典要]과 관계된 것이 아닌 것은 생략하기로 한다.

　一. 「注」用『集解』者, 所以存魏·晉人著錄之舊, 而鄭君遺「注」, 悉載「疏」內. 至引申經文, 實事求是, 不專一家, 故於「注」義之備者, 則據「注」以釋經; 略者, 則依經以補「疏」; 其有違失未可從者, 則先疏經文, 次及「注」義. 若說義二三, 於義得合, 悉爲錄之, 以正向來注疏家墨守之失.

　하나. 「주」에서 『논어집해』를 사용한 것은 위(魏)나라 사람들과 진(晉)나라 사람들이 저술하고 기록한 오래된 것들을 보존하기 위한 것이고, 정군[鄭君: 정현(鄭玄)]이 남긴 「주」는 모두 「소」 안에 기재했다. 경문(經文)을 인용해서 의미가 확대된 경우에는 실질에 힘써 진리를 구한 것이므로 한 학파에만 국한되지 않기 때문에 「주」에서 구체적으로 뜻이 잘 갖추어진 것은 「주」에 의거해서 경문을 해석하였고, 생략된 것은 경문에 의거해서 「소」를 보충하였으며, 어긋나거나 잘못된 부분이 있어 따를 수 없는 것은 먼저 경문을 소통시킨 다음에 「주」의 뜻에 미쳤다. 만약 말의 뜻이 두세 가지라도 의리에 부합할 수 있는 것이라면 모두 기록해서 그동안의 주석가들이 묵수하던 잘못을 바로잡았다.

一. 鄭「注」久佚, 近時惠氏棟·陳氏鱣·臧氏鏞·宋氏翔鳳成有『輯本』, 於『集解』外, 徵引頗多. 雖拾殘補闕, 聯綴之迹, 非其本眞, 而舍是則無可依據. 今悉詳載, 而原引某書某卷及字句小異, 均難備列, 閱者諒諸.

하나. 정현의 「주」가 일실된 지 오래되었으나, 근래에 혜동(惠棟)과 진전(陳鱣)과 장용(臧庸)과 송상봉(宋翔鳳)이 『집본(輯本)』을 완성했으니, 『논어집해(論語集解)』 외에도 증거로 인용할 만한 것들이 자못 많아졌다. 비록 해진 것들을 주워 빠진 부분을 보충해서 잇고 꿰맨 자취가 그 본래 진면목은 아니지만 이마저 버리면 의거할 만한 것이 없게 된다. 그러므로 이제 모두 상세히 실어 놓고 인용한 어떤 책이나 어떤 권 및 자구가 조금 차이 나는 것을 근원해 보았으나, 고루 다 갖추어서 나열하기는 어려웠으니, 이 책을 열어 보는 자들이 이를 혜량(惠諒)해 주기를 바란다.

一. 古人引書, 多有增減, 蓋未檢及原文故也. 翟氏灝『四書考異』, 馮氏登府『論語異文疏證』, 於諸史及漢·唐·宋人傳注, 各經說·文集, 凡引『論語』有不同者, 悉爲列入, 博稽同異, 辨證得失, 旣有專書, 此宜從略.

하나. 옛사람들은 책을 인용함에 더하거나 뺀 것이 많은데, 이는 아마도 점검이 원문에 미치지 못했기 때문인 듯싶다. 적호(翟灝)의 『사서고이(四書考異)』와 풍등부의 『논어이문소증』은 여러 역사서 및 한나라·당나라·송나라 사람들이 전한 주석과 각각의 경설(經說)과 문집(文集)에서 『논어』를 인용한 것이 같지 않은 점이 있는 것은 모두 나열해서 삽입하고, 널리 같고 다른 점을 고찰해서 잘잘못을 변별하고 증명해서 이미 전문적으로 다룬 저작이 있으니, 여기서는 마땅히 생략하기로 한다.

一. 漢·唐以來, 引<u>孔子</u>說, 多爲諸賢語·諸賢說. 或爲<u>孔子</u>語者, 皆由以意徵引, 未檢原文, <u>翟氏</u>『考異』旣詳載之, 故此「疏」不之及.

하나. 한·당 이래로 공자의 학설을 인용한 것은 대부분은 제현들이 한 말이거나 제현들의 학설이다. 혹 공자가 한 말이라고 생각되는 것은 모두 의도적으로 증거를 인용함으로 말미암아 원문을 검토하지 않았는데, 적씨(翟氏)의 『사서고이』에 이미 상세히 실었기 때문에 여기의 「소」에서는 언급하지 않는다.

一. 漢人解義, 存者無幾, 必當詳載, 至<u>皇氏</u>「疏」·<u>陸氏</u>『音義』所載<u>魏</u>·<u>晉</u>人以後各說, 精駁互見, 不敢備引. <u>唐</u>·<u>宋</u>後著述益多, 尤宜擇取.

하나. 한나라 사람들의 해의(解義)는 보존되어 있는 것이 거의 없으니, 반드시 상세하게 기재하는 것이 마땅하고, 황씨(皇氏)의 「소」와 육씨(陸氏)의 『음의』에 실려 있는 위나라와 진나라 사람들 이후의 각각의 설들은 정밀하고 잡박한 것들이 번갈아 보여서 감히 구체적으로 갖추어서 인용하지 않았다. 당나라와 송나라 이후에는 저술들이 더욱 많아졌으므로 더더욱 가려서 취함이 마땅하다.

一. 諸儒經說, 有一義之中, 是非錯見. 但采其善而不著其名, 則嫌於掠美; 若備引其說而並加駁難, 又嫌於葛藤. 故今所輯, 舍短從長, 同於節取, 或祇撮大要, 爲某某說.

하나. 여러 유학자의 경전에 대한 설명은 한 가지 뜻 안에서도 옳고 그른 것이 뒤섞여 보인다. 다만 그 잘된 것을 채록하되 그 이름을 밝히지 않으면 좋은 점만 훔친 것에 혐의가 있게 되고, 만약 그 말을 구비해서 인용하되 잡박하고 난해한 것까지 아울러 더해 놓으면 또 갈등을 일으킴에 혐의가 있게 된다. 따라서 이제 수집한 것을 단점은 버리고 장점을 좇아 똑같이 적절하게 취하되, 더러는 단지 큰 요지만을 취해서 아무개 아무개의 말이라고 하였다.

一. 引諸儒說, 皆擧所著書之名. 若習聞其語, 未知所出何書, 則但記其姓名而已. 又先祖考國子監典簿諱履恂著『秋槎雜記』, 先叔祖丹徒縣學訓導諱台拱著『論語駢枝』·『經傳小記』, 先伯父五河縣學訓導諱寶樹著『經義說略』, 「疏」中皆稱爵.

하나. 인용한 여러 유학자의 설은 모두 저서의 이름을 거론했으나, 그 말은 익히 들었지만 어느 책에서 나온 것인지 모르는 것과 같은 것은 단지 그 성명만 기록했을 뿐이다. 또 선조고(先祖考)이신 국자감 전부(國子監典簿) 휘(諱) 이순(履恂)이 저술한 『추사잡기(秋槎雜記)』와 선숙조(先叔祖)이신 단도현(丹徒縣) 현학(縣學)의 훈도(訓導) 휘 태공(台拱)이 저술한 『논어변지(論語駢枝)』와 『경전소기(經傳小記)』, 그리고 선백부(先伯父)이신 오하현(五河縣) 현학의 훈도 휘 보수(寶樹)가 저술한 『경의설략(經義說略)』은 「소」 안에 모두 작위를 칭하였다.

논어정의 권18

論語正義卷十八

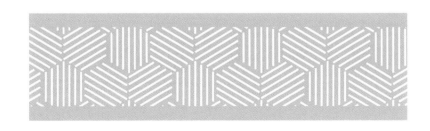

衛靈公第十五(위령공 제15)

○ ● ○

集解(집해)

○ ● ○

凡四十九章(모두 49장이다)

원문 正義曰: 『釋文』於"君子不可小知"章後, 有"子曰父在觀其志父沒觀其行"十字. 又鄭「注」曰: "古皆無此章." 今皇·邢本無此章, 則『集解』本與鄭本異也. 但皇·邢本祗四十二章, 『釋文』亦止四十三章. 今云"四十九章", "九"字誤, 當作"三".

역문 정의에서 말한다.

『경전석문』에는 "군자불가소지(君子不可小知)"장 뒤에 "자왈부재관기지부몰관기행(子曰父在觀其志父沒觀其行)" 열 글자가 있다. 또 정현의 「주」에 "옛날에는 모두 이 장이 없다."라고 했는데, 지금 황간본과 형병본에 모두 이 장이 없으니, 그렇다면 하안(何晏)의 『논어집해』본과 정현본은 다른 것이다. 그러나 황간본과 형병본은 다만 42장이고 『경전석문』역시 43장으로 끝난다. 지금 "49장이다"라고 했는데, "9(九)" 자는 잘못된 것이니, 마땅히 "3(三)"이 되어야 한다.

衛靈公問陳於孔子. 【注】孔曰: "軍陳行列之法." 孔子對曰: "俎豆
之事, 則嘗聞之矣, 【注】孔曰: "俎豆, 禮器." 軍旅之事, 未之學
也." 【注】鄭曰: "萬二千五百人爲軍, 五百人爲旅. 軍旅末事, 本未立, 不可教
以末事." 明日遂行.

위(衛)나라 영공(靈公)이 공자에게 진법(陣法)을 묻자, 【주】 공안국
이 말했다. "군대가 주둔하고 항오(行伍)와 대열을 이루는 법이다." 공자가 말하
길, "조빙(朝聘)의 예(禮)에서 사용하는 그릇[俎豆]에 대한 일은 일
찍이 들었지만, 【주】 공안국이 말했다. "조두(俎豆)'는 예기(禮器)이다." 군대
에 관한 일은 아직 배우지 못했습니다."라고 하고는, 【주】 정현이
말했다. "12,500명이 군(軍)이고, 500명이 1려(旅)이다. 군대는 말단의 일이니, 근본
이 확립되지 않았으면 말단의 일을 가르쳐서는 안 된다." 이튿날 마침내 떠났다.

원문 正義曰: 『說文』, "敶, 列也." 今經典多省作"陳", 『釋文』作"陣". 『顔氏
家訓』「書證篇」謂"陳"字, 始見王羲之『小學章』, 則晉時俗體也. "俎豆"者,
朝聘禮所用也. 『新序』五, "昔衛靈公問陳, 孔子言'俎豆', 賤兵而重禮也.
故『春秋』曰: '善爲國者不師.'"

역문 정의에서 말한다.

　『설문해자』에 "진(敶)은 대열[列]이라는 뜻이다."[1] 지금의 경전에는 대

1　『설문해자(說文解字)』 권3: 진(敶)은 대열(列)이라는 뜻이다. 복(攴)으로 구성되었고 진(陳)
　이 발음을 나타낸다. 직(直)과 인(刃)의 반절음이다.[敶, 列也. 從攴陳聲. 直刃切.]

부분 자형을 생략해서 "진(陳)"으로 쓰는데, 『경전석문』에는 "진(陣)"으로 쓰여 있다. 『안씨가훈』「서증편」에는 "진(陳)" 자로 썼는데, 부(阜) 편방(偏旁: 阝)에 거(車)를 쓴 진(陣) 자로 되어 있는 글자가 처음으로 보이는 곳은 왕희지(王羲之)[2]의 『소학장』이니, 그렇다면 이 글자는 진(晉)나라 시대의 속체자(俗體字)이다. "조두(俎豆)"란 조빙(朝聘)의 예(禮)에서 사용하는 것이다. 『신서』권5에 "옛날 위나라 영공(靈公)이 진법(陳法)을 묻자, 공자가 '조빙의 예에서 사용하는 예기[俎豆]'를 말했으니, 병법(兵法)을 천하게 여기고 예를 중시한 것이다. 그러므로 『춘추』에서 '나라를 잘 다스리는 자는 군사를 일으키지 않는다.'[3]고 한 것이다."라고 했다.

원문 『史記』「孔子世家」, "孔子將西見趙簡子, 至於河乃還, 而反乎衛, 入主蘧伯玉家. 他日, 靈公問兵陳. 孔子曰: '俎豆之事則嘗聞之, 軍旅之事未之學也.' 明日, 與孔子語, 見蜚鴻, 仰視之, 色不在孔子. 孔子遂行, 復如陳. 夏, 衛靈公卒." 此事在魯哀二年. 孔子去衛, 實因靈公問陳之故. 其明日, 又適

---

2 왕희지(王羲之, 307~365): 동진(東晉) 낭야(琅邪) 임기(臨沂) 사람. 자는 일소(逸少), 우군장군(右軍將軍)을 지내 사람들이 왕우군(王右軍)으로도 불렀다. 동진 왕조 건설에 공적이 컸던 왕도(王導)의 조카이고, 왕광(王曠)의 아들이다. 비서랑(秘書郎)으로 출발했다. 회계내사(會稽內史)를 지냈다. 왕술(王述)과 불화하여 사직하고 회계 산음(山陰)에 머물면서 산수를 유람했는데, 오두미도(五斗米道)를 섬겼다. 중국 고금(古今)의 첫째가는 서성(書聖)으로 존경받고 있다. 종요(鍾繇)와 함께 '종왕(鍾王)'으로 불린다. 해서와 행서, 초서의 각 서체를 완성함으로써 예술로서의 서예의 지위를 확립했다. 예서(隷書)를 잘 썼고, 당시 아직 성숙하지 못했던 해·행·초(楷行草)의 3체를 예술적인 서체로 완성한 공이 있다. 현재 그의 필적이라 전해지는 것도 모두 해·행·초의 3체에 한정되어 있다. 오늘날 전해 오는 필적만 보아도 그의 서풍(書風)은 전아(典雅)하고 힘차며, 귀족적인 기품이 높다. 해서의 대표작으로는 「낙의론(樂毅論)」과 『황정경(黃庭經)』, 행서로는 「난정서(蘭亭序)」, 초서로는 그가 쓴 편지를 모은 「십칠첩(十七帖)」이 옛날부터 유명하다.
3 『춘추곡량전(春秋穀梁傳)』「장공(莊公)」 8년.

遇靈公仰視蜚鴻, 故去志益決. 『論語』記夫子去衛之本意, 故但及問陳耳.
『左』「哀」十一年「傳」, "孔文子之將攻大叔也, 訪於仲尼, 仲尼曰: '胡簋之
事, 則嘗學之矣; 軍旅之事, 未之聞也.' 退, 命駕而行." 與此事略同.

역문 『사기』「공자세가」에 "공자가 장차 서쪽으로 가서 조간자(趙簡子)를
만나 보려고 하다가 황하에 이르러 결국은 발길을 돌려 위나라로 되돌
아가 거백옥(蘧伯玉)의 집에 머물렀다. 어느 날, 위나라 영공(靈公)이 군
대의 진법을 물었다. 공자가 대답하기를, '조빙(朝聘)의 예(禮)에서 사용
하는 예기[俎豆]의 일은 일찍이 들었지만 군대에 관한 일은 아직 배우지
못했습니다.'라고 했다. 이튿날 공자와 이야기를 나누다가 날아가는 기
러기를 보고는 그것을 올려다보느라 시선이 공자에게 있지 않기에, 공
자가 마침내 그곳을 떠나 다시 진(陳)으로 갔다. 여름에 위나라 영공이
죽었다."라고 했는데, 이 일은 노(魯)나라 애공(哀公) 2년에 있었던 일이
다. 공자가 위나라를 떠난 것은 실로 영공이 진법을 질문한 까닭으로 인
한 것이었다. 그런데 그 이튿날 또 마침 우연히 영공이 날아가는 기러기
를 올려다보는 모습을 보았기 때문에 떠나려는 의지가 더욱 결연(決然)
해진 것이다. 『논어』에서는 공자가 위나라를 떠난 본래 뜻을 기록했기
때문에 단지 진법에 대한 질문만 언급한 것일 뿐이다. 『춘추좌씨전』「애
공」 11년의 「전」에 "공문자(孔文子)가 태숙 질(太叔疾)을 공격하려 할 때
중니(仲尼)에게 묻자, 중니가 말하기를, '호궤(胡簋: 제기祭器)의 일이라면
일찍이 배웠지만 군대의 일은 아직 듣지 못했습니다.'라고 하고서 물러
나와 수레에 말을 매라고 명하여 떠났다."라고 했는데, 여기의 일과 대
략 같다.

● 「注」, "軍陳行列之法."

● 正義曰: <u>太公</u>『六韜』有天陳・地陳・人陳・雲鳥之陳, 皆軍行陳列之名. 春秋時, 諸侯多別
制陳法, 如<u>鄭</u>有魚麗, <u>魯</u>有支離, <u>楚</u>有荊尸類, 皆是.

○ 「주」의 "군대가 주둔하고 항오(行伍)와 대열을 이루는 법이다."

○ 정의에서 말한다.

태공(太公)[4]의 『육도』에 천진(天陳)과 지진(地陳)과 인진(人陳)과 운조진(雲鳥陳)이 있는
데, 모두 군대의 항오와 진법(陳法)의 대열의 명칭이다. 춘추시대에는 제후들이 대부분 별도
의 진법을 제정했으니, 예를 들면 정(鄭)나라에 있었던 어리진(魚麗陳),[5] 노나라에 있었던
지리진(支離陳),[6] 초(楚)나라에 있었던 형시진(荊尸陳)[7] 등이 모두 이것이다.

---

4   태공(太公, ?~?): 주(周)나라 문왕(文王)의 스승 여상(呂尙)의 호인 태공망(太公望)을 이른
다. 강상(姜尙) 또는 여상(呂尙), 태공망(太公望) 등 다양하게 불린다. 나이 팔순에 위수(渭
水)에 낚시를 드리우며 때를 기다린 지 10여 년 만에 주나라 문왕을 만나 초빙된 다음, 문왕
의 스승이 되었다. 문왕은 그가 조부인 태공(太公)이 항시 바라던 사람이라는 뜻에서 태공
망(太公望)이라고 했다. 병법 이론에 밝아서 문왕이 죽은 뒤에 무왕(武王)을 도와 목야(牧
野) 전투에서 은(殷)나라 주(紂)왕의 군대를 물리치고 주나라를 세우는 데 큰 공을 세웠다.
나중에 제(齊) 땅을 영지로 받아 제(齊)나라의 시조(始祖)가 되었다. 저서에 『육도삼략(六韜
三略)』이 있다.

5   어리진(魚麗陳): 마치 물고기 비늘처럼 전차(戰車) 사이의 간격을 보병(步兵)으로 빈틈없이
메워 전진하는 진법으로, 지극히 견고하고 치밀하여 필승을 기약할 수 있다고 한다. 『춘추
좌씨전(春秋左氏傳)』「환공(桓公)」 5년에 "만백(曼伯)은 우거(右拒)의 장(將)을 맡고 제중족
(祭仲足)은 좌거(左拒)의 장(將)을 맡고, 원번(原繁)과 고거미(高渠彌)는 중군장(中軍將)으
로 정장공(鄭莊公)을 호위하고서 어리진(魚麗陳)을 만들어 편(偏)을 앞에, 오(伍)를 뒤에 배
치하여 편(偏)의 빈 틈을 오(伍)가 미봉(彌縫)하게 하였다.[<u>曼伯爲右拒, 祭仲足爲左拒, 原繁
高渠彌</u>以中軍奉公, 爲魚麗之陳, 先偏後伍, 伍承彌縫.]"라고 했다.

6   지리진(支離陳): 지리(支離)는 분산(分散)이라는 의미로 군대를 여러 부대로 나누어 적을 혼
란시키는 진법이다. 『춘추좌씨전』「애공(哀公)」 25년에 "위나라 출공(出公)이 성서(城鉏)에
도착한 뒤에 군졸을 분산해 여러 개의 부대로 편성하여 축사휘(祝史揮)를 통해 위나라를 침
공하려 하니, 위나라 사람이 이를 걱정하였다.[公爲支離之卒, 因祝史揮以侵衛, 衛人病之.]"
라고 했는데, 두예(杜預)의 「주」에 "지리(支離)는 군진(軍陣)의 이름이다.[支離, 陳名.]"라고
했다.

7   형시진(荊尸陳): 『춘추좌씨전』「선공(宣公)」 12년에 "형시진(荊尸陳)을 만들어 작전을 거행

- 「注」, "俎豆, 禮器."

- 正義曰: 『說文』, "俎, 禮俎也. 從半肉在且上. 且, 薦也. 從几, 足有二橫. 一, 其下地也." 「明堂位」, "俎, 有虞氏以梡, 夏后氏以嶡, 殷以椇, 周以房俎." 鄭「注」, "梡, 斷木爲四足而已. 嶡之言蹷也, 謂中足爲橫距之象. 椇之言枳椇也, 謂曲橈之也. 房謂足下跗也, 上下兩間, 有似於堂房." 聶崇義『三禮圖』, "案『舊圖』云: '俎長二尺四寸, 廣尺二寸, 高一尺. 漆兩端赤·中央黑.'" 案, 俎載牲體, 豆盛醓醬及諸濡物, 是皆禮器也.

○ 「주」의 "조두(俎豆)는 예기(禮器)이다."

○ 정의에서 말한다.

  『설문해자』에 "조(俎)는 예경(禮經)에 보이는 도매俎]이다. 조각낸 고기가 도마 위에 있는 모양으로 구성되었다.[8] 조(且)는 물건을 바친다[薦]는 뜻이다. 궤(几)로 구성되었고, 다리에 두 개의 가로대가 있다. 일(一)은 그 아래의 땅을 의미한다.[9]"라고 했다. 『예기』「명당위」에 "조(俎)를 유우씨(有虞氏)는 관(梡)을 썼고, 하후씨(夏后氏)는 궐(嶡)을 썼고, 은나라는 구(椇)를 썼고, 주나라는 방조(房俎)를 썼다."라고 했는데, 정현의「주」에 "관(梡)은 나무를 잘라 네 개의 다리를 만들었을 뿐이다. 궐(嶡)이란 말은 쓰러진다[蹷]는 뜻이니, 가운데 다리가 횡으로 버티는 모양을 형상했음을 말한 것이다. 구(椇)라는 말은 호깨나무[枳椇]라는 뜻이니, 그것을 구부렸음을 이른다. 방(房)은 도마 다리 밑에다 받침대를 대었는데 위와 아래를 두 칸으로 만들어서 흡사 마루와 방과 같이 생긴 것이 있음을 말한 것이다."라고 했다. 섭숭

하므로 商·農·工·賈가 생업을 폐하지 않고, 졸승(卒乘)이 화목하니, 각자의 업무를 서로 침범하지 않는다고 할 수 있다.[荊尸而擧, 商·農·工·賈不敗其業, 而卒乘輯睦, 事不奸矣.]"라고 했는데, 두예의「주」에 "형(荊)은 초(楚)나라이고, 시(尸)는 진(陣: 진陳)이다. 초무왕(楚武王)이 비로소 기존의 진법(陣法)을 고쳐 이 진법(陣法)을 만들고서 마침내 '형시(荊尸)'라고 이름했다.[荊, 楚也; 尸, 陳也. 楚武王始更爲此陳法, 遂以爲名.]"라고 하였다.

8 『설문해자』권14: 조(俎)는 예경(禮經)에 보이는 도마[俎]이다. 조각낸 고기가 도마 위에 있는 모양으로 구성되었다. 측(側)과 (呂)의 반절음이다.[俎, 禮俎也. 從半肉在且上. 側呂切.]

9 『설문해자』권14: 조(且)는 물건을 바친다[薦]는 뜻이다. 궤(几)로 구성되었고, 다리에 두 개의 가로대가 있다. 일(一)은 그 아래의 땅을 의미한다. 모든 조(且)부에 속하는 한자는 다 조(且)의 뜻을 따른다. 자(子)와 여(余)의 반절음이다. 또 천(千)과 야(也)의 반절음이다.[且, 薦也. 從几, 足有二橫. 一其下地也. 凡且之屬皆從且. 子余切. 又, 千也切.]

의(聶崇義)의 『삼례도』에 “『구도』를 살펴보니 '도마의 길이는 두 자 네 치[二尺四寸]이고 너비는 한 자 두 치[尺二寸]이며 높이는 한 재一尺]이다. 양쪽 끝은 붉은 칠을 하고, 가운데는 검은 칠을 한다.'라고 했다.”라고 하였다. 살펴보니, 조(俎)는 생체(牲體)를 얹는 그릇이고 두(豆)는 젓갈과 육장 및 젖은 물건을 담는 그릇이니 이것들이 모두 예기(禮器)이다.

- 「注」, “萬二”至“莫事”.
- 正義曰: “萬二千五百人爲軍, 五百人爲旅.” 邢「疏」云: “皆『司馬』「序官」文也.” “本末”猶先後. “本”者謂先敎民使得所養, 知尊君親上之義也. 本立乃敎以兵事, 則於蒐狩時習之, 然後可以卽戎, 故軍旅爲末事也. 「子路篇」, “子曰: '以不敎民戰, 是謂棄之.'”『孟子』「告子下」, “孟子曰: '不敎民而用之, 謂之殃民. 殃民者, 不容於堯‧舜之世.'”

○ 「주」의 “만이(萬二)”부터 “막사(莫事)”까지.
○ 정의에서 말한다.

“12,500명이 군(軍)이고, 500명이 여(旅)이다.[萬二千五百人爲軍, 五百人爲旅.]”라고 했는데, 형병의 「소」에 “모두 『주례』「사마‧서관」의 글이다.”라고 했다. “본말(本末)”은 선후(先後)와 같다. 근본[本]이란 먼저 백성을 가르쳐 기를 바를 얻도록 해서 임금을 높이고 윗사람을 친히 하는 의리를 알게 한다는 말이다. 근본이 확립됨에 이에 군대의 일을 가르치는 것이니, 사냥할 때 수시로 익힌 뒤라야 전쟁에 나아갈 수 있기 때문에 군대를 말단의 일이라고 한 것이다. 「자로」에 “공자가 말했다. '가르치지 않은 백성을 이용해서 전쟁을 하게 하면 이를 일러 "백성을 버리는 것"이라 한다.'” 했고, 『맹자』「고자하」에 “맹자가 말했다. '백성을 가르치지 않고 전쟁에 동원하는 것을 일러 백성에게 재앙을 입힌다고 한다. 백성에게 재앙을 입히는 자는 요(堯)‧순(舜)의 세상에서는 용납되지 못하였다.'”라고 했다.

15-2

在陳絕糧, 從者病, 莫能興. 【注】孔曰: “'從者', 弟子. '興', 起也. 孔子去衛如曹, 曹不容, 又之宋, 遭匡人之難, 又之陳. 會吳伐陳, 陳亂, 故乏食."

子路慍見曰: "君子亦有窮乎?" 子曰: "君子固窮, 小人窮斯濫
矣." 【注】"濫", 溢也. 君子固亦有窮時, 但不如小人窮則濫溢爲非.

진(陳)나라에 있을 때에 식량이 떨어져 따르는 자들이 병들어 일어나지 못하였다. 【주】 공안국이 말했다. "종자(從者)'는 제자이다. '흥(興)'은 일어남이다. 공자가 위나라를 떠나 조(曹)나라로 갔으나, 조나라가 공자를 받아들이지 않아 또 송(宋)나라로 갔지만, 송나라에서 광인(匡人)의 난리를 만나 또 진(陳)나라로 갔다. 이때 마침 오(吳)나라가 진(陳)나라를 정벌하매 진나라가 어지러웠기 때문에 양식이 떨어졌던 것이다." 자로가 화가 나서, 공자를 뵙고 말했다. "군자도 곤궁함이 있습니까?" 공자가 말했다. "군자는 곤궁함을 꿋꿋하게 견디지만, 소인은 곤궁하면 곧 덕을 그르치고 어긋나느니라." 【주】 "남(濫)"은 넘침[溢]이다. 군자는 본래가 또한 곤궁할 때가 있으나, 소인이 곤궁해지면 넘치게 행동해서 잘못을 저지르는 것과는 같지 않다.

원문 正義曰: 『說文』, "糧, 穀也." 『周官』「廩人」「注」, "行道曰糧, 謂糒也. 止居曰食, 謂米也." 『詩』「公劉」"乃裹餱糧", 是糧爲行食. 夫子時在道, 故稱"糧"矣. 鄭「注」云: "粮, 糧也." 本『爾雅』「釋言」. 陳氏鱣『古訓』謂『古論』作'糧', 鄭所注『魯論』作'粮'", 義或爾也. 皇本作"糧", 係俗體.

역문 정의에서 말한다.

『설문해자』에 "양(糧)은 곡식[穀]이다."[10]라고 했고, 『주례』「지관사도

---

10 『설문해자』 권7: 양(糧)은 곡식[穀]이다. 미(米)로 구성되었고 양(量)이 발음을 나타낸다. 여(呂)와 장(張)의 반절음이다.[糧, 穀也. 從米量聲. 呂張切.]

하·늠인」의 「주」에 "길을 다닐 때 먹는 식량을 양(糧)이라 하니 말린 밥을 말하는 것이다. 머물러 있으면서 먹는 식량을 식(食)이라 하니 쌀을 말하는 것이다."라고 했다. 『시경』「공유」에 "마른 양식을 싸다[乃裹餱糧]"라고 했는데, 이때의 양(糧)이 길을 다닐 때 먹는 식량인 것이다. 공자가 당시 길에 있었기 때문에 "양(糧)"이라고 일컬은 것이다. 정현의 「주」에 "장(粻)은 식량[糧]이다."라고 했는데, 『이아』「석언」에 근거한 말이다. 진전(陳鱣)의 『논어고훈』에 "『고논어』에는 '양(糧)'으로 되어 있고, 정현이 주석한 『노논어』에는 '장(粻)'으로 되어 있다."라고 했는데, 뜻이 혹 그럴듯하다. 황간본에는 "양(粮)"으로 되어 있는데, 속체자(俗體字)와 관련된 것이다.

원문 『荀子』「宥坐篇」, "<u>孔子</u>南適<u>楚</u>, 厄於<u>陳</u>·<u>蔡</u>之間, 七日不火食, 藜羹不糝, 弟子皆有饑色." 『呂氏春秋』「愼人篇」, "<u>孔子</u>窮於<u>陳</u>·<u>蔡</u>之間, 七日不嘗, 藜羹不糝, 宰予備矣." <u>高誘</u>「注」, "備當作憊, 憊極也." 『莊子』「讓王」·『韓詩外傳』·『說苑』「雜言」竝略同. <u>高注</u>『呂氏春秋』連引問<u>陳</u>·絕糧兩事, 當時簡編相連, 未有分別. 而<u>皇</u>·<u>邢</u>本又以 「明日遂行」 屬此節之首, 然以<u>僞孔</u>「注」觀之, 兩事旣非在一時, 則不得合爲一節, 而"明日遂行"必屬上節無疑矣.

역문 『순자』「유좌편」에 "공자가 남쪽으로 초나라로 가다가 진(陳)나라와 채(蔡)나라 사이에서 곤액을 당해 7일 동안 익힌 음식을 먹지 못하고 명아주 국에 난알도 넣지 못한 채로 멀건 국만 마셨고, 제자들은 모두 굶주린 기색이 역력했다."라고 하였고, 『여씨춘추』「신인」에 "공자가 진(陳)나라와 채(蔡)나라 사이에서 곤궁함을 당하여 7일 동안 음식 맛도 못 보고 명아주 국에 쌀가루도 넣지 못한 채로 멀건 국만 마셨는데, 재여(宰予)가 극도로 지쳐 있었다.[宰予備矣.]"라고 했는데, 고유(高誘)의 「주」

에 "비(備)는 마땅히 비(憊)로 써야 하니, 극도로 지쳤다는 뜻이다."라고 했다. 『장자』「양왕」과 『한시외전』, 『설원』「잡언」에도 모두 대략 같다. 고유는 『여씨춘추』를 주석하면서 진법을 물은 것과 식량이 떨어진 두 가지 일을 이어서 인용했는데, 당시에는 간편(簡編)이 서로 연속되어 있어서 구별이 없었기 때문이다. 그리고 황간본과 형병본에는 또 "이튿날 마침내 떠났다[明日遂行]"를 이 절의 첫머리에 붙였는데, 하지만 위공(僞孔)의 「주」를 가지고 살펴보면 두 가지 일이 이미 같은 때 있었던 것이 아니니, 그렇다면 합쳐서 한 절로 만들 수 없으니, "이튿날 마침내 떠났다[明日遂行]"라는 구절은 반드시 앞 절에 연결해야 의심이 없을 것이다.

원문 "君子亦有窮乎?"者, 據天恒理言, 君子當蒙福佑, 不宜窮也. "固窮"者, 言窮當固守也. 『尸子』曰: "守道固窮, 則輕王公." 『荀子』「宥坐」載此事, 夫子告子路曰: "君子之學, 非爲通也, 爲窮而不憂, 困而意不衰也, 知禍福終始而心不惑也." 又云: "故君子博學・深謀・修身・端行, 以俟其時." 卽言"困窮"之義. 『易』「困」「彖」曰: "困, 剛揜也. 險以說, 困而不失其所亨, 其惟君子乎!" 「象」曰: "澤無水, 困, 君子以致命遂志." "致命遂志", 此君子所以能困窮也.

역문 "군자도 곤궁함이 있습니까?"

하늘의 불변의 이치를 근거로 말하면 군자는 마땅히 복과 도움을 입으니 곤궁함은 마땅하지 않은 것이다. "고궁(固窮)"은 것은 곤궁하더라도 마땅히 꿋꿋하게 견디며 도(道)를 굳게 지켜야 한다는 말이다. 『시자』[11]

---

11 『시자(尸子)』: 전국시대 상앙(商鞅)의 스승이자 책 이름. 시자(尸子, 기원전 390?~기원전 330?)는 춘추시대 진(晉)나라의 사상가로, 노나라 사람이라는 설과 초나라 사람이라는 설이 있다. 이름은 교(佼). 진(秦)나라에 들어가 상앙(商鞅)과 교유하며 그의 스승과도 같은 역할

에 "도(道)를 지키고 곤궁함을 꿋꿋하게 견디면 왕공(王公)의 자리도 가벼이 여기게 된다."라고 했다. 『순자』「유좌편」에 이 일이 실려 있는데, 공자가 자로(子路)에게 일러 말하기를, "군자의 학문은 통달하기 위해서가 아니라, 궁핍하더라도 근심하지 않고 곤궁하더라도 의지가 쇠퇴하지 않으며 재앙과 복의 처음과 끝을 알아 마음이 미혹되지 않기 위함이다."라고 했고, 또 "그러므로 군자는 널리 배우고 깊이 생각하며 몸을 닦고 행실을 단정하게 해서 그 때를 기다리는 것이다."라고 했으니, 바로 "곤궁(困窮)"의 뜻을 말한 것이다. 『주역』「곤괘」의 「단」에 "곤(困)은 굳셈[剛]이 가려진 것이다. 험한데도 기뻐하여 곤궁[困]하여도 형통(亨通)한 바를 잃지 않으니, 오직 군자로구나!"라고 했고, 「상」에 "못에 물이 없는 것이 곤(困)이니 군자는 이 괘의 이치를 살펴 천명을 이루고 뜻을 이룬다."라고 했으니, "명을 이루고 뜻을 이루는 것[致命遂志]", 이것이 군자가 곤궁함을 꿋꿋히 견딜 수 있는 까닭이다.

원문 『說文』, "濫, 過差也." 引此文作"濫", "濫"·"濫"字異義同. 鄭「注」云: "濫, 竊也." 「坊記」, "小人貧斯約, 約斯盜." 小人貧必至爲盜, 故此「注」以 "竊"言之. 「禮器」「注」, "濫亦竊盜也." 是也. 『易』「繫辭傳」, "困, 德之辨也." 鄭「注」, "辨, 別也." 遭困之時, 君子固窮, 小人窮則濫德, 於是別也.

역문 『설문해자』에 "남(濫)은 그릇되고 어긋남[過差]이다."[12]라고 하면서 인

을 하였다. 상앙이 재상이 된 후 두 차례의 변법(變法)을 성공시켜 약소국이었던 진나라를 강대국으로 만들게 하는 데 이론적인 뒷받침을 하였다. 그러나 상앙이 법을 너무 엄격하게 시행하여 왕실의 반감을 사 처형당하자 자신도 처형될까 두려워 촉(蜀)나라로 망명하였다. 저서에 『시자(尸子)』 20편이 있는데, 지금은 2권만 전한다. 인의(仁義)에 바탕에 둔 유가(儒家)의 덕치(德治)를 펴되 형벌을 사용할 것을 강력하게 주장하였다. 지금은 전하지 않는다.

12 『설문해자』 권12: 남(濫)은 그릇되고 어긋남[過差]이다. 여(女)로 구성되었고 감(監)이 발음

용한 이 문장에는 "남(艦)"으로 되어 있는데, "남(艦)"과 "남(濫)"은 글자는 다르나 뜻은 같다. 정현의 「주」에 "남(濫)은 훔친다[竊]는 뜻이다."라고 했고, 『예기』「방기」에 "소인은 가난하면 바로 곤궁[約]해지고, 곤궁해지면 바로 도둑질을 하게 된다."라고 했는데, 소인은 가난해지면 반드시 도둑질을 하는 데 이르게 되기 때문에 여기의 「주」에서 "훔친다[竊]"라고 말한 것이다. 『예기』「예기」의 「주」에 "남(濫)은 또 훔치고 도둑질한다[竊盜]는 뜻이다."라고 한 것이 이것이다. 『주역』「계사하」 "곤(困)은, 덕(德)을 분별하는 것[德之辨]이다."라고 했는데, 정현의 「주」에 "변(辨)은 분별한다[別]는 뜻이다."라고 했다. 곤궁함을 만난 때에 군자는 곤궁함을 꿋꿋하게 견디지만 소인은 곤궁하면 덕을 그르치고 어긋나니, 여기에서 구별이 되는 것이다.

- 「注」, "興起"至"乏食".
- 正義曰: "興·起", 『爾雅』「釋詁」文. 『說文』, "起, 能立也." "孔子去衛如曹"云云, 據「世家」在定十四·十五兩年. 至吳伐陳, 陳亂, 則在哀元年. 「世家」云: "孔子去衛過曹, 去曹適宋, 與弟子習禮大樹下. 宋司馬桓魋欲殺孔子, 拔其樹. 孔子去, 適鄭, 至陳, 主司城貞子家." 然則去宋之後, 尚有適鄭一節, 「注」不備耳. 但由鄭至陳, 不由蔡地, 與「陳·蔡之間」之文不合. 又在宋遭桓魋之難, 與匡人無涉, 孔「注」竝誤.
- 「주」의 "흥기(興起)"부터 "핍식(乏食)"까지.
- 정의에서 말한다.

  "흥(興)은 일어남[起]이다"라는 것은 『이아』「석고」의 글이다. 『설문해자』에 "기(起)는 거뜬히 선다[能立]는 뜻이다."[13]라고 했다. "공자가 위나라를 떠나 조(曹)나라로 갔다"라고 운운

을 나타낸다. 『논어』에 "소인은 곤궁하면 그릇되고 어긋난다."라고 했다. 노(盧)와 감(瞰)의 반절음이다.[艦, 過差也. 從女監聲. 『論語』曰: "小人窮斯艦矣." 盧瞰切.]

한 것은『사기』「공자세가」에 근거한 것인데, 정공(定公) 14년과 15년 두 해에 있었다. 오나라가 진(陳)나라를 정벌하매 진나라가 어지러워진 것은 애공 원년에 있었던 일이다.「세가」에 "공자가 위나라를 떠나 조(曹)나라로 갔다가 조나라를 떠나 송나라로 가서 제자들과 큰 나무 아래서 예를 익혔다. 송의 사마 환퇴(司馬桓魋)가 공자를 죽이려고 그 나무를 뽑아 버렸다. 공자가 떠나서 정나라로 갔다가 진(陳)나라에 이르러 사성정자(司城貞子)의 집에 머물렀다."라고 했으니, 그렇다면 송나라를 떠난 뒤에 오히려 정나라로 갔다는 한 구절이 있는데,「주」에서는 구비하지 않았을 뿐이다. 그러나 정나라로부터 진나라로 갔고, 채(蔡)나라 땅은 경유하지 않았으니, "진나라와 채나라의 사이[陳·蔡之間]"라는 글과는 일치하지 않는다. 또 송나라에서 사마 환퇴의 난리를 만난 것은 광인(匡人)과는 아무런 상관이 없으니 공안국의「주」는 모두 잘못된 것이다.

「世家」又云: "孔子遷於蔡三歲, 吳伐陳, 楚救陳, 軍于城父. 聞孔子在陳·蔡之間, 楚使人聘孔子. 孔子將往拜禮, 陳·蔡大夫謀曰: '孔子賢者, 所刺者皆中諸侯之疾. 今者久留陳·蔡之間, 諸大夫所設行, 皆非仲尼之意. 今楚, 大國也, 來聘孔子. 孔子用於楚, 則陳·蔡用事大夫危矣.' 於是乃相與發徒役圍孔子於野, 不得行, 絶糧. 於是使子貢至楚, 楚昭王興師迎孔子, 然後得免." 是絶糧事, 在哀公六年. 此「注」不本之, 而以爲在哀元年, 不知何本.

「세가」에 또 "공자가 채(蔡)나라로 옮긴 지 3년, 오나라가 진(陳)나라를 치자 초나라가 진나라를 구하러 나서 성보(城父)에 군대를 주둔시켰다. 공자가 진나라와 채나라 사이에 있다는 이야기를 듣고는 초나라가 사람을 보내 공자를 초빙했다. 공자가 가서 초빙의 예에 사의를 표하려 하자, 진나라와 채나라의 대부들이 모의하기를, '공자는 현자로서 그가 풍자하고 비평하는 것은 모두 제후들의 잘못을 지적하는데 꼭 적중한다. 지금 진나라와 채나라 사이에 머문 지 오래되었는데, 우리 여러 대부들이 베풀어 시행한 것들은 모두 중니의 뜻에 맞는 것이 아니다. 지금 초나라는 큰 나라인데 사람을 보내와 공자를 초빙하려 한다. 공자가 초나라

---

13 『설문해자』권2: 기(起)는 거뜬히 선다[能立]는 뜻이다. 주(走)로 구성되었고 사(巳)가 발음을 나타낸다. 기(起)는 기(起)의 고문(古文)인데 착(辵)으로 구성되었다. 허(墟)와 이(里)의 반절음이다.[起, 能立也. 從走巳聲. 起, 古文起從辵. 墟里切.]

에 기용되면 진나라와 채나라의 권력을 부리고 힘 있는 우리 대부들이 위태로워질 것이다.'
라고 하고는, 이에 결국 서로 한통속이 되어 무리를 일으켜 들판에서 공자를 포위하니 가지
도 못하고 식량마저 떨어졌다. 이에 자공을 초나라로 보냈고, 초나라 소왕(昭王)이 군대를
일으켜 공자를 맞이한 뒤에야 벗어날 수 있었다."라고 했으니, 식량이 떨어진 일은 애공 6년
에 있었던 일이다. 여기의 「주」에서는 근거를 대지도 않으면서 애공 원년에 있었다고 했는
데, 무엇을 근거로 한 것인지 알 수 없다.

江氏永『鄕黨圖考』據「世家」, 孔子自陳遷于蔡, 是爲陳·蔡之間, 在哀四年, 其說較確. 然
「世家」亦可從, 詳「先進」「疏」. 惟「世家」言陳·蔡大夫合謀圍孔子, 故致絶糧, 全氏祖望
『經史問答』辨之云: "陳事楚, 蔡事吳, 則仇國矣, 安得二國之大夫合謀乎?" 又云: "吳志在滅
陳, 楚昭至誓死以救之, 陳之仇楚何如? 感楚何如? 而敢圍其所用之人乎?" 全氏此辨極當.
강영(江永)의 『향당도고』에는 「세가」를 근거로 공자가 진(陳)나라로부터 채(蔡)나라로 옮
긴 것이 진나라와 채나라 사이가 되고 애공 4년에 있었다고 했는데, 그 말이 비교적 정확하
다. 그러나 「세가」도 따를 만하니 자세한 것은 「선진」의 「소」에 보인다. 다만 「세가」에서는
진나라와 채나라의 대부들이 한통속이 되어 공자를 포위할 것을 도모했기 때문에 식량마저
떨어진 것을 말했을 뿐이고, 전조망(全祖望)의 『경사문답』에서는 이것을 변별해서 "진나라
는 초나라를 섬기고, 채나라는 오나라를 섬겼으니, 그렇다면 원수국인데 어찌 두 나라의 대
부가 한통속이 되어 도모할 수 있겠는가?"라고 했고, 또 "오나라의 뜻은 진나라를 멸망시키
는 데 있었고, 초나라 소왕은 죽기를 맹세하고서 진나라를 구원하기에 이르렀으니, 진나라
가 초나라를 의지함이 어떠했겠는가? 초나라에 대한 감정이 어떠했기에 감히 초나라가 기용
하려는 사람을 포위한 것인가?"라고 했는데, 전씨(全氏)의 이 변별은 지극히 합당하다.

案, 『孟子』云: "君子之厄於陳·蔡之間, 無上下之交也." 「先進篇」亦云: "從我於陳·蔡者,
皆不及門也." 明因其時弟子未仕陳·蔡, 無上下之交, 故致困乏耳. 此「注」以爲困亂, 亦近
臆測, 而「世家」更附會爲陳·蔡大夫合謀圍孔子, 更非是也.
살펴보니, 『맹자』「진심하」에 "공자가 진나라와 채나라의 사이에서 곤액을 당한 것은 두 나
라의 임금이랑 신하와 교분이 없었기 때문이다."라고 했고, 『논어』「선진」에서도 "진나라와

채나라에서 나를 따르던 자들은 다 문에 미치지 못했다."라고 했으니, 분명 그 당시 제자들이 진나라와 채나라에서 벼슬하지 않음으로 인해 두 나라의 임금이랑 신하와의 교분이 없었기 때문에 곤액을 당하고 식량이 떨어지게 된 것일 뿐이다. 여기의 「주」에서는 오나라가 진나라를 정벌하매 진나라가 어지러웠기 때문이라고 했는데, 역시 억측에 가깝고, 「세가」에서는 다시 견강부회하여 진나라와 채나라의 대부가 한통속이 되어 공자를 포위할 것을 도모했다고 한 것은 더욱 옳지 않다.

- 「注」, "濫溢"至"爲非".
- 正義曰: 『說文』云: "濫, 氾也." 水氾濫則至潰溢, 杜注『左』「哀」五年「傳」, "濫, 溢也." 是也. "不如", 猶言"不似". 『孟子』「梁惠王上」, "孟子云: '無恒産而有恒心者, 惟士爲能. 若民, 則無恒産, 因無恒心. 苟無恒心, 放辟邪侈, 無不爲矣.'" 是小人窮則濫溢爲非也.

○ 「주」의 "남일(濫溢)"부터 "위비(爲非)"까지.
○ 정의에서 말한다.

『설문해자』에 "남(濫)은 넘침[氾]이다."[14]라고 했으니, 물이 범람하면 제방이 무너져 넘치게 된다. 두예가 『춘추좌씨전』「애공」 5년의 「전」을 주석하면서 "남(濫)은 넘침[溢]이다."라고 한 것이 이것이다. "불여(不如)"는 "같지 않다"라는 말과 같다. 『맹자』「양혜왕상」에 "맹자가 말했다. '일정한 생업[恒産]이 없으면서도 항상 된 마음[恒心]을 간직하는 것은 오직 선비만이 그럴 수 있다. 일반 백성과 같은 경우는 일정한 생업이 없으면 그로 인해 항상 된 마음도 없어진다. 만일 항상 된 마음이 없으면 방탕하고 사치한 짓을 하지 않음이 없을 것이다.'"라고 했는데, 이것이 소인은 곤궁하면 넘치게 행동해서 잘못을 저지른다는 것이다.

---

14 『설문해자』 권11: 남(濫)은 넘침[氾]이다. 수(水)로 구성되었고 감(監)이 발음을 나타낸다. 일설에는 "위로부터 적셔서 아래에 미침"이라고 한다. 『시경』에 "용솟음쳐 넘쳐흐르는 샘[觱沸濫泉]."이라고 했다. 일설에는 맑음[淸]이라고 한다. 노(盧)와 감(瞰)의 반절음이다.[濫, 氾也. 從水監聲. 一曰濡上及下也. 『詩』曰: "觱沸濫泉." 一曰淸也. 盧瞰切.]

子曰: "賜也, 女以予爲多學而識之者與?" 對曰: "然. 【注】 孔曰: "然, 謂多學而識之." 非與?" 【注】 孔曰: "問今不然." 曰: "非也, 予一以貫之." 【注】 善有元, 事有會. 天下殊途而同歸, 百慮而一致. 知其元則衆善擧矣. 故不待多學而一知之.

공자가 말했다. "사야! 너는 나를 많이 배워서 기억하고 있는 자라고 생각하느냐?" 자공이 대답했다. "그렇습니다. 【주】 공안국이 말했다. "연(然)은 많이 배워서 그것을 기억함을 이른다." 아닙니까?" 【주】 공안국이 말했다. "지금은 그렇지 않은지를 물은 것이다." "아니다. 나는 하나로 관통한다." 【주】 선(善)에는 근원[元]이 있고, 일에는 귀결되는 곳[會]이 있다. 천하만물이 살아가는 길은 다르지만 귀결되는 곳은 같고, 생각은 백 가지로 다르지만 이치는 하나이다. 그 근원을 알면 모든 선(善)을 다 거행할 수 있기 때문에 많이 배우기를 기다리지 않고도 한 가지로 알 수 있는 것이다.

원문 正義曰: 『史記』「孔子世家」言 "孔子阨於陳 · 蔡, 子貢色作, 孔子曰: '賜! 爾以予是爲多學而識之者與?'" 云云, 是此節亦絶糧時問答語. 阮氏元「一貫說」, "貫, 行也. 此夫子恐子貢但以多學而識學聖人, 而不於行事學聖人也. 夫子於曾子則直告之, 於子貢則略加問難而出之, 卒之告子貢曰: '予一以貫之.' 亦謂壹皆以行事爲敎也, 亦卽忠恕之道也."

역문 정의에서 말한다.

『사기』「공자세가」에 "공자가 진나라와 채나라의 사이에서 곤액을 당하매, 자공의 안색이 발끈하자, 공자가 말했다. '사야! 너는 나를 많이 배워서 기억하고 있는 자라고 생각하느냐?"라고 운운했는데, 이 구절 역시 식량이 떨어졌을 때 묻고 대답한 것이다. 완원(阮元)의 『연경실집』 「일관설」에 "관(貫)은 행(行)이다. 이것은 공자가 자공이 단지 많이 배워서 기억하는 것만 가지고 성인을 배우고 일을 행함에 있어서 성인을 배우지 않을까 걱정한 것이다. 공자가 증자에게는 직접 일러 주었지만, 자공에게는 약간 어려운 질문을 보태어 말하다가 끝에 가서 자공에게 일러 말하기를, '나의 도는 하나로 관통한다.'라고 했으니, 역시 한결같이 모두 일을 행하는 것으로써 가르침을 삼는다는 말이며, 이 또한 바로 충서(忠恕)의 도(道)이다."라고 했다.

원문 今案, 夫子言"君子博學於文", 又自言"默而識之", 是孔子以多學而識爲貴, 故子貢答曰"然". 然夫子又言, "文莫吾猶人, 躬行君子, 未之有得." 是聖門之敎, 行尤爲要. 『中庸』云: "博學之, 審問之, 愼思之, 明辨之, 篤行之." 學·問·思·辨, 多學而識之也; 篤行, 一以貫之也. 『荀子』「勸學篇」, "君子博學而日參省乎己, 則知明而行無過矣." 又曰: "其數則始乎誦經, 終乎讀『禮』; 其義則始乎爲士, 終乎爲聖人." 皆言能行之效也. 否則徒博學而不能行, 如誦『詩』三百, 而授政, 使四方不能達, 不能專對, 雖多亦奚爲哉? 至其所以行之, 不外忠·恕. 故此章與詔曾子語相發也.

역문 이제 살펴보니, 공자는 "군자는 옛 성현이 남긴 전적을 널리 배운다"[15]고 했고, 또 스스로 "묵묵히 기억한다"[16]고 했는데, 이는 공자가 많이 배워서 기억하는 것을 귀한 것으로 여긴 것이기 때문에 자공이 대답하기를, "그렇습니다"라고 한 것이다. 그러나 공자는 또 "쓰고 노력함[文莫]은

---

15 『논어(論語)』「옹야(雍也)」.

16 『논어』「술이(述而)」.

내가 남과 같지만, 군자의 도를 몸소 실행하는 것은 내가 아직 터득하지 못했다."[17]라고 했으니, 이에 성인 문하의 가르침은 실행이 더욱 중요한 것이 된다. 『중용』에 "널리 배우고, 자세히 물으며, 신중히 생각하고, 밝게 분별하며, 독실하게 행해야 한다."[18]라고 했는데, 배움과 질문과 생각과 분별은 많이 배워서 기억하는 것이고, 독실하게 행함은 하나로 관통하는 것이다. 『순자』「권학편」에 "군자가 널리 배우고 날마다 세 번 자기 자신을 반성하면 지혜가 밝아져 행함에 허물이 없게 된다."라고 하였고, 또 "그 방법[數]은 경전을 암송하는 데서 시작하고 마침은 『예기』를 읽는 데서 마치는 것이다. 그 의(義)는 선비가 되는 것에서 시작하고 성인이 되는 데서 마치는 것이다."라고 했는데, 모두 제대로 실행하는 효과를 말한 것이다. 그렇지 않으면 단지 널리 배우기만 할 뿐, 제대로 실행하지 못하는 것이니, 예컨대, 『시경』3백 편을 외우더라도 정치를 맡기고, 사방에 사신으로 나갔을 때, 제대로 해내지 못하고 혼자서 대처하지 못한다면, 비록 많이 외운다 한들 어디에 쓰겠는가? 그것을 행하는 방법에 이르러서는 충(忠)과 서(恕)에서 벗어나지 않는다. 그러므로 이 장과 증자를 불러서 말해 준 것과는 서로 발명이 되는 것이다.

- 「注」, "善有"至"知之".
- 正義曰: 焦氏循『補疏』, "「繫辭傳」云: '天下何思何慮? 天下同歸而殊途, 一致而百慮.' 韓康伯「注」云: '少則得, 多則惑. 途雖殊, 其歸則同, 慮雖百, 其致不二. 苟識其要, 不在博求, 一以貫之, 不慮而盡矣.' 與何晏說同. 『易』「傳」言'同歸而殊途, 一致而百慮', 何氏倒其文爲'殊

---

17 『논어』「술이」.
18 『중용(中庸)』제20장.

途而同歸, 百慮而一致', 則失乎聖人之恉. 『莊子』引記曰: '通于一而萬事畢.' 此何‧韓之說也. 夫'通於一而萬事畢', 是執一之謂也, 非一以貫之也. 孔子以'一貫'語曾子, 曾子卽發明之云'忠‧恕而已矣'. 忠‧恕者何? 成己以成物也.

○「주」의 "선유(善有)"부터 "지지(知之)"까지.

○ 정의에서 말한다.

초순의 『논어보소』에 "「계사하」에 이르길, '천하의 만물이 무엇을 생각하고 무엇을 헤아리겠는가? 천하 만물이 귀결되는 곳은 같지만 길은 다르고, 이치는 하나이지만 생각은 백 가지로 다르다.'라고 했는데, 한강백(韓康伯)의 「주」에 '적으면 얻고, 많으면 미혹된다. 길은 비록 다르지만 그 귀결점은 같고, 생각은 비록 백 가지로 다르지만 그 이치는 둘이 아니다. 진실로 그 요체를 아는 것은 널리 구하는 데 달려 있지 않으니, 하나의 도로써 관통하면 생각하지 않아도 다 알게 될 것이다.'라고 했는데, 하안의 설과 같다. 『주역』「계사하」에서 '귀결되는 곳은 같지만 길은 다르고, 이치는 하나이지만 생각은 백 가지로 다르다.'라고 한 것을 하씨(何氏)는 그 글자를 도치시켜 '길은 다르지만 귀결되는 곳은 같고, 생각은 백 가지로 다르지만 이치는 하나이다'라고 했으니, 성인(聖人)의 뜻을 잃은 것이다. 『장자』에는 전해 오는 기록[19]을 인용해서 '근원(根源)인 하나의 도(道)에 통달하면 만사가 모두 잘 이루어진다.'[20]라고 했는데, 이것이 하안과 한강백의 말인 것이다. '근원(根源)인 하나의 도(道)에 통달하면 만사가 모두 잘 이루어진다.'라는 것은 하나를 고집함[執一][21]을 이르는 것이니, 하나로 관통하는 것[一以貫]이 아니다. 공자는 '하나로 관통한다[一貫]'라는 것을 증자에게 말해 주었

---

19 전해오는 기록[記]: 육덕명(陸德明)은 『경전석문(經典釋文)』 권27, 「장자음의 중(莊子音義中)‧천지(天地)」에서 "기(記)는 책 이름이다. 노자(老子)가 지은 것이라 한다.[記, 書名也. 云老子所作.]"라고 했고, 저백수(褚伯秀)는 『남화진경의해찬미(南華眞經義海纂微)』 권34, 「천지(天地)」의 「주」에서 "이것은 노자가 지은 『서승(西昇)』에서 관윤(關尹) 희(喜)에게 해준 말이다.[此老君『西升』, 告尹喜之言.]"라고 풀이했는데 자세하지 않다. '傳曰'과 마찬가지로 전해 오는 기록을 인용하는 표현으로 보는 것이 무난하다.

20 『장자(莊子)』「천하(天下)」.

21 『맹자(孟子)』「진심상(盡心上)」: 자막(子莫)은 중간을 잡았으니, 중간을 잡는 것이 도에 가까우나, 중간을 잡기만 하고 저울질함이 없으면[執中無權] 하나를 고집하는 것과 같다.[子莫執中, 執中爲近之, 執中無權, 猶執一也.]

고, 증자는 바로 그 뜻을 드러내 밝혀 '충(忠)과 서(恕)일 뿐이다'라고 했으니, 충(忠)과 서(恕)란 무엇인가? 자신을 완성시킴으로써 남을 완성시키는 것이다.[22]

孟子曰: '大舜有大焉, 善與人同, 舍己從人, 樂取於人以爲善.' 舜於天下之善, 無不從之, 是眞一以貫之, 以一心而同萬善, 所以大也. 一貫則爲聖人; 執一則爲異端. 董子云: '夫喜 · 怒 · 哀 · 樂之發, 與淸 · 暖 · 寒 · 暑, 其實一貫也.' 四氣者, 天與人所同也. 天與人一貫, 人與己一貫, 故'一貫'者'忠' · '恕'也. 孔子焉不學, 無常師, 無可無不可, 異端反是. 孟子以楊子爲我, 墨子兼愛, 子莫執中, 而不知有當爲我 · 當兼愛之時也. 爲楊者必斥墨, 爲墨者必斥楊; 楊已不能貫墨, 墨已不能貫楊, 使楊子思兼愛之說不可廢, 墨子思爲我之說不可廢, 則恕矣, 則不執一矣. 聖人之道貫乎爲我 · 兼愛 · 執中者也. 執一則人之所知 · 所行與己不合者皆屛而斥之, 入主出奴, 不恕不仁, 道日小而害日大矣.

맹자가 말하길, '순임금께서는 이보다도 더 위대한 점이 있으셨으니, 남과 더불어 하나가 잘 되시어 자기를 버리고 남을 좇으셨으며, 남에게서 선(善)을 취하여 함께 선(善)을 행함을 즐거워하셨다.'라고 했는데, 순이 천하의 선에 있어서 따르지 않음이 없었던 것이야말로 참으로 하나로 관통하는 것이니, 하나 된 마음으로 모든 선을 함께했기 때문에 위대했던 것이다. 하나로 관통하면 성인이 되지만, 하나를 고집하면 이단이 된다. 동자(董子)가 말하길, '기쁨[喜] · 노여움[怒] · 슬픔[哀] · 즐거움[樂]이 드러나는 것은 날씨의 서늘함[淸] · 따뜻함[暖] · 차가움[寒] · 무더움[暑]과 더불어 그 실상은 하나로 관통되는 것이다.'[23]라고 했는데, 희로애락의 네 가지 기운[四氣]은 하늘과 사람이 똑같은 것이다.[24] 하늘과 사람이 하나로 관

---

22 『중용』 제25장: 성(誠)이란 자신을 이룰 뿐만 아니라 남을 이루어 주니, 자신을 이룸은 인(仁)이고, 남을 이루어 줌은 지(智)이다. 이는 성(性)의 덕(德)으로 안과 밖을 합일하는 도(道)이다. 그러므로 이것을 자신에게서 얻으면 때에 맞게 조처하여 마땅함을 얻게 될 것이다.[誠者, 非自成己而已也. 所以成物也, 成己, 仁也; 成物, 知也, 性之德也. 合內外之道也, 故時措之宜也.]

23 동중서(董仲舒), 『춘추번로(春秋繁露)』「양존음비(陽尊陰卑)」.

24 『춘추번로』「양존음비」에 "희기(喜氣)는 따뜻해서 봄에 해당하고, 노기(怒氣)는 서늘해서 가을에 해당하고 낙기(樂氣)는 태양(太陽)이 되어 여름에 해당하고, 애기(哀氣)는 태음(太陰)이 되어 겨울에 해당한다. 이 네 가지 기운은 하늘과 사람이 똑같은 것이다.[喜氣爲煖而

통하고, 남과 자기가 하나로 관통하기 때문에 '하나로 관통함'이란 바로 '충(忠)'과 '서(恕)'라는 것이다. 공자는 누구에게서인들 배우지 않았겠으며, 일정한 스승도 없었고,[25] 가함도 불가함도 없었지만[26] 이단은 이와 반대이다. 맹자는 양자(楊子)가 위아설(爲我說)을 주장한 것과 묵자(墨子)가 겸애설(兼愛說)을 주장한 것, 그리고 자막(子莫)이 집중(執中)한 것에 대해 마땅히 위아를 주장하고 마땅히 겸애를 주장해야 할 때가 있음을 모르는 것이라고 여겼다.[27] 양자를 추종하는 자들은 반드시 묵자를 배척하고, 묵자를 추종하는 자들은 반드시 양자를 배척하며, 양자는 이미 묵자를 관통할 수 없고, 묵자는 이미 양자를 관통할 수 없는데, 만약 양자가 겸애설을 버릴 수 없는 것이라고 생각해 주고, 묵자가 위아설을 버릴 수 없는 것이라고 생각해 준다면 그것은 서(恕)이니, 하나를 고집함이 아닌 것이다. 성인의 도는 위아(爲我)와 겸애(兼愛)와 집중(執中)에 관통하는 것이다. 하나를 고집하게 되면 남이 알고 행

當春, 怒氣爲淸而當秋, 樂氣爲太陽而當夏, 哀氣爲太陰而當冬, 四氣者, 天與人所同有也.]"라고 했다.

25 『논어』「자장(子張)」: 자공(子貢)이 말했다. "문왕과 무왕의 도(道)가 아직 땅에 떨어지지 않고 사람들에게 있습니다. 그리하여 현명한 자는 그 큰 것을 기억하고, 현명하지 못한 자는 그 작은 것을 기억하고 있어서 문왕과 무왕의 도를 가지고 있지 않음이 없으니, 선생님께서 어디에서인들 배우지 않으셨겠으며 또한 어찌 일정한 스승이 있으셨겠습니까?[子貢曰: "文·武之道未墜於地, 在人. 賢者識其大者; 不賢者識其小者, 莫不有文·武之道焉, 夫子焉不學, 而亦何常師之有?"]

26 『논어』「미자(微子)」: 나는 이들과 달라서 가(可)함도 없고 불가(不可)함도 없느니라.[我則異於是, 無可無不可.]

27 『맹자』「진심상」: 맹자가 말했다. "양자[楊子: 양주(楊朱)]는 자신만을 위하는 위아(爲我)를 주장하였으니, 자기의 털 하나를 뽑아서 천하를 이롭게 할 수 있다 하더라도 하지 않았다. 묵자[墨子: 묵적(墨翟)]는 차등 없이 똑같이 사랑하는 겸애(兼愛)를 주장하였으니, 자기의 정수리를 갈아 발꿈치까지 이르더라도 천하를 이롭게 할 수 있다면 그렇게 하였다. 자막(子莫)은 중간을 잡았으니, 중간을 잡는 것이 도에 가까우나, 중간을 잡기만 하고 저울질함이 없으면[執中無權] 하나를 고집하는 것과 같다. 한쪽을 고집하는 것을 미워하는 까닭은 도를 해치기 때문이니, 하나만을 시행하고 나머지는 모두 버리기 때문이다.[孟子曰: 楊子, 取爲我, 拔一毛而利天下, 不爲也; 墨子, 兼愛, 摩頂放踵, 利天下爲之; 子莫, 執中, 執中爲近之, 執中無權, 猶執一也. 所惡執一者, 爲其賊道也, 擧一而廢百也.]

하는 것 중에서 자기와 합하지 않는 것은 모두 가로막아 배척하게 되고, 입맛에 맞는 주장만 따르고 다른 쪽의 주장을 배척하여[入主出奴][28] 서(恕)하지도 않고 인(仁)하지도 않아서 도가 날마다 작아지고 해로움이 날마다 커지는 것이다.

'人之有技, 若己有之', 保邦之本也; '己所不知, 人其舍諸', 擧賢之要也; '知之爲知之, 不知爲不知', 力學之基也. 善與人同, 則人之所知・所能, 皆我之所知・所能, 而無有異. 惟事事欲出乎己, 則嫉忌之心生. 嫉忌之心生, 則不與人同, 而與人異. 執兩端而一貫者, 聖人也; 執一端而無權者, 異端也. 『記』曰: '夫言豈一端而已? 夫各有所當也.' 各有所當何? 可以一端槪之. 『史記』「禮書」云: '人道經緯萬端, 規矩無所不貫.' 惟孔子無所不貫, 以忠恕之道通天下之志, 故無所不知, 無所不能, 非徒恃乎一己之多學而識也. 忠恕者, 絜矩也; 絜矩者, 格物也. 物格而後致知, 故無不知. 由身以達乎家・國・天下, 是'一以貫之'也. 一以貫之, 則天下之知皆吾之知, 天下之能皆吾之能, 何自多之有? 自執其多, 仍執一矣." 案, 焦說亦是.

'남이 가지고 있는 재주를 자신이 가지고 있는 것처럼 여김'[29]은, 나라를 보전하는 근본이고, '자기가 알지 못하는 사람을 남이 버려두지 않음'[30]은 현명한 인재를 등용하는 요점이며, '아는 것을 안다고 하고 모르는 것을 모른다고 함'[31]은 힘써 배우는 기초이다. 남과 더불어 잘

---

28 입주출로(入主出奴): 한유(韓愈)의 『원도(原道)』에 "도덕과 인의를 말하는 자가 양주(楊朱)에 들어가지 않으면 묵적(墨翟)으로 들어가고 노장(老莊)에 들어가지 않으면 불교(佛敎)로 들어가게 되었다. 저기로 들어가면 반드시 여기에서 나오게 되는데, 들어가는 곳은 주인으로 여기고 나가는 곳은 노예로 여겼다.[其言道德仁義者, 不入於楊, 則入於墨; 不入於老, 則入於佛. 入於彼, 必出乎此, 入者主之, 出者奴之.]"라고 한 말에서 나온 것으로, 자신이 속한 쪽의 주장만을 따르고 다른 쪽의 주장을 배척함을 의미하는 말이다.

29 『서경(書經)』「주서(周書)・태서(泰誓)」.

30 『논어』「자로(子路)」: 중궁(仲弓)이 계씨(季氏)의 가신이 되어 정치에 대해서 묻자 공자가 말했다. "유사를 앞세우고, 작은 허물을 용서해 주며, 현명한 사람과 재주 있는 사람을 등용해야 한다." "어떻게 현명한 인재를 알아서 등용합니까?" "네가 아는 사람을 등용하면 네가 모르는 사람을 남이 버려두겠는가?"[仲弓爲季氏宰, 問政. 子曰: "先有司, 赦小過, 擧賢才." 曰: "焉知賢才而擧之?" 曰: "擧爾所知. 爾所不知, 人其舍諸?"]

31 『논어』「위정(爲政)」.

하나가 되면 남이 아는 것과 능한 것이 모두 내가 아는 것과 능한 것이어서 다를 것이 없다. 오직 모든 일이 자기에게서 나오기를 바라면 시기하고 질투하는 마음이 생겨난다. 시기하고 질투하는 마음이 생겨나면 남과 더불어 하나가 되지 못하고 남과 다르게 된다. 양쪽 끝을 잡아 하나로 관통하는 자는 성인이고, 한쪽 끝만 고집하고 저울질함이 없는 자는 이단이다. 『예기』「제의」에 '말이란 것이 어찌 하나의 단서일 뿐만이겠는가? 각각 합당한 바가 있는 것이다.'라고 했는데, 각각 합당한 바가 있다는 것은 무엇인가? 하나의 단서만으로도 짐작할 수 있다는 것이다. 『사기』「예서」에 '사람으로서 마땅히 걸어가야 하는 길은 날줄과 씨줄처럼 만 갈래이지만 법도[規矩]가 관통하지 않는 곳이 없다.'라고 했는데, 오직 공자만이 관통하지 않는 곳이 없음은, 충서(忠恕)의 도로써 천하의 뜻을 관통하기 때문에 알지 못하는 것이 없고, 하지 못하는 것이 없는 것이지, 단지 한낱 자기가 많이 배워서 기억함을 믿기 때문일 뿐만은 아닌 것이다. 충서(忠恕)란 혈구(絜矩)이고, 혈구란 격물(格物)이다. 사물의 이치가 이른 뒤에 앎이 지극해지기 때문에 알지 못하는 것이 없는 것이다. 자신으로부터 집안과 국가와 천하에까지 통달하니, 이것이 '하나로 관통한다'라는 것이다. 하나로 관통하면 천하가 아는 것은 모두 내가 아는 것이며 천하가 할 수 있는 것은 모두 내가 할 수 있는 것이니, 무어 스스로 많이 배울 것이 있겠는가? 스스로 많은 것을 고집하는 것은 바로 그대로 하나를 고집하는 것이다."라고 했다. 살펴보니, 초순의 말도 역시 옳다.

15-4

子曰: "由! 知德者鮮矣." 【注】王曰: "君子固窮, 而子路慍見, 故謂之少於知德."

공자가 말했다. "유야! 덕을 아는 사람이 드물구나." 【주】왕숙이 말했다. "군자는 곤궁함을 꿋꿋하게 견디는 것인데, 자로는 화가 나서 공자를 뵈었기 때문에 그를 평하여 덕을 아는 사람이 적다고 한 것이다."

正義曰: 中庸之德, 民所鮮能, 故知德者, 鮮.

역문 정의에서 말한다.

중용(中庸)의 덕은 백성 중에는 능한 사람이 드물기 때문에 덕을 아는 사람이 드문 것이다.

- 「注」, "君子"至"知德".
- 正義曰:『荀子』「宥坐」載夫子厄於陳‧蔡, 答子路語畢, 復曰: "居! 吾語女. 昔者公子重耳霸心生於曹, 越王句踐霸心生於會稽, 齊桓公小白霸心生於莒. 故居不隱者思不遠; 身不佚者志不廣." 佚與逸同, 謂奔竄也. 或卽此"知德"之義, 但荀子語稍駁耳.
- ○ 「주」의 "군자(君子)"부터 "지덕(知德)"까지.
- ○ 정의에서 말한다.

  『순자』「유좌편」에 공자가 진나라와 채나라 사이에서 곤액을 당한 일을 기재했는데, 자로에게 대답한 말로 끝이 나고, 다시 "앉거라! 내가 너에게 말해 주마. 옛날에 진(晉)나라의 공자(公子) 중이(重耳)는 제후의 패자(霸者)가 되려는 마음이 조(曹)나라에서 생겨났고, 월(越)나라 왕 구천(句踐)은 제후의 패자가 되려는 마음이 회계(會稽) 땅에서 생겨났으며, 제(齊)나라 환공(桓公)인 소백(小白)은 제후의 패자가 되려는 마음이 거(莒) 땅에서 생겨났다. 그러므로 살아가면서 궁색해 보지 않은 자는 생각이 멀리 미치지 못하고, 자신이 도망 다니며 숨어 본 일이 없는 재身不佚者]는 뜻이 넓지 못한 것이다."라고 했는데, 일(佚)은 일(逸)과 같은 뜻의 글자이니, 도망다니며 숨는대奔竄]는 말이다. 어쩌면 바로 이것이 "지덕(知德)"의 뜻인 듯하니, 다만 순자의 말은 조금 어색할 뿐이다.

15-5

子曰: "無爲而治者, 其舜也與? 夫何爲哉? 恭己正南面而已矣."【注】言任官得其人, 故無爲而治.

공자가 말했다. "직접 작위함이 없이 다스린 자는 순임금이었을 것이다! 무엇을 하였겠는가? 자기를 공손히 하고 똑바로 남쪽을 향할 뿐이었을 것이다."【주】관직을 맡김에 있어 거기에 적당한 인재를 얻었기 때문에 직접 작위함이 없이 다스렸다는 말이다.

원문 正義曰: "恭己"者, "修己以敬"也. 『漢書』「王子侯表」"下饗共己之治", 顔「注」引此文亦作"共己", 云, "共, 讀曰恭." 此所見本異也. "正南面"者, 正君位也. 『禮』「中庸」云: "『詩』云: '不顯惟德, 百辟其刑之.' 是故君子篤恭而天下平."

역문 정의에서 말한다.

"자기를 공손히 함[恭己]"은 "자기를 수양해서 경건히 한다"라는 뜻이다. 『전한서』「왕자후표」에 "자기를 공손히 하는 정치를 베풀었다[下饗共己之治]"라고 했는데, 안사고의 「주」에 이 문장을 인용하면서 역시 "공기(共己)"라고 쓰고는 말하길, "공(共)은 공(恭)의 뜻으로 읽어야 한다."라고 했으니, 이는 본 판본이 다르기 때문이다. "똑바로 남쪽을 향함[正南面]"이란 임금의 자리를 바르게 했다는 뜻이다. 『예기』「중용」에 "『시경』「주송(周頌)·열문(烈文)」에, '드러나지 않는 덕을 여러 제후들이 본받는다.'라고 하였다. 그러므로 군자가 공손함을 논독히 하매 천하가 화평해지는 것이다."[32]라고 했다.

---

32 『중용』 제33장.

원문 『呂氏春秋』「先己篇」, "昔者, 先聖王成其身而天下成, 治其身而天下治. 故善響者不於響, 於聲; 善影者不於影, 於形; 爲天下者不於天下, 於身. 『詩』曰: '淑人君子, 其儀不忒! 其儀不忒, 正是四國!' 言正諸身也. 故反其道而身善矣, 行義則人善矣, 樂備君道, 而百官已治矣, 萬民已利矣. 三者之成也, 在於無爲. 無爲之道曰勝天." 「注」, "天無爲而化, 君能無爲而治, 民以爲勝於天."

역문 『여씨춘추』「선기」에 "옛날 선대의 성왕이 자신의 덕을 이룸에 천하의 덕이 이루어졌고, 자기 자신을 다스림에 천하가 다스려졌다. 따라서 좋은 메아리는 메아리에서 나온 것이 아니라 소리에서 나온 것이고, 좋은 그림자는 그림자에서 나온 것이 아니라 형체에서 나온 것이며, 천하를 다스리는 것은 천하에서 나오는 것이 아니라 자기 자신에게서 나오는 것이다. 『시경』에 '훌륭하신 군자님, 언행이 어긋나지 않아라! 언행이 어긋나지 않으니, 사방의 나라를 바로잡으시리라!'라고 했는데, 자기 자신을 바로잡음을 말한 것이다. 따라서 자기 자신을 바로잡는 도리를 돌이키매 자기 자신이 선(善)하게 되고, 의(義)를 행하면 남이 선(善)해지며, 임금의 도리를 즐거이 갖추어 행하매 모든 관직이 이미 다스려지고, 모든 백성들이 이미 이롭게 될 것이다. 세 가지의 완성은 무위(無爲)에 달려 있다. 무위(無爲)의 도(道)를 '천도에 근본을 둠[勝天]'이라고 한다."라고 했는데, 「주」에 "하늘은 직접 작위함이 없이 교화하고, 임금은 직접 작위함이 없이 다스릴 수 있기 때문에 백성들이 하늘의 도리에 근본을 두었다고 여기는 것이다."라고 했다.

- 「注」, "言任官得其人, 故無爲而治."
- 正義曰: 「注」以恭己固可以德化, 然亦因輔佐得人, 乃成郅治, 此「注」可補經義. 『漢書』「董

仲舒傳」, "對策曰: '堯在位七十載, 迺遜于位以禪虞舜. 堯崩, 天下不歸堯子丹朱而歸舜. 舜知不可辟, 迺卽天子之位, 以禹爲相, 因堯之輔佐, 繼其統業, 是以垂拱無爲而天下治.'" 又曰: "三王之道, 所祖不同, 非其相反, 將以捄溢扶衰, 所遭之變然也. 故孔子曰: '亡爲而治者, 其舜虖!' 改正朔, 易服色, 以順天命而已. 其餘盡循堯道, 何更爲哉?" 此卽謂舜因堯舊, 任官得人也.

○ 「주」의 "관직을 맡김에 있어 거기에 적당한 인재를 얻었기 때문에 직접 작위함이 없이 다스 렸다는 말이다."

○ 정의에서 말한다.

「주」에서는 자기를 공손히 하면 진실로 덕으로 교화시킬 수 있지만, 그러나 또한 보좌에 따 라 인재를 얻어야 위대한 정치를 이룰 수 있다고 여긴 것이니, 이 「주」는 경전의 뜻을 보충 할 수 있다. 『전한서』「동중서전」에 "대책(對策)에 말하길, '요가 재위(在位)한 지 70년 만에 왕위에서 내려와 우순(虞舜)에게 선양하였습니다. 요가 죽자 천하가 요의 아들인 단주(丹 朱)에게 귀의하지 않고 순에게 귀의했습니다. 순이 피할 수 없음을 알고 이에 천자의 자리에 즉위하여 우(禹)를 재상으로 삼았고, 요를 보좌했던 것에 따라서 나라를 통치하는 사업을 계 승하였으니, 이런 까닭에 옷을 늘어뜨리고 팔짱을 낀 채 직접 작위함이 없이도[無爲] 천하가 다스려졌던 것입니다.'라고 했다."라고 하였고, 또 "3왕(三王)의 도가 원조(元祖)로 삼은 것 이 똑같지 않음은 서로 반대된 것이 아니고, 장차 넘치는 것을 바로잡고 쇠퇴한 것을 붙들려 고 한 것이니, 맞닥뜨린 상황이 그렇게 만든 것입니다. 그러므로 공자가 말하길, '직접 작위 함이 없이 다스린 자는 순임금이었을 것이다!'라고 했던 것입니다. 정삭(正朔)을 고치고 복 색을 바꾸어 천명을 따를 뿐입니다. 그 나머지는 모두 요의 도를 따르면 될 뿐, 다시 무엇을 하겠습니까?'라고 했는데, 이것은 바로 순이 요의 옛 도를 따라 관직을 맡김에 있어 거기에 적당한 인재를 얻었음을 말한 것이다.

『大戴禮』「主言篇」, "昔者舜左禹而右皐陶, 不下席而天下治." 『新序』「雜事四」, "故王者勞 於求人, 佚於得賢. 舜擧衆賢在位, 垂衣裳恭己無爲而天下治." 『詩』「卷阿」云: "伴奐爾遊 矣, 優遊爾休矣." 鄭「箋」, "伴奐, 自縱弛之意也. 賢者旣來, 王以才官秩之, 各任其職, 則得 伴奐而優遊自休息也. 孔子曰: '無爲而治者, 其舜也與. 恭己正南面而已.' 言任賢故逸也."

竝與此「注」義同.

『대대례』「주언」에 "예전에 순은 왼쪽에는 우가 있고 오른쪽에는 고요(皐陶)가 있어서 자리를 내려가지 않아도 천하가 잘 다스려졌다."라고 했고, 『신서』「잡사4」에 "그러므로 왕도정치를 펼치는 임금은 인재를 구하는 데 애쓰니, 현자를 얻으매 편안해지는 것이다. 순이 여러 현자들을 등용해서 벼슬자리에 있게 하니, 옷을 늘어뜨리고 자기를 공손히 하여 직접 작위함이 없이도 천하가 다스려진 것이다."라고 했다. 『시경』「권아」에 "한가히 그대가 놀며, 유유히 그대가 쉬도다.[伴奐爾遊矣, 優遊爾休矣.]"라고 했는데, 정현의 「전(箋)」에 "반환(伴奐)은 스스로를 느슨하게 한다는 뜻이다. 현자(賢者)가 이미 옴에 왕이 재능에 따라 관직의 순서를 정하여 각각 그 직책을 맡기면, 한가하고 여유로워져 스스로 휴식할 수 있는 것이다. 공자가 말하길, '직접 작위함이 없이 다스린 자는 순임금이었을 것이다. 자기를 공손히 하고 똑바로 남쪽을 향할 뿐이었을 것이다.'라고 했으니, 현자를 임용했기 때문에 편안했다는 말이다."라고 했는데, 모두 여기의 「주」와 뜻이 같다.

15-6

子張問行, 子曰: "言忠信, 行篤敬, 雖蠻貊之邦行矣. 言不忠信, 行不篤敬, 雖州里行乎哉?【注】鄭曰: "萬二千五百家爲州, 五家爲隣, 五隣爲里. '行乎哉', 言不可行." 立則見其參於前也, 在輿則見其倚於衡也, 夫然後行."【注】包曰: "'衡', 軛也. 言思念忠信, 立, 則常想見參然在目前; 在輿, 則若倚車軛." 子張書諸紳.【注】孔曰: "'紳', 大帶."

자장이 행실에 대해 묻자, 공자가 말했다. "말이 성실하고 진실하며 행실이 돈독하고 경건하면, 비록 오랑캐의 나라라 하더라도 행할 수 있지만, 말이 성실하고 진실하지 않으며 행실이 돈독하고 경건하지 않으면, 비록 고을이나 마을이라 할지라도 행할 수 있겠느냐? 【주】 정현이 말했다. "12,500가(家)가 주(州)이고, 5가(家)가 1린(隣)이고, 5린(隣)이 1리(里)이다. '행호재(行乎哉)'는 행할 수 없다는 말이다." 서 있을 때는 그것이 눈앞에 참여해서 마주하고 있음을 보아야 하고, 수레에 있을 때는 그것이 멍에에 기대어 있음을 보아야 하니, 그런 뒤에 행할 수 있다." 【주】 포함(包咸)이 말했다. "'형(衡)'은 멍에[軛]이다. 성실하고 진실할 것을 생각해서, 서 있을 때는 항상 그것이 눈앞에 빽빽하게 있음을 보는 것처럼 생각하고, 수레에 있을 때는 마치 그것이 수레의 멍에[車軛]에 기대어 있는 것처럼 해야 한다는 말이다." 자장이 이 말을 띠에 썼다. 【주】 공안국이 말했다. "'신(紳)'은 큰 띠[大帶]이다."

원문 正義曰: 『史記』「弟子傳」, "子張從在陳·蔡間, 困, 問行, 孔子曰'言忠信'云云." 是此問亦在絶糧時. 翟氏灝『考異』以子張時年少爲疑, 過矣. "篤"與"竺"同, 厚也, 謂厚愛人也. 『荀子』「修身篇」, "體恭敬而心忠信, 術禮義而情愛人, 橫行天下, 雖困四夷, 人莫不貴." 又『說苑』「敬愼篇」, "顔回將西遊, 問於孔子曰: '何以爲身?' 孔子曰: '恭·敬·忠·信, 可以爲身. 恭則免於衆, 敬則人愛之, 忠則人與之, 信則人恃之. 人所愛, 人所恃, 必免於患矣.'"與此文義同.

역문 정의에서 말한다.

『사기』「중니제자열전」에 "자장이 공자를 따르다가 진(陳)나라와 채(蔡)나라 사이에서 곤액을 당했을 때 행실에 대해서 묻자 공자가 '말이 성실하고 진실해야 한다'라고 운운했다."라고 했으니, 여기의 이 질문도 역시 식량이 떨어졌을 때 있었던 것이다. 적호(翟灝)의 『사서고이』에서는 자장의 당시 나이가 어린 것 때문에 의심했는데, 의심이 지나치다.

"독(篤)"은 "축(竺)"과 같은 뜻으로 두텁다[厚]는 뜻이니, 사람을 돈독하게 사랑한다는 말이다. 『순자』「수신편」에 "몸가짐이 공손하고 경건하면서 마음은 성실하고 진실하며, 일을 처리하는 방법이 예에 적중하고 의로우면서 감정은 사람을 사랑한다면 천하를 마구 돌아다니다가 비록 사방의 오랑캐에게 곤액을 당하더라도 그를 귀하게 여기지 않는 사람이 없을 것이다."라고 했고, 또 『설원』「경신」에 "안회가 서쪽 지역에 가려고 할 때 공자에게 물었다. '어떻게 몸을 다스려야 합니까?' 공자가 말했다. '공손하고 경건하며 성실하고 진실하면 몸을 다스릴 수 있느니라. 공손하면 뭇사람의 비난을 면하고, 경건하면 남들이 사랑하며, 성실하면 남들이 더불어 함께하고, 진실하면 남들이 믿고 의지한다. 사람들이 사랑하며 사람들이 믿고 의지하면 반드시 환난에서 벗어날 것이다.'"라고 했는데, 이 글의 뜻과 같다.

원문 "蠻貊"者, 『說文』云: "蠻, 南蠻, 蛇種. 貉, 北方豸種. 孔子曰: '貉之爲言惡也.'" 此"貉"作"貊", 係別體, 『說文』所無也. "在輿"謂在軍中也. 戴氏震 『釋車』云: "車式較內謂之輿." 自「注」, "大車名箱."

역문 "만맥("蠻貊")"

『설문해자』에 "만(蠻)은 남쪽 오랑캐[南蠻]이니 사종(蛇種)이다."[33]라고 했고, 또 "맥(貉)은 북방(北方)의 치종(豸種)이다. 공자가 말했다. '맥(貉)이란 말은 악(惡)하다는 뜻이다.'"[34]라고 했는데, 여기에는 "맥(貉)"이 "맥

---

[33] 『설문해자』 권13: 만(蠻)은 남쪽 오랑캐[南蠻]이니, 사종(蛇種)이다. 충(虫)으로 구성되었고 연(絲)이 발음을 나타낸다. 막(莫)과 환(還)의 반절음이다.[蠻, 南蠻, 蛇種. 從虫絲聲. 莫還切.]

[34] 『설문해자』 권9: 맥(貉)은 북방(北方)의 치종(豸種)이다. 치(豸)로 구성되었고 각(各)이 발음을 나타낸다. 공자가 말하길, "맥(貉)이란 말은 악(惡)하다는 뜻이다."라고 했다. 막(莫)과

(貊)”으로 되어 있으니, 별체자(別體字)의 계통으로『설문해자』에는 없는 글자이다. “재여(在輿)”는 군중(軍中)에 있다는 말이다. 대진(戴震)의『석거』에 “수레 앞에 가로로 놓인 나무 손잡이 안쪽을 여(輿)라 한다.”라고 했는데, 스스로「주」를 달기를, “큰 수레일 경우에는 이름을 상(箱)이라 한다.”라고 했다.

원문 “書諸紳”者, 謂書夫子語於紳也.『說文』, “書, 箸也.” 又「序」云: “箸於竹帛謂之書.” 趙氏佑『溫故錄』, “據「玉藻」言帶之制, 天子終辟, 大夫辟垂, 士率下辟. 辟讀如字, 卽襞積之襞. 率卽繂, 謂緶緝也. 終辟者, 上下皆辟之. 大夫止辟其垂者, 卽紳也. 士辟其垂之末而已. 紳之長三尺, 則‘書諸紳’亦刺文於其上與. 或曰: ‘紳有囊, 蓋書而貯之.’” 皇本“參”下有“然”字, 此誤依「注」增入, 又“夫然後行”句末有“也”字.

역문 “띠에 썼다[書諸紳]”라는 것은 공자의 말을 띠에 써 놓았다는 말이다.『설문해자』에 “서(書)는 기록한다[箸]는 뜻이다.”[35]라고 했고, 또『설문해자』「서목」에 “죽간이나 비단에 기록하는 것을 서(書)라 한다.”라고 했다. 조우(趙佑)의『온고록』에 “『예기』「옥조」에서 말한 띠의 제도에 근거해 보면, 천자는 띠의 끝까지 가선을 두르고, 대부는 띠에 가선을 두르지 않고 늘어뜨리며, 사(士)는 엮어서 늘어뜨린 곳에만 가선을 두른다. 벽(辟)은 본음대로 읽어야 하니 바로 주름을 잡다[襞積]라고 할 때의 벽(襞)이다. 율(率)은 바로 율(繂)이니 꿰매고 엮는다는 말이다. 종벽(終辟)이란 위아래를 모두 가선을 두른다는 뜻이다. 대부는 다만 띠에 가선을 두르지

백(白)의 반절음이다.[貊, 北方豸種. 從豸各聲. 孔子曰: “貊之爲言惡也.” 莫白切.]

35 『설문해자』권3: 서(書)는 기록한다[箸]는 뜻이다. 율(聿)로 구성되었고 자(者)가 발음을 나타낸다. 상(商)과 어(魚)의 반절음이다.[書, 箸也. 從聿者聲. 商魚切.]

않고 늘어뜨리기만 하니 이것이 바로 신(紳)이다. 사는 띠의 끝에만 가선을 두를 뿐이다. 신(紳)의 길이는 석 자[三尺]이니, 그렇다면 '띠에 썼다'라는 것도 그 위에다 글자를 새겼다는 것일 것이다. 혹자는 말하길, '띠에 주머니가 있어서 아마도 글을 써서 거기에 넣어 둔 것일 것이다.'라고 했다."라고 하였다. 황간본에는 "삼(參)" 아래 "연(然)" 자가 있는데, 이는 「주」을 잘못 의거하는 바람에 불어나서 들어간 글자이고, 또 "그런 뒤에 행할 수 있다[夫然後行]"라고 한 구절 끝에는 "야(也)" 자가 있다.

- 「注」, "萬二千五百家爲州."

- 正義曰:「弟子傳」「集解」作"二千五百家爲州", 此有"萬"字, 衍也.『周官』「大司徒」, "五黨爲州." 一黨五百家, 五黨是二千五百家. 鄭彼「注」及「州長」・「內則」「注」並云: "二千五百家爲州." 此「注」亦當同.『釋名』「釋州國」云: "州, 注也, 郡國所注仰也."

○ 「주」의 "12,500가(家)가 주(州)이다."

○ 정의에서 말한다.

『사기』「중니제자열전」의「집해」에는 "2천 5백 가가 주(州)이다."라고 했으니, 여기에 "만(萬)" 자가 있는 것은 연문(衍文)이다.『주례』「지관사도상·대사도」에 "5당(黨)이 1주(州)가 된다."라고 했는데, 1당이 5백 가이니, 5당이면 2천 5백 가이다. 정현은 여기「위령공」의「주」및『주례』「지관사도상·주장」과『예기』「내칙」의「주」에 모두 "2천 5백 가가 주(州)이다."라고 했으니, 여기의「주」역시 마땅히 같아야 한다.『석명』「석주국」에 "주(州)는 주(注)이니 군국(郡國)이 머리를 쳐들고 주시(注視)하는 곳이다."라고 했다.

- 「注」, "衡軛"至"車軛".

- 正義曰: 衡之言橫也, 謂橫於車前. 阮氏元『車制圖考』說"衡與車廣等, 長六尺四寸"是也. 衡兩旁下有曲木叉馬頸, 謂之軛. 衡・軛本二物,「注」以"軛"釋"衡", 意尙未晰. 皇「疏」云: "參, 猶森也, 森森然滿亘於己前也."『釋文』, "參, 所金反."『說文』"森"字「注」, "讀若曾參之參." 是"參"・"森"音同, 然"參"不訓"森". 皇「疏」所云, 未必卽得「注」意.

○ 「주」의 "형액(衡軛)"부터 "거액(車軛)"까지.

○ 정의에서 말한다.

형(衡)이란 말은 가로놓다[橫]라는 뜻이니, 수레 앞에 가로놓여 있다는 말이다. 완원의 『거제도고』에 "가로대와 수레의 너비 등은 길이가 여섯 자 네 치이다"라고 한 것이 그것이다. 가로대 양쪽 옆 아래 나무를 휘어서 말 목에 깍지를 끼운 것이 있는데, 그것을 멍에[軛]라고 한다. 가로대[衡]와 멍에[軛]는 본래 다른 물건인데, 「주」에서 "멍에[軛]"를 "가로대[衡]"라고 해석했으니, 뜻이 오히려 분명치 않다. 황간(皇侃)의 「소」에 "참(參)은 빽빽함[森]과 같으니, 자기 앞에 빽빽하게 가득 찼다는 뜻이다."라고 했다. 『경전석문』에 "삼(參)은 소(所)와 금(金)의 반절음이다."라고 했고, 『설문해자』 "삼(森)" 자의 「주」에 "증삼(曾參)의 삼(參)과 같은 발음으로 읽는다."[36]라고 했는데, "삼(參)"과 "삼(森)"이 발음은 같지만 "삼(參)"을 "삼(森)"의 뜻으로 풀이하지는 않았다.[37] 황간의 「소」에서 말한 것이 반드시 「주」의 뜻을 이해한 것은 아니다.

朱子『集注』云: "參讀如'毋往參焉'之參, 言與我相參也." 王氏引之『經義述聞』, "家大人曰: '參字可訓爲直. 故『墨子』「經篇」曰: '直, 參也.'『論語』'參於前', 謂相直於前也. 『呂氏春秋』「有始篇」, "夏至, 日行近道, 乃參於上." 謂直人上也. 『淮南』「說山篇」, "越人學遠射, 參天而發." 謂直天而發也.' 自「注」, '「鄘風」「柏舟」『釋文』引『韓詩』曰: "直, 相當值也.'"" 二說皆視此「注」爲長.

주자의 『집주』에 "참(參)은 '가서 끼어들지 말라[毋往參焉][38]고 할 때의 참(參)의 뜻으로 읽어야 하니 나와 함께 서로 참여한다는 말이다."라고 했다. 왕인지(王引之)의 『경의술문』에

---

36 『설문해자』 권6: 삼(森) 나무가 빽빽한 모양이다. 임(林)으로 구성되었고 목(木)으로 구성되었으며 증삼(曾參)의 삼(參)과 같은 발음으로 읽는다. 소(所)와 금(今)의 반절음이다.[森, 木多模. 從林從木, 讀若曾參之參. 所今切.]

37 『설문해자』 권7, 「晶部」에 "삼(曑)은 상성(商星)이다. 정(晶)으로 구성되었고 진(㐱)이 발음을 나타낸다. 삼(曑)은 삼(參)의 혹체자인데 생략된 자형이다. 소(所)와 금(今)의 반절음이다.[曑, 商星也. 從晶㐱聲. 曑, 參或省. 所今切.]

38 『예기(禮記)』「곡례상(曲禮上)」.

"아버님[家大人]께서 말씀하셨다. '참(參) 자는 세로[直]라는 뜻으로 새길 수 있다. 그러므로 『묵자』「경」에 "곧대[直]는 것은 세로[參]가 된다는 뜻이다."[39]라고 했으니, 『논어』의 "참어전(參於前)"은 앞에 세로로 있다는 말이다. 『여씨춘추』「유시」에 "하지에는 태양의 운행이 가장 가까운 궤도를 따라 도는데, 머리 위에서 직선으로 빛을 내리쫸대[乃參於上]."라고 했는데, 수직으로 사람의 위라는 말이다. 『회남자』「설산훈」에 "월나라 사람들은 멀리 활쏘기를 배울 때 하늘을 향해 수직으로 화살을 발사한다."라고 했는데, 수직으로 하늘을 향해 발사한다는 말이다.'라고 하시고, 당신의 「주」에 '『시경』「국풍 · 용 · 백주」의 『경전석문』에 『한시』를 인용해서 "직(直)은 서로 마주하고 있다는 뜻이다."라고 했다.'라고 하셨다."라고 했는데, 주자와 왕인지 두 사람의 설명이 모두 여기의 「주」보다 뛰어나다.

<u>俞氏樾</u>『群經平議』又以"參"爲"厸". 『玉篇』曰: "厸, 『尙書』以爲參字." 蓋「西伯戡黎篇」, "乃罪多參在上", 古字作"厸". 『說文』「厸部」, "厸, 絫坺土爲牆壁, 象形." 『尙書』 · 『論語』竝作當"厸". 厸之言絫也, 言見其積絫於前也. 其說亦有理, 故附箸之.

유월(俞樾)의 『군경평의』에는 또 "참(參)"이 "참(厸)"으로 되어 있는데, 『옥편』에 "참(厸)은 『상서』에는 참(參) 자로 여긴다."[40] 했으니, 아마도 『서경』「상서 · 서백감려」에 "너의 죄가 많아서 나열되어 하늘에 있대[乃罪多參在上]"라고 할 때의 참(參)이 옛글자에는 "참(厸)"으로 되어 있었던 듯싶다. 『설문해자』「누(厸)부」에 "누(厸)는 파낸 흙을 쌓아서 담장을 만든다는 뜻이다. 상형(象形)이다."[41]라고 했다. 『상서』와 『논어』에는 모두 마땅히 "누(厸)"가 되어야 한다. 누(厸)라는 말은 포갠대[絫]는 뜻이니, 그것이 앞에 쌓여 있음을 보아야 한다는 말이다. 이 설명 역시 일리가 있으므로 덧붙여 두기로 하였다.

---

39 『묵자(墨子)』「경상(經上)」에 "直, 參也."로 되어 있으므로, 『묵자』를 근거로 고쳤다.

40 『옥편(玉篇)』권22, 「참부(厸部)」: 참(厸)은 『상서』에서는 참(參)으로 삼았다. 칠(七)과 탐(貪)의 반절음이다.[厸, 『尙書』以爲參字. 七貪切.]

41 『설문해자』권14: 누(厸)는 파낸 흙을 쌓아서 담장을 만든다는 뜻이다. 상형(象形)이다. 모든 누(厸)부에 속하는 한자는 다 누(厸)의 뜻을 따른다. 역(力)과 궤(軌)의 반절음이다.[厸, 絫坺土爲牆壁. 象形. 凡厸之屬皆從厸. 力軌切.]

15-7

子曰: "直哉史魚! 邦有道, 如矢; 邦無道, 如矢. 【注】孔曰: "衛大
夫史鰌. 有道無道, 行直如矢, 言不曲." 君子哉蘧伯玉! 邦有道, 則仕;
邦無道, 則可卷而懷之."【注】包曰: "'卷而懷', 謂不與時政, 柔順不忤
於人."

공자가 말했다. "정직하구나, 사어(史魚)여! 나라에 도가 있을 때
도 화살처럼 곧았고, 나라에 도가 없을 때도 화살처럼 곧았다.
【주】공안국이 말했다. "위나라 대부 사추(史鰌)이다. 도(道)가 있을 때나 도가 없을
때나 행실이 화살처럼 곧았다는 것은 자기의 뜻을 굽히지 않았다는 말이다." 군자
로구나, 거백옥(蘧伯玉)이여! 나라에 도가 있으면 벼슬하고, 나라
에 도가 없으면 재능을 거두어 간직하였다."【주】포함이 말했다. "재
능을 거두어 간직함[卷而懷]은 당시의 정치에 참여하지 않고 부드럽게 따르면서 남
을 거스르지 않음을 이른다."

원문 正義曰: 『韓詩外傳』, "正直者順道而行, 順理而言, 公平無私, 不爲安肆
志, 不爲危激行. 昔者衛大夫史魚病且死, 謂其子曰: '我數言蘧伯玉之賢
而不能進, 彌子瑕不肖而不能退. 爲人臣, 生不能進賢而退不肖, 死不當治
喪正堂, 殯我於室足矣.' 衛君問其故, 子以父言對. 君造然召蘧伯玉而貴
之, 而退彌子瑕, 徙殯於正堂, 成禮而後去. 生以身諫, 死以尸諫, 可謂直
矣." 此相傳史魚直諫之事, 可爲『論語』此文證也.

역문 정의에서 말한다.

『한시외전』에 "정직(正直)이란 도를 따라 행하고, 이치를 따라 말하

며, 공평무사하고, 나라가 평안하다고 자기의 뜻을 제멋대로 하지 않으며, 나라가 위태롭다고 해서 격렬한 행동을 하지 않는다. 옛날 위나라 대부 사어(史魚)가 병들어 장차 임종하려 할 때 자기 아들에게 일러 말하였다. '내가 평소에 거백옥(蘧伯玉)의 현명함을 자주 진언했으나 그를 진용하지 못했고, 미자하(彌子瑕)의 불초함을 자주 진언했으나 그를 물리치지 못했다. 남의 신하 된 사람으로 생전에 어진 이를 진용하지 못하고 불초한 자를 물리치지 못했으니, 죽더라도 정당(正堂)에서 상을 치름이 온당하지 못하니, 내 빈소는 방[室]에 설치하는 것으로도 충분할 것이다.' 위나라 영공(靈公)이 와서 보고는 그 까닭을 묻자, 그 아들이 자기 아버지의 유언을 아뢰자, 영공이 불안한 기색으로 급히 거백옥을 불러 높은 자리에 앉히고 미자하를 물리친 다음, 정당으로 옮겨 빈소를 설치하게 하여 예를 이룬 뒤에 떠났다. 살아서는 몸으로 간하였고, 죽어서는 시신으로 간하였으니, 정직하다고 이를 만하다."라고 했는데, 이는 사어가 정직하게 간한 일을 서로 전한 것이니, 『논어』의 이 글의 증거라 할 수 있다.

원문 『外傳』又云: "外寬而內直, 自設於隱括之中, 直己不直人, 善廢而不悁悁, 蘧伯玉之行也." 是伯玉亦守直道, 但不似史魚之直. 人不問有道無道, 又其出處, 深合"有道則見·無道則隱"之義, 視史魚爲更賢, 故夫子以君子許之.

역문 『한시외전』에 또 "밖으로는 관대하고 안으로는 곧아 스스로를 은괄(隱括)[42] 속에 묶어 두고, 자기 자신에게는 강직하지만 남에게는 강직하

---

42 은괄(隱括): 굽거나 휘어진 나무를 바로잡는 기구. 은괄(隱栝) 또는 은괄(檃括)로도 쓴다.

지 않았으며, 물러설 줄도 잘 알고 불쾌하고 답답해하지도 않는 것이 거백옥의 행실이다.”라고 했으니, 거백옥 역시 정직한 도를 지켰고, 다만 사어의 정직함과 같지는 않았을 뿐이다. 남들은 도가 있건 도가 없건 따지지 않았지만, 또한 그의 출처는 “천하에 도가 있으면 자신을 드러내고, 도가 없으면 숨어야 한다”[43]는 뜻에 깊이 부합하니, 사어와 비교해 보면 더욱 현명하기 때문에 공자가 군자라고 인정한 것이다.

원문 『外傳』云“善廢而不悁悁”, 卽此所云“卷而懷之”也. 『儀禮』「公食大夫禮」「注」, “卷, 收也.”“懷”與“褱”同, 藏也. 下篇“懷其寶”訓同. “卷而懷之”, 蓋以物喩. 『唐石經』“懷之”作“懷也”. 阮氏元『校勘記』, “『後漢書』「周黃徐薑申屠傳」「序」亦作‘也’.” 兪氏樾『群經平議』以“也”字爲是, 而訓“懷”爲歸, 引『詩』「匪風」·「皇矣」毛「傳」爲證, 亦通.

역문 『한시외전』에서 “물러설 줄도 잘 알고 불쾌하고 답답해하지도 않았다[善廢而不悁悁]”라는 것이 바로 여기에서 말한 “재능을 거두어 간직하였다[卷而懷之]”라는 것이다. 『의례』「공사대부례」의 「주」에 “권(卷)은 거두어들인다[收]는 뜻이다.”라고 했다. “회(懷)”는 “회(褱)”와 같은 글자이니 간직한다[藏]는 뜻이다. 아래 「양화」의 “보배를 간직하고 있으면서[懷其寶]”라고 한 것과 뜻풀이가 같다. “거두어 간직했다[卷而懷之]”라는 말은 물건을 가지고 비유한 것이다. 『당석경』에는 “회지(懷之)”가 “회야(懷也)”로 되어 있다. 완원의 『십삼경주소교감기』에 “『후한서』「주황서강신도전」의 「서」에도 ‘야(也)’로 되어 있다.”라고 했다. 유월의 『군경평의』에는 “야(也)” 자가 옳다고 하고, “회(懷)”를 귀(歸)의 뜻으로 새기고서 『시경』

---

43 『논어』「태백(泰伯)」.

「비풍」과 「황의」의 모형(毛亨)의 「전(傳)」을 인용해서 증명했는데,[44] 역시 통한다.

- 「注」, "衛大"至"不曲".

- 正義曰: 鄭「注」云: "史魚, 衛大夫, 名鰌. 君有道無道, 行常如矢直不曲也." 此僞孔所本. 梁氏玉繩『人表考』, "案, 杜『譜』列史鰌在雜人, 蓋不得其族系." 而閻氏『四書釋地又續』以爲史朝之子, 高氏『姓名考』亦云: "史魚, 朝子." 竝謂卽檀弓之衛大史柳莊, 不知何據.『詩』「大東」云"其直如矢", 亦以矢行最直, 故取爲喻也. 顔師古『漢書』「貢禹傳」「注」, "'如矢', 言其壹志." 謂志壹於直, 不計有道無道.

○ 「주」의 "위대(衛大)"부터 "불곡("不曲")"까지.

○ 정의에서 말한다.

　　정현의 「주」에 "사어(史魚)는 위나라 대보로서 이름은 추(鰌)이다. 임금이 도가 있건 없건 간에 행실이 언제나 화살처럼 곧고 굽지 않았다."라고 했는데, 이것을 위공이 근거로 한 것이다. 양옥승(梁玉繩)의 『한서고금인표고』에 "살펴보니, 두예(杜預)의 「춘추인명보(春秋人名譜)」에는 사추(史鰌)를 잡인(雜人)에 나열해 놓았으니, 아마도 그의 혈족 관계를 알지 못해서인 듯싶다."라고 했고, 염약거의 『사서석지우속』에는 사조(史朝)의 아들이라고 했고, 고사기(高士奇)[45]의 『춘추좌전성명동이고』에도 역시 "사어(史魚)는 조(朝)의 아들이다."라고

---

44 『시경(詩經)』「국풍(國風)・회일지십(檜一之十)・비풍(匪風)」에 "懷之好音"이라 하고, 「대아(大雅)・문왕지십(文王之什)・황의(皇矣)」에 "予懷明德"이라고 했는데, 모형(毛亨)의 「전(傳)」에 모두 "회(懷)는 귀(歸)의 뜻이다.[懷, 歸也.]"라고 했다.

45 고사기(高士奇, 1645~1704): 청나라 절강(浙江) 전당(錢塘) 사람. 사학자. 서화가. 자는 담인(澹人), 호는 강촌(江村) 또는 병려(瓶廬)며, 사호(賜號)는 죽원(竹園)이고, 원적은 평호(平湖)다. 집안이 가난했는데, 국학생(國學生, 監生)으로 순천향시(順天鄕試)에서 떨어지자 글을 팔아 생계를 이었다. 뒷날 명주(明珠)의 천거로 내정(內廷)에 들어가 공봉(供奉)하고, 첨사부녹사(詹事府錄事)가 되었다. 강희제의 인정을 받아 관료로 진출하여 소첨사(少詹事)로 옮겼다. 권세가 점점 커지자 왕홍서(王鴻緖)와 결탁하다가 곽수(郭琇)의 탄핵을 받아 귀

하면서, 모두 바로 『예기』「단궁하」의 위나라 태사(大史)인 유장(柳莊)[46]이라고 했는데, 어디에 근거한 것인지는 모르겠다. 『시경』「소아·대동」에 "그 곧기가 살과 같도다"라고 했으니, 역시 화살이 날아가는 것을 가장 곧다고 여겼기 때문에 취해서 비유한 것이다. 안사고의 『전한서』「공우전」「주」에 "화살 같음[如矢]'은 한결같은 뜻을 말한 것이다."라고 했는데, 뜻이 한결같이 곧아서 도가 있건 도가 없건 따지지 않았다는 말이다.

- 「注」, "'卷而懷', 謂不與時政."
- 正義曰: 黃氏式三『後案』曰: "『左傳』「襄公」十四年, 孫林父逐其君衎. 二十六年, 甯喜弑其君剽, 蘧伯玉身遭其變, 近關再出. 或以伯玉爲無此事, 而『左氏』爲誣; 或以『左氏』有此事, 而伯玉爲非. 『左氏』信史也; 伯玉賢大夫也, 爲此說者, 豈通論哉? 孔子之再主伯玉家也, 據『史記』在衛靈將卒之時, 事在哀公二年, 距襄公之十四年, 年六十有七. 則孫氏構禍, 伯玉年少, 而名德旣著, 物望攸歸. 孫氏奸雄, 意欲收拾人心, 藉以爲重. 卒能進退裕如, 全身遠害, 此明哲之知幾也. 逮夫衎奔剽立, 孫·甯專國, 伯玉當此無道, 必已卷而懷之矣. 惟其卷而懷

향했다. 얼마 뒤 다시 불려 남서방(南書房)에 있었다. 예부시랑에 올랐지만 취임하기 전에 귀향했다. 시호는 문각(文恪)이다. 그림과 글씨에 모두 능했고, 고증에도 뛰어났다. 저서에 『좌전기사본말(左傳紀事本末)』과 『춘추지명고략(春秋地名考略)』, 『춘추좌전성명동이고(春秋左傳姓名同異考)』, 『호종일록(扈從日錄)』, 『강촌소하록(江村消夏錄)』, 『청음당집(淸吟堂集)』, 『송정기행(松亭紀行)』 등이 있다.

46 『예기』「단궁하(檀弓下)」: 위나라에 태사(大史)가 있었는데, 이름을 유장(柳莊)이라 하였다. 그가 병이 들어 눕자, 위날 영공(靈公)이 말하기를, "만약 병이 위급해지면 내 비록 제사를 지내고 있더라도 반드시 고하라."라고 하였다. 공이 제사하려던 차에 유장이 죽었다는 부고가 오자, 공이 조상신에게 재배하고 머리를 조아리고서 시동에게 청하기를, "신하 유장이라는 자는 과인의 신하가 아니요, 바로 사직의 신하입니다. 그가 죽었다는 말을 들었으니, 제가 갈 것을 청합니다."라고 하고, 제복(祭服)을 벗지도 않고 가서 마침내 이것으로 수의(襚衣)를 삼게 하고, 그에게 고을의 구씨(裘氏)와 현반씨(縣潘氏)를 주고서 이것을 글로 써서 관에 넣고 말하기를, "대대로 만대의 자손에 이르기까지 변함이 없을지어다."라고 하였다. [衛有大史曰柳莊, 寢疾. 公曰: "若疾革, 雖當祭必告." 公再拜稽首, 請於尸曰: "有臣柳莊也者, 非寡人之臣, 社稷之臣也. 聞之死, 請往." 不釋服而往, 遂以襚之, 與之邑裘氏與縣潘氏, 書而納諸棺曰: "世世萬子孫毋變也."]

之, 甯喜亦聽其從近關出也. 伯玉之答孫林父曰: '君制其國, 誰敢好之?' 大義已懍懍矣. 其

答甯喜則曰: '瑗不得聞君之出, 敢聞其入?' 是出與入皆可付之不聞矣. 包子良謂其'不與時

政'者是也."

○「주」의 "'재능을 거두어 간직함[卷而懷]'은 당시의 정치에 참여하지 않음을 이른다."

○ 정의에서 말한다.

황식삼(黃式三)의 『논어후안』에 말했다. "『춘추좌씨전』「양공」14년에, 손림보(孫林父)가

그의 군주인 간(衎)[47]을 축출했다. 26년에 위나라 영희(甯喜)가 그 임금 표(剽)를 시해하자,

거백옥(蘧伯玉)이 몸소 변고를 만나 국도(國都)에서 가까운 관문을 통해 재차 출국하였다.[48]

그러나 혹자들은 거백옥이 이러한 일을 저지른 적이 없는데,『춘추좌씨전』에서 무고한 것이

라고 하고, 혹자들은 『춘추좌씨전』에 이러한 일이 있으니 거백옥이 잘못한 것이라고도 한

다. 『춘추좌씨전』은 믿을 만한 역사책이고, 거백옥은 현대부(賢大夫)이니, 이렇게 말하는

것이 어찌 통론이겠는가? 공자가 재차 거백옥의 집에 머물렀던 것은 『사기』에 의거해 보면

위 영공이 막 임종하려던 때에 있었으니,[49] 이 일은 노나라 애공 2년에 있었던 일로 노나라

---

47 위나라 헌공(獻公)이다.

48 양공(襄公) 14년에 손씨(孫氏)가 헌공(獻公)을 축출하려 할 때도 거백옥은 도망하여 도성에
    서 가까운 관문을 통해 출국하였으므로 "재차 출국하였다"라고 한 것이다. 『춘추좌씨전』「양
    공(襄公)」26년에 "거백옥이 '나는 임금의 출망(出亡)을 듣지 못했는데, 감히 임금의 입국을
    들을 수 있겠습니까?'라고 하고서 마침내 도망해 국도(國都)에서 가까운 관문을 통해 출국
    하였다.[伯玉曰: '瑗不得聞君之出, 敢聞其入?' 遂行, 從近關出.]"라고 했는데, 두예의 「주」에
    "14년에 손씨(孫氏)가 헌공(獻公)을 축출하려 할 때 거백옥이 가까운 관문을 통해 출국했던
    것과 금년에 영희(甯喜)가 헌공을 복위(復位)시키고자 할 때 거백옥이 또 가까운 관문을 통
    해 출국한 것에 의거해 보면 그가 몸을 보전하고 해를 멀리함이 이와 같았다.[據十四年, 孫
    氏欲逐獻公, 蘧伯玉從近關出, 今年, 甯喜欲復獻公, 蘧伯玉又從近關出. 其全身遠害如此.]"라
    고 했다.

49 『사기(史記)』권47, 「세가(世家)·공자세가(孔子世家)」에 따르면 공자는 진(陳)으로 가려
    고 광(匡)을 지나다가 광(匡) 사람들에게 양호(陽虎)로 오인 받아 구류당했다가, 따르던 사
    람을 영무자(甯武子)에게 보내 위(衛)에서 신하 노릇을 하게 한 다음에야 벗어나 위나라로
    돌아가 거백옥(蘧伯玉)의 집에 머물렀다. 그 뒤에 다시 서쪽으로 가서 조간자(趙簡子)를 만
    나려 했다가, 황하에 이르러서 두명독(竇鳴犢)과 순화(舜華)가 죽은 곳이라는 이야기를 들

양공(襄公) 14년과의 연도차가 햇수로 67년이나 된다. 그렇다면 손씨(孫氏)가 화(禍)를 일으킨 때는 거백옥의 나이가 어렸는데도 그의 명성과 덕이 이미 드러나 여러 사람들이 우러르는 명망이 쏠리는 바가 되었다는 것이다. 손씨는 간웅(奸雄)이었기 때문에 인심을 수습하려는 의도를 빙자해서 거백옥을 중용하려 했던 것이다. 하지만 결국은 나아가고 물러남이 여유로워 몸을 온전히 하고 해를 멀리할 수 있었으니, 이것이 기미를 아는 명철함이었던 것이다. 헌공(獻公) 간(衎)이 달아나고 상공(殤公) 표(剽)가 즉위함에 미쳐 손림보와 영희가 국정을 전횡하였으니, 거백옥은 이러한 무도한 때를 당하여 반드시 이미 자기의 재능을 거두어 간직했던 것이다. 오직 자기의 재능을 거두어 간직했기 때문에 영희도 거백옥이 국도(國都)에서 가까운 관문을 통해 출국하였다는 소식을 들을 수밖에 없었던 것이다. 거백옥은 손림보에게 대답하기를, '임금이 자기 나라를 통치하는데 누군들 감히 침범해서야 되겠습니까?'[50]라고 했으니, 대의(大義)가 이미 늠름했던 것이다. 그가 영희에게 대답한 말에는 '나는 임금의 출망(出亡)을 듣지 못했는데, 감히 임금의 입국을 들을 수 있겠습니까?'라고 했으니, 이는 그 임금의 출망과 입국을 모두 듣지 않고 놓아둘 수 있었던 것이다. 포자량(包子良: 포함(包咸)의 재이 그를 일러 '당시의 정치에 참여하지 않았다'라는 것이 바로 이것이다."라고 했다.

潘氏德輿『養一齋集』曰: "卷而懷之, 殆未仕也. 與夫獻公之暴, 所謂邦無道時也. 觀史魚之進伯玉, 知伯玉始固未嘗進矣." 又曰: "未仕而國之卿・大夫訪之, 重其賢也." 案, 黃・潘二說義同. 竊以伯玉年少時已仕, 及見獻公無道, 乃更不仕, 故難作得從近關出也. "不與時政", 卽是避位而去. 若但以爲始未嘗仕, 尙未盡然.

반덕여(潘德輿)[51]의 『양일재집』에 "재능을 거두어 간직해 두었다면 거의 벼슬을 하지 않았

고는 위나라로 되돌아가 다시 거백옥(蘧伯玉)의 집에 머물렀다.

50 『춘추좌씨전』「양공」 14년. 『춘추좌씨전』에는 "임금이 자기 나라를 통치하는데 신하가 감히 침범해서야 되겠습니까?(君制其國, 臣敢奸之?)"라고 되어 있다.

51 반덕여(潘德輿, 1785~1839): 청나라 강소(江蘇) 산양(山陽) 사람. 이름을 덕여(德興)라고도 쓰며, 자는 언보(彦輔) 또는 사농(四農). 도광(道光) 8년(1828) 거인(擧人)이 되었다. 시문(詩文)이 정교하고 심오해 가경(嘉慶), 도광 연간에 으뜸으로 인정받았다. 정호(程顥)와 정

다는 것이다. 위나라 헌공(獻公)이 포악하게 군 것과 같은 것이 이른바 나라에 도가 없는 때인 것이다. 사어가 거백옥을 천거한 것을 살펴보면 거백옥이 처음에는 본래 일찍이 벼슬에 나아가지 않았다는 것을 알 수 있다."라고 했고, 또 "벼슬을 하지 않았는데도 나라의 경과 대부가 그를 예방했으니, 그의 현명함을 중시한 것이다."라고 했다. 살펴보니 황식삼과 반덕여(潘德輿) 두 사람의 말뜻이 같다. 가만히 생각해 보면 거백옥이 어린 나이에 이미 벼슬을 했지만, 위나라 헌공(獻公)의 무도함을 봄에 미쳐 결국 다시 벼슬하지 않았기 때문에 난리가 일어날 것을 두려워하여 국도(國都)에서 가까운 관문을 통해 국외로 나갈 수 있었던 것이다.[52] "당시의 정치에 참여하지 않았다"라는 것은, 바로 자리를 피해서 떠나갔다는 것이다. 만약 단지 처음에 일찍이 벼슬하지 않았다고 여겼을 뿐이라면 오히려 다 그렇지는 않았을 것이다.

15-8

子曰: "可與言而不與之言, 失人; 不可與言而與之言, 失言. 知者不失人, 亦不失言."

이(程頤)가 사람의 본성을 천지지성(天地之性)과 기질지성(氣質之性)으로 나눈 것을 구체화하여, 천지지성은 천리(天理)가 사람에게 체현(體現)된 것이고 기질지성은 인욕(人慾)이 대표한다고 했다. 또한 왕수인(王守仁)의 양지설(良知說)을 비판했다. 저서에 『유자변(劉子辨)』이 있는데, 이는 명나라 말기 유종주(劉宗周)의 학설이 왕수인의 양지설에서 나온 것이라고 비판한 책이다. 그 밖의 저서에 『춘추강령(春秋綱領)』과 『상례정속(喪禮正俗)』, 『사서의시첩(四書義試帖)』, 『양일재차기(養一齋箚記)』, 『양일재집(養一齋集)』 등이 있다.

52 『춘추좌씨전』「양공」 14년에 "마침내 떠나 국동서 가까운 관문을 통해 국외로 나갔다.[遂行, 從近關出.]"라고 했는데, 두예의 「주」에 "난리가 일어날 것을 두려워하여 속히 국경 밖으로 나가고자 한 것이다.[懼難作, 欲速出竟.]"라고 했다.

공자가 말했다. "더불어 말할 만한데도 그와 더불어 말하지 않으면 사람을 잃는 것이고, 더불어 말할 만하지 못한데도 그와 더불어 말한다면 말을 잃는 것이다. 지혜로운 자는 사람을 잃지 않으며 또한 말을 잃지 않는다."

원문 正義曰: 皇本·『唐石經』·宋十行本·岳珂本·『考文』引古本·足利本·高麗本"不與"下無"之"字.『後漢』「安帝紀」引亦無"之"字.

역문 정의에서 말한다.

황간본과 『당석경』·송십행본(宋十行本)·악가본(岳珂本)·『칠경맹자고문』에 인용한 고본(古本)·아시카가본(足利本)·고려본에는 "불여(不與)" 아래 "지(之)" 자가 없다. 『후한서』「안제기」에 인용한 것에도 "지(之)" 자가 없다.

원문 『中論』「貴言篇」, "君子必貴其言. 貴其言, 則尊其身; 尊其身, 則重其道, 重其道, 所以立其敎. 言費則身賤, 身賤則道輕, 道輕則敎廢. 故君子非其人則弗與之言."

역문 『중론』「귀언」에 "군자는 반드시 그 말을 귀하게 한다. 말을 귀하게 하면 자기 자신을 높이고, 자기 자신을 높이면 그 도를 중시하니, 도를 중시하는 것은 가르침을 세우기 위한 것이다. 말을 허비하면 자신이 천박해지고, 자신이 천박해지면 도가 경시되며, 도가 경시되면 가르침이 폐하여진다. 그러므로 군자는 그 말할 만한 사람이 아니면 그와 더불어 말하지 않는다."라고 했다.

又曰: "故君子之與人言也, 使辭足以達其智慮之所至, 事足以合其性情之所安, 弗過其任而强牽制也. 苟過其任而强牽制, 則將昏瞀委滯, 而遂疑君子以爲欺我也. 不則曰'無聞知矣', 非故也, 明偏而示之以幽, 弗能照也; 聽寡而告之以微, 弗能察也. 故孔子曰: '可與言而不與之言, 失人: 不可與言而與之言, 失言. 知者不失人, 亦不失言.' 夫君子之於言也, 所致貴也, 雖有夏后之璜·商湯之駟, 弗與易也. 今以施諸俗士, 以爲志誣而弗貴聽也, 不亦辱己而傷道乎? 是以君子將與人語大本之源, 而談性義之極者, 必先度其心志, 本其器量, 視其銳氣, 察其墮衰, 然後唱焉以觀其和, 導焉以觀其隨. 隨和之徵, 發乎音聲, 形乎視聽, 著乎顔色, 動乎身體, 然後可以發邇而步遠, 功察而治微. 於是乎闡張以致之, 因來以進之, 審論以明之, 雜稱以廣之, 立準以正之, 疏煩以理之, 疾而勿迫, 徐而勿失, 雜而勿結, 放而勿逸, 欲其自得之也. 故大禹善治水, 而君子善導人. 導人必因其性, 治水必因其勢, 是以功無敗而言無棄也. 荀卿曰: '禮恭然後可與言道之方. 有爭氣者, 勿與辨也.' 孔子曰: '惟君子, 然後能貴其言, 貴其色, 小人能乎哉?'"

또 말했다. "그러므로 군자는 남과 더불어 말을 함에 말은 충분히 그의 지혜와 생각이 미치는 곳까지 통달하게 하고, 일은 그의 성정(性情)이 편히 여기는 바에 부합되도록 해서 자기가 맡은 소임을 넘어 억지로 견제하지 않게 하는 것이다. 만일 자기가 맡은 소임을 넘어 억지로 견제하면 장차 정신이 혼몽해지고 막혀서 마침내 군자를 의심해서 나를 속인다고 여기게 될 것이다. 그렇지 않다면 '견문지식이 없다'라고 할 것이니, 이는 고의로 그러는 것이 아니라 밝은 것이 편벽된데다가 어두운 것을 보여 주어 비출 수 없기 때문이고, 들은 것이 적은데 은미한 것을 일러 주어 살필 수 없기 때문이다. 그러므로 공자가 말하길, '더불어 말할 만한데도 그와 더불어 말하지 않으면 사람을 잃는 것이고, 더불어 말할 만하지 못한데도 그와 더불어 말한다면 말을 잃는 것이다. 지혜로운 자는 사람을 잃지 않으며 또한 말을 잃지 않는다.'라고 한 것이다. 군자는 말하는 것에 대해 가장 귀하게 여겼으니, 비록 하후씨의 황옥(璜玉)과 상(商)나라 탕왕(湯王)의 사마(駟馬)라 할지라도 더불어 바꾸지 않을 것이다. 지금 그것을 세속의 선비들에게 베푸는데 속인다고 생각해서 듣는 것을 귀하게 여기지 않는다면 또한 자기를 욕보이고 도를 해치는 것이 아니겠는가? 이런 까닭에 군자로서 장차 남과 함께 대본(大本)의 근원을 말하고 성의(性義)의 궁극을 말하려는 자가 반드시 그 심지를 헤아리되 그의 기량(器量)에 바탕을 두고, 그의 예리한 기운을 보되 그의 게으름과 쇠락함을 살핀 뒤에 자기의 견해를 먼저 주창하여 그 화합함을 살피고 인도하여 따르는지를 살피는 것이다. 따르고 화합하는 조짐은 음성에서 출발하고 보고 듣는 데서 나타나며 안색에서 드러나고 몸에서 움직이는 것이니, 그런 뒤에 가까운 데[53]에서 출발하여 먼 곳까지 갈 수 있어서 공이 밝게 드러나고 일을 다스림이 정미해지는 것이다. 여기에서 거두어 들이거나 베풀어 주는 방식으로 민중을 불러들이고, 그에 따라오게 하여 진작시키고, 의론을 살펴 밝히며, 여러 가지 논설들을 일컬어 넓히고, 표준을 세워 바르게 하고, 번거로운 것을 트이게 해서 조리 있게 하며, 빠르되 급박하지 않게 하고, 느리되 실수하지 않게 하며, 섞여 있되 얽매이지 않고 놓아두되 나태하지 않게 하는 것은 자득하고자 해서이다. 그러므로 대우(大禹)가 물을 잘 다스렸던 것이고, 공자가 사람을 잘 인도했던 것이다.[54] 반드시 그의 성품에 따라 사람을 인도하고 반드시

---

53 『논어정의(論語正義)』에는 "幽"로 되어 있으니, 『중론(中論)』「귀언(貴言)」에 "遹"로 되어 있다. 『중론』을 근거로 "遹"로 고쳤다.

54 『논어』「자한(子罕)」에 안연(顔淵)이 "선생님께서는 공손하게 사람을 잘 이끄시어, 문(文)으

그 형세를 따라 물을 다스렸으니 그런 까닭에 공을 이룸에 실패가 없었고 말을 버림이 없었던 것이다. 순경(荀卿)이 말하길, '예를 공손히 갖춘 뒤에야 함께 도의 방법을 말할 수 있다. 다투려는 기색이 있는 자와는 함께 변론하지 말아야 한다.'[55]라고 했고, 공자가 말하길, '오직 군자인 뒤라야 자기가 하는 말을 귀하게 여길 수 있고 자기의 용모를 귀하게 여길 수 있으니, 소인이라면 할 수 있겠는가?'라고 했다."

15-9

子曰: "志士仁人, 無求生以害仁, 有殺身以成仁."【注】孔曰:
"無求生以害仁, 死而後成仁, 則志士仁人不愛其身也."

공자가 말했다. "뜻있는 선비와 인한 사람은 삶을 구하여 인(仁)을 해치는 경우는 없으나, 죽음으로써 인을 이루는 경우는 있다."
【주】공안국이 말했다. "삶을 구하여 인(仁)을 해침이 없고, 죽은 뒤에 인을 이루니, 그렇다면 뜻있는 선비와 인한 사람은 제 몸을 아끼지 않는다."

원문 正義曰: "志士"者, 『孟子』「滕文公篇」, "志士不忘在溝壑." 趙岐「注」, "志士, 守義者也." 俞氏樾『平議』謂"志士"卽知士, 與"仁人"爲"知"·"仁"竝擧, 其說亦通. "害仁", 『唐石經』作"害人", 『文選』曹植「贈徐幹詩」「注」·

로써 나를 넓혀 주시고 예(禮)로써 나를 단속해 주셨다.[夫子循循然善誘人, 博我以文, 約我以禮.]"라고 했으므로, 여기의 "군자(君子)"를 "공자(孔子)"로 해석했다.

55 『순자(荀子)』 권1, 「권학편(勸學篇)」.

『太平御覽』四百十九亦引作"人", 皆從『唐石經』而誤也.

역문 정의에서 말한다.

"뜻있는 선비[志士]"

『맹자』「등문공하」에 "뜻있는 선비[志士]는 죽어서 자기의 시신이 도랑이나 골짜기에 버려짐을 항상 각오한다."라고 했는데, 조기(趙岐)의 「주」에 "뜻있는 선비[志士]란 의(義)를 지키는 자이다."라고 했고, 유월의『군경평의』에는 "지사(志士)"란 바로 지혜로운 선비[知士]라고 하면서 "인인(仁人)"과 함께 "지(知)"와 "인(仁)"을 함께 거론했는데, 그의 말도 역시 통한다. "해인(害仁)"은『당석경』에 "해인(害人)"으로 되어 있는데,『문선』에 조식(曹植)[56]의 「증서간」의 「주」와『태평어람』권419에도 인용하면서 "인(人)"으로 썼는데, 모두『당석경』을 따라서 생긴 잘못이다.

원문 張栻『解』, "人莫不重於其生也, 君子亦何以異於人哉? 然以害仁則不敢以求生, 以成仁則殺身而不避, 蓋其死有重於生故也. 夫仁者, 人之所以生

---

56 조식(曹植, 192~232): 삼국시대 위(魏)나라 패국(沛國) 초현(譙縣) 사람. 자는 자건(子建)이고, 조조(曹操)의 아들이다. 일찍부터 조숙했고, 문재(文才)가 있었다. 어린 나이로 조조의 사랑을 받아 건안(建安) 16년(211) 평원후(平原侯)에 봉해지고, 19년(214) 임치후(臨淄侯)로 옮겨 봉해졌다. 한 차례 황태자로 올리려 했지만 성격대로 행동하여 총애를 잃고 말았다. 형 조비(曹丕, 文帝)가 황제(文帝)가 되자 황초(黃初) 3년(222) 견성왕(鄄城王)에 봉해지고, 다음 해 옹구왕(雍丘王)으로 옮겨 봉해졌지만, 재주와 인품을 싫어한 문제가 시기하여 해마다 새 봉지(封地)에 옮겨 살도록 강요했다. 엄격한 감시 아래 신변의 위험을 느끼며 불우한 나날을 보냈다. 명제(明帝) 태화(太和) 3년(229) 동아왕(東阿王)이 되었다가 다시 진왕(陳王)에 봉해졌다. 항상 등용되기를 기대했지만 끝내 기용되지 못했다. 6년(232) 다시 봉지를 옮겼다가 마지막 봉지인 진(陳)에서 죽었다. 시호는 사(思)다. 그리하여 진사왕(陳思王)으로 불린다. 시문을 잘 지어 조조, 조비와 함께 '삼조(三曹)'로 불린다. 약 80여 수의 시가 전하고, 사부(辭賦)나 산문도 40여 편 남아 있다. 「칠보시(七步詩)」가 유명하다. 송나라 때『조자건집(曹子建集)』이 나왔다.

者也. 苟斲其所以生者, 則其生也亦何爲哉? <u>曾子</u>所謂'得正而斃'者, 正此
義也."

역문 장식(張栻)의 『논어해』에 "사람은 자기의 삶을 소중히 여기지 않음이
없으니, 군자라고 해서 또한 어찌 남과 다르겠는가? 그러나 인을 해치면
서까지 감히 삶을 구하지 못하고, 인을 이룬다면 죽더라도 피하지 않은
것은 아마도 그 죽음이 삶보다 더 귀중함이 있기 때문일 것이다. 인(仁)
이란 사람이 살아가는 원리이다. 만약 그 살아가는 원리를 어그러뜨리
는 자라면, 그의 삶은 또한 어떠한 것이겠는가? 증자(曾子)의 이른바 '바
른 도리를 얻고서 죽는다'[57]는 것이 바로 이 뜻이다."라고 했다.

원문 <u>焦氏循</u>『<u>雕菰樓文集</u>』云: "殺身成仁, 解者引<u>比干</u>之諫, <u>夷</u>·<u>齊</u>之餓, 固
矣. 然殺身不必盡刀鋸鼎鑊也. <u>舜</u>勤民事而野死, <u>冥</u>勤其官而水死, 爲民禦

---

57 『예기』「단궁상(檀弓上)」: 증자가 병으로 몸져누웠을 때, 악정자춘은 침상 아래에 앉았고,
증원과 증신은 발끝에 앉았으며, 동자는 모퉁이에 앉아 촛불을 잡고 있었는데, 동자가 말하
기를, "화려하고 고우니 대부가 사용하는 대자리일 것입니다."라고 하자, 악정자춘이 말하
기를, "그만 말하라."라고 하였다. 증자가 듣고 눈이 휘둥그레지며 "아!" 하고 탄식하였다. 동
자가 말하기를, "화려하고 고우니 대부가 사용하는 대자리일 것입니다."라고 하자, 증자가
말하기를, "그러하다. 이는 계손씨가 준 것인데 내가 바꾸지 못하였으니, 증원은 일어나 대
자리를 바꾸거라."라고 하였다. 증원이 대답하기를, "아버님의 병이 심하여 바꿀 수가 없으
니, 바라건대 내일 아침이 되면 공경히 바꾸겠습니다."라고 하였다. 증자가 말하기를, "네가
나를 사랑하는 것이 저 동자만도 못하구나. 군자가 사람을 사랑함은 덕으로써 하고 소인이
사람을 사랑함은 임시방편[姑息]으로써 하니, 내 무엇을 바라겠는가? 내 바른 도리를 얻고
죽으면 그만이다."라고 하였다. 이에 몸을 들어 부축하여 자리를 바꾸었는데, 자리로 돌아
와 편안해지기도 전에 죽었다.[<u>曾子</u>寢疾, <u>樂正子春</u>坐於牀下, <u>曾元</u>·<u>曾申</u>坐於足, 童子隅坐而
執燭, 童子曰: "華而睆, 大夫之簀與." <u>子春</u>曰: "止!" <u>曾子</u>聞之, 瞿然曰: "呼!" 曰: "華而睆, 大夫
之簀與." <u>曾子</u>曰: "然! 斯<u>季孫</u>之賜也, 我未之能易也, <u>元</u>起易簀!" <u>曾元</u>曰: "夫子之病革矣, 不可
以變, 幸而至於旦, 請敬易之." <u>曾子</u>曰: "爾之愛我也, 不如彼. 君子之愛人也, 以德; 細人之愛
人也, 以姑息. 吾何求哉? 吾得正而斃焉, 斯已矣." 擧扶而易之, 反席未安而沒.]

大災・捍大患, 所謂仁也. 以死勤事, 即是殺身成仁. 苟自愛其身, 則禹不
胼胝, 顔色不黧黑, 竅氣不塞, 足不偏枯, 而水不平, 民生不遂, 田賦不能
成, 即是不能成仁, 則爲求生以害仁也. <u>管仲</u>不死而相<u>桓公</u>, 霸諸侯, 一匡
天下, 民到于今受其賜, 是成仁不必殺身. 夫聖賢之死不死, 審乎仁不仁,
非謂仁必死也, 非謂死則仁也."

역문 초순(焦循)의 『조고루문집』에 "살신성인(殺身成仁)에 대해 해설가들은
비간(比干)의 간언과 백이·숙제의 아사를 인용하는데, 참으로 당연하
다. 그러나 죽는 데 굳이 칼이나 톱, 가마솥을 다 동원할 필요는 없다.
순은 백성[58]들의 일을 부지런히 하다가 들에서 죽었고,[59] 명(冥)은 자신
관직에 근무하다가 물에서 죽었으니[60] 백성들을 위해 큰 재앙을 잘 막고
큰 근심을 잘 막는 것이 이른바 인(仁)이다. 죽을 각오로 부지런히 일하
는 것이 바로 살신성인이다. 만일 스스로 자기 몸을 아꼈다면 우는 손발
에 못이 박히지 않았을 것이며, 얼굴이 시커멓게 그을리지도 않았을 것
이고, 숨구멍의 숨이 막히지도 않았을 것이며, 다리가 한쪽만 야위지 않
았겠지만, 물은 평치(平治)되지 않았을 것이고, 민생(民生)은 이루어지지
않았을 것이며, 토지세와 조세제도가 완성되지 않았을 것이니, 바로 이

---

58 『논어정의』에는 "衆"으로 되어 있으나, 이 글은 『국어(國語)』에서 인용한 것으로, 『국어』
   권4, 「노어상(魯語上)」에는 "民"으로 되어 있다. 글의 내용 역시 "民"이 되어야 통하므로, 『국
   어』를 근거로 "民"으로 고쳤다.

59 『사기(史記)』권1, 「오제본기(五帝本紀)」: 순임금이 제위에 오른 지 39년 되던 해에 남쪽 지
   방을 순수히다가 창오(蒼梧)의 들판에서 붕어하매 강남(江南)의 구의산(九疑山)에 장례하
   니, 이곳이 바로 영릉(零陵)이다.[踐帝位三十九年, 南巡狩, 崩於<u>蒼梧</u>之野, 葬於<u>江南九疑</u>, 是
   爲<u>零陵</u>.]

60 『국어』권4, 「노어상」 위소(韋昭)의 「주」에 "명(冥)은 설(契)의 육세(六世) 후손이고, 근어
   (根圉)의 아들이다. 하(夏)나라의 수관(水官)이 되어 직무에 힘쓰다가 물에서 죽었다.[冥, 契
   後六世孫, <u>根圉</u>之子也. 爲<u>夏</u>水官, 勤於其職而死於水.]"라고 했다.

렇듯 인을 이루지 못하면 삶을 구하여 인을 해치게 되는 것이다. 관중
(管仲)은 죽지 않고 환공(桓公)을 도와 제후의 패자가 되게 하고, 한 번 천
하를 바로잡았기 때문에 백성들이 지금까지 그 혜택을 받고 있으니, 이
렇듯 인을 이룬다고 해서 것이 반드시 죽어야만 하는 것은 아니다. 성현
이 말하는 죽음과 죽지 않음, 인과 불인을 자세히 살핌이 인을 이루기
위해서는 반드시 죽어야만 한다는 말이 아니며, 죽으면 인이 이루어진
다는 말도 아니다."라고 했다.

15-10

**子貢問爲仁, 子曰: "工欲善其事, 必先利其器. 居是邦也, 事
其大夫之賢者, 友其士之仁者." 【注】 孔曰: "言工以利器爲用, 人以
賢友爲助."**

자공이 인을 행하는 것에 대해 묻자, 공자가 말했다. "기술자가
일을 잘하려면 반드시 먼저 도구를 예리하게 만들어야 한다. 이
나라에 살면서 나라의 대부 가운데 현명한 사람을 섬기며, 나라
의 선비 가운데 인한 사람을 벗 삼아야 하느니라." 【주】 공안국이 말
했다. "기술자는 예리한 기구를 용구(用具)로 삼고, 사람은 현명한 벗을 조력자로 삼
는다는 말이다."

원문 正義曰: "爲仁"者, 爲猶行也. "利其器", 『漢書』 「梅福傳」作 "厲其器". 惠
氏棟 『九經古義』以 "利"爲 『古論』, 馮氏登府 『異文考證』以 "厲"爲 『魯論』, 二
字訓義略同也. 言 "居是邦", 則在夫子周遊時. 「曾子制言下」, "凡行不義,

則吾不事; 不仁, 則吾不長. 奉相仁義, 則吾與之聚群."

역문 정의에서 말한다.

"위인(爲仁)"에서 위(爲)는 행함[行]과 같다. "이기기(利其器)"는 『전한서』
「매복전」에 "여기기(厲其器)"로 되어 있다. 혜동(惠棟)은 『구경고의』에는
"이(利)"로 되어 있는 것을 『고논어』라고 했고, 풍등부(馮登府)는 『이문고
증』에서 "여(厲)"로 되어 있는 것은 『노논어』라고 했는데, 두 글자의 새
김과 뜻이 대략 같다. "이 나라에 살면서(居是邦)"라고 했으니, 공자가 주
유천하할 때 있었던 질문이다. 『대대례』「증자제언하」에 "무릇 행실이
의롭지 못하면 나는 섬기지 않고, 불인(不仁)하면 나는 어른으로 여기지
않는다. 인의를 받들어 도우면 나는 그들과 더불어 무리를 모을 것이
다."라고 했다.

원문 『荀子』「哀公篇」, "所謂庸人者, 不知選賢人善士, 托其身焉, 以爲己
憂." 然則所事所友, 皆己德行之助, 可資以砥厲, 故宜愼選之也. 皇「疏」
云: "大夫貴, 故云'事'; 士賤, 故云'友'也. 大夫言'賢', 士言'仁', 互言之也."
案, 皇本"仁者"下有"也"字.

역문 『순자』「애공편」에 "이른바 용렬한 사람[庸人]이란 어진 사람이나 선한
선비를 가려 그에게 자기 자신을 의탁할 줄 몰라 자기의 근심으로 삼는
다."라고 했으니, 그렇다면 섬기는 사람이나 벗 삼는 사람이란 모두 자
기의 덕행을 도와 이를 바탕으로 가다듬을 수 있는 사람이라야 하기 때
문에 마땅히 신중하게 선택해야 하는 것이다. 황간의 「소」에 "대부는
존귀하기 때문에 '섬긴다[事]'라고 한 것이고, 사는 비천하기 때문에 '벗
삼아야 한다[友]'라고 한 것이다. 대부에 대해서는 '현명한 사람[賢]'이라
하고 사에 대해서는 '인한 사람[仁]'이라고 한 것은 호언(互言)[61]한 것이다."
라고 했다. 살펴보니, 황간본에는 "인자(仁者)" 아래 "야(也)" 자가 있다.

顔淵問爲邦. 子曰: "行夏之時,【注】據見萬物之生, 以爲四時之始,
取其易知.

안연이 나라를 다스리는 것에 대해서 묻자, 공자가 말했다. "하나
라의 달력을 쓰고,【주】만물이 소생하는 것을 보고 사시의 시작으로 삼은 것
에 근거한 것이니, 알기 쉬운 것을 취한 것이다.

원문 正義曰: "爲邦"者, 謂繼周而王, 以何道治邦也. 『呂氏春秋』「察今篇」,
"故治國無法則亂, 守法而弗變則悖. 悖亂不可以持國. 世易時移, 變法宜
矣. 譬之若良醫, 病萬變, 藥亦萬變, 病變而藥弗變, 向之壽民, 今爲殤子
矣. 故凡擧事必循法以動, 變法者因時而化, 若此論則無過務矣. 夫不敢議
法者, 衆庶也; 以死守者, 有司也; 因時變法者, 賢主也."『呂覽』此言, 正
顔子問爲邦之意. 王寶『易』「雜卦」「注」, "弟子問政者數矣, 而夫子不與言
三代損益, 以非其任也. 回則備言王者之佐, 伊尹之人也, 故夫子及之焉."

역문 정의에서 말한다.

　"나라를 다스리는 것[爲邦]"이란 주를 계승하여 왕도정치를 펼치기 위
해서는 어떠한 방법으로 나라를 다스려야 하냐는 말이다. 『여씨춘추』

61　호언(互言): 같은 말을 되풀이하지 않기 위해 일부만 번갈아 쓰는 거나, 앞뒤의 문구에서 각
　　기 교차 생략하고, 상호 보충하는 수사(修辭) 방식. 또는 두 개 이상의 문장이나 구절이 서로
　　뜻이 통해서 상호 보완하여 전체의 문의를 완전하게 통하도록 하는 문체. 호문(互文)이라고
　　도 한다.

「찰금」에 "그러므로 나라를 다스림에 법이 없으면 어지러워지지만 법을 고수하기만 하고 바꾸지 않으면 어그러진다. 어그러지고 혼란해지면 나라를 지탱할 수가 없다. 세상은 바뀌고 때는 변하는 것이니 법을 바꾸는 것이 당연하다. 비유하자면 용한 의사가 병이 만 가지로 변하면 약역시 만 가지로 바꾸는 것과 같으니, 병이 변하는데 약이 바뀌지 않으면 예전에는 장수하던 백성이 이제는 요절하는 사람이 되고 만다. 그러므로 무릇 일을 거행할 때는 반드시 법을 따라 일으켜야 하고 법을 고치는 것은 때에 맞추어서 바꾸어야 하니, 만약 이러한 논리대로 시행한다면 잘못되는 일이 없을 것이다. 무릇 법에 대해 의견을 내지 못하는 자는 뭇 서민들이고 죽음을 무릅쓰고 지키는 자는 담당 관리이며 때에 맞게 법을 고치는 자는 현명한 군주이다."라고 했다. 『여씨춘추』의 이 말이 바로 안자(顏子)가 나라를 다스리는 것에 대해 질문한 뜻이다. 간보(干寶)[62]의 『주역』「잡괘」의 「주」에 "정치에 대해 질문한 제자가 많은데, 공자가 삼대의 손익을 말해 주지 않은 것은 그의 소임이 아니기 때문이다. 안회는 왕자(王者)를 보좌할 만한 재질을 갖추어 말하였고, 이윤(伊尹)과 같은 인물이었기 때문에 공자가 그에게 이것을 언급한 것이다."라고 했다.

---

62 간보(干寶, ?~?): 동진(東晉) 여양(汝陽) 신채(新蔡) 사람. 자는 영승(令升). 젊어서 부지런히 배우고 많은 책을 읽어 재기(才氣)로 이름이 났다. 저작랑(著作郞)이 되었다. 두도(杜弢)를 평정하는 데 공을 세워 관내후(關內侯)에 봉해졌다. 동진에 들어 국사(國史)를 맡고 산기상시(散騎常侍)로 옮겼다. 『수신기(搜神記)』20권을 지었는데, 지금 전하는 것은 후인(後人)들이 다시 모은 것이다. 이 책은 위진(魏晉) 지괴소설(志怪小說)을 대표하는 작품으로 당송(唐宋)시대 전기물(傳奇物)의 선구가 되는 등 후세 문학사의 발전에 큰 영향을 끼쳤다. 그 밖의 저서에 『주역주(周易注)』와 『주관주(周官注)』, 『간자(干子)』, 『진기(晉紀)』, 『춘추좌자의외전(春秋左子義外傳)』 등이 있었지만, 모두 없어졌다. 『진기』는 직설적이면서도 부드러워 양사(良史)로 칭송되었다.

● 「注」, "據見"至"易知".

● 正義曰: "見萬物之生", 謂建寅月也. 『白虎通』「三正篇」, "正朔有三何? 本天有三統, 謂三微之月也. 明王者當奉順而成之, 故受命各統一正也, 敬始重本也. 三微者, 何謂也? 陽氣始施黃泉, 萬物動微而未著也. 十一月之時, 陽氣始養根株, 黃泉之下, 萬物皆赤. 赤者, 盛陽之氣也, 故周爲天正, 色尚赤也; 十二月之時, 萬物始牙而白, 白者陰氣, 故殷爲地正, 色尚白也. 十三月之時, 萬物始達, 孚甲而出, 皆黑, 人得加功, 故夏爲人正, 色尚黑. 『尙書大傳』曰: '夏以孟春月爲正, 殷以季冬月爲正, 周以仲冬月爲正, 夏以十三月爲正, 色尙黑, 以平旦爲朔; 殷以十二月爲正, 色尙白, 以雞鳴爲朔; 周以十一月爲正, 色尙赤, 以夜半爲朔.' 三正之相承, 若順連環也. 孔子承周之弊, '行夏之時', 知繼十一月正者, 當用十三月也."

○ 「주」의 "거견(據見)"부터 "이지(易知)"까지.

○ 정의에서 말한다.

"만물이 소생하는 것을 본다"라는 것은 북두칠성의 자루가 인방(寅方)을 가리키는 달인 건인월(建寅月)을 정월(正月)로 삼는다는 말이다. 『백호통의』「삼정」에 "정월 초하루가 세 가지가 있는 것은 어째서인가? 하늘에 삼통(三統)[63]이 있다는 것에 근거한 것인데, 삼미(三微)의 달[月][64]을 말하는 것이다. 명철한 왕자(王者)는 마땅히 삼통을 받들어 순종해서 완성시켜야

---

63 삼통(三統): 하·은·주 삼대(三代)의 정삭(正朔)을 말한다. 하나라는 인월(寅月)로 세수(歲首)를 삼아 인통(人統)이 되고, 은나라는 축월(丑月)로 세수를 삼아 지통(地統)이 되고, 주나라는 자월(子月)로 세수를 삼아 천통(天統)이 되는데, 고려 때나 지금 쓰는 음력은 하력(夏曆)에 근거한 것이다.

64 삼미(三微)의 달[月]: 하·은·주 삼대의 세수(歲首)인 자월·축월·인월을 말하는데 지금으로 말하면 동짓달·섣달·정월이다. 삼미라고 한 것은 천(天)·지(地)·인(人) 삼정(三正)의 시초로서 만물이 다 아주 희미한 때문이다. 『후한서(後漢書)』「진총전(陳寵傳)」에 "삼미(三微)가 드러나 삼통(三統)을 통하게 하였다.[三微成著, 以通三統.]"라고 한 「주」에 "11월은 양기(陽氣)가 태동을 시작해서 희미하여 아직 드러나지 않기 때문에 주나라는 천정(天正)을 세수로 삼았고, 12월은 만물이 싹트기 시작하기 때문에 은나라는 지정(地正)을 세수로 삼았으며, 13월은 만물이 솟아오르기 시작하기 때문에 사람들이 노력을 가하여 그 사업을 전개할 수 있기 때문에 하나라에서는 인정(人正)을 세수로 삼았다.[十一月陽氣始動, 微而未著, 故周以天正爲歲; 十二月萬物始芽, 故殷以地正爲歲; 十三月萬物始達, 人得加功以展

하기 때문에 천명을 받아 각각 정삭을 통일하는 것이니, 처음을 공경하고 근본을 중시하는 것이다. 삼미(三微)란 무엇을 말하는 것인가? 양기(陽氣)가 황천(黃泉)에서 퍼지기 시작하면[65] 만물의 움직임이 미미해서 아직은 드러나지 않는다. 11월에는 양기가 뿌리와 그루터기를 기르기 시작하고 황천의 아래는 모두 붉은색[赤]이다. 붉은색은 양의 기운이 왕성한 것이다. 그러므로 주나라에서는 천정(天正)을 세수(歲數)로 삼고 색은 붉은색을 숭상하였고, 12월에는 만물이 움이 터서 하얘지기 시작하는데, 흰색이란 음기(陰氣)이기 때문에 은나라에서는 지정(地正)을 세수로 삼고 색은 흰색을 숭상하였으며, 13월은 만물이 솟아오르기 시작하여 껍질을 가르고 나오는데, 모두 검은색이고, 사람들은 노력을 가할 수 있기 때문에 하나라에서는 인정(人正)을 세수로 삼고 색은 검은색을 숭상한 것이다. 『상서대전』에 '하나라는 맹춘월(孟春月)을 정월로 삼고, 은나라는 계동월(季冬月)을 정월로 삼았으며, 주나라는 중동월(仲冬月)로 정월을 삼았으니, 하나라는 13월[1월]을 정월로 삼았기 때문에 색은 검은색을 숭상하고 동틀 무렵인 인시[寅時: 평단(平旦)]를 정월 초하루의 시작으로 삼은 것이고, 은나라는 12월을 정월로 삼고 색은 흰색을 숭상했기 때문에 닭이 울 무렵인 축시[丑時: 계명(雞鳴)]를 정월 초하루의 시작으로 삼은 것이며, 주나라는 11월을 정월로 삼고 색은 붉은색을 숭상했기 때문에 한밤중인 자시[子時: 야반(夜半)]를 정월 초하루의 시작으로 삼은 것이다.'[66]라고 했다. 하·은·주 세 나라의 정삭(正朔)인 천정(天正)·지정(地正)·인정(人正)이 서로 이어지는 것이 마치 연결된 고리처럼 이어지는 것과 같다. 공자가 주나라의 쇠퇴기를 이어받아 '하나라의 달력을 써야 한다'라고 한 것은 11월의 정삭을 계승하는 자는 마땅히 13월[1월]을 사용해야 함을 알았기 때문이다."라고 했다.

『周書』「周月解」, "夏數得天, 百王所同. 其在商湯, 用師于夏, 除民之災, 順天革命, 改正朔, 變服殊號, 示不相沿, 以建丑之月爲正, 易民之視. 亦越我周王, 致伐于商, 改正

其業, 故夏以人正爲歲.]"라고 했다.

[65] 『일주서(逸周書)』「주월(周月)」에 "동짓달에 미세한 양의 기운이 황천에서 움직인다.[微陽動于黃泉.]"라고 했고, 『예기』「월령(月令)」에 "동짓달에 우물물이 일렁이기 시작한다.[仲冬之月, 水泉動.]"라고 했다.

[66] 『상서대전(尙書大傳)』권2,「주서(周書)·홍범오행전(洪範五行傳)」.

異械, 以垂三統. 至于敬授民時, 巡守祭享, 猶自夏焉, 是謂周月, 以紀于政." 據『周書』此言,
是周亦用夏時.

『일주서』「주월해」에 "하나라의 역수(曆數)가 천시(天時)와 부합하여 모든 왕들이 똑같이
사용한 것이다. 상탕(商湯)에 이르러 하나라에 군사를 일으켜 백성들의 재앙을 제거하고 하
늘의 뜻에 따라 천명을 바꾸고 정삭(正朔)을 고쳤으며, 복식을 바꾸고 호칭을 특별하게 하
고, 한 번은 문채가 나고 한 번은 질박하게 해서 서로 답습하고 있지 않음을 보여 주어 북두
칠성의 자리가 축시(丑時)의 방향을 가리키는 달을 정월로 삼아 백성들이 알아보기 쉽게 하
였다. 또 우리 주나라 왕에게 넘어와서 상나라를 정벌하여 정삭을 개정하고 기구를 달리하
여 삼통(三統)을 드리웠다. 백성에게 농사철을 경건하게 알려 주고, 사방으로 순수(巡守)하
여 하늘과 천지와 바다에 제향을 지냄에 이르러서는 하나라 때부터 해 온 것과 같이 했으니,
이는 주나라의 달력을 정사에 기록했다는 말이다."라고 했다. 『일주서』의 이 말에 의거해 보
면 주나라 역시 하나라의 달력을 사용했다.

『乾鑿度』云: "天道三微而成一著." 夏時萬物始達, 雖微而已著, 故『白虎通』以爲"人得加功"
也.『禮』「鄕飮酒義」, "春之爲言蠢也, 産萬物者聖也."「周月解」, "凡四時成歲, 有春 · 夏 ·
秋 · 冬, 各有孟 · 仲 · 季, 以名十二月. 萬物春生 · 夏長 · 秋收 · 冬藏, 天地之正, 四時之極,
不易之道." 是春主生物, 爲四時始, 寅月爲孟春, 夏時用之. 民旣便於施功, 故易得知之也.

『주역건착도』에 "천도(天道)는 세 번 희미했다가 한 번 드러남이 이루어진다.[三微而成一
著.]"라고 했는데, 하나라의 정삭[夏時]은 만물이 솟아나기 시작했을 때이니, 비록 희미하기
는 하지만 이미 드러났기 때문에 『백호통』에서 "사람들이 노력을 가할 수 있다"라고 한 것이
다. 『예기』「향음주의」에 "봄이란 말은 꿈틀거린다[蠢]는 뜻이니, 만물을 낳는 것은 성스러운
일이다."라고 했고, 『일주서』「주월해」에 "사시(四時)가 모여 한 해를 이룸에 봄 · 여름 · 가
을 · 겨울이 있고, 각각의 계절에는 맹(孟) · 중(仲) · 계(季) 3개월이 있어서 이를 가지고 12월
을 명명한다. 만물은 봄에 태어나고 여름에 성장하며 가을에 수확을 하고 겨울에 보관하니
천지의 바른 기운과 사시의 지극함은 바뀌지 않는 도(道)이다."라고 했으니, 봄은 만물을 낳
는 것을 주관하므로 사시의 시작이 되고, 인월(寅月)이 맹춘(孟春)이 되므로 하나라의 정삭
은 이것을 사용한 것이다. 백성들은 이미 일을 펼치는 데 편리해졌기 때문에 쉽게 알 수 있

는 것이다.

乘殷之輅, 【注】 馬曰: "殷車曰大輅. 『左傳』曰: '大輅越席, 昭其儉也.'"

은나라의 수레를 타며, 【주】 마융이 말했다. "은나라 수레를 대로(大輅)라 한다. 『춘추좌씨전』에 '대로(大輅)에 부들을 엮어 만든 자리[越席]를 까는 것은 검소함을 드러내기 위함이다.'[67]라고 했다."

원문 正義曰: 『釋文』, "輅, 本亦作路." 『說文』, "輅, 車輪前橫木也." 段「注」引應劭說"謂以木當胸以輓車"者卽此. 又謂車名, 本字自作路. 案, 『釋名』「釋車」, "天子所乘曰'路', '路'亦車也. 謂之'路'者, 言行于道路也." 是"路"爲車名. 『爾雅』「釋詁」·「舍人」「注」, "路, 車之大也." 此引申之義.

역문 정의에서 말한다.

『경전석문』에 "노(輅)는 판본에 따라 또 노(路)로도 되어 있다." 『설문해자』에 "노(輅)는 수레 난간 앞에 가로 댄 나무이다."[68]라고 했는데, 단옥재의 「주」에 응소(應劭)의 설을 인용해서 "나무를 수레 앞쪽의 끌채[胸: 염판緈板]에 대고 수레를 끄는 것이다"라고 한 것이 바로 이것이다.

---

67 『춘추좌씨전』「환공」 2년: 그러므로 청묘(淸廟)의 지붕을 띠로 이며, 대로(大路)의 방석을 부들로 엮어 만들며, 대갱(大羹)에 조미를 하지 않으며, 기장밥을 도정하지 않는 것은 검소함을 드러내기 위함입니다.[是以淸廟茅屋, 大路越席, 大羹不致, 粢食不鑿, 昭其儉也.]

68 『설문해자』 권14: 로(輅)는 수레 난간 앞에 가로 댄 나무이다. 거(車)로 구성되었고 각(各)이 발음을 나타낸다. 낙(洛)과 고(故)의 반절음이다.[輅, 車輪前橫木也. 從車各聲. 洛故切.]

또 수레의 이름을 이르기도 하는데, 본자(本字)는 원래 노(路)로 쓴다. 살펴보니, 『석명』「석거」에 "천자가 타는 것을 '노(路)'라 하니, '노(路)' 역시 수레이다. 그것을 일러 '노(路)'라고 하는 것은 길을 간다는 말이다."라고 했으니, 이때의 "노(路)"는 수레의 이름이다. 『이아』「석고」와 『주례』「하관사마상·사인」의 「주」에 "노(路)는 수레가 큰 것이다."라고 했는데, 이는 인용하면서 의미가 확장된 것이다.

- 「注」, "殷車"至"儉也".
- 正義曰: 『禮』「明堂位」, "鸞車, 有虞氏之輅也; 鉤車, 夏后氏之輅也; 大輅, 殷輅也; 乘輅, 周輅也." 是歷代車制不同, 名亦各異. 此「注」"殷車曰大輅", 即據「明堂位」別之. 鄭彼「注」云: "鸞車, 有鸞和也; 鉤車, 有曲輿者也. 大路, 木路也; 乘路, 玉路也."
- ○ 「주」의 "은거(殷車)"부터 "검야(儉也)"까지.
- ○ 정의에서 말한다.
  『예기』「명당위」에 "난거(鸞車)는 유우씨(有虞氏)의 수레이고, 구거(鉤車)는 하후씨의 수레이며, 대로(大輅)는 은나라의 수레이고, 승로(乘輅)는 주나라의 수레이다."라고 했으니, 대대로 수레의 제도는 같지 않았고 명칭 또한 각각 달랐다. 여기의 「주」에서 "은나라의 수레를 대로(大輅)라 한다."라고 한 것은 바로 「명당위」를 근거로 구별한 것이다. 정현은 「명당위」의 「주」에서 "난거(鸞車)에는 난화(鸞和)[69]가 있고, 구거(鉤車)에는 굽은 앞쪽의 가로막[曲輿][70]이라는 것이 있다. 대로(大路)는 목로(木路)[71]이고, 승로(乘路)는 옥로(玉路)[72]이다."라

---

69 난화(鸞和): 난(鸞)과 화(和)로서 모두 수레에 다는 방울이다.
70 『예기주소(禮記注疏)』권31, 「명당위(明堂位)」 공영달(孔穎達)의 「소(疏)」에 "곡여(曲輿)는 굽은 앞쪽의 가로막이다.[曲輿, 謂曲前闌也.]"라고 했다.
71 목로(木路): 수레의 이름. 왕이 타던 오로(五路)의 하나로서, 별로 장식을 하지 않은 것으로 나무로 만들어 칠(漆)을 하였고, 가죽이나 쇠붙이 따위도 쓰지 아니하였다.
72 옥로(玉路): 왕이 타던 수레로서 오로(五路) 중의 하나이다. 『주례(周禮)』「춘관종백하(春官

고 했다.

案, 『周官』「巾車」言王五路, "木路"居末, 最質, 故知殷大路是木路也. 鄭注「巾車」謂"玉路,
以玉飾諸末; 金路, 以金飾諸末; 象路, 以象飾諸末; 革路, 鞔之以革而漆之, 無他飾; 至木路,
則不鞔以革, 漆之而已." 是"木路"最質, 故亦稱素車也.

살펴보니 『주례』「춘관종백하·건거」에 왕(王)의 다섯 가지 수레[五路]에 대해 언급했는데,
"목로(木路)"는 끝인 다섯 번째에 있고, 가장 질박하기 때문에 은나라의 대로(大路)는 바로
목로(木路)임을 알 수 있다. 정현은 「건거」를 주석하면서 "옥로(玉路)는 옥으로 수레의 모든
끝부분을 장식하였고, 금로(金路)는 금으로 수레의 모든 끝부분을 장식하였으며, 상로(象
路)는 상아로 수레의 모든 끝부분을 장식하였고, 혁로(革路)는 가죽으로 수레를 끄는데 옻
칠만 하고 다른 장식은 없으며, 목로(木路)는 가죽으로 끌지도 않고 옻칠만 할 뿐이다."라고
했으니, "목로(木路)"는 가장 질박하기 때문에 역시 소박한 수레를 일컫는 것이기도 하다.

「郊特牲」, "大路繁纓一就, 先路三就, 次路五就." 「疏」云: "殷則有三路, 其世猶質, 故以少
飾爲先." 如「疏」所言, 是殷有三路, 『論語』此文, 當得兼之. 引『左傳』者, 恒二年文. 服虔

宗伯下)·건거(巾車)」에 "왕의 오로는, 첫 번째는 옥로이니, 주석으로 아로새긴 당로(當盧)
를 하고 반과 영을 열두 겹으로 하고 열두 가닥의 술을 단 태상기를 세워서 제사 지내는 데
에 쓴다. 두 번째는 금로이니, 구(鉤)를 하고 반과 영을 아홉 겹으로 하고 대기를 세워서 빈
객의 회동에 쓰고 동성의 제후를 봉하는 데에 쓴다. 세 번째는 상로이니, 붉은색을 칠한 굴
레를 씌우고 반과 영을 일곱 겹으로 하고 대적기를 세워서 조정에서 정무를 보는 데에 쓰고
이성의 제후를 봉하는 데에 쓴다. 네 번째는 혁로이니, 용무늬 굴레를 씌우고 잡색의 사대
(絲帶)로 꾸민 반과 영을 다섯 겹으로 하고 태백기를 세워서 군대에 사용하고 사위를 봉하
는 데에 쓴다. 다섯 번째는 목로이니, 옅은 흑색 반과 곡색[흰색] 영을 하고 태휘기를 세워서
전렵에 쓰고 번국을 봉하는 데에 쓴다.[王之五路, 一曰玉路, 錫, 樊纓十有再就, 建大常十有
二斿, 以祀; 金路, 鉤, 樊纓九就, 建大旂以賓, 同姓以封; 象路, 朱, 樊纓七就, 建大赤以朝, 異
姓以封; 革路, 龍勒條纓五就, 建大白以卽戎, 以封四衛; 木路, 前樊鵠纓, 建大麾, 以田, 以封
蕃國.]"라고 했다. 옥로, 금로, 상로는 각각 옥과 금과 상아를 가지고 수레의 모든 끝부분을
장식한 수레이다. 혁로는 가죽으로 덮은 수레이고 목로는 다른 장식이 없이 옻칠만 한 수레
이다.

云: "大路, 木路." 是據殷禮言之. "越席"者, 結草爲席, 置大路中以爲藉也, 亦尙質之意.

『예기』「교특생」에 "대로(大路)는 반(鞶)과 영(纓)이 한 겹[就]이고, 선로(先路)는 세 겹이며, 그다음의 수레는 다섯 겹이다."라고 했는데, 「소」에 "은나라에는 삼로(三路)가 있었고, 그 시대는 오히려 질박했기 때문에 덜 장식한 것[73]을 우선으로 삼았다."라고 했으니, 만일 「소」의 말대로라면 은나라에는 세 종류의 수레가 있었던 것이니, 『논어』의 이 글은 당연히 그것들을 아우른 것이다. 『춘추좌씨전』을 인용한 것은 환공(桓公) 2년의 문장이다. 복건(服虔)이 이르길, "대로(大路)는 목로(木路)이다."라고 했으니, 이는 은나라의 예를 근거로 말한 것이다. "부들을 엮어 만든 자리[越席]"라는 것은 풀을 엮어서 자리를 만든 것으로 대로(大路)의 가운데 두고서 깔개로 삼는 것이니, 역시 질박함을 숭상한다는 의미인 것이다.

服周之冕, 【注】 包曰: "冕, 禮冠. 周之禮, 文而備, 取其黈纊塞耳, 不任視聽."

주나라의 면류관을 쓰고, 【주】 포함이 말했다. "면류관[冕]은 예관(禮冠)이다. 주나라의 예는 문채가 나고 잘 갖추어졌으니, 귀막이 솜[黈纊]으로 귀를 막아, 임의대로 보고 듣지 않는다는 취지를 취한 것이다."

- 「注」, "冕禮"至"視聽".
- 正義曰:「注」有脫文, 當云"取其垂旒蔽明, 黈纊塞耳, 不任視聽也." 『大戴禮』「子張問入官篇」, "古者冕而前旒, 所以蔽明也; 黈絖塞耳, 所以弇聰也." 盧辯「注」, "『禮緯』「含文嘉」以

---

73 『논어정의』에는 "少質"로 되어 있으나, 『예기주소』 권25, 「교특생(郊特牲)」 공영달의 「소」에 "少飾"으로 되어 있다. 『예기주소』를 근거로 고쳤다.

懸紞垂旒, 爲閑奸聲, 弇亂色, 令不惑視聽, 則瑱紞之設, 兼此二事也."

○「주」의 "면례(冕禮)"부터 "시청(視聽)"까지.

○ 정의에서 말한다.

「주」에 빠진 글자가 있으니, 마땅히 "면류관의 앞뒤로 구슬은 꿴 수술[旒]을 늘어뜨려 밝게 보는 것을 가리고 귀막이 솜[黈纊]으로 귀를 막아, 임의대로 보고 듣지 않는다는 취지를 취한 것이다."라고 했어야 한다. 『대대례』「자장문입관」에 "옛날 면류관을 쓰면서 앞에 구슬을 꿴 수술[旒]을 늘어뜨리는 것은 보는 것을 가리기 위한 것이었고, 귀막이 솜[黈纊]을 늘어뜨려 귀를 막는 것은 듣는 것을 가리기 위한 것이었다."라고 했는데, 노변(盧辯)의「주」에 "『예위』「함문가」에 솜을 매달고 구슬을 꿴 수술을 늘어뜨려 간사한 소리를 막고 어지러운 색을 가리는 것으로 삼아, 보고 듣는 것에 미혹되지 않게 하였으니, 소(瑱)와 진(瑱)을 설치하는 것은 이 두 가지 일을 겸한 것이다."라고 했다.

孔氏廣森『補注』, "『玉篇』曰: '黈, 黃色也; 纊, 綿也.' 以綿爲充耳, 垂冕兩旁, 其下綴玉謂之瑱, 懸紞之緌謂之紞. 天子玄紞, 諸侯黃, 大夫靑, 士素." 今案, "纊"·"絖"一字. 「注」言此者, 欲言冕制之善, 亦文備之一端也.

공광삼의『대대례기보주』에 "『옥편』에 '주(黈)는 황색(黃色)이고, 광(絖)은 솜[綿]이다.'라고 했으니, 솜으로 귀막이[充耳]를 만들어 면류관의 양쪽 옆으로 늘어뜨리는데, 그 아래 꿴 구슬을 진(瑱)이라 하고, 솜을 매단 끈을 담(紞)이라 한다. 천자는 검은색 귀막이 끈을 하고, 제후는 누런색, 대부는 푸른색, 사는 흰색 귀막이 끈을 한다."라고 했다. 지금 살펴보니, "광(纊)"과 "광(絖)"은 같은 글자이다.「주」에서 이것을 말한 것은 면류관 제도의 좋은 점 역시 문체가 잘 갖추어진 한 단서임을 말하고자 해서인 것이다.

『宋書』「禮志」, "周監二代, 典制詳密. 弁師掌六冕, 司服掌六服, 設擬等差, 各有其序. 周之祭冕, 繅采備飾, 故夫子曰'服周之冕', 以'盡美'稱之."

『송서』「지(志)·예(禮)」에 "주나라는 2대(二代)를 겸하였으니, 법과 제도가 자세하고 정밀하다. 변사(弁師)는 여섯 가지 면류관을 관장하고, 사복(司服)은 육복(六服)[74]을 관장하는데, 의복을 진열할 때 등차를 헤아려 각각 그 순서가 있다. 주나라의 제사 때 입는 면복(冕

服)은 면류관에 드리운 끈에 채색을 하여 문식을 갖추었기 때문에 공자가 '주나라의 면류관

을 써야 한다'라고 했으니, '아름다움을 다했기' 때문에 그것을 일컬은 것이다."라고 했다.

樂則「韶」·「舞」. 【注】「韶」, 舜樂也. 盡善盡美, 故取之.

음악은 「소(韶)」와 「무(武)」를 본받아야 한다. 【주】「소(韶)」는 순의
음악이니, 선(善)을 다하고 아름다움을 다했기 때문에 그것을 취한 것이다.

원문 正義曰: 兪氏樾『群經平議』, "舞當讀爲武.『周官』「鄕大夫」'五曰興舞',
『論語』「八佾」馬「注」引作'興武', 莊十年『左傳』經文'以蔡侯獻舞歸',『穀
梁』作'獻武', 皆古人舞·武通用之證. '樂則韶舞'者, '則'之言法也, 言樂當
取法「韶」·「武」也. 子於四代之樂, 獨於「韶」·「武」有盡美之論, 雖盡善未
盡善, 微有低昂, 然尙論古樂, 「韶」之後卽及「武」, 而夏·殷之樂不與焉,
可知孔子之有取於「武」矣. 夏時·殷輅·周冕, 皆以時代先後爲次. 若「韶」·
「舞」專指舜樂, 則當首及之. 惟「韶」·「武」非一代之樂, 故列於後. 且時
言夏, 輅言殷, 冕言周, 而「韶舞」不言虞, 則非止舜樂明矣." 案, 兪說是也.

역문 정의에서 말한다.

유월의 『군경평의』에 "무(舞)는 마땅히 무(武)의 뜻으로 읽어야 한다.
『주례』「지관사도상·향대부」에 '다섯째는 흥무(興舞)이다'라고 했는데,

---

74 육복(六服): 천자의 여섯 가지 면복(冕服)으로 대구(大裘), 곤의(袞衣), 선의(禪衣), 계의(鷩
衣), 치의(絺衣), 현의(玄衣)를 가리키는데, 왕후의 여섯 가지 복색을 가리키기도 한다.

『논어』「팔일」의 마융의 「주」에 인용하면서 '흥무(興武)'라고 썼고, 『춘추좌씨전』「장공」 10년의 경문에 '채(蔡)나라 후작인 헌무(獻舞)를 데리고 돌아갔다.'라고 했는데, 『춘추곡량전』에는 '헌무(獻武)'로 되어 있으니, 모두 옛사람들이 무(舞)와 무(武)를 통용한 증거이다. '악칙소무(樂則韶舞)'에서 '칙(則)'이라는 말은 본받는다[法]는 뜻이니, 음악은 마땅히 「소(韶)」와 「무(武)」를 취해서 본받아야 한다는 말이다. 공자는 4대(四代)의 음악 중에서도 유독 「소」와 「무」에 대해서만 아름다움을 다했다는 지론을 가지고 있었으니, 비록 아름다움을 다하거나 아름다움을 다하지 못함에 약간의 높낮이가 있기는 했지만 그래도 여전히 고악(古樂)을 논할 때는 「소」 다음에는 바로 「무」를 언급하고, 하나라와 은나라의 음악은 거기에 포함시키지 않았으니, 공자가 「무」에서 취함이 있었다는 것을 알 수 있다. 하나라의 달력과 은나라의 수레와 주나라의 면류관은 모두 시대의 선후를 가지고 순서를 매긴 것이다. 만약 「소(韶)」와 「무(舞)」가 오로지 순의 음악만을 가리키는 것이라면 마땅히 가장 먼저 언급했을 것이다. 그러나 「소(韶)」와 「무(武)」가 같은 시대의 음악이 아니었기 때문에 뒤에 열거한 것이다. 또 달력은 하나라를 언급하고, 수레는 은나라를 언급하고, 면류관은 주나라를 언급하면서 「소무(韶舞)」에 대해서는 우(虞)를 언급하지 않았으니, 순의 음악에 그치지 않음이 분명하다.”라고 했다. 살펴보니, 유월의 말이 옳다.

원문 「孔子世家」言“孔子弦歌『詩』, 以求合「韶」·「武」·「雅」·「頌」之音.” 「韶」·「武」竝言, 皆孔子所取也. 「武」爲周一代之樂, 合文·武·周公所作樂名之. 說詳「八佾」「疏」.

역문 『사기』「공자세가」에 “공자는 305편의 『시』에 모두 곡조를 붙여 노래로 부름으로써 「소(韶)」·「무(武)」·「아(雅)」·「송(頌)」의 음악에 맞추려고 했다."라고 했는데, 「소」와 「무」를 아울러 언급한 것은 모두 공자가 취한 것이기 때문이다. 「무」는 주나라 한 시대의 음악이니 문왕과 무왕과 주공이 작곡한 음악을 합해서 명명한 것이다. 자세한 설명은 「팔일」의 「소」에 보인다.

放鄭聲, 遠佞人, 鄭聲淫; 佞人殆." 【注】 孔曰: "'鄭聲'·'佞人', 亦俱能惑人心, 與雅樂·賢人同, 而使人淫亂危殆, 故當放遠之."

정나라 소리를 추방하고, 간사스럽게 말재주를 부리면서 아첨하는 사람을 멀리해야 하니, 정나라 소리는 음란하고, 간사스럽게 말재주를 부리면서 아첨하는 사람은 위태롭다." 【주】 공안국이 말했다. "'정나라 소리[鄭聲]'와 '간사스럽게 말재주를 부리면서 아첨하는 사람[佞人]'이 또한 모두 사람의 마음을 미혹시킬 수 있는 것은 아악(雅樂)과 현인(賢人)이 사람들을 감동시키는 것과 같아서 사람의 마음으로 하여금 음란하고 위태롭게 하기 때문에 물리치고 멀리해야 한다."

원문 正義曰: "放"者, 罷廢之也. 「樂記」云: "鄭音好濫淫志, 宋音燕女溺志, 衛音趨數煩志, 齊音敖辟喬志, 此四者, 皆淫於色而害於德. 是以祭祀弗用也." 是四國皆有淫聲, 此獨云"鄭聲"者, 亦擧甚言之. 『五經異義』, "『魯論』說, 鄭國之俗, 有溱·洧之水, 男女聚會, 謳歌相感, 故云'鄭聲淫'. 『左傳』說'煩手淫聲謂之鄭聲'者, 言煩手躑躅之聲使淫過矣. 謹案, 鄭「詩」二十一篇, 說婦人十九矣, 故'鄭聲淫'也."

역문 정의에서 말한다.

"방(放)"이란 그만두고 폐지한다는 뜻이다. 『예기』「악기」에 "정나라의 음(音)은 넘치는 것을 좋아해서 뜻을 방탕하게 하며, 송나라 음은 여자에게 빠져서 뜻을 탐닉하게 하고 위나라의 음은 급하고 빠른 경향이 있어서 뜻을 번잡스럽게 하고, 제나라 음은 오만하고 치우친 경향이 있어서 뜻을 교만하게 하니, 이 네 가지 음은 모두 여색에 빠져 덕을 해친다. 이 때문에 제사에는 사용하지 않는다."라고 했으니, 이 네 나라가 모두 음란한 소리가 있었는데, 여기서 유독 "정나라 소리[鄭聲]"라고 한 것은 역시 심한 것을 들어서 말한 것이다. 허신(許愼)의 『오경이의』에 "『노논어』에서 말한 정나라의 풍속에는 진수(溱水)와 유수(洧水)에서 남녀가 모여 노래를 부르고 서로 감응하는 풍속이 있었기 때문에 '정나라 소리는 음란하다'라고 한 것이다. 『춘추좌씨전』「소공」 원년에 '번거로이 손을 놀려 음란한 소리를 내는 것을 정나라 소리라 한다'라고 한 것은 손을 번거롭게 놀리고 발을 동동거리는 소리가 음란함을 지나치게 한다는 말이다. 조심스레 살펴보니, 정나라의 「시」는 21편인데, 부인을 노래한 것이 19편이나 되기 때문에 '정나라 소리가 음란하다'라고 한 것이다."라고 했다.

원문 案, 『白虎通』「禮樂篇」, "樂尙雅何? '雅'者, 古正也, 所以遠鄭聲也. 孔子曰'鄭聲淫'何? 鄭國土地民人, 山居谷汲, 男女錯雜, 爲鄭聲以相悅懌." 又『漢書』「禮樂志」云: "桑間濮上, 鄭·衛·宋·趙之聲竝出, 內則致疾損壽, 外則亂政傷民. 庶民以求利, 列國以相間." 皆以鄭聲爲鄭國之聲, 與『魯論』說同.

역문 살펴보니, 『백호통의』「예악」에 "음악에서 아악을 높이는 것은 어째서인가? '아(雅)'란, 고풍스럽고 바르다는 뜻이니, 그래서 정나라 소리를 멀리하는 것이다. 공자가 '정나라 소리는 음란하다'라고 한 것은 어째서인가? 정나라는 토지와 인민을 살펴보면 산에 거주하고 계곡에서 목욕하는데[75] 남녀가 뒤섞여서 정나라 소리를 지르면서 서로 기뻐하면서 즐겼기 때문이다."라고 했고, 또 『전한서』「예악지」에 "상간(桑間)이나 복수(濮水) 가[濮上]에는 정나라·위나라·송나라 조(趙)나라의 소리가 한꺼번에 나와서 안으로는 질병을 일으켜 목숨을 손상시키고, 밖으로는 정치를 어지럽혀 백성을 해쳤다. 서민들은 이로써 이익[76]을 추구하고 열국은 이로써 서로를 이간시켰다."라고 했는데, 모두 정성(鄭聲)을 정나라의 소리라고 여긴 것이니, 『노논어』의 설과 같다.

원문 其"煩手淫聲謂之鄭聲", 乃『左傳』別一義. 服虔『解誼』據之, 不與『魯論』同也. 又『魯論』擧「溱洧」一詩, 以爲鄭俗多淫之證, 非謂鄭詩皆是如此. 許氏錯會此旨, 擧鄭詩而悉被以淫名, 自後遂以"鄭詩"混入"鄭聲", 而謂夫子不當取淫詩. 又以「序」所云"刺時刺亂"者, 改爲"刺淫", 則皆許君之一言誤之矣.

역문 "번거로이 손을 놀려 음란한 소리를 내는 것을 정나라 소리라 한다"라고 했는데, 결국 『춘추좌씨전』의 뜻은 일반적인 의미와는 다르다. 복건의 『춘추좌씨전해의』는 여기에 의거했으므로, 『노논어』와는 같지 않았던 것이다. 또 『노논어』에는 『시경』「국풍·정·진유」 한 편의 시를 들어 정나라의 풍속이 음란함이 많다는 증거로 삼았는데, 정나라의 시가 모두 이와 같다는 말은 아니다. 허신은 이 취지를 잘못 이해해서 정나라

---

75 『논어정의』에는 "谷汲"으로 되어 있으나, 『백호통의(白虎通義)』 권상, 「덕론상(德論上)·예악(禮樂)」에 "谷浴"으로 되어 있다. 『백호통의』를 근거로 고쳤다.

76 『논어정의』에는 "爲"로 되어 있으나, 『전한서(前漢書)』 권22, 「예악지(禮樂志)」에는 "求"로 되어 있다. 『전한서』를 근거로 고쳤다.

시를 거론하면서 모두 음란하다는 명칭을 덮어씌웠는데, 이 뒤로부터 마침내 "정나라의 시"를 "정나라의 소리"에 뒤섞어 놓고서 공자가 당연히 음란한 시를 취하지 않았다고 여긴다. 또 「서」에서 "시대를 풍자하고 혼란함을 풍자했다[刺時刺亂]"라고 한 것을 "음란함을 풍자했다[刺淫]"라고 고쳤으니, 모두 허군(許君)의 한마디가 그르친 것이다.

원문 「樂記」云: "世亂則禮慝而樂淫. 是故其聲哀而不莊, 樂而不安, 慢易以犯節, 流湎以忘本, 廣則容奸, 狹則思欲, 感條暢之氣, 而滅平和之德, 是以君子賤之也." 『周官』「大司樂」, "凡建國禁其淫聲·過聲·凶聲·慢聲."「注」, "'淫聲', 若鄭·衛也." 淫聲爲建國所宜禁, 故此言"爲邦"亦放之矣.

역문 『예기』「악기」에 "세상이 어지러우면 예가 사특해지고 음악이 음란해진다. 이 때문에 그 소리가 구슬픔에 빠져 장중하지 못하고, 즐거움에 빠져 안정되지 못하며, 완만하고 느슨하여 절도를 어기고, 절제하지 못하여 근본을 잊어, 넓게는 간악함을 용납하고, 좁게는 탐욕을 생각하여 방탕한 기운을 느끼고, 화평한 덕을 소멸시키기 때문에 군자는 이런 음악을 천시하는 것이다."라고 했다. 『주례』「춘관종백하·대사악」에 "무릇 나라를 세움에 그 음란한 소리[淫聲]와 지나친 소리[過聲]와 흉한 소리[凶聲]와 오만한 소리[慢聲]를 금한다."라고 했는데,「주」에 "'음란한 소리[淫聲]'는 정나라와 위나라 같은 경우이다."라고 했으니, 음란한 소리[淫聲]는 나라를 세움에 마땅히 금해야 하기 때문에 여기서 "나라를 다스림[爲邦]"에 있어서도 역시 추방해야 한다고 말한 것이다.

원문 『白虎通』「誅伐篇」, "佞人當誅, 何? 爲其亂善行, 傾覆國政.『韓詩內傳』曰: '孔子爲魯司寇, 先誅少正卯, 謂"佞道已行, 亂國政"也. 佞道未行, 章明遠之而已.' 『論語』曰: '遠佞人.'" 『公羊』「莊」十七年, "'齊人執鄭詹', 書

甚佞也." 何「注」, "孔子曰: '放鄭聲, 遠佞人.' 罪未成者, 伯當遠之而已."
與『白虎通』義合. 『通鑑』「孝元帝紀」引荀悅曰: "子曰: '遠佞人', 非但不
用而已, 乃遠而絶之, 隔塞其源, 戒之極也."

역문 『백호통의』「주벌」에 "간사스럽게 말재주를 부리면서 아첨하는 사람
을 마땅히 죽여야 함은 어째서인가? 그가 선생을 어지럽히고 국정을 무
너뜨리고 뒤집어엎기 때문이다『한시내전』에 '공자가 노나라 사구가 되
었을 때 우선 소정묘(少正卯)를 목을 베어 죽이고 말하길, "간사스럽게
말재주를 부리면서 아첨하는 짓거리가 만연해 국정을 어지럽힌다"라고
했으니, 간사스럽게 말재주를 부리면서 아첨하는 짓거리가 아직 횡행하
지 않았을 때 확실하게 멀리해야 할 따름이다.'라고 했다. 『논어』에서
말했다. '간사스럽게 말재주를 부리면서 아첨하는 사람을 멀리하라[遠佞
人].'"라고 했고, 『춘추공양전』「장공」17년에 "'제나라 사람이 정첨(鄭詹)
을 잡았다'라고 한 것은 지나치게 간사스럽게 말재주를 부리면서 아첨
했기 때문에 기록한 것이다."라고 하였고, 하휴(何休)의 「주」에 "공자가
말하길, '정나라 소리를 추방하고 간사스럽게 말재주를 부리면서 아첨
하는 사람을 멀리하라.'라고 했는데, 죄가 아직 이루어지지 않은 자였으
므로 방백(方伯)이 마땅히 그를 멀리한 것일 따름이다."라고 했으니, 『백
호통의』와 뜻이 일치한다. 『통감』「효원제기」에는 순열(荀悅)을 인용해
서 "공자가 말하길, '간사스럽게 말재주를 부리면서 아첨하는 사람을 멀
리하라'라고 했으니, 다만 등용하지 않을 뿐 아니라 멀리하여 끊어서 그
근원을 막은 것이니, 경계함이 지극한 것이다."라고 했다.

● 「注」, "鄭聲"至"遠之".
● 正義曰: 鄭聲與雅樂同, 佞人與賢人同, 是其能惑人也. 惑於鄭聲則思淫亂, 惑於佞人則當危

殆. 下篇子曰: “惡鄭聲之亂雅樂也, 惡利口之覆邦家者.” “利口”卽“佞人”, 二者皆似是而非, 故易惑人也.

○ 「주」의 “정성(鄭聲)”부터 “원지(遠之)”까지.

○ 정의에서 말한다.

정나라 소리를 아악(雅樂)과 더불어 함께 연주하고, 간사스럽게 말재주를 부리면서 아첨하는 사람을 현인과 더불어 함께 등용하면 남을 미혹시킬 수 있다. 정나라 소리에 미혹되면 생각이 음란해지고 간사스럽게 말재주를 부리면서 아첨하는 사람에게 미혹되면 당연히 위태로워진다. 아래 「양화」에 “정나라 소리가 아악을 어지럽히는 것을 미워하며, 구변 좋은 말재주[利口]가 나라를 전복시키는 것을 미워한다.”라고 했는데, “이구(利口)”가 바로 “영인(佞人)”이니, 두 가지 다 옳은 것 같지만 아니기 때문에 남을 쉽게 미혹시키는 것이다.

15-12

子曰: “人無遠慮, 必有近憂.”【注】王曰: “君子當思患而預防之.”

공자가 말했다. “사람이 멀리 생각함이 없으면 반드시 가까운 근심이 있다.”【주】왕숙이 말했다. “군자는 마땅히 환난을 생각해서 그것을 미리 방비해야 한다.”

원문 正義曰: 皇本“人”下有“而”字. 張栻『解』, “慮之不遠, 其憂卽至, 故曰‘近憂’.”

역문 정의에서 말한다.

황간본에는 “인(人)” 아래 “이(而)” 자가 있다. 장식의 『논어해』에 “생각함이 멀지 않으면 근심거리가 즉시 이르기 때문에 ‘가까운 근심[近憂]’

이라고 한 것이다."라고 했다.

- 「注」, "君子當思患而預防之."
- 正義曰: 邢「疏」云: "此『易』「旣濟·象」辭也." 案, 「繫辭」云: "安不忘危, 存不忘亡, 是以身安而國家可保也." 『荀子』「大略篇」, "先事慮事, 先患慮患. 先事慮事謂之'接', 接則事優成. 先患慮患謂之'豫', 豫則禍不生. 事至而後慮者謂之'後', 後則事不舉. 患至而後慮者謂之'困', 困則禍不可禦." 又「仲尼篇」, "知者之舉事也, 滿則慮嗛, 平則慮險, 安則慮危, 曲重其豫, 猶恐及其禍. 是以百舉而不陷也." 皆言人宜遠慮也.
- 「주」의 "군자는 마땅히 환난을 생각해서 그것을 미리 방비해야 한다."
- 정의에서 말한다.

    형병의 「소」에 "이는 『주역』「기제」「상」의 말이다."라고 했다. 살펴보니, 『주역』「계사하」에 "편안할 때에도 위태롭게 될 수 있을 것임을 잊지 않고, 보존하고 있더라도 망할 수도 있음을 잊지 않으니, 이런 까닭에 몸이 편안해지고 국가가 보존될 수 있는 것이다."라고 했고, 『순자』「대략편」에 "일을 하기에 앞서 먼저 그 일을 생각하고, 환난이 일어나기에 앞서 먼저 그 환난을 생각해야 한다. 일을 하기에 앞서 먼저 그 일을 생각하는 것을 '빠르다[接]'[77]라고 하는데, 빠르면 일이 여유롭게 이루어진다. 환난이 일어나기에 앞서 먼저 그 환난을 생각하는 것을 '미리 예비함[豫]'이라고 하는데, 미리 예비하면 화가 일어자니 않는다. 일이 닥친 뒤에 생각하는 것을 '늑장[後]'이라고 하는데, 늑장을 부리면 일이 거행되지 않는다. 환난이 닥친 뒤에 생각하는 것을 '곤경에 처함[困]'이라고 하는데, 곤경에 처하면 재앙을 막을 수가 없다."라고 했다. 또 「중니편」에서는 "지혜로운 자가 일을 거행할 때는 가득 차면 모자라게 될 수도 있음을 생각하고, 평화로우면 험난해질 수도 있음을 생각하며, 편안하면 위태롭게 될 수도 있음을 생각하고 모든 일을 곡진하고 중히 여겨 미리 대비하면서도 오히려 재앙이 미칠까 두려워한다. 그런 까닭에 백 가지 일을 거행하더라도 실패에 빠지지 않는다."라고 했으

---

77 『순자(荀子)』「대략편(大略篇)』 양경(楊倞)의 「주」에 "접(接)은 첩(捷)의 뜻으로 읽어야 하니, 빠르다[速]는 뜻이다.[接, 讀爲捷, 速也.]"라고 했다.

니, 모두 사람이란 마땅히 멀리 생각해야 함을 말한 것이다.

15-13

子曰: "已矣乎! 吾未見好德如好色者也."

공자가 말했다. "끝났구나! 나는 덕을 좋아하기를 여색을 좋아하듯이 하는 자를 보지 못했다."

원문 正義曰: 皇本無"乎"字.
역문 정의에서 말한다.

황간본에는 "호(乎)" 자가 없다.

15-14

子曰: "臧文仲其竊位者與! 知柳下惠之賢, 而不與立也."【注】
孔曰: "柳下惠, 展禽也. 知賢而不擧, 是爲竊位."

공자가 말했다. "장문중(臧文仲)은 지위를 훔친 자로다! 유하혜(柳下惠)의 현명함을 알고서도 더불어 조정에 서지 아니하였으니."【주】 공안국이 말했다. "유하혜(柳下惠)는 전금(展禽)이다. 현명함을 알면서도 천거하지 않았으니, 이것은 지위를 훔친 것이 된다."

원문 正義曰:『文選』「陶征士誄」「注」引鄭「注」云: "柳下惠, 魯大夫展禽, 食采柳下, 諡曰惠."『太平御覽』四百二引鄭「注」, "柳下惠, 魯士師展禽也. 其邑名柳下, 諡曰惠." 文小異. 『左』「僖」二十六年「疏」, "「魯語」展禽對藏文仲云'獲聞之', 是其人氏展, 名獲, 字禽." 柳下爲邑名者, 柳下若桑中‧棘下之類, 其地今不可考.

역문 정의에서 말한다.

　『문선』「도정사뢰」의 「주」에 정현의 「주」를 인용해서 "유하혜(柳下惠)는 노나라 대부 전금(展禽)인데, 유하(柳下)를 식읍으로 받았고, 시호가 혜(惠)이다."라고 했고, 『태평어람』 권402에는 정현의 「주」를 인용해 "유하혜(柳下惠)는 노나라 사사(士師)인 전금(展禽)이다. 그의 고을의 이름이 유하(柳下)이고 시호를 혜(惠)라고 하였다."라고 했으니 내용이 조금은 다르다. 『춘추좌씨전』「희공」26년의 「소」에 "『국어』「노어」에 전금(展禽)이 장문중(藏文仲)에게 대답하기를, '내(獲)가 들으니'라고 했으니, 그 사람의 성씨가 전(展)이고, 이름은 획(獲)이며, 자는 금(禽)이다."라고 했다. 유하(柳下)가 고을 이름이 된다고 했는데, 유하는 마치 상중(桑中)이나 극하(棘下)와 같은 따위이나 그 지역이 어딘지는 지금은 상고할 수 없다.

원문 閻氏若璩『四書釋地』說, "『國策』「顔斶」言'秦攻齊, 令"有敢去柳下季壟五十步而樵采者, 死不赦."' 古人多葬於食邑, 壟所在卽邑所在. 則柳下自當在齊南魯北二國接壤處, 昔爲魯地, 後爲齊有也." 惠爲諡者, 『烈女傳』, "柳下惠死, 門人將諡之. 妻曰: '夫子之諡, 宜爲惠乎.' 門人從以爲諡." 是惠爲諡也.

역문 염약거(閻若璩)의 『사서석지』에 "『전국책』 제(齊)4, 「제선왕견안촉(齊宣王見顔斶)」에서 말하길, '진(秦)나라가 제나라를 공격할 때 진나라가 명령을 내리되 "감히 유하계(柳下季)의 무덤 50보 안의 언덕에서 나무를 하는 자는 사형에 처하여 용서하지 않는다."라고 했다.' 하였으니, 옛사람들은 대부분 식읍에 장사를 지냈으니, 무덤이 있는 곳이 바로 식읍이 있는 곳이다. 그렇다면 유하(柳下)는 본래 제나라 남쪽과 노나라 북쪽에 두 나라의 접경지역이 있는 곳에 해당하는데 옛날에는 노나라 땅이었다가 나중에 제나라의 소유가 된 곳이다."라고 했다. 혜(惠)가 시호라고 했는데, 『열녀전』에 "유하혜가 죽어서 문인들이 시호를 정하려 할 때, 유하혜의 처가 '남편의 시호는 마땅히 혜(惠)로 해야 할 듯합니다.'라고 하자, 문인들이 이를 좇아 혜(謚)라 하였다."라고 했으니, 이리하여 혜(惠)가 시호가 된 것이다.

원문 高誘『淮南』「說林訓」「注」, "柳下惠, 魯大夫, 展無駭之子, 名獲, 字禽. 家有大柳樹, 行惠德, 因號柳下惠. 一曰柳下邑." 趙岐『孟子』「公孫醜篇」「注」亦云: "柳下是其號也." 以柳下爲號, 與晉陶潛自稱五柳先生同, 疑未必然. 至惠之爲謚, 明見『列女傳』, 而亦以爲生前之號, 均與鄭異義, 非也. 又高誘謂柳下惠爲無駭之子, 亦不知所本.

역문 고유의 『회남자』「설림훈」의 「주」에 "유하혜는 노나라 대부인 전무해(展無駭)의 아들인데 이름은 획(獲)이고, 자는 금(禽)이다. 집에 커다란 버드나무가 있었고 행실이 은혜로운 덕이 있었기 때문에 그로 인해 호를 유하혜(柳下惠)라고 한 것이다. 일설에는 유하(柳下)는 고을의 명칭이라고도 한다.[78]"라고 했고, 조기의 『맹자』「공손추하」의 「주」에도 "유하(柳

---

78 『회남자(淮南子)』고유(高誘)의 「주」에는 이러한 표현이 보이지 않는다. 다만 『어정연감유함(御定淵鑑類函)』권415, 「목부4(木部四)·양류3(楊柳三)」과 『어정병자유편(御定騈字類編)』권192, 「초목문17(草木門十七)·유(柳)·유수(柳樹)」에 "허신(許愼)의 『회남자』「주」에

下)는 그의 호이다."라고 했으니, 유하(柳下)를 호로 한 것은 진(晉)의 도잠(陶潛)이 스스로를 일컬어 오류선생(五柳先生)이라고 한 것과 같은데, 그렇다고 반드시 그런 것도 아닌 것 같다. 혜(惠)를 시호로 삼은 것에 대해서는『열녀전』에 분명하게 보이는데다, 또 생전의 호라고 했으니, 모두 정현과는 뜻을 달리하는데, 잘못이다. 또 고유는 유하혜(柳下惠)를 무해(無駭)의 아들이라고 했는데, 역시 어떤 판본에 근거한 것인지 모르겠다.

원문 柳下惠爲士師, 見下「微子篇」. "不與立"者, 邢「疏」云: "不稱擧與立於朝廷也." 方氏觀旭『偶記』, "展喜犒齊師, 使受命於展禽, 正臧孫辰爲政之時, 見『內傳』. 展禽譏文仲祀爰居, 文仲曰: '是吾過也, 季子之言不可不法也.' 使書之以爲三筴, 見「外傳」, 竝是文仲知柳下惠之證." 李氏惇『群經識小』, "案, 臧氏世爲司寇, 文仲當己爲之, 或爲司空而兼司寇也. 柳下惠爲士師, 正其屬官, 無容不知, 此與文子同升事正作一反照."

역문 유하혜가 사사(士師)가 된 것은 아래「미자」에 보인다. "더불어 서지 않음[不與立]"은 형병의「소」에 "칭찬하고 천거하여 그와 함께 조정에 서지 않았다는 것이다."라고 했다. 방관욱(方觀旭)의『논어우기』에 "전희

'전금은 집에 버드나무를 심고 몸소 은혜로운 덕을 행하였으니, 그로 인해 유하혜라 불렀다.'라고 했다.[許愼『淮南子』「注」曰: '展禽, 家植柳, 身行惠德, 因號柳下惠.']"라고 했고, 또『경전석문』권28,「장자음의하(莊子音義下)·도척(盜跖)」에 "일설에는 유하는 고을 이름이라고 한다.[一云, 柳下, 邑名.]"라고 했으며, 또 송(宋)의 오숙(吳淑)이 찬(撰)한『사친부(事類賦)』권25,「목부(木部)·유(柳)」의「주」에 "『회남자』「주」에 말했다. '전금의 집에 버드나무가 있었고, 몸소 은혜로운 덕을 행하였으니, 그로 인해 유하혜라 불렀다. 일설에는 고을 이름이라고 한다.'[『淮南子』「注」曰: '展禽之家有柳樹, 身行惠德, 因號柳下惠. 一曰邑名.']"라고 했으니, 아마도 이 주는 고유의「주」가 아니라 허신의「주」인 듯하다.

(展喜)에게 제나라 군사에게 음식을 보내어 위로하게 할 때, 전금(展禽)에게서 가르침을 받아 가지고 가게 했으니, 바로 장손진[臧孫辰: 장문중(臧文仲)]이 정치를 담당하던 시기로서 『내전』에 보인다. 전금(展禽)이 장문중(臧文仲)이 죽은 바다새[爰居]에게 제사 지낸 것을 비난하자, 문중이 말하길, '이는 내 잘못이로다마는 계자(季子)의 말을 본받지 않을 수 없다.'라고 하고는, 써서 세 개의 책을 만들게 했는데, 『외전』[79]에 보이니, 모두 장문중이 유하혜를 알고 있었다는 증거이다."라고 했다. 이돈(李惇)의 『군경식소』에 "살펴보니, 장씨(臧氏)는 대대로 사구(司寇)가 되었으니 문중이 자기가 그것을 맡는 것은 당연하지만, 아마도 사공(司空)의 직책을 담당하면서 아울러 사구의 직책을 겸한 듯싶다. 유하혜는 사사(士師)가 되어 자기의 속관(屬官)을 바로잡아 모든 것을 알고 있었으니, 이는 공숙문자(公叔文子)가 자신의 가신인 대부 선(僎)과 함께 공조에 오른 것[80]과는 참으로 일대 반조(反照)가 된다."

- 「注」, "知賢而不擧, 是爲竊位."
- 正義曰: "竊"如"盜竊"之竊, 言竊居其位, 不讓進賢能也.
- 「주」의 "현명함을 알면서도 천거하지 않았으니, 이것은 지위를 훔친 것이 된다."

---

79 『내전(內傳)』과 『외전(外傳)』: 『춘추좌씨전』과 『국어』를 이른다. 『국어』 「국어보음서록(國語補音敍錄)」에 "위(魏)나라와 진(晉)나라 이후로부터 도서목록에서 제목을 붙인 것에 모두 『춘추외전국어(春秋外傳國語)』라고 썼으니, 이것은 『좌전(左傳)』이 『춘추(春秋)』의 내전(內傳)이 되고, 『국어』가 외전(外傳)이 되는 것이다.[自魏 · 晉以後, 書錄所題, 皆曰『春秋外傳國語』, 是則『左傳』爲內; 『國語』爲外.]"라고 했다.

80 『논어』 「헌문(憲問)」: 공숙 문자(公叔文子)의 가신인 대부 선(僎)이 문자와 함께 공조(公朝)로 올라갔다. 공자가 그 사실을 듣고 말했다. "시호를 '문(文)'이라고 할 만하다.[公叔文子之臣大夫僎, 與文子同升諸公. 子聞之, 曰: "可以爲文矣."]

○ 정의에서 말한다.

"절(竊)"은 "훔친다[盜竊]"라고 할 때의 절(竊)과 같으니, 그 지위를 훔쳐서 앉아 있으면서 현명하고 유능한 사람에게 양보하고 등용하지 않았다는 말이다.

15-15

子曰: "躬自厚而薄責於人, 則遠怨矣." 【注】 孔曰: "責己厚, 責人薄, 所以遠怨咎."

공자가 말했다. "몸소 자책하기를 많이 하고, 남을 책하기를 적게 한다면 원망이 멀어질 것이다." 【주】 공안국이 말했다. "자신을 책망하기를 많이 하고, 남을 책망하기를 적게 하는 것은 원망을 멀리하는 방법이다."

원문 正義曰: 『春秋繁露』「仁義法篇」, "以仁治人, 義治我, '躬自厚而薄責於外', 此之謂也. 且論己見之而人不察, 曰: '君子攻其惡, 不攻人之惡', 非仁之寬與? 自攻其惡, 非義之全與? 此之謂'仁造人, 義造我', 何以異乎? 故自稱其惡謂之'情', 稱人之惡謂之'賊'; 求諸己謂之'厚', 求諸人謂之'薄'; 自責以備謂之'明'; 責人以備謂之'惑'."

역문 정의에서 말한다.

『춘추번로』「인의법」에 "인(仁)으로써 남을 다스리고 의(義)로써 나를 다스려야 하니, '몸소 자책하기를 많이 하고, 남을 책하기를 적게 하라'라는 것은 이것을 말하는 것이다. 또 자기는 보더라도 남은 살피지 않을 것을 논하면서 '군자는 자기의 악을 책망하고 남의 악을 책망하지 않는다'[81]라고 했으니, 인(仁)의 관대함이 아니겠는가? 스스로 자기의 악을 책망함이 의(義)의 온전함이 아니겠는가? 이것을 일러 '인(仁)이 남을 완성시키고 의(義)가 나를 완성시킨다'라고 하는 것과 무엇이 다르겠는가? 그러므로 스스로 자기의 악을 일컬어 '정(情)'이라 하고, 남의 악을 일컬어 '적(賊)'이라 하며, 자기에게서 책망을 요구하는 것에 대해서는 '많이 한다[厚]'라고 하고, 남에게서 책망을 요구하는 것에 대해서는 '적게 한다[薄]'라고 하며, 스스로를 책망하여 갖추는 것을 '밝게 살핌[明]'이라 하고, 남을 책망하여 갖추는 것을 '미혹됨[惑]'이라고 한다."라고 했다.

원문 『呂氏春秋』「擧難篇」, "故君子責人則以人, 自責則以義. 責人以人則易足, 易足則得人; 自責以義則難爲非, 難爲非則行飾. 故任天地而有餘. 不肖者則不然, 責人則以義, 自責則以人. 責人以義責難瞻, 難瞻則失親; 自責以人則易爲, 易爲則行苟, 故天下之大而不容也. 身取危, 國取亡焉, 此桀·紂·幽·厲之行也."

역문 『여씨춘추』「거난」에 "그러므로 군자는 남을 책망할 때는 그 사람의 입장에서 책망하고, 자신을 책망할 때는 도덕적 잣대[義]를 가지고 한다. 남을 책망하기를 그 사람의 입장에서 책망하면 만족시키기 쉽고, 쉽게 만족시키면 사람을 얻으며, 자신을 책망하기를 도덕적 잣대[義]를 가지

---

81 『논어』「안연(顔淵)」: 번지(樊遲)가 공자를 따라서 무우단의 아래서 놀다가 말했다. "감히 '덕을 높이고 사악함을 닦고 미혹됨을 분별한다.'라는 것에 대하여 묻겠습니다." 공자가 말했다. "좋구나, 질문이! 일을 먼저 하고 얻는 것을 뒤로하는 것이 덕을 높이는 것이 아니겠느냐? 자기의 악을 책망하고 남의 악을 책망하지 않는 것이 사악함을 닦는 것이 아니겠느냐? 하루아침의 분노로 자기 몸을 잃고 화가 자기의 부모에게까지 연루되도록 하는 것이 미혹됨이 아니겠느냐?[樊遲從遊於舞雩之下, 曰: "敢問崇德·修慝·辨惑." 子曰: "善哉, 問! 先事後得, 非崇德與? 攻其惡, 無攻人之惡, 非修慝與? 一朝之忿, 忘其身以及其親, 非惑與?"]

고 하면 잘못을 저지르기 어렵고, 잘못을 저지르기 어려우면 행실을 삼가기 때문에 천지를 떠맡아도 여유가 있는 것이다. 그러나 어리석은 자의 경우는 그렇지 않으니, 남을 책망할 때는 도덕적 잣대[義]로써 하고 자신을 책망할 때는 남의 입장에서 한다. 남을 책망하기를 도덕적 잣대로써 하면 어려운 일을 요구함이 많아지게 되고, 어려운 일을 요구함이 많아지게 되면 친한 이를 잃게 되며, 자신을 책망하기를 남의 입장에서 하면 쉽게 일을 저지르게 되게, 쉽게 일을 저지르면 행실이 구차스러워지기 때문에 천하가 아무리 크더라도 받아들여지지 않는다. 그렇게 되면 자신은 위태로움을 취하게 되고 나라는 멸망함을 취하게 되는 것이니, 이것이 바로 걸왕(桀王)과 주왕(紂王)과 유왕(幽王)과 여왕(厲王)의 행실이었던 것이다."라고 했다.

원문 『中論』「修本篇」, "孔子之制『春秋』也, 詳內而略外, 急己而寬人. 故於魯也, 小惡必書; 於衆國也, 大惡始筆. 夫見人而不自見者謂之矇, 聞人而不自聞者謂之瞶, 慮人而不自慮者謂之瞀. 故明莫大乎自見, 聰莫大乎自聞, 睿莫大乎自慮."

역문 『중론』「수본」에 "공자가 『춘추』를 지을 때, 노나라 내부의 일은 상세히 기록한 반면에 외국의 일에 대해서는 간략하게 취급하였고, 자기의 일은 다그치면서도 남에게는 관대하였다. 그러므로 노나라의 일에 대해서는 아무리 작은 악이라도 반드시 기록하였고, 뭇 나라들에 대해서는 큰 악을 저지른 뒤라야 비로소 붓을 대었다. 남의 눈의 티는 보면서 제 눈의 들보는 보지 못하는 자를 청맹과니[矇]라 하고, 남의 허물만 듣고 자기의 허물을 듣지 않는 자를 귀머거리[瞶]라 하며, 남을 헤아리기만 하고 자신을 헤아려 보지 않는 자를 멍텅구리[瞀]라고 한다. 그러므로 밝게 보는 것은 스스로를 보는 것보다 큰 것이 없고, 밝게 듣는 것은 스스로에 대해서 듣는 것보다 더 큰 것이 없으며, 슬기로움은 스스로를 헤아리는 것보다 큰 것이 없다."라고 했다.

15-16

子曰: "不曰'如之何? 【注】孔曰: "'不曰''如之何'"者, 猶言'不曰'奈是何?'" '如之何?'者, 吾末如之何也已矣." 【注】孔曰: "'如之何'者, 言禍難已成, 吾亦無如之何."

공자가 말했다. "'어떡하지? 【주】공안국이 말했다. "'불왈''여지하''(不曰'如之何')'란 "'이를 어쩌나?'라고 말하지 않는다'라는 말과 같다." 어떡하지?'라고 말하지 않는 자는 나도 어찌할 수 없을 뿐이다." 【주】공안국이 말했다. "'어찌할 수 없다'라는 것은 화난(禍難)이 이미 이루어져서 나도 어찌할 수 없다는 말이다."

원문 正義曰: 『春秋繁露』「執贄篇」, "子曰: '人而不曰"如之何? 如之何?"者, 吾莫如之何也矣.' 故匿病者不得良醫, 羞問者聖人去之, 以爲遠功而近有災." 此以"如之何"爲問人之辭, 凡稱"何如"是也. 朱子『集注』云: "'如之何·如之何'者, 熟思而審處之辭也. 不如是而妄行, 雖聖人亦無如之何矣." 此以"如之"爲心自審度, 亦通. 『荀子』「大略篇」, "天子卽位, 上卿進曰: '如之何憂之長也?'" "憂長"卽"審度"之義.

역문 정의에서 말한다.

　『춘추번로』「집지」에 "공자가 말했다 '사람으로서 "어떡하지? 어떡하지?"라고 하지 않는 자는 나도 어찌할 수 없다.'라고 했으니, 따라서 병을 숨기는 자는 좋은 의사를 얻지 못하고, 질문을 수치스러워하는 자는 성인이 물리치기 때문에 공이 멀어지고 가까운 시일 내에 재앙이 있게 되는 것이다."라고 했는데, 이는 "여지하(如之何)"를 질문한 사람의 말로 여긴 것으로, 일반적으로는 "하여(何如)"라고 하는 것이 옳다. 주자의 『논어집주』에 "'어떡하지? 어떡하지?'라는 것은 익숙히 생각하고 살펴서 처한다는 말이다. 이와 같이 하지 않고 함부로 행한다면 비록 성인이라도 어찌할 수가 없는 것이다."라고 했는데, 이는 "여지(如之)"를 마음으로 스스로를 살피고 헤아리는 것으로 삼은 것인데 역시 통한다. 『순자』「대략편」에 "천자가 즉위할 때, 상경(上卿)이 진언을 올려서 말하기를, '어찌하여 근심을 그리 길게 하십니까?'라고 했다."라고 했는데, "근심이 길다[憂長]"라는 것이 바로 "살피고 헤아린다[審度]는 뜻이다.

- 「注」, "如之何'者, 禍難已成."
- 正義曰: 陸賈『新語』「愼微篇」, "故孔子遭君暗臣亂, 衆邪在位, 政道隔於王家, 仁義閉於公門, 故作公陵之歌, 傷無權力於世. 大化絶而不通, 道德私而不用, 故曰'無如之何者, 吾末如之何也已矣'. 夫言道因權而立, 德因勢而行. 不在其位者, 則無以齊其政; 不操其柄者, 則無以制其剛." 此『論語』家舊說, 指世亂言之. 僞孔所云"禍難已成", 似卽竊取此義. 然曰"無如之何"者, 亦統兩"如之何"爲一句, 非如僞孔橫分兩句也.
- 「주」의 "'어찌할 수 없다'라는 것은 화난(禍難)이 이미 이루어진 것이다."
- 정의에서 말한다.

  육가(陸賈)[82]의 『신어』「신미」에 "그러므로 공자는 군주가 사리에 어두워 신하가 반란을 일

---

82 육가(陸賈: ?~?): 전한 초기 초(楚) 사람. 변설에 능했다. 고조(高祖) 유방(劉邦)을 좇아 천하를 통일하는 데 크게 공헌했다. 사신으로 남월(南越)에 가서 남월왕 조타(趙佗)로 하여금 칭신(稱臣)하도록 했다. 때로 고조에게 『시경』과 『서경』에 대해 말하면 고조가 "말 위에서 천

으키고, 숱한 사악한 자들이 높은 지위에 있어 정치의 도리가 왕가(王家)에서 단절되고 인의가 공문(公門)에서 막히는 때를 만났기 때문에, 공릉(公陵)의 노래[83]를 지어 세상에 권력(權力)이 없음을 안타까워했다. 커다란 교화가 끊어져 통하지 않고, 도덕이 사사로워져 쓰이지 않으므로 '어찌할 수 없는 자는 나도 어찌할 수 없을 뿐이다.'라고 했으니, 도(道)가 권력(權力)에 따라 확립되고, 덕(德)이 세력(勢力)에 따라 행해짐을 말한 것이다. 그 지위에 있지 않은 자는 그 정치를 다스릴 수 없고, 권력을 쥔 자가 아니면 그 굳셈을 제어할 수 없다.[84]"라고 했는데, 이는 『논어』 연구자들의 구설(舊說)로 세상이 혼란함을 지적해서 말한 것이다. 위공의 이른바 "화난(禍難)이 이미 이루어졌다"라는 것은 바로 이 뜻을 절취(竊取)한 것인 듯싶다. 그러나 "어찌할 수 없다[無如之何]"라는 것은 역시 두 번의 "여지하(如之何)"를 통틀어 한 구절로 여긴 것이니, 위공이 멋대로 두 구절로 나눈 것과 같은 것은 아니다.

하를 얻었는데, 어느 겨를에 『시경』이나 『서경』 따위를 보겠는가?'라고 대꾸했다. 이에 "말 위에서 천하를 얻을 수는 있지만, 말 위에서 어찌 천하를 다스리겠습니까?(居馬上得之 寧可以馬上治之)"라고 대답했다. 고조가 진(秦)나라가 멸망한 까닭에 대해 묻자 『신어(新語)』를 지어 올렸다. 혜제(惠帝) 때 여후(呂后)가 여씨들을 제후에 앉히려고 하자 병을 핑계로 사직했다. 나중에 진평(陳平)을 위해 일을 도모해 주발(周勃)을 끌어들여 여씨 일족을 주살했다. 문제(文帝) 때 다시 남월에 가서 조타를 효유(曉喩)했다. 시서(詩書)를 좋아하고 문무병용(文武倂用) 정치의 필요성을 역설했다. 『신어』는 12편으로 구성되었는데 덕에 의한 왕도정치를 존중하고, 힘에 의한 패도정치를 배격하여 정치의 요체는 수신(修身)에 있다고 주장했다.

83 공릉지가(公陵之歌): 판본에 따라 "丘陵之歌"라고도 하고, "邱陵之歌"라고도 한다. 『공총자(孔叢子)』 권상, 「가언(嘉言)」에 "애공이 사람을 시켜 폐백을 가지고 위나라로 가서 공자를 맞이하게 했으나, 끝내 등용할 수가 없었다. 그러므로 공자가 구릉(丘陵)의 노래를 지었는데, '저 언덕에 올라가 보니 고개마다 언덕마다 비탈길이로구나.'라고 했다.[哀公使以幣如衛迎夫子, 而卒不能賞用也. 故夫子作丘陵之歌, 曰: '登彼丘陵, 峛崺其阪.']"라고 했는데, 「주」에 "구릉(丘陵)은 왕실(王室)을 이르는 것이고, 판(阪)은 제후(諸侯)를 가리킨다.[丘陵, 謂王室也; 阪, 指諸侯.]"라고 했다.

84 『신어(新語)』 권상, 「신미(愼微)」에는 "그 때를 바로잡을 수 없다.[無以正其時.]"로 되어 있다.

15-17

子曰: "群居終日, 言不及義, 好行小慧, 難矣哉!"【注】鄭曰: "'小慧', 謂小小之才知. '難矣哉', 言終無成."

공자가 말했다. "여럿이 거처하면서 하루가 다 가도록 말이 의리에 미치지 못하고, 작은 지혜를 행하기 좋아한다면, 어렵다!"
【주】정현이 말했다. "소혜(小慧)'는 자질구레한 재주와 지혜를 이른다. '난의재(難矣哉)'는 끝내 이룸이 없다는 말이다."

원문 正義曰: 此章是夫子家塾之戒. 『說文』云: "群, 輩也." "群居"謂同來學共居者也. 夫子言人群居當以善道相切磋, 不可以非義小慧相誘引也. 『釋文』, "慧, 音惠." 皇本作"惠", 「注」同. 此依『魯論』改, 不知鄭君定讀已作 "慧"也. 『考文』引古本作"惠", 卽指皇本. 『文選』「陳琳‧檄吳將校部曲文」 「注」‧『太平御覽』「人事部」引竝作"慧".

역문 정의에서 말한다.

이 장은 공자 가숙(家塾)[85]의 계율이다. 『설문해자』에 "군(群)은 무리 [輩]이다."[86]라고 했으니, "군거(群居)"란 함께 와서 배우며 공동으로 거처하는 것을 말한다. 공자가 사람은 여럿이 거처하면서 마땅 선도(善道)로

---

85 가숙(家塾):『예기』「학기(學記)」에 "옛날에 교육기관으로 가(家)에는 숙(塾)을 두고, 당(黨)에는 상(庠)을 두고, 술(術)에는 서(序)를 두고, 국(國)에는 학(學)을 두었다.[古之敎者, 家有塾, 黨有庠, 術有序, 國有學.]"라고 하였다.
86 『설문해자』권4: 군(羣)은 무리[輩]이다. 양(羊)으로 구성되었고 군(君)이 발음을 나타낸다. 거(渠)와 운(云)의 반절음이다.[羣, 輩也. 從羊君聲. 渠云切.]

써 서로 절차탁마 해야지, 의롭지 못한 것과 자질구레한 지혜를 가지고 서로 유인(誘引)해서는 안 됨을 말한 것이다. 『경전석문』에 "혜(慧)는 혜(惠)로 발음한다."라고 했고, 황간본에는 "혜(惠)"로 되어 있는데, 「주」는 여기와 같이 정현의 주이다. 그러나 이는 『노논어』를 근거로 개정한 것이니, 정군(鄭君)이 이미 "혜(慧)" 자로 되어 있는 것을 정리해서 읽은 것인지는 알 수 없다. 야마노이 가나에[山井鼎: 야마노이 곤론(山井崑崙)]의 『칠경맹자고문(七經孟子考文)』에는 고본(古本)을 인용하여 "혜(惠)"라고 썼으니, 바로 황간본을 가리킨다. 『문선』「진림·격오장교부곡문」의 「주」와 · 『태평어람』「인사부」에 인용된 것에는 모두 "혜(慧)"로 되어 있다.

● 「注」, "小慧, 謂小小之才知."

● 正義曰: 『說文』, "慧, 儇也." 『史記索隱』, "慧, 智也." 『左』「成」十八年「傳」, "周子有兄而無慧." 杜「注」, "蓋世所謂白癡." 則慧爲有才知之稱. 戴氏望「注」云: "小慧, 爲小辨慧也. 哀公欲學小辨, 以觀於政, 孔子曰: '不可. 社稷之主愛日.'" 案, 戴說卽鄭義. 『釋文』引「注」更云: "『魯』讀'慧'爲'惠', 今從『古』." 則作"慧"者『古論』, 『魯論』用假借字作"惠"也.

○ 「주」의 "소혜(小慧)는 자질구레한 재주와 지혜를 이른다."

○ 정의에서 말한다.

『설문해자』에 "혜(慧)는 총명함[儇]이다."[87]라고 했고, 『사기색은』에 "혜(慧)는 지혜[智]이다."라고 했으며, 『춘추좌씨전』「성공」 18년의 「전」에 "주자(周子)에게 형이 있었으나, 백치[無慧]였다."라고 했는데, 두예의 「주」에 "세상에서 말하는 백치(白痴)이다."라고 했으니, 혜(慧)는 재주와 지혜를 가지고 있음을 일컫는 것이다. 대망(戴望)의 『논어주』에 "소혜(小慧)란 세밀한 것을 분별하는[小辨] 지혜이다. 애공이 세밀한 것을 분별하는 것을 배워 정치를 살

---

87 『설문해자』 권10: 혜(慧)는 총명함[儇]이다. 심(心)으로 구성되었고 혜(彗)가 발음을 나타낸다. 호(胡)와 계(桂)의 반절음이다.[慧, 儇也. 從心彗聲. 胡桂切.]

피려 하자, 공자가 말했다. '안 됩니다. 사직의 주인은 날을 아껴야 합니다.[88]'"라고 했다. 살펴보니, 대망의 말이 바로 정현의 뜻이다. 『경전석문』에서는 「주」를 인용해서 다시 "『노논어』에서는 '혜(慧)'를 '혜(惠)'로 읽으니, 지금은 『고논어』를 따른다."라고 했으니, "혜(慧)"로 되어 있는 것은 『고논어』이고, 『노논어』에는 가차자(假借字)를 써서 "혜(惠)"로 쓴 것이다.

馮氏登府『異文考證』, "案, 「晉語」'巧文辯惠則賢', 惠卽慧. 『後漢』「孔融傳」, '將不早惠乎?' 「注」'惠'作'慧'. 『列子』「穆王篇」, '秦人逢氏有子少而惠.' 陸機『弔魏武文』, '知惠不能去其惡.' 並與'慧'同."

풍등부의 『이문고증』에 "살펴보니, 『국어』「진어」에 '문장이 교묘하고 지혜가 민첩하면 현명한 것이다[巧文辯惠則賢]'라고 했는데, 혜(惠)는 바로 지혜[慧]이다. 『후한서』「공융전」에 '지혜롭지 않겠는가[將不早惠乎]?'라고 했는데, 「주」에 '혜(惠)'가 '혜(慧)'로 되어 있다. 『열자』「주목왕」에 '진(秦)나라 사람 방씨(逢氏)에게 아들이 있었는데, 어렸지만 지혜로웠다[少而惠].'라고 했고, 육기(陸機)의 『조위무문』에 '지혜가 그 악을 제거하지 못한다[知惠不能去其惡].'라고 했는데, 모두 '혜(慧)'와 같은 뜻이다."라고 했다.

---

88 『대대례(大戴禮)』권11, 「소변(小辨)」: 애공이 말했다. "과인은 세밀한 것을 분별하는 것을 배워 정치를 살피고자 하는데, 괜찮겠습니까?" 공자가 말했다. "아닙니다. 괜찮지 않습니다. 사직의 주인은 날을 아껴야 합니다. 날은 얻을 수 없고, 배움은 분별할 수가 없습니다. 그런 까닭에 옛날의 선왕은 큰 도를 이룰 것을 배워 정치를 살폈습니다. 천자는 음악을 배워 풍속을 분별하고, 예를 제정해서 정치를 행하며, 제후는 예를 배워 관청의 정치를 분별해서 일을 행하여, 천자를 높이며, 대부는 덕을 배우고 의를 구별하고 실천에 힘써 군주를 섬기고, 사는 따르는 것을 배우고 말을 분별해서 뜻을 이루며, 서인은 존장에게 들어 금령을 분별하고 농사를 지어 힘껏 실행합니다. 이와 같이 하더라도 오히려 성공하지 못할까 걱정하는데, 어찌 그 세밀한 변별을 배워서 뭣하시겠습니까?"[公曰: "寡人欲學小辨, 以觀於政, 其可乎?" 子曰: "否. 不可. 社稷之主愛日. 日不可得, 學不可以辨. 是故昔者先王學齊大道, 以觀於政. 天子學樂辨風, 制禮以行政; 諸侯學禮辨官政, 以行事, 以尊天子; 大夫學德別義, 矜行以事君; 士學順辨言, 以遂志; 庶人聽長辨禁, 農以力行. 如此, 猶恐不濟, 奈何其小辨乎?"]

子曰: "君子義以爲質, 禮以行之, 孫以出之, 信以成之, 君子哉!" 【注】 鄭曰: "'義以爲質', 謂操行, '孫以出之', 謂言語."

공자가 말했다. "군자는 의를 바탕으로 삼고, 예로써 그것을 행하며, 공손함으로써 그것을 표출하고, 성실함[信]으로써 그것을 이루니, 군자답구나!" 【주】 정현이 말했다. "'의(義)를 바탕으로 삼는다'라는 것은 태도와 행실[操行]을 이르고, '공손함으로써 그것을 표출한다'라는 것은 언어(言語)를 이른다."

원문 正義曰: 『釋文』云: "'義以爲質', 一本作'君子義以爲質'. 鄭本略同." 翟氏灝『考異』, "『孝經』「三才章」「疏」引此文, 無'君子'二字." 臧氏琳『經義雜記』以有者爲衍, 是也.

역문 정의에서 말한다.

『경전석문』에 "'의이위질(義以爲質)'은 어떤 판본엔 '군자의이위질(君子義以爲質)'로 되어 있다. 정현본도 대략 같다."라고 했다. 적호의 『사서고이』에 "『효경』「삼재장」의 「소」에 이 문장을 인용했는데 '군자(君子)' 두 글자가 없다."라고 했다. 장림(臧琳)의 『경의잡기』에 '군자(君子)' 두 글자가 있는 것은 연문(衍文)이라고 했는데 옳다.

원문 "義以爲質"者, "義"者, 宜也, 人行事所宜也. 「禮運」云: "何謂人義? 父慈子孝, 兄良弟弟, 夫義婦聽, 長惠幼順, 君仁臣忠, 十者謂之人義. 講信修睦謂之人利, 爭奪相殺謂之人患. 故聖人之所以治人七情, 修十義. 講信

修睦, 尙辭讓, 去爭奪, 舍禮何以治之?"

역문 "의를 바탕으로 삼음[義以爲質]"

"의(義)란 마땅함[宜]이니, 사람이 일을 행함에 마땅한 것이다. 『예기』 「예운」에 "무엇을 사람의 의(義)라고 이르는가? 부모는 사랑하고 자식은 효도하며, 형은 선량하고 아우는 공손하며, 남편은 의롭고 부인은 그 말을 따르며, 어른은 은혜롭고 어린이는 순종하며, 군주는 인애(仁愛)하고 신하는 충성하는 것이니, 이 열 가지를 사람의 의(義)라 이른다. 신의를 강구하고 화목을 닦는 것을 사람의 이로움이라 이르고, 다투고 빼앗아 서로 죽이는 것을 사람의 환란(患亂)이라 이른다. 그러므로 성인이 사람의 일곱 가지 정(情)을 다스리고, 열 가지 의(義)를 닦으며, 신의를 강구하고 화목을 닦으며, 사양(辭讓)을 숭상하고 다투고 빼앗음을 버리는 것을 예(禮)를 버려두고 어떻게 다스릴 수 있겠는가?"라고 했다.

원문 又云: "其居人也曰養. 其行之以貨力·辭讓·飮食·冠昏·喪祭·射御·朝聘."「注」, "養當爲義, 字之誤也." 是凡禮皆以行義也. 禮尙辭讓, 去爭奪, 故"孫以出之"."信"者, 申也, 言以相申束, 使不相違背, 故"信以成之". 稱"君子"者, 言其人有士大夫之行, 可爲法則也.

역문 또 "그것이 사람에게 있으면 이를 의(義)[89]라 한다. 이것을 행하되 재화와 근력(筋力), 사양, 음식으로 관(冠), 혼(昏), 상(喪), 제(祭), 사(射), 어(御), 조(朝), 빙(聘)의 8례(禮)를 행한다."라고 했는데, 「주」에 "양(養)은 마땅히 의(義)가 되어야 하니 글자를 잘못 쓴 것이다."라고 했으니, 무릇 예(禮)는 모두 의(義)를 행하는 것이라는 말이다. 예(禮)는 사양(辭讓)을

---

89 『예기주소』 권22, 「예운(禮運)」 정현(鄭玄)의 「주」에 "양(養)은 마땅히 의(義)가 되어야 하니, 글자를 잘못 쓴 것이다.[養, 當作義, 字之誤也.]"라고 했다.

숭상하고 다투고 빼앗음을 버리는 것이기 때문에 "공손함으로써 그것을
표출한다[孫以出之]"라고 한 것이다. "신(信)"이란 거듭[申]이니, 서로를 거
듭 엮어 서로 위배되지 않도록 하기 때문에 "성실함[信]으로써 그것을 이
룬다"라고 말한 것이다. "군자(君子)"라고 일컬은 것은 그 사람이 사대부
(士大夫)의 행실이 있어서 법칙이 될 만함을 말한 것이다.

● 「注」, "義以"至"言語".
● 正義曰:「禮器」「注」, "質猶性也." 『荀子』「臣道」「注」, "質, 體也." "操"者, 持也, 守也. 義本
  於心之裁度, 而要以制事, 故「注」以"操行"言之. "出"謂出諸口. 鄭以行禮已是孫讓, 故解"孫
  以出之"爲言語也. 『詩』云: "愼爾出話, 無不柔嘉."
○ 「주」의 "의이(義以)"부터 "언어(言語)"까지.
○ 정의에서 말한다.
  『예기』「예기」의 「주」에 "질(質)은 성(性)과 같다."라고 했고, 『순자』「신도편」의 「주」에 "질
  (質)은 체(體)이다."라고 했다. "조(操)"는 잡는다[持]는 뜻이며, 지킨다[守]는 뜻이다. 의(義)
  는 마음을 마름질하고 헤아림에 바탕을 두고 일을 제어할 것을 요구하기 때문에 「주」에서
  "태도와 행실[操行]"을 가지고 말한 것이다. "표출[出]"은 입에서 나온다는 말이다. 정현은 예
  를 행하는 것이 이미 공손 겸양이기 때문에 "공손함으로써 그것을 표출함[孫以出之]"을 언어
  (言語)라고 풀이한 것이다. 『시경』「대아·탕지십·억」에 "너의 말을 냄을 삼가서 부드럽고
  아름답지 않음이 없게 하라.[愼爾出話, 無不柔嘉.]"라고 했다.

15-19

子曰: "君子病無能焉, 不病人之不己知也." 【注】包曰: "君子之
人, 但病無聖人之道, 不病人之不己知."

공자가 말했다. "군자는 자기에게 재능이 없는 것을 걱정하고, 남이 자기를 알아주지 못함을 걱정하지 않는다."【주】포함이 말했다. "군자는 다만 성인의 도(道)가 없는 것을 걱정할 뿐, 남이 자기를 알아주지 않음을 걱정하지 않는다."

원문 正義曰:「憲問篇」, "子曰: '不患人之不己知, 患其不能也.'" 義同.

역문 정의에서 말한다.

「헌문」에서 "공자가 말했다. '남이 자기를 알아주지 않음을 걱정하지 말고, 자기가 유능하지 못함을 걱정해야 한다.'"라고 한 것과 뜻이 같다.

15-20

子曰: "君子疾沒世而名不稱焉."【注】"疾", 猶病也.

공자가 말했다. "군자는 죽은 뒤에 이름이 일컬어지지 않음을 걱정한다."【주】"질(疾)"은 걱정[病]과 같다.

원문 正義曰: "沒世", 猶沒身也.『史記』「孔子世家」, "子曰: '弗乎弗乎! 君子病沒世而名不稱焉, 吾道不行矣, 吾何以自見於後世哉?'" 以此爲孔子作『春秋』時語. 亦安國舊說.『中論』「考僞篇」, "貴名乃所以貴實也." 張栻『論語解』, "有是實則有是名. 名者, 所以命其實也. 終其身而無實之可名, 君子疾諸, 非謂求名於人也."

정의에서 말한다.

"몰세(沒世)"는 죽음[沒身]과 같다. 『사기』「공자세가」에 "공자가 말했다. '안 되겠구나, 안 되겠구나! 군자는 죽은 뒤에 이름이 일컬어지지 않음을 걱정하는데, 나의 도(道)가 행해지지 않으니, 내가 무엇으로 나 자신을 후세에 드러낼 것인가?'"라고 했는데, 이것을 공자가 『춘추』를 지을 때의 말이라고 하는 것 역시 공안국의 구설(舊說)이다. 『중론』「고위」에 "이름을 귀하게 하는 것이 바로 실상을 귀하게 하는 것이다."라고 했고, 장식의 『논어해』에 "이러한 실상이 있으면 이러한 이름이 있다. 이름이란 그 실상을 명명(命名)하기 위한 것이다. 종신토록 명명할 만한 실상이 없음을 군자가 걱정한다는 것은 남에게 명예를 요구함을 이르는 것이 아니다."라고 했다.

원문 錢氏大昕『養新錄』, "孔子贊『易』曰: '善不積, 不足以成名.' 『孝經』曰: '立身行道, 揚名於後世.' 於『論語』曰: '君子去仁, 惡乎成名.' 又曰: '君子疾沒世而名不稱焉.' 聖人以名立敎, 未嘗惡人之好名也. 孟子曰: '令聞廣譽施於身.' '令聞廣譽', 非名而何? 唯聲聞過情, 斯君子恥之耳. 道家以無爲宗, 故曰'聖人無名', 又曰'無智名, 無勇功', 又以伯夷死名與盜蹠死利竝言, 此悖道傷敎之言, 儒者所弗道."

역문 전대흔(錢大昕)의 『양신록』에 "공자는 『주역』을 찬술하면서 '선(善)'을 쌓지 않으면 이름을 이룰 수 없다.'라고 했고, 『효경』에 '몸을 바르게 세우고 바른 도를 행하여 이름을 후세에 드날려야 한다.'라고 했으며, 『논어』「이인」에 '군자가 인(仁)을 떠나면 어떻게 이름을 이루겠는가?'라고 하고, 또 '군자는 죽은 뒤에 이름이 일컬어지지 않음을 걱정한다.'라고 했으니, 성인은 명성으로 가르침을 세워 일찍이 사람들이 명성을 좋아함을 싫어하지 않았다. 맹자가 말하길, '아름다운 명성과 널리 알려진 명예가 몸에 갖추어져 있다.'[90]라고 했으니, '아름다운 명성과 널리 알려진 명예[令聞廣譽]'가 이름이 아니고 무엇이겠는가? 오직 명성이 실제보다 지나치게 알려지는 것, 이것을 군자가 부끄러워할 뿐이다.[91] 도가(道家)는 무(無)를 종지(宗旨)로 삼았기 때문에 '성인은 명예가 없다[聖人無名]'[92]고 하고, 또 '지혜로운 명성이 없고 용맹한 공로가 없다[無智名無勇功]'[93]고 하였으며, 또 백이가 명예 때문에 죽은 것을 도척이 이익 때문에 죽은 것과 나란히 거론했다.[94] 하지만 이는 도를 어그러뜨리고 가르침을 해치는 발언이기 때문에 유자(儒者)는 말하지 않는 것이다."라고 했다.

- 「注」, "疾, 猶病也."
- 正義曰:『法言』「問神篇」, "君子病沒世而無名."
- ㅇ「주」의 "질(疾)은 걱정[病]과 같다."

---

90 『맹자』「고자상(告子上)」.

91 『맹자』「이루하(離婁下)」: 서자(徐子)가 말했다. "중니께서 자주 물을 일컬어 말씀하시기를, '물이여, 물이여!' 하셨는데, 물에서 무엇을 취하신 것입니까?" 맹자가 말했다. "근원이 있는 샘물은 계속 솟아나서 밤낮을 쉬지 않고 흐르다가 구덩이가 있으면 그곳을 채운 뒤에 나아가 결국 바다에 이르게 된다. 근본이 있는 것도 이와 같으니, 이 점을 취하신 것이다. 만일 근본이 없다면 7, 8월 사이에는 빗물이 모여서 도랑이 모두 가득 차지만, 그것이 마르는 것은 서서도 기다릴 수 있다. 그러므로 군자는 명성이 실제보다 지나친 것을 부끄럽게 여기는 것이다.[徐子曰: "仲尼亟稱於水曰: '水哉水哉!' 何取於水也?" 孟子曰: "原泉混混, 不舍晝夜, 盈科而後進, 放乎四海. 有本者如是, 是之取爾. 苟爲無本, 七八月之間, 雨集, 溝澮皆盈, 其涸也, 可立而待也. 故聲聞過情, 君子恥之."]

92 『장자(莊子)』「소요유(逍遙遊)」.

93 『손자(孫子)』「군형(軍形)」: 전쟁을 잘하는 자의 승리는 지혜로운 명성이 없고 용맹한 공로가 없는 것이다.[善戰者之勝也, 無智名, 無勇功.]

94 『장자』「변무(騈拇)」: 백이는 명예 때문에 수양산 아래에서 죽었고, 도척은 이익 때문에 동릉 위에서 죽었다.[伯夷, 死名於首陽之下; 盜跖, 死利於東陵之上.]

○ 정의에서 말한다.

『법언』「문신」에 "군자는 죽은 뒤에 명예가 없음을 걱정한다."라고 했다.

15-21

子曰: "君子求諸己, 小人求諸人." 【注】 君子責己, 小人責人.

공자가 말했다. "군자는 자기에게서 구하고, 소인은 남에게서 구한다." 【주】 군자는 자기를 책망하고 소인은 남을 책망한다.

원문 正義曰: 『禮』「中庸」云: "君子素其位而行, 不願乎其外." 又云: "正己而不求於人, 則無怨, 上不怨天, 下不尤人." 鄭「注」引此文說之. 『中論』「貴驗篇」, "子思曰: '事自名也, 聲自呼也, 貌自眩也, 物自處也, 人自官也, 無非自己者. 故怨人之謂壅; 怨己之謂通. 通也知所悔, 壅也遂所誤.'"

역문 정의에서 말한다.

『예기』「중용」에 "군자는 현재 자기가 처한 위치에 알맞게 행동하고, 그 이외의 것은 바라지 않는다."라고 했고, 또 "자기 자신을 바루고 남에게 요구하지 않으면 원망하는 이가 없을 것이니, 위로는 하늘을 원망하지 않으며 아래로는 남을 원망하지 않는다."라고 했는데, 정현의 「주」에 이 글을 인용해서 설명했다. 『중론』「귀험」에 "자사(子思)가 말했다. '일은 스스로 명칭을 정하는 것이고, 소리는 스스로 부르는 것이며, 모양은 스스로 빛나는 것이고, 만물은 스스로 처하는 것이며, 사람은 스스로 일을 집행하는 것이니, 자기 스스로 하지 않는 것이 없다. 그러므로 남을 원망하는 것을 옹(壅)이라 하고, 자기를 원망하는 것을 통(通)이라 한다. 통(通)해야 뉘우칠 것을 알고, 막히면[壅] 잘못된 것을 완성시킨다."라고 했다.

- 「注」, "君子責己, 小人責人."
- 正義曰: "求"訓"責", 亦引申之義. 『禮』「大學」云: "君子有諸己而後求諸人." 謂先責諸己也. 若小人則藏身不恕, 而卽欲喩諸人, 故但責人, 孟子所謂"今以其昏昏使人昭昭"者也.
- 「주」의 "군자는 자기를 책망하고 소인은 남을 책망한다."
- 정의에서 말한다.

"구(求)"를 "책(責)"의 뜻으로 풀이한 것은 역시 인용하면서 의미가 확장된 것이다. 『예기』「대학」에 "군자는 자기에게 있은 뒤에 남에게 요구한다."라고 했는데, 먼저 자기를 책망한다는 말이다. 소인과 같은 경우에는 자기 자신에게 간직하고 있는 것을 미루어 남에게 미치지 못하면서도 남을 깨우치려 하기 때문에[95] 남을 책망하기만 할 뿐이니, 맹자의 이른바 "지금 사람들은 자기의 어두운 어리석음을 가지고 남을 밝게 만들고자 한다"[96]는 것이다.

15-22

子曰: "君子矜而不爭, 【注】包曰: "'矜', 矜莊也." 群而不黨." 【注】孔曰: "'黨', 助也. 君子雖衆, 不相私助, 義之與比."

---

95 『대학(大學)』 전8장: 자기 자신에게 간직하고 있는 것을 미루어 남에게 미치지 못하면서 남을 깨우칠 수 있는 사람은 아직 있지 않다.[所藏乎身, 不恕, 而能喩諸人者, 未之有也.]

96 『맹자』「진심하(盡心下)」.

공자가 말했다. "군자는 자긍심이 있지만 다투지 아니하고, 【주】 포함이 말했다. "'긍(矜)'은 엄숙하고 씩씩함이다." 무리를 짓되 당파를 짓지 않는다."【주】 공안국이 말했다. "'당(黨)'은 돕는다[助]는 뜻이다. 군자는 비록 여럿이 무리지어 있더라도 서로 사사롭게 돕지 않고 의(義)가 있는 사람과 함께 친하게 지낸다."

원문 正義曰: 矜易於爭, 群易於黨, 故君子絶之. 劉氏宗周『論語學案』, "'矜'者, 斬斬自持. '不爭', 則非絶物矣. '群'者, 油油與人. '不黨', 則非徇物矣. 此君子持世之準准也."

역문 정의에서 말한다.

자긍심이 있으면 다투기 쉽고 무리를 지으면 당파를 짓기 쉽기 때문에 군자가 그것을 끊는 것이다. 유종주(劉宗周)[97]의 『논어학안』에 "긍

---

97 유종주(劉宗周, 1578~1645): 명나라 절강(浙江) 산음(山陰) 사람. 자는 기동(起東), 호는 염대(念臺) 또는 극념자(克念子), 즙산선생(蕺山先生)이며, 사시(私諡)는 정의(正義)고, 청나라 때 하사한 시호는 충개(忠介)다. 만력(萬曆) 29년(1601) 진사(進士)가 되고, 행인(行人)에 올랐다. 천계(天啓) 원년(1621) 의제주사(儀制主事)를 거쳐 우통정(右通政)으로 위충현(魏忠賢)을 탄핵하다 삭적(削籍)되고 귀향했다. 숭정(崇禎) 원년(1628) 불려 순천부윤(順天府尹)이 되고, 여러 차례 글을 올려 사종(思宗)의 비위를 거스르자 병을 이유로 사직했다. 8년(1635) 다시 불려 공부좌시랑(工部左侍郎)이 되고, 거듭 승진하여 좌도어사(左都御史)에 올랐는데, 강채(姜埰)와 웅개원(熊開元) 등을 구하려다가 파직되고 귀향했다. 복왕(福王)이 감국(監國)할 때 복직하여 마사영(馬士英)과 고걸(高傑), 유택청(劉澤淸)을 단핵하면서 완대월(阮大鋮)을 기용할 수 없다면서 다투었지만 듣지 않자 마침내 사직했다. 남도(南都)가 함락된 뒤 단식하다가 23일 만에 죽었다. 학문은 묵수(墨守)를 반대하고 심득(心得)을 위주로 했으며, 주희의 이재기선설(理在氣先說)에 반대하여 기(氣)를 천지만물의 근원으로 보았다. 학술사적으로는 허부원(許孚遠)을 계승하여 황종희(黃宗羲), 진확(陳確)에게 전해 준 인물로 평가된다. 저서에 『주역고문초(周易古文鈔)』와 『역연(易衍)』, 『역도설(易圖說)』, 『성학

(矜)'이란 엄격하게 스스로 몸가짐을 지킨다는 뜻이다. '다투지 않음[不爭]'은, 남과 관계를 끊지 않는다는 뜻이다. '무리[群]'란 구름떼처럼 사람들과 함께한다는 뜻이다. '당파를 짓지 않음[不黨]'이란 남을 따르지 않는다는 뜻이다. 이것이 군자가 세상을 지탱하는 준칙이다."라고 했다.

- 「注」, "矜, 矜莊也."
- 正義曰:『呂覽』「重言」「注」, "矜, 嚴也." "嚴"·"莊"義同.
- 「주」의 "긍(矜)은 엄숙하고 씩씩함이다."
- 정의에서 말한다.

  『여씨춘추』「중언」의 「주」에 "긍(矜)은 엄숙하대[嚴]는 뜻이다."라고 했는데, "엄(嚴)"과 "장(莊)"은 뜻이 같다.

- 「注」, "黨助"至"與比".
- 正義曰: "黨"訓助者, 引申之義. "義之與比", 言與人以義相親比也.
- 「주」의 "당조(黨助)"부터 "여비(與比)"까지.
- 정의에서 말한다.

  "당(黨)"을 돕는대[助]는 뜻으로 새긴 것은 인용하고 확대하면서 새로운 뜻이 파생된 것이다. "의(義)가 있는 사람과 함께 친하게 지낸다.[義之與比]"라는 것은 남과 더불어 의로써 서로 친하고 가깝게 지낸다는 말이다.

종요(聖學宗要)』,『학언(學言)』,『원지(原旨)』,『논어학안(論語學案)』,『도통록(道統錄)』,『인보(人譜)』,『인보류기(人譜類記)』,『양명전신록(陽明傳信錄)』,『증인사약언(證人社約言)』 등이 있다.

15-23

子曰: "君子不以言擧人, 【注】包曰: "有言者不必有德. 故不可以言擧
人也." 不以人廢言." 【注】王曰: "不可以無德而廢善言."

공자가 말했다. "군자는 말 때문에 사람을 등용하지 않으며,
【주】포함이 말했다. "훌륭한 말이 있는 사람이라고 해서 반드시 덕(德)이 있는 것
은 아니다. 그러므로 말 때문에 그 사람을 등용해서는 안 된다." 사람 때문에 말
을 버리지 않는다." 【주】왕숙이 말했다. "덕이 없다고 해서 선(善)한 말을 버
려서는 안 된다."

원문 正義曰: 『禮』「文王世子」云: "凡語于郊者, 必取賢斂才焉, 或以德進,
或以事擧, 或以言揚." "揚"如"揚于王廷"之揚. 蓋先揚之, 而後考其德事,
乃進用之也. 『書』「舜典」云: "敷奏以言, 明試以功, 車服以庸." 彼是考績
之法, 亦在試以功效, 不專尙言. 故『管子』「明法解」云: "明主之擇賢人也,
言勇者試之以軍, 言智者試之以官. 試於軍而有功者則擧之, 試於官而事
治者則用之. 故以戰功之事定勇怯, 以官職之治定愚智. 故勇怯愚智之見
也, 如白黑之分. 亂主則不然, 聽言而不試, 故妄言者得用." 觀此, 是古擧
人之術, 皆不以言可知.

역문 정의에서 말한다.

『예기』「문왕세자」에 "무릇 교학(郊學)에서 학사(學士)의 재능에 대해
평가할 경우에는 반드시 덕(德)이 있는 자를 취하고 재능 있는 자를 수
렴하니, 혹은 덕으로 등용하고 혹은 사업으로 천거하며 혹은 말로 드러
낸다."라고 했는데, "양(揚)"은 "왕의 조정에서 드러낸다[揚於王廷]"[98]고 할

때의 양(揚)과 같다. 대체로 먼저 그를 드러낸 뒤에 그의 덕과 사업을 살펴서 이에 그를 등용하는 것이다. 『서경』「순전」에 "자신들의 일을 말로 진술하고 아뢰면 순은 그들의 공을 분명하게 시험하고 수레와 의복으로 표창하였다."라고 했는데, 이는 공적을 살펴보는 방법으로 역시 공효(功效)를 가지고 시험해 보는 데 달려 있는 것이지, 오로지 말만 숭상하는 것만은 아니다. 그러므로 『관자』「명법해」에 "명철한 군주가 현명한 인재를 선택할 때, 말이 용맹스러운 사람은 군사의 일을 가지고 시험하고, 말이 지혜로운 사람은 관직의 일을 가지고 시험한다. 군사의 일을 시험해 보아 공이 있는 사람이면 그를 들어서 쓰고, 관직의 일을 시험해 보아 일을 잘 다스리는 사람이면 그를 등용한다. 그러므로 전공(戰功)의 일로 용맹스러움과 비겁함을 판정하고, 관직의 일처리를 가지고 어리석음과 지혜로움을 판정한다. 그러므로 용맹스러움과 비겁함, 어리석음과 지혜로움이 흑백의 구분처럼 분명하게 드러나는 것이다. 어지러운 군주는 그렇지 못해서 말만 듣고 시험해 보지 않기 때문에 말을 함부로 하는 자가 등용될 수 있는 것이다."라고 했으니, 이것을 살펴보면 옛날에 사람을 등용하는 방법은 모두 말을 가지고 하지 않았다는 것을 알 수 있다.

15-24

子貢問曰: "有一言而可以終身行之者乎?" 子曰: "其恕乎! 己所不欲, 勿施於人." 【注】言己之所惡, 勿加施於人.

---

98 『주역(周易)』「쾌(夬)」: 쾌(夬)는 왕(王)의 조정(朝廷)에서 드러냄이니, 지성(至誠)으로 호령(號令)하여 위태롭게 여기는 마음이 있게 해야 한다.[夬, 揚于王庭, 孚號有厲.]

자공이 물었다. "한 글자만으로도 종신토록 행할 만한 것이 있습니까?" 공자가 말했다. "아마도 '서(恕)'일 것이다! 자기가 하고자 하지 않는 것을 남에게 베풀지 말라는 것이다." 【주】 자기가 싫어하는 것을 남에게 강요하지 말라는 말이다.

원문 正義曰: '一言'謂一字. 『春秋左氏』「疏」引『易』云: "伏羲作十言之敎, 曰乾・坤・震・巽・坎・離・艮・兌・消・息." 『韓非子』「說林下」, "齊人曰: '臣請三言而已.' 曰: '海大魚.'" 又古人稱所著書若數萬言, 數十萬言, 及詩體四言・五言・七言, 竝以一字爲一言也. 皇本"行"下無"之"字, "人"下有"也"字.

역문 정의에서 말한다.

'일언(一言)'은 한 글자라는 말이다. 『춘추좌씨전』의 「소」에 『주역』을 인용해서 "복희(伏羲)는 열 글자[十言]의 가르침[敎]을 지었는데 건(乾)・곤(坤)・진(震)・손(巽)・감(坎)・리(离)・간(艮)・태(兌)・소(消)・식(息)이다."라고 했고, 『한비자』「설림하」에 "제나라의 어떤 사람이 말하길, '신은 세 마디만 말하겠습니다.'라고 하고는, 외쳤다. '해대어(海大魚)!'[99]"라

---

99 『한비자(韓非子)』「설림하(說林下)」: 정곽군[靖郭君: 전영(田嬰)]이 장차 설(薛) 땅에 성을 쌓으려 하자 많은 문객들이 간하기에 정곽군이 알자(謁者)에게 말했다. "객들을 더 이상 들여보내지 말라." 제나라의 어떤 사람이 와서 알현하기를 요청하며 말했다. "나는 세 마디만 말하면 된다. 만약 한마디라도 더 하면 삶겨 죽겠다." 정곽군은 이로 인해 그를 만나 보았다. 그 객이 급히 들어오며 말하였다. "바다의 큰 물고기[海大魚]!" 그리고는 다시 되돌아 급히 나가 버렸다. 정곽군이 말했다. "객은 거기에 있으시오." 문객이 말했다. "못난 저는 감히 죽음 놀이를 할 수 없습니다." 정곽군이 말했다. "원컨대, 과인을 위해 설명해 주시오." 객이 대답했다. "군께서는 큰 물고기[大魚]에 대해 들어 보지 못하셨습니까? 그물로도 멈추게 할

고 했다. 또 옛사람들이 저서를 일컬을 때 수만언(數萬言)이나 수십만언(數十萬言)이라고 하는 것 같은 것과 시체(詩體)의 사언(四言)·오언(五言)·칠언(七言) 같은 것은 모두 "한 글자[一字]"를 "한마디[一言]"라고 한 것이다. 황간본에는 "행(行)" 아래 "지(之)" 자가 없고, "인(人)" 아래 "야(也)" 자가 있다.

- 「注」, "言己之所惡, 勿加施於人."
- 正義曰: 皇本無此「注」.
- 「주」의 "자기가 싫어하는 것을 남에게 강요하지 말라는 말이다."
- 정의에서 말한다.

  황간본에는 이 「주」가 없다.

수 없고, 낚시로도 끌어낼 수 없습니다. 그러나 제멋대로 놀다가 일단 물을 잃는 날에는 땅 강아지나 개미조차도 마음대로 그를 뜯어먹을 수 있습니다. 지금 무릇 이 제나라는 당신의 물입니다. 그대가 장차 길이 이 그늘 밑에 살고자 한다면 설(薛) 땅에 성은 쌓아서 무엇 하려 하십니까? 무릇 제나라를 잃는다면 설성(薛城)의 높이가 하늘에 닿은들 아무런 이익이 없습니다." 정곽군이 "좋소."라고 하고는 설 땅에 성 쌓을 계획을 그만두었다.[靖郭君將城薛, 客多以諫者, 靖郭君謂謁者曰: "毋爲客通." 齊人有請見者曰: "臣請三言而已. 過三言, 臣請烹." 靖郭君因見之. 客趨進曰: "海大魚!" 因反走. 靖郭君曰: "請聞其說." 客曰: "臣不敢以死爲戲." 靖郭君曰: "願爲寡人言之." 答曰: "君聞大魚乎? 網不能止, 繳不能絓也. 蕩而失水, 螻蟻得意焉. 今夫齊亦君之海也. 君長有齊陰, 奚以薛爲郡? 失齊, 雖隆薛城至於天, 猶無益也." 靖郭君曰: "善." 乃輟, 不城薛.]

15-25

子曰: "吾之於人也, 誰毀誰譽? 如有所譽者, 其有所試矣.
【注】包曰: "所譽者, 輒試以事, 不虛譽而已." 斯民也, 三代之所以直
道而行也."【注】馬曰: "'三代', 夏·商·周. 用民如此, 無所阿私, 所以云
'直道而行.'"

공자가 말했다. "내가 사람에 대해서 누구를 헐뜯고 누구를 칭찬
하겠는가? 그럼에도 칭찬함이 있는 것은 시험해 봄이 있기 때문
이다. 【주】 포함이 말했다. "칭찬한 것은 번번이 일을 가지고 시험해 보았기 때문
이지, 근거 없이 칭찬한 것이 아니다." 이 백성들이야말로 삼대(三代) 때
정직한 도를 가지고 실행한 사람들이기 때문이다."【주】 마융이 말
했다. "'삼대(三代)'는 하·은·주이다. 백성들을 이와 같이 등용해서 사사롭게 아부
함이 없었기 때문에 '정직한 도를 실행했다.'라고 한 것이다."

원문 正義曰: 『集注』云: "'毀者', 稱人之惡而損其眞; '擧'者, 揚人之善而過
其實." 包氏愼言『溫故錄』, "'斯民'兩語, 正申明上文'所試'句. '如'與'而'
同, '以', 用也, 言我之於人, 無毀無譽, 而或有所譽, 稱揚稍過者, 以斯人
皆可獎進而入於善之人, 往古之成效可覩也. 蓋'斯民'卽三代之民. 三代用
此民直道而行, 而人皆競勸於善, 安在今之不可與爲善哉? '其有所試', 謂
三代已嘗試之, 非謂身試之也. 『漢書』「藝文志」「儒家敍略」云: '孔子曰:
"如有所譽, 其有所試." 唐·虞之隆, 殷·周之盛, 仲尼之業, 已試之效也.'
『後漢書』「韋彪傳」彪上議曰: '國以簡賢爲務, 賢以孝行爲先. 孔子曰: "事
親孝, 故忠可移於君." 忠孝之人, 持心近厚; 鍛煉之人, 持心近薄. 三代之

所以直道而行者, 在所以磨之故也.' 章懷「注」云: '彪引之者, 言三代選賢, 皆磨礪選錄, 然後甩之.' 合此二文, 校其語意, 則上文所云'如有所譽', 是卽'直道'也. '直'者, 無私曲之謂. '如有所譽', 似偏於厚, 而究其磨礪誘掖之意, 非爲私曲, 故曰直道, 所謂善善宜從長也. 班固「景帝」「贊」曰: '孔子稱"斯民, 三代之所以直道而行", 信哉! 周 · 秦之敝, 網密文峻, 而奸軌不勝. 漢興, 掃除煩苛, 與民休息, 至於孝文, 加之以恭儉, 孝景遵業, 五六十載之間, 移風易俗. 至於黎民醇厚, 周言成 · 康, 漢言文 · 景, 美矣.' 此「贊」以孔子之言證漢事, 言秦人以刻薄馭民, 而民俗益敝. 至漢文 · 景務率民於寬厚, 能容人過, 而治迹蒸蒸日上, 是直道本厚意而行之者也."

역문 정의에서 말한다.

『논어집주』에 "'훼(毁)'란 남의 악(惡)을 일컬으면서 그 참모습을 훼손시키는 것이고, '예(譽)'란 남의 선(善)을 찬양하면서 그 실제보다 과장하는 것이다."라고 했다. 포신언(包愼言)의 『논어온고록』에 "'이 백성[斯民]'이라는 두 마디 말은 바로 앞 문장의 '시험해 봄[所試]'이라는 구절을 거듭 밝힌 것이다. '여(如)'는 '이(而)'과 같고, '이(以)'는 씀[用]이니, 내가 사람에 대해 헐뜯음도 없고 칭찬함도 없지만, 그럼에도 혹시라도 칭찬함이 있어서 칭송하고 드러냄이 조금 과한 것은 이 사람들이 모두 진전되도록 장려해서 선(善)에 들어가게 할 만한 사람들로, 과거에 이룩한 성과가 볼 만한 사람들이었기 때문이라는 말이다. '이 백성[斯民]'이란 바로 하 · 은 · 주 삼대(三代)의 백성이다. 삼대(三代) 때 이 백성들의 정직한 도를 사용해서 실행하매 사람들이 모두 다투어 선을 권면하니 어디에 지금처럼 더불어 선을 할 수 없는 것 같은 것이 있겠는가? '시험해 봄이 있다[其有所試]'라는 것은 삼대 때 이미 시험해 보았다는 말이지, 직접 시험해 보았다는 말이 아니다. 『전한서』「예문지」「유가서략」에 '공자가 말하길, "칭찬함이 있는 것은 시험해 봄이 있기 때문이다."라고 했으니,

요임금[唐] · 순임금[虞]의 융성함과 은나라 · 주나라의 성대함과 중니의 업적은 이미 효과를 시험해 본 것이다.'라고 했고, 『후한서』 「위표전」에 위표(韋彪)[100]가 의론을 올려 아뢰기를, '나라는 현명한 인재를 선발하는 것을 급선무로 삼고, 어진 인재는 효행을 첫 번째로 삼습니다. 공자가 말하길, "어버이를 효로써 섬기기 때문에 충성을 임금에게 옮길 수 있다."라고 했으니, 충성스럽고 효성스러운 사람은 마음가짐이 후한 데 가깝고, 일에 단련된 사람은 마음가짐이 박한 데 가깝습니다. 삼대 때 정직한 도로써 실행한 것은 실험해 봄[磨之]이 있었기 때문입니다.'라고 했는데, 장회(章懷)[101]의 「주」에 '위표가 인용한 것은 삼대 때 현명한 인재를 선택할 때 쓸 만한 사람을 모두 갈고 연마해서 가려내어 기록한 뒤

---

100 위표(韋彪, ?~?): 후한 부풍(扶風) 평릉(平陵) 사람. 자는 맹달(孟達). 학문을 좋아하고 견문이 넓어 유종(儒宗)으로 불렸다. 광무제(光武帝) 건무(建武) 말에 효렴(孝廉)으로 천거를 받아 낭중(郎中)이 되었다. 명제(明帝) 영평(永平) 6년 알자(謁者)에 오르고 거듭 승진하여 위군태수(魏郡太守)로 옮겼다. 장제(章帝) 때 대홍려(大鴻臚)에 이르렀다. 여러 차례 인재를 선발하면서 재행(才行)을 우선시하고 벌열(閥閱)을 배척했는데 황제가 수용했다. 원화(元和) 2년(85) 사도(司徒)의 일을 맡고 황제를 따라 동쪽을 순수(巡狩)했다가 돌아온 뒤 병으로 죽었다. 저서에 『위경자(韋卿子)』가 있다.

101 장회(章懷, 654~684): 당(唐) 고종(高宗, 재위 649~683)의 여섯째 아들인 이현(李賢)이다. 자(字)는 명윤(明允)이고, 시호(謚號)가 장회태자(章懷太子)이다. 중국에서 여성으로 유일하게 황제(皇帝)가 되었던 측천무후(則天武後, 재위 690~705)의 둘째 아들이다. 태어난 뒤 노왕(潞王)에 봉(封)해졌다가 일곱 살에 패왕(沛王)으로 다시 봉해졌다. 18세에는 이름을 이덕(李德)으로 바꾸고 옹왕(雍王)으로 봉해졌지만, 20세부터는 다시 이현이라는 이름을 사용했다. 『열번정론(列藩正論)』, 『춘궁요록(春宮要錄)』, 『수신요람(修身要覽)』 등을 저술하였고, 장대안(張大安), 유눌언(劉訥言), 격희원(格希元), 허숙아(許叔牙) 등의 학자들을 소집하여 범엽(範曄, 398~445)이 편찬한 『후한서(後漢書)』에 주석을 붙였다. 이현의 주석은 후대에도 널리 읽혀서, 오늘날 전해지는 『후한서』도 본기(本紀), 열전(列傳)에 이현의 주석(註釋)을 붙이고, 지(志)에는 양(梁)의 유소(劉昭)가 주석(註釋)을 붙인 북송(北宋, 960~1126) 때의 판본(板本)을 기초로 한다.

에 등용했음을 말한 것이다.'라고 했으니, 이 두 글을 합해 그 말뜻을 따져 보면 앞글에서 말한 '칭찬함이 있다[如有所譽]'라는 것은 바로 '정직한 도[直道]'이다. '정직함[直]'이란 사사로이 왜곡됨이 없음을 이른다. '칭찬함이 있다'라는 것은 치우친 것 같지만, 연마하고 인도해서 도와주는 뜻을 궁구해 보면 사사로운 왜곡이 되지 않기 때문에 '정직한 도[直道]'라고 한 것이니, 이른바 훌륭한 점을 칭찬할 때는 마땅히 길게 해야 한다는 것이다.[102] 반고(班固)의 『후한서』「경제기」「찬」에 '공자가 말하기를, "이 백성들이야말로 삼대 때 정직한 도를 가지고 실행한 사람들이다."라고 했으니, 참으로 진실한 말이다! 주나라와 진(秦)나라의 폐단은 법망이 치밀하고 법조문이 준엄한 것이었는데도 간사한 자들을 감당하지 못하였다. 그런데 한(漢)나라가 일어나자, 번거롭고 까다로운 법령을 깨끗이 제거하여 백성들과 함께 휴식하였고, 효문제(孝文帝)에 이르러서는 공손하고 검소함을 더하였으며, 효경제(孝景帝)는 기업(基業)을 잘 따라 5, 60년 사이에 풍속이 바뀌었다. 심지어 일반 백성들이 순후해져서 주나라에서는 성왕(成王)과 강왕(康王)을 말하였다면, 한나라에서는 문제(文帝)와 경제(景帝)를 말하니, 아름답다.'라고 했는데, 이「찬」은 공자의 말로 한나라의 일을 증명한 것으로, 진인(秦人)이 각박하게 백성을 부림에 백성들의 풍속이 더욱 피폐해졌음을 말한 것이다. 한나라의 효문제와 효경제에 이르러 백성들을 관대함과 후함으로 인솔하고 사람들의 과오를 거뜬히 용납하자 치적(治迹)이 날로 성대하게 높아졌으니, 이는 정직한 도를 가지고 뜻을 후히 함을 근본으로 해서 실행한 자들이었기 때문이다."라

---

102 『춘추공양전(春秋公羊傳)』「소공」 20년: "훌륭한 점을 칭찬할 때는 길게 하고 나쁜 점을 비평할 때는 짧게 한다.[善善長, 惡惡短.]", "악행을 비평할 때는 당사자에 그치고, 선행을 칭찬할 때에는 자손에까지 이른다.[惡惡止其身, 善善及子孫.]"

고 했다.

원문 案, 『論衡』「率性篇」, "傳曰: '堯·舜之民, 可比屋而封; 桀·紂之民, 可比屋而誅.' '斯民也, 三代所以直道而行也.' 聖主之民如彼, 惡主之民如此, 竟在化不在性也." 此亦謂堯·舜以德化民, 卽是直道而行, 異於桀·紂之暴虐. 此與包君所引證若合符也. 皇本"人"下無"也"字, "所"作"可".

역문 살펴보니, 『논형』「솔성편」에 "전(傳)에 '요임금과 순임금의 백성들은 집집마다 다 봉해 줄 만했고, 걸왕과 주왕의 백성들은 집집마다 다 죽일 만했다.'[103]라고 했고, 『논어』에 '이 백성들이야말로 삼대 때 정직한 도를 가지고 실행한 사람들이다.'라고 했는데, 성스러운 군주의 백성들은 이와 같고, 포악한 군주의 백성들은 저와 같으니, 결국 교화에 달려 있는 것이지 본성에 달려 있는 것이 아니다."라고 했으니, 이 역시 요와 순이 덕으로써 백성을 교화함은 바로 정직한 도를 가지고 실행한 것이며, 걸과 주의 포악한 학정과는 다른 것임을 말한 것이다. 이는 포군(包君)이 인용해서 증명한 것과 부절을 합해 놓은 듯이 일치한다. 황간본에는 "인(人)" 아래 "야(也)" 자가 없고, "소(所)"는 "가(可)"로 되어 있다.

● 「注」, "所譽者, 輒試以事, 不虛譽而已."

● 正義曰: 『漢書』「薛宣傳」谷永薦宣疏, 以"宣爲御史中丞. 擧錯皆當. '如有所用, 必有所試.'" 謂譽而用之也. 以試爲夫子身試, 與包「注」同, 亦可通.

○ 「주」의 "칭찬한 것은 번번이 일을 가지고 시험해 보았기 때문이지, 근거 없이 칭찬한 것이 아니다."

---

103 『후한서(後漢書)』 권78, 「양종전(楊終傳)」.

○ 정의에서 말한다.

『전한서』「설선전」에 곡영(谷永)[104]이 설선(薛宣)을 천거하는 상소문에서 "설선을 어사중승(御史中丞)으로 삼으소서. 행동거지가 때에 맞고 이치에 합당합니다. '등용함[105]이 있는 것은 반드시 시험해 봄이 있기 때문입니다.'"라고 했는데, 칭찬을 하고서 등용했다는 말이다. 시험을 공자가 직접 해본 것이라고 한 것은 포함의 「주」와 같으니, 역시 통할 만하다.

● 「注」, "用民"至"而行".

● 正義曰: "無所阿私", 謂無所阿比, 以私意毁譽人也. 劉氏逢祿『述何篇』, "『春秋』不虛美, 不隱惡, 褒貶予奪, 悉本三代之法, 無虛加之辭也."

○ 「주」의 "용민(用民)"부터 "이행(而行)"까지.

○ 정의에서 말한다.

"사사롭게 아부함이 없다[無所阿私]"라는 것은 아첨하고 무리지 어 사사로운 뜻으로 남을 비난하거나 칭찬함이 없다는 말이다. 유봉록(劉逢祿)의 『논어술하편』에 "『춘추』는 근거 없이 찬미하지 않고, 악을 숨기지 않았으니, 칭찬하고 폄하하며 인정하고 인정하지 않음에 있어서 모두 삼대의 법에 근거하여 헛되이 보태는 말이 없었다."라고 했다.

---

104 곡영(谷永, ?~기원전 8): 전한 경조(京兆) 장안(長安) 사람. 본명은 병(並)이고, 자는 자운(子雲)이며, 곡길(谷吉)의 아들이다. 젊어서 장안(長安)의 소사(小史)가 되어 경서를 두루 공부했는데, 특히 천관(天官)과 『경씨역(慶氏易)』에 정통했다. 원제(元帝) 건소(建昭) 연간에 태상승(太常丞)에 올랐다. 여러 차례 상서하여 재이(災異)의 발생을 조정의 득실과 관련지어 추론했다. 성제(成帝) 때 광록대부급사중(光祿大夫給事中)으로 옮겼다. 황태후와 측근들이 재이의 논리로 성제를 설득하자 그를 썩 달갑지 않게 여겼다. 이 때문에 북지태수(北地太守)로 나갔다가 다시 불려 대사농(大司農)이 되었다. 그해 말에 병으로 사직했다.

105 『전한서』 권83, 「설선전(薛宣傳)」에는 "공자가 말했다. '칭찬함이 있는 것은 시험해 봄이 있기 때문이다.[孔子曰: '如有所譽, 其有所試.']"라고 되어 있다.

15-26

子曰: "吾猶及史之闕文也. 有馬者借人乘之, 今亡矣夫!" 【注】

包曰: "古之良史, 於書字有疑則闕之, 以待知者. 有馬不能調良, 則借人乘習

之. 孔子自謂及見其人如此, 至今無有矣, 言此者, 以俗多穿鑿."

공자가 말했다. "나는 그래도 사관들이 글을 빼놓고 기록하지 않는 것과 말을 소유한 자가 남에게 빌려주어 타게 하는 것을 보았는데, 지금에는 그것마저도 없어졌구나!" 【주】 포함이 말했다. "옛날의 훌륭한 사관(史官)은 글자를 쓸 때 의심스러운 것이 있으면 글을 빼놓고 아는 자를 기다렸다. 말을 가진 자가 길들일 수 없으면 남에게 빌려주어 타고서 훈련을 익히게 한다. 공자가 스스로 '이와 같이하는 사람을 볼 수 있었는데, 지금은 없다.'라고 하였으니, 이렇게 말한 것은 세속이 천착함이 많았기 때문이다."

원문 正義曰: 『毛詩』「抑」「傳」, "借, 假也." 亦常訓. 『唐石經』"史"下無"之"字, 皇本"今"下有"則"字, 朱子『集注』本"矣"誤"已".

역문 정의에서 말한다.

『모시』「억」의 「전(傳)」에 "차(借)는 빌려준다[假는 뜻이다."라고 했는데, 역시 일반적인 해석이다. 『당석경』에는 "사(史)" 아래 "지(之)" 자가 없고, 황간본에는 "금(今)" 아래 "즉(則)" 자가 있으며, 주자의 『집주』본에는 "의(矣)"가 "이(已)"로 잘못 적혀 있다.

● 「注」, "古之"至"穿鑿".

● 正義曰: 宋氏翔鳳『發微』云: "『周禮』「保氏」'教之六藝. 四曰五馭, 五曰六書,' 御與書同在六

藝, 皆國子之所當敎, 故孔子言'執御'. 又言'正名', 言'雅言', 所以敎門弟子者, 與天子諸侯之
設官無以異也. 史籒爲周宣王時太史, 作『大篆』十五篇. 『周禮』「外史」'掌達書名於四方', 亦
太史之屬. 漢律, '太史試學童, 能諷書九千字以上, 乃得爲史. 又以六體試之, 課最者以爲尙
書 · 御史 · 史書 · 令史. 吏民上書, 字或不正, 輒擧劾.' 史書 · 令史者, 爲掌史書之令史, 專
以正書字爲職, 故曰史書, 曰史篇, 皆謂書字掌於太史, 而保氏以敎.

○ 「주」의 "고지(古之)"부터 "천착(穿鑿)"까지.

○ 정의에서 말한다.

송상봉(宋翔鳳)의 『논어발미』에 "『주례』「지관사도하 · 보씨」에 '육예(六藝)를 가르친다. 넷
째는 오어(五馭)이며, 다섯째는 육서(六書)이다.'라고 했는데, 말몰기[御]와 글쓰기[書]도 똑
같이 육예에 속하고, 모두 공경대부의 아들[國子]이 마땅히 가르침을 받아야 하기 때문에 공
자가 '수레 모는 일을 잡겠다[執御]'[106]고 한 것이다. 또 '명칭을 바로잡겠다[正名]'[107]고 하고,
'발음을 정확히 해서 말했다[雅言]'[108]고 한 것은 문하의 제자들을 가르치기 위한 것으로 천자
와 제후가 관직을 설치한 것과 다를 것이 없다. 사주(史籒)[109]가 주나라 선왕(宣王) 때 태사
(太史)가 되어 『대전(大篆)』15편을 지었다. 『주례』「춘관종백하 · 외사」에 '서명(書名)을 사
방에 알리는 것을 관장한다.'라고 했는데, 역시 태사(太史)의 권속이다. 한나라의 형률(刑律)
에 '태사(太史)가 학동(學童)을 시험하여 거든히 9천 자 이상을 외어 쓰면 곧 사관[史]으로 삼
을 수 있다. 또 여섯 가지 서체[六體]로 시험하여 성적이 우수한 자를 상서(尙書) · 어사(御
史) · 사서(史書) · 영사(令史)로 삼는다. 아전과 백성이 상서(上書)할 때에 글자가 혹 바르
지 못하면 탄핵한다.'라고 했다. 사서(史書)와 영사(令史)란 사서(史書)를 관장하는 영사(令
史)로서 오로지 글자를 바로잡는 일만 직무로 삼기 때문에 사서(史書)라고 하고 사편(史篇)

---

106 『논어』「자한」.

107 『논어』「자로」.

108 『논어』「술이(述而)」.

109 사주(史籒, ?~?): 주나라 선왕(宣王) 때의 태사(太史) 주(籒)를 말한다. 고문(古文)을 변형하
　　여 대전체(大篆體)를 만들어 15편의 『사주편(史籒篇)』을 지었는데, 그 글씨체가 고문(古文)
　　과 같은 것도 있고 다른 것도 있었다. 이로 인하여 이 글씨체를 주서(籒書)라고 하였다. 석
　　고문(石鼓文)이 사주의 필적이라고 알려져 있다.

이라고 하니, 모두 글자는 태사(太史)에게 관장하게 하고, 보씨(保氏)에게 가르치도록 한다는 말이다.

班氏「藝文志」云: '古制書必同文, 不知則闕, 問諸故老. 至於衰世, 是非無正, 人用其私, 故孔子曰: "吾猶及史之闕文也, 今亡矣夫!" 蓋傷其寖不正.' 其引『論語』'史之闕文', 卽上「子路篇」'不知蓋闕'同義.「志」又言「史籀篇」, 周官敎學童者也,' 見『論語』之史, 若漢代史書‧史篇之類, 而不必爲紀言‧紀事之成書也. 許氏『說文解字』「敍」云: '詭更正文, 鄕壁虛造不可知之書, 以燿於世.' 與班氏言衰世之弊同. 孔子之所歎, 許氏又云: '『書』曰"予欲觀古人之象", 言必遵修舊文而不穿鑿. 孔子曰: "吾猶及史之闕文, 今亡矣夫!" 蓋非其不知而不問, 人用己私, 是非無正, 巧說褒辭, 使天下學者疑. 蓋文字者, 經藝之本, 王政之始, 前人所以垂後, 後人所以識古, 故曰"本立而道生." 知天下之至嘖而不可亂也.' 班‧許兩家之言, 若出一塗. 故『論語』包「注」云云. 凡有馬而借人乘習, 則皆期於善御, 亦六藝之一, 弟子之事, 而保氏之所敎也. 五馭之目爲鳴和鸞, 逐水曲, 過君表, 舞交衢, 逐禽左. 乘之者, 習此者也, 有一定之法, 非可人用其私, 故車能同軌. 六書之目爲指事, 象形, 諧聲, 會意, 轉注, 叚借. 闕文者, 所不知者也. 有一定之法, 非可詭更正文, 故書能同文."

반씨(班氏)의『전한서』「예문지」에 '옛날의 제도에 문서를 작성할 때는 반드시 같은 글자를 사용하고, 알지 못하는 글자가 있으면 빼놓았다가 많은 경험을 쌓아 옛일을 두루 아는 노인[故老]에게 물었다. 그런데 쇠퇴한 세상에 이르러서는 옳고 그름이 바르지 못해서 사람들이 제각각 자기의 사사로운 문자를 사용했기 때문에 공자가 "나는 오히려 사관들이 글을 빼놓는 것을 보았는데, 지금에는 그것마저도 없어졌구나!"라고 한 것이니, 아마도 사관의 글 쓰는 태도가 점차 바르지 못하게 된 것을 개탄한 것인 듯싶다.'라고 했는데, 반씨가 인용한『논어』의 '사관이 글을 빼놓는다'라는 것은 바로 앞의「자로」에서 '알지 못하는 것에 대해서는 놓아둔다'라고 한 것과 같은 뜻이다.「예문지」에는 또 '『사주편(史籀篇)』은 주나라의 사관(史官)이 학동(學童)을 다스리던 책이다.'라고 했는데,『논어』의 역사를 보면 한대(漢代)의 사서(史書)나 사편(史篇)의 부류와 같이 굳이 말을 기록하거나 일을 기록해서 책을 이룰 필요는 없었다. 허씨(許氏)의『설문해자』「서」에 '원문을 이상하게 고쳐서 벽을 향하여 알 수 없는 글을 거짓으로 만들어 낸 것이 세상에서 빛을 발하게 되었다.'라고 했으니, 반씨가 말한

쇠퇴한 세상의 폐단과 같다. 공자가 탄식한 것에 대해 허씨는 또 '『서경』「익직」에 "나는 옛 사람의 상(象)을 관찰하고자 한다[予欲觀古人之象]"라고 했는데, 반드시 옛 글자를 준수하고 닦아 천착하지 않을 것이라는 말이다. 공자가 "나는 오히려 사관들이 글을 빼놓는 것을 보았는데, 지금에는 그것마저도 없어졌구나!"라고 한 것은 아마도 알지도 못하면서 묻지도 않고, 사람들이 각자 자기의 사사로운 문자를 사용하고 옳고 그름이 마르지 못해서 교묘한 말과 사특한 언사가 천하의 배우는 자들을 의심하게 한 것을 비난한 것인 듯싶다. 대체로 문자(文字)라고 하는 것은, 경예(經藝)의 근본이고 왕정(王政)의 시작이며 앞선 시대의 사람들이 후대에게 드리워 준 것이고, 후대의 사람들이 옛날을 아는 수단이기 때문에 "근본이 확립되면 도가 생겨난다."[110]고 한 것이니, 천하가 지극히 들레더라도 어지럽힐 수 없음을 알 수 있는 것이다.'라고 했는데, 반고와 허신 두 사람의 말이 같은 길에서 나온 것 같다. 그러므로 『논어』포함의 「주」에서 그렇게 말한 것이다.

무릇 말을 소유하고 있으면서 남에게 빌려주어 타고서 훈련을 익히게 하는 것은 모두 잘 다스릴 것을 기대해서인데, 역시 육예 중의 하나로서 제자들이 익혀야 하는 일이며 보씨(保氏)가 가르치는 바이다. 오어(五馭)[111]의 조목은 명화란(鳴和鸞)[112] · 축수곡(逐水曲)[113] · 과군표(過君表)[114] · 무교구(舞交衢)[115] · 축금좌(逐禽左)[116]이다. 말을 타게 한다는 것은 이것을 익히게 하는 것이니, 일정한 법칙이 있어 사람들이 자기의 사적인 방법을 적용할 수 있는 것이 아니기 때문에 수레에 궤적을 같아지게 할 수 있는 것이다. 여섯 가지 서체[六書]의 목록은 지사(指事) · 상형(象形) · 해성(諧聲) · 회의(會意) · 전주(轉注) · 가차(假借)이다. 글을 빼놓는 것은 알지 못하는 것이다. 일정한 법칙이 있어서 원문을 이상하게 고칠 수 있는 것이

---

110 『논어』「학이(學而)」.

111 오어(五馭): 다섯 가지 수레 운전 방법.

112 명화란(鳴和鸞): 수레가 달릴 때 수레의 방울 소리가 서로 호응하게 모는 방법.

113 축수곡(逐水曲): 골짜기의 절벽을 따라 수레를 몰되 물에 떨어지지 않게 하는 운전 방법.

114 과군표(過君表): 천자를 나타내는 표시나 자리를 지날 때 예의를 갖추는 운전 방법.

115 무교구(舞交衢): 도로를 통과하면서 자유자재로 달려가는 방법.

116 축금좌(逐禽左): 사냥을 할 때 짐승을 쫓으면서 왼쪽에서 활을 쏘아 잡을 수 있도록 모는 방법.

아니기 때문에 문서를 작성함에 같은 글자를 사용할 수 있는 것이다."라고 했다.

案, 宋說"史闕文"之義, 至爲詳確. 其謂有馬借人乘之, 爲五駁之法, 尤補「注」義.『荀子』「禮論篇」, "故大路之馬, 必倍至教順, 然後乘之, 所以養安也."「注」, "倍至, 謂倍加精至也." 則有馬須借人乘之, 乃得教順, 此學御之事. 夫子時, 六藝之學將廢, 故俗多穿鑿, 不免自以爲是也.

살펴보니, 송상봉이 "사관들이 글을 빼놓은" 뜻을 설명한 것이 지극히 자세하고 정확하다. 말을 소유한 자가 남에게 빌려주어 타게 한 것을 일러 오어(五駁)의 법이라고 한 것은 더욱 「주」의 뜻을 보완한 것이다.『순자』「예론편」에 "그러므로 큰길의 말은 반드시 몇 배의 공을 들여[倍至] 가르치고 길들인 뒤에야 수레를 끌게 할 수가 있으니, 안전하게 수레를 끄는 법을 기르기 위함이다."라고 했는데, 「주」에 "배지(倍至)는 정밀하고 치밀함을 배가시킨다는 말이다."라고 했으니, 그렇다면 말을 소유했을 경우에는 반드시 남에게 빌려주어 타게 해야 가르치고 길들일 수 있으니 이는 수레를 모는 일을 배우는 것이다. 공자 당시에 육예를 배우는 것이 폐지되려 했기 때문에 세속에 천착하여 스스로 자기 자신을 옳다고 여기는 데서 벗어나지 못함이 많았던 것이다.

15-27

子曰: "巧言亂德. 小不忍, 則亂大謀."【注】孔曰: "巧言利口, 則亂德義; 小不忍, 則亂大謀."

공자가 말했다. "교묘한 말은 덕을 어지럽히고, 작은 것을 차마 하지 못하면 큰 계책을 어지럽힌다."【주】공안국이 말했다. "공교로운 말과 구변 좋은 말재주는 덕(德)과 의(義)를 어지럽히고, 작은 일을 차마 하지 못하면 큰 계책을 어지럽힌다."

원문 正義曰: 吳氏嘉賓『論語說』, "先王有不忍人之政, 然非小不忍之謂也. 故曰'惟仁者能愛人, 能惡人.' 苟不忍於惡一人, 則將有亂大謀者矣. 聖人 之所惡, 常在於似之而非者. '巧言亂德', 所謂惡佞足以亂義也. 小不忍則 亂仁, 或曰: '必有忍, 其乃有濟.' 若後世所謂'能有所忍以就人事'者, 不知 此狙詐之術, 雖於聖人之辭若可通, 竊以爲非也." 案, 『漢書』「李尋傳」, "執乾剛之德, 勉彊大誼, 絶小不忍." 「外戚傳」, "夫小不忍則亂大謀, 恩之 所不能已, 義之所割也." 二「傳」文皆如吳說.

역문 정의에서 말한다.

오가빈(吳嘉賓)의 『논어설』에 "선왕은 남에게 차마 하지 못하는 정치 가 있지만, 그러나 작은 것을 차마 하지 못한다는 말이 아니다. 그러므 로 '오직 인한 사람이어야만 남을 사랑할 수 있고, 남을 미워할 수 있 다.'[117]고 한 것이니, 만약 악한 한 사람을 차마 어찌하지 못한다면 장차 큰 계책을 어지럽힘이 있게 될 것이다. 성인이 미워하는 것은 언제나 그 럴듯하지만 아닌 것에 있으니, '교묘한 말이 덕을 어지럽힌다'라고 말한 것은 이른바 말재주를 피우는 자를 미워하는 것은 의(義)를 어지럽히기 에 충분하기 때문이라는 말이다.[118] 작은 것을 차마 하지 못하면 인(仁) 을 어지럽히는데도, 혹자는 말하길, '반드시 참음이 있어야 이에 성공함

---

[117] 『대학』 전10장에는 "唯仁人, 爲能愛人, 能惡人."이라 했고, 『논어』 「이인(里仁)」에는 "惟仁 者, 能好人, 能惡人."이라고 했다.

[118] 『맹자』 「진심하」: 공자가 말했다. "그럴듯하면서도 아닌 것을 미워하니, 피를 미워함은 벼이 삭을 어지럽힐까 염려해서이고, 아첨하는 말을 미워함은 의(義)를 어지럽힐까 염려해서이 며, 구변 좋은 말재주를 미워함은 신의를 어지럽힐까 염려해서이고, 정나라 음악을 미워함 은 아악(雅樂)을 어지럽힐까 염려해서이며, 자주색을 미워함은 붉은색을 어지럽힐까 염려 해서이고, 향원을 미워함은 덕을 어지럽힐까 염려해서이다."[孔子曰: "惡似而非者, 惡莠, 恐 其亂苗; 惡佞, 恐其亂義也; 惡利口, 恐其亂信也; 惡鄭聲, 恐其亂樂也; 惡紫, 恐其亂朱也; 惡 鄕原, 恐其亂德也."]

이 있다.'라고 하는데, 후세의 이른바 '능히 참을 수 있어야 사람의 일을 성취할 수 있다'라는 것과 같은 것으로, 이것이 조삼모사와 같은 교활한 속임수라는 것을 모르면 비록 성인의 말에 대해서 통할 수 있을 것 같지만 이는 아무래도 잘못이라고 생각된다."라고 했다. 살펴보니,『전한서』「이심전」에 "하늘의 굳건한 덕[乾剛之德]을 굳게 지키고, 크고 옳은 일을 힘쓰고 작은 것을 차마 하지 못하는 마음을 끊으소서."라고 했고,「외척전」에 "작은 것을 차마 하지 못하면 큰 계책을 어지럽히니, 끊을 수 없는 은혜는 의(義)로 잘라 내야 합니다."라고 했는데, 두「전」의 글이 모두 오가빈의 말과 같다.

15-28

子曰: "衆惡之, 必察焉; 衆好之, 必察焉."【注】王曰: "或衆阿黨比周, 或其人特立不群, 故好惡不可不察也."

공자가 말했다. "여러 사람이 그를 미워하더라도 반드시 살펴보고, 여러 사람이 그를 좋아하더라도 반드시 살펴보아야 한다."
【주】왕숙이 말했다. "더러는 여럿이 아첨하여 한 패거리가 되어 두루두루 친압하기도 하고, 더러는 그 사람의 됨됨이가 특별하게 뛰어나 우뚝하지만 남과 무리 짓지 않기 때문에 좋아하고 미워함을 살피지 않아서는 안 된다."

원문 正義曰:『潛夫論』「潛歎篇」云: "孔子曰: '衆好之, 必察焉; 衆惡之, 必察焉.' 故聖人之施舍也, 不必任衆, 亦不必專己. 必察彼己之所爲, 而度之以義, 或舍人取己, 故擧無遺失而政無廢滅也. 或君則不然, 己有所愛, 則

因以斷正, 不稽於衆, 不謀於心, 苟眩於愛, 惟言是從, 此政之所以敗亂,
而士之所以放佚者也."

역문 정의에서 말한다.

　『잠부론』「잠탄」에 "공자가 말하길, '여러 사람이 그를 미워하더라도
반드시 살펴보며, 여러 사람이 그를 좋아하더라도 반드시 살펴보아야
한다.'라고 했으니, 그러므로 성인이 베풀거나 버리는 일은 반드시 대중
에게 맡겨 두기만 한 것이 아니고, 또한 반드시 오로지 자기의 의견만
고집한 것도 아니다. 반드시 저들과 자기가 하는 일을 살펴서 의(義)를
가지고 헤아려 어떤 경우에는 남의 의견을 버리고 자기의 의견을 취하
였기 때문에 일을 거행함에 잘못이 없었고, 정치에 있어서도 실패하거
나 무너짐이 없었던 것이다. 하지만 어떤 군주는 그렇지 못해서 자기가
사랑하는 바가 있으면 그로 인해 옳다고 단정해 버리고는 여러 사람에
게 의견을 헤아려 보지 않으며 마음속으로 도모하지 않으면서 구차하게
사랑에만 현혹되어 그의 말이라면 무조건 따르니, 이것이 정치가 실패
하고 어지러워지는 까닭이며 선비가 방탕하고 나태해지는 이유인 것이
다."라고 했다.

원문 又『管子』「明法解」, "亂主不察臣之功勞, 譽衆者則賞之, 不審其罪過,
毁衆者則罰之. 如此者, 則邪臣無功而得賞, 忠臣無罪而有罰." 又云: "如
此則慤愿之人失其職, 而廉潔之吏失其治. 故「明法」曰: '官之失其治也,
是主以譽爲賞, 而以毁爲罰也.'"

역문 또 『관자』「명법해」에 "어지러운 군주는 신하의 공로를 살피지 않고,
칭찬이 자자한 사람이면 상을 주고, 그의 죄과는 살피지도 않고 비방이
분분한 사람이면 벌을 준다. 이와 같으면 사악한 신하가 공이 없이도 상
을 받고 충신이 죄가 없이도 벌을 받게 된다."라고 했고, 또 "이와 같이

하면 성실하고 독실한 사람이 그 직책을 잃고 청렴결백한 관리들이 다스려야 할 일을 잃게 된다. 그러므로 「명법」에 '관리가 그 다스려야 할 일을 잃는 것은 군주가 근거 없는 칭찬을 듣고 상을 주고 잘못된 비방을 듣고 벌을 주기 때문이다.'라고 했다."라고 했다.

원문 案, 『潛夫論』引"衆好"句, 在"衆惡"前. 宋葛洪『涉史隨筆』·王氏『論語辨惑』·司馬溫公『論選擧狀議貢擧狀』·王臨川『答段縫書』, 亦先"好"後"惡". 『風俗通義』「正失篇」·羅隱『兩同書』「眞僞章」"好"均作"善", 亦"衆善"句在前, 卽王「注」疑亦如此. 兪氏樾『平議』以爲傳寫誤倒, 或有然也.

역문 살펴보니, 『잠부론』에서 인용한 "중호(衆好)" 구절은 "중오(衆惡)"의 앞에 있다. 송(宋)나라 갈홍(葛洪)[119]의 『섭사수필』과 왕씨[王氏: 왕약허(王若虛)]의 『논어변혹』과 사마온공(司馬溫公)의 『논선거장의공거장』과 왕임천(王臨川)[120]의 『답단봉서』에도 "호(好)"를 앞에 쓰고 "오(惡)"를 뒤에 썼

---

119 갈홍(葛洪, ?~1237): 송(送)나라 무주(婺州) 동양(東陽) 사람. 자는 용문(容文) 또는 용보(容甫)고, 호는 반실노인(蟠室老人)이다. 효종 순희(淳熙) 11년(1184) 진사가 되었다. 여조겸(呂祖謙) 문하에서 배웠다. 영종(寧宗) 가정(嘉定) 연간에 상서공부원외랑(尙書工部員外郞) 겸 권추밀원검상제방문자(權樞密院檢詳諸房文字)가 되었는데, 글을 올려 장수들을 엄격하게 단속하고 군정(軍政)을 정비할 것을 주청했다. 거듭 승진하여 참지정사(參知政事)에 올랐다. 동양군공(東陽郡公)에 봉해졌고, 시호는 단헌(端獻)이다. 저서에 『섭사수필(涉史隨筆)』이 있다.

120 왕임천(王臨川, 1021~1086): 송나라 무주(撫州) 임천(臨川) 사람 왕안석(王安石)이다. 신법당(新法黨)의 영수로, 자는 개보(介甫)고, 소자(小字)는 환랑(獾郞)이며, 호는 반산(半山)이다. 왕익(王益)의 아들이다. 인종(仁宗) 경력(慶曆) 2년(1042) 진사가 되어 첨서회남판관(簽書淮南判官)이 되었다. 7년(1047) 은현지현(鄞縣知縣)이 되어 수리시설을 개선하고 주민들에게 양곡을 대여하면서 행정제도를 엄수하여 빛나는 치적을 쌓았다. 서주통판(徐州通判)과 상주지주(常州知州)를 역임했다. 그렇게 강남지역의 지방관으로 근무하면서 이재(理財)의 능력을 인정받았다. 가우(嘉祐) 3년(1058) 입조하여 삼사탁지판관(三司度支判官)이 되

다. 『풍속통의』「정실」과 나은(羅隱)[121]의 『양동서』「진위」에는 "호(好)"가 모두 "선(善)"으로 되어 있고 또 "중선(衆善)" 구절이 앞에 있으니, 바로 왕숙의 「주」는 어쩌면 또한 이와 같을 듯싶다. 유월의 『군경평의』에는 전사(傳寫)하는 과정에서 뒤바뀌어 잘못된 것이라고 했는데, 어쩌면 맞는 말인 듯싶다.

었는데, 1만 언(言)에 이르는 글을 올려 변법개혁(變法改革)과 인재의 양성을 주장했지만 채택되지는 못했다. 지제고(知制誥)로 옮겼다가 어머니 상을 당해 사직했다. 신종(神宗)이 즉위하자 강녕부(江寧府)를 맡았다가 얼마 뒤 불려 한림학사겸시강(翰林學士兼侍講)이 되었다. 희녕(熙寧) 2년(1069) 참지정사(參知政事)가 되어 변법을 강력하게 주장한 것이 신종의 뜻과 일치해 역사적으로 유명한 파격적인 개혁정책을 실시하게 되었다. 삼사조례사(三司條例司)를 설치해 재정과 군사 제도를 정비하면서 부국강병(富國强兵)의 방안을 모색했다. 청묘법(青苗法)과 시역법(市易法), 모역법(募役法), 보갑법(保甲法), 보마법(保馬法)을 실시했다. 다음 해 동중서문하평장사(同中書門下平章事)가 되었다. 과거(科擧)와 학교 제도를 개혁했다. 7년(1074) 사마광(司馬光)과 문언박(文彦博), 한기(韓琦) 등의 강력한 반대에 부딪쳐 재상 자리를 사직하고 강녕부로 옮겼다. 다음 해 다시 복직했지만, 다음 해 다시 파직되어 강녕부로 나갔다. 원풍(元豊) 3년(1080) 형국공(荊國公)에 봉해지고, 시호는 문(文)이다. 그의 신법은 국가재정의 확보와 국가행정의 효율성 증대 등에서 일정한 실적을 거두었지만 원래 취지인 농민과 상인의 구제라는 면에서는 결과적으로 세역(稅役)의 증대, 화폐경제의 강요 등으로 영세농민층의 몰락을 가속화시킨 문제점도 있었다. 저서에 『왕임천선생집(王臨川先生集)』과 『주관신의(周官新義)』, 『상서신의(尙書新義)』, 『시경신의(詩經新義)』, 『시의구침(詩義鉤沈)』, 『도덕경주(道德經注)』 등이 있다.

121 나은(羅隱, 833~909): 당나라 여항(餘杭) 사람. 일설에는 신성(新城) 또는 신등(新登) 사람이라고도 한다. 자는 소간(昭諫)이고, 호는 강동생(江東生)이며, 본명은 횡(橫). 일찍이 십여 차례 과거에 낙방하는 불운이 이어지자 이름을 바꾸었다. 진해장군(鎭海將軍) 전류(錢鏐)가 불러 장서기(掌書記)가 되었고, 나중에 절도판관(節度判官)과 저작좌랑(著作佐郎), 간의대부(諫議大夫), 급사중(給事中)을 지냈다. 주전충(朱全忠)이 그의 인물을 아껴 불렀지만 응하지 않았다. 어려서부터 재능이 있었고, 특히 시에 뛰어나 이름이 높았다. 저서에 『참서(讒書)』와 『강동갑을집(江東甲乙集)』, 『양동서(兩同書)』 등이 있다.

- 「注」, “或衆”至“察也”.
- 正義曰: “或衆阿黨比周”, 所以衆好, “或其人特立不群”, 所以衆惡. 『梁書』「劉孝綽傳」, “孤特則積毀所歸, 比周則積譽斯信.” 卽本王「注」, 故亦引『論語』說之.
○ 「주」의 “혹중(或衆)”부터 “찰야(察也)”까지.
○ 정의에서 말한다.

“더러는 여럿이 아첨하여 한 패거리가 되어 두루두루 친압하기[或衆阿黨比周]” 때문에 여러 사람이 좋아하는 것이고, “더러는 그 사람의 됨됨이가 특별하게 뛰어나 우뚝하지만 남과 무리 짓지 않기[或其人特立不群]” 때문에 여러 사람이 미워하는 것이다. 『양서』「유효작전」에 “홀로 특별하게 뛰어나 우뚝하면 쌓인 비방이 그에게로 돌아가고, 친압하여 두루두루 화합을 이루면 쌓인 칭찬으로 이에 신임을 받게 된다.”라고 했는데, 바로 왕숙의 「주」를 근거로 했기 때문에 역시 『논어』를 인용해서 말한 것이다.

15-29

子曰: “人能弘道, 非道弘人.” 【注】 王曰: “才大者, 道隨大; 才小者, 道隨小, 故不能弘人.”

공자가 말했다. “사람이 도를 넓힐 수 있는 것이지, 도가 사람을 넓히는 것이 아니다.” 【주】 왕숙이 말했다. “재주가 큰 사람은 도(道)도 따라서 크고, 재주가 작은 자는 도가 따라서 작기 때문에 사람을 넓힐 수 없다.”

원문 正義曰: 皇本“弘人”下有“也”字.

역문 정의에서 말한다.

황간본에는 "홍인(弘人)" 아래 "야(也)" 자가 있다.

● 「注」, "王曰"至"弘人".

● 正義曰: 皇本不言"王肅曰", 則何晏等義也. 道隨才爲大小, 故人能自大其道, 卽可極仁聖之詣, 而非道可以弘人. 故行之不著, 習矣不察, 終身由之, 而不知其道, 則仍不免爲衆. 『中庸記』所云"苟不至德, 至道不凝焉", 卽此意也. 『漢書』「董仲舒傳」, "夫周道衰於幽 · 厲, 非道亡也, 幽 · 厲不繇也. 至於宣王, 思昔先王之德, 興滯補弊, 明文 · 武之功業, 周道粲然復興." 下引此文. 又「禮樂志」載平當說衰微之學, 興廢在人, 亦引此文, 義皆可證.

○ 「주」의 "왕왈(王曰)"부터 "홍인(弘人)"까지.

○ 정의에서 말한다.

황간본에는 "왕숙왈(王肅曰)"이라고 하지 않았으니, 그렇다면 하안 등의 뜻인 것이다. 도(道)는 재주에 따라서 커지거나 작아지기 때문에 사람이 스스로 그 도를 크게 할 수 있으면 인(仁)과 성(聖)의 경지를 지극하게 할 수 있는 것이지, 도가 사람을 넓힐 수 있는 것이 아니다. 그러므로 행하고 있으면서도 왜 그렇게 해야 하는지 밝게 알지 못하고, 습관적으로 익숙하게 하고 있으면서도 그 이유를 살피지 못해서 종신토록 행하면서도 그 도(道)를 알지 못하면 여전히 그저 그런 사람에서 벗어나지 못한다.[122] 『중용』의 이른바 "진실로 지극한 덕(德)이 아니면, 지극한 도(道)가 모이지 않는다."[123]라고 한 것이 바로 이 뜻이다. 『전한서』「동중서전」에 "주나라의 도가 유왕(幽王)과 여왕(厲王)에게서 쇠하였으니, 도가 망한 것이 아니라 유왕과 여왕이 도를 따르지 않은 것입니다. 선왕(宣王)에 이르러서 옛날 선왕(先王)의 덕을

---

122 『맹자』「진심상(盡心上)」: 맹자가 말했다. "행하고 있으면서도 왜 그렇게 해야 하는지 밝게 알지 못하고, 습관적으로 익숙하게 하고 있으면서도 그 이유를 알지 못한다. 그러므로 종신토록 행하면서도 그 도(道)를 모르는 자는 그저 그런 사람이다."[孟子曰: "行之而不著焉, 習矣而不察焉, 終身由之, 而不知其道者, 衆也."] 주희(朱熹)의 『맹자집주(孟子集註)』에는 "衆"을 "多"로 보아, "그 도를 모르는 자가 많다."라고 했으나, 조기(趙岐)의 「주」에는 "衆庶之人"이라고 했으므로, 여기의 「주」에서는 조기의 「주」를 따라 "그저 그런 사람"으로 해석했다.

123 『중용』 제27장.

생각하여 침체한 것을 일으키고 해진 것을 보충하여 문왕과 무왕(武王)의 공업(功業)을 밝혀서 주나라의 도가 찬란하게 다시 일어났습니다."라고 하면서 아래에 이 문장을 인용했다. 또 「예악지」에 평당(平當)[124]이 학문이 쇠미(衰微)해지는 것과 흥하고 폐함이 사람에게 달려 있음을 말한 것을 기록한 것에도 이 문장을 인용했으니, 뜻을 모두 증명할 수 있다.

15-30

子曰: "過而不改, 是謂過矣."

공자가 말했다. "허물을 저지르고도 고치지 않는 것, 이것을 진짜 허물이라고 한다."

원문 正義曰: 『韓詩外傳』三, "孔子曰: '過而改之, 是不過也.'" 當本此文而反言之. 『穀梁』「僖」二十二年「傳」, "過而不改, 又之, 是謂之過."

역문 정의에서 말한다.

『한시외전』 권3에 "공자가 말했다. '허물을 저질렀다 하더라도 그것을 고치면 이는 허물을 저지르지 않은 것이다.'"라고 했는데, 당연히 이

---

124 평당(平當, ?~기원전 5): 전한 양국(梁國) 하읍(下邑) 사람. 부풍(扶風) 평릉(平陵)으로 옮겼다. 자는 자사(子思). 명경(明經)으로 천거되어 박사(博士)가 되었고, 공경(公卿)들이 천거하여 급사중(給事中)에 올랐는데, 매번 재이(災異)가 일어나면 전거(典據)를 밝히면서 득실을 설명했다. 성제(成帝) 때 기도위(騎都尉)가 되고, 하제(河堤)를 다스렸다. 애제(哀帝) 때 광록대부제리산기(光祿大夫諸吏散騎)와 광록훈(光祿勳), 어사대부(御史大夫)를 거쳐 승상(丞相)까지 역임했다. 관내후(關內侯)에 봉해졌다. 『서경(書經)』「우공(禹貢)」에 밝았다.

문장을 근거로 해서 뒤집어 말한 것이다. 『춘추곡량전』「희공」 22년의 「전」에 "허물을 저지르고도 고치지 않고 또 그 짓을 하는 것, 이것을 진짜 허물이라고 한다."라고 했다.

15-31

子曰: "吾嘗終日不食, 終夜不寢, 以思, 無益, 不如學也."

공자가 말했다. "내가 일찍이 종일토록 먹지도 않고, 밤새도록 잠을 자지 않고서 생각했지만, 유익함이 없었으니, 배우는 것만 못하다."

원문 正義曰: "思"者, 思其所學也. 然思之不達, 而一於思, 反爲無益, 故曰: "思而不學則殆." 『大戴禮』「勸學篇」, "孔子曰: '吾嘗終日而思矣, 不如須臾之所學也.'" 略本此文. 賈子『新書』「修政語上」, "湯曰: '學聖王之道者, 譬其如日; 靜思而獨居, 譬其若火. 夫舍學聖之道而靜居獨思, 譬其若去日之明於庭, 而就火之光於室也. 然可以小見, 而不可以大知.' 是故明君而君子貴尙學道, 而賤下獨思也."

역문 정의에서 말한다. "생각했다[思]"라는 것은 배운 것을 생각했다는 것이다. 그러나 생각이 통달하지 못했는데 한결같이 생각에 골똘하면 도리어 무익하게 된다. 그러므로 "생각만 하고 배우지 않으면 정신만 피로할 뿐이다."[125]라고 한 것이다. 『대대례』「권학」에 "공자가 말했다. '내가 일찍이 종일토록 생각을 했지만, 잠깐 동안이라도 배우느니만 못하였다.'"

라고 했는데, 대략 이 문장에 근거한 것이다. 가자(賈子)의 『신서』「수정
어상」에 "탕(湯)왕이 말하길, '성왕의 도를 배우는 것이 마치 햇빛과 같
다면 조용히 생각하면서 홀로 거처하는 것은 마치 호롱불 빛과 같다. 성
왕의 도를 배우지 않고서 조용히 거처하며 홀로 생각하는 것은 마당에
서 밝게 빛나는 햇빛을 버리고 방안에서 호롱불 빛을 찾아가는 것과 같
다. 그러니 작게 볼 수는 있지만 크게 알 수는 없다.'라고 하였다. 따라
서 현명한 군주로서 군자는 도를 배우는 것을 귀하게 여겨 중시하고 홀
로 생각하는 것을 천하게 여기는 것이다."라고 했다.

15-32

子曰: "君子謀道不謀食. 耕也, 餒在其中矣; 學也, 祿在其中
矣. 君子憂道不憂貧."【注】鄭曰: "'餒', 餓也. 言人雖念耕而不學, 故饑
餓, 學則得祿, 雖不耕而不餒. 此勸人學."

공자가 말했다. "군자는 도를 도모하지 먹을 것을 도모하지 않는
다. 밭을 갈아도 그 가운데 굶주리는 경우가 있고, 배우기만 해도
그 가운데 봉록이 있는 경우가 있다. 군자는 도를 걱정하지 가난
함을 걱정하지 않는다."【주】정현이 말했다. "'뇌(餒)'는 굶주림이다. 사람들
은 비록 밭 갈 것을 생각하지만 배우지 않기 때문에 굶주리는 것이고, 배우면 봉록을
얻게 되니, 비록 밭을 갈지 않아도 굶주리지 않는다는 말이다. 이것은 사람들에게 배
움에 힘쓰도록 권면한 것이다."

---

125 『논어』「위정(爲政)」.

원문 正義曰: 『潛夫論』「贊學篇」引"耕也餒在其中"三句, 連上"吾嘗終日不

食"爲一章, 當時簡編相聯, 未分別也. "耕"者, 『說文』云"犂也." 謂以牛犂

田也.

역문 정의에서 말한다.

『잠부론』「찬학」에 "밭을 갈아도 그 가운데 굶주리는 경우가 있다[耕
也餒在其中]"라고 한 세 구절을 인용하면서 앞의 "내가 일찍이 종일토록
먹지도 않고[吾嘗終日不食]"라고 한 구절과 연결해서 한 장(章)으로 만들었
는데, 당시에는 간편(簡編)이 서로 연결되어 있어 나누어 구별하지 않았
기 때문이다. "경(耕)"이란 『설문해자』에 "밭을 간다[犂]는 뜻이다."[126]라
고 했으니, 소로 밭을 간다는 말이다.

- 「注」, "餒餓"至"人學".
- 正義曰: 段本『說文』, "餒, 饑也." 此常訓. "念耕"者, 念猶思也, 本非所習而思爲之, 故曰"念
  耕". 古者四民各習其業, 自非有秀異者, 不升於學. 春秋時, 士之爲學者, 多不得祿, 故趨於
  異業. 而習耕者衆. 觀於樊遲以學稼·學圃爲請, 而長沮·桀溺·荷蓧丈人之類, 雖隱於耕,
  而皆不免謀食之意, 則知當時學者以謀食爲亟, 而謀道之心或不專矣. 夫子示人以君子當謀
  之道, 學當得祿之理, 而耕或不免餒, 學則可以得祿, 所以誘掖人於學, 而凡爲君子者, 當自
  勉矣.
- 「주」의 "뇌아(餒餓)"부터 "인학(人學)"까지.
- 정의에서 말한다.
  단옥재는 『설문해자』를 근거로 "뇌(餒)는 굶주림[饑]이다."라고 했는데, 이것이 일반적인 뜻

---

[126] 『설문해자』 권4: 경(耕)은 밭을 간다[犂]는 뜻이다. 뇌(耒)로 구성되었고 정(井)이 발음을 나
타낸다. 일설에는 "옛날의 정전(井田)이다."라고 한다. 고(古)와 경(莖)의 반절음이다.[耕,
犂也. 從耒井聲. 一曰: "古者井田." 古莖切.]

풀이다. "염경(念耕)"에서 염(念)은 생각함[思]과 같으니, 본래는 익힌 것이 아닌데 할 것을 생각하기 때문에 "밭 갈 것을 생각한다[念耕]"라고 한 것이다. 옛날에는 네 계층의 민중들이 각각 그들의 업을 익히니 본래부터 빼어나게 특이한 능력을 지닌 자가 아니면 태학에 천거되지 않는다. 춘추시대에는 사 중에 학문을 한 자가 대부분 봉록을 얻지 못했기 때문에 다른 업을 쫓아서 밭 가는 것을 익히는 자가 많았다. 번지(樊遲)가 농사짓기를 배우고 채마밭 가꾸기를 배울 것을 청한 것[127]을 가지고 살펴보면, 장저(長沮)·걸닉(桀溺)·지팡이에 제초기를 둘러멘 노인[荷蓧丈人]이 비록 숨어서 밭 가는 일에 종사하고 있었지만 모두 먹을 것을 도모하는 뜻에서 벗어나지 못했으니, 그렇다면 당시의 학자들은 먹을 것을 도모하는 것을 급선무로 여겨 도를 도모하는 마음이 더러는 전일하지 못했었다는 것을 알 수 있다. 공자가 사람들에게 군자가 마땅히 도모해야 하는 도와 배움은 마땅히 봉록을 얻는 이치이니, 밭을 갈아도 더러 굶주림에서 벗어나지 못하고, 배우기만 해도 봉록을 얻을 수 있다고 가르쳐 준 것은 사람들을 배움으로 인도하여 돕기 위해서이니, 모든 군자가 되려는 자들은 마땅히 스스로 힘써야 할 것이다.

鄭謂"念耕而不學", 謂士之爲農者, 但務農而不爲學也. 旣不學不可得祿, 故或遇凶歉而不免於餒, 是兩失之矣. 若夫農務於耕, 自習其業, 安得槪以"謀食"責之? 『潛夫論』「釋難篇」釋此文云: "君子勞心, 小人勞力. 故孔子所稱, 謂君子爾." 誼與鄭同. 夫耕原於謀食, 謀食卽不得不憂貧. 君子志其大者·遠者, 但憂謀道之無得於己, 而豈口腹身家之圖所能易其志哉?

정현이 "밭 갈 것을 생각하고 배우지 않는다[念耕而不學]"라고 한 것은, 사 중에서 농사를 짓는 자가 단지 농사에만 힘쓰고 학문을 하지 않는다는 말이다. 이미 배우지 않아서 봉록을 얻을 수 없기 때문에 혹시라도 흉년을 만나게 되면 굶주림을 면치 못하게 되니, 이렇게 되면 두 가지를 모두 잃게 되는 것이다. 농부가 밭 가는 것으로 말할 것 같으면 스스로 자기의 업을 익히는 것인데, 어떻게 싸잡아서 "먹을 것을 도모한다"라고 책망할 수 있겠는가? 『잠부론』

---

127 『논어』 「자로」: 번지(樊遲)가 농사짓는 법을 배우기를 청하자, 공자가 말했다. "나는 늙은 농부보다 못하다." 채소 가꾸는 법을 배우기를 청하자, 공자가 말했다. "나는 늙은 원예사보다 못하다.[樊遲請學稼, 子曰: "吾不如老農." 請學爲圃, 曰: "吾不如老圃."]

「석난」에 이 문장을 해석하면서 "군자는 마음을 수고롭게 하고, 소인은 몸을 수고롭게 한다. 따라서 공자가 일컬은 것은 군자에 대해서 말한 것일 뿐이다."라고 했으니, 의의가 정현과 같다. 밭 가는 것은 먹을 것을 도모하는 데서 나왔으니, 먹을 것을 도모하다 보면 가난을 걱정하지 않을 수 없다. 크고 원대한 것에 뜻을 둔 군자는 다만 도를 도모해서 스스로에게 터득됨이 없음을 걱정할 뿐이니, 어찌 입이나 채우고 배나 불리며 자기 집안을 도모하느라 자기의 뜻을 바꿀 수 있단 말인가?

15-33

子曰: "知及之, 仁不能守之, 雖得之, 必失之. 【注】 包曰: "知能及治其官, 而仁不能守, 雖得之, 必失之." 知及之, 仁能守之, 不莊以涖之, 則民不敬. 【注】 包曰: "不嚴以涖之, 則民不敬從其上." 知及之, 仁能守之, 莊以涖之, 動之不以禮, 未善也." 【注】 王曰: "動必以禮, 然後善."

공자가 말했다. "지혜가 거기에 미치더라도 인이 그것을 지킬 수 없으면 비록 얻었더라도 반드시 잃는다. 【주】 포함이 말했다. "지혜가 그 관직을 다스리는 데 미칠 수 있더라도 인이 그 관직을 지킬 수 없으면 비록 관직을 얻었더라도 반드시 잃는다." 지혜가 거기에 미치고, 인이 그것을 지킬 수 있어도, 장중함으로써 임하지 않으면, 백성들이 공경하지 않는다. 【주】 포함이 말했다. "엄중함으로 백성에게 임하지 않으면 백성들이 그 윗사람을 존경해 따르지 않는다." 지혜가 미치고, 인이 지킬 수 있으며, 장중함으로써 임하더라도, 예로써 백성을 감동시켜 행하게 하지 않으면 아직 잘한 것이 아니다." 【주】 왕숙이 말했다. "반드시 예로써 백성을 감동시켜 행하게 한 뒤에야 잘한 것이다.”

원문 正義曰: 此章十一“之”字, 包「注」指位言, 但於“動之”句不可通. 毛氏奇齡『謄言補』指民言, 知足以及民, 卽知臨爲大君之宜. 案, “知及之”, 謂政令條敎足以及民也; “仁不能守之”, 謂不能以仁守之. “仁”字置句首, 與“知及之”配儷成文耳.

역문 정의에서 말한다.

이 장의 11개의 “지(之)” 자에 대해 포함의 「주」에서는 지위를 가리켜서 말했는데, 다만 “동지(動之)”라고 한 구절만큼은 통하지 않는다. 모기령의 『승언보』에서는 백성을 가리켜서 말했는데, 지혜가 충분히 백성에게 미친다는 것은 바로 지혜가 대군의 지위를 맡아서 하기에 마땅하다는 것이다. 살펴보니, “지혜가 미친다[知及之]”라는 것은 정령(政令)과 조교(條敎)[128]가 충분히 백성들에게 미친다는 말이고, “인이 그것을 지킬 수 없다[仁不能守之]”라는 것은 인을 가지고 그것을 지키지 못한다는 말이다. “인(仁)” 자를 문구 앞에 쓴 것은 “지급지(知及之)”와 짝을 맞춰서 문장을 이루기 위한 것일 뿐이다.

원문 『大戴禮』「武王踐阼篇」, “師尙父曰: ‘且臣聞之, 以仁得之, 以仁守之, 其量百世. 以不仁得之, 以仁守之, 其量十世: 以不仁得之, 以不仁守之, 必及其世.’” 是言凡得民者, 皆當以仁守之也. 『孟子』「離婁篇」, “桀·紂之失天下也, 失其民也. 失其民者, 失其心也. 得天下有道, 得其民, 斯得天

---

128 조교(條敎): 조문(條文)·조례(條例), 규칙이나 법률, 또는 상관이 하급 관원에게 내렸던 지시.

下矣. 得其民有道, 得其心, 斯得民矣." 此文"得之"·"失之", 卽謂得民·
失民也.

역문 『대대례』「무왕천조」에 "태사(大師)인 상보(尙父)[129]가 말했다. '또 신이
듣자 하니, 인(仁)으로 얻고 인으로 지키면 백 대를 헤아리게 될 것이요,
불인(不仁)으로 얻고 인으로 지키면 십 대를 헤아리게 될 것이며, 불인으
로 얻고 불인으로 지키면 당대도 못 할 것이라고 합니다.'"라고 했는데,
이는 무릇 백성을 얻은 자는 모두 마땅히 인으로써 백성을 지켜야 한다
는 말이다. 『맹자』「이루상」에 "걸(桀)과 주(紂)가 천하를 잃은 것은 백성
을 잃었기 때문이다. 백성을 잃었다는 것은 백성의 마음을 잃었다는 것
이다. 천하를 얻는 데에 방법이 있으니, 백성을 얻으면 이에 천하를 얻
을 수 있다. 백성을 얻는 데에 방법이 있으니, 그들의 마음을 얻으면 백
성을 얻을 수 있다."라고 했는데, 이 글의 "그들을 얻음[得之]"과 "그들을
잃음[失之]"이란 바로 백성을 얻고 백성을 잃는다는 말이다.

원문 "莊以涖之"者, "涖", 臨也, 見『毛詩』「采芑」「傳」. 『說文』, "埭, 臨也."
卽"涖"本字. 皇本作"莅", 又"涖"或體. "莊以莅之", 謂威儀也. 『左氏傳』,

---

129 사상보(師尙父, ?~?): 주나라 때 동해(東海) 사람. 성은 강(姜)이고, 이름은 상(尙)이며, 자는
자아(子牙)다. 태공(太公) 또는 강상(姜尙), 여상(呂尙), 태공망(太公望) 등 다양하게 불린
다. 나이 팔순에 위수(渭水)에 낚시를 드리우며 때를 기다린 지 10여 년 만에 주나라 문왕을
만나 초빙된 다음, 문왕의 스승이 되었다. 문왕은 그가 조부인 태공(太公)이 항시 바라던 사
람이라는 뜻에서 태공망(太公望)이라고 했다. 병법 이론에 밝아서 문왕이 죽은 뒤에 무왕
(武王)을 도와 목야(牧野) 전투에서 은나라 주(紂)왕의 군대를 물리치고 주나라를 세우는 데
큰공을 세웠다. 무왕은 그를 높여 사상보(師尙父)라 했다. 도읍을 영구(榮丘)에 두었는데,
제나라의 시조가 되었다. 팔십 평생을 낚시질을 하면서 때를 기다렸다고 하는데, 고기 잡는
일이 목적이 아니었기 때문에 낚싯바늘은 곧게 펴서 물에 드리웠다고 한다. 병서(兵書) 『육
도(六韜)』(6권)는 그의 저서라고 한다.

"北宮文子曰: '有威而可畏謂之威, 有儀而可象謂之儀. 君有君之威儀, 其臣畏而愛之, 則而象之, 故能有其國家, 令聞長世; 臣有臣之威儀, 其下畏而愛之, 故能守其官職, 保族宜家.'" 又曰: "故君子在位可畏, 施舍可愛, 進退可度, 周旋可則, 容止可觀, 作事可法, 德行可象, 聲氣可樂, 動作有文, 言語有章, 以臨其下, 謂之有威儀也." 皆言臨民當莊之義.

역문 "장중함으로써 임한다[莊以涖之]"

"이(涖)"는 임한다[臨]는 뜻이니, 『모시』「채기」 모형의 「전(傳)」에 보인다. 『설문해자』에 "이(𥫔)는 임한다[臨]는 뜻이다."[130]라고 했는데, 바로 "이(涖)"의 본래 자이다. 황간본에는 "이(莅)"로 되어 있으니, 또 "이(涖)"의 혹체자이다 "장중함으로써 임한다"라는 것은 위의(威儀)를 이른다. 『춘추좌씨전』「양공」 6년에 "북궁문자(北宮文子)가 말하길, '위엄(威嚴)이 있어 사람들이 두려워할 만한 것을 "위(威)"라 하고, 예의(禮儀)가 있어서 사람들이 본받을 만한 것을 "의(儀)"라고 합니다. 임금에게 임금의 위의(威儀)가 있으면 그 신하들이 경외(敬畏)하고 사랑하여 본보기로 삼아 본받기 때문에 그 나라와 집안을 소유하여 아름다운 명성을 세상에 장구하게 보전할 수 있고, 신하에게 신하의 위의가 있으면 그 아랫사람들이 경외하고 사랑하기 때문에 그 관직을 지켜 가족을 보호하고 가정을 화목하게 할 수 있는 것입니다.'"라고 했고, 또 말하길, "그러므로 군자[문왕]는 지위에 있는 모습이 사람들이 경외(敬畏)할 만하고, 은혜를 베풂이 사람들이 사랑할 만하며, 나아가고 물러나는 것이 사람들의 법도가 될 만하고, 두루 주선(周旋)하는 것이 사람들의 준칙이 될 만하며, 용모와 행동거지가 사람들이 보고서 감동할 만하고, 일을 처리하는 것이 사람

130 『설문해자』 권10: 이(𥫔)는 임한다[臨]는 뜻이다. 입(立)으로 구성되었고 이(隶)로 구성되었다. 역(力)과 지(至)의 반절음이다.[𥫔, 臨也. 從立從隶. 力至切.]

들의 법도가 될 만하며, 덕행이 사람들의 본보기가 될 만하고, 음성이 사람들을 즐겁게 할 만하며, 동작에 절문(節文)이 있고, 언어에 조리[章]가 있어서, 이런 것들을 가지고서 그 아랫사람을 다스렸는데, 이러한 것을 일러 위의(威儀)가 있다고 했던 것입니다."라고 했는데, 모두 백성들에게 임하기를 마땅히 장엄하게 해야 한다는 뜻을 말한 것이다.

원문 "動之以禮", 謂以禮感動於民, 使行之也. 『荀子』「王霸篇」, "上莫不致愛其下, 而制之以禮. 上之於下, 如保赤子. 政令制度, 所以接下之人, 百姓有不理者如豪末, 則雖孤獨鰥寡必不加焉. 故下之親上, 歡如父母, 可殺而不可使不順. 君臣上下, 貴賤長幼, 至於庶人, 莫不以是爲隆正. 然後皆內自省, 以謹於分." 此動之以禮爲治之善也.

역문 "동지이례(動之以禮)"는 예로써 백성을 감동시켜 행하게 한다는 말이다. 『순자』「왕패편」에 "군주는 그의 백성을 끔찍이 사랑하지 않는 일이 없으므로 예법으로 그들을 다스린다. 군주는 백성에 대해 갓난아기를 보호하듯이 한다. 정치법령과 제도는 하부의 백성들을 대하기 위한 것이니, 백성 중에 그 정치법령과 제도가 털끝만큼이라도 합리적이지 않다고 여기는 자가 있으면 비록 고아나 자식 없는 노인이나 홀아비나 과부라 할지라도 반드시 그들에게 그 정치법령과 제도를 적용하지 않는다. 그러므로 백성들이 군주를 친근히 여겨 마치 부모처럼 좋아하니, 그들을 죽일 수는 있어도 그들로 하여금 자기들의 군주를 따르지 못하게 할 수는 없다. 군신상하와 존귀하고 미천한 자, 어른과 어린아이들부터 일반 백성에 이르기까지 모두 이 예법을 크게 올바른 것으로 삼지 않는 일이 없다. 그런 다음 모두가 마음속으로부터 스스로 반성하여 자기의 분수를 삼가는 것이다."라고 했으니, 이처럼 예로써 백성을 감동시켜 행하게 함이 잘 다스리는 정치가 되는 것이다.

- 「注」, "知能"至"失之".
- 正義曰:『後漢書』「劉梁傳」, "孔子曰: '智之難也! 有臧武仲之智, 而不容於魯國, 抑有由也, 作而不順, 施而不恕矣.' 蓋善其知義, 議其違道也." 下文又云: "患之所在, 非徒在智之不及, 又在及而違之者矣. 故曰'智及之, 仁不能守之, 雖得之, 必失之'也." 此引『論語』以證武仲之失位, 由於不順不恕. 不順不恕, 卽是不仁, 與包義正合.『易』「繫辭傳」, "何以守位? 曰仁."
- 「주」의 "지능(知能)"부터 "실지(失之)"까지.
- 정의에서 말한다.

  『후한서』「유양전」에 "공자가 말하길, '지혜를 운용하기가 참으로 어려운 것이다! 장무중(臧武仲)과 같은 지혜로도 노나라에서 용납되지 못한 데에는 또한 그 까닭이 있으니, 일을 처리함에 있어 사리를 따르지 않고 일을 시행함에 있어 남의 마음을 헤아리지 않았기 때문이다.'라고 했고," 아랫글에서 또 "환란이 생기는 까닭은 단지 지혜가 미치지 못하는 데 달려 있을 뿐만 아니라, 또 지혜는 미쳤지만 그것을 어기는 데 달려 있기도 한 것이다. 그러므로 '지혜가 거기에 미치더라도 인이 그것을 지킬 수 없으면 비록 얻었더라도 반드시 잃는다.'라고 한 것이다."라고 했는데, 이는『논어』를 인용해서 장무중이 지위를 잃은 것은 일을 처리함에 있어 사리를 따르지 않고 일을 시행함에 있어 남의 마음을 헤아리지 않았기 때문임을 증명한 것이다. 사리를 따르지 않고 남의 마음을 헤아리지 않음(不順不恕)이 바로 불인(不仁)한 것이니, 포함의 뜻과 바로 일치한다.『주역』「계사하」에, "무엇을 가지고 그 자리를 지킬 것인가? 인(仁)이라는 것이다."라고 했다.

15-34

子曰: "君子不可小知, 而可大受也; 小人不可大受, 而可小知也."【注】王曰: "君子之道深遠, 不可以小了知而可大受; 小人之道淺近, 可以小了知而不可大受也."

공자가 말했다. "군자의 도는 작은 지혜로는 완전히 알 수 없지만 크게 받아들일 수 있고, 소인의 도는 크게 받아들일 수는 없지만 작은 지혜로도 알 수 있다." 【주】왕숙이 말했다. "군자의 도는 심원하여 작은 지혜로는 완전히 알 수 없지만 크게 받아들일 수 있고, 소인의 도는 천근해서 작은 지혜로도 완전히 알 수 있으나 크게 받아들일 수는 없다."

원문 正義曰: 『集注』云: "'知', 我知之也; '受', 彼所受也." 『淮南子』「主術訓」, "是故有大略者, 不可責以捷巧; 有小智者, 不可任以大功. 人有其才, 物有其形, 有任一而太重, 或任百而尙輕. 是故審豪釐之計者, 必遺天下之大數, 不失小物之選者, 惑於大數之擧, 譬猶狸之不可使搏牛, 虎之不可使搏鼠也."

역문 정의에서 말한다.

『논어집주』에 "'지(知)'는 내가 아는 것이고, '수(受)'는 그가 받는 것이다."라고 했고, 『회남자』「주술훈」에 "그러므로 큰 지략이 있는 자에게 신속하고 재빠르며 교묘한 기교를 요구해서는 안 되고, 작은 지혜를 가진 자에게 큰 공로를 이룰 수 있는 일을 맡겨서도 안 된다. 사람에게는 각각 그에 따른 재주가 있고, 사물에는 각각 그에 따른 형상이 있으니, 한 가지 일을 맡겨도 지나치게 무거워하는 경우가 있는가 하면 혹은 백 가지 일을 맡겨도 오히려 가볍게 여기는 경우가 있다. 이런 까닭에 털끝만 한 계책을 살피는 자는 반드시 천하의 큰일에 있어서는 실수를 저지르고, 작은 물건 하나 고르는 데에도 실수를 저지르지 않는 자는 큰일을 거행함에 있어서도 의혹을 품으니, 비유하면 마치 살쾡이에게 소를 때려잡으라고 시킬 수 없고, 범에게 쥐를 때려잡으라고 시킬 수 없는 것과 같은 것이다."라고 했다.

- 「注」, "王曰"至"受也".

- 正義曰: 皇本無"王肅曰", 則何晏等義也. "了"者, 無餘之辭. 君子所知, 皆深遠之道, 不可以 小了之也; 小人祇知淺近, 故可以小了知.

- ○ 「주」의 "왕왈(王曰)"부터 "수야(受也)"까지.

- ○ 정의에서 말한다.

  황간본에는 "왕숙왈(王肅曰)"이 없으니, 그렇다면 이는 하안 등의 뜻이다. "요(了)"란 완전히 다하여 더 이상 남김이 없다는 말이다. 군자가 아는 것은 모두 심원한 도이므로 작은 지혜로 는 그것을 완전히 알 수 없고, 소인은 다만 천근한 것만 알기 때문에 작은 지혜 가지고도 그 를 모조리 알 수 있다.

15-35

子曰: "民之於仁也, 甚於水火. 【注】馬曰: "水火及仁, 皆民所仰而生 者, 仁最爲甚." 水火, 吾見蹈而死者矣, 未見蹈仁而死者也."
【注】馬曰: "蹈水火, 或時殺人, 蹈仁, 未嘗殺人."

공자가 말했다. "백성들은 인(仁)에 대해서 물이나 불보다 더하 다. 【주】 마융이 말했다. "물과 불 및 인은 모두 백성들이 모두 우러르며 살아가는 것들인데, 그중에서 인이 가장 중요하다." 물과 불은 내가 밟다가 죽는 자 를 보았으나, 인을 밟다가 죽는 자는 보지 못했다." 【주】 마융이 말 했다. "물과 불을 밟다가 더러는 때에 따라 사람을 죽이기도 하지만, 아직은 인을 밟 다가 사람을 죽인 경우는 일찍이 없었다."

원문 正義曰: 『說文』云: "蹈, 踐也." 惠氏棟『周易述』, "仁乃「乾」之初生之道, 故未見蹈仁而死, 極其變, 如'求仁得仁', '殺身成仁', 乃全而歸之之義, 不可言死."

역문 정의에서 말한다. 『설문해자』에 "도(蹈)는 밟는다[踐]는 뜻이다."[131]라고 했다. 혜동의 『주역술』에 "인(仁)은 바로 「건」이 처음 생겨나는 도(道)이므로 아직 인을 밟다가 죽은 자를 보지 못한 것이고, 그 변화의 극치에 이르면 마치 '인을 구해서 인을 얻고'[132] '자신을 희생해서 인을 이루어'[133] '온전히 보존하여 돌아가는 것'[134]과 같으니, 죽음을 말할 수 없다."라고 했다.

- 「注」, "水火"至"爲甚".
- 正義曰: 『孟子』「盡心篇」, "民非水火不生活." 是水火爲民所仰而生也. 仰者, 望也. 鄭「注」云: "'甚於水火', 於仁最急也." 同馬義.
- '주'의 "수화"(水火)부터 "위심(爲甚)"까지.
- 정의에서 말한다.

　『맹자』「진심상」[135]에 "백성들은 물과 불이 없으면 생활하지 못한다."라고 했으니, 이것이 물과 불은 백성들이 모두 우러르며 살아간다는 것이다. "앙(仰)"이란 우러러본대[望]는 뜻이다. 정현의 '주'에 "'물이나 불보다 심하다'라는 것은 인(仁)을 최고의 급선무로 여긴다는 것이

---

131 『설문해자』 권2: 도(蹈)는 밟는다[踐]는 뜻이다. 족(足)으로 구성되었고 요(舀)가 발음을 나타낸다. 도(徒)와 도(到)의 반절음이다.[蹈, 踐也. 從足舀聲. 徒到切.]
132 『논어』「술이」.
133 『논어』「위령공(衛靈公)」.
134 『예기』「제의(祭義)」: 부모가 온전히 낳아 주셨으니 자식이 온전하게 보존하여 돌아가야만 효라고 할 수 있다.[父母全而生之, 子全而歸之, 可謂孝矣.]
135 『논어정의』에는 "告子篇"으로 되어 있다. 『맹자』「진심상」을 근거로 고쳤다.

다."라고 했는데, 마융의 뜻과 같다.

15-36

子曰: "當仁, 不讓於師." 【注】孔曰: "當行仁之事, 不復讓於師, 言行仁急."

공자가 말했다. "인을 행하는 일을 당해서는 스승에게도 양보하지 않는다." 【주】공안국이 말했다. "인(仁)을 행하는 일을 당해서는 다시 스승에게도 양보하지 않는다는 것이니, 인을 급히 행해야 함을 말한 것이다."

원문 正義曰: 此章是夫子示門人語. 蓋事師之禮, 必請命而後行, 獨當仁則宜急行, 故告以不讓於師之道, 恐以展轉誤人生死也.

역문 정의에서 말한다.

이 장은 공자가 문인을 가르친 말이다. 대체로 스승을 섬기는 예는 반드시 명을 청한 뒤에 행하는 것이지만 인을 행하는 일을 당해서는 마땅히 급히 행해야 하기 때문에 스승에게도 양보하지 않는 도리로 일러 준 것이니, 이리저리 떠넘기다가 남의 생사를 그르칠까 두려워한 것이다.

● 「注」, "當行"至"仁急".

● 正義曰:『說文』, "當, 田相値也." 人於事, 値有當行仁者, 不復讓於師, 所謂"聞斯行之"也. 『春秋繁露』「竹林篇」論楚子反許宋平事云: "今子反往視宋, 聞人相食, 大驚而哀之, 不意之至於此也, 是以心駭目動而違常禮. 禮者, 庶於仁文質而成體者也. 今使人相食, 大失其仁, 安著其禮? 方救其質, 奚恤其文? 故曰'當仁不讓', 此之謂也." 彼言子反不讓於君, 與此義略同, 故引文說之.

○ 「주」의 "당행(當行)"부터 "인급(仁急)"까지.

○ 정의에서 말한다.

『설문해자』에 "당(當)은 밭에서 맞닥뜨렸다[田相値]는 뜻이다."[136]라고 했다. 사람이 일에 있어서 마땅히 인을 행해야 하는 일이 있는 자를 만나면 다시 스승에게 양보하지 않는다는 것이니, 이른바 "들으면 즉시 행해야 한다"[137]는 것이다. 『춘추번로』 「죽림」에 초나라의 자반 (子反)[138]이 송나라와의 화평을 허락한 일을 논하면서 "지금 자반(子反)이 가서 송나라의 실정을 살펴보고 사람들끼리 서로 잡아먹는다는 말을 듣고 크게 놀라 슬퍼한 것은 송나라의 실정이 이 지경에까지 이르게 되었는지 예상하지 못했기 때문에 심장이 떨리고 동공에 지진이 일어나 떳떳한 예를 어긴 것이다. 예(禮)란 인(仁)을 체득하고 형식[文]과 바탕[質]이 적절한 조화를 이룬 상태에 가까워서 전체를 이룬 것이다. 지금 송나라 사람들로 하여금 자기들끼리 서로 잡아먹게 한 것은 그 인을 크게 잃은 것이니, 어떻게 그 예를 밝게 드러낼 수 있겠는가? 바야흐로 그 바탕[質]의 문제를 해결해야 하거늘, 어찌 형식[文]의 문제만 해결할 것만 골똘하겠는가? 그러므로 '인을 행해야 할 일을 당해서는 양보하지 않는다'라고 한 것은 이것을 말하는 것이다."라고 했으니, 이는 자반이 임금에게 양보하지 않음을 말한 것으로, 여기의 뜻과 대략 같기 때문에 글을 인용해서 설명한 것이다.

---

136 『설문해자』 권13: 당(當)은 밭에서 서로 맞닥뜨렸다[田相値]는 뜻이다. 전(田)으로 구성되었고 상(尙)이 발음을 나타낸다. 도(都)와 (郞)의 반절음이다.[當, 田相値也. 從田尙聲. 都郞切.]

137 『논어』 「선진(先進)」.

138 자반(子反, ?~기원전 575): 성은 미(半)이고, 씨는 웅(熊)이며, 이름은 측(側)이니, 바로 공자 측(公子側)이다. 춘추시대 초나라의 사마(司馬)였는데, 초 목왕(楚穆王)의 아들이며, 초 장왕(莊王)과 형제이다.

子曰: "君子貞而不諒." 【注】 孔曰: "'貞', 正; '諒', 信也. 君子之人, 正
其道耳, 言不必小信."

공자가 말했다. "군자는 올바르지만 사소한 신의를 고집하지 않
는다." 【주】 공안국이 말했다. "'정(貞)'은 '바름[正]'이고, '양(諒)'은 '믿음'이다. 군
자라고 하는 사람은 자기의 도를 바르게 행할 뿐이니, 반드시 사소한 신의를 고집하
지는 않음을 말한 것이다."

- 「注」, "貞正"至"小信".
- 正義曰: 『易』「象傳」, "貞, 正也." 此常訓. 君子以義制事, 咸合正道, 而不必爲小信之行. 何
  異孫『十一經問對』, "孟子曰: '君子不亮, 惡乎執?' '亮'與'諒'同. 孔子曰: '豈若匹夫 · 匹婦之
  爲諒也?' 又曰: '君子貞而不諒.' 諒者, 信而不通之謂. 君子所以不亮者, 非惡乎信, 惡乎執
  也. 故孟子又曰: '所惡執一者, 爲其賊道也.'
- 「주」의 "정정(貞正)"부터 "소신(小信)"까지.
- 정의에서 말한다.
  『주역』「사괘」의 「단」에 "정(貞)은 바름[正]이다."라고 했는데, 이것이 일반적인 해석이다.
  군자는 의(義)로써 일을 제어해서 바른 도리를 모두 합하지만 반드시 사소한 신의를 행할 것
  을 고집하지는 않는다. 하이손(何異孫)의 『십일경문대』에 "맹자가 말하길, '군자가 신뢰를
  지키지 않으면[不亮] 어떻게 일을 할 수 있겠는가?'[139]라고 했는데, '양(亮)'은 '양(諒)'과 같다.
  공자가 말하길, '어찌 필부필부(匹夫匹婦)가 신의를 고집하는 것처럼 하겠는가?'[140]라고 하

---

139 『맹자』「고자하(告子下)」.

였고, 또 '군자는 올바르지만 사소한 신의[諒]를 고집하지 않는다.'라고 했으니, 양(諒)이란 신뢰만 고집하고 소통하지 않음을 이른다. 군자가 신뢰를 지키지 않는 까닭은 신의 자체를 싫어하는 것이 아니라 집착을 싫어하는 것이다. 그러므로 맹자가 또 말하길, '한쪽을 고집하는 것을 미워하는 까닭은 도를 해치기 때문이다.'[141]라고 한 것이다."라고 했다.

焦氏循『孟子正義』, "『論語』云'好信不好學, 其蔽也賊', 蓋好信不好學, 則執一而不知變通, 遂至於賊道. '君子貞而不諒', 正恐其執一而蔽於賊也. 友諒兼友多聞, 多聞由於好學, 則不至於賊."

초순의 『맹자정의』에 "『논어』에 '진실만을 말할 것을 좋아하고 배우기를 좋아하지 않으면 그것에 가로막혀 남을 해치게 된다'[142]고 했으니, 대체로 신의를 좋아하되 배우기를 좋아하지 않으면 한쪽을 고집해서 변통할 줄 몰라 마침내 도를 해침에 이르게 된다. '군자가 올바르지만 사소한 신의를 고집하지 않는 것'은 바로 자기가 한쪽만 고집해서 도를 해치는 데 가려질까 걱정해서이다. 신의 있는 사람을 벗하고 아울러 견문이 많은 사람과 벗해야 하는데,[143] 견문이 많은 것이 배우기 좋아함을 말미암은 것이라면 도를 해치는 데 이르지 않을 것이다." 라고 했다.

案, 上篇夫子答子貢曰: "言必信, 行必果, 硜硜然小人哉!"『孟子』「離婁下」, "大人者, 言不必信, 行不必果, 唯義所在." "言必信", 卽此「注」所云"小信"也, 亦卽"諒"也. 『漢書』「王貢等傳」「贊」, "貞而不諒, 薛方近之." 顏「注」云: "薛方志避亂朝, 詭引巢・許爲喻, 近此義也." 亦言不必信之證.

살펴보니, 앞의 「자로」에서 공자가 자공에게 대답하기를, "말을 함에 진실만을 말할 것을 기

---

140 『논어』「헌문」.

141 『맹자』「진심상」.

142 『논어』「양화(陽貨)」.

143 『논어』「계씨(季氏)」: 공자가 말했다. "유익한 벗이 세 종류이고, 해로운 벗이 세 종류이니, 정직한 사람을 벗하고, 신실한 사람을 벗하며, 견문(見聞)이 많은 사람을 벗하면 유익하다."
　　[孔子曰: "益者三友, 損者三友, 友直, 友諒, 友多聞, 益矣."]

필하고 행동함에 과감하게 할 것을 기필하는 것은 빡빡한 소인이다!"라고 했고, 『맹자』「이루하」에 "대인은 말을 함에 진실만을 말할 것을 기필하지 않고, 어떤 일을 행함에 과감하게 할 것을 기필하지도 않으며, 오직 의가 있는 바에 따라 말하고 행할 뿐이다."라고 했는데, "말을 함에 진실만을 말할 것을 기필함[言必信]"이 바로 이 「주」에서 말한 "사소한 신의[小信]"이며, "믿음[諒]"인 것이다. 『전한서』「왕공등전」의 「찬」에 "올바르지만 사소한 신의를 고집하지 않음은, 설방(薛方)[144]이 거기에 가깝다."라고 했는데, 안사고(顏師古)의 「주」에 "설방은 어지러운 조정을 피하려는 뜻을 세우고 거짓으로 소보(巢父)[145]와 허유(許由)[146]를 인용해서 비유하였으니 이 뜻에 가까운 것이다."라고 했으니, 역시 말을 함에 진실만을 말할 것을 기필하지 않은 증거이다.

15-38

子曰: "事君, 敬其事而後其食." 【注】孔曰: "先盡力而後食祿."

공자가 말했다. "임금을 섬기되 일을 경건하게 처리하고 봉록을 먹는 것은 뒤로해야 한다." 【주】 공안국이 말했다. "먼저 힘을 다하고 봉록

---

144 설방(薛方, ?~?): 전한(前漢) 말기 제(齊)지방 사람으로 자(字)는 자용(子容)인데 왕망(王莽)이 제위(帝位)를 찬탈하고 부르자, "위에 요·순 같은 성군(聖君)이 계시면 아래에 소부(巢父)·허유(許由)와 같은 은사(隱士)가 있다."라고 하여 사양했다.

145 소보(巢父, ?~?): 전설시대의 은자(隱者). 요임금이 천하를 소보에게 넘겨주려 하자 이를 거절했다. 허유(許由)가 요로부터 구주(九州)의 장을 맡아 달라는 부탁을 받고 귀를 씻는 모습을 보고 쓸데없이 떠다니며 명예를 낚으려는 행동은 옳지 않다고 나무란 뒤, 이곳에서 귀를 씻었으니 송아지 입이 더러워지겠다며 상류로 송아지를 끌고 가서 물을 먹였다고 한다.

146 허유(許由, ?~?): 전설시대의 은자(隱者). 요임금이 천하를 물려주려고 했지만 받지 않고 영수(穎水) 북쪽 기산(箕山) 아래로 숨었다. 요임금이 다시 불러 구주장(九州長)으로 삼으려고 하자 더러운 소리를 들었다면서 영수(穎水) 강가에서 귀를 씻었다.

을 먹는 것을 뒤로해야 한다.”

원문 正義曰: “敬”者, 自急敕也. 『禮』「表記」云: “子曰: ‘事君, 軍旅不辟難,
朝廷不辭賤, 處其位而不履其事, 則亂也. 故君使其臣, 得志則愼慮而從
之, 否則孰慮而從之, 終事而退, 臣之厚也.’”是言事君當敬其事也.「檀弓」
云: “仕而未有祿者.” 可見當時人臣居位, 有不得祿. 然祇去位則可, 若在
位而但計及食祿, 不復敬君之事, 則大不可. 朱子『集注』云: “後, 與‘後獲’
之後同.”「儒行」曰: “先勞而後祿.” 亦此意. 『郡齋讀書志』載『蜀石經』作
“敬其事而後食其祿”, 是依「注」文妄增.

역문 정의에서 말한다.

“경(敬)”이란, 스스로를 급히 단속하고 삼간다[急敕]는 뜻이다. 『예기』
「표기」에 “공자가 말했다. ‘군주를 섬기되 군대에서는 어려움을 피하지
않으며, 조정에서는 천한 일을 사양하지 않아야 하니, 그 지위에 처하여
그 일을 행하지 않으면 혼란하다. 그러므로 군주가 신하를 부릴 때 신하
가 뜻을 얻으면 삼가 생각하여 따르고, 뜻을 얻지 못하면 익숙히 생각하
고 따라서 일을 끝마치고 물러가는 것이 신하의 후덕함이다.’”라고 했는
데, 이는 임금을 섬김에 마땅히 그 일을 경건하게 해야 함을 말한 것이
다. 「단궁하」에 “벼슬을 하면서도 아직 봉록(俸祿)을 받지 않은 자”라고
했으니 당시에 남의 신하가 되어 지위에 있으면서도 봉록을 얻지 않는
경우가 있었음을 알 수 있다. 그러나 다만 지위를 버리는 것만 가능하였
고, 만약 지위에 있으면서 단지 계책이 봉록을 먹는 데에만 미치고 다시
는 임금의 일을 경건하게 처리하지 않는 것은 대단히 옳지 못한 일이다.
주자의 『집주』에 “후(後)는 ‘얻는 것을 뒤로 돌린다[後獲]’[147]고 할 때의 후
(後)와 같다.”라고 했고, 『예기』「유행」에 “수고로움을 먼저 하고 녹을

먹는 것을 뒤로 돌린다.[先勞而後祿.]"라고 했는데, 역시 이런 뜻이다. 『군재독서지』[148]에 실린 『촉석경』에는 "그 일을 경건하게 처리한 뒤에 그 봉록을 먹는다[敬其事而後食其祿]"라고 되어 있는데, 이는 「주」를 근거하다 보니 글자가 망령되게 불어난 것이다.

15-39

子曰: "有敎無類." 【注】馬曰: "言人所在見敎, 無有種類."

---

147 『논어』 「옹야(雍也)」: 인(仁)을 묻자, 공자가 말했다. "인(仁)이란, 어려운 일을 먼저하고 얻는 것을 뒤로 돌리기 때문에, 인(仁)이라 이를 수 있다."[問仁, 曰: "仁者先難而後獲, 可謂仁矣."]

148 『군재독서지(郡齋讀書志)』: 중국 송(宋)나라 때 조공무(晁公武)가 엮은 도서해설 목록. 4권. 조공무는 소덕선생(昭德先生)이라 불렸는데, 사천성(四川省)에서 관리로 있었다. 그 당시 사천에서 전운사(轉運使)로 있던 정도(井度)가 이 지방이 전화(戰禍)를 입지 않아 귀한 서적이 많이 남아 있어 10여 년간이나 책을 모았는데, 조공무의 호학(好學)에 감탄하여 그 책을 전부 양도하였다 한다. 이것을 조공무가 임지(任地)의 관아, 즉 군재(郡齋)에서 해설한 것이다. 경(經) · 사(史) · 자(子) · 집(集)의 4부를 다시 유(類)로 나누어, 부(部)와 유의 첫머리에 서문을 붙여 책마다 권수, 저자의 약력, 내용의 개요 등을 적었다. 완전히 정리되지는 않았으나, 『칠략(七略)』의 체재를 본받은 중요한 해설서로서 『문헌통고(文獻通考)』의 경적고(經籍考)는 이 책을 취택하고 있다. 원서(原書) 4권 출판 후 두 계통으로 나뉘어 전해지고 있다. 하나는 문인(門人) 요응적(姚應績)이 가장(家藏)했던 책을 보태어 중편(重編)한 20권으로시 구주본(衢州本)이라고 하며, 다른 하나는 원서 4권에 송나라의 왕족 조희변(趙希辨)이 가편집한 것을 추가하여 편찬한 『부지(附志)』 1권과 요씨(姚氏)의 증가분을 따서 편찬한 『후지(後志)』 2권을 합쳐 만든 것인데, 원주본(袁州本)이라고 한다. 양쪽 모두 통행본(通行本)에는 오류가 있어서 우열론이 분분했으나, 왕선겸(王先謙)이 구주본에 양쪽 것을 참조하여 만든 『교보(校補)』(1권)를 덧붙여 간행한 것이 편리한 것으로 간주되었고, 이어서 1933년에 송판 원주본(宋版袁州本)이 영인(影印)되어, 가장 신용할 수 있는 것으로 인정받게 되었다.

공자가 말했다. "가르치는 데 사람의 종류를 구별함이 없었다."
【주】마융이 말했다. "사람이 있는 곳마다 가르침을 베풀었고, 사람의 종류를 구별
함이 없었다는 말이다."

- 「注」, "言人所在見敎, 無有種類."
- 正義曰:『說文』云: "類, 種類相似, 唯犬爲甚." 故其字 "從犬." 皇「疏」云: "人乃有貴賤, 同宜
  資敎, 不可以其種類庶鄙而不敎之也. 敎之則善, 本無類也."『呂氏春秋』「勸學篇」, "故師之
  敎也, 不爭輕重‧尊卑‧貧富, 而爭於道, 其人苟可, 其事無不可."
○「주」의 "사람이 있는 곳마다 가르침을 베풀었고, 사람의 종류를 구별함이 없었다는 말이다."
○ 정의에서 말한다.
  『설문해자』에 "유(類)는 종류(種類)가 서로 같다는 뜻이니, 오직 개[犬]가 더욱 심하기 때문
  에 그 글자가 견(犬)으로 구성된 것이다."[149]라고 했다. 황간의 「소」에 "사람들이 결국 귀천
  은 있지만 똑같이 가르침의 도움을 받는 것이 마땅하니, 그 종류와 서민과 비천한 사람이라
  고 해서 가르치지 않으면 안 된다. 가르치면 선(善)하게 되니, 본래 종류를 나눔이 없는 것이
  다."라고 했다. 『여씨춘추』「권학」에 "그러므로 스승의 가르침은 경박함과 후중함‧존귀함
  과 비천함‧가난함과 부유함을 다투지 않고, 도(道)에 대한 것만 다툴 뿐이니, 그 사람이 진
  실로 옳다면 그의 일에도 옳지 못한 것이 없다."라고 했다.

---

[149] 『설문해자』권10: 유(類)는 종류(種類)가 서로 같다는 뜻이니, 오직 개[犬]가 더욱 심하다.
  견(犬)으로 구성되었고, 뇌(頪)가 발음을 나타낸다. 역(力)과 수(遂)의 반절음이다.[類, 種類
  相似, 唯犬爲甚. 從犬頪聲. 力遂切.]

15-40

子曰: "道不同, 不相爲謀."

공자가 말했다. "도가 같지 않으면 서로 도모하지 않아야 한다."

원문 正義曰: 吳氏嘉賓『說』, "孟子曰: '伯夷 · 伊尹 · 柳下惠, 三子者不同道.' 道者, 志之所趨舍, 如出處語默之類. 雖同於爲善, 而有不同其是非得失, 皆自知之, 不能相爲謀也." 案, 孟子又言"之行不同也, 或遠或近, 或去或不去, 歸潔其身而已矣." "歸潔其身", 道也, 而"遠近 · 去不去", 行各不同, 則不能相爲謀也.

역문 정의에서 말한다.

오가빈의『사서설』에 "맹자가 말했다. '백이와 이윤과 유하혜 세 사람은 도(道)가 같지 않았다.'[150]고 했는데, 도(道)란 뜻이 나아가고 물러나는 바로서, 예컨대 출처(出處)나 동정어묵(動靜語默)과 같은 따위이다. 비록 선을 행함에 있어서는 같다 하더라도 그 시비와 득실에 같지 않음이 있으면, 모두 스스로 그것을 알기 때문에 서로 도모할 수가 없는 것이다."라고 했다. 살펴보니, 맹자는 또 "성인의 행동은 똑같지 않아서, 혹은 멀리 떠나 은둔하기도 하고, 혹은 벼슬하여 군주 가까이 있기도 하며, 혹은 떠나기도 하고, 혹은 떠나지 않기도 하지만, 귀결되는 점은 자신을 깨끗이 하는 것일 뿐이다."[151]라고 했는데, "귀결되는 점은 자신을 깨끗

---

150 『맹자』「고자하」.

151 『맹자』「만장상(萬章上)」.

이 하는 것"이 도(道)이기는 하지만, 멀리 떠나 은둔하기도 하고, 벼슬하여 군주 가까이 있기도 하며, 떠나기도 하고, 떠나지 않기도 해서 행실이 각각 같지 않으면 서로 도모할 수가 없는 것이다.

원문 『史記』「伯夷列傳」引此文云: "亦各從其志也." 卽孟子"不同道"之說. 顔 「注」以天道·人道爲言, 失其旨矣. 「老莊申韓列傳」, "世之學老子者, 則 絀儒學, 儒學亦絀老子. '道不同, 不相爲謀.' 豈謂是耶?" 亦以老子之學與 儒不同, 未可厚非也. 若夫"與時偕行", "無可無不可", 夫子之謂"集大成", 安有所謂"不相謀"哉?

역문 『사기』「백이열전」에 이 문장을 인용하면서 "또한 각각 자기의 뜻을 따른 것이다."라고 했는데, 바로 맹자의 "도가 같지 않았다"[152]는 이야기이다. 안사고의 「주」에는 천도(天道)와 인도(人道)를 가지고 말했는데, 취지를 잃은 것이다. 「노장신한열전」에 "세상에서 노자(老子)를 배우는 자들은 유학(儒學)을 배척하고 유학을 배우는 자들 또한 노자를 배척한다. '도가 같지 않으면 서로 도모하지 않아야 한다.'라고 했으니, 어찌 이것을 두고 한 말이 아니겠는가?"라고 했는데, 역시 노자의 학문과 유학이 같지 않으므로 크게 비난할 만한 것이 아니라는 것이다. "때와 더불어 함께 행해야 한다[與時偕行]"[153]라고 한 것이나, "가함도 없고 불가함도

---

152 『맹자』「고자하」: 맹자가 말했다. "낮은 지위에 있으면서 자신의 어짊으로써 못난 사람을 섬기지 않은 이는 백이(伯夷)였고, 다섯 번 탕왕(湯王)에게 나아가고 다섯 번 걸왕(桀王)에게 나아간 이는 이윤(伊尹)이었고, 더러운 임금도 싫어하지 않고 낮은 관직도 사양하지 않은 이는 유하혜(柳下惠)였으니, 이 세 사람들은 도가 달랐지만 그 귀결되는 곳은 하나였으니, 그 하나는 무엇이겠는가? 인(仁)이다."[孟子曰: "居下位, 不以賢事不肖者, 伯夷也; 五就湯, 五就桀者, 伊尹也; 不惡汚君, 不辭小官者, 柳下惠也, 三子者不同道, 其趣一也, 一者, 何也? 曰仁也."]

없다"[154]고 한 것, 공자를 "집대성(集大成)"이라고 한 것과 같은 것이 어디에 이른바 "서로 도모하지 않아야 한다"라는 것이 있는가?

원문 不相謀者, 道之本能; 相爲謀者, 聖人之用. 後世儒者, 擧一廢百, 始有異同之見, 而自以爲是, 互相攻擊, 旣非聖人覆燾持載之量, 亦大昧乎"不相爲謀"之旨.

역문 서로 도모하지 않는 것은 도(道)의 본능(本能)이고, 서로 도모하는 것은 성인의 운용[用]이다. 후세의 유학자들이 하나를 들어 백을 폐하여 비로소 같고 다름의 견해를 갖게 되면서 스스로를 옳다고 여기고 서로 간에 공격을 하니, 이미 성인의 덮어 주고 보호하며 실어 주는 도량이 아니고, 또한 "서로 도모하지 않아야 한다"라는 취지에 크게 어두운 것이다.

15-41

子曰: "辭達而已矣." 【注】孔曰: "凡事莫過於實, 辭達則足矣, 不煩文豔之辭."

공자가 말했다. "말은 뜻을 전달하는 것일 뿐이다." 【주】 공안국이 말했다. "모든 일은 실상을 지나치지 말아야 하고, 말은 뜻만 전달되면 족하니, 곱게 꾸민 말로 번거롭게 하지 않아야 한다."

---

153 『주역』「손(損)·단(彖)」: "덜고 보태고 채우고 비게 하는 일 등을 그 일을 해야 할 때와 더불어 함께 행해야 한다.[損益盈虛, 與時偕行.]"

154 『논어』「미자(微子)」.

- 「注」, "凡事"至"之辭".
- 正義曰: 辭皆言事, 而事自有實, 不煩文艶以過於實, 故但貴辭達則足也. 『儀禮』「聘禮」「記」, "辭無常, 孫而說, 辭多則史, 少則不達. 辭苟足以達, 義之至也." 是辭不貴多, 亦不貴少, 皆取達意而止. 錢氏大昕『潛研堂文集』, "據「聘」「記」解此文, 以爲『論語』亦是聘辭, 則不若此「注」言'凡事'得兼擧也."

○ 「주」의 "범사(凡事)"부터 "지사(之辭)"까지.

○ 정의에서 말한다.

사(辭)는 모두 일을 말하는 것이고, 일이란 본래 실상이 있으니, 곱게 꾸민 말로 번거롭게 해서 실상을 지나쳐서는 안 되기 때문에 단지 말이 뜻만 전달되면 족함을 귀하게 여기는 것이다. 『의례』「빙례」의 「기」에 "사신(使臣)이 전대하는 말에는 일정하게 정해진 법식이 없고 질문에 따라 응대하여 말한다. 사신의 말에 내용이 많으면 축새[策祝][155]가 되고, 적으면 뜻이 전달되지 않는다. 사신의 말은 진실로 뜻을 충분히 전달할 수 있고 뜻이 지극해야 한다."라고 했으니, 말은 많은 것을 귀하게 여기지도 않고 또한 적은 것을 귀하게 여기지도 않으며 모두 뜻을 전달함을 취할 뿐이다. 전대흔의 『잠연당문집』에 "「빙례」의 「기」에 이 글을 해석하여, 『논어』 역시 빙례에서 전대하는 말이라고 한 것에 의거해 보면 여기의 「주」에서 '모든 일[凡事]'이라고 해서 아울러 거론한 것만 못하다."라고 했다.

15-42

師冕見,【注】孔曰: "'師', 樂人, 盲者, 名冕." 及階, 子曰: "階也." 及席, 子曰: "席也." 皆坐, 子告之曰: "某在斯, 某在斯."【注】孔

---

155 『의례주소(儀禮注疏)』권8, 「빙례(聘禮)」정현의 「주」에 "사(史)는 축사[策祝]를 이른다.[史, 謂策祝.]"라고 했는데, 가공언(賈公彦)의 「소」에 "책축(策祝)은 책서(策書) 또는 축사(祝辭)이다.[策祝, 是策書·祝辭.]"라고 했다.

曰: "歷告以坐中人姓字所在處." 師冕出. 子張問曰: "與師言之道
與?" 子曰: "然. 固相師之道也." 【注】馬曰: "相, 導也."

악사인 면(冕)이 만나러 왔을 때 【주】 공안국이 말했다. "'사(師)'는 음악을
연주하는 사람[樂人]으로 눈이 어두운 자이고, 이름이 면(冕)이다." 섬돌에 이르
자, 공자는 "섬돌입니다."라고 하였고, 자리에 이르자, "자리입니
다."라고 하였으며, 모두 앉자, 공자는 그에게 "아무개는 여기에
있고 아무개는 여기에 있습니다."라고 알려 주었다. 【주】 공안국이
말했다. "좌중(座中) 사람들의 성명과 있는 곳을 일일이 일러 준 것이다." 악사인
면이 나가자 자장이 물었다. "악사와 말할 때의 도리입니까?" 공
자가 말했다. "그렇다. 본래 악사를 도와주는 도리이다." 【주】 마
융이 말했다. "상(相)은 인도함이다."

원문 正義曰: 趙氏佑『溫故錄』, "禮, 迎客於門, 每門必讓; 降等之客, 則於門
內. 此師冕見, 當先有坐客, 則第俟諸階, 故紀從階始." 案, 趙說是也. 但
師冕來見, 必亦有扶工者, 入門之後, 當立堂下, 故此及階·及席, 夫子若
爲扶工者, 一一詔告之. 又告以某某在斯者, 令師冕知之, 得與爲禮也.

역문 정의에서 말한다.

조우의 『온고록』에 "예(禮)에 문에서 손님을 맞이할 때, 문마다 반드
시 읍양(揖讓)하고, 신분이 주인보다 낮은 손님은 문 안을 들어온다. 여
기에서 악사인 면이 만나러 왔을 때, 당연히 먼저 좌객이 있었는데, 차
례로 섬돌에서 기다리고 있었기 때문에 기록하기를 섬돌에서부터 시작
한 것이다."라고 했다. 살펴보니, 조우의 말이 옳다. 그러나 악사인 면이

와서 만나 볼 때엔 또한 반드시 악공을 부축하는 사람이 있었을 것이지만, 문에 들어온 뒤에는 마땅히 당 아래에 서 있었을 것이기 때문에 여기서 섬돌에 이르고 자리에 이르렀을 때 공자가 마치 악공을 부축하는 사람이 된 것처럼 해서 일일이 고하여 알려 주었던 것이다. 또 아무개 아무개가 여기에 있다고 일러 주어 악사인 면으로 하여금 알아서 예를 행할 수 있도록 한 것이다.

원문 『禮』「少儀」云:"其未有燭而有後至者, 則以在者告. 道瞽亦然."「注」, "爲其不見, 意欲知之也. 師冕見."云云. 正瞽無目, 恒如日闇, 故道示之, 亦如無燭時也.

역문 『예기』「소의」에 "날이 이미 저물었지만 아직 촛불을 켜지 않았는데 뒤늦게 도착한 자가 있으면 그 자리에 있는 사람이 누구인지를 일러 주며, 눈이 먼 사람을 인도할 때에도 이렇게 한다."라고 했는데,「주」에 "그가 보이지 않기 때문에 그로 하여금 알게 하려는 의도에서이다. 악사인 면이 만나러 왔을 때"라고 운운했다. 참으로 악인(樂人)은 눈이 없어서 항상 마치 날이 어두운 것 같기 때문에 그를 인도해서 알려 주기를 마치 촛불이 없을 때처럼 하는 것이다.

● 「注」, "曆告以坐中人姓字所在處."
● 正義曰: 『廣雅』「釋詁」, "某, 名也." 言以某名其人也. 此曆擧姓字亦云"某"者, 坐中非止一人, 夫子本以姓字告之, 記者不能盡述, 故重言"某"以括之. 姓字釋"某", 所在處釋"在斯".
○ 「주」의 "좌중(座中) 사람들의 성명과 있는 곳을 일일이 일러 준 것이다."
○ 정의에서 말한다.
『광아』「석고」에 "모(某)는 이름[名]이다."라고 했으니, 아무개라고 그 사람의 이름을 부른다는 말이다. 여기서는 성명을 일일이 거론해서 또 "아무개"라고 한 것은 좌중에 단지 한 사람만 있는 것이 아니었기 때문이고, 공자는 본래 성명을 일러 주었지만 기록하는 자가 다 진술할 수 없었기 때문에 거듭해서 "아무개"라고 대강 얼버무린 것이다. 성명을 "아무개"라고 풀이한 것이고, 있는 곳을 "여기에 있다[在斯]"라고 풀이한 것이다.

● 「注」, "相, 導也."
● 正義曰: "相·導", 『爾雅』「釋詁」文. 鄭「注」云: "相, 扶也." "扶"·"導"義同. 『周官』「眡瞭」, "凡樂事相瞽." 「注」, "相, 扶工."
○ 「주」의 "상(相)은 인도함이다."
○ 정의에서 말한다.
  "상(相)은 인도함이다"라는 것은 『이아』「석고」의 글이다. 정현의 「주」에 "상(相)은 도움[扶]이다."라고 했으니, "부(扶)"와 "도(導)"는 뜻이 같다. 『주례』「충관종백하 · 시료」에 "무릇 악사(樂事)에서는 악인[瞽]이 연주할 수 있도록 돕는다."라고 했는데, 「주」에 "상(相)은 악공을 돕는다[扶工]는 뜻이다."라고 했다.

논어정의 권19

論語正義卷十九

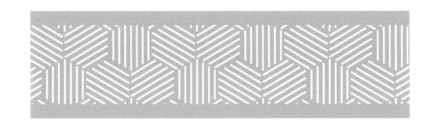

○●○

集解(집해)

○●○

凡十四章(모두 14장이다)

16-1

季氏將伐顓臾, 冉有·季路見於孔子曰: "季氏將有事於顓臾."
【注】孔曰: "顓臾, 伏羲之後, 風姓之國. 本魯之附庸, 當時臣屬魯. 季氏貪其土
地, 欲滅而取之. 冉有與季路爲季氏臣, 來告孔子." 孔子曰: "求! 無乃爾
是過與? 【注】孔曰: "冉求爲季氏宰, 相其室, 爲之聚斂, 故孔子獨疑求教
之." 夫顓臾, 昔者先王以爲東蒙主, 【注】孔曰: "使主祭蒙山." 且在
邦域之中矣, 【注】孔曰: "魯七百里之封, 顓臾爲附庸, 在其域中." 是社
稷之臣也. 何以伐爲?" 【注】孔曰: "已屬魯, 爲社稷之臣, 何用滅之爲?"

계씨가 장차 전유를 치려 하자, 염유와 계로가 공자를 만나 보고
말했다. "계씨가 장차 전유에서 일을 벌이려 합니다." 【주】공안국
이 말했다. "전유(顓臾)는 복희(伏羲)의 후예로서 풍성(風姓)의 나라이다. 본래는 노
(魯)나라의 부용국(附庸國)이었으나, 당시에는 노나라에 신하국으로 속해 있었다.

계씨가 그 토지를 탐하여 전유국을 멸망시키고 그 토지를 차지하려고 하였다. 염유와 계로가 계씨의 가신 노릇을 하고 있었는데, 공자에게 와서 그 사실을 고한 것이다." 공자가 말했다. "구야! 네가 참으로 잘못한 것이 아니겠느냐? 【주】 공안국이 말했다. "염구가 계씨의 가신 중 우두머리가 되어 그의 집을 도와, 계씨를 위해 세금을 가혹하게 징수했기 때문에 공자가 유독 염구가 계씨에게 그렇게 하도록 부추겼다고 의심한 것이다." 저 전유는 옛날 선왕께서 동몽산의 제주(祭主)로 삼으셨고, 【주】 공안국이 말했다. "전유로 하여금 몽산(蒙山)의 제사를 주관하게 했다는 것이다." 또한 우리 노나라의 영역 안에 있으니, 【주】 공안국이 말했다. "노나라는 사방 700리의 봉역이고, 부용국인 전유가 그 봉역 안에 포함되어 있다." 이는 사직의 신하이다. 정벌을 뭣에 쓰겠는가?" 【주】 공안국이 말했다. "이미 노나라에 소속되어 사직의 신하가 되었으니, 멸망시켜 뭣하겠는가?"

원문 正義曰: 季氏, 謂康子. 『說文』云: "伐, 擊也. 從人持戈." 『左』 「莊」 二十九年 「傳」, "凡師有鍾鼓曰伐." 季氏欲伐顓臾, 二子知其謀, 因見孔子告之.

역문 정의에서 말한다.

계씨(季氏)는 강자(康子)를 이른다. 『설문해자』에 "벌(伐)은 친다[擊]는 뜻이다. 사람이 창을 가지고 있는 모양으로 구성되었다."[1]고 했다. 『춘추좌씨전』 「장공」 29년의 「전」에 "모든 전쟁에서 종과 북을 울리면서 쳐들어가는 것을 '벌(伐)'이라 한다."라고 했다. 계씨(季氏)가 전유를 치려 하자 두 사람이 그 계책을 알고서 그로 인해 공자를 만나 아뢴 것이다.

---

1   『설문해자(說文解字)』 권8: 벌(伐)은 친다[擊]는 뜻이다. 사람이 창을 가지고 있는 모양으로 구성되었다. 일설에는 무너뜨린다[敗]는 뜻이라고 한다. 방(房)과 월(越)의 반절음이다.[伐, 擊也. 從人持戈. 一曰敗也. 房越切.]

원문 皇「疏」引蔡謨曰: "冉有·季路竝以王佐之姿, 處彼相之任, 豈有不諫季孫以成其惡? 所以同其謀者, 將有以也. 量己揆勢, 不能制其悖心於外, 順其意以告夫子, 實欲致大聖之言以救斯弊. 是以夫子發明大義, 以酬來感, 宏擧治體, 自救時難, 斯乃聖賢同符, 相爲表裏者也."

역문 황간(皇侃)의 「소」에는 채모(蔡謨)가 "염유와 계로는 모두 왕을 보좌할 만한 자세를 가지고 그들이 계씨를 돕는 임무를 처리하면서 어찌 계손에게 간하지 않음으로써 그의 악을 이루어 줌이 있었겠는가? 그럼에도 불구하고 그 계책을 함께한 까닭은 장차 무언가 이유가 있어서였을 것이다. 스스로를 헤아려 보고 형세를 가늠해 보아도 계씨의 어그러진 마음을 밖에서 제어할 수 없어서 계씨의 뜻을 따르면서도 공자에게 아뢴 것은 실로 성인의 말을 받아서 이 폐단을 구제하고자 해서이다. 이런 까닭에 공자가 대의를 발명하여 받은 느낌을 주고받고, 다스림의 본체를 크게 거론하여 스스로 당시의 재난을 구제하였으니, 이것이 바로 성인과 현자가 부절처럼 같아서 서로 표리가 되는 것이다."라고 한 말을 인용했다.

원문 『集注』引洪氏曰: "二子仕於季氏, 凡季氏所欲爲, 必以告於夫子, 則因夫子之言而救止者, 宜亦多矣. 伐顓臾之事, 不見於經傳, 其以夫子之言而止也與."

역문 『논어집주』에는 홍씨(洪氏)[2]가 "두 사람이 계씨에게 벼슬하면서 무릇

2　홍씨(洪氏): 남송 진강(鎭江) 단양(丹陽) 사람인 홍홍조(洪興祖, 1090~1155)이다. 자는 경선(慶善)이고, 호는 연당(練塘)이다. 휘종(徽宗) 정화(政和) 8년(1118) 진사(進士)가 되었다. 고종(高宗) 초에 비서성정자(秘書省正字)가 되었다가 태상박사(太常博士)로 옮겼다. 소흥(紹興) 4년(1134) 황명에 응해 상서(上書)했는데, 조정의 기강 문란을 논해 재상의 미움을 사 태평관(太平觀)을 관리하게 되었다. 광덕군(廣德軍)을 맡아 다스리다가 제점강동형옥(提點江東刑獄)을 거쳐 진주(眞州)와 요주(饒州)의 지주(知州)를 지냈는데, 가는 곳마다 혜정을

계씨가 하려 한 일을 굳이 공자에게 아뢰었으니, 그렇다면 공자의 말을 따라서 구제하고 만류해서 중지시킨 것도 마땅히 많을 것이다. 전유를 정벌한 일이 경전(經傳)에 보이지 않으니, 그것은 아마도 공자의 말 때문에 중지했기 때문인 듯싶다."라고 한 말을 인용했다.

원문 "無乃爾是過與?" '是'猶寔也, 說見王氏『經傳釋詞』. "邦域"者, 『周禮』「大宰」「注」, "邦, 疆國之境."『釋名』「釋州國」, "邦, 封也, 封有功於是也."『釋文』云: "邦或作封." 蓋二字音義同.『漢書』「王莽傳」"封域之中", 卽邦域也. 惠氏棟謂依孔「注」"邦"當作"封", 然孔云"七百里之封", 乃釋 "邦"爲封, 非孔本作"封", 惠氏誤也.

역문 "네가 참으로 잘못한 것이 아니겠느냐?[無乃爾是過與?]"

'시(是)'는 시(寔)와 같으니, 설명이 왕씨의 『경전석사』에 보인다. "방역(邦域)"이란, 『주례』「천관총재상·태재」의 「주」에 "방(邦)은 나라의 경계 안에 있는 구역이다.[疆國之境.]"라고 했고, 『석명(釋名)』「석주국」에 "방(邦)은 봉지[封]이니, 공이 있는 자를 이곳에 봉한 것이다."라고 했다. 『경전석문』에 "방(邦)은 어떤 판본에는 봉(封)으로 되어 있다."라고 했는데, 아마도 두 글자가 발음과 뜻이 비슷해서일 것이다. 『전한서』「왕망전」에 "나라의 영역 안[封域之中]"이라고 했는데, 바로 방역(邦域)인 것이다. 혜동(惠棟)은 공안국의 「주」를 근거로 "방(邦)"은 마땅히 "봉(封)"이 되어야 한다고 했는데, 하지만 공안국은 "700리의 봉역[七百里之封]"이라

베풀었다. 진회(秦檜)의 눈 밖에 나서 소주(昭州)로 쫓겨났다가 그곳에서 죽었다. 저서에 『주역통의(周易通義)』와 『좌역고이(左易考異)』, 『고금역총지(古今易總志)』, 『논어설(論語 說)』, 『좌씨통해(左氏通解)』, 『고경서찬(考經序贊)』, 『노장본지(老莊本旨)』, 『초사보주(楚 辭補注)』, 『초사고이(楚辭考異)』 등이 있다.

고 했으니, 바로 "방(邦)"을 봉지[封]의 뜻으로 해석한 것이지, 공안국본에 "봉(封)"으로 되어 있는 것이 아니니, 혜씨가 틀렸다.

원문 陳氏鱣又謂下文"邦內", 鄭作"封內", 明此"邦域"亦當爲"封域". 然『釋文』於此但云"或作封", 邦·域義通, 不必舍正本用或本矣. 『說文』云: "或, 邦也. 從口, 從戈, 以守一, 一, 地也. 域, 或又從土." 『漢書』「賈誼傳」「注」, "域, 界局也." 是域卽所封之界也.

역문 진전(陳鱣)은 또 아랫글에서 "나라 안[邦內]"이라고 한 것을 정현이 "봉내(封內)"로 썼으니, 분명히 여기의 "방역(邦域)"도 마땅히 "봉역(封域)"이 되어야 한다고 했다. 그러나 『경전석문』에서는 여기에 대해 단지 "어떤 판본에는 봉(封)으로 되어 있다[或作封]"라고만 했고, 방(邦)과 역(域)은 뜻이 통하니 굳이 정본을 버리고 혹본(或本)을 쓸 필요가 없는 것이다. 『설문해자』에 "혹(或)은 나라[邦]라는 뜻이다. 위(口)로 구성되었고 과(戈)로 구성되었는데, 창을 가지고 땅[一]을 지킨다는 뜻으로, 일(一)은 땅[地]을 의미한다. 역(域)은 혹(或)의 혹체자인데 또 토(土)로 구성되었다."[3]라고 했고, 『전한서』「가의전」「주」에 "역(域)은 경계[界局]이다."라고 했으니, 이 역(域)이 바로 봉해 받은 경계인 것이다.

원문 "何以伐爲?", 與"何以文爲?" 同一句法. 皇本作"何以爲伐也?"

역문 "정벌을 뭣에 쓰겠는가?[何以伐爲?]"라고 한 것은 "문채를 뭣에 쓰겠는

---

3 『설문해자』권12: 혹(或)은 나라[邦]라는 뜻이다. 위(口)로 구성되었고 과(戈)로 구성되었는데, 성과 창을 가지고 땅[一]을 지킨다는 뜻이다. 일(一)은 땅[地]을 의미한다. 역(域)은 혹(或)의 혹체자인데 또 토(土)로 구성되었다. 우(于)와 핍(逼)의 반절음이다.[或, 邦也. 從口從戈, 以守一. 一, 地也. 域, 或又從土. 于逼切.]

가?[何以文爲?]"[4]라고 한 것과 동일한 구법(句法)이다. 황간본에는 "어째서 정벌을 하려 하는가?[何以爲伐也?]"로 되어 있다.

- 「注」, "顓臾"至"取之".
- 正義曰: 『左』『僖』二十一年「傳」, "任‧宿‧須句‧顓臾, 風姓也, 實司大皞與有濟之祀." 杜「注」, "大皞, 伏羲. 四國, 伏羲之後, 故主其祀." "附庸"者, 鄭注「王制」云: "小城曰附庸. 附庸者, 以國事附於大國, 未能以其名通也." 案, "庸"與"墉"同. 『詩』"以作爾庸", 謂以作爾城也. 顓臾爲魯附庸, 故得稱臣. 『詩』「閟宮」「箋」云: "附庸, 則不得專臣也." 是謂附庸得自立國繼世, 雖稱臣, 不得專之矣.
- 「주」의 "전유(顓臾)"부터 "취지(取之)"까지.
- 정의에서 말한다.

  『춘추좌씨전』「희공」 21년의 「전」에 "임(任)‧숙(宿)‧수구(須句)‧전유(顓臾)는 풍성(風姓)인데, 실로 태호(太皞)와 유제(有濟)의 제사를 맡았다."라고 했는데, 두예의 「주」에 "태호(太皞)는 복희(伏羲)이다. 네 나라는 모두 복희의 후손이기 때문에 그 제사를 주관한 것이다."라고 했다.

  "부용(附庸)"

  정현은 『예기』「왕제」를 주석하면서 "작은 성[小城]을 부용(附庸)이라고 한다. 부용이란 나라의 일을 가지고 큰 나라에 부속되어 자기 나라의 국명으로는 통할 수 없는 것이다."라고 했다. 살펴보니, "용(庸)"은 "용(墉)"과 같은 뜻이다. 『시경』「대아‧탕지십‧숭고」에 "이작이용(以作爾庸)"이라는 표현이 있는데, 너의 성(城)을 만들게 했다는 말이다. 전유가 노나라의 부용국이 되었기 때문에 신하라고 일컬을 수 있는 것이다. 『시경』「송‧노송‧비궁」의 정현의 「전(箋)」에 "부용(附庸)이란 전일한 신하가 될 수 없다는 뜻이다."라고 했는데, 이는 부용국이 스스로 나라를 세우고 대를 이을 수 있어서 비록 신하라 칭하기는 하지만 전일할 수

---

4 『논어(論語)』「안연」: 극자성(棘子成)이 말했다. "군자는 바탕[質]에 힘쓸 뿐이니 문채[文]를 뭣에 쓰겠는가?"[棘子成曰: "君子質而已, 何以文爲?"]

는 없다는 말이다.

趙氏佑『溫故錄』, "『詩』云'錫之山川, 土田附庸.' 魯屬國之在邦域者多矣, 自向爲莒入, 宿被
宋遷, 邾與魯世相仇殺, 魯又滅項, 取須句, 取郜, 取鄆, 取鄆, 取卞, 皆附庸而不克保, 魯之
不字小亦甚矣. 獨顓臾爲幸存, 非其事大謹職, 何能至於今不貳? 故曰'社稷之臣'."

조우(趙佑)의 『온고록』에 "『시경』「송 · 노송 · 비궁」에 '산천(山川)과 토전(土田)과 부용(附
庸)을 하사하였다.'라고 했으니, 노나라는 방역(邦域)에 있는 속국이 많았었는데, 향국(向
國)이 거국(莒國)의 침입을 받게 되면서부터,[5] 숙국(宿國)의 주민이 송인(宋人)에 의해 강제
이주를 당하고,[6] 주(邾)나라와 노나라는 대대로 서로 원수가 되어 죽이게 되었고, 노나라는
또 항(項)나라를 격멸하였으며,[7] 수구(須句)를 탈취하고,[8] 시(郜)를 취하였으며,[9] 전(鄆)을

5　『춘추좌씨전(春秋左氏傳)』「은공(隱公)」 2년의 경문(經文)에 "여름 5월에 거인(莒人)이 향
(向)으로 쳐들어갔다.[夏五月, 莒人入向.]"라고 했는데, 두예의 「주」에 "향(向)은 작은 나라
이다. 초국(譙國) 용항현(龍亢縣) 동남에 향성(向城)이 있다. 거국(莒國)은 지금의 성양(城
陽) 거현(莒縣)이다. 장수(將帥)의 작위가 낮고 군사가 적기 때문에 '인(人)'이라고 칭한 것
이다. 땅을 점유하지 않은 것을 입(入)이라 한다. 그 예는 양공(襄公) 13년에 보인다.[向, 小
國也. 譙國龍亢縣東南, 有向城. 莒國, 今城陽莒縣也. 將卑師少, 稱人. 不地曰入. 例在「襄」十
三年.]"라고 했고, 송(宋)나라 때의 학자 임요수(林堯叟)의 「주」에 "이것이 남의 나라로 들어
간 시초이다.[此入國之始也.]"라고 했다.

6　『춘추좌씨전』「장공(莊公)」 10년의 경문에 "3월에 송인(宋人)이 숙(宿)의 주민을 강제로 이
주시켰다.[三月, 宋人遷宿.]"라고 했는데, 두예의 「주」에 "「전」이 없다. 송(宋)나라가 억지로
그곳 주민을 이주시키고서 그 땅을 취한 것이다. 그러므로 문체가 형천(邢遷)과 다르다.[無
傳. 宋强遷之而取其地. 故文異於邢遷.]"라고 했고, 임요수(林堯叟)의 「주(注)」에 "이것이 나
라의 백성을 옮긴 시초이다.[此遷國之始.]"라고 했다.

7　『춘추좌씨전』「희공(僖公)」 17년: 노나라 군대가 항(項)나라를 격멸하였다. 회(淮)의 회합에
서 희공(僖公)은 제후 사이에 처리할 일이 있어서 귀국하지 않았는데, 노나라 군대가 항나
라를 취하니, 제인(齊人)은 이를 희공이 명해 토벌한 것이라 하여 희공을 억류하였다.[師滅
項. 淮之會, 公有諸侯之事, 未歸而取項, 齊人以爲討, 而止公.]

8　『춘추좌씨전』「희공」 22년: 22년 봄에 주(邾)나라를 토벌해 수구(須句)를 탈취하고서 그 임
금을 귀국시켰으니 예에 맞았다.[二十二年春, 伐邾, 取須句, 反其君焉, 禮也.]

9　『춘추좌씨전』「양공(襄公)」 13년: 여름에 시국(郜國)에 난리가 일어나 나라가 셋으로 쪼개

취하고,[10] 증(鄫)을 취하고,[11] 변읍(卞邑)을 탈취했는데[12] 모두 부용으로 삼았지만 제대로 보호하지 못하였으니, 노나라가 작은 나라들을 돌보지 않음이 또한 심했을 것이다. 유독 전유만이 요행히 보존되었는데 전유가 사대하면서 직분을 삼간 것이 아니라면 어떻게 지금에 이르기까지 배반을 하지 않을 수 있었겠는가? 그러므로 '사직의 신하'라고 한 것이다."라고 했다.

● 「注」, "使主祭蒙山."
● 正義曰: 『左傳』言"顓臾司有濟之祀", 司者, 主也. 濟與東蒙, 顓臾竝主其祀, 『左傳』·『論語』各擧其一耳. 蒙山卽東蒙山, 在魯東, 故云.
○ 「주」의 "몽산(蒙山)의 제사를 주관하게 했다는 것이다."
○ 정의에서 말한다.
『춘추좌씨전』「희공」 21년의 「전」에 "전유(顓臾)가 유제(有濟)의 제사를 맡았다[司有濟之祀]"라고 했는데, 사(司)는 주관한다[主]는 뜻이다. 제(濟)와 동몽(東蒙)은 전유가 아울러 그 제사를 주관했는데, 『춘추좌씨전』과 『논어』에서는 각각 그 한 가지씩만 든 것일 뿐이다. 몽산(蒙山)은 바로 동몽산(東蒙山)이니 노나라 동쪽에 있기 때문에 그렇게 말한 것이다.

지자, 노군(魯軍)이 시국(邿國)을 구원하러 갔다가 드디어 시국을 취하였다.[夏, 邿亂, 分爲三, 師救邿, 遂取之.]
10 『춘추좌씨전』「성공(成公)」 6년: 경(經)에 "전국(鄟國)을 취하였다"라고 하였으니, 이는 쉽게 취하였다는 것을 말한 것이다[取鄟, 言易也.]
11 『춘추좌씨전』「소공(昭公)」 4년: 경(經)에 "9월에 증(鄫)을 취하였다."라고 하였으니, 이는 일이 쉬웠음을 말한 것이다. 거(莒)나라가 혼란(混亂)하여 저구공(著丘公)이 즉위한 뒤로 증국(鄫國)을 위로하고 어루만지지 않으니, 증(鄫)나라가 거나라를 배반하고 노나라에 귀순하였다. 그러므로 '취(取)'라 한 것이다.[九月取鄫, 言易也. 莒亂, 著丘公立而不撫鄫, 鄫叛而來. 故曰取.]
12 『춘추좌씨전』「양공」 29년: 양공(襄公)이 환국하여 방성(方城)에 당도하였을 때, 계무자(季武子)가 변읍(卞邑)을 탈취(奪取)하고서 공야(公冶)를 보내어 양공에게 문후(問候)하게 하였다.[公還, 及方城, 季武子取卞, 使公冶問.]

胡氏渭『禹貢錐指』, "蒙山在今蒙陰縣南四十里, 西南接費縣界. 『漢』「志」, '蒙陰縣有蒙山祠, 顓臾國在山下.'『後魏志』, '新泰縣有蒙山.' 劉芳『徐州記』, '蒙山高四十里, 長六十九里, 西北接新泰縣界.'『元和志』, '蒙山在新泰縣東八十八里, 費縣西北八十里. 東蒙山在費縣西北七十五里.' 是謂蒙與東蒙爲二山也.

호위(胡渭)의 『우공추지(禹貢錐指)』에 "몽산(蒙山)은 지금의 몽음현(蒙陰縣) 남쪽 40리에 있고, 서남쪽으로 비현(費縣)의 경계와 접해 있다. 『전한서』「지리지」에 '몽음현에 몽산사(蒙山祠)가 있고, 전유국(顓臾國)이 산 아래에 있다.'라고 했고, 『후위지』에 '신태현(新泰縣)에 몽산(蒙山)이 있다.'라고 했으며, 유방(劉芳)[13]의 『서주기』에 '몽산의 높이는 40리이고 길이가 69리이며 서북쪽으로 신태현(新泰縣) 경계에 접해 있다.'라고 했다. 『원화지』에는 '몽산은 신태현 동쪽 88리, 비현(費縣) 서북쪽 80리에 있다. 동몽산(東蒙山)은 비현 서북쪽 75리에 있다.'라고 했으니, 이는 몽산과 동몽산이 별개의 다른 두 산이라는 말이다.

『齊乘』曰: '龜山在今費縣西北七十里, 蒙山在龜山東, 二山連屬, 長八十里.'「禹貢」之蒙, 『論語』之東蒙, 正此蒙山也. 後人惑於東蒙之說, 遂誤以龜山當蒙山, 蒙山爲東蒙, 而隱沒

---

13 유방(劉芳, 453~513): 북조 북위(北魏) 팽성(彭城) 사람. 자는 백문(伯文)이고, 호는 석경(石經)이며, 시호는 문정(文貞)이다. 아버지 유옹(劉邕)은 송나라 때 연주장사(兗州長史)를 지냈다. 헌문제(獻文帝) 황흥(皇興) 3년(468) 위나라로 들어왔다. 가난했지만 조금도 부끄러워하지 않았으며, 『분전(墳典)』에 뜻을 두어 낮에는 글을 써 주어 자급하다가 밤이 되면 경전을 밤새도록 읽기를 그치지 않았다. 특히 경의(經義)에 정통했고, 음훈(音訓)에 뛰어나 당시 사람들이 '유석경(劉石經)'이라 불렀다. 처음에 주객랑(主客郎)을 지냈다. 효문제(孝文帝)가 낙(洛)으로 옮기면서 도중에 조가(朝歌)를 지나다가 비간(比干)의 무덤을 지나면서 조문(弔文)을 남겼는데, 그가 주해를 달았다. 국자좨주(國子祭酒)로 승진하고, 나중에 산기상시(散騎常侍)와 서주대중정(徐州大中正), 행서주사(行徐州事)를 지냈다. 선무제(宣武帝) 때 중서령(中書令)과 태상경(太常卿) 등을 지내고, 외직으로 나가 청주자사(靑州刺史)에 올랐다. 조정으로 돌아와 태상경(太常卿)이 되어 율령과 조의(朝儀)를 제정했다. 경사음의(經史音義)에 관한 책 13종을 남겼다. 저서에 『궁통론(窮通論)』과 『모시전음의증(毛詩箋音義證)』, 『예기의증(禮記義證)』, 『주관의예증(周官儀禮證)』, 『주관의례음(周官儀禮音)』, 『주관음(周官音)』, 『상서음(尙書音)』, 『공양음(公羊音)』, 『곡량음(穀梁音)』, 『국어음(國語音)』, 『후한서음(後漢書音)』, 『변류(辨類)』, 『급구편속주음의증(急救篇續注音義證)』 등이 있다.

龜山之本名, 故今定正之. 邑人公鼐論曰: '蒙山高峰數處, 俗以在東者爲東蒙, 中央者爲雲蒙, 在西北爲龜蒙, 其實一山.' 龜山自在新泰, 亦非卽龜蒙峰也."

『제승』[14]에 '구산(龜山)이 지금의 비현(費縣) 서북쪽 70리에 있고, 몽산(蒙山)은 구산 동쪽에 있으니, 두 산은 연속되어 길이가 80리이다.'라고 했다. 『서경』「우공」에 보이는 몽(蒙)[15]이 『논어』의 동몽산이며 바로 여기의 몽산이다. 후대의 사람들은 동몽(東蒙)의 설에 미혹되어 마침내 구산을 몽산에 잘못 해당시켜 몽산을 동몽이라 하고 구산(龜山)의 본래 이름을 감추고 없애 버렸으므로 이제 그것을 바로잡는다. 읍인(邑人)인 공내(公鼐)[16]가 논하기를, '몽산에 높은 봉우리가 여럿 있는데, 세속에서는 동쪽에 있는 것을 동몽(東蒙)이라 하고, 가운데 있는 것을 운몽(雲蒙)이라 하며, 서북쪽에 있는 것을 구몽(龜蒙)이라 하니, 실제는 하나의 산이다.'라고 했으니, 구산(龜山)은 본래 신태현(新泰縣)에 있는 것으로 역시 구몽봉(龜蒙峰)이 아닌 것이다."라고 했다.

蔣氏廷錫『尙書地理今釋』, "蒙山在今山東青州府蒙陰縣南八里, 西南接兗州費縣界, 延袤一百餘里." 今案, 蔣說以蒙陰縣南八里諸山爲卽蒙山, 蓋統山之群阜言之, 與胡氏"蒙陰縣南

---

14 『제승(齊乘)』: 원나라 익도(益都) 사람인 우흠(于欽, 1284~1333)이 황제의 명을 받들어 산동에 가서 언덕과 습지를 두루 살피고 고을의 원로들에게 자문을 구하면서 『수경(水經)』과 『지기(地紀)』를 살펴 역대의 연혁까지 참고해 완성한 책. 6권으로 되어 있다.

15 『서경(書經)』「하서(夏書)・우공(禹貢)」: 몽산(蒙山)과 우산(羽山)이 곡식을 심을 수 있게 되었다.[蒙・羽其藝.]

16 공내(公鼐, ?~?): 명나라 산동(山東) 몽음(蒙陰) 사람. 자는 효여(孝與). 만력(萬歷) 29년(1601) 진사가 되었다. 태창(泰昌) 때 거듭 승진해서 국자좨주(國子祭酒)에 올랐다. 희종(熹宗)이 즉위하자 첨사부첨사(詹事府僉使)가 되었다. 글을 올려 광종(光宗)의 사적을 실록(實錄) 외에 따로 기록을 만들 것을 청했지만 허락되지 않았다. 한림원(翰林院)에서 서길사(庶吉士)로 뽑혀 편수(編修)에 제수됐다. 천계(天啓) 초에 예부우시랑(禮部右侍郎)으로 옮겼다. 당시 위충현(魏忠賢)이 정치를 어지럽히자 여러 차례 글을 올려 간했지만 뜻이 받아들여지지 않자 병을 핑계로 귀향했는데, 나중에 탄핵을 받아 관직이 박탈됐다. 숭정(崇禎) 때 시호 문개(文介)가 내려졌다. 저서에 『몽산변(蒙山辨)』과 『소동원시집(小東園詩集)』과 『문차재집(問次齋集)』이 있다.

四十里"說異, 而實同也. 蒙陰今屬沂州府.

장정석(蔣廷錫)[17]의 『상서지리금석』에 "몽산(蒙山)은 지금의 산동성(山東省) 청주부(靑州府) 몽음현(蒙陰縣) 남쪽 8리에 있는데, 서남쪽으로 연주(兗州)의 비현(費縣) 경계에 접해 있고, 동서남북으로 넓고 멀리 뻗지른 길이[延袤]가 100여 리이다."라고 했다. 이제 살펴보니, 장정석의 설명은 몽음현 8리의 여러 산이 바로 몽산이라는 것이니, 산의 여러 구릉들을 총괄해서 말한 것으로, 호씨(胡氏: 호위)가 "몽음현(蒙陰縣) 남쪽 40리에 있다"라고 말한 것과는 차이가 나지만 실은 같다. 몽음(蒙陰)은 지금 기주부(沂州府)에 속해 있다.

● 「注」, "魯七百里之封. 顓臾爲附庸, 在其域中."

● 正義曰:『孟子』云: "公侯百里, 伯七十里, 子男五十里. 不能五十里, 不達於天子, 附於諸侯, 曰附庸." 解者謂此周初之制, 其後成王用周公之法制, 廣大邦國之境, 故『周官』「大司徒」言 "公方五百里, 侯四百里, 伯三百里, 子二百里, 男百里." 先鄭「注」以爲附庸在內, 後鄭則以附庸不在其中.

○ 「주」의 "노나라는 사방 700리의 봉역이고, 부용국인 전유가 그 봉역 안에 포함되어 있다."

○ 정의에서 말한다.

『맹자』「만장하」에 "공(公)과 후(侯)는 모두 사방 100리이고, 백(伯)은 사방 70리이고, 자(子)와 남(男)은 사방 50리이다. 채 50리가 못 되는 나라는 천자에게 직접 통하지 못하고 다른 제후에게 부속되니, 이를 부용국(附庸國)이라 한다."라고 했는데, 해설가들은 이는 주나라 초기의 제도이고, 그 뒤로 성왕(成王)은 주공의 법제를 써서 방국(邦國)의 경계를 확장시켰기 때문에, 『주례』「지관사도상·대사도」에 "공은 사방 500리이고, 후는 400리, 백은

---

17 장정석(蔣廷錫, 1669~1732): 청나라 강소(江蘇) 상숙(常熟) 사람. 자는 양손(楊孫), 호는 유군(酉君) 또는 남사(南沙), 시호는 문숙(文肅). 강희(康熙) 42년(1703) 진사가 되고, 처음에 거인(擧人)을 거쳐 내정(內廷)에서 공봉(供奉)한 뒤 옹정(雍正) 연간에 예부시랑(禮部侍郎)에 올라 『성조실록(聖祖實錄)』 편찬에 참여했다. 문화전대학사(文華殿大學士)와 태자태부(太子太傅) 등을 지냈다. 『대청회전(大淸會典)』 편찬 부총재 등을 지냈다. 시를 잘 지어 송락(宋犖)이 '강좌십오자(江左十五子)'의 한 사람으로 꼽았다. 그림도 잘 그렸다. 저서에 『상서지리금석(尙書地理今釋)』과 『청동각집(靑桐閣集)』이 있다.

300리, 자는 200리, 남은 100리"라 했다고 여기는 것이다 선정(先鄭: 정사농)의 「주」에는
부용국은 봉역 안에 있다고 했고, 후정(後鄭: 정현)은 부용국이 그 봉역 안에 포함되어 있지
않다고 했다.

「明堂位」云: "成王以周公爲有勳勞於天下, 是以封周公於曲阜, 地方七百里." 「注」云: "上公
之封, 地方五百里, 加魯以四等之附庸, 方百里者二十四, 並五五二十五, 積四十九, 開方之,
得七百里." 是魯七百里, 包有附庸, 僞孔此「注」用後鄭義也.
『예기』「명당위」에 "성왕(成王)은 주공(周公)이 천하에 큰 공훈이 있다 하여 주공을 곡부(曲
阜)에 봉해 주고 봉지가 사방 700리가 되게 하였다."라고 했는데, 「주」에 "상공(上公)의 봉
지는 땅이 사방 500리인데, 노나라에는 사방 100리가 24개인 네 등급의 부용국을 더해 주었
고, 아울러 5×5=25를 더하면 노나라의 면적은 사방 100리 되는 것이 49개가 되는데, 이를 개
방법(開方法)으로 계산하면 사방 700리가 된다."라고 했으니, 이것이 노나라의 사방 700리
의 봉역 안에 부용국을 포함하고 있다는 것으로, 위공(僞孔)의 여기의 「주」는 후정(後鄭)의
뜻을 적용한 것이다.

「大司徒」「注」又云: "凡諸侯爲牧 · 正 · 帥 · 長及有德者, 乃有附庸, 爲有祿者當取焉. 公無
附庸, 侯附庸九同, 伯附庸七同, 子附庸五同, 男附庸三同, 進則取焉, 退則歸焉. 魯於周法
不得有附庸, 故言'錫之'也. '地方七百里'者, 包附庸, 以大言之也. '附庸二十四', 言得兼此四
等矣." 賈「疏」云: "凡有功進地, 侯受公地, 附庸九同; 伯受侯地, 附庸七同; 子受伯地, 附庸
五同; 男受子地, 附庸三同. 魯本五百里, 四面各加百里, 四五二十, 卽二十同. 四角又各百
里, 爲四同, 故附庸二十四." 魯兼侯 · 伯 · 子 · 男四等之附庸, 以開方知之也.
『주례』「지관사도상 · 대사도」의 「주」에는 또 "모든 제후로서 목(牧) · 정(正) · 수(帥) · 장
(長)과 덕이 있는 자는 결국 부용국을 소유하니, 봉록이 있는 자가 그것을 취하게 된다. 공
(公)은 부용이 없고 후의 부용은 9동(同)이고, 백의 부용은 7동이며, 자의 부용은 5동이고 남
의 부용은 3동인데, 벼슬에 나아가면 취하고 물러나면 되돌려준다. 노나라는 주나라 법제에
따르면 부용국을 가질 수 없기 때문에 '하사했다[錫之]'[18]고 한 것이다. '땅이 사방 700리가
된다'라고 한 것은 부용국을 포함해서 크게 말한 것이다. '사방 100리가 24개인 네 등급의 부

용국'은 이 네 등급을 아울러 얻었다는 말이다."라고 했는데, 가공언(賈公彦)의 「소」에 "공이 있으면 나아가 봉지를 받는데, 후는 공의 땅을 받으니 부용이 9동이고, 백은 후의 땅을 받으니 부용이 7동이며, 작은 백의 땅을 받으니 부용이 5동이고, 남은 자의 땅을 받으니 부용이 3동이다. 노나라의 면적은 본래 500리인데, 4면에 각각 100리를 더한 것이니, 4×5=20이 바로 20동이다. 네 귀퉁이가 또 각각 100이니, 4동이 되기 때문에 부용이 사방 100리 되는 것이 24인 것이다."라고 했으니, 노나라는 후·백·자·남 4등급의 부용국을 아울러 개방법(開方法)으로 계산한 것임을 알 수 있다.

冉有曰: "夫子欲之, 吾二臣者, 皆不欲也." 【注】 孔曰: "歸咎於季氏." 孔子曰: "求! 周任有言曰: '陳力就列, 不能者止.' 危而不持, 顚而不扶, 則將焉用彼相矣? 【注】 馬曰: "周任, 古之良史. 言當陳其才力, 度己所任, 以就其位, 不能則當止." 包曰: "言輔相人者, 當能持危扶顚, 若不能, 何用相爲?" 且爾言過矣. 虎·兕出於柙, 龜玉毀於櫝中, 是誰之過與?" 【注】 馬曰: "'柙', 檻也; '櫝', 匱也. 失虎毀玉, 豈非典守之過邪?" 冉有曰: "今夫顓臾, 固而近於費, 【注】 馬曰: "'固', 謂城郭完堅, 兵甲利也. 費, 季氏邑." 今不取, 後世必爲子孫憂."

염유가 말했다. "그분이 하려는 것이지, 우리 두 신하는 둘 다 하고자 하지 않습니다." 【주】 공안국이 말했다. "계씨에게 허물을 돌린 것이다." 공자가 말했다. "구야! 주임이 말하기를, '능력을 펴서 대열에

나아갔지만, 해야 할 일을 할 수 없는 자는 그만두어야 한다.'라고 하였다. 위태로운데도 붙잡아 주지 않고 넘어지는데도 붙들지 않는다면, 장차 그런 도우미를 뭣에다 쓰겠느냐? 【주】 마융이 말했다. "주임(周任)은 옛날의 훌륭한 사관이다. 마땅히 자기의 재주와 능력을 펼쳐 자기가 맡게 될 직임을 헤아려 그 자리에 나아갔지만 그 직임을 수행할 수 없으면 그만두어야 한다는 말이다." 포함(包咸)이 말했다. "남을 도와주는 일을 맡은 자는 위태로우면 붙잡아 주고 넘어지면 붙들어 주는 것이 당연하다. 만약 그렇게 하지 못한다면 그런 도우미를 뭣에다 쓰겠는가?' 또 너의 말이 잘못되었다. 범과 외뿔소가 우리에서 뛰쳐나오며, 거북의 등껍질과 옥이 궤짝 속에서 망가졌다면, 이는 누구의 잘못이겠느냐?" 【주】 마융이 말했다. "합(柙)'은 우리[檻]이고, '독(櫝)'은 함[匱]이다. 범을 잃고 옥을 망가뜨린 것이 어찌 맡아 지키는 사람의 잘못이 아니겠는가?" 염유가 말했다. "지금 저 전유는 견고하고 비읍에 가까우니, 【주】 마융이 말했다. "'고(固)'는 성곽(城郭)이 완전하고 견고하며 병기와 갑옷이 예리함을 이른다. 비(費)는 계씨의 읍이다." 지금 탈취하지 않으면 후세에 반드시 자손들의 걱정거리가 될 것입니다."

원문 正義曰: "陳力"二句, 是周任語. "危而不持"云云, 則夫子設譬以曉之. "止"謂去位也. "危"者, 行傾側也. "顚"者, 失墜也. 『說文』, "持, 握也. 扶, 佐也." 『集注』云: "相, 瞽者之相也." 此言瞽者將有危顚, 則須相者扶持之. 『漢書』「陳球傳」, "傾危不持, 焉用彼相邪?" 正本此文. "矣"與"邪"同. 王氏『經傳釋詞』謂此"矣"字與"乎"同義, 是也.

역문 정의에서 말한다.

"능력을 펴서[陳力]" 두 구절은 주임(周任)의 말이다. "위태로운데도 붙잡아 주지 않고"라고 운운한 것은 공자가 비유를 가설해서 일깨워 준 것이다. "지(止)"는 그 자리에서 떠나야 한다는 말이다. "위(危)"란 길 가다 몸이 옆으로 기우뚱하는 것이다. "전(顚)"이란 굴러떨어진다[失墜]는 뜻이다. 『설문해자』에 "지(持)는 쥔다[握]는 뜻이다.[19] 부(扶)는 돕는다[佐]는 뜻이다.[20]"라고 했고, 『논어집주』에 "상(相)은 맹인[瞽者]의 도우미[相]이다."라고 했으니, 이는 맹인이 막 휘청하면서 굴러떨어지려 하면 반드시 도와주는 자가 그를 부축하고 잡아 주어야 한다는 말이다. 『전한서』「진구전」에 "기울고 휘청이는데도 붙잡아 주지 않으면 그런 도우미를 뭣에 쓰겠는가?"라고 했는데, 바로 이 글에 근거한 것이다. "의(矣)"는 "야(邪)"와 같다. 왕씨(王氏: 왕인지)의 『경전석사』에 여기의 "의(矣)" 자는 "호(乎)"와 같은 뜻이라고 했는데, 옳다.

원문 "虎"·"兕", 皆獸名. 『爾雅』「釋獸」, "兕, 似牛." 郭「注」, "一角, 靑色, 重千斤." 『說文』, "兕, 如野牛而靑. 兕, 古文從儿." 『周官』「囿人」職, "掌囿遊之獸禁, 牧百獸."「注」, "養獸以宴樂視之. '禁'者, 其蕃衛也." 案, "蕃"與"藩"同. "蕃衛"卽此所云"柙"也.

역문 "호(虎)"와 "시(兕)"는 모두 짐승의 이름이다. 『이아』「석수」에 "시(兕)는 소[牛]를 닮았다."라고 했는데, 곽박(郭璞)의 「주」에 "외뿔이 달렸고 푸른색을 띠며 체중은 천근이다."라고 했고, 『설문해자』에 "시(兕)는 들소처럼 생겼고 푸른색을 띤다. 시(兕)는 시(兕)의 고문(古文)인데 인(儿)으로 구성되었다."[21]라고 했다. 『주례』「지관사도하·유인」의 직제에 "국

---

19 『설문해자』 권12: 지(持)는 쥔다[握]는 뜻이다. 수(手)로 구성되었고 사(寺)가 발음을 나타낸다. 직(直)과 지(之)의 반절음이다.[持, 握也. 從手寺聲. 直之切.]

20 『설문해자』 권12: 부(扶)는 돕는다[佐]는 뜻이다. 수(手)로 구성되었고 부(夫)가 발음을 나타낸다. 부(扶)는 부(扶)의 고문(古文)이다. 방(防)과 무(無)의 반절음이다.[扶, 佐也. 從手夫聲. 扶, 古文扶. 防無切.]

립공원 안에서 노는 짐승들을 번식시키고 울타리 밖으로 나가지 못하도록 보호하는 일을 관장하고[掌囿遊之獸禁] 온갖 짐승을 기른다."라고 했는데, 「주」에 "짐승을 길러 연회와 음악회 때 관람토록 한다. '금(禁)'이란 번위(蕃衛)함이다."라고 했다. 살펴보니, "번(蕃)"은 "번(藩)"과 같은 뜻이니, "번위(蕃衛)"란 바로 여기에서 말한 "우리[柙]"이다.

원문 "龜"謂守龜, 龜人掌之. "玉"謂命圭, 典瑞掌之. 皇本"出"下·"毁"下無 "於"字.『釋文』, "匣, 戶甲反. 本今作柙."『漢書』「文三王傳」引亦作"匣".

역문 "귀(龜)"는 임금이 점복(占卜)에 쓰는 귀갑(龜甲)[守龜]을 이르는 것으로, 귀인(龜人)이 관장한다. "옥(玉)"은 명규(命圭)를 이르는 것이니, 전서(典瑞)가 관장한다. 황간본에는 "출(出)" 아래와 "훼(毁)" 아래 "어(於)" 자가 없다.『경전석문』에 "갑(匣)은 호(戶)와 갑(甲)의 반절음이다. 판본에 따라 지금은 합(柙)으로 쓴다."라고 했고,『전한서』「문삼왕전」에 인용한 문장에도 역시 "갑(匣)"으로 되어 있다.

원문 顓臾與費相近, 閻氏『釋地又續』謂相距僅七十里, 樊廷枚『釋地補』引 『兗州府志』"故顓臾城, 距古費城六十五里." 是顓臾近費也. "後世必爲子孫憂",『釋文』本無"後世"字, 引或本有之. 馮氏『考證』謂『後漢』「臧宮傳」「注」引亦無'後世'字.

역문 전유(顓臾)가 비읍(費邑)과 서로 가깝다고 했는데, 염씨(閻氏)의『석지

---

21 『설문해자』 권9: 시(兕)는 들소처럼 생겼고 푸른색을 띤다. 상형(象形)이다. 새[禽] 또는 짐승 모양을 한 산신령[离]의 두상과 같이 생겼다. 모든 시(兕)부에 속하는 한자는 다 시(兕)의 뜻을 따른다. 시(𠒋)는, 시(兕)의 고문인데 인(儿)으로 구성되었다. 서(徐)와 자(姊)의 반절음이다.[兕, 如野牛而青. 象形. 與禽·离頭同. 凡兕之屬皆從兕. 𠒋, 古文從儿. 徐姊切.]

우속』에 서로 간의 거리가 겨우 70리라고 했고, 번정매(樊廷枚)의 『사서석지보』에는 『연주부지』에서 "그러므로 전유성(顓臾城)은 옛 비성(費城)과의 거리가 65리이다."라고 한 것을 인용했으니, 이래서 전유와 비읍이 가깝다는 것이다. "후세에 반드시 자손들의 걱정거리가 될 것이다"라고 했는데, 『경전석문』본에는 "후세(後世)" 자가 없고 어떤 판본에 있는 것을 인용했다.[22] 풍씨[馮氏: 풍등부(馮登府)]의 『논어이문고증』에 이르길, "『후한서』「장궁전」의 「주」에서 인용한 것 역시 '후세(後世)' 자가 없다."라고 했다.

- 「注」, "周任, 古之良史."
- 正義曰: 『左』「隱」六年·「昭」五年皆引周任說, 不言爲史官, 馬此「注」當別有所本. 杜預云 "周大夫." 『路史』「注」"商太史". 江氏永『群經補義』疑卽『書』「盤庚」遲任, 不知然否.
- 「주」의 "주임(周任)은 옛날의 훌륭한 사관이다."
- 정의에서 말한다.
  『춘추좌씨전』「은공」 6년과 「소공」 5년에 모두 주임의 말을 인용했으나, 사관이라고는 하지 않았으니, 마융의 이 「주」는 당연히 별도로 근거한 바가 있을 것이다. 두예(杜預)는 "주(周)의 대부이다."라고 했고, 『노사』의 「주」에 "상(商)나라의 태사(太史)이다."[23]라고 했다. 강영(江永)의 『군경보의』에는 바로 『서경』「반경」의 지임(遲任)일 것이라고 의심했는데, 맞는지 아닌지는 모르겠다.

- 「注」, "杙, 欄也."

---

22 『경전석문(經典釋文)』 권24, 「논어(論語)·계씨(季氏)」에 "반드시 자손들의 걱정거리가 될 것이다[必爲子孫憂]"라고 쓰고, 아래에 "판본에 따라 더러 '후세에 반드시 자손들의 걱정거리가 될 것이다'라고 되어 있다.[本或作'後世必爲子孫憂.']"라고 했다.
23 『노사(路史)』 권26, 「국명기3(國名紀三)·고신씨후(高辛氏後)」.

- 正義曰:『說文』, "柙, 檻也, 臧虎兕也. 從木甲聲." 義本『論語』.

○「주」의 "합(柙)은 우리[檻]이다."

○ 정의에서 말한다.

　　『설문해자』에 "합(柙)은 우리[檻]이니 범과 외뿔소를 보관하는 것이다. 목(木)으로 구성되었
　　고 갑(甲)이 발음을 나타낸다."[24]라고 했는데, 뜻은『논어』를 근거한 것이다.

- 「注」, "固, 謂城郭完堅, 兵甲利也."

- 正義曰:『周官』「掌固」云: "掌修城・郭・溝・池・樹・渠之固."「序官」「注」云: "固, 國所依
　　阻者也. 國曰固, 野曰險." 此「注」兼兵甲言者, 引申之義.

○「주」의 "고(固)는 성곽(城郭)이 완전하고 견고하며 병기와 갑옷이 예리함을 이른다."

○ 정의에서 말한다.

　　『주례』「하관사마상・장고」에 "내성[城]과 외곽[郭]과 해자[溝]와 연못[池]과 울타리[樹]와 도
　　랑[渠]을 견고하게 갖추는 일을 관장한다." 했고,「서관」의「주」에 "고(固)는 나라에서 험고
　　함을 의지하는 곳이다. 나라 안에 있는 것을 고(固)라 하고 야외에 있는 것을 험(險)이라 한
　　다."라고 했으니, 여기의「주」에서 병기와 갑옷[兵甲]을 아울러 말한 것은 인용하면서 의미
　　가 확장된 것이다.

孔子曰: "求! 君子疾夫 【注】 孔曰: "疾如女之言." 舍曰'欲之'而必
爲之辭. 【注】 孔曰: "舍其貪利之說, 而更作他辭, 是所疾也." 丘也聞'有
國有家者, 不患寡而患不均; 不患貧而患不安.' 【注】 孔曰: "'國',
諸侯; '家', 卿・大夫. 不患土地人民之寡少, 患政理之不均平. 憂不能安民耳,

24　『설문해자』권6: 합(柙)은 우리[檻]이니 범과 외뿔소를 보관하는 것이다. 목(木)으로 구성되
　　었고 갑(甲)이 발음을 나타낸다. 합(匣)은 합(柙)의 고문이다. 오(烏)와 갑(匣)의 반절음이
　　다.[柙, 檻也, 以藏虎兕. 從木甲聲. 匣, 古文柙. 烏匣切.]

民安則國富." 蓋均無貧, 和無寡, 安無傾. 【注】 包曰: "政教均平, 則不貧矣; 上下和同, 不患寡矣; 小大安寧, 不傾危矣." 夫如是, 故遠人不服, 則修文德以來之, 旣來之, 則安之.

공자가 말했다. "구야! 군자는 너처럼 【주】 공안국이 말했다. "너처럼 말하는 것을 미워한다." '하고 싶다'라는 말을 놓아두고, 굳이 변명을 하는 것을 미워한다. 【주】 공안국이 말했다. "이익을 탐한다는 말은 놓아두고 다시 다른 말을 지어서 변명하는 것, 이것을 미워한다는 것이다." 나는 들으니, '나라를 소유하거나 집을 소유한 자는 토지와 인민이 적은 것을 걱정하지 않고, 정치교리가 균등하거나 공평하지 못한 것을 걱정하며, 가난을 걱정하지 않고 편안하지 못함을 걱정한다.'라고 하더구나. 【주】 공안국이 말했다. "'나라[國]'는 제후의 나라를 말하는 것이고, '집[家]'은 경과 대부의 집안을 말하는 것이다. 토지와 인민이 적은 것을 걱정하지 않고, 정치교리가 균등하거나 공평하지 못함을 걱정한다. 인민을 편안하게 하지 못함을 걱정할 뿐이니, 인민이 편안하면 나라가 부강해진다." 대체로 균등하고 공평하면 가난함이 없고, 화합하면 적음이 없으며, 편안하면 기울어짐이 없다. 【주】 포함이 말했다. "정치와 교리가 균등하고 공평하면 가난해지지 않을 것이고, 위아래가 화합하고 합동하면 적음을 걱정하지 않을 것이며, 소인이든 대인이든 편안하면 나라나 집이 기울거나 위태로워지지 않을 것이다." 이와 같으므로 먼 지방 사람들이 복종하지 않으면 문덕(文德)을 닦아서 그들을 오게 하고, 이미 오게 했으면 편안하게 해 주는 것이다.

원문 正義曰: 皇本"而必"下有"更"字. "寡"者, 民多流亡也. "均"者, 言班爵祿·制田里皆均平也. 『左傳』子產言"天子之地一圻, 列國一同, 自是以衰."

역문 정의에서 말한다.

황간본에는 "이필(而必)" 아래 "경(更)" 자가 있다. "과(寡)"란 떠돌다 도 망간 인민들이 많다는 뜻이다. "균(均)"이란 작위와 봉록을 나누고 토지 와 거처를 마련해 줌이 모두 균등하고 공평하다는 말이다. 『춘추좌씨전』 에서 자산(子產)이 말하길, "천자의 땅은 1기(一圻)[25]이고, 열국은 1동(一 同)[26]이며 이로부터 따라서 감쇄한다."[27]라고 했다.

원문 『春秋繁露』「度制篇」, "孔子曰: '君子不盡利以遺民.' 故君子仕則不稼, 田則不漁, 食時不力珍, 大夫不坐羊, 士不坐犬." 又云: "孔子曰: '不患貧 而患不均.' 故有所積重, 則有所空虛矣. 大富則驕, 大貧則憂. 憂則爲盜, 驕則爲暴, 此衆人之情也. 聖者則于衆人之情, 見亂之所從生, 故其制人道 而差上下也. 使富者足以示貴而不至于驕, 貧者足以養生而不至于憂. 以 此爲度, 而調均之, 是以財不匱而上下相安, 故易治也."

역문 『춘추번로』「도제」에 "공자가 말했다. '군자는 이익을 다 차지하지 않 고 백성들에게 이익을 남겨 준다.' 따라서 군자는 벼슬하면 농사를 짓지 않고 사냥을 하면 물고기를 잡지 않으며 사시(四時)에 나오는 제철 음식 을 먹고 맛있는 음식을 얻기를 힘쓰지 않으며, 대부는 이유 없이 양 가 죽에 앉지 않고, 사(士)는 이유 없이 개 가죽에 앉지 않는다."라고 했고, 또 "공자가 말했다. '가난을 걱정하지 않고 균등하거나 공평하지 않음을 걱정한다.' 따라서 어느 한쪽에 무겁게 많이 쌓아 놓으면 다른 한쪽은 텅 비는 곳이 있게 될 것이다. 크게 부유해지면 교만해지고, 크게 가난

---

25 1기(一圻): 두예의 「주」에 "사방 천 리이다.[方千里]"라고 했다.

26 1동(一同): 두예의 「주」에 "사방 백 리이다.[方百里]"라고 했다.

27 『춘추좌씨전』「양공」 25년.

해지면 걱정하게 된다. 걱정을 하게 되다 보면 훔치게 되기도 하고, 교만해지다 보면 폭력을 휘두르게 되기도 하니, 이것이 일반 사람들의 실정이다. 성인은 일반 사람들의 실정에서 혼란이 어디로부터 생겨나는가를 살피기 때문에 사람의 도리를 만들고 위와 아래의 차등을 둔 것이다. 그리하여 부자들에게는 충분히 존귀함을 누리게 하면서도 교만함에는 이르지 않게 하였고, 가난한 자들에게는 충분히 삶을 가꿀 수 있게 하면서도 걱정하는 지경까지는 이르지 않게 한 것이다. 이렇게 한도를 정해서 조화를 이루고 균등하게 하니, 이로써 재용이 고갈되지 않고 위와 아래가 서로 편안해지기 때문에 쉽게 다스려지게 되는 것이다."라고 했다.

원문 案, 『繁露』引"不患貧而患不均", 『魏書』「張普惠傳」同. 蓋貧由於不均, 故下文言"均無貧". 『論語』本錯綜其文, 而『繁露』則依義引之, 故不同也.

역문 살펴보니, 『춘추번로』에 "가난을 걱정하지 않고 균등하거나 공평하지 않음을 걱정한다[不患貧而患不均]"라는 말을 인용했는데, 『위서』「장보혜전」에도 같다. 대체로 가난은 균등하거나 공평하지 못함을 말미암기 때문에 아래 문장에서 "균등하고 공평하면 가난함이 없다[均無貧]"라고 한 것이다. 『논어』는 본래 그 글자를 착종(錯綜)해서 쓴 것인데, 『춘추번로』는 의리에 의거해서 인용했기 때문에 같지 않은 것이다.

원문 "和無寡"者, 言旣均平, 則上下和協, 民皆思歸也. "修文德"者, "修"謂加治之, "文德"謂文治之德, 所以別征伐爲武事也. 「周語」云: "有不祭則修意, 有不祀則修言, 有不享則修文, 有不貢則修名, 有不王則修德, 序成而有不至則修刑. 於是乎有刑不祭, 伐不祀, 征不享, 讓不貢, 告不王. 於是乎有刑罰之辟, 有攻伐之兵, 有征討之備, 有威讓之令, 有文告之辭. 布令陳辭而又不至, 則又增於德, 無勤民於遠. 是以近無不聽, 遠無不服." 「周

語」此文, 卽謂遠人不服, 宜修文德之事. "來"謂召來之也. 趙岐『孟子章指』
引作"懷之", "懷"亦來也. "安之"者, 施以養敎之術, 使之各遂其生也.

역문 "화합하면 적음이 없다[和無寡]"라는 것은 이미 균등하고 공평하면 위
와 아래가 화합하고 협동해서 인민들이 모두 사모하고 귀의한다는 말이
다. "문덕을 닦는다[修文德]"라고 했는데, "수(修)"는 더 잘 다스린다는 말
이고, "문덕(文德)"은 문치(文治)의 덕을 이르니, 정벌을 무사(武事)로 삼는
것과 구별하기 위한 것이다. 『국어』「주어」에 "전복(甸服)에 사는 사람이
제(祭)를 공급하지 않으면 천자는 마음을 수양하여 자책하고, 후복(侯服)
이 사(祀)를 바치지 않으면 호령(號令)을 내려 바로잡으며, 빈복(賓服)이
향(享)을 드리지 않으면 법령(法令)을 정비하고, 요복(要服)이 공(貢)을 바
치지 않으면 존비(尊卑)와 직공(職貢)에 관한 명호(名號)를 수정하며, 황복
(荒服)이 왕으로 섬기지 않으면 문덕(文德)을 닦아서 오게 해서, 이 다섯
가지의 순서가 이루어졌는데도 오지 않는 자가 있으면 형벌로 다스렸
다. 이리하여 제(祭)를 공급하지 않는 자는 형벌을 시행하고, 사(祀)를 바
치지 않는 자는 공벌(攻伐)하며, 향(享)을 드리지 않는 자는 정토(征討)하
고, 공(貢)을 바치지 않는 자는 견책하며, 왕으로 섬기지 않는 자는 문사
(文辭)로 타일렀다. 이리하여, 형벌을 가하는 법이 있게 되고, 공벌(攻伐)
하는 무력이 있게 되고, 정토(征討)를 가하는 군사적 대비가 있게 되며,
세금을 바치지 않는 자에게 위엄을 세워 꾸짖는 호령(號令)이 있게 되고,
왕으로 섬기지 않는 자에게 문사(文辭)로 타이르는 글이 있게 된 것이다.
명령을 선포하고 말로 타이르는데도 오지 않으면 또 자기의 문덕을 더
욱 닦아서, 백성들이 먼 곳에 가서 정토(征討)하는 수고로움이 없게 하였
다. 이 때문에 가까이 사는 백성들은 왕명을 따르지 않는 이가 없었고,
먼 지방에 사는 사람들이 와서 신하로 복종하지 않는 자가 없었다."라고
했는데,「주어」의 이 글이 바로 먼 지방의 사람들이 복종하지 않으면 마

땅히 문덕을 닦을 것을 일삼아야 한다는 말이다. "내(來)"는 불러서 오게 한다는 말이다. 조기(趙岐)의 『맹자장지』에 인용된 것에는 "회지(懷之)"로 되어 있는데, "회(懷)" 역시 오게 한다는 뜻이다. "편안하게 해 준다[安之]"라는 것은, 봉양하고 가르치는 방법을 베풀어 인민들로 하여금 각각 그들의 삶을 이루게 하는 것이다.

今由與求也, 相夫子, 遠人不服, 而不能來也, 邦分崩離析, 而不能守也,【注】孔曰: "民有異心曰'分', 欲去曰'崩', 不可會聚曰'離析'." 而謀動干戈於邦內,【注】孔曰: "'干', 楯也; '戈', 戟也." 吾恐季孫之憂, 不在顓臾, 而在蕭牆之內也."【注】鄭曰: "'蕭'之言肅也. '牆', 謂屛也. 君臣相見之禮, 至屛而加肅敬焉, 是以謂之蕭牆. 後季氏家臣陽虎, 果囚季桓子."

지금 유(由)와 구(求)는 그 사람을 도우면서, 먼 지방의 사람들이 복종하지 않는데도 오게 하지도 못하고, 나라가 분열되고 무너져 흩어지고 쪼개지는데도 지키지도 못하고,【주】공안국이 말했다. "인민이 딴마음을 품은 것을 '분(分)'이라 하고, 떠나고자 하는 것을 '붕(崩)'이라 하며, 모아서 단결시킬 수 없는 것을 '이석(離析)'이라 한다." 그러면서도 방패와 창을 나라 안에서 움직일 것을 꾀하니,【주】공안국이 말했다. "'간(干)'은 방패이고, '과(戈)'는 창이다." 나는 계손의 걱정거리가 전유에 있지 않고 병풍 안에 있을까 두렵다."【주】정현이 말했다. "'소(蕭)'의 말뜻은 엄숙함[肅]이고, '장(牆)'은 가리개[墻屛]를 이른다. 군신이 서로 만날 때의 예는 가리개에 이르러 엄숙함과 경건함을 더하기 때문에 이를 '소장(蕭牆)'이라 한다. 뒤에 계씨의 가신 양호(陽虎)가 결국에는 계환자(季桓子)를 잡아 가두었다."

원문 正義曰: 閻氏『釋地又續』, "徐文長謂顓臾在邦域中, 非遠人, 當以淮夷·徐戎當之. 餘亦不謂然. 淮夷·徐戎竝興, 乃伯禽之時, 非哀公也. 考哀公元年冬伐邾, 二年春伐邾, 三年冬圍邾, 六年冬伐邾, 七年秋伐邾, 遂入之, 以邾子益來, 八年夏, 以吳將伐我, 乃歸邾子, '遠人'似卽謂邾. 或曰: '魯擊柝聞於邾, 相距僅七十六里, 何以爲遠?' 曰: '敵國則遠人矣.'"

역문 정의에서 말한다.

염씨(閻氏)의 『석지우속』에 "서문장(徐文長)[28]이 이르길, 전유(顓臾)는 노나라의 영역[邦域] 안에 있으니 먼 지방의 사람이 아니므로, 마땅히 회이(淮夷)와 서융(徐戎)을 거기에 해당시켜야 한다고 했다. 나는 또한 그렇게 생각하지 않는다. 회이(淮夷)와 서융(徐戎)이 나란히 흥기한 것은 바로 백금(伯禽)[29]의 시대였지 애공(哀公) 때가 아니다. 애공 원년 겨울에 주

---

28 서문장(徐文長, 1521~1593): 명나라 절강(浙江) 산음(山陰) 사람인 서위(徐渭)이다. 자는 문청(文淸) 호는 청등(靑藤) 또는 천지(天池)이고, 문장(文長)은 그의 또 다른 자이다. 명성이 대단한데다 천부적인 자질을 타고났으며, 시문서화(詩文書畵)에 모두 뛰어났다. 스스로도 자신은 서예가 최고이고, 다음이 시고, 문이 그다음이며 그림이 다음이라고 자부했다. 그림은 화초죽석(花草竹石)이 아름다웠고, 서예의 필치는 자유분방한데다 기상이 넘쳐 창의력이 넘쳐났다. 병법이나 기계(奇計)도 좋아해 호종헌(胡宗憲)의 막하에 있기도 했다. 서해(徐海)를 사로잡고 왕직(王直)을 회유한 일은 모두 그의 계획에서 나왔다. 호종헌이 투옥되자 두려워 머리를 풀어헤치고 미치광이 노릇을 하며 자해했지만 죽지 않았다. 또 계처(繼妻)를 때려죽여 사형이 선고되었는데, 7년을 죄수로 지내다가 장원변(張元忭)의 도움으로 목숨을 건졌다. 이후 남으로는 금릉(金陵)을 유람하고 북으로는 상곡(上谷)에 이르기까지 변방의 경관을 두루 살피면서 비분강개(悲憤慷慨)한 마음을 시로 표출했다. 만년에는 극도로 빈곤해져 가지고 있건 책 수천 권을 모두 팔아 버렸다. 스스로 남강북조인(南腔北調人)이라 부르면서 생애를 마쳤다. 시서화에 각각 일가를 이루는 천재적인 문인으로, 특히 잡극(雜劇) 「사성원(四聲猿)」을 발표하여 유명해졌다. 자기의 독창성을 중시하여 명나라 초기에 문단을 풍미했던 의고파(擬古派)의 모방을 비웃었다. 죽은 뒤 개성적인 시풍은 공안파(公安派) 원굉도(袁宏道)를 경탄시켰을 정도였다. 저서에 『남사서록(南詞敍錄)』과 『서문장전집(徐文長全集)』30권이 있다. 명청(明淸)시대 문단에 끼친 영향이 매우 컸다.

(邾)나라를 토벌하고, 2년 봄에 주나라를 토벌하였으며, 3년 겨울에 주나라를 포위하였고, 6년 겨울에 주나라를 토벌하였고, 7년 가을에 주나라를 토벌하고 마침내 주나라로 들어가서 주자 익(邾子益)을 데리고 돌아온 것과 8년 여름에 오(吳)나라가 우리 노나라를 침벌(侵伐)하매 이에 주자 익을 주나라로 돌려보낸 것을 상고해 보면 '먼 지방의 사람[遠人]'은 주(邾)나라를 이르는 듯싶다. 혹자는 '노나라의 목탁 치는 소리가 주나라에까지 들리고, 서로 간의 거리가 겨우 76리인데 어째서 멀다고 하는 것인가?'라고 하는데, 말하자면 '적국(敵國)이라면 먼 지방의 사람인 것이다.'라고 한다."라고 했다.

원문 "邦分崩離析", 謂四分公室, 季氏取二, 孟孫 · 叔孫各一. 此時賦用益繁, 誅求無藝, 上下相猜, 將不能守其邦也. 『釋文』, "'邦內', 鄭本作'封內'. '不在顓臾', 或作'不在於顓臾'." 馮氏『考證』, "『唐石經』亦有'於'字." 阮元『校勘記』曰: "『隷釋』載『漢石經』殘字, '而在'下有'於'字, 云『盍毛 · 包 · 周無於?'" 宋本"而在"下亦有'於'字. 陳氏鱣曰: "高麗本上句有'於'字, 與『釋文』合, 下句無'於'字, 從包·周本也."

역문 "나라가 분열되고 무너져 흩어지고 쪼개진다[邦分崩離析]"라는 것은, 공실(公室)을 넷으로 나누어 계씨가 둘을 취하고 맹손과 계손이 각각 하나

씩 취했다는 말이다. 이때는 세금의 적용이 더욱 번다해서 가렴주구가 한이 없고 윗사람과 아랫사람이 서로 의심해서 장차 그 나라를 지킬 수 없을 지경이었다. 『경전석문』에 "'방내(邦內)'는 정현본에는 '봉내(封內)'로 되어 있다. '부재전유(不在顓臾)'는 더러 '부재어전유(不在於顓臾)'로 되어 있다."라고 했다. 풍씨(馮氏)의 『논어이문고증』에 "『당석경』에도 '어(於)' 자가 있다."라고 했고, 완원(阮元)의 『논어교감기』에 "『예석』에 『한석경』의 남은 글자를 실었는데, '이재(而在)' 아래 '어(於)' 자가 있으므로, '어찌하여 모진본(毛晉本)과 포함본(包咸本)과 주생렬본(周生烈本)에는 어(於) 자가 없는가?'라고 했다."라고 하였다. 송본(宋本)에는 "이재(而在)" 아래 역시 "어(於)" 자가 있다. 진전은 "고려본(高麗本)에는 앞 구절에는 '어(於)' 자가 있으니 『경전석문』과 일치하고, 아래 구절에는 '어(於)' 자가 없으니, 포함본과 주생렬본을 따른 것이다."라고 했다.

원문 "牆", 『漢石經』作藩. 下篇"辟之宮牆", 亦作藩. 『修華嶽碑』"藩屋傾亞", 皆叚藩爲牆. 方氏觀旭『偶記』, "俗解以蕭牆之內爲季氏之家, 不知禮天子外屛, 諸侯內屛, 大夫以簾, 士以帷, 則蕭牆惟人君有耳. 卿·大夫以下, 但得設帷簿. 管仲僭禮旅樹, 『禮記』不言自管仲始, 可見管仲之後, 諸國卿·大大無有效之僭者, 季氏之家安得有此? 竊謂斯時哀公欲去三桓, 季氏實爲隱憂. 又以出甲墮都之後, 雖有費邑, 難爲臧紇之防, 孫林父之戚, 可藉以逆命. 君臣旣已有隙, 一旦難作, 卽效意如之譎, 請囚於費而無可逞. 又畏顓臾世爲魯臣, 與魯犄角以逼己, 惟有謀伐顓臾, 克之, 則如武子之取卞, 以爲己有而益其彊; 不克, 則魯師實已勞憊於外, 勢不能使有司討己以干戈. 憂在內者攻彊, 乃田常伐吳之故智. 此後所爲正不可知, 所謂'內變將作'者也. 然則蕭牆之內何人? 魯哀公耳, 不敢斥君, 故婉言之. 若曰季孫非憂顓臾而伐顓臾, 實憂魯君疑己而將爲不臣, 所以伐顓臾耳. 此夫子誅

奸人之心, 而抑其邪逆之謀也." 案, 方說是也. 『漢書』「五行志」, "成帝建始三年, 未央殿中地震. 穀永曰: '地震蕭牆之內.'" 是"蕭牆"當指人君.

역문 "장(牆)"은『한석경』에 장(牆)으로 되어 있다. 아래「자장」의 "궁실과 담장에 비유함[辟之宮牆]" 역시 장(牆)으로 되어 있다. 『수화악비』에 "담장과 지붕이 기울어졌다[牆屋傾亞]"라고 했는데, 모두 장(牆)을 가차해서 장(牆)의 뜻으로 쓴 것이다. 방관욱(方觀旭)의 『논어우기』에 "세속에는 병풍 안[蕭牆之內]을 계씨의 집으로 해석하는데, 이는 예(禮)에서 천자는 외병(外屛)을 사용하고 제후는 내병(內屛)을 사용하며, 대부는 발[簾]을 사용하고 사는 휘장[帷]을 사용하니, 그렇다면 소장(蕭牆)은 오직 임금만이 가질 뿐이라는 것을 모르는 것이다. 경과 대부 이하는 단지 휘장만 설치할 수 있을 뿐이다. 관중(管仲)이 예를 참람해서 길에 나무를 세워 병풍처럼 가렸는데, 『예기』에 관중으로부터 비롯되었다고 말하지 않았고, 관중의 뒤로는 여러 나라의 경과 대부 중에 관중을 본받아 참람한 자가 없음을 알 수 있으니, 계씨의 집안에서 어찌 이것을 가질 수 있었겠는가? 가만히 생각해 보건대, 당시 애공이 삼환(三桓)을 제거하고자 하였으니, 계씨는 실로 걱정을 숨기고 있었다. 또 갑병을 출동시켜 도읍의 성을 함락시킨 뒤에 비록 비읍(費邑)을 소유하였다 하더라도 장흘(臧紇)이 방읍(防邑)으로 가서 난을 일으키고 손림보(孫林父)가 척읍(戚邑)으로 가서 배반을 하였으니, 이를 빌미로 명을 거역할 수도 있었다. 임금과 신하가 이미 틈이 벌어지고 하루아침에 난리가 일어났으니, 바로 계손 의여(季孫意如)가 비읍에 가두어 방종할 수 없도록 청한 것을 본받은 것이다. 또 전유는 대대로 노나라의 신하가 되었으므로 노나라와 함께 의각(犄角)의 형세를 이루어 자기를 핍박할까 두려워, 전유를 정벌할 것을 도모하여, 이기면 마치 계무자(季武子)가 변읍(卞邑)을 취하여 자기 소유로 삼아 더욱 부강하게 만든 것처럼 될 것이고,[30] 이기지 못하더라도 노나라 군사가 이미 외지에서 수고롭고 고달파 형세상 유사로 하여금 창과 방패를 가지고 자기를 토벌하게 할 수 없을 것이라고 생각했다. 걱정거리가 안에 있는 자가 강한 나라를 공격하는 것은 바로 전상(田常)이 오나라를 정벌한 오래된 지략이다. 이 뒤에 벌어지게 될 일은 참으로 알 수가 없으나, 이른바 '내부의 변란이 장차 일어날 것'[31]이라는 것이다. 그렇다면 병풍 안이란 대체 누구일까? 노나라 애공일 따름이니, 감히 임금을 지적할 수 없었기 때문에 완곡하게 말한 것이다. 만약 계손이 전유를 걱정한 것이 아니면서도 전유를 정벌했다고 한다면 실제로는 노나라 임금이 자기를 의심한다고 걱정해서 장차 신하 노릇을 하지 않으려 해서 그 때문에 전유를 정벌한 것일 뿐이다. 이것은 바로 공자가 간사한 사람의 마음을 주벌하고 사악한 반역의 계책을 억누른 것이다."라고 했다. 살펴보니, 방관욱의 말이 옳다. 『전한서』「오행지」에 "성제(成帝)의 건시(建始) 3년에 미앙전(未央殿) 안에 지진이 일어나자 곡영(穀永)이 말했다. '소장(蕭牆) 안에 지진이 일어났다.'"라고 했으니, "소장(蕭牆)"은 당연히 임금을 가리키는 것이다.

●「注」, "干, 楯也; 戈, 戟也."

---

30 『춘추좌씨전』「양공」29년: 양공(襄公)이 환국(還國)하여 방성(方城)에 당도하였을 때, 계무자(季武子)가 변읍(卞邑)을 탈취하고서 공야(公冶)를 보내어 양공에게 문후(問候)하게 하였다. 공야가 출발한 뒤에 계무자는 한 통의 서신을 써서 봉인하여, 사람에게 주어 뒤쫓아가서 공야에게 전해 양공에게 올리게 하였는데, 그 서신에 "변읍(卞邑)을 지키는 자가 반란을 일으키려 한다는 말을 듣고서 신이 부하를 거느리고 가서 토벌하여 이미 변읍을 취득하였기 때문에 감히 고하나이다."라고 하였다.[公還, 及方城, 季武子取卞, 取卞邑以自益, 使公冶問. 璽書追而與之, 曰: "聞守卞者將叛, 臣帥徒以討之, 旣得之矣, 敢告."]

31 『논어집주(論語集註)』「계씨」주희(朱熹)의「주」.

● 正義曰:『爾雅』「釋言」, "干, 扞也." 孫炎「注」, "干, 盾, 自蔽扞."『方言』, "盾, 自關而東, 或謂之瞂, 或謂之干, 關西謂之盾."『廣雅』「釋器」, "干‧瞂‧櫓, 盾也." "楯"與"盾"同. 干‧盾‧瞂‧櫓, 皆一物異名.『方言』又云: "戟, 楚謂之釳, 凡戟而無刃, 秦‧晉之間謂之釪, 或謂之鏔. 吳‧揚之間謂之戈, 東齊‧秦‧晉之間謂其大者曰鏝胡, 其曲者謂之鉤釪鏝胡." 郭「注」, "釪, 取名於鉤釪也, 鉤釪鏝胡, 即今雞鳴鉤釪戟也."『說文』, "戟, 有枝兵也. 戈, 平頭戟也." 據『方言』, 是戈爲戟之異稱; 據『說文』, 則戈亦戟類. 故此「注」以"戟"訓"戈".

○「주」의 "간(干)은 방패[楯也]이고 과(戈)는 창[戟]이다."

○ 정의에서 말한다.

『이아』「석언」에 "간(干)은 막는다[扞]는 뜻이다."라고 했는데, 손염(孫炎)의「주」에 "간(干)은 방패[盾]이니 스스로를 가려서 막는 것이다."라고 했다.『방언』에 "방패(盾)를 관(關)으로부터 동쪽으로는 혹 그것을 벌(瞂)이라고 하고, 혹은 간(干)이라고 하며, 관서(關西)지방에서는 그것을 순(盾)이라고 한다."라고 했다.『광아』「석기」에 "간(干)‧벌(瞂)‧노(櫓)는 방패[盾]이다."라고 했다. "순(楯)"은 "순(盾)"과 뜻이 같다. 간(干)‧순(盾)‧벌(瞂)‧노(櫓)는 모두 같은 물건이고 이름이 다르다.

『방언』에 또 "극(戟)은 초(楚)나라에서는 천(釳)이라 하니 모든 창에 날을 세우지 않은 것이고, 진(秦)나라와 진(晉)나라 사이에서는 그것을 결(釪)이라 하고, 더러는 인(鏔)이라고도 한다. 오나라와 양(揚)나라 사이에서 과(戈)라 하고, 동제(東齊)와 진(秦)과 진(晉) 사이에서는 큰 것을 일러 만호(鏝胡)라 하고 갈고리처럼 생긴 것을 구결만호(鉤釪鏝胡)라고 한다."라고 했는데, 곽박의「주」에 "결(釪)은 갈고리처럼 생긴 창에서 이름을 취한 것이니, 구결만호(鉤釪鏝胡)는 바로 지금의 계명구결극(雞鳴鉤釪戟)이다."라고 했다.『설문해자』에 "극(戟)은 가지가 있는 병기이다.[32] 과(戈)는 머리가 평평한 창[平頭戟]이다.[33]"라고 했다.『방언』에 의

---

32 『설문해자』권12: 극(戟)은 가지가 있는 병기이다. 과(戈)로 구성되었고 간(倝)으로 구성되었다.『주례』에 "극(戟)은 길이가 1장6척[丈六尺]이다."라고 했다. 극(棘)과 같은 발음으로 읽는다. 기(紀)와 역(逆)의 반절음이다.[戟, 有枝兵也. 從戈倝.『주례』, "戟, 長丈六尺." 讀若棘. 紀逆切.]

33 『설문해자』권12: 과(戈)는 머리가 평평한 창[平頭戟]이다. 익(弋)과 일(一)이 가로놓인 모양으로 구성되었다. 상형(象形)이다. 모든 과(戈)부에 속하는 한자는 다 과(戈)의 뜻을 따른

거해 보면, 과(戈)는 극(戟)의 별칭이고,『설문해자』에 근거해 보면 과(戈) 역시 극(戟)의 종류이다. 그러므로 여기의「주」에서 "과(戈)"의 뜻풀이를 "극(戟)"이라고 한 것이다.

● 「注」, "蕭之"至"桓子".
● 正義曰:『說文』云: "蕭, 艾蒿也." "蕭牆"義無取此, 故鄭訓"蕭"爲"肅".『釋名』「釋宮室」, "蕭牆在門內. 蕭, 肅也, 臣將入於此, 自肅敬之處也." 亦同鄭義.『說文』, "牆, 垣蔽也." 屛亦短垣, 所以障蔽內外, 故亦稱牆. 陽虎囚季桓子, 在定公八年, 而二子事季, 則在哀公十一年後, 鄭氏此言, 未得其實, 宜乎方氏之易其義也.

○「주」의 "소지(蕭之)"부터 "환자(桓子)"까지.
○ 정의에서 말한다.

『설문해자』에 "소(蕭)는 참쑥[艾蒿]이다."[34]라고 했으니, "소장(蕭牆)"의 뜻은 여기서 취할 것이 없기 때문에 정현이 "소(蕭)"의 뜻풀이를 "엄숙함[肅]"으로 새긴 것이다.『석명』「석궁실」에 "소장(蕭牆)은 문 안에 있다. 소(蕭)는 엄숙함[肅]이니, 신하가 장차 이곳에 들어오려 할 때 스스로를 엄숙하고 경건하게 하는 곳이다."라고 했으니, 역시 정현의 뜻과 같다.『설문해자』에 "장(牆)은 가리는 담[垣蔽]이다."[35]라고 했는데, 병풍[屛] 역시 짧은 담으로 안과 밖을 막아서 가리기 때문에 역시 장(牆)이라고 일컫는 것이다. 양호(陽虎)가 계환자(季桓子)를 가둔 일은 정공(定公) 8년에 있었고, 두 사람이 계씨를 섬긴 것은 애공 11년 뒤이니, 정씨(鄭氏)의 이 말은 사실일 수 없기 때문에, 방씨(方氏)가 그 뜻을 바꾼 것은 마땅하다.

다. 고(古)와 화(禾)의 반절음이다.[戈, 平頭戟也. 從弋・一橫之. 象形. 凡戈之屬皆從戈. 古禾切.]

34 『설문해자』권1: 소(蕭)는 참쑥[艾蒿]이다. 초(艸)로 구성되었고 숙(肅)이 발음을 나타낸다. 소(蘇)와 조(彫)의 반절음이다.[蕭, 艾蒿也. 從艸肅聲. 蘇彫切.]

35 『설문해자』권5: 장(牆)은 가리는 담[垣蔽]이다. 색(嗇)으로 구성되었고 장(爿)이 발음을 나타낸다. 장(牆)은 주문(籀文)인데 두 개의 화(禾) 자로 구성되었다. 장(牆)도 주문(籀文)인데 역시 두 개의 내(來) 자로 구성되었다. 재(才)와 양(良)의 반절음이다.[牆, 垣蔽也. 從嗇爿聲. 牆, 籀文從二禾. 牆, 籀文亦從二來. 才良切.]

16-2

孔子曰: "天下有道, 則禮樂征伐自天子出; 天下無道, 則禮樂征伐自諸侯出.

공자가 말했다. "천하에 도가 있으면 예악과 정벌이 천자로부터 나오고, 천하에 도가 없으면 예악과 정벌이 제후로부터 나온다.

원문 正義曰: 『禮記』「中庸」云: "非天子不議禮, 不制度, 雖有其德, 苟無其位, 不敢作禮樂焉." 『孟子』「盡心下」云: "征者, 上伐下也, 敵國不相征也." 則禮樂征伐, 皆宜自天子出.

역문 정의에서 말한다.

『예기』「중용」에 "천자가 아니면 예(禮)를 의논하지 못하고, 제도를 만들지 못하니, 비록 그에 맞는 덕이 있으나 진실로 그 지위가 없으면 감히 예악을 제정하지 못한다."[36]라고 했고, 『맹자』「진심하」에 "정벌(征伐)이란 것은 윗사람이 아랫사람을 치는 것이니, 대등한 나라끼리는 서로 정벌하지 못한다."라고 했으니, 예악과 정벌은 모두 마땅히 천자로부터 나와야 하는 것이다.

원문 『白虎通』「考黜篇」, "『禮』說九錫, 車馬 · 衣服 · 樂則 · 朱戶 · 納陛 · 虎賁 · 鈇鉞 · 弓矢 · 秬鬯, 皆隨其德可行而賜. 能安民者賜車馬, 能富民者賜衣服, 能和民者賜樂則, 民衆多者賜朱戶, 能進善者賜納陛, 能退惡者賜虎

---

36 『중용(中庸)』 제28장.

賁, 能誅有罪者賜鈇鉞, 能征不義者賜弓矢, 孝道備者賜秬鬯. 故「王制」
曰:'賜之弓矢, 然後專殺.' 又曰:'賜圭瓚, 然後爲鬯, 末賜者, 資鬯於天
子.'『禮』, '天子賜侯氏車服, 路先設, 路下四亞之.' 又曰:'諸公奉篋服.'
「王制」曰:'天子賜諸侯樂, 則以柷將之.'『詩』曰:'君子來朝, 何錫與之?
雖無與之, 路車乘馬. 又何與之? 玄袞及黼.'『書』曰:'明試以功, 車服以
庸.' 朱戶・納陛・虎賁者, 皆與之制度, 而鈇鉞・弓矢・玉瓚, 皆與之物,
各因其宜也."

역문 『백호통의』「고출」에 "『예기』「왕제」에 구석(九錫)[37]에 대해 말했는데,
거마(車馬)와 의복(衣服)과 악칙(樂則)과 주호(朱戶)와 납폐(納陛)와 호분(虎
賁)과 부월(鈇鉞)과 궁시(弓矢)와 거창(秬鬯)으로 모두 그 덕에 따라 순차
대로 하사할 수 있다. 민중을 편안하게 해 준 자에게는 거마를 하사하
고, 민중을 부유하게 해 준 자에게는 의복을 하사하며, 민중을 화합하게
한 자에게는 악기[樂則]를 하사하고, 민중이 많아지게 한 자에게는 붉은
칠을 한 지게문[朱戶]을 하사하며, 훌륭한 인재를 등용한 자에게는 가운
데 계단[中陛]으로 올라갈 수 있는 특권[納陛]을 하사하고, 악한 사람을 물
리친 자에게는 호위부대[虎賁]를 하사하며, 죄 있는 자를 죽인 자에게는
부월(鈇鉞)을 하사하고, 불의한 무리를 정벌한 자에게는 활과 화살[弓矢]
을 하사하며, 효도를 갖춘 자에게는 울창주[秬鬯]를 하사한다. 그러므로
「왕제」에 '활과 화살을 하사한 뒤라야 마음대로 죽일 수 있다.'라고 했
고, 또 '옥그릇[圭瓚]을 하사받은 뒤라야 울창주[鬯]를 만들 수 있으니, 하
사받지 못한 자는 울창주를 천자에게 의지해야 한다.'라고 했다. 『예기』
「근례」에 '천자는 제후에게 수레와 의복을 하사할 때 수레[路]를 먼저 진

---

37 구석(九錫): 임금이 특별한 공로가 있는 신하에게 내리는 아홉 가지 물품.

설하고, 수레 뒤에 있는 네 필의 말은 수레 다음으로 차례대로 세운다.'
라고 했고, 또 '제후는 상자에 담긴 의복을 받든다.'라고 했다. 「왕제」에
서는 '천자가 제후에게 음악을 하사할 때는 축(柷)을 쳐서 음악의 시작을
명한다.'라고 했고, 『시경』「소아ㆍ채숙(采菽)」에 '군자가 와서 조회하면
무엇을 내려 줄꼬? 비록 줄 것은 없지만 수레[路車]와 네 필의 말[乘馬]이
있구나. 또 무엇을 줄까? 검은 곤룡포와 보불(黼黻)이 있구나.'라고 했으
며, 『서경』「우서ㆍ순전」에 '밝게 시험하기를 공으로써 하며 수레와 의
복으로 공을 표창하였다.'라고 했다. 붉은 칠을 한 지게문[朱戶]과 가운데
계단[中陛]으로 올라갈 수 있는 특권[納陛]과 호위부대[虎賁]는 모두 제도와
관련된 것을 주는 것이고 부월(鈇鉞)과 활과 화살[弓矢]과 옥그릇[圭瓚]은
모두 물품을 주는 것인데, 각각 그에 합당한 명분을 따른 것이다."라고
했다.

원문 按, 此謂九命, 惟天子有賜諸侯, 始得用之, 故曰"九命作伯". 其諸侯自
有之禮樂, 及尋常刑賞, 施之國中, 亦由天子制定爲法, 故曰"禮樂征伐自
天子出".『白虎通』「誅伐篇」, "諸侯之義, 非天子之命, 不得動衆起兵. 誅
不義者, 所以彊幹弱枝, 尊天子, 卑諸侯也." 是諸侯雖有征伐, 亦須天子
之命.

역문 상고해 보니, 이는 구명(九命)을 말하는 것으로, 천자가 제후에게 하사
함이 있어야 비로소 사용할 수 있기 때문에 "9명에 제후의 백(伯)을 하사
받는다.[九命作伯]"[38]고 한 것이다. 제후가 스스로 갖는 예악 및 평소의 형

---

38 『주례(周禮)』「춘관종백상(春官宗伯上)ㆍ대종백(大宗伯)」: 1명에 직책을 받고 2명에 관복
(官服)을 받고, 3명에 작위를 받고 4명에 제기(祭器)를 받는다. 5명에 법칙을 하사받고 6명
에 관작을 하사받고 7명에 나라를 하사받고 8명에 제후의 목(牧)을 하사받고 9명에 제후의

벌과 포상을 나라에 펼칠 때도 역시 천자를 말미암아 제정하고 법으로 삼아야 하기 때문에 "예악과 정벌이 천자로부터 나온다"라고 한 것이다. 『백호통의』「주벌」에 "제후는 도리상 천자의 명이 아니면 민중을 동원하거나 군대를 일으킬 수 없다. 불의한 자를 죽이는 것은 중앙권력[幹]을 강화시키고 지방권력[枝]을 약화시키며, 천자를 높이고 제후를 낮추기 위한 것이다."라고 했으니, 제후가 비록 정벌하는 경우가 있더라도 역시 반드시 천자의 명을 기다려야 하는 것이다.

원문 蓋禮樂征伐, 皆黜陟之大權, 所以襃賢誅不肯, 天子之所獨操之者也. 此惟治世則然, 故曰"天下有道". 及無道之時, 上替者必下陵, 禮樂征伐, 不待天子賜命, 而諸侯輒擅行之. 或更國有異政, 僭上無等, 雖極霸彊, 要爲無道之天下矣.

역문 대체로 예악과 정벌은 모두 물리치거나 승진시키는 큰 권력이니, 현명한 자를 포상하고 어리석은 자를 주벌하기 위한 것으로 천자만이 홀로 차지할 수 있는 권력인 것이다. 그런데 이는 오직 제대로 다스려지는 세상에서나 그런 것이다. 그러므로 "천하에 도가 있으면"이라고 한 것이다. 도가 없는 때에 미치게 되면 윗자리를 대신하는 자들은 반드시 아랫사람들을 능멸하고, 예악과 정벌이 천자가 명을 내리기를 기다리지 않고 제후가 문득문득 제멋대로 단행한다. 더러는 국호를 바꾸고 정치를 달리해도 윗사람을 참람함이 한도가 없어, 비록 패자로서의 강건함이 극에 달하더라도 무도한 천하를 맞이하게 되는 것이다.

백(伯: 패자)을 하사받는다.[壹命受職, 再命受服, 三命受位, 四命受器, 五命賜則, 六命賜官, 七命賜國, 八命作牧, 九命作伯.]"

自諸侯出, 蓋十世希不失矣;【注】孔曰: "'希', 少也. 周幽王爲犬戎所殺, 平王東遷, 周始微弱. 諸侯自作禮樂, 專行征伐, 始於隱公. 至昭公十世失政, 死於乾侯矣." 自大夫出, 五世希不失矣;【注】孔曰: "季文子初得政, 至桓子五世, 爲家臣陽虎所囚." 陪臣執國命, 三世希不失矣.【注】馬曰: "'陪', 重也, 謂家臣陽氏爲季氏家臣, 至虎三世而出奔齊."

제후로부터 나오면 대략 10대에 정권을 잃지 않음이 드물고, 【주】 공안국이 말했다. "'희(希)'는 적다는 뜻이다. 주나라 유왕(幽王)이 견융(犬戎)에게 살해되어 평왕(平王)이 동천(東遷)하면서부터 주나라가 미약해지기 시작했다. 제후가 스스로 예악을 제작하고 제멋대로 정벌을 감행한 것은 노나라 은공(隱公) 때부터 시작되었는데 10대째인 되는 소공(昭公)에 이르러 정권을 상실하고서 건후(乾侯)에서 죽었다." 대부로부터 나오면 5대에 정권을 잃지 않음이 드물고, 【주】 공안국이 말했다. "계문자(季文子)가 처음 정권을 잡았는데 그로부터 5대째인 계환자(季桓子)에 이르러 가신 양호(陽虎)에게 구금되었다." 배신(陪臣)이 국명을 잡으면 3대에 정권을 잃지 않음이 드물다. 【주】 마융이 말했다. "'배(陪)'는 거듭[重]이라는 뜻이니 가신 양호(陽虎)의 선대[39] 가 계씨(季氏)의 가신이 되어, 3대째가 되는 양호(陽虎)에 이르러 제(齊)나라로 도망간 일을 이른다."

원문 正義曰: 云"蓋十世"者, "蓋"是大略之辭. 下"五世"·"三世"不言"蓋", 統上而省文也. 劉氏逢祿『述何篇』, "'自諸侯出, 蓋十世希不失', 何也? 曰:

---

39 저본에는 '虎'로 되어 있는데, 문맥이 맞지 않는다. 황간의 『논어집해의소(論語集解義疏)』에 '氏'로 되어 있고, 유보남은 아래서 "마땅히 '양호의 선대[陽虎之先]'라고 해야 한다."라고 했으므로, 유보남의 의견에 따라 해석했다.

'齊自僖公小霸, 桓公合諸侯, 歷孝·昭·懿·惠·頃·靈·莊·景, 凡十世, 而陳氏專國. 晉自獻公啓疆, 曆惠·懷·文而代齊霸, 襄·靈·成·景·厲·悼·平·昭·頃, 而公族復爲彊臣所滅, 凡十世. 魯自隱公僭禮樂, 滅極, 至昭公出奔, 凡十世.' 曰: '"自大夫出, 五世希不失", 獨驗於三桓, 而齊陳氏·晉三家終於竊國, 何也?' 曰: '陳氏·三家, 皆異姓公侯之後, 其本國亡, 故復其始也.' 曰: '"陪臣執國命", 若南蒯·公山弗擾·陽虎, 皆及身失之, 而云三世始失, 何也?' 曰: '計其同惡相連, 故稱三世也.'"

역문 정의에서 말한다.

"대략 10대[蓋十世]"라고 했는데, "개(蓋)"가 대략(大略)이라는 말이다. 아래에 "5대[五世]"·"3대[三世]"에 "대략[蓋]"이라고 말하지 않은 것은, 앞 구절과 총괄해서 글자를 생략한 것이다. 유봉록의 『논어술하편』에 "'제후로부터 나오면 대략 10대에 정권을 잃지 않음이 드물다'라는 것은 무엇인가? '제나라는 희공(僖公)이 작은 패업(霸業)을 이룸으로부터 환공(桓公)이 제후들을 규합하기까지, 효공(孝公)·소공(昭公)·의공(懿公)·혜공(惠公)·경공(頃公)·영공(靈公)·장공(莊公)·경공(景公)을 거쳤으니 모두 10대이고 진씨(陳氏)가 국권을 전횡하였다. 진(晉)나라는 헌공(獻公)이 나라를 연 이래로, 혜공(惠公)·회공(懷公)·문공(文公)을 거쳐 제나라를 대신해서 패업을 이루었는데, 양공(襄公)·영공(靈公)·성공(成公)·경공(景公)·여공(厲公)·도공(悼公)·평공(平公)·소공(昭公)·경공(頃公)을 지나 공족(公族)이 다시 강대한 신하에 의해 멸망될 때까지 모두 10대이다. 노나라는 은공이 예악을 참람하고 극(極)나라를 멸망시킨 때로부터[40] 소공이 도망갈 때까지 모두 10대'라는 말이다. '"대부로부터 나오면 5대에

---

40 『춘추좌씨전』「은공」 2년: 사공무해(司空無駭)가 군사를 거느리고 극(極)으로 쳐들어가니, 비금부[費庈父: 비백(費伯)]가 극을 멸(滅)하였다.[司空無駭入極, 費庈父勝之.]

정권을 잃지 않음이 드물다"라고 했는데, 유독 삼환(三桓)에게서만 증험하고, 제나라의 진씨(陳氏)와 진(晉)나라의 삼가(三家)가 나라를 훔치는 데서 끝낸 것은 어째서인가?' '진씨와 삼가는 모두 다른 성씨인 공후(公侯)의 후예인데 그 본국(本國)이 망한 것이기 때문에 그 처음을 회복시킨 것이다.' '"배신(陪臣)이 국명을 잡으면"이라고 했는데, 남괴(南蒯)[41]와 공산불요(公山弗擾)와 양호(陽虎)는 모두 자기 자신에게 미쳐 실권을 했는데도 3대에 비로소 실권한다고 한 것은 어째서인가?' '같은 악행은 서로 관련 있다는 것을 따진 것이기 때문에 3대를 일컬은 것이다.'"라고 했다.

원문 案, 十世·五世·三世, 皆約略言之. 故有及世而未失者, 亦有未及世而失者, 運有遲速, 終於失之, 匪惟人事, 抑天道矣. 馮氏季驪『春秋三變說』, "隱·桓以下, 政在諸侯; 僖·文以下, 政在大夫; 定·哀以下, 政在陪臣. 當其初, 會盟征伐皆國君主之. 隱十年, 翬帥師會四國伐宋也, 則貶而去族. 桓十一年, 柔會宋公·陳侯·蔡叔盟折也, 亦貶而去族, 權猶不遽下移也. 僖二十九年, 大夫爲翟泉之盟以伐鄭, 則諱不書公. 文二年垂隴盟, 書士穀. 十五年, 以上軍下軍入蔡, 書郤缺, 而大夫始專矣. 浸淫至成二年, 鞌之戰, 魯以四卿帥師, 而三家之勢張. 襄十六年, 湨梁之會, 晉直以大夫主盟, 而無君之勢成. 于是物極必反, 上行下效, 諸侯專天子, 大夫專諸侯, 家臣專大夫. 宋樂祁有陳寅, 鄭罕達有許瑕, 齊陳恒有陳豹, 衛孔悝有渾良夫, 晉趙鞅有董安于, 魯仲孫有公斂處父. 而莫狡且彊于季孫之陽虎, 以公伐鄭, 而實意在惡季·孟于隣國; 盟公周社, 而實意在詛三桓于國人. 夫子于定八年, 特書盜竊寶玉大弓, 所以治陪臣也. 『春秋』上治諸侯, 中治大夫,

---

下治陪臣, 至目之曰'盜', 充其類以盡其義, 諸侯 · 大夫, 一言以蔽之耳."

역문 살펴보니, 10대니 5대니 3대니 하는 것은 모두 대략적으로 말한 것이다. 그러므로 그 대수에 미쳤지만 실권하지 않는 경우도 있고, 또한 아직 그 대수에 미치지 않았는데도 실권하는 경우가 있는데, 운수에는 더디고 빠름이 있기 때문이니, 실권하는 데서 끝나는 것은 오직 인사(人事)일 뿐만이 아니라 또한 천도(天道)이기도 한 것이다. 풍계화(馮季驊)[42]의 『춘추삼변설』에 "은공과 환공(桓公) 이후로 정권이 제후에게 있었고, 희공(僖公)과 문공(文公) 이후로는 정권이 대부에게 있었으며, 정공과 애공 이후로는 정권이 배신(陪臣)에게 있었다. 당초에는 회맹과 정벌이 모두 나라의 임금이 주관했었다. 은공 10년에 공자 휘(翬)가 군대를 거느리고 가서 4개국과 연합하여 송(宋)나라를 정벌했으나, 휘(翬)를 깎아내려 겨레붙이[族]를 기록하지 않았다. 환공 11년에 유(柔)가 송공(宋公)과 진후(陳侯)와 채숙(蔡叔)과 회합하여 절(折)에서 결맹했으나, 역시 유(柔)를 깎아내려 겨레붙이를 기록하지 않았으니, 권력이란 오히려 갑작스럽게 아래로 옮겨 가지는 않는 것이다. 희공 29년에[43] 대부(大夫)가 적천(翟泉)에서 결맹하고 정(鄭)나라를 정벌했는데, 휘(諱)하여 공(公)을 기록하지 않았다. 문공 2년에 수롱(垂隴)에서 결맹했는데 진(晉)나라의 사곡(士穀)을 기록했다. 15년에 진(晉)나라 극결(郤缺)이 상군과 하군을 거느리고 채(蔡)나라를 토벌하여 국도로 들어갔는데, 극결(郤缺)을 기록한 것은 대부가 전권의 감행한 시초였기 때문일 것이다. 여색을 탐함을 침벌함은 성공 2년에 이르러서인데, 안(鞍)에서의 교전(交戰)에서 노나라는 네 명의

---

42 풍계화(馮季驊, 1753~1818): 청(淸)대의 학자.

43 적천(翟泉)에서의 결맹은 희공(僖公) 29년의 일이다. 『논어정의(論語正義)』에는 "十九年"으로 되어 있으나, 『춘추좌씨전』을 근거로 "二十九年"으로 고쳤다.

경(卿)이 군대를 거느렸는데, 이는 노나라 삼가(三家)의 권세가 강성했기 때문이다.[44] 양공 16년 격량(溴梁)에서의 회합(會合)에서 진(晉)나라가 직접 대부로써 결맹을 주관했으니 임금을 무시하는 세력이 이루어진 것이다. 이에 만물은 극에 달하면 반드시 되돌아오기 마련이고 위에서 행하면 아래에서 본받는 법이니, 제후가 천자를 마음대로 휘두름에 대부가 제후를 함부로 대하고 가신이 대부를 멋대로 휘두르는 것이다. 송나라 악기(樂祁)에게는 진인(陳寅)이라는 가신이 있었고, 정나라 한달(罕達)에게는 허하(許瑕)라는 총애하는 신하가 있었으며, 제나라 진항(陳恒)에게는 진표(陳豹)라는 신하가 있었고, 위(衛)나라 공리(孔悝)에게는 혼량부(渾良夫)라는 신하가 있었으며, 진(晉)나라 조앙(趙鞅)에게는 동안우(董安于)라는 가신이 있었고, 노나라 중손(仲孫)에게는 공렴 처보(公斂處父)라는 읍재(邑宰)가 있었다. 하지만 계손(季孫)의 양호(陽虎)보다 교활하고 강포한 자는 없었으니, 정공을 이용해서 정나라를 침벌했지만 실제 의도는 계손과 맹손을 이웃 나라에서 미워하게 만드는 것이었고, 주사(周社)에서 정공 및 삼환(三桓)과 맹약을 맺었지만, 실제 의도는 삼환을 국인(國人)에게 저주하려는 데 있었다.[45] 공자는 정공 8년에 도적이 보옥(寶玉)과 대궁(大弓)을 훔쳐 간 것을 특별히 기록했는데, 배신(陪臣)을 혼내어 다스

---

44 『춘추좌씨전』「성공」 2년「경(經)」: 6월 계유일에 계손행보(季孫行父), 장손허(臧孫許), 숙손교여(叔孫僑如), 공손영제(公孫嬰齊)가 군대를 거느리고 가서 진(晉)나라 극극(郤克), 위(衛)나라 손량부(孫良夫), 조(曹)나라 공자수(公子首)와 회합하여 제후(齊侯)와 안(鞍)에서 교전(交戰)하였는데, 제군(齊師)이 대패하였다.[六月癸酉, <u>季孫行父·臧孫許·叔孫僑如·公孫嬰齊</u>師師, 會晉郤克·<u>衛孫良夫·曹公子首</u>, 及齊侯戰于鞍, 齊師敗績.]

45 『춘추좌씨전』「정공(定公)」 6년: 양호(陽虎)가 또 정공 및 삼환(三桓)과 주사(周社)에서 맹약하고, 국인(國人)과 박사(亳社)에서 맹약(盟約)하고서, 오보(五父)의 거리에서 저주하였다.[陽虎又盟公及<u>三桓</u>於周社, 盟國人于亳社, 詛于<u>五父</u>之衢.]

리기 위한 것이었다.[46] 『춘추』에 위로 제후를 혼내어 다스리고, 중간에 대부를 혼내어 다스리며 아래로 배신을 혼내어 다스리는데, 심지어 '도둑[盜]'이라고 지목해서 말한 것은 그 종류를 채워서 그 의리를 다한 것이니, 제후와 대부를 한마디 말로 다 덮어 버린 것일 뿐이다."라고 했다.

원문 顧氏棟高『春秋大事表』, "春秋之中葉, 討伐無書公者, 政自大夫出也. 定公之初伐齊, 反書公者, 陪臣執國命, 而欲假公以與大夫抗也. 哀公之世, 征伐盟會無書公者, 大夫復張, 己專其利, 而以危難之事陷其君也." 馮氏景『解春集』, "孔子不言'禮樂征伐自陪臣出', 而曰'執國命', 其辭信, 其義精. 蔡氏『蒙引』仍以禮樂征伐爲國命者, 非也. 家臣雖專政, 無行禮樂征伐之事. 禮樂征伐, 必交乎四隣, 而國命不出境. 陪臣執之云者, 猶彊奴抗孱主, 第相哄於門之內而已矣."

역문 고동고(顧棟高)의 『춘추대사표』에 "춘추시대 중엽에 토벌에서 공(公)을 기록하지 않은 것은 정치가 대부로부터 나왔기 때문이다. 정공이 처음 제나라를 쳤을 때 도리어 공(公)을 기록한 것은 배신(陪臣)이 국명(國命)을 잡고 공(公)의 명(命)을 가탁해서 대부와 함께 항거했기 때문이다.

---

46 『춘추좌씨전』「정공」 8년의 경문(經文)에 "도적이 보옥(寶玉)과 대궁(大弓)을 훔쳐 갔다.[盜竊寶玉大弓.]"라고 했는데, 두예의 「주」에 "도적은 양호를 이른다. 가신은 비천하기 때문에 명씨(名氏)를 나타내지 않는다. 그러므로 '도적[盜]'이라 한 것이다. 보옥(寶玉)은 하후씨(夏后氏)의 황(璜)이고, 대궁(大弓)은 봉보(封父)의 번약(繁弱)이다.[盜, 謂陽虎也. 家臣賤, 名氏不見, 故曰盜. 寶玉, 夏后氏之璜; 大弓, 封父之繁弱.]"라고 했고, 임요수의 「주」에 "경문에 '도적이 보옥(寶玉)과 대궁(大弓)을 훔쳐 갔다'라고 기록한 것은 노나라에 인재가 없음을 말한 것이다. 그러므로 배신(陪臣)의 반란을 모두 기록하지 않았다. 양호(陽虎)를 '도둑'이라고 기록한 것은 배신(陪臣)을 혼내어 다스린[懲治] 것이다. 공자가 『춘추(春秋)』를 지어 배신(陪臣)까지 혼내어 다스린 것이 이처럼 지극하였다.[書曰'盜竊寶玉大弓', 魯無人之辭也. 是故陪臣叛, 皆不書. 書陽虎爲盜, 是治陪臣也. 夫子之作『春秋』, 治至於陪臣, 斯極矣.]"

애공시대에 정벌과 회맹에서 공(公)을 기록하지 않은 것은, 대부의 권세가 다시 강성해져서 자기가 그 이익을 멋대로 독점하고 위태롭고 험난한 일로 그 임금을 빠뜨렸기 때문이다."라고 했다. 풍경(馮景)[47]의 『해용집시초(解春集詩鈔)』에 "공자가 '예악과 정벌이 배신으로부터 나오면'이라고 하지 않고, '국명을 잡으면'이라고 했으니, 그 말이 진실하고 그 뜻이 정밀하다. 채청(蔡淸)[48]의 『사서몽인(四書蒙引)』에서 그대로 예악과 형벌을 국명이라고 한 것은 잘못이다. 가신이 비록 정권을 전횡한다 하더라도 예악과 정벌을 행하는 일은 없다. 예악과 정벌은 반드시 사방의 이웃과 교류해야 하며 국명은 국경을 벗어나지 않는다. 배신이 그것을 잡는다고 말한 것은 강포한 노비가 잔약한 주인에게 항거하는 것과 같으니, 겨우 대문 안에서 고함지르는 것을 돕는 정도일 뿐이다."라고 했다.

---

47 풍경(馮景, 1652~1715): 청나라 절강(浙江) 전당(錢塘, 杭州) 사람. 자는 산공(山公) 또는 소거(少渠). 학자들은 문개선생(文介先生)이라 불렀다. 제생(諸生)이 되었다. 17살 때 고문(古文)을 배웠다. 경세(經世)에 뜻을 두어 경술(經術)에 정통했고, 『고문상서(古文尚書)』가 위작이라며 믿지 않았다. 염약거(閻若璩), 모기령(毛奇齡) 등과 절친하게 지냈는데, 서로 뜻이 같았다. 강희(康熙) 연간에 홍박(鴻博)으로 천거되었지만 나가지 않았다. 시문(詩文)에 뛰어났고, 표장절의(表章節義)를 많이 썼다. 염약거의 『모주시설(毛朱詩說)』과 『사서석지(四書釋地)』의 잘못을 지적해 바로잡았고, 『고문상서소증(古文尚書疏證)』의 저술을 도와 매색(梅賾)의 『고문상서』가 위작임을 밝혔다. 저서에 『해용집시초(解春集詩鈔)』와 『번중집(樊中集)』, 『산공구원(山公九原)』, 『소거문초(少渠文鈔)』 등이 있다.

48 채청(蔡淸, 1453~1508): 명나라 복건(福建) 진강(晉江) 사람. 자는 개부(介夫), 호는 허재선생(虛齋先生)이며, 시호는 문장(文莊)이다. 성화(成化) 20년(1481) 진사가 되어 예부주사(禮部主事)에 올랐다. 무종(武宗) 정덕(正德) 초에 강서제학부사(江西提學副使)를 시냈다. 주신호(朱宸濠)의 미움을 받아 치사(致仕)했다. 나중에 남경(南京) 국자감좨주(國子監祭酒)로 재기했지만 이미 사망한 뒤였다. 임비(林玭)에게 『주역』을 배웠는데, 특히 『주역』과 『중용』에 뛰어났다. 학문은 처음에는 주정(主靜) 중심이었다가 나중에 주허(主虛)를 중시해 거처를 허명재(虛名齋)라 했다. 저서에 『사서몽인(四書蒙引)』과 『역경몽인(易經蒙引)』, 『간하도낙서설(看河圖洛書說)』, 『어요(語要)』, 『성신법(省身法)』, 『허재집(虛齋集)』 등이 있다.

- 「注」, "周幽"至"侯矣".
- 正義曰: 鄭「注」云: "亦謂幽王之後也. 平王東遷, 政始微弱, 諸侯始專征伐." 此僞孔所襲. 「周本紀」, "幽王嬖褒姒, 生伯服, 幽王欲廢太子. 太子母, 申侯女, 而爲后. 幽王得褒姒, 欲廢申后, 並去太子, 用褒姒爲后, 以其子伯服爲太子. 申侯怒, 乃與繒 · 西夷犬戎共攻幽王, 遂殺幽王驪山下. 於是諸侯乃卽申侯, 而共立故幽王太子宜臼, 是爲平王也."

○ 「주」의 "주유(周幽)"부터 "후의(侯矣)"까지.

○ 정의에서 말한다.

정현의 「주」에 "역시 유왕(幽王)의 후예를 이른다. 평왕(平王)이 동천(東遷)하면서부터 정치가 비로소 미약해지고, 제후들이 자기 마음대로 정벌을 하기 시작했다."라고 했는데, 이것은 위공이 그대로 따른 것이다. 『사기』「주본기」에 "유왕(幽王)이 포사(褒姒)를 총애하여 백복(伯服)을 낳자, 유왕은 태자를 폐위하려 했다. 태자의 어머니는 신후(申侯)의 딸로 왕후가 되었다. 그 뒤 유왕이 포사를 얻어 신후를 폐하고 아울러 태자 의구(宜臼)를 제거하여 포사를 왕후로 삼고, 그의 아들 백복을 태자로 삼으려고 한 것이다. 신후는 화가 나서 증(繒)과 서이(西夷)인 견융(犬戎)과 함께 유왕을 공격했고, 드디어 유왕을 여산(驪山) 아래에서 죽였다. 이에 제후들은 바로 신후에게로 가서 유왕의 태자였던 의구를 옹립하니 이가 바로 평왕(平王)이다."라고 했다.

『漢書』「地理志」, "平王東居洛邑." 於是王室之尊, 與諸侯無異. 是平王東遷, 周始微弱也. 隱公名息姑, 惠公之子. 「魯世家」, "魯孝公二十五年, 犬戎殺幽王. 二十七年, 孝公卒, 子弗湟立, 是爲惠公." 惠公立於平王之世, 而『春秋』託始隱公, 可知平王東遷之始, 諸侯猶守王命, 至隱公時, 禮樂征伐乃出自諸侯也. 僞孔以十世失政, 專據魯事言之. 自隱後, 歷桓 · 莊 · 閔 · 僖 · 文 · 宣 · 成 · 襄 · 昭爲十世也. "乾侯", 晉地. 昭二十五年, 伐季氏, 不克, 孫於齊, 後如晉, 居乾侯. 三十二年, 卒於乾侯.

『전한서』「지리지」에 "평왕(平王)이 도읍을 동쪽 낙읍(雒邑)으로 옮겼다."라고 했는데, 이때는 왕실의 존엄이 제후와 다를 것이 없었다. 바로 이렇게 평왕이 동천하면서부터 주나라가 비로소 미약해진 것이다. 노나라 은공의 이름은 식고(息姑)이니 혜공(惠公)의 아들이다. 『사기』「노주공세가」에 "노나라 효공(孝公) 25년에 견융(犬戎)이 유왕(幽王)을 죽였다. 27년에 효공이 죽고 아들 불황(弗湟)이 즉위하니 이가 혜공(惠公)이다."라고 했다. 혜공(惠公)은 평왕(平王)의 시대에 즉위했는데,『춘추』는 은공에서 시작하니, 평왕이 동쪽으로 도읍을 옮긴 처음에는 제후들이 여전히 왕명을 지키다가 은공 때에 이르러 예악과 정벌이 결국 제후로부터 나오게 된 것임을 알 수 있다. 위공이 10대에 정권을 잃는다고 한 것은 전적으로 노나라의 일을 근거로 말한 것이다. 은공으로부터 그 뒤로 환공(桓公)·장공(莊公)·민공(閔公)·희공(僖公)·문공(文公)·선공(宣公)·성공(成公)·양공(襄公)·소공까지 거치니 10대가 된다. "건후(乾侯)"는 진(晉)나라의 땅이다. 소공 25년에 계씨(季氏)를 공격했지만, 승리하지 못하고 소공이 제나라로 도망갔다가 뒤에 진(晉)나라로 가서 건후(乾侯)에 머물렀다. 32년에 소공은 건후(乾侯)에서 죽었다.

● 「注」, "季文"至"所囚".

● 正義曰:『定』五年『左傳』, "九月乙亥, <u>陽虎囚季桓子及公父文伯</u>." 由<u>桓</u>逆推至五世, 知爲<u>文子</u>始專政也.

○ 「주」의 "계문(季文)"부터 "소수(所囚)"까지.

○ 정의에서 말한다.

『춘추좌씨전』「정공」 5년에 "9월 을해일에 양호(陽虎)가 계환자(季桓子) 및 공부문백(公父文伯)을 잡아 가두었다."라고 했는데, 환공(桓公)으로부터 역으로 미루어 가면 5대에 이르니, 문자(文子)가 처음으로 정권을 전횡했음을 알 수 있다.

● 「注」, "陪重"至"奔齊".

● 正義曰:『說文』, "陪, 重土也." 引申爲凡加益之義.『廣雅』「釋詁」, "陪, 臣也." 韋昭「楚語」「注」, "臣之臣爲陪." 「曲禮」, "列國之大夫, 入天子之國, 自稱曰陪臣某." 是諸侯大夫於天子爲陪臣, 則諸侯大夫家臣亦於諸侯爲陪臣矣. 陽虎之先, 爲季氏臣, 未有所證, 或馬據『論語』, 以意言之. 但「注」"陽虎", "虎"字疑誤, 當謂"<u>陽虎</u>之先", 別一人也.

○ 「주」의 "배중(陪重)"부터 "분제(奔齊)"까지.

○ 정의에서 말한다.

『설문해자』에 "배(陪)는 흙을 쌓아 올린다[重土]는 뜻이다."[49]라고 했는데, 의미가 확장되어

더한다[加益]는 뜻이 되었다. 『광아』「석고」에 "배(陪)는 신하[臣]이다."라고 했고, 위소(韋
昭)의 『국어』「초어」의 「주」에 "신하의 신하를 배(陪)라 한다."라고 했으며, 『예기』「곡례하」
에 "열국(列國)의 대부가 천자의 나라에 들어가면 스스로 칭하기를, '배신 모(陪臣某)'라 한
다."라고 했으니, 이는 제후의 대부는 천자에게 배신이 된다는 것이고, 그렇다면 제후의 대부
의 가신 역시 제후에게 있어서 배신이 되는 것이다. 양호(陽虎)의 선대가 계씨의 가신이 된
것은 명명할 길이 없는데, 아마도 마융이 『논어』를 근거로 자기 생각대로 말한 것인 듯싶다.
다만 「주」의 "양호(陽虎)"에서 "호(虎)" 자는 오자인 듯하니, 마땅히 "양호의 선대[陽虎之先]"
라고 해야 하고, 다른 사람인 것이다.

子天下有道, 則政不在大夫. 【注】孔曰: "制之由君." 天下有道,
則庶人不議." 【注】孔曰: "無所非議."

천하에 도가 있으면 정치권력이 대부에게 있지 않고, 【주】 공안국
이 말했다. "정권을 제어함이 임금을 통해서 이루어지기 때문이다." 천하에 도가
있으면 서민들이 정치의 잘잘못을 논하지 아니한다." 【주】 공안국
이 말했다. "정치의 잘잘못을 비난하거나 논의함이 없다는 것이다."

원문 正義曰: 『說文』, "議, 語也." 『廣雅』「釋詁」, "議, 謀也." 『詩』「北山」,
"或出入風議." 是謀論政事爲議也.

---

49 『설문해자』 권14: 배(陪)는 흙을 쌓아 올린다[重土]는 뜻이다. 일설에는 가득 참[滿]이라고
한다. 부(阜)로 구성되었고 부(咅)가 발음을 나타낸다. 박(薄)과 회(回)의 반절음이다.[陪,
重土也. 一曰滿也. 從阜音聲. 薄回切.]

역문 정의에서 말한다.

『설문해자』에 "의(議)는 의논한다[語]는 뜻이다."[50]라고 했고, 『광아』「석고」에 "의(議)는 도모함[謀]이다."라고 했으며, 『시경』「소아·북산」에 "혹은 들락날락하면서 거리낌 없이 의논한다[或出入風議]."라고 했으니, 이는 정사를 도모하고 의논하는 것을 의(議)라 한다는 말이다..

원문 方氏觀旭『偶記』云: "議者, 圖議國政. 倘雲私議君上之得失, 則庶人傳語, 正是先王之制, 王者斟酌焉. 而事行不悖, 豈得謂非有道? 蓋庶人有凡民, 有府史胥徒之屬. 凡民可以傳語, 府史胥徒不當與謀國政. 況有道之時, 野無遺賢, 俊傑在位, 王公論道經邦, 自不下資於庶人之微. 『春秋傳』齊定姜曰: '舍大臣而與小臣謀, 一罪也.' 鄭子國曰: '國有大命, 而有正卿, 童子言焉, 將爲戮矣.' 冉有曰: '君子有遠慮, 小人何知?' 竝言古之正法. 若曹劌論戰事, 足見魯卿大夫之已鄙; 重人告伯宗, 足見晉卿大夫之無學. 陽虎有言而魯國亂, 鄙人論政而曹國亡, 俱是無道之時, 庶人之議得聞於世者也."

역문 방관욱의 『논어우기』에 "의(議)란 국정을 도모하고 의논한다는 말이다. 혹은 임금이나 윗사람의 잘잘못을 사사롭게 의논하는 것이라고 하는데, 그렇다면 서인들이 전하는 말이 바로 선왕(先王)의 제도이고 왕자(王者)는 이를 헤아린다. 그리하여 일이 행해짐에 어그러지지 않으니, 어찌 도가 있는 것이 아니라고 할 수 있겠는가? 대체로 서인(庶人)에는 범민(凡民)이 있고, 부사(府史)와 서도(胥徒)의 등속이 있다. 모든 백성들은 말을 전할 수 있지만, 부사와 서도는 더불어 국정을 도모함이 마땅치 않

---

50 『설문해자』권3: 의(議)는 의논한다[語]는 뜻이다. 언(言)으로 구성되었고 의(義)가 발음을 나타낸다. 의(宜)와 기(寄)의 반절음이다.[議, 語也. 從言義聲. 宜寄切.]

다. 더구나 도가 있는 때에는 재야에 버려진 현자가 없고, 준걸이 지위에 있으며, 왕공(王公)이 도를 논하고 나라를 경영하니, 자연스럽게 아래로 미천한 서인에게 의뢰하지 않는다. 『춘추좌씨전』「양공」14년에 제나라 정강(定姜)이 '대신(大臣)을 버리고 소신(小臣)들과 국정을 도모하였으니 이것이 첫 번째 죄이다.'라고 했고, 8년에는 정나라 자국(子國)이 '국가에는 대명[大命: 출병(出兵)하는 큰일]이 있고 또 정경(正卿)이 있어 그 일을 주관하는데, 어린놈이 함부로 말하니, 장차 죽임을 당할 것이다.' 라고 했으며, 「애공」11년에 염유(冉有)가 말하길, '군자에게 심원(深遠)한 생각이 있을 것이니 소인이 어찌 알겠는가?'라고 했는데, 모두 옛날의 올바른 법을 말한 것이다. 조귀(曹劌)가 전쟁을 논한 일과 같은 것으로 말할 것 같으면 충분히 노나라의 경대부가 이미 비루하다는 것을 알 수 있고,[51] 중인(重人)이 백종(伯宗)에게 아뢴 것으로 말할 것 같으면 충분히 진(晉)나라 경대부가 배움이 없다는 것을 알 수 있다.[52] 양호(陽虎)가

---

51 『춘추좌씨전』「장공」10년: 장공(莊公)이 응전하려 할 때 조귀(曹劌)가 알현을 청하려 하니, 그 마을 사람이 말하기를, "고기 먹는 자들이 계획을 세웠을 것인데 무엇 때문에 상관하려 하는가?"라고 하였다. 조귀가 말하기를, "고기 먹는 자들이 비루하여 원대한 계획을 세울 수 없기 때문이다."라 하고 궁중으로 들어가 알현하고서 장공에게 무엇을 믿고 싸우려 하느냐고 물었다.[公將戰, 曹劌請見, 其鄕人曰: "肉食者謀之, 又何間焉?" 劌曰: "肉食者鄙, 未能遠謀." 乃入見, 問何以戰.]

52 『춘추좌씨전』「성공」5년: 양산(梁山)이 무너지니, 진후(晉侯)가 전차(傳車)를 보내어 백종(伯宗)을 불렀다. 백종이 명을 받고 오는 도중에 무거운 짐을 실은 수레(重車)에게 길을 피하게 하며 "이 전차를 위해 길을 피하라."라고 하니, 그 수레의 어자[御者: 중인(重人)]가 말하기를, "내가 길을 피하기를 기다리기보다 차라리 지름길로 가는 것이 빠를 것이오."라고 하였다. 백종이 그에게 사는 곳을 물으니, "강[絳: 진(晉)나라의 수도]에 사는 사람입니다."라고 대답하였다. 백종이 그에게 강(絳)의 소식을 물으니, 그는 "양산이 무너져 임금께서 백종을 불러 의논하려 한다고 합니다."라고 하였다. 백종이 "장차 이 일을 어쩌면 좋겠는가?"라고 물으니, 그 사람이 "산에 썩은 흙이 있어서 무너진 것인데, 어찌할 수 있겠습니까? 국가는

말을 하매 노나라가 혼란스러웠고, 조(曹)나라 변방의 사람이 정치를 논하매 조(曹)나라가 멸망했으니,[53] 모두 도가 없는 시대에는 서인의 의논이 세상에 알려질 수 있다는 것이다."라고 했다.

- 「注」, "制之由君."
- 正義曰: "君", 統天子諸侯言之. 政制自上, 臣下奉而行之, 所謂"君令臣共"者也. 若夫桓·文啓霸, 政柄未移, 雖禮樂征伐出自諸侯, 而考其世運, 猶可稱有道矣.
- ○「주」의 "정권을 제어함이 임금을 통해서 이루어지기 때문이다."
- ○ 정의에서 말한다.

산천을 근본으로 삼기 때문에 산이 무너지고 내가 마르는 변고가 생기면 임금은 성찬을 들지 않고, 소복을 입고, 문식이 없는 수레를 타고, 음악을 철폐하고, 궁궐을 떠나 교야(郊野)에 거처하며, 축(祝)이 신(神)에게 예폐(禮幣)를 바치고, 사(史)가 신에게 축사(祝辭)를 고하여 제례를 올립니다. 이와 같이 할 뿐이니, 아무리 백종이라 하더라도 어찌할 수 있겠습니까?'라고 하였다. 백종이 그에게 임금을 알현하기를 청하니, 그는 듣지 않았다. 백종은 드디어 가서 그가 말한 대로 고하니, 진후는 그 말을 따랐다.[梁山崩, 晉侯以傳召伯宗. 伯宗辟重, 曰: "辟傳!"重人曰: "待我, 不如捷之速也." 問其所. 曰; "絳人也." 問經事焉. 曰: "梁山崩, 將召伯宗謀之." 問; "將若之何?" 曰: "山有朽壞而崩, 可若何? 國主山川, 故山崩川竭, 君爲之不擧, 降服, 乘縵, 徹樂, 出次, 祝幣, 史辭以禮焉. 其如此而已. 雖伯宗, 其若之何?" 伯宗請見之, 不可. 遂以告, 而從之.]

53 『춘추좌씨전』「애공」7년: 조백양(曹伯陽)이 즉위함에 미쳐 사냥[田弋]을 좋아하였다. 조(曹)나라 변방 사람 공손강(公孫彊)이 주살로 새 잡기를 좋아하여 흰 기러기를 잡아 조백양에게 바치고서 사냥의 기교를 말하자, 조백양은 기뻐하고서 이어 정사에 대해 묻고는 크게 기뻐하였다. 총애하여 사성(司城)으로 삼아 국정을 처리하게 하니, 꿈꾼 자의 아들이 곧 조나라를 떠났다. 공손강이 조백에게 패자(霸者)가 되는 방법[說]을 말하자 조백이 그 말을 따라 진(晉)나라를 배반하고 송나라를 침범하였다. 그러므로 송인(宋人)이 토벌하는 데도 진인(晉人)이 구원하지 않은 것이다.[及曹伯陽卽位, 好田弋. 曹鄙人公孫彊好弋, 獲白鴈, 獻之, 且言田弋之說, 說之. 因訪政事, 大說. 有寵, 使爲司城以聽政. 夢者之子乃行. 彊言霸說於曹伯, 曹伯從之, 乃背晉而奸宋. 宋人伐之, 晉人不救.]

"군(君)"은 천자와 제후를 통틀어서 한 말이다. 위로부터 정권이 제어되고 신하는 받들어 행하는 것이 이른바 "임금이 명령하고 신하는 공경한다[君令臣共]"[54]는 것이다. 제 환공과 진 문공이 패업을 연 것으로 말할 것 같으면 정치권력이 옮겨 가지는 않았으니, 비록 예악과 정벌이 제후로부터 나오긴 했지만 당시의 세운(世運)을 상고해 보면 오히려 도가 있었다고 일컬을 만하다.

16-3

孔子曰: "祿之去公室五世矣, 【注】鄭曰: "言此之時, 魯定公之初. 魯自東門襄仲殺文公之子赤而立宣公, 於是政在大夫, 爵祿不從君出, 至定公爲五世矣." 政逮於大夫四世矣. 【注】孔曰: "文子·武子·悼子·平子." 故夫三桓之子孫微矣." 【注】孔曰: "三桓謂仲孫·叔孫·季孫, 三卿皆出桓公, 故曰三桓也. 仲孫氏改其氏稱孟氏. 至哀公皆衰."

---

[54] 『춘추좌씨전』 「소공」 26년: 안자(晏子)가 대답했다. "예(禮)가 나라를 다스리는 도구가 된 지는 오래이니, 천지와 함께 일어났습니다. 임금은 명령하고 신하는 공경하며, 아비는 자애하고 자식은 효도하며, 형은 사랑하고 아우는 공경하며, 지아비는 화목하고 아내는 유순하며, 시어미는 자애하고 며느리는 순종하는 것이 예이니, 임금은 명령을 내리되 도리에 어긋나지 않게 하고 신하는 공경하되 두 마음을 품지 않으며, 아비는 자애하되 가르치고 자식은 효도하되 간(諫)하며, 형은 사랑하되 우호하고 아우는 공경하되 순종하며, 지아비는 화목하되 도의로써 아내를 인도하고 아내는 유순하되 정도로써 남편을 섬기며, 시어미는 자애하여 며느리를 따르고 며느리는 순종하여 시어미에게 온순한 것이 예 중에 좋은 일입니다."[對曰: "禮之可以爲國也久矣, 與天地並. 君令臣共, 父慈子孝, 兄愛弟敬, 夫和妻柔, 姑慈婦德, 禮也. 君令而不違, 臣共而不貳; 父慈而敎, 子孝而箴; 兄愛而友, 弟敬而順; 夫和而義, 妻柔而正; 姑慈而從, 婦聽而婉, 禮之善物也."]

공자가 말했다. "관작과 봉록[爵祿]을 주는 권한이 공실에서 떠난 지 5대가 되었고, 【주】 정현이 말했다. "이것을 말한 시기는 노나라 정공 초기이다. 노나라는 동문 양중(東門襄仲)이 문공(文公)의 아들 적(赤)을 죽이고 선공을 세웠는데, 이에 정권이 대부의 수중으로 들어가서, 관작과 봉록[爵祿]이 임금에게서 나오지 않게 됨으로부터 정공에 이르기까지가 5대이다." 정치권력이 대부에게 넘어간 지 4대가 되었다. 【주】 공안국이 말했다. "문자(文子)·무자(武子)·도자(悼子)·평자(平子)이다." 그러므로 저 삼환(三桓)의 자손들이 미약해진 것이다." 【주】 공안국이 말했다. "삼환은 중손(仲孫)·숙손(叔孫)·계손(季孫)을 이르니, 세 경이 모두 환공(桓公)으로부터 나왔기 때문에 '삼환'이라 한 것이다. 중손씨(仲孫氏)는 그 씨(氏)를 고쳐 맹씨(孟氏)로 칭하였다. 애공 때에 이르러 모두 쇠미해졌다."

원문 正義曰:『爾雅』「釋訓」, "逮, 及也."『說文』同. 又云: "隶, 及也. 隷, 及也." 音義竝同.

역문 정의에서 말한다.

『이아』「석훈」에 "체(逮)는 미친다[及]는 뜻이다."라고 했고,『설문해자』에도 같다. 또 "대(隶)는 미친다[及]는 뜻이다.[55] 체(隷)는 미친다[及]는 뜻이다.[56]"라고 했는데, 음과 뜻이 모두 같다.

---

55 『설문해자』권3: 대(隶)는 미친다[及]는 뜻이다. 우(又)로 구성되었고 미(尾)의 생략형으로 구성되었다. 손[又]으로 꼬리를 잡고 있는 것은 뒤에서 따라잡는다는 뜻이다. 모든 대(隶)부에 속하는 한자는 다 대(隶)의 뜻을 따른다. 도(徒)와 내(耐)의 반절음이다.[隶, 及也. 從又, 從尾省. 又, 持尾者, 從後及之也. 凡隶之屬皆從隶. 徒耐切.]

56 『설문해자』권2: 체(隷)는 당체(唐逮)이니 미친다[及]는 뜻이다. 착(辵)으로 구성되었고 이(隶)가 발음을 나타낸다. 도(徒)와 내(耐)의 반절음이다.[隷, 唐逮, 及也. 從辵隶聲. 徒耐切.]

- 「注」, "言此"至"世矣".

- 正義曰: 鄭知夫子此言在定公初者, 以下文"政逮大夫四世", 又言"三桓子孫微", 是在定公五

  年陽虎作難之時, 故知爲定公初也.

○ 「주」의 "언차(言此)"부터 "세의(世矣)"까지.

○ 정의에서 말한다.

　정현이 공자의 이 말이 정공 초년에 있었다는 것을 안 것은, 아래 문장의 "정치권력이 대부에

게 미친 지 4대가 되었다"라고 한 것 때문이고, 또 "삼환의 자손이 미약해졌다"라고 말했기

때문에 정공 초년이 됨을 알았던 것이다.

毛氏奇齡『稽求篇』, "按,『春秋』「昭」二十五年, 叔孫婼如宋. 宋樂祁曰: '魯君必出. 政在季

氏, 三世矣; 魯君喪政, 四公矣.' 至三十二年, 公薨乾侯. 史墨對趙簡子曰: '季友有大功於魯,

受費, 以爲上卿. 至於文子 · 武子, 世增其業. 魯文公薨, 而東門襄仲殺嫡立庶, 魯君於是乎

失國政, 政在季氏, 於此君也四公矣.' 兩人所言四公, 上自文襄以後, 下及昭終之年, 宣 ·

成 · 襄 · 昭, 紬指四世. 其不云五世者, 樂祁與史墨言此在昭公時, 子所言在定公時, 多一世

也. 故『史記』「魯世家」云: '文公卒, 襄仲立宣公. 魯由此公室卑, 三桓彊.' 而『漢』「食貨志」

云: '魯自文公以後, 祿去公室, 政在大夫.' 則是文公以後爲宣 · 成 · 襄 · 昭 · 定五世." 案,

毛氏此言, 足以證明鄭義.

모기령의『논어계구편』에 "상고해 보건대,『춘추』「소공」25년에 숙손 야(叔孫婼)[57]가 송나

라에 갔다. 송나라 악기(樂祁)가 말했다. '노나라 임금이 반드시 도망을 갈 것입니다. 정권이

계씨(季氏)에게 돌아간 지가 이미 3대이고, 노나라 임금이 정권을 상실한 지가 이미 4대입니

다.'라고 했는데, 32년에 이르러 소공이 건후(乾侯)에서 죽었다. 사묵(史墨)[58]이 조간자(趙

『설문해자주(說文解字注)』에 "당체(唐逮)는 쌍성(雙聲)이니, 아마도 고어인 듯싶다.[唐逮雙

聲, 蓋古語也.]"라고 했다.

57　숙손 야(叔孫婼, ?~ 기원전 517): 춘추시대 노나라의 대부. 숙손 소(叔孫昭)라고도 하고, 숙

손 표(叔孫豹)의 서자(庶子)다. 가신(家臣) 수우(豎牛)에 의해 적통을 계승했지만 난역지죄

(亂逆之罪)를 물어 수우를 주벌(誅伐)했다.

簡子)에게 대답하기를, '성계우(成季友)[59]가 노나라에 큰 공을 세워, 비읍(費邑)을 봉지로 받고 상경(上卿)이 되었습니다. 문자(文子)와 무자(武子)에 이르러 대대로 가업을 늘렸습니다. 노 문공(魯文公)이 죽자 동문 양중(東門襄仲)이 적자를 죽이고 서자를 세우니, 노나라 임금은 이때부터 나라의 정권을 상실하여, 정권이 계씨(季氏)에게 돌아간 것이 이 임금(昭公)에 이르기까지 네 임금이었습니다.'라고 했으니, 악기와 사묵 두 사람이 말한 네 임금[四公]은 위로 문공이 죽은 이후로부터 아래로 소공이 죽던 해에 이르기까지 선공·성공(成公)·양공(襄公)·소공 4대를 이어서 가리키는 것이다. 그런데 5대라고 하지 않은 것은 악기와 사묵이 이것을 말한 것은 소공 때 있었던 일이고, 공자가 말한 것은 정공 때 있었던 일이니 1대가 더 많은 것이다. 그러므로 『사기』「노주공세가」에 '문공(文公)이 죽자, 양중(襄仲)이 선공을 옹립했다. 노나라는 이로부터 공실(公室)이 약해지고 삼환(三桓)이 강해졌다.'라고 했고, 『전한서』「식화지」에 '노나라는 문공 이후로부터 관작과 봉록이 공실에서 떠나고 정권이 대부의 손아귀에 있게 되었다.'라고 했으니, 이는 문공(文公) 이후로부터 선공·성

---

58 사묵(史墨, ?~?): 춘추시대 말기 진(晉)나라 사람. 일명 채묵(蔡墨) 또는 채사묵(蔡史墨), 사암(史黯)이고, 진나라에서 태사(太史)로 있었다. 진경공(晉頃公) 13년에 조앙(趙鞅)이 형정(刑鼎)을 주조하고 범선자(范宣子)가 형서(刑書)를 만들었다. 공자(孔子)가 진나라가 원칙을 잃어 장차 망할 것이라고 하자 사묵이 덕을 닦는 것이 재앙을 피하는 방법이라고 여겼다. 노나라 소공 31년 12월 신해삭(辛亥朔)에 일식(日蝕)이 일어나자 점을 쳐 6년 뒤 같은 달에 오나라 사람들이 공격해 초나라의 수도 영(郢)에 들어올 것이라고 예언했다. 다음 해 오나라가 월(越)나라를 침공하자 또 40년 뒤에 월나라가 장차 오나라를 멸망시킬 것이라고 말했다. 노나라의 계씨(季氏)가 노소공을 몰아내자 "영원한 사직도 없고, 영원한 군신관계도 없으니, 예부터 원래 그런 것이다.[社稷無常奉, 君臣無常位, 自古以然.]"라고 주장하며, 민심을 얻으면 누구나 군주가 될 수 있다고 주장했다.

59 성계우(成季友, ?~기원전 644): 춘추시대 노 환공(魯桓公)의 막내아들이며, 문강(文姜)의 아들이고, 장공(莊公)의 막내아우이다. 계우의 둘째 형인 숙아(叔牙)가 큰형인 경보(慶父)를 임금으로 세우려 하는 것을 장공이 알고서 근심하자, 계우가 겸계(鍼季)를 시켜서 숙아를 독살하게 하였으며, 장공이 죽자 장공이 총애하던 자반(子般)을 계우가 임금으로 세웠는데, 자반이 또 경보에게 살해되자 진(陳)나라로 망명했다가 경보가 거(莒)로 달아났을 때 민공(閔公)의 아우인 자신(子申)을 데리고 귀국해서 희공(僖公)을 세웠다. 춘추시대 말기 노나라의 집권자인 계손씨(季孫氏)는 바로 계우의 후예이다.

공·양공·소공·정공의 5대가 되는 것이다."라고 했다. 살펴보니, 모씨의 이 말이 정현의 뜻을 증명하기에 충분하다.

『春秋繁露』「玉杯篇」, "文公不能服喪, 不時奉祭, 以不三年, 又以喪取, 取于大夫以卑宗廟, 亂其群祖以逆先公. 小善無一, 而大惡四五, 故諸侯弗予盟, 命大夫弗爲使. 是惡惡之徵, 不臣之效也. 出侮于外, 入奪于內, 無位之君也. 孔子曰: '政逮于大夫四世矣.' 蓋自文公以來之謂也."

『춘추번로』「옥배」에 "문공(文公)은 거상의 기간을 제대로 지키지 못했고, 때에 맞춰 제사를 지내지 않았으며, 부친의 상에 3년의 상복도 입지 않았고, 또 상중에 아내를 맞이하는가 하면, 제나라 대부의 딸을 아내로 맞아 종묘의 위엄을 떨어뜨렸고, 여러 조상들 위패의 선후 순서를 뒤바꿔 선대의 임금을 거꾸로 제사 지내게 했다. 이처럼 문공은 작은 선행이라고는 하나도 없이 큰 악만 네다섯 가지를 저질렀기 때문에 제후들은 그와 함께 맹약을 맺으려 하지 않았고, 대부에게 명하여 사신으로 보낼 수 없었던 것이다. 이것이야말로 악을 미워하는 증거이며 임금이 임금답지 않아서 신하가 신하답게 굴지 않은 결과이다. 나라 밖에서 모욕을 당하고 나라 안에서 침탈을 당하는 신세이니 그는 자리조차 없는 임금이었던 것이다. 공자가 말하길, '정치권력에 대부에게 미친 지 4대가 되었다.'라고 했으니, 대체로 문공(文公)으로부터 그 이후를 말하는 것이다."라고 했다.

案, 董氏以季文子始仕在文公時, 文公出侮入奪, 固已自啓其釁, 故至宣公, 祿去公室. 『繁露』此言, 與鄭意似異而實同也. 『左』「文」十八年「傳」, "文公二妃, 敬嬴生宣公. 敬嬴嬖, 而私事襄仲. 宣公長, 而屬諸襄仲. 襄仲欲立之, 叔仲不可. 仲見于齊侯而請之, 齊侯許之. 冬十月, 仲殺惡及視, 而立宣公." 『公羊傳』作"子赤", 是"惡"卽"赤", 此其事也.

살펴보니, 동씨(董氏)는 계문자(季文子)가 벼슬을 시작한 것이 문공 때에 있었고, 문공은 나라 밖에서 모욕을 당하고 나라 안에서 침탈을 당하여 진실로 이미 스스로 그 틈을 벌려 놓았기 때문에 선공에 이르러 관작과 봉록이 공실을 떠났다고 여긴 것이다. 『춘추번로』의 이 말은 정현의 뜻과는 다른 듯하지만 실제로는 같다. 『춘추좌씨전』「문공」18년의 「전」에, "문공에겐 두 명의 왕비가 있었는데, 경영(敬嬴)이 선공을 낳았다. 경영은 문공의 총애를 받으면서도 사사로이 양중(襄仲)을 섬겼다. 선공이 장성하자 경영은 선공을 양중에게 부탁했다. 문공이 죽은 뒤에 양중이 선공을 임금으로 세우려 하자 숙중(叔仲)이 안 된다고 하였다. 양중이 제후(齊侯)를 만나 선공을 임금으로 세워 주기를 청하니, 제후가 양중의 요청을 허락했다. 겨울 10월에 양중이 악(惡)과 시(視)를 죽이고서 선공을 세웠다.”라고 했고, 『춘추공양전』에는 “자적(子赤)”이라고 되어 있는데, “악(惡)”이 바로 “적(赤)”이니 이것이 그 일이었던 것이다.

“祿”謂百官之俸. 「注」“爵祿”連言者, 謂有爵而後有祿也. 「祭統」云: “古者明君爵有德而祿有功, 必賜爵祿于太廟, 示不敢專也. 故祭之日, 一獻, 君降立於阼階之南, 南向, 所命北面, 史由君右執策命之, 再拜稽首, 受書以歸, 而舍奠于其廟, 此爵賞之施也.” 今魯政在大夫, 爵祿人皆不由君出, 則用舍之權, 俱是大夫主之可知.

“녹(祿)”은 백관의 봉록을 이른다. 「주」에서 “관작과 봉록[爵祿]”이라고 말을 이어서 한 것은 관작이 있고 난 뒤에 봉록이 있음을 말한 것이다. 『예기』「제통」에 “옛날에 현명한 군주가 덕이 있는 이에게 관작을 하사하고 공이 있는 이에게 봉록을 주되 반드시 관작과 봉록을 태묘에서 하사함은 감히 자기 마음대로 할 수 없음을 보인 것이다. 그러므로 제사하는 날에 시동에게 입을 헹구게 하는 헌작으로 첫 번째 헌작을 하고, 군주가 당을 내려와 조계(阼階)의 남쪽에 서서 남향을 하면 하사의 명을 받는 사람이 북향하여 서고, 사관(史官)이 군주의 오른쪽에서 책서(策書)를 잡고 명을 내리면 명을 받는 사람이 두 번 절하고 머리를 조아리고서 책서를 받아 집으로 돌아와서 자신의 묘에서 석전(釋奠)의 예를 행하니, 이것이 ‘관작과 포상을 베푸는 것’이다.”라고 했다. 이제 노나라의 정권을 대부가 장악해서 사람들에게 관작과 봉록을 하사함이 모두 군주로부터 나오지 않으니, 인재를 등용하고 내치는 권한도 모두 대부가 주관했다는 것을 알 수 있다.

● 「注」, “孔曰: 文子ㆍ武子ㆍ悼子ㆍ平子.”
● 正義曰: 皇本此「注」作“鄭曰”. 『左氏傳』言, “魯文公薨, 而政在季氏.” “季氏”者, 文子也. 「宣」十八年「傳」, “欲去三桓, 以張公室.” 「成」十六年「傳」, “魯之有季ㆍ孟, 猶晉之有欒ㆍ范也, 政令於是乎成.” 竝指文子.

○ 「주」의 "공안국이 말했다. '문자(文子)·무자(武子)·도자(悼子)·평자(平子)이다.'"

○ 정의에서 말한다.

황간본의 이 「주」에는 "정왈(鄭曰)"로 되어 있다. 『춘추좌씨전』「소공」 32년에 "노나라 문공이 죽자 정권이 계씨(季氏)에게 돌아갔다."라고 했는데, "계씨(季氏)"란 문자(文子)이다."「선공」 18년의 「전」에 "삼환(三桓)을 제거하고 공실의 권위를 신장시키고자 했다."라고 하였고, 「성공」 16년의 「전」에 "노나라에 계씨(季氏)와 맹씨(孟氏)가 있는 것이 진(晉)나라에 난씨(欒氏)와 범씨(范氏)가 있는 것과 같아, 정령(政令)이 이들에 의해 이루어졌다."라고 했는데, 모두 문자(文子)를 가리킨다.

江氏永『群經補義』, "專政者, 東門遂, 輔之者, 季孫行父. 襄仲死, 逐子家者, 文子也. 觀『傳』所載虧姑成婦等事, 行父亦專橫矣. 故專政當自文子始. 昭二十五年, 宋樂祁曰: '政在季氏三世矣.' 杜「注」, '三世: 文子·武子·平子.' 孔「疏」云: '不數悼子者, 悼子未爲卿而卒, 不執魯政, 故不數也. 十二年「傳」曰: "季悼子之卒也, 叔孫昭子以再命爲卿." 卿必再命, 乃得『經』書名氏. 七年三月, 『經』書"叔孫婼如齊涖盟", 其年十一月"季孫宿卒", 是悼子先武子而卒, 平子以孫繼祖也.' 此「疏」甚確, 當以文子·武子·平子·桓子爲四世."

강영의 『군경보의』에 "정권을 전횡한 자는 동문 쉬(東門遂: 동문 양중(東門襄仲)]이고, 그것을 도운 것은 계손 행보(季孫行父)이다.[60] 동문 양중이 죽자 자가(子家)를 축출한 것이 문자(文子)이다. 『춘추좌씨전』에 실려 있는 시어머니의 체면을 허물어 며느리의 체면을 이루어준 것[61] 등의 일을 살펴보면 계손 행보 역시 정권을 전횡한 것이다. 따라서 정권을 전횡한 것

---

60 『춘추좌씨전』「소공」 32년: 노나라 문공(文公)이 죽자 동문수(東門遂)가 적자를 죽이고 서자를 세우니, 노나라 임금은 이때부터 국가의 정권을 상실하여, 정권이 계씨에게 돌아간 것이 이 임금[昭公]에 이르기까지 네 임금이었다.[魯文公薨, 而東門遂殺適立庶, 魯君於是乎失國, 政在季氏, 於此君也, 四公矣.]

61 『춘추좌씨전』「양공」 2년: 여름에 제강(齊姜)이 죽었다. 당초에 목강(穆姜)이 사람을 시켜 아름다운 가래나무를 골라 두었다가 자기의 관(棺)과 송금(頌琴)을 만들게 하였는데, 계문자(季文子)가 그 가래나무를 가져다가 제강(齊姜)을 장사(葬事)지냈다. 이에 대해 군자가 다음과 같이 논평(論評)하였다. "예가 아니다. 예는 도리를 거스르지 않는 것이다. 며느리는

은 마땅히 문자로부터 시작된 것이다. 소공 25년에 송나라 악기(樂祁)가 '정권이 계씨에게 돌아간 지가 이미 3대이다.'라고 했는데, 두예의 「주」에 '삼대(三世)란 문자(文子)·무자(武子)·평자(平子)이다.'라고 했고, 공영달의 「소」에 '도자(悼子)를 포함시키지 않은 것은 도자가 아직 경이 되지 않고 죽어서 노나라의 정권을 잡지 못했기 때문에 포함시키지 않은 것이다. 12년의 「전」에 "계도자(季悼子)가 죽었을 때 숙손 소자[叔孫昭子: 숙손 야(叔孫婼)]가 재명(再命)을 받아 경이 되었다."라고 했으니, 경은 반드시 재명을 받아야 『경』에 이름과 성씨를 쓸 수 있는 것이다. 소공 7년 3월 『춘추』 경문(經文)에 "숙손 야(叔孫婼)가 제나라에 가서 회맹에 참가했다"라고 기록했고, 그해 11월에 "계손 숙(季孫宿)이 죽었다"라고 했으니, 이는 도자(悼子)가 무자(武子)보다 먼저 죽은 것이고, 평자(平子)가 손자로서 할아버지를 계승한 것이다.'라고 했는데, 공영달의 이 「소」는 매우 정확하니, 마땅히 문자(文子)·무자(武子)·평자(平子)·환자(桓子)를 4대로 삼아야 한다."라고 했다.

案, 江氏是也. 閻氏若璩·毛氏奇齡·馮氏景·李氏惇·方氏觀旭說並同. 閻氏又引「孔子世家」言, "季武子卒, 平子代立." 亦一證.

살펴보니, 강씨(江氏)가 옳다. 염약거와 모기령과 풍경(馮景)과 이돈(李惇)과 방관욱의 설은 모두 같다. 염씨는 또 「공자세가」를 인용해서 "계무자(季武子)가 죽고 계평자(季平子)가 뒤를 이었다."라고 했으니, 또 하나의 증거이다.

- 「注」, "三桓"至"皆衰".
- 正義曰: 『禮』 「郊特牲」 「注」云: "三桓, 魯桓公之子·莊公之弟公子慶父·公子牙·公子友." 此「注」所云"仲孫", 卽慶父之後, 又稱爲孟氏也. 叔孫卽公子牙之後, 季孫卽公子友之後.
- 「주」의 "삼환(三桓)"부터 "개쇠(皆衰)"까지.
- 정의에서 말한다.

시어머니를 봉양하는 사람인데, 시어머니의 체면을 허물어 며느리의 체면을 이루어 주었으니 도리를 거스름이 이보다 큰 것은 없다."[夏, 齊姜薨. 初, 穆姜使擇美檟, 以自爲櫬與頌琴, 季文子取以葬. 君子曰: "非禮也. 禮無所逆. 婦는 養姑者也, 虧姑以成婦, 逆莫大焉."]

『예기』「교특생」의 「주」에 "삼환(三桓)은 노나라 환공(桓公)의 아들이며 장공(莊公)의 아우인 공자 경보(公子慶父)와 공자 아(公子牙)와 공자 우(公子友)이다."라고 했으니, 여기의 「주」에서 말한 "중손(仲孫)"은 바로 공자 경보의 후손이고 또 맹씨(孟氏)라고 일컫기도 한다. 숙손(叔孫)은 바로 공자 아의 후손이고, 계손(季孫)은 바로 공자 우의 후손이다.

方氏觀旭『偶記』曰: "四世, 是季文至桓. 惟是宣公時, 孟·叔二家與季文子共事. 孟則慶父之曾孫獻子蔑, 蔑生莊子速, 速生孝伯羯, 羯生僖子玃, 玃生懿子何忌, 與季桓子同時. 叔則牙之孫莊叔得臣, 得臣生宣伯僑如·穆叔豹, 豹生昭子婼. 婼生成子不敢, 不敢生武叔州仇, 與季桓子同時. 孟與叔竝已五世柄政, 此經論三桓之子孫而統云'四世'者, 蓋惟就季氏之世爲言. 季氏, 孟·叔二家所宗也. 是以「傳」言季氏爲冢卿, 二子爲介卿. 叔孫穆子指楹曰: '雖惡之, 其可去乎?' 饉戾曰: '凡有季氏與無, 於我孰利?' 皆曰: '無季氏, 是無叔孫氏也.' 然則二家視季氏爲盛衰. 舉季氏之世, 而三桓可知矣." 案, 方氏是也.

방관욱의『논어우기』에 "4대는 계문자(季文子)부터 계환자(季桓子)까지이다. 오직 선공 때에만 맹손과 숙손 두 집안이 계문자와 함께 일하였다. 맹손은 공자 경보의 증손인 헌자 멸(獻子蔑)이고, 멸이 장자 속(莊子速)을 낳았고, 속이 효백 갈(孝伯羯)을 낳았으며, 갈이 희자 확(僖子玃)을 낳았고, 확이 의자 하기(懿子何忌)를 낳았는데, 계환자(季桓子)와 같은 시대이다. 숙손은 공자 아의 손자인 장숙 득신(莊叔得臣)인데 득신이 선백 교여(宣伯僑如)와 목숙 표(穆叔豹)를 낳았고, 표가 소자 야(昭子婼)를 낳았다. 야(婼)는 성자 불감(成子不敢)을 낳았고, 불감은 무숙 주구(武叔州仇)를 낳았는데, 계환자(季桓子)와 같은 시대이다. 맹손과 숙손은 모두 이미 5대째 정권을 잡고 있었는데, 여기에서 삼환의 자손을 낱낱이 논하면서 통틀어 '4대[四世]'라고 한 것은 아마도 오직 계씨의 세대만 가지고 말한 것인 듯싶다. 계씨는 맹손과 숙손 두 집안의 종중(宗中)이다. 이런 까닭에 『춘추좌씨전』에서는 계씨를 총경(冢卿)이라 하고 맹손과 숙손을 개경(介卿)이라고 한 것이다.[62] 숙손 목재叔孫穆子: 숙손 표

---

62 『춘추좌씨전』「소공」 4년: 두설(杜洩)이 노거(路車)를 사용해 숙손(叔孫)을 장사 지내고, 또 경의 예를 다 쓰려 하자, 남유(南遺)가 계손(季孫)에게 말하기를, "숙손이 생전에 노거를 탄적이 없는데, 장사에 어찌 노거를 쓴단 말입니까? 그리고 또 총경(冢卿)도 노거가 없는데 개경(介卿)을 노거로 장송(葬送)하는 것은 부당[左]하지 않습니까?"라고 하자, 계손이 "그렇

(叔孫豹)]가 기둥을 가리키며 '내 비록 이것을 미워하지만 어찌 없앨 수 있겠는가?'[63]라고 했고, 사마 종려(司馬驪戾)가 '계씨가 있는 것과 없는 것이 우리에게 어느 쪽이 유리한가?'라고 물으니, 모두 '계씨가 없어지는 것은 바로 숙손씨가 없어지는 것이다.'[64]라고 했으니, 그렇다면 맹손과 숙손 두 집안은 계씨를 따라 성하고 쇠했다는 것이다. 따라서 계씨의 세대를 거론하면서 삼환이라고 했다는 것을 알 수 있다."라고 했다. 살펴보니, 방씨가 옳다.

此「注」謂"至哀公皆衰", 則統三家言之. 三家微於定・哀之時, 至後益衰, 不復自振矣. 『漢書』「楚元王傳」向上封事曰: "'祿去公室, 政逮大夫.' 危亡之兆."

여기의 「주」에서 "애공 때에 이르러 모두 쇠미해졌다."라고 한 것은 세 대부의 집안三家을 통틀어 말한 것이다. 3가(三家)는 정공과 애공의 시대에 쇠미해지기 시작해서 후대에 이르러 더욱 쇠미해져서 다시는 스스로 떨쳐 일어나지 못했다. 『전한서』「초원왕전」에서 유향(劉向)이 봉사(封事)를 올려 말하길, "관작과 봉록이 공실을 떠나고 정치권력이 대부에게 미침'은 위망(危亡)의 조짐입니다."라고 했다.

16-4

孔子曰: "益者三友, 損者三友. 友直, 友諒, 友多聞, 益矣. 友便辟, 【注】馬曰: "'便辟', 巧辟人之所忌, 以求容媚." 友善柔, 【注】馬曰: "面柔也." 友便佞, 損矣." 【注】鄭曰: "'便', 辯也, 謂佞而辯."

다."라고 하고서, 두설에게 노거를 버리고 쓰지 말도록 하였다.[杜洩將以路葬, 且盡卿禮, 南遺謂季孫曰: "叔孫未乘路, 葬焉用之且家卿無路, 介卿以葬, 不亦左乎?" 季孫曰: "然." 使杜洩舍路.]

63 『춘추좌씨전』「소공」 원년.
64 『춘추좌씨전』「소공」 25년.

공자가 말했다. "유익한 것도 세 가지 벗이고 해로운 것도 세 가지 벗이다. 정직한 이를 벗 삼으며, 진실한 이를 벗 삼으며, 견문이 많은 이를 벗 삼으면 유익하다. 편벽된 이를 벗 삼으며,【주】마융이 말했다. "'편벽(便辟)'은 남이 꺼리는 것을 교묘하게 피해서 용모의 아름다움을 추구하는 것이다." 낯빛을 부드럽게 꾸미기를 잘하는 이를 벗 삼으며,【주】마융이 말했다. "낯빛을 부드럽게 꾸미는 것이다." 말을 교묘하게 꾸미며서 변명하는 이를 벗 삼으면 해롭다."【주】정현이 말했다. "'편(便)'은 '변(辯)'이니, 말재주를 부려 변명함을 이른다."

원문 正義曰:『公羊』「定」四年「傳」, "朋友相衛." 何休『解詁』, "君臣言朋友者, 闔廬本以朋友之道爲子胥復讎. 孔子曰: '益者三友.'"云云. 據何「注」, 則"三友"·"三樂"皆指人君言. 直者能正言極諫, 諒者能忠信不欺, 多聞者能識政治之要. 人君友此三者, 皆有益也.

역문 정의에서 말한다.

『춘추공양전』「정공」4년의 「전」에 "벗이 서로 보호한다."라고 했는데, 하휴(何休)의 『춘추공양해고』에 "임금과 신하 간인데 벗이라고 말한 것은, 합려(闔廬)[65]는 본래 친구 간의 도리를 가지고 자서(子胥)[66]를 위해

---

65 합려(闔廬, 기원전 515~기원전 496): 춘추시대 오나라의 국군(國君). 합려(闔閭)로도 쓴다. 이름은 광(光). 오왕(吳王) 제번(諸樊)의 아들이다. 오왕 요(吳王僚)가 아버지 여매(餘眜)를 이어 즉위하자 불만을 품고, 전저(專諸)를 이용해 오왕 요를 살해하고 즉위했다. 초나라의 망명객 오원(伍員)을 기용해 행인(行人)으로 삼고 손무(孫武)를 장군으로 삼아 국력을 부강시키면서 초나라를 조금씩 약화시켰다. 9년 초나라를 정벌하여 대패시키고 승기를 타 초나라의 수도 영(郢)까지 진격했다. 진(秦)나라 군대가 와 구원하고 국내에 내란이 일어나 후퇴했다. 나중에 월왕(越王) 구천(句踐)과 싸워 취리(檇李)에서 패했는데, 부상을 당해 죽었다.

복수를 해 주려 하였다. 공자가 말했다. '유익한 것도 세 가지 벗이다.'"
라고 운운했다. 하휴의 「주」에 의거해 보면 "삼우(三友)"와 "삼요(三樂)"
는 모두 임금을 가리켜서 한 말이다. 정직한 사람은 바른 말로 극진하게
간할 수 있고, 진실한 사람은 성실하고 진실해서 속이지 않을 수 있으
며, 견문이 많은 사람은 정치의 요체를 알 수 있다. 임금이 이 세 부류의
사람을 벗 삼으면 모두 유익한 것이다.

원문 "便辟"者,『集注』云: "謂習於威儀." 此但能爲容媚, 與直相反, "善柔"能
爲面柔, 與諒相反, "便佞"但能口辯, 非有學問, 與多聞相反. 人君友此三
者, 皆有損也. 蓋"便辟"是體柔, 即所謂"足恭"也; "善柔"是面柔, 即所謂
"令色"也; "便佞"是口柔, 即所謂"巧言"也.『說文』, "諞, 便巧言也. 從言扁
聲.「周書」曰: '截截善諞言.'『論語』曰: '友諞佞.'" 此當出『古論』.

역문 "편벽(便辟)"이란,『논어집주』에 "위의(威儀)에 익숙함을 이른다."라고
했는데, 여기서는 단지 능히 용모의 아름다움을 추구하는 것이라고 했
으니 정직함과는 서로 반대가 되고, "선유(善柔)"는 능히 낯빛을 부드럽
게 꾸미는 것이라고 했으니, 진실함과는 서로 반대가 되며, "편녕(便佞)"

19년 동안 재위했다.

66 자서(子胥, ?~기원전 484): 춘추시대 초나라 사람인 오자서(伍子胥)이다. 이름은 운(員)이
고, 자서(子胥)는 그의 자이다. 오나라에 망명하여 살면서 오나라의 대부를 지냈다. 초평왕
(楚平王)이 소인(小人)의 참소(讒訴)를 듣고 오자서의 아버지 오사(伍奢)와 형 오상(伍尙)을
죄 없이 죽이자 오나라로 망명하여 장수가 되어 초나라를 쳤다. 이미 평왕이 죽은 다음이라
묘를 파내어 시체를 매질하여 아버지와 형의 복수를 했다. 나중에 오나라로 하여금 패권을
잡게 했다. 그 뒤 오나라 왕 부차(夫差)가 서시(西施)의 미색에 빠져 정사를 게을리하고 오
히려 간하던 오자서에게 칼을 주어 자살하게 했다. 오자서는 자살하면서 자기의 눈을 오나
라 성의 동문(東門)에 걸어서 자기의 말을 듣지 않고 자기를 죽이는 오나라가 멸망하는 것
을 보도록 하라는 유언을 남겼다. 그로부터 9년 뒤 월나라가 오나라를 멸망시켰다.

은 단지 구변에만 능하고 학문이 있는 것이 아니니, 견문이 많은 것과는 서로 반대가 된다. 임금이 이러한 세 부류의 사람과 벗하면 모두 해로움이 있다. 대체로 "편벽(便辟)"은 몸가짐[體]이 부드러운 것이니, 바로 이른바 "지나치게 공손한 것[足恭]"이고, "선유(善柔)"는 낯빛을 부드럽게 꾸미기를 잘하는 것이니, 바로 이른바 "얼굴빛을 잘 꾸미는 것[令色]"이며, "편녕(便佞)"은 말만 부드럽게 하는 것이니, 바로 이른바 "말을 교묘하게 꾸미는 것"이다.[67] 『설문해자』에 "편(諞)은 말을 교묘하게 꾸며서 잘한다는 뜻이다. 언(言)으로 구성되었고, 편(扁)이 발음을 나타낸다. 『서경』「주서・진서」에 '재잘재잘 말을 교묘하게 꾸며서 잘한다.[截截善諞言.]'라고 했고, 『논어』에 '말을 교묘하게 꾸며서 잘하는 사람을 벗한다[友諞佞].'라고 했다."[68]라고 했으니, 이는 당연히 『고논어』에서 나온 것이다.

- 「注」, "便辟, 巧辟人之所忌, 以求容媚."
- 正義曰: "巧辟"者, "辟"與"避"同, 謂君忌直言, 則諱避不諫也. 此義迂曲, 於經旨不相應. 『釋文』音"辟"爲"婢亦反", 謂「注」亦同, 是誤以馬「注」讀避爲婢亦矣.
- 「주」의 "편벽(便辟)은 남이 꺼리는 것을 교묘하게 피해서 용모의 아름다움을 추구하는 것이다."

---

67 『논어』「공야장(公冶長)」: 공자가 말했다. "말을 교묘하게 꾸미고 얼굴빛을 보기 좋게 꾸미고 지나치게 공손한 것을 좌구명(左丘明)이 수치로 여겼는데, 나 역시 그런 것을 수치로 여긴다."[子曰: "巧言・令色・足恭, 左丘明恥之, 丘亦恥之."]

68 『설문해자』권3: 편(諞)은 말을 교묘하게 꾸며서 잘한다는 뜻이다. 언(言)으로 구성되었고, 편(扁)이 발음을 나타낸다. 『서경』「주서・진서」에 "재잘재잘 말을 교묘하게 꾸며서 잘한다.[截截善諞言.]"라고 했고, 『논어』에 "말을 교묘하게 꾸며서 잘하는 사람을 벗한다[友諞佞]."라고 했다. 부(部)와 전(田)의 반절음이다.[諞, 便巧言也. 從言扁聲. 「周書」曰: "截截善諞言." 『論語』曰: "友諞佞." 部田切.]

○ 정의에서 말한다.

"교피(巧辟)"란 "피(辟)"는 "피(避)"와 같은 뜻으로, 임금은 직언을 꺼린다는 말이니, 숨기고 피해서 간하지 않는다는 뜻이다. 그러나 이 뜻은 한참 왜곡된 것으로 경전의 취지에 상응하지 않는다. 『경전석문』에 "벽(辟)"의 발음을 "비(婢)와 역(亦)의 반절음"이라고 하고, "「주」역시 같다"라고 했는데, 이는 마융의 「주」에서 피(避)를 비(婢)와 역(亦)의 반절음으로 읽었다고 오해했기 때문일 것이다.

盧氏文弨『考證』曰: "『公羊』「定」四年「傳」「疏」云: '便辟謂巧爲譬喩.' 又云: '今世間有一『論語』, 音"便辟"爲便僻者, 非鄭氏之意, 通人所不取矣.' 據此, 則讀'辟'爲'譬', 本鄭「注」. 馬融則讀爲'避', 與鄭義異. 故皇本「注」中作'避'. 惠氏云: '馬·鄭皆讀辟爲避, 誤.'"

노문초(盧文弨)의 『경전석문고증』에 "『춘추공양전』「정공」4년「전」의「소」에 '편벽(便辟)은 교묘하게 비유함을 이른다.'라고 했고, 또 '지금 세간에 있는 별도의 『논어』에서는, "便辟"의 발음을 편벽(便僻)이라고 하는 것은 정현의 뜻이 아니니, 박람다식(博覽多識)한 사람[通人]들은 취하지 않는 것이다.'라고 했으니, 여기에 의거해 보면 '벽(辟)'을 '비(譬)'의 뜻으로 읽는 것은 정현의 「주」에 근거한 것이다. 마융(馬融)은 '피(避)'의 뜻으로 읽었으니, 정현의 뜻과는 다르다. 그러므로 황간본의 「주」안에 '피(避)'로 되어 있는 것이다. 혜씨(惠氏)는 '마융과 정현 모두 벽(辟)을 피(避)의 뜻으로 읽었으니 틀렸다.'라고 했다."라고 하였다.

案, 盧"校"是也. 巧爲譬喩, 已是便佞, 鄭君此義, 未爲得也. 『考文』載一本·高麗本經「注」皆作"便僻", 『後漢』「爰延傳」「注」·『太平御覽』「交友部」引『論語』亦作"僻", 與『公羊』「疏」所稱世間之音合, 而徑寫經「注」字作"僻", 此直以義妄改. 夫善柔·便佞, 皆邪僻之行, 則作"便僻"便是渾言無所指稱, 宜爲通人所不取也.

살펴보니, 노문초의 "교(巧)"가 옳다. 교를 비유(譬喩)라고 하는 것이 이미 구변만 능한 말재주이니, 정군(鄭君)의 이 뜻은 옳다고 할 수 없다. 『칠경맹자고문』에 실린 별도의 판본과 고려본(高麗本) 경문(經文)의 「주」에는 모두 "편벽(便僻)"으로 되어 있고, 『후한서』「원연전」의 「주」와 「태평어람」「교우부」에서 『논어』를 인용한 것에도 역시 "벽(僻)"으로 되어 있으니, 『춘추공양전』의 「소」에서 일컬은 세간의 발음과 일치하고, 사경(寫經)한 「주」의 글자도

"벽(僻)"으로 되어 있으니, 이는 다만 뜻만 가지고 함부로 고친 것일 뿐이다. 선유(善柔)와 편녕(便佞)이 모두 사특하고 치우친[邪僻] 행실이라면 "편벽(便僻)"은 지칭하는 바가 없는 혼언(渾言)인 것이니 박람다식한 사람[通人]들이 취하지 않는 것이 당연하다.

『前漢書』「佞幸傳」「贊」, "咎在親便嬖, 所任非仁賢, 故仲尼著損者三友." 此又讀"便辟"爲 "便嬖". 『孟子』「梁惠王篇」, "爲便嬖不足使令于前與?" "便嬖"是近幸小臣, 不得稱友, 且若 輩亦非盡無良, 以釋此文, 未能允也.

『전한서』「영행전」의 「찬」에 "허물이 친숙하고 총애하는 사람을 친히 하는 데 있고, 맡은 바가 어질고 현명한 사람이 아니기 때문에 중니가 해로운 것이 세 가지 벗임을 분명하게 밝힌 것이다."[69]라고 했는데, 이는 또 "편벽(便辟)"을 "편폐(便嬖)"의 뜻으로 읽은 것이다. 『맹자』「양혜왕상」에 "친숙하고 총애하는[便嬖] 사람들이 앞에서 부리기에 부족해서입니까?"라고 했는데, "편폐(便嬖)"는 가까이 총애하는 보잘것없는 신하라는 뜻이니, 친구라고 칭할 수 없고, 또 그와 같은 무리들도 전혀 선량한 점이 없는 것은 아니니 "편폐(便嬖)"로 이 글을 해석하는 것은 온당치 못하다.

- 「注」, "面柔也."
- 正義曰: 『爾雅』「釋訓」, "戚施, 面柔也." 鄭箋『詩』「新臺」云: "戚施, 面柔, 下人以色." 是其義也. 鄭此「注」云: "善柔, 謏毗也." 案, 『爾雅』, "夸毗, 體柔也." 『毛詩』「板」云: "無爲夸毗." 「傳」云: "夸毗, 以體柔人也." 鄭此訓與馬異, 馬氏是也. 『公羊』「定」四年「疏」云: "善柔, 謂口柔‧面柔‧體柔之屬." 與馬‧鄭各別. 陳氏鱣『古訓』疑爲鄭義, 非也.

○ 「주」의 "낯빛을 부드럽게 잘 꾸미는 것이다."
○ 정의에서 말한다.

『이아』「석훈」에 "척시(戚施)는 낯빛을 부드럽게 꾸민다[面柔]는 뜻이다."라고 했고, 정현은 『시경』「신대」를 주석하면서 "척시(戚施)는 면유(面柔)이니 낯빛을 부드럽게 꾸며서 남에게 낮추는 것이다."라고 했는데, 이것이 그 뜻이다. 정현은 이 장의 「주」에서 "선유(善柔)는 비

---

69 『논어정의』에는 "後漢書"로 되어 있는데, 이는 『전한서』를 근거로 고쳤다.

굴하게 자신을 낮춰 남이 하라는 대로 한다[夸毗]는 뜻이다."라고 했다. 살펴보니,『이아』「석훈」에 "과비(夸毗)는 몸을 부드럽게 한다[體柔]는 뜻이다."라고 했고,『모시』「판」에 "비굴하게 굽실거리지 말라[無爲夸毗]." 했고,「전(傳)」에 "과비(夸毗)는 몸으로 남에게 부드럽게 대한다[以體柔]는 뜻이다."라고 했는데, 정현의 이 뜻풀이는 마융과는 다르니, 마씨가 옳다.『춘추공양전』「정공」 4년의「소」에 "선유(善柔)는 입으로 남에게 부드럽게 구는 것과 얼굴로 부드럽게 구는 것, 몸으로 부드럽게 구는 것 따위이다."라고 했는데 마융이나 정현과 각각 구별된다. 진전의『논어고훈』에 정현의 뜻일 것이라고 의심하는데, 아니다.

- 「注」, "便, 辯也, 謂佞而辯."
- 正義曰:『爾雅』「釋訓」, "諸諸·便便, 辨也." 辨·辯字同. 何休『公羊解詁』引此文,『釋文』云: "辯佞如字. 本亦作便佞."「疏」云: "辯佞, 辯爲媚矣." 是陸·徐所見本均用鄭義. 宋氏翔鳳輯鄭「注」「校」云: "『御覽』四百六引此「注」'便佞也', 文異義同."
○「주」의 "'편(便)'은 '변(辯)'이니, 말재주를 부려 변명함을 이른다."
○ 정의에서 말한다.
『이아』「석훈」에 "제제(諸諸)와 편편(便便)은 말을 잘한다[辨]는 뜻이다."라고 했는데, 변(辨)과 변(辯)은 같은 글자이다. 하휴의『춘추공양해고』에 이 글을 인용했는데,『경전석문』에 "변녕(辯佞)은 본뜻대로 해석해야 한다. 판본에 따라서는 또 편녕(便佞)으로 되어 있다."라고 했고,『춘추공양전주소』의「소」에 "변녕(辯佞)은 말재주를 피워 아첨한다[辯爲媚]는 뜻이다."라고 했으니 육덕명(陸德明)과 서선민(徐仙民)이 본 판본은 똑같이 정현이 뜻을 쓴 것이다. 송상봉(宋翔鳳)은 정현의「주」「교」를 모아 이르길, "『태평어람』권 406에 이「주」의 '편녕야(便佞也)'를 인용했는데, 글자는 다르지만 뜻은 같다."라고 했다.

16-5

孔子曰: "益者三樂, 損者三樂. 樂節禮樂,【注】動得禮樂之節. 樂道人之善, 樂多賢友, 益矣. 樂驕樂, 【注】孔曰: "恃尊貴以自恣."
樂佚遊, 【注】王曰: "'佚遊', 出入不節." 樂宴樂, 損矣."【注】孔曰:
"'宴樂', 沈荒淫瀆. 三者自損之道."

공자가 말했다. "유익한 것도 세 가지 즐거움이 있고, 해로운 것
도 세 가지 즐거움이 있다. 예악으로 내 자신을 절도에 맞게 하는
것을 즐거워하며, 【주】 모든 동작(動作)이 예악의 절도에 맞음이다. 남의 선
을 말하기 즐거워하며, 현명한 벗을 많이 가진 것을 즐거워하면
유익하다. 존귀함을 믿고 스스로 방자하게 굴기를 즐거워하며,
【주】 공안국이 말했다. "존귀함을 믿고 스스로 방자하게 구는 것이다." 편안하게
노는 것을 즐거워하며, 【주】 왕숙이 말했다. "'일유(佚遊)'는 나고 듦에 절도
에 맞지 않는 것이다." 잔치하며 즐기는 것을 즐거워하면 해롭다."
【주】 공안국이 말했다. "'연락(宴樂)'은 술에 빠져 일을 황폐하게 만들고 여색에 지나
치게 빠진다는 것이다. 이 세 가지는 스스로를 해치는 길이다."

원문 正義曰: "道人之善"者, 道猶說也, 若舜隱惡揚善也. "賢友"即直諒多聞
是也. "佚遊"者, 佚猶放也. 『釋文』云: "佚, 本亦作逸." 二字古通用.

역문 정의에서 말한다.

"남의 선을 말함[道人之善]"에서 도(道)는 설(說)과 같으니, 이는 순(舜)이
남의 악을 숨겨 주고 선을 드러내 준 것[70]과 같다. "현명한 벗[賢友]"은 바

---

70 『중용』 제6장: 공자가 말했다. "순임금은 크게 지혜로운 분이실 것이다. 순임금은 묻기를 좋
아하고, 평범한 말을 살피기를 좋아하시되, 악(惡)을 숨겨 주고 선(善)을 드러내시며, 두 끝
을 잡고 헤아려 그 중(中)을 취한 뒤에 백성에게 쓰셨으니, 이 때문에 순임금이 되신 것이

로 정직하고 진실하며 견문이 많은 사람이 그들이다. "편안하게 논다[佚遊]"에서 "일(佚)"은 방(放)과 같다. 『경전석문』에 "일(佚)은 판본에 따라 또 일(逸)로도 되어 있다."라고 했는데, 옛날에는 두 글자가 통용되었다.

- 「注」, "動得禮樂之節."
- 正義曰: 禮得其體, 樂得其和, 動必由之, 有制節也. 『禮記』「玉藻」云: "古之君子必佩玉, 右征角, 左宮羽, 趨以「采薺」, 行以「肆夏」, 周還中規, 折旋中矩, 進則揖之, 退則揚之, 然後玉鏘鳴也." 鄭「注」, "君子, 士已上."
- ○ 「주」의 "모든 동작(動作)이 예악의 절도에 맞음이다."
- ○ 정의에서 말한다.

   예(禮)가 그 체(體)에 맞고 음악[樂]이 그 조화에 맞으며, 모든 동작 반드시 그것을 말미암아 절제가 있는 것이다. 『예기』「옥조」에 "옛날 군자는 반드시 옥을 차니 오른쪽은 치(徵)와 각(角)을, 왼쪽은 궁(宮)과 우(羽)를 차서 종종걸음으로 빨리 걸어갈 때는 「채제(采薺)」의 곡조에 맞추고, 걸어갈 때에는 「사하(肆夏)」의 곡조에 맞추며, 둥글게 돌 때는 규(規)에 맞게 하고, 꺾어서 돌 때에는 구(矩)에 맞게 하며, 나아가 앞으로 갈 때에는 읍하는 듯하고 물러나 뒤로 갈 때에는 상체를 약간 드니, 이렇게 한 뒤에야 옥소리가 쨍그랑 하고 울린다."라고 했는데, 정현의 「주」에 "군자(君子)는 사 이상이다."라고 했다.

   『大戴記』「保傅」云: "行中鸞和, 步中「采茨」, 趨中「肆夏」, 所以明有度也." 又云: "天子處位不端, 受業不敬, 言語不序, 聲音不中律, 進退節度無禮, 升降揖讓無容, 周旋俯仰視瞻無儀, 妄顧咳唾趨行不得, 色不比順, 隱琴瑟, 凡此其屬太保之任也." 是言在位者有禮樂之節也.
   『대대례』「보부(保傅)」에 "디닐 때에는 방울[鸞和]소리에 맞추고, 걸어갈 때는 「채자(采茨)」의 곡조에 맞추며, 종종걸음으로 빨리 걸어갈 때는 「사하」의 곡조에 맞추는 것은 절도가 있

다.[子曰: "舜其大知也與. 舜好問而好察邇言, 隱惡而揚善, 執其兩端, 用其中於民, 其斯以爲舜乎."]

음을 밝히기 위한 것이다."라고 했고, 또 "천자가 자리에 있으면서 단정치 못한 것, 배운 바를 공경하지 않는 것, 언어가 순서에 맞지 않는 것, 성음이 음률에 맞지 않는 것, 나아가고 물러나는 절도(節度)에 예가 없는 것, 올라가고 내려가면서 읍하고 손을 들어 수평을 이루는 절[讓][71]을 함에 볼썽사나운 것, 두루 돌아보고 몸을 돌리며 굽어보고 올려다보며 가까이 보고 멀리 봄에 있어서 위의가 없는 것, 함부로 돌아보고 기침을 하고 침을 뱉으며 종종걸음으로 빠르게 걸어가서 절도에 맞지 않는 것, 얼굴빛을 순하게 하지 않는 것, 거문고나 비파에 의지하는 것, 이상의 모든 것들은 태보(太保)의 직임에 속하는 것이다."라고 했는데, 이는 지위에 있는 자에게는 예악의 절도가 있음을 말한 것이다.

- 「注」, "'佚遊', 出入不節."
- 正義曰: "出入"猶言往反. 『書』「皐陶謨」云: "無若丹朱傲, 惟慢遊是好." 『孟子』「梁惠王下」載晏子對景公云: "從流下而忘反謂之流, 從流上而忘反謂之連, 從獸無厭謂之荒." 是"佚遊"爲非義也. 「無逸」言"文王不敢盤于遊田", 其戒嗣王, "無淫于・觀于・逸于・遊于田", 胥是意也.
- 「주」의 "'일유(佚遊)'는 나고 듦이 절도에 맞지 않는 것이다."
- 정의에서 말한다.
  "출입(出入)"은 가고 되돌아옴[往反]이라는 말과 같다. 『서경』「고요모」에 "단주(丹朱)처럼 오만하지 말라. 그는 오로지 태만하게 노는 것만 좋아하였다."라고 했고, 『맹자』「양혜왕하」에 안자가 경공(景公)에게 대답한 것을 기록했는데, 거기에 "물길을 따라 아래로 내려가서 돌아올 줄 모르는 것을 '유(流)'라 하고, 물길을 거슬러 위로 올라가서 돌아올 줄 모르는 것을 '연(連)'이라 하고, 사냥에 빠져 만족함이 없는 것을 '황(荒)'이라 한다."라고 했으니, 이는 "일유(佚遊)"를 비의(非義)로 여긴 것이다. 『서경』「무일」에 "문왕이 감히 유람하고 사냥하는 것을 편안히 여기지 않았다."라고 했는데, 주공이 사왕[嗣王: 성왕(成王)]을 경계하면서 "지나치게 놀지 말고 안일하게 지내지 말며 사냥을 다니지 말라"라고 한 것은 모두 이 뜻이다.

---

71 『논어정의』에는 "撰"으로 되어 있다. 『대대례』「보부(保傅)」를 근거로 "讓"으로 고쳤다.

● 「注」, "'宴樂', 沈荒淫瀆."

● 正義曰: 『說文』云: "宴, 安也." 飮食所以安體, 故亦曰宴. 『漢書』「成帝紀」, "帝爲太子, 其後幸酒樂燕." "樂宴"作"燕"者, 叚借字. 『易』「象傳」, "君子以飮食宴樂." 鄭「注」, "宴, 享宴也." 彼是以禮飮食, 與此"宴樂"爲沈荒淫瀆不同.

○ 「주」의 "'연락(宴樂)'은 술에 빠져 일을 황폐하게 만들고 여색에 지나치게 빠진 것이다."

○ 정의에서 말한다.

『설문해자』에 "연(宴)은 편안하다[安]는 뜻이다."[72]라고 했는데, 음식이 몸을 편안하게 하기 때문에 또한 연(宴)이라고도 하는 것이다. 『전한서』「성제기」에 "성제가 태자가 되었으나 그 뒤에 술을 좋아하고 잔치하는 놀이[樂燕]를 즐겼다."라고 했는데, "낙연(樂宴)"을 "연(燕)"으로 쓴 것은 글자를 가차(叚借)한 것이다. 『주역』「상」에 "군자가 보고서 음식을 먹고 향연을 즐긴다[宴樂]."[73]라고 했는데, 정현의 「주」에 "연(宴)은 향연(享宴)이다."라고 했으니, 이것은 예로써 마시고 먹는 것이니, 이 장의 「주」에서 "연락(宴樂)"을 술에 빠져 일을 황폐하게 만들고 정도를 지나치고 남을 깔보며 오만한 것[沈荒淫瀆]이라고 한 것과는 같지 않다.

『書』「微子」云: "沈酗于酒." 「大雅」「抑詩」云: "荒湛于酒." "湛"與"沈"同. 『春秋左氏傳』以貪于飮食爲饕餮, 而晏子亦以飮食若流戒齊景公. 古人燕飮, 非時不擧, 非有故不特殺, 不欲以口腹之欲敗乃度也. "淫瀆"謂淫於女色, 「注」是推廣言之. 『史記』「樂書」, "宋音燕女溺志." 「集解」引王肅曰: "燕, 歡悅也."

『서경』「상서(商書)·미자(微子)」에 "술에 빠져서 주정을 한다[沈酗于酒]."라고 했고, 『시경』「대아·억」에 "술에 빠져서 잠겨 있다[荒湛于酒]."라고 했는데, "담(湛)"은 "침(沈)"과 같은 뜻이다. 『춘추좌씨전』에서는 음식을 탐하는 것을 도철(饕餮)[74]이라고 하고, 안자 역시 마

---

72 『설문해자』권7: 연(宴)은 편안하다[安]는 뜻이다. 면(宀)으로 구성되었고 안(妟)이 발음을 나타낸다. 어(於)와 전(甸)의 반절음이다.[宴, 安也. 從宀妟聲. 於甸切.]

73 『주역』「수(需)·상(象)」.

74 도철(饕餮): 진운씨(縉雲氏)의 아들로, 재물을 탐하는 것을 도(饕)라 하고, 음식을 탐하는 것을 철(餮)이라 한다. 또한 사람을 잡아먹는다는 악수(惡獸)의 이름으로, 탐욕이 많고 악한 사람을 비유하는 데 쓰인다.

시고 먹는 것을 물 쓰듯이 낭비하는 것을 가지고 제 경공(齊景公)에게 경계하였다.[75] 옛사람들은 연음(燕飮)을 제때가 아니면 거행하지 않았고, 까닭이 없으면 희생을 특별히 잡지 않았으니, 구복(口腹)의 욕심 때문에 그들의 절도를 무너뜨리고자 하지 않았던 것이다. "음독(淫瀆)"은 여색에 지나치게 빠진다는 말인데, 「주」는 이 뜻을 미루어 확대해서 말한 것이다. 『사기』「악서」에 "송나라 음은 여자에 빠져서 뜻을 탐닉하게 한다."라고 했는데, 「집해」에 왕숙(王肅)을 인용해서 "연(燕)은 기뻐한다[歡悅]는 뜻이다."라고 했다.

16-6

孔子曰: "侍於君子有三愆: 【注】 孔曰: "愆, 過也." 言未及之而言謂之躁, 【注】 鄭曰: "躁, 不安靜." 言及之而不言謂之隱, 【注】 孔曰: "隱匿不盡情實." 未見顏色而言謂之瞽." 【注】 周曰: "未見君子顏色所趣向, 而便逆先意語者, 猶瞽也."

공자가 말했다. "군자를 모시는데 세 가지 허물이 있다. 【주】 공안국이 말했다. "건(愆)'은 허물[過]이다." 말이 미치지 않았는데 말하는 것을 조급함[躁]이라 하고, 【주】 정현이 말했다. "조(躁)'는 불안정한 것이다." 말이 미쳤는데 말하지 않는 것을 숨김[隱]이라 하며, 【주】 공안국이

---

75 『맹자(孟子)』「양혜왕하(梁惠王下)」: 지금은 그렇지 않아 군대를 데리고 다니면서 양식을 먹어, 백성들이 굶주려도 먹지 못하고 수고로워도 쉬지 못해 눈을 흘겨보며 서로 비방하여 마침내는 원망을 하는데도, 왕명(王命)을 거역하고 백성을 학대하며 마시고 먹는 것을 물 쓰듯이 낭비하며 뱃놀이와 사냥과 음주에 빠져 제후들의 걱정거리가 되고 있습니다.[今也不然, 師行而糧食, 飢者弗食, 勞者弗息, 睊睊胥讒, 民乃作慝, 方命虐民, 飲食若流, 流連荒亡, 爲諸侯憂.]

> 말했다. "숨기고서 실정을 다 말하지 않는 것이다." 안색을 보지 않고 말하는
> 것을 소경[瞽]이라 한다."【주】주생렬이 말했다. "군자의 안색이 쏠리는[趣向]
> 바를 보지 않고, 지레 군자의 생각을 미리 헤아려 말하는 것은, 소경과 같은 짓이다."

원문 正義曰: "言及之而不言", 皇本無"而"字. 『韓詩外傳』曰: "未可與言而言
謂之瞽, 可與之言而不與之言謂之隱. 君子不瞽言, 謹愼其序." 略本『論
語』此文. 『集注』引尹氏焞曰: "時然後言, 則無三者之過."

역문 정의에서 말한다.

"말이 미쳤는데 말하지 않는 것[言及之而不言]"이라고 했는데, 황간본에
는 "이(而)" 자가 없다. 『한시외전』에 "아직 더불어 말할 만하지 못한데 말
하는 것을 소경[瞽]이라 하고, 더불어 말할 만한데 함께 말하지 않는 것을
숨김[隱]이라 한다. 군자는 소경이 보지도 않고 하는 말처럼 무분별한 말
[瞽言]을 하지 않으며, 그 순서를 삼가고 신중히 한다."라고 했는데, 대략
『논어』의 이 글을 근거한 것이다. 『논어집주』에는 윤돈(尹焞)[76]이 "때에
맞은 뒤에 말하면 세 가지 잘못이 없을 것이다."라고 한 말을 인용했다.

---

76 윤돈(尹焞, 1071~1142): 북송 하남(河南) 사람. 자는 언명(彦明) 또는 덕충(德充)이고, 호는
화정(和靖)이며, 윤원(尹源)의 손자다. 젊었을 때 정이(程頤)를 사사(師事)했다. 원우(元祐)
4년(1089) 거인(擧人)이 되어 응거(應擧)했는데, 시제(試題)가 원우(元祐)의 제신(諸臣)들을
주륙(誅戮)해야 한다는 것을 보고 포기하고 돌아와 다시는 응시하지 않았다. 흠종(欽宗) 정
강(靖康) 초에 종사도(種師道)가 천거하여 경사(京師)에 와 화정처사(和靖處士)란 호를 하
사받았다. 고종(高宗) 소흥(紹興) 초에 숭정전설서(崇政殿說書)와 예부시랑(禮部侍郞) 겸
시강(侍講), 휘유각대제(徽猷閣待制) 등을 역임했다. 상서하여 금나라와의 화의를 극력 반
대하다가 치사(致仕)를 요청했다. 학문적으로는 내성함양(內省涵養)을 중시하고 박람(博
覽)을 추구하지 않았다. 저서에 『논어맹자해(論語孟子解)』와 『화정집(和靖集)』, 『문인문답
(門人問答)』이 있다.

● 「注」, "愆, 過也."

● 正義曰: 『爾雅』「釋言」, "愆, 過也." 『說文』, "愆, 過也. 諐, 籀文."

○ 「주」의 "건(愆)은 허물[過]이다."

○ 정의에서 말한다.

　『이아』「석언」에 "건(愆)은 허물[過]이다."라고 했고, 『설문해자』에 "건(愆)은 허물이다[過]. 건(諐)은 건(愆)의 주문(籀文)이다."[77]라고 했다.

● 「注」, "躁, 不安靜."

● 正義曰: 『說文』, "趮, 疾也." "躁"卽"趮"字. 「考工記」, "羽豐則遲, 殺則趮." 趮與遲對文, 亦訓疾. 人性疾則不安靜. 『釋名』「釋言語」云"躁, 燥也, 物燥乃動而飛揚也." 是也. 『釋文』引「注」更云: "『魯』讀躁爲傲, 今從『古』." 盧氏『考證』曰: "未及言而先自言之, 是以己所知者, 傲人之不知也." 此則『魯』義, 與『古』不同.

○ 「주」의 "조(躁)는 불안정한 것이다."

○ 정의에서 말한다.

　『설문해자』에 "조(趮)는 빠르다[疾]는 뜻이다."[78]라고 했는데, "조(躁)"는 바로 "조(趮)" 자이다. 『주례』「동관고공기하 · 시인」에 "살의 깃이 많으면 느리고, 깃의 양을 줄이면 빠르다[殺則趮]."라고 했는데, 조(趮)와 지(遲)는 대구(對句)가 되는 글자이니, 역시 빠르다[疾]는 뜻이다. 사람의 성질이 빠르면 불안정하다. 『석명』「석언어」에 "조(躁)는 마름[燥]이니, 물건이 말라서 이에 움직이다가 흩날린다는 뜻이다."라고 했는데 옳다. 『경전석문』에 「주」를 인용해서 다시 이르길, "『노논어』에서는 조(躁)를 오(傲)의 뜻으로 읽으니, 지금은 『고논어』를

77　『설문해자』권10: 건(愆)은 허물[過]이다. 심(心)으로 구성되었고 연(衍)이 발음을 나타낸다. 건(諐)은 건(愆)의 혹체자인데 한(寒)의 생략형으로 구성되었다. 건(諐)은 건(愆)의 주문(籀文)이다. 거(去)와 건(虔)의 반절음이다.[愆, 過也. 從心衍聲. 諐, 或從寒省. 諐, 籀文. 去虔切.]

78　『설문해자』권2: 조(趮)는 빠르다[疾]는 뜻이다. 주(走)로 구성되었고 소(喿)가 발음을 나타낸다. 칙(則)과 도(到)의 반절음이다.[趮, 疾也. 從走喿聲. 則到切.]

따른다.”라고 했고, 노문초의 『경전석문고증』에는 “말할 때에 미치지 않았는데 먼저 스스로 말하는데, 이는 자기가 알고 있는 것을 가지고 남이 알지 못하는 것을 업신여기는 것이다.”라고 했는데, 이것이 『노논어』의 뜻이니, 『고논어』와는 같지 않다.

『荀子』「勸學篇」, “未可與言而言謂之傲, 可與言而不言謂之隱, 不觀顔色而言謂之瞽. 君子不傲, 不隱, 不瞽, 謹順其身.” 『鹽鐵論』「孝養篇」, “言不及而言者, 傲也.” 竝用『魯論』作“傲”. 陳氏鱣曰: “「繫辭傳」云‘躁人之辭多’, 故鄭從『古』作躁.”

『순자』「권학편」에 “아직 더불어 말할 만하지 못한데 말하는 것을 오만함[傲]이라 하고, 더불어 말할 만한데 말하지 않는 것을 숨김[隱]이라 하며, 안색을 살피지도 않고 말하는 것을 소경[瞽]이라 한다. 군자는 오만하지 않고 숨기지 않으며 오만하지 않고, 자기 자신을 삼가면서 도리를 따른다.”라고 했고, 『염철론』「효양」에 “말이 미치지 않았는데 말하는 것은 오만이다.”라고 했는데, 모두 『노논어』를 인용해서 “오(傲)” 자를 썼다. 진전이 말하길, “『주역』「계사하」에 ‘조급한 사람은 말이 많다.’라고 했기 때문에 정현은 『고논어』에 조(躁)로 되어 있는 것을 따른 것이다.”라고 했다.

16-7

孔子曰: “君子有三戒: 少之時, 血氣未定, 戒之在色; 及其壯也, 血氣方剛, 戒之在鬪; 及其老也, 血氣旣衰, 戒之在得.”
【注】孔曰: “‘得’, 貪得.”

공자가 말했다. “군자에게는 세 가지 경계할 것이 있다. 젊을 때에는 혈기가 안정되지 않으므로 경계해야 할 것이 여색에 있고, 장성해서는 혈기가 한창 강성해지기 때문에 경계해야 할 것이 싸

움에 있으며, 늙어서는 혈기가 이미 쇠약해졌으므로 경계해야 할
것이 얻는 것을 탐하는 데 있다."【주】공안국이 말했다. "'득(得)'은 얻는
것을 탐하는 것이다."

원문 正義曰:『說文』云:"羑, 警也. 從廾持戈, 以戒不虞." 又云:"壯, 大也."
『爾雅』「釋詁」同.「曲禮」云:"三十曰壯.""鬪"猶爭也.『說文』, "鬥, 兩士
相對, 兵杖在後, 象鬥之形. 鬪, 遇也. 從鬥斲聲." 二字義微別, 今經典通
作"鬪".

역문 정의에서 말한다.

　『설문해자』에 "계(羑)는 경계한다[警]는 뜻이다. 두 손으로 창을 잡고
서 예기치 못한 변을 경계하는 모양으로 구성되었다."[79]라고 했고, 또
"장(壯)은 크다[大]는 뜻이다."[80]라고 했는데, 『이아』「석고」에도 똑같다.
『예기』「곡례상」에 "서른 살을 장(壯)이라 한다."라고 했다. "투(鬪)"는 쟁
(爭)과 같다. 『설문해자』에 "투(鬥)는 두 병사가 마주 대하고, 병장기가
뒤에 있는 모양이니 싸우는 모양을 상형하였다.[81] 투(鬪)는 상대한다[遇]
는 뜻이다. 투(鬥)로 구성되었고, 착(斲)[82]이 발음을 나타낸다."[83]라고 했

79　『설문해자』권3: 계(羑)는 경계한다[警]는 뜻이다. 두 손으로 창을 잡고서 예기치 못한 변을
　　경계하는 모양으로 구성되었다. 거(居)와 배(拜)의 반절음이다.[羑, 警也. 從廾持戈, 以戒不
　　虞. 居拜切.]

80　『설문해자』권1: 장(壯)은 크다[大]는 뜻이다. 사로 구성되었고 장(爿)이 발음을 나타낸다.
　　측(側)과 양(亮)의 반절음이다.[壯, 大也. 從士爿聲. 側亮切.]

81　『설문해자』권3: 투(鬥)는 두 병사가 마주 대하고, 병장기가 뒤에 있는 모양이니 싸우는 모
　　양을 상형하였다. 모든 투(鬥)부에 속하는 한자는 다 투(鬥)의 뜻을 따른다. 도(都)와 두(豆)
　　의 반절음이다.[鬥, 兩士相對, 兵杖在後, 象鬥之形. 凡鬥之屬皆從鬥. 都豆切.]

으니, 두 글자의 뜻이 미세하게 구별되지만 지금의 경전에서는 통용해서 "투(鬭)"라고 쓴다.

원문 『釋文』, "得, 或作德, 非." 翟氏灝『考異』, "『淮南』「詮言訓」, '凡人之性, 少則猖狂, 壯則強暴, 老則好利.' 本此章." 張栻『論語解』, "人有血氣, 則役於血氣, 血氣有始終盛衰之不同, 則其所役亦隨而異. 夫血氣未定, 則動而好色; 血氣方剛, 則銳而好鬭; 血氣旣衰, 則歉而志得. 凡民皆然, 爲其所役者也. 於此而知戒, 則義理存; 義理存, 則不爲其所役矣."

역문 『경전석문』에 "득(得)은 더러 덕(德)으로도 되어 있는데, 잘못이다."라고 했다. 적호(翟灝)의 『사서고이』에 "『회남자』「전언훈」에 '무릇 사람의 성품은 젊어서는 미친 듯이 사납게 날뛰고, 장성하면 사납고 포악해지며, 늙으면 이익을 좋아한다.'라고 했는데, 이 장에서 근거한 것이다."라고 했다. 장식(張栻)의 『논어해』에 "사람이 혈기가 있으면 혈기에 부림을 당하게 되는데, 혈기는 처음과 끝 왕성함과 쇠약함이 같지 않으니 부림을 당함 역시도 따라서 달라진다. 대체로 혈기가 안정되지 않으면 경거망동하면서 여색을 좋아하고, 혈기가 한창 강해지면 날래어 싸움을 좋아하며, 혈기가 이미 쇠약해지면 시름시름 하면서 얻을 것을 탐하는 데 뜻을 둔다. 모든 백성들이 다 그런 것은 혈기에 부림을 당하기 때문이다. 여기에 대해 경계할 줄 알면 의리가 보존되고, 의리가 보존되면

---

82 『설문해자』 권14 「斤部」에 "착(斮)은 벤다[斫는 뜻이다. 근(斤)과 㫁로 구성되었다. 착(斵) 과 작(斱)은 혹자체인데 화(畫)로 구성되었고 극(刉)으로 구성되었다. 죽(竹)과 각(角)의 반절음이다.斮, 斫也. 從斤㫁. 斵·斱或從畫從刉. 竹角切.]"라고 했고, 『강희자전(康熙字典)』에는 "착(斵)"과 같은 글자라고 했다.

83 『설문해자』 권3: 투(鬭)는 상대한다[遇]는 뜻이다. 투(鬥)로 구성되었고 착(斲)이 발음을 나타낸다. 도(都)와 두(豆)의 반절음이다.鬭, 遇也. 從鬥斲聲. 都豆切.]

혈기에 부림을 당하지 않게 될 것이다."라고 했다.

16-8

孔子曰: "君子有三畏: 畏天命, 畏大人, 【注】順吉逆凶, 天之命也.
'大人', 卽聖人, 與天地合其德. 畏聖人之言. 【注】深遠不可易知測, 聖人
之言也. 小人不知天命而不畏也, 狎大人, 侮聖人之言." 【注】恢
疏, 故不知畏. 直而不肆, 故狎之. 不可小知, 故侮之.

공자가 말했다. "군자에게는 세 가지 두려워함이 있으니, 천명을
두려워하며, 대인을 두려워하며, 【주】 순종하면 길하고 거스르면 흉한 것
이 하늘의 명(命)이다. 대인(大人)은 바로 성인(聖人)이니 그 덕이 천지와 부합한다.
성인의 말을 두려워한다. 【주】 심원(深遠)하여 쉽게 알 수도 헤아릴 수도 없
는 것이 성인의 말이다. 소인은 천명을 알지 못하여 두려워하지 않으
며, 대인을 가벼이 여기며, 성인의 말을 업신여긴다." 【주】 하늘의
그물이 그물눈이 넓고 커서 엉성하다고 여겨 두려워할 줄 모른다. 대인은 곧으면서
도 방자하지 않기 때문에 대인을 가벼이 여긴다. 작은 지혜로는 완전히 알 수 없기
때문에 성인의 말을 업신여긴다.⁸⁴

---

84 不可小知: 『논어집주』「위령공」 주희의 「주」에는 "지(知)는 내가 아는 것이다. 군자(君子)는
작은 일에 있어서 반드시 볼 만한 것은 아니나 재질과 덕(德)이 족히 중임(重任)을 맡을 만
하다.[知, 我知之也. 蓋君子於細事, 未必可觀, 而材德, 足以任重.]"라고 했으나, 앞의 "군자의
도는 작은 지혜로는 알 수가 없지만 크게 받아들일 수 있다.[君子不可小知, 而可大受也; 小
人不可大受, 而可小知也.]"라고 한 곳의 왕숙(王肅)의 「주」에 "군자의 도는 심원하여 작은
지혜로는 완전히 알 수 없지만 크게 받아들일 수는 있다.[君子之道深遠, 不可以小了知而可
大受.]"라고 했고, 『논어집해의소』「계씨(季氏)」 하안(何晏) 「주」의 "不可小知"라고 한 곳의

원문 正義曰: "天命", 兼德命·祿命言. 知己之命原於天, 則修其德命, 而仁義
之道無或失. 安於祿命, 而吉凶順逆必修身以俟之, 妄爲希冀者非, 委心任

運者亦非也. 且得位, 則行義以達其道, 不得位, 亦必隱居以求其志. 此方

是天地生人, 降厥德於我躬之意. 故惟君子能知天命而畏之也. 其畏之者,

恐己之德有未至, 無以成己成物, 有負於天耳.

역문 정의에서 말한다.

　"천명(天命)"은 덕명(德命)과 녹명(祿命)을 아울러 말한 것이다. 자기의

명이 하늘에 근원을 둔 것임을 알면 그 덕명(德命)을 닦아 인의(仁義)의

도(道)를 혹시라도 잃는 경우가 없다. 녹명(祿命)을 편히 여기면서 길함

과 흉함, 순종과 거역에 있어 반드시 수신(修身)하여 천명을 기다려야 하

니, 망령되게 희망하고 바라는 것도 잘못이고, 마음에 맡기고 운으로 떠

넘기는 것도 잘못이다. 또 지위를 얻었으면 의를 행하여 그 도를 통달해

야 하고, 지위를 얻지 못했어도 반드시 은거(隱居)하여 그 뜻을 구해야

한다. 이것이 바야흐로 천지가 사람을 낳음에 내 몸에 그 덕을 내려 준

뜻이다. 이런 까닭에 오직 군자만이 능히 천명을 알아 두려워하는 것이

다. 두려워한다는 것은 자기의 덕이 지극하지 못해서 자신을 완성시키

고 남도 완성시킬 수 없어 하늘을 저버림이 있을까 두려워하는 것일 뿐

이다.

원문 鄭「注」, "大人, 謂天子諸侯爲政敎者." 言天子諸侯能爲政敎, 是爲賢德

之君. 程氏廷祚『說』, "大人, 謂當時之天子諸侯也. 天子有天下, 建立諸

황간(皇侃)의 「소」에 "경적(經籍)에 실린 글의 뜻이 심묘(深妙), 심오(深奧)하여 소인이 알

수 있는 바가 아니기 때문에 '작은 지혜로는 알 수가 없다[不可小知]'라고 한 것이다.[經籍深

妙, 非小人所知. 故云'不可小知'也.]"라고 했으므로 여기에서도 "小"를 "작은 지혜"로 번역했다.

侯, 與之分而治之. 君子之畏之者, 豈爲其崇高富貴哉? 位曰天位, 事曰天職, 則皆天命之所在也. 故進退必以禮, 匡諫必以正, 所謂'我非堯 · 舜之道, 不敢以陳於王前'也. 小人之於大人, 效奔走之恭, 極逢迎之巧, 而日導之以非, 所謂'是何足與言仁義', 則狎之甚也." 程氏此說, 指當時天子諸侯, 不必是賢德之君, 與鄭微異, 均得通也.

역문 정현의 「주」에 "대인(大人)은 천자와 제후로서 정교(政敎)를 행하는 자를 이른다."라고 했는데, 정교(政敎)를 제대로 시행하는 천자와 제후가 현덕(賢德)한 군주가 된다는 말이다. 정정조(程廷祚)의 『논어설』에 "대인(大人)은 당시의 천자와 제후를 이른다. 천자는 천하를 소유하고, 제후를 세워 그와 함께 나누어 다스린다. 군자가 대인을 두려워하는 것이 어찌 그가 숭고하고 부귀하기 때문이겠는가? 자리를 천위(天位)라 하고 일을 천직(天職)이라 하니, 그렇다면 모두 천명이 있는 곳이다. 그러므로 나아가고 물러나기를 반드시 예로써 하는 것이고 잘못을 간(諫)하여 바로잡음에 반드시 올바름으로써 하는 것이니, 이른바 '나는 요(堯) · 순의 도(道)가 아니면 감히 왕의 앞에서 말하지 않는다.'[85]라는 것이다. 소인은 대인(大人)에 대해 분주(奔走)한 공손함을 본받고, 비위나 맞추는 기교를 극진히 해서 날마다 잘못된 것으로 그를 인도하는 것이니 이른바 '이 임금과 어찌 충분히 함께 인의를 말할 수 있겠는가?'[86]라는 것이니, 가벼이 여기기를 심하게 한 것이다."라고 했다. 정씨(程氏)의 이 말은 당시의 천자와 제후를 가리키는 것으로 반드시 현덕(賢德)한 군주는 아니니 정현과는 약간의 차이가 있지만 모두 통할 수는 있는 것이다.

---

85 『맹자』「공손추하(公孫丑下)」.
86 『맹자』「공손추하」.

원문 朱氏彬『經傳考證』, “大人, 以位言.” 引「禮運」‘大人世及以爲禮’, 鄭「注」‘大人謂諸侯’, 可證鄭說.” 又引「士相見禮」‘與大人言, 言事君’, 鄭「注」, ‘大人, 卿大夫也.’「昭」十八年『左傳』, ‘閔子馬曰: "夫必多有是說, 而後及其大人. 大人患失而惑."’ 杜「注」, ‘大人, 在位者.’” 此解“大人”兼及卿大夫, 亦鄭義之引伸也. 是故“畏天命”, 則戒謹恐懼, 必致其修己安人‧安百姓之學; “畏大人”, 則秉禮懷刑, 必無有干犯其長上者; “畏聖人之言”, 則古訓是式, 必無有敢蔑棄先王之典者.

역문 주빈(朱彬)의 『경전고증』에 “대인(大人)은 지위를 가지고 말한 것이다.”라고 하면서, 인용하기를, “『예기』「예운」에 ‘대인(大人)은 대대로 세습하는 것을 예로 삼는다.’라고 했는데, 정현의 「주」에 ‘대인(大人)은 제후를 이른다’라고 했으니, 정현의 말을 증명할 수 있다.”라고 했고, 또 인용하기를, “『의례』「사상견례」에 ‘대인(大人)과 말할 때는 군주를 섬기는 일에 대해 말한다.’라고 했는데, 정현의 「주」에 ‘대인(大人)은 경대부(卿大夫)이다.’라고 했다. 『춘추좌씨전』「소공」18년에 ‘민자마(閔子馬)가 말했다. "반드시 백성들 사이에 이런 학문이 필요 없다. 말이 많이 유행한 뒤에야 그 영향이 대인(大人)들에게 미치는 것이니, 대인들은 벼슬을 잃을까 두려운 걱정으로 그 마음이 현혹되어서이다."’라고 했는데, 두예의 「주」에 ‘대인(大人)은 지위에 있는 자를 이른다.’라고 했다.”라고 하였다. 여기서는 “대인(大人)”을 해석하면서 경대부를 아울러 언급했으니, 정현의 뜻에서 의미를 확장시킨 것이다. 이런 까닭에 “천명을 두려워”하면, 경계하고 삼가며 두려워해서 반드시 자기를 수양하고 남을 편안하게 해 주며[修己安人] 백성을 편안하게 해 주는[安百姓] 학문을 이루게 되고, “대인을 두려워”하면 예(禮)를 갖추고 형벌을 생각해서 반드시 그 어른이나 윗사람을 범하는 자가 없어질 것이며, “성인의 말을 두려워”하면 옛 가르침을 본받아 반드시 선왕의 법도를 감히 능멸하거나 버리는 자가 없어질 것이다.

원문 鄭「注」云: "狎, 慣忽也." 孔穎達『書』「疏」謂慣見而忽之, 是謂小人狎侮其君上, 不加敬也.『廣雅』「釋詁」, "侮, 輕也, 傷也."『漢書』「外戚中山衛姬傳」, "不畏天命, 侮聖人言." 師古曰: "侮, 古侮字." 案,『說文』"侮"下云: "侮, 古文從母."「外戚傳」所引, 當出『古論』.

역문 정현의「주」에 "압(狎)은 소홀히 여기는 데 익숙해짐[慣忽]이다."라고 했고, 공영달(孔穎達)의『서경』「우서·대우모」의「소」에 익히 보아 소홀하게 대한다는 말이니, 이는 소인이 그 군주나 윗사람을 소홀히 대하고 가벼이 여겨 더 이상 공경하지 않음을 이르는 것이라고 했다.『광아』「석고」에 "모(侮)는 가벼이 여긴다[輕]는 뜻이며, 가볍게 여긴다[傷]는 뜻이다."라고 했고,『전한서』「외척중산위희전」에 "천명을 두려워하지 않고, 성인의 말을 업신여긴다[侮聖人言]."라고 했는데, 안사고(顏師古)는「주」에서 "모(侮)는 모(侮)의 고자(古字)이다."라고 했다. 살펴보니,『설문해자』의 "모(侮)" 자 아래 "모(侮)는 모(侮)의 고문인데 모(母)로 구성되었다."[87]라고 했으니,「외척전」에서 인용한 것은 당연히『고논어』에서 나온 것이다.

- 「注」, "順吉"至"其德".
- 正義曰:『易』「文言傳」, "積善之家, 必有餘慶; 積不善之家, 必有餘殃."『尸子』曰: "從道必

---

87 『설문해자』권8: 모(𤣥)는 상하게 한다[傷]는 뜻이다. 인(人)으로 구성되었고 매(毎)가 발음을 나타낸다. 모(侮)는 모(侮)의 고문인데 모(母)로 구성되었다. 문(文)과 보(甫)의 반절음이다.[𤣥, 傷也. 從人毎聲. 侮, 古文從母. 文甫切.]

吉, 反道必凶, 如影如響." 卽此「注」義. 『春秋繁露』「郊語篇」引此文解之云: "以此見天之不可不畏敬, 猶主上之不可不謹事. 不謹事主, 其禍來至顯; 不畏敬天, 其殃來至闇. '闇'者, 不見其端, 若自然也. 由是觀之, 天殃與上罰所以別者, 闇與顯耳. <u>孔子</u>同之, 俱言可畏也."

○「주」의 "순길(順吉)"부터 "기덕(其德)"까지.

○ 정의에서 말한다.

『주역』「곤괘」의 「문언」에 "선(善)을 쌓은 집에는 반드시 남은 경사가 있고, 불선(不善)을 쌓은 집에는 반드시 남은 재앙이 있다."라고 했고, 『시자』에 "도(道)를 따르면 반드시 길하고, 도를 거스르면 반드시 흉하니 이는 그림자와 같고 메아리와 같다."라고 했으니, 바로 이「주」의 뜻이다. 『춘추번로』「교어」에는 이 글을 인용해서 해석하기를, "이로써 하늘을 두려워하고 공경하지 않을 수 없는 것은 군주를 받들어 섬기지 않을 수 없는 것과 같음을 알 수 있다. 군주를 받들어 섬기지 않으면 그로 인한 화가 너무나도 분명하게 찾아오고, 하늘을 두려워하고 공경하지 않으면 그로 인한 재앙이 아주 은밀하게 다가온다. '은밀하다[闇]'라는 것은 그 실마리가 드러나지 않아 마치 저절로 그렇게 된 것과 같다는 것이다. 이로 말미암아 살펴보면 하늘의 재앙과 군주의 처벌이 구별되는 것은 은밀함과 분명함에 달려 있을 뿐이다. 공자도 이 둘을 동일하게 보았기 때문에 모두 두려워할 만하다고 말한 것이다."라고 했다.

又「順命篇」說此文云: "其祭社稷·宗廟·山川·鬼神, 不以其道, 無災無害. 至於祭天不享, 其卜不從, 使其牛口傷, 鼷鼠食其角, 或言食牛, 或言食而死, 或食而生, 或不食而自死, 或改卜而牛死, 或卜而食其角. 過有深淺厚薄, 而災有簡甚, 不可不察也. 以此見其可畏. 專誅絶者, 其唯天乎! 臣殺君, 子殺父, 三十有餘, 諸其賤者則損. 以此觀之, 可畏者, 其唯天命大人乎! 亡國五十有餘, 皆不事畏者也. 況不畏大人, 專誅之君之滅者, 何日之有哉?" 案, <u>董氏</u>言天命, 專主禍福, 必『論語』家舊說. 故此「注」同之. 又<u>董氏</u>解"大人"爲君上, 與<u>鄭</u>「注」同.

또 「순명」에서 이 글을 설명하면서 "사직과 종묘와 산천과 귀신에게 제사 지낼 때, 그 올바로 된 도리로써 지내지 않더라도 재앙도 없고 피해도 없다. 심지어 하늘에 제사 지낼 때 하늘이 흠향하지 않고, 그 점괘가 조짐이 불길하면 희생으로 사용하는 소의 입에 상처를 내게 하거나 생쥐로 하여금 희생으로 쓰는 소의 뿔을 갉아먹게 하는데, 어떤 곳에서는 생쥐가 소의 뿔을 갉아먹는다고 하고, 어떤 곳에서는 소의 뿔을 갉아먹으니 소가 죽었다고 하고, 어떤 곳에서는 뿔을 갉아먹어도 살아 있다고 하고, 어떤 곳에서는 뿔을 갉아먹지도 않았는데 소가 저절로 죽었다고 하고, 어떤 곳에서는 다른 소를 두고 점을 쳤더니 그 소도 죽었다고 하고, 어떤 곳에서는 점을 친 뒤에 생쥐가 희생용 소의 뿔을 갉아 먹었다고 한다. 과신에는 깊고 얕음과 파장이 크고 작은 차이가 있고, 재앙에는 가볍고 무거운 차이가 있으므로 자세히 살피지 않을 수 없다. 이로써 두려워할 만한 실체를 볼 수 있다. 죽이고 단절시키는 전권을 행사하는 것은 오직 하늘뿐일 것이다! 신하가 군주를 죽이고 아들이 아버지를 죽인 것이 30여 차례나 발생했는데, 지위가 비천한 자에 대해서는 여기에서는 이름을 적지 않고 그냥 '사람[人]'이라고 통칭했다. 이것을 가지고 살펴보면 두려워할 만한 것은 오직 천명과 대인뿐일 것이다. 춘추전국시대에 멸망한 나라가 50여 나라가 되는데, 모두 받들어 섬기거나 두려워하지 않았기 때문이다. 하물며 대인을 두려워하지 않고, 사람을 죽이는 권력을 전횡하는 군주가 멸망하는 것이 몇 날이나 남아 있겠는가?"라고 했다. 살펴보니, 동씨(董氏)가 말하는 천명은 오로지 화와 복을 위주로 한 것으로 반드시 『논어』 연구자들의 구설(舊說)이다. 그러므로 여기의 「주」와 내용이 같은 것이다. 또 동씨(董氏)는 "대인(大人)"을 군주[君上]라고 해석했으니, 정현의 「주」와 같다.

此「注」以"大人"爲卽聖人者, 『孟子』云: "有大人者, 正己而物正者也." 是"大人"卽聖人. 『易』「文言傳」, "夫大人者, 與天地合其德." 此「注」所本. 『中庸』云: "仲尼上律天時, 下襲水土. 辟如天地之無不持載, 無不覆幬; 辟如四時之錯行, 如日月之代明." 是聖人與天地合德也. 陳氏鱣『古訓』, "何解'大人'卽聖人, 則與下'聖人之言'相復, 是二畏矣." 故今不從之也.

여기의 「주」에서 "대인(大人)"을 바로 성인이라고 여긴 것은, 『맹자』 「진심상」에 "대인(大人)이 있으니, 자기 자신을 바르게 하매 남도 저절로 감화되어 바르게 되도록 하는[正己物正] 자이다."라고 했는데, 이때의 "대인(大人)"이 바로 성인이다. 『주역』 「건괘」의 「문언」, "대인이란 천지와 더불어 그 덕이 부합한다."라고 했는데, 여기의 「주」가 근거로 삼은 것이다. 『중용』에 "중니(仲尼)는 위로는 천시(天時)를 따르고, 아래로는 수토(水土)의 이치를 좇았다. 비유하면 하늘과 땅이 실어 주지 않음이 없고, 덮어서 감싸 주지 않음이 없는 것과 같으며, 비유하면 사시(四時)가 번갈아 운행함과 같고, 해와 달이 교대로 밝아지는 것과 같다."[88]라고 했는데, 이것은 성인이 천지와 더불어 그 덕이 부합하는 것이다. 진전은 『논어고훈』에서 "하안(何晏)은 '대인(大人)'은 바로 성인이라고 해석했는데, 그렇다면 바로 아래의 '성인의 말'과 중복이 되니 이는 이중으로 두려워하는 것이다."라고 했으므로, 지금 그의 설은 따르지 않는다.

- 「注」, "深遠不可易知測, 聖人之言也."
- 正義曰: 『繁露』「郊語篇」云: "天地神明之心, 與人事成敗之眞, 固莫之能見也, 惟聖人能見之. 聖人者, 見人之所不見者也, 故聖人之言亦可畏也." 又「順命篇」云: "魯宣違聖人之言, 變古易常, 而災立至, 聖人之言可不愼?" 董氏之旨, 亦主禍福. 此「注」則以聖言深遠, 難可知測, 或慮德闇, 易獲罪聖言也, 與『繁露』旨意當同.

○ 「주」의 "심원(深遠)하여 쉽게 알 수도 헤아릴 수도 없는 것이 성인의 말이다."
○ 정의에서 말한다.
  『춘추번로』「교어」에 "천지신명(天地神明)의 마음과 사람 일의 성공과 실패와 관련된 진리는 진실로 알 수 없고, 오직 성인만이 알 수 있다. 성인이란 사람들이 보지 못하는 것을 보기 때문에 성인의 말은 또한 두려워할 만한 것이다."라고 했고, 또 「순명」에 "노나라의 선공이 성인의 말을 저버리고 옛날 법도를 뜯어고치고 상도(常道)를 바꾸자 재앙이 즉시 닥쳤으니, 성인의 말을 신중하게 고려하지 않을 수 있겠는가?"라고 했으니, 동씨(董氏)의 취지는 역시 화와 복을 위주로 한 것이다. 여기의 「주」는 성인의 말은 심원해서 알기도 헤아리기도 어렵기 때문에 혹시라도 덕을 어둡게 해서 성인의 말에 죄를 얻기 쉬울까를 염려한다는 것이니, 『춘추번로』의 취지 및 의도와 당연히 같다.

- 「注」, "恢疎"至"侮之".
- 正義曰: 邢「疏」云: "案老子『德經』, 云: '天網恢恢, 疎而不失.' 言天之網羅, 恢恢疎遠, 刑淫賞善, 不失毫分也." 案, 天道難測, 故於報施有遲速顯闇之異. 小人不明此理, 故不畏也. "肆", 倨肆也, 言大人正直, 而無所肆傲於人, 故小人狎之. 『左』「襄」二十九年「傳」, "直而不倨." 杜「注」, "倨, 傲." 意略同. "小知"者, 小有所知也. 小人不知聖言, 故曰"不可小知".

88 『중용』 제30장.

○ 「주」의 "회소(恢疎)"부터 "모지("侮之")"까지.

○ 정의에서 말한다.

형병의 「소」에 "노자(老子)의 『덕경』을 살펴보니, '하늘의 그물은 그물눈이 넓고 커서 엉성하지만 놓치는 것이 없다.'[89]라고 했는데, 하늘의 그물은 그물눈이 넓고 커서 엉성하고 성글지만 음탕한 자를 형벌하고 착한 사람에게 포상을 하는 데는 갈라진 털끝만큼도 놓치는 것이 없다는 말이다."라고 했다. 살펴보니, 천도(天道)는 헤아리기 어렵기 때문에 보답하고 베푸는 데 더디고 빠르며 분명하고 은밀한 차이가 있다. 소인은 이 이치에 밝지 못하기 때문에 두려워하지 않는 것이다. "사(肆)"는 오만방자하다[倨肆]는 뜻이니, 대인은 곧으면서도 남에게 오만방자함이 없기 때문에 소인이 그를 소홀히 여기고 가벼이 여기는 것이다. 『춘추좌씨전』「양공」 29년의 「전」에 "곧으면서도 오만하지 않다[直而不倨]."라고 했는데, 두예의 「주」에 "거(倨)는 오만하다[傲]는 뜻이다."라고 했으니, 뜻이 대략 같다. "소지(小知)"란 조금은 아는 것이 있다는 말이다. 소인은 성인의 말을 알지 못하기 때문에 "소인이 알 수 있는 것이 아니다[不可小知]"라고 말한 것이다.

16-9

孔子曰: "生而知之者上也, 學而知之者次也. 困而學之, 又其次也. 【注】孔曰: "困', 謂有所不通." 困而不學, 民斯爲下矣."

공자가 말했다. "태어나면서 아는 사람은 자질이 가장 뛰어난 사람이고, 배워서 아는 사람은 그다음이고, 통하지 않는 것이 있어서 배우는 사람은 또한 그다음이다. 【주】 공안국이 말했다. "'곤(困)'은 통하지 않는 것이 있다는 말이다." 통하지 않는 것이 있는데도 배우지 않

---

89 『도덕경(道德經)』 73장.

으면 백성으로서 곧 자질이 가장 낮은 사람이 된다."

원문 正義曰: "上"·"次"·"又次", 皆言人資質之殊, 非謂其知有淺深也. 『中庸』云: "或生而知之, 或學而知之, 或困而知之, 及其知之, 一也." 鄭「注」, "困而知之, 謂長而見禮義之事, 己臨之而有不足, 乃始學而知之."

역문 정의에서 말한다.

"상(上)"·"차(次)"·"우차(又次)"는 모두 사람의 자질이 뛰어남을 말한 것이지, 지혜가 얕고 깊음이 있음을 이르는 것이 아니다. 『중용』에 "혹은 태어나면서 그것을 알고, 혹은 배워서 그것을 알며, 혹은 통하지 않는 것이 있어서 배워서 알지만, 그 아는 데에 미쳐서는 똑같다."[90]라고 했는데, 정현의 「주」에 "곤이지지(困而知之)는 성장하면서 예의(禮義)의 일을 보고, 자기가 임함에 부족함이 있어 이에 비로소 배워 안다는 말이다."라고 했다.

원문 『中庸』又云: "有弗學, 學之弗能, 弗措也; 有弗問, 問之弗知, 弗措也; 有弗思, 思之弗得, 弗措也; 有弗辨, 辨之弗明, 弗措也. 人一能之, 己百之; 人十能之, 己千之. 果能此道矣, 雖愚必明, 雖柔必强." 此言困學之事, 當百致其功也. 若使困而不學, 則蠢然罔覺, 斯爲材質之最下者, 不得爲士類矣.

역문 『중용』에 또 "배우지 않을지언정 배울 바에는 능하지 않고는 그만두지 않으며, 묻지 않을지언정 물을 바에는 알지 못하고는 그만두지 않으

---

90 『중용』제20장.

며, 생각하지 않을지언정 생각할 바에는 터득하지 않고는 그만두지 않으며, 분별하지 않을지언정 분별할 바에는 분명하지 않고는 그만두지 않아서, 남이 한 번에 잘하면 나는 백 번을 하며, 남이 열 번에 잘하면 나는 천 번을 해야 한다. 과연 이 방법을 해낼 수 있다면, 비록 어리석더라도 반드시 밝아지며, 비록 유약하더라도 반드시 강해질 것이다."라고 했는데, 이는 통하지 않는 것이 있어서 배우는[困學] 일은 마땅히 노력을 백분 발휘해야 함을 말한 것이다. 만약 통하지 않는 것이 있는데도 배우지 않는다면 미욱스러워져 깨닫지도 못해 이에 자질이 가장 낮은 사람이 될 것이니, 사류(士類)가 될 수 없다.

- 「注」, "'困', 謂有所不通."
- 正義曰: '不通'者, 言心有所隔塞也. 『廣雅』「釋詁」, "困, 窮也."
- ○「주」의 "곤(困)'은 통하지 않는 것이 있다는 말이다."
- ○ 정의에서 말한다.
  '통하지 않는[不通]' 것이란, 마음에 가로막히는 바가 있다는 말이다. 『광아』「석고」에 "곤(困)은 막힘[窮]이다."라고 했다.

16-10

孔子曰: "君子有九思: 視思明, 聽思聰, 色思溫, 貌思恭, 言思忠, 事思敬, 疑思問, 忿思難, 見得思義."

공자가 말했다. "군자는 아홉 가지 생각함이 있다. 볼 때에는 밝

게 볼 것을 생각하고, 들을 때에는 밝게 들을 것을 생각하며, 얼굴빛은 온화하게 할 것을 생각하고, 모습은 공손하게 할 것을 생각하며, 말은 성실하게 할 것을 생각하고, 일은 경건하게 할 것을 생각하며, 의심나는 것은 질문할 것을 생각하고, 분노가 일어날 때에는 환난을 초래할 수 있음을 생각하며, 얻을 것을 볼 때에는 의를 생각한다."

원문 正義曰: 孫氏奇逢『近指』, "九思, 皆思誠者之事." 案, 『孟子』云: "心之官則思, 思則得之, 不思則不得也." 君子嚴於所思, 而約之有此九端, 蓋凡言行, 莫能外是矣.

역문 정의에서 말한다.

손기봉(孫奇逢)의 『사서근지』에 "아홉 가지 생각[九思]은 모두 성실할 것을 생각하는 사람의 일이다."라고 했다. 살펴보니, 『맹자』에 "마음의 기능은 생각하는 것이니, 생각하면 얻고 생각하지 않으면 얻지 못한다."[91]고 했다. 군자는 생각하는 것에 대해 엄격하고 요약함에 이 아홉 가지 단서가 있으니, 대체로 모든 언행은 여기에서 벗어날 수 없을 것이다.

원문 『說文』, "聰, 察也." "色"謂顔色, "貌"謂禮容. 『尙書』「洪範」, "貌曰恭, 言曰從, 視曰明, 聽曰聰." "從"謂順乎理. 此文言"忠", 忠者誠實之謂, 誠實則順理可知. 『釋文』, "難, 乃旦反." 皇「疏」云: "一朝之忿, 忘其身以及其親, 是謂'難'也." 案, 『後漢』「吳祐傳」, "孝子忿必思難, 動不累親." 與皇

---

91 『맹자』「고자상」.

「疏」合.『大戴禮』「曾子立事」云: "忿怒思患." 患・難義同.

역문 『설문해자』에 "총(聰)은 살핀다[察]는 뜻이다."[92]라고 했다. "색(色)"은 안색(顔色)을 이르고, "모(貌)"는 예용(禮容)을 이른다. 『상서』「홍범」에 "모습은 공손하고, 말은 이치를 따르고, 봄은 밝고, 들음은 귀밝다."[93]라고 했는데, "종(從)"은 이치를 따른다는 말이다. 이 글에서 "충(忠)"을 말했는데, 충(忠)이란 성실(誠實)을 말하는 것이니, 성실하면 이치를 따른다는 것을 알 수 있다. 『경전석문』에 "난(難)은 내(乃)와 단(旦)의 반절음이다."라고 했다. 황간의 「소」에 "하루아침의 분노 때문에 자기 자신을 잊어버린 나머지 그 화가 어버이에게까지 미치게 하는 것, 이것을 '환난[難]'이라고 하는 것이다."라고 했다. 살펴보니, 『후한서』「오우전」에 "효자는 분하면 반드시 환난을 초래할 수 있음을 생각해야 행동거지가 어버이에게 누를 끼치지 않는다."라고 했으니, 황간의 「소」와 부합된다. 『대대례』「증자입사」에 "분하고 노여울 때는 환난을 생각해야 한다[忿怒思患]."라고 했는데, 환(患)과 난(難)은 뜻이 같다.

16-11

孔子曰: "見善如不及, 見不善如探湯, 吾見其人矣, 吾聞其語矣.【注】孔曰: "探湯, 喩去惡疾." 隱居以求其志, 行義以達其道, 吾聞其語矣, 未見其人也."

---

92 『설문해자』권12: 총(聰)은 살핀다[察]는 뜻이다. 이(耳)로 구성되었고 총(悤)이 발음을 나타낸다. 창(倉)과 홍(紅)의 반절음이다.[聰, 察也. 從耳悤聲. 倉紅切.]

93 『서경』「주서(周書)・홍범(洪範)」.

공자가 말했다. "선(善)을 보면 미치지 못할 듯이 열심히 노력하고, 불선(不善)을 보면 끓는 물을 만지듯 빨리 피하는 것에 대해서, 나는 그렇게 하는 사람도 보았고, 나는 그런 말도 들었다. 【주】공안국이 말했다. "끓는 물을 만지듯 빨리 피함은 신속하게 악(惡)을 물리침을 비유한 것이다." 그러나 숨어 살면서 자기의 뜻을 추구하고, 의(義)를 행하여 자기의 도를 달성하는 것에 대해서는, 나는 그런 말은 들었으나, 그렇게 하는 사람은 아직 보지 못했다."

원문 正義曰: "如不及", 如己所不及也. 『文子』「上德篇」, "文王見善如不及." 『孟子』云: "文王望道而未之見." 言文王如未之見也, 亦"如不及"之意.

역문 정의에서 말한다.

"미치지 못할 듯이 함[如不及]"은 자기가 미치지 못할 것처럼 한다는 뜻이다. 『문자』「상덕편」에, "문왕(文王)은 선을 보면 미치지 못할 듯이 열심히 노력했다."라고 했고, 『맹자』에 "문왕은 도(道)를 바라보면서도 도를 본 적이 없는 사람처럼 간절히 구하였다."라고 했는데, 문왕이 아직 도를 본 적이 없는 사람처럼 간절히 구했다는 말이니, 역시 "미치지 못할 듯이 열심히 노력했다"라는 뜻이다.

원문 "探湯"者, 以手探熱, 易致傷害也. 『爾雅』「釋詁」, "探, 取也." 郭「注」, "探者, 摸取也." 『說文』, "湯, 熱水也." 『孟子』, "冬日則飮湯." 『列子』「湯問篇」, "日初出, 則滄滄涼涼, 及日中, 如探湯." 亦以"探湯"喩熱. 『大戴禮』「曾子立事」云: "見善恐不得與焉, 見不善者, 恐其及己也." 盧辯「注」引此文, 明"探湯"卽"恐其及己"之意.

역문 "탐탕(探湯)"이란 손으로 끓는 물을 만져 상해를 입기 쉽다는 뜻이다.

『이아』「석고」에 "탐(探)은 취함[取]이다."라고 했는데, 곽박의 「주」에
"탐(探)이란 더듬어 찾아서 취한다[摸取]는 뜻이다."라고 했다. 『설문해자』
에 "탕(湯)은 끓는 물[熱水]이다."[94]라고 했고, 『맹자』에 "겨울철에는 끓는
물을 마신다[冬日則飮湯]."[95]고 했다. 『열자』「탕문」에 "해가 처음 솟아 나
올 때에는 춥고 서늘하다가 중천에 이르게 되면 마치 끓는 물을 만지는
것처럼 뜨겁다."라고 했는데, 역시 "탐탕(探湯)"을 끓는 물에 비유한 것이
다. 『대대례』「증자입사」에 "선을 보면 거기에 참여하지 못할까 두려워
하고, 불선한 것을 보면 그것이 자기에게 미칠까 두려워해야 한다."라고
했는데, 노변(盧辯)의 「주」에 이 글을 인용하여, "탐탕(探湯)"은 바로 "그
것이 자기에게 미칠까 두려워한다[恐其及己]"라는 뜻임을 밝혔다.

원문 "聞其語", 皆謂古語. "隱居求志"·"行義達道", 若伊尹耕莘, 而樂堯·舜

94　『설문해자』 권11: 탕(湯)은 끓는 물[熱水]이다. 수(水)로 구성되었고 양(昜)이 발음을 나타낸
　　다. 토(土)와 낭(郞)의 반절음이다.[湯, 熱水也. 從水昜聲. 土郞切.]

95　『맹자』「고자상」: 맹자가 말했다. "그대는 숙부(叔父)를 공경합니까? 아우를 공경합니까?'
　　하고 물으면, 그는 곧 '숙부를 공경합니다.' 하고 대답할 것이다. '아우가 시동(尸童)이 되면
　　누구를 공경하겠습니까?' 하고 물으면, 그는 곧 '아우를 공경합니다.' 하고 대답할 것이다. 자
　　네가 '숙부를 공경한다던 말은 어떻게 된 것입니까?' 하고 물으면, 그는 곧 '아우가 시동의 자
　　리에 있기 때문입니다.' 하고 대답할 것이니, 자네 역시 '술을 따를 때 고을 사람에게 먼저 따
　　른다고 한 것은 고을 사람이 빈객(賓客)의 자리에 있기 때문입니다.' 하고 말하라. 평상시 공
　　경하는 것은 형에게 있고, 잠시 공경하는 것은 고을 사람에게 있는 것이다." 맹계자가 이 말
　　을 듣고 말했다. "숙부를 공경해야 할 경우에는 숙부를 공경하고, 아우를 공경해야 할 경우
　　에는 아우를 공경하니, 의는 과연 밖에 있는 것이지 안으로 말미암는 것이 아닙니다." 공도
　　자가 말했다. "겨울철에는 끓는 물을 마시고 여름철에는 찬물을 마시니, 그렇다면 마시고 먹
　　는 것 또한 밖에 있는 것입니다.[孟子曰: "'敬叔父乎, 敬弟乎?' 彼將曰: '敬叔父.' 曰: '弟爲尸
　　則誰敬?' 彼將曰: '敬弟.' 子曰: '惡在其敬叔父也?' 彼將曰: '在位故也.' 子亦曰: '在位故也.' 庸
　　敬在兄, 斯須之敬在鄕人." 季子聞之曰: "敬叔父則敬, 敬弟則敬, 果在外, 非由內也." 公都子
　　曰: "冬日則飮湯, 夏日則飮水, 然則飮食, 亦在外也."]

之道, 及湯三聘而行其君臣之義, 以達其所守之道者也. 春秋之末, 賢人多隱. 故長沮·桀溺·接輿·丈人, 皆潔己自高, 不復求其所志. 夫子"未見"之歎, 正緣於此.

역문 "그런 말을 들었다[聞其語]"라고 했는데, 모두 옛말을 이른다. "숨어 살면서 자기의 뜻을 추구함"과 "의를 행하여 자기의 도를 달성함"은 이윤(伊尹)이 신(莘) 땅의 들판에서 농사를 지으면서 요와 순의 도를 즐기다가 탕(湯)이 세 번 초빙함에 미쳐 군신의 의리를 행하여 자기가 지키던 도를 달성한 것과 같은 것이다. 춘추시대 말기에는 많은 현자들이 은거하였다. 그러므로 장저(長沮)·걸닉(桀溺)·접여(接輿)·지팡이에 대바구니를 메고 갔던 노인[丈人]들은 모두 자기를 깨끗이 하고 스스로를 고상하다고 여겨 다시는 그들의 뜻을 추구하지 않았다. 공자가 "아직 보지 못했다"라고 한 탄식은 바로 이에 따른 것이다.

원문 然夫子處無道之世, 周遊諸侯, 棲棲不已. 而又言"天下有道則見, 無道則隱", "隱"者, 卽此隱居求志之謂, 非如隱而果於忘世也. 『孟子』云: "故士窮不失義, 達不離道. 窮不失義, 故士得己焉; 達不離道, 故民不失望焉." 與比語義正同.

역문 그러나 공자는 무도한 세상에 처하여 제후들을 주유(周遊)하면서 끊임없이 허둥지둥 돌아다녔다. 그리고 또 "천하에 도가 있으면 자신을 드러내고 도가 없으면 숨는다.[天下有道則見, 無道則隱.]"[96]고 했는데, "은(隱)"이란 바로 여기의 숨어 살면서 자기의 뜻을 추구함을 말하는 것이지, 숨어 살면서 세상을 잊는 데 과감한 것과 같은 것이 아니다. 『맹자』에 "그러므로 선비는 곤궁해도 의를 잃지 않으며, 영달(榮達)해도 도(道)를 떠나

---

96 『논어』「태백(太伯)」.

지 않는다. 곤궁해도 의를 잃지 않기 때문에 선비가 자신의 지조를 지키
고, 영달해도 도를 떠나지 않기 때문에 백성들이 실망하지 않는 것이
다."⁹⁷라고 했는데, 이 글과 말뜻이 정말로 똑같다.

원문 程氏瑤田『論學小記』, "'隱居以求其志', 求其所達之道也. 當其求時, 猶
未及行, 故謂之志. '行義以達其道', 行其所求之志也. 及其行時, 不止於
求, 故謂之道. 志與道, 通一無二, 故曰: 士何事? 曰尙志." 案, 『後漢書』
「逸民列傳」「序」引此文, 李賢「注」云: "求志謂長沮 · 桀溺." 如其說, 則夫
子固見其人矣.

역문 정요전(程瑤田)의 『논학소기』에 "'숨어 살면서 자기의 뜻을 추구한다'
라는 것은 자기가 달성해야 할 도를 추구하는 것이다. 그것을 추구할 때
에 해당하지만 오히려 아직 미처 행하지 못했기 때문에 그것을 일러 뜻
[志]이라고 한 것이다. '의를 행하여 자기의 도를 달성한다'라는 것은 자
기가 추구하는 뜻을 행한다는 것이다. 그것을 행할 때에 미처 추구하는
데 그치지 않기 때문에 그것을 일러 도(道)라고 하는 것이다. 뜻과 도는
하나로 통하고 다름이 없기 때문에 '선비는 무엇을 일삼는가?'라고 물은
것이고, '뜻을 고상하게 갖는다.'라고 대답한 것이다.⁹⁸"라고 했다. 살펴
보니, 『후한서』「일민열전」의 「서」에 이 글을 인용했는데, 이현(李賢)의
「주」에 "뜻을 추구한 것은 장저와 걸닉을 이른다."라고 했으니, 이현의
말대로라면 공자는 진실로 그렇게 하는 사람을 본 것이다.

---

97 『맹자』「진심상」.
98 『맹자』「진심상」.

- 「注」, "探湯, 喩去惡疾."
- 正義曰: 毛氏奇齡『贖言』, "案「扁鵲傳」, '湯液'·'醴灑', 所以治病者. 故以探湯去疾爲卻惡之喩." 今案, 『漢書』「楚元王傳」向上封事曰: "'見不善如探湯.' 今二府奏佞諂不當在位, 歷年而不去." 顏師古「注」, "探湯, 言其除難無所避也." 與去疾義同. 或『論語』舊說如此, 僞孔襲其義也.

○ 「주」의 "끓는 물을 만지듯 빨리 피함은 신속하게 악(惡)을 물리침을 비유한 것이다."
○ 정의에서 말한다.

모기령의 『사서승언』에 "『사기』「편작열전」을 살펴보니, '탕액(湯液)'과 '예쇄(醴灑)'는 병을 치료하는 것이라고 했다. 따라서 탕액(湯液)을 찾아서 취하여 질병을 물리치는 것을 악을 물리치는 비유로 삼은 것이다."라고 했다. 이제 살펴보니, 『전한서』「초원왕전」에 유향이 봉사(封事)를 올려 말하길, "'불선을 보면 끓는 물을 만지듯 빨리 피하래[見不善如探湯].'라고 하거늘, 지금 승상부(丞相府)와 어사부(御史府)에서 간신과 아첨하는 자들이 지위에 있어서는 안 된다고 아뢰는데도 한 해가 지나도록 제거하지 않습니다."라고 했는데, 안사고의 「주」에 "탐탕(探湯)은 제거하기 어려워 피할 곳이 없다는 말이다."라고 했으니, 질병을 물리치는 것과 뜻이 같다. 간혹 『논어』의 구설(舊說)이 이와 같은 것은 위공이 그 뜻을 답습했기 때문이다.

16-12

齊景公有馬千駟, 死之日, 民無德而稱焉. 【注】孔曰: "千駟', 四千匹." 伯夷·叔齊餓於首陽之下, 【注】馬曰: "首陽山在河東蒲阪縣, 華山之北, 河曲之中." 民到于今稱之. 其斯之謂與. 【注】王曰: "此所謂以德爲稱."

제나라 경공은 말을 사천 필이나 소유하고 있었으나 죽는 날에 백성들이 덕(德)이라 하여 그를 칭송함이 없었다. 【주】공안국이 말했다. "'천사(千駟)'는 4천 필(匹)이다." 백이와 숙제는 수양산 아래에서 굶어 죽었으나, 【주】마융이 말했다. "수양산(首陽山)은 하동(河東) 포판현(蒲坂縣) 화산(華山)의 북쪽과 하곡(河曲)의 중간에 있다." 백성들이 지금까지 칭송하고 있다. 바로 이것을 말하는 것일 것이다. 【주】왕숙이 말했다. "이것이 이른바 '덕(德)이라 해서 칭송한다.'라는 것이다."

원문 正義曰: 此章亦孔子語. 陳祥道『禮書』云: "諸侯六閑, 衛文公之騋牝三千, 齊景公之有馬千駟. 三千則近於天子十二閑之數, 而千駟又過之, 是皆僭侈而違禮者也."

역문 정의에서 말한다.

이 장 역시 공자의 말이다. 진상도(陳祥道)의 『예서』에 "제후는 6한(六閑)인데,[99] 위 문공(衛文公)은 큰 암말이 3천 필이었고,[100] 제 경공(齊景公)이 소유한 말은 4천 필[千駟]이었다. 3천 필이면 천자의 12한(閑)의 수에 가까운데, 4천 필이면 더욱 그 숫자를 초과하니, 이들은 모두 참람하게

---

99 『주례(周禮)』「하관사마하(夏官司馬下)・교인(校人)」: 천자는 12한에 6종의 말을 두고, 방국(邦國)은 6한에 4종의 말을 두며, 가(家)는 4한에 2종의 말을 둔다.[天子十有二閑馬六種, 邦國六閑馬四種, 家四閑馬二種馬.] "한(閑)"은 말을 기르는 마구간을 지칭한다.

100 『시경』「국풍(國風)・용(鄘)・정지방중(定之方中)」에 "다만 이 사람의 마음가짐이 착실하고 깊을 뿐만 아니라 큰 암말이 3천 필이나 되도다.[匪直也人, 秉心塞淵, 騋牝三千.]"라고 했는데, "내빈삼천(騋牝三千)"은 위 문공(衛文公)이 나라를 잘 다스려 부강하게 한 것을 칭송하는 내용이다. 내빈(騋牝)은 내마(騋馬)와 빈마(牝馬)로, 내마는 7척이 되는 큰 말이며 빈마는 암말이다.

사치해서 예를 어긴 자들인 것이다."라고 했다.

원문 <u>閻氏若璩</u>『釋地又續』引<u>郝敬</u>說, 竝申之云:"千駟, 蓋指公馬之畜於官者, 非國馬之散在民間者也. 『周禮』「校人」, '天子十有二閑.' 良馬十閑, 二千一百六十匹, 駑馬二閑, 千二百九十六匹, 共三千四百五十六匹. 降而諸侯六閑, 猶千二百九十六匹. 皆所以給公用, 備賜予也. <u>齊景公</u>時, 地大於王畿, 性又惟狗馬是好, 故畜多如是. 至出自民間, 則『說苑』所稱'長轂三千乘', 是非此數也."

역문 염약거의 『사서석지우속』에 학경(郝敬)[101]의 말을 인용했는데, 모두 의미를 확대해서 이르길, "천사(千駟)는 대체로 관청에서 기르는 공마(公馬)를 가리키는 것이지, 민간에 산재해 있는 국마(國馬)가 아니다. 『주례』「하관사마하·교인」에 '천자는 12한(閑)을 둔다.'라고 했는데, 양마(良馬) 10한에 2,160필이고, 노마(駑馬) 2한에 1,286필이니, 도합 3,456필이다. 내려와서 제후는 6한이니, 그래도 1,296필이다. 모두 공용(公用)으로 공급해서 하사에 대비하기 위한 것이다. 제 경공(齊景公) 때는 땅이 왕기

---

101 학경(郝敬, 1558~1639): 명나라 호광(湖廣) 경산(京山) 사람. 자는 중여(仲輿), 호는 초망(楚望)이며, 학승건(郝承健)의 아들이다. 어린 시절 사람을 죽여 투옥되었는데, 이유정(李維楨)의 도움으로 석방된 뒤 마음을 바로잡아 독서에 열중했다. 만력(萬曆) 17년(1589) 진사가 되고, 진운지현(縉雲知縣)을 거쳐 예과(禮科)와 호과(戶科)의 급사중(給事中)을 지냈다. 일찍이 산동세감(山東稅監) 진증(陳增)의 탐욕과 횡포를 탄핵했다가 강음지현(江陰知縣)으로 쫓겨났다. 탄핵을 받아 사직하고 귀향했다. 이후 저술에 몰두하면서 경학(經學)을 공부했다. 하학상달(下學上達)의 학문을 주장했으며, 왕수인의 양지설(良知說)과 지행합일설(知行合一說)을 반대했다. 저서에『주역정해(周易正解)』와『역령(易領)』,『상서변해(尚書辨解)』,『모시원해(毛詩原解)』,『주례완해(周禮完解)』,『의례절해(儀禮節解)』,『예기통해(禮記通解)』,『춘추직해(春秋直解)』,『담경(談經)』,『맹자설해(孟子說解)』,『사기쇄쇄(史記瑣瑣)』,『시습신지(時習新知)』,『산초당집(山草堂集)』,『지언(知言)』 등이 있다.

(王畿)보다 크고, 성품은 또 유독 개나 말이 좋았기 때문에 가축을 기르는 것들이 대부분 이와 같았다. 민간으로부터 나오는 것으로는 『설원』「존현」에서 일컬었던 '장곡(長轂)[102] 3천 대'[103]인데, 이는 그 숫자가 아니다."라고 했다.

원문 樊氏廷枚『釋地補』, "『漢書』「梅福傳」, '雖有景公之位, 伏櫪千駟, 臣不貪也.' 伏櫪, 正與韋昭『國語』「注」'繫馬, 良馬在閑, 非放牧者'同義." 包氏愼言『溫故錄』, "『後漢書』「濟南王康傳」, '康多殖貨財大修宮室, 廐馬千二百匹, 奢侈恣欲, 游觀無度. 何敞上疏諫曰:"諸侯之義, 制節謹度, 然後能保其社稷, 和其民人. 楚作章華以凶, 吳興姑蘇而滅. 景公千駟, 民無稱焉."'依何敞「疏」, 則'千駟'當指公廐之馬. 蓋僭侈之事, '民無德而稱者', 言民無所知其德稱說之也." 皇本作"民無得稱焉". 阮氏元『校勘記』云:"德·得雖通, 此處自當作德. 王「注」·邢「疏」皆以'斯'字卽指'德'言, 若改爲'得', 頗乖文義." 今案, 皇「疏」云:"生時無德而多馬." 又云:"言多馬而無德." 是皇本亦作"德". 今字作"得", 當出異域所改.

역문 번정매의 『사서석지보』에 "『전한서』「매복전」에 '비록 제 경공(齊景公)의 지위가 있어서 구유에 엎드려 있는 말[伏櫪] 4천 필이 있더라도 신은 탐하지 않을 것입니다.'라고 했는데, 복력(伏櫪)은 바로 위소의 『국어』「주」에 '계마(繫馬)는 마구간에 묶어서 기른 길들여진 좋은 말로, 방목하여 아무렇게나 기른 말이 아니다.'[104]라고 한 것과 같은 뜻이다."라고 했

---

102 장곡(長轂): 병거(兵車)로, 수레바퀴의 굴대 길이를 길게 하여 적군을 타격하는 데 쓴다.

103 『설원(說苑)』 권8, 「존현(尊賢)」: 옛날 우리 선군 환공(桓公)께서는 장곡(長轂) 8백 대로 제후의 패자가 되셨는데, 지금 나는 장곡(長轂)이 3천 대인데도 감히 이 자리에 오래 있지 못하는 것은 어찌 관중(管仲) 같은 이가 없어서가 아니겠는가![昔我先君桓公, 長轂八百乘, 以霸諸侯, 今我長轂三千乘, 而不敢久處於此者, 豈其無管仲歟?]

다. 포신언(包愼言)의 『논어온고록』에 "『후한서』「제남왕강전」에 '제남왕 강(濟南王康)[105]이 재물을 많이 불려 궁실(宮室)을 크게 중수했는데, 마구간에 말이 1,200필이나 있었으니, 사치스럽고 제멋대로 욕심을 부렸으며 두루 유람함에 법도가 없자, 하창(何敞)[106]이 다음과 같이 상소하여 간하였다. "제후의 도리는 재용을 절제하고 법도를 삼간[107] 뒤라야 사직을 보전할 수 있고, 백성들을 화합하게 할 수 있습니다. 초나라는 장화대(章華臺)를 짓는 바람에 흥해졌고,[108] 오나라는 고소대(姑蘇臺)에서 흥청

---

104 『국어』「제어(齊語)」에 "적인(翟人)이 위나라를 공격하여 위나라 사람들이 조 땅에 우거하자 환공(桓公)이 초구(楚丘)에 성을 쌓아서 봉해 주고, 나라의 가축이 산산이 흩어져서 기를 것이 없자 환공(桓公)이 매어서 기르던 말 3백 필을 위나라에 주었다.[翟人攻衛, 衛人出廬於曹, 桓公城楚丘以封之, 其畜散而無育, 桓公與之繫馬三百.]"라고 했는데, 위소(韋昭)의 「주」에 "계마(繫馬)는 마구간에 묶어서 기른 길들여진 좋은 말이지, 방목하여 아무렇게나 기른 말이 아니다.[繫馬, 良馬在閑, 非放牧者也.]"라고 했다.

105 제남왕강(濟南王康, ?~?): 광무(光武)의 아들이다. 가장 존중받았으나, 교만하고 사치가 심해 좌천되었다고 한다.

106 하창(何敞, ?~105?): 후한 부풍(扶風) 평릉(平陵) 사람. 자는 문고(文高)다. 장제(章帝) 원화(元和) 연간에 태위송유부(太尉宋由府)가 되었다. 화제(和帝) 때 고제(高第)로 시어사(侍御史)가 되었다가 상서(尙書)로 옮겼다. 여러 차례 간언을 올렸는데, 말이 대개 두헌(竇憲)의 죄과에 관한 것이어서 그가 몹시 원망했다. 외직으로 나가 제남왕태부(濟南王太傅)로 있다가 여남태수(汝南太守)로 옮겼다. 그곳에서 오래된 도랑을 수리해서 주민들에게 도움을 주고 밭 3만여 경(頃)을 개간했다. 영원(永元) 연간에 세 번 오관중랑장(五官中郎將)으로 옮겼다. 원흥(元興) 원년 일에 연루되어 죄를 짓고는 집에서 죽었다. 『예기(禮記)』와 『춘추(春秋)』 등에 능통했다.

107 "制節謹度"는 『논어정의』에는 "節謙制度"로 되어 있다. 『후한서』 권72, 「광무십왕열전(光武十王列傳)·제남안왕강전(濟南安王康傳)」을 근거로 "制節謹度"로 고쳤다.

108 장화대(章華臺): 춘추시대 초 영왕(楚靈王)이 으리으리하게 지은 별궁(別宮). 올라가려면 세 번을 쉴 정도로 높아 삼휴대(三休臺)라는 이명(異名)으로 불리게 되었다. 그러나 영왕은 이후 공자 비(公子比)에게 패하여 자결하였다. 호북성(湖北省) 감리현(監利縣) 서북쪽에 있다. 자세한 것은 『춘추좌씨전』「소공」 7년과 13년에 보인다.

대다 멸망했으며.[109] 제 경공(齊景公)은 말 4천 필이나 있었지만 백성들이 그를 칭송함이 없었습니다.'"라고 했다. 하창(何敞)의 「소」에 의거해 보면 '4천 필의 말[千駟]'은 마땅히 관청에서 기르는 공마(公馬)를 가리키는 것이다. 대체로 참람하게 사치하는 일에 대해서 '백성들이 덕이라고 하여 칭송함이 없었다'라는 것은 백성들이 그의 덕에 대해 칭송해서 말할 만한 것을 아는 것이 없었다는 말이다." 황간본에는 "민무득칭언(民無得稱焉)"이라고 되어 있다. 그러나 완원의 『논어교감기』에 "덕(德)과 득(得)이 비록 뜻이 통하는 글자이기는 하지만 여기에는 본래 덕(德) 자로 쓰는 것이 마땅하다. 왕숙의 「주」와 형병의 「소」는 모두 '사(斯)' 자를 가지고 바로 덕(德)을 가리켜서 말한 것이라고 했으니, 만약 '득(得)' 자로 고친다면, 자못 문의(文義)에서 어긋난다."라고 했다. 지금 살펴보니, 황간의 「소」에 "생시에 덕은 없으면서 말만 많이 소유했다."라고 했고, 또 "말은 많이 소유하고 있었지만 덕이 없었다는 말이다."라고 했듯이, 이 황간본에도 역시 "덕(德)"으로 되어 있다. 지금 글자가 "득(得)"으로 되어 있는 것은, 마땅히 다른 지역에서 고쳐진 판본에서 나온 것일 것이다.

---

109 오왕(吳王) 부차(夫差)는 고소대(姑蘇臺)에서 절세미녀 서시(西施)와 환락을 즐기다 월왕(越王) 구천(句踐)에게 패하였다는 고사를 인용한 것이다. 고소대(姑蘇臺)는 강소성(江蘇省) 오현(吳縣)의 서쪽 고소산(姑蘇山)에 있는 누대(樓臺). 춘추시대 월왕 구천(越王句踐)은 오왕 부차에게 회계산(會稽山)에서 크게 패한 후 쓸개를 씹으며[嘗膽] 복수할 것을 꾀하다가 저라산(苧蘿山)에서 얻은 미인 서시(西施)를 부차에게 바치니, 부차는 그의 미모에 혹하여 고소대를 크게 짓고는 날마다 유희(遊嬉)에 빠져 정사를 돌보지 않았으며 이것을 간하는 충신 오자서(伍子胥)를 죽였다. 이 때문에 결국 오나라는 월나라에게 멸망을 당했는데, 월(越)의 대부 범려(范蠡)는 성공한 다음 공명을 피하여 고소대에 있던 서시와 함께 오호(五湖)에 배를 띄우고 스스로 치이자피(鴟夷子皮)라고 성명을 고친 다음, 월나라를 떠나 한가하게 살았다. 자세한 것은 『사기』「월왕구천세가(越王句踐世家)」에 보인다.

원문 『說文』云: "餓, 飢也." 『淮南』「說山訓」「注」, "餓, 困乏也." 『史記』「伯夷列傳」, "伯夷·叔齊聞西伯昌善養老, '盍往歸焉?' 及至, 西伯卒, 武王東伐紂. 伯夷·叔齊叩馬而諫曰: '父死不葬, 爰及干戈, 可謂孝乎? 以臣弑君, 可謂仁乎?' 左右欲兵之, 太公曰: '此義人也.' 扶而去之. 武王已平殷亂, 天下宗周, 而伯夷·叔齊恥之, 義不食周粟, 隱於首陽山, 采薇而食之. 及餓且死, 作歌曰云云, 遂餓死於首陽山." 此其事也.

역문 『설문해자』에 "아(餓)는 주린다[飢]는 뜻이다."[110]라고 했고, 『회남자』「설산훈」의 「주」에 "아(餓)는 곤궁하고 궁핍하다는 뜻이다."라고 했다. 『사기』「백이열전」에 "백이(伯夷)와 숙제(叔齊)는 서백 창(西伯昌)이 노인을 잘 봉양한다는 말을 듣고 '어찌 돌아가서 그에게 귀의하지 않겠는가?'라고 했으나, 도착해 보니 서백은 죽고 무왕(武王)이 동쪽으로 주(紂)를 토벌하려 했다. 백이와 숙제는 말머리를 잡아당기며 간하기를, '아버지가 죽어, 장례도 치르지 않았는데 방패와 창을 들다니 효라 할 수 있겠소이까? 신하로서 군주를 시해하는 것을 인(仁)이라 할 수 있겠소이까?'라고 했다. 좌우에서 이들을 죽이려 하자, 강태공이 '의로운 분들이다.'라고 하고는 부축하여 떠나게 했다. 무왕이 은나라의 혼란을 평정하고 나자 천하가 주나라를 종주국으로 받들었지만 백이와 숙제는 이를 부끄럽게 여겨 의리상 주나라의 곡식을 먹지 않고, 수양산(首陽山)에 숨어 고비를 따서 먹었다. 굶어 죽을 때에 미쳐 노래를 지어 운운하고는 마침내 수양산에서 굶어 죽었다."라고 했는데, 이것이 그 일이다.

원문 錢氏可選『補闕疑』, "夷·齊不食周粟, 非絶粒不食也. 古人祿皆以粟,

---

110 『설문해자』권5: 아(餓)는 주린다[飢]는 뜻이다. 식(食)으로 구성되었고 아(我)가 발음을 나타낸다. 오(五)와 개(箇)의 반절음이다.[餓, 飢也. 從食我聲. 五箇切.]

如<u>原思</u>辭粟是也. 餓而食薇者, 粟或不足, 有時采薇以充之, 未必止食薇也.『<u>秦記</u>』謂其'食薇三年, 顔色不改', 誕矣." 案,『<u>漢書</u>』「王貢兩龔鮑傳」, "昔<u>武王</u>伐<u>紂</u>, 遷九鼎于<u>雒邑</u>. <u>伯夷</u>·<u>叔齊</u>薄之, 餓于<u>首陽</u>, 不食其祿." 亦謂因不仕<u>周</u>食祿, 故致餓也.

역문 전가선(錢可選)의 『보궐의』에 "백이와 숙제가 주나라의 곡식을 먹지 않았다는 것은 곡기를 끊고 단식했다는 뜻이 아니다. 옛사람들은 모두 곡식을 봉록으로 받았으니, 예를 들면 원사(原思)가 곡식을 사양한 것[111]과 같은 것이 이것이다. 굶주리면서 고사리를 먹은 것은 곡식이 혹 부족해서 때로 고사리를 채집해서 배를 채우기도 한 것이니, 반드시 고사리 먹는 것까지도 그친 것은 아니다.『삼진기(三秦記)』에 그들이 '3년 동안 고사리를 먹었지만 안색이 변하지 않았다'라고 했는데, 허탄한 소리다." 라고 했다. 살펴보니,『전한서』「왕공양공포전」에 "옛날 무왕(武王)이 주(紂)를 토벌하고 구정(九鼎)을 낙읍(雒邑)으로 옮기자 백이와 숙제가 그것을 야박하다 여기고 수양산에서 굶으면서 그의 봉록을 먹지 않았다."라고 했으니, 역시 주나라에서 벼슬하지 않음에 따라 봉록을 먹지 않았기 때문에 주리게 되었다는 말이다.

원문 "其斯之謂與"句, 上當有脫文.「注」以"斯"指"德", 亦是因文解之. <u>蔡節</u>『論語集說』牽合上章, 而謂"見善矣, 又若不及見之也, 見不善矣, 猶未免於嘗試之, 此指<u>齊景公</u>." "隱居"二句爲指<u>夷</u>·<u>齊</u>, 殊爲穿鑿. <u>張栻</u>『論語解』·<u>孔廣森</u>「經學巵言」竝以"隱居求志, 行義達道", 證合<u>夷</u>·<u>齊</u>, 而於"見善"·"見不善"二句略而不言, 則亦『集說』之傅會矣.

---

111 『논어』「옹야」: 원사(原思)가 가상(家相)이 되었을 때, 곡식 900을 주었으나, 사양했다.[原思爲之宰, 與之粟九百, 辭.]

역문 "바로 이것을 말하는 것일 것이다."라고 한 구절은 앞에 분명히 빠진 글자가 있다. 「주」에서는 "사(斯)"가 "덕(德)"을 가리키는 것이라고 했는데, 역시 글자에 따라 해석한 것이다. 채절(蔡節)[112]의 『논어집설』에는 앞장에다 끌어다 붙이고, "선(善)을 보았으면 또한 마치 미처 보지 못한 것처럼 한다는 말이고, 불선(不善)을 보았으면 오히려 아직 그것을 시험해 봄을 면하지 못한 것처럼 한다는 말이니, 이것은 제 경공(齊景公)을 가리키는 것이다."[113]라고 했다. "은거(隱居)" 두 구절을 백이와 숙제를 가리키는 것이라고 한 것은 특히나 천착이다. 장식(張栻)의 『논어해』와 공광삼(孔廣森)의 「경학치언」에는 모두 "숨어 살면서 자기의 뜻을 추구하고, 의를 행하여 자기의 도를 달성함[隱居求志, 行義達道]"을 가지고, 백이·숙제에 부합함을 증명하고, "견선(見善)"과 "견불선(見不善)" 두 구절에 대해서는 생략하고 말하지 않았으니, 역시 『논어집설』을 견강부회(牽强傅會)한 것이다.

● 「注」, "首陽"至"之中".

---

112 채절(蔡節, ?~?): 남송(南宋)시대 영가(永嘉) 사람 순우(淳祐) 6년에 일찍이 조산랑(朝散郎)과 집영전수찬(集英殿修撰)을 역임했고, 뒤에 무주(무주)·경원(慶元) 등 징역의 지사가 되었는데, "출전은 보번(輔蕃)이지만 열조(列朝)에 올랐다"라고 불릴 만한 지방관이 되었다. 그러나 그는 오히려 정치를 청렴하게 하였으며 공무를 받들고 올바름을 치켰다. 대표적인 저술로는 『論語集說』이 있는데, 문체가 명확하고 각 학파의 하선을 두루 채용했다.

113 『논어집설(論語集說)』권8, 「위령공」: "선(善)을 보면 미치지 못할 듯이 열심히 노력한다"라는 것은 선을 보았으면 또한 마치 미처 보지 못한 것처럼 한다는 말이고, "불선(不善)을 보면 끓는 물을 만지듯 빨리 피한다"라는 것은 불선을 보았으면 오히려 아직 그것을 시험해 봄을 면하지 못한 것처럼 한다는 말이다.["見善如不及", 謂見善矣, 又若不及見之也; "見不善如探湯", 謂見不善矣, 猶未免於嘗試之也.]

● 正義曰:『漢』「地理志」, "河東郡蒲反有堯山·首山祠, 雷首山在南." 司馬彪「郡國志」, "河東郡蒲阪有雷首山." 劉昭『補注』引『論語』此文竝馬「注」說之. 首山·首陽·雷首, 三名實一地. "反"與"坂"同. 華山卽太華, 在蒲阪西南, 大河之南. 蓋河由壺口之西循山麓南行, 至太華乃折而東, 雷首山適當其北, 故曰"華山之北, 河曲之中"也. 『太平寰宇記』引『論語』鄭康成「注」, "首陽山在河中蒲阪城南, 今陽區山, 俗號爲首陽山." 知鄭此文亦有「注」, 與馬義同.

○ 「주」의 "수양(首陽)"부터 "지중("之中")까지.

○ 정의에서 말한다.

『전한서』「지리지」에 "하동군(河東郡) 포판현(蒲反縣)에 요산(堯山)과 수산사(首山祠)가 있고, 남쪽에 뇌수산(雷首山)이 있다."라고 했고, 사마표(司馬彪)의 『후한서』「군국지」에 "하동군 포판에 뇌수산이 있다."라고 했는데, 유소(劉昭)[114]의 『보주후한지(補注後漢志)』[115]에

---

114 유소(劉昭, ?~?): 중국 남북조시대(南北朝時代) 남조(南朝) 양(梁)의 역사가. 자(字)는 선경(宣卿), 평원(平原) 고당현(高唐縣, 지금의 山東 章丘) 사람이다. 중국 남북조시대(南北朝時代) 남조(南朝) 양(梁) 무제(武帝) 때의 인물로 자세한 생몰(生沒) 연대(年代)는 확인되지 않는다. 어려서부터 학문을 좋아하여 일곱 살에 이미 『노자(老子)』『장자(莊子)』의 뜻을 이해했다고 전해진다. 양(梁) 무제(武帝)의 천감(天監) 연간(年間) 초기에 관직에 나아가, 참군(參軍), 상서창부랑(尙書倉部郞), 무석령(無錫令), 임천기실(臨川記室), 통직랑(通直郞), 섬령(剡令) 등을 역임했다. 『양서(梁書)』 49권(卷)의 '문학상(文學上)' 열전(列傳)에 유소(劉昭)에 관한 기록이 전해지는데, 그는 송(宋)의 범엽(范曄)이 편찬한 『후한서(後漢書)』에 주석(註釋)을 붙여 180권(卷)의 『집주후한(集注後漢)』을 편찬하였다. 유소(劉昭)는 특히 동진(東晉)의 사마표(司馬彪)가 편찬한 『속한서(續漢書)』의 율력(律曆), 예의(禮儀), 제사(祭祀), 천문(天文), 오행(五行), 군국(郡國), 백관(百官), 여복(輿服) 등의 '팔지(八志)' 부분에 주석(註釋)을 덧붙여 30권으로 정리해 『후한서』의 내용을 보완하였다. 범엽은 445년 팽성왕(彭城王) 유의강(劉義康, 409~451)의 모반(謀叛)에 참여했다가 『후한서(後漢書)』의 「지(志)」 부분을 완성하지 못한 채 처형되었다. 따라서 유소(劉昭)가 30권(卷)의 지(志)를 보완함으로써 본기(本紀) 10권, 열전(列傳) 80권, 지(志) 30권으로 이루어진 『후한서』의 체재가 완성되었다. 유소(劉昭)의 주석(註釋)은 30권의 '지(志)' 부분만 『보주후한지(補注後漢志)』라는 명칭으로 간행되어 왔는데, 북송(北宋) 진종(眞宗) 때 손석(孫奭)이 당(唐)의 장회태자(章懷太子) 이현(李賢, 654~684)이 주석(註釋)을 붙인 본기(本紀), 열전(列傳)과 유소(劉昭)의 『보주후한지(補注後漢志)』를 합해 간행한 판본(板本)이 오늘날 전해지는 『후한서(後漢書)』의 체재가 되었다. 유소가 본기(本紀)와 열전(列傳)에 붙은 주석(註釋)은 현재 전해지지

는 『논어』의 이 글과 아울러 마융의 「주」를 인용해서 설명하였다. 수산(首山)과 수양(首陽)과 뇌수(雷首)는 명칭은 셋이지만 실제로는 한 지역이다. "반(反)"은 "판(阪)"과 같다. 화산(華山)은 바로 태화산(太華山)이니, 포판현(蒲阪縣) 서남쪽, 대하(大河)의 남쪽에 있다. 황하가 호구(壺口)의 서쪽을 경유해서 산기슭을 따라 남쪽으로 흐르다가 태화산(太華山)에 이르러 물길을 꺾어 동쪽으로 향하는데, 뇌수산(雷首山)이 마침 그 북쪽에 해당하기 때문에 "화산(華山)의 북쪽과 하곡(河曲)의 중간에 있다"라고 한 것이다. 『태평환우기』에는 『논어』 정강성의 「주」를 인용하여 "수양산(首陽山)은 하중(河中)의 포판성(蒲阪城) 남쪽에 있으니, 지금의 양구산(陽區山)으로 세속에서 부르길 수양산(首陽山)이라고 한다."라고 했으니, 정강성 역시도 이 문장에 주석을 한 것이 있으며, 마융의 뜻과 같다는 것을 알 수 있다.

「唐詩‧采苓」云: "采苓采苓, 首陽之巔?" 首陽之名, 確見此詩. 其「序」言, "刺晉獻公好聽讒言." "讒言"卽指驪姬. 當時太子申生被誣以死, 驪姬復譖公子重耳‧夷吾, 曰: "二公子皆知之." 於是重耳奔蒲, 夷吾奔屈. 獻公復命寺人披伐蒲, 故其『詩』言"舍旃舍旃", 勸公勿信讒言, 致伐之也. 重言"舍旃"者, 非一之辭. 「晉語」, "重耳處蒲城." 韋昭解, "蒲, 今蒲坂." 是首陽在蒲阪, 卽是雷首, 有明徵矣. 金氏鶚『求古錄』亦據『詩』"首陽", 以爲卽夷‧齊之所居, 其說誠是. 而以首陽爲在晉都平陽之西, 則全無所據. 揆其意, 徒以"采苓"是晉詩, 首陽應在晉都左右, 不知獻公時疆域甚廣, 所謂"河外列城五"者, 其地卽在蒲阪大河之西. 蒲是晉邑, 得擧其境內之山, 豈必斤斤於晉都左右求首陽之所在邪?

『시경』 「국풍‧당‧채령」에 "감초를 캐고 감초를 캐기를 수양산(首陽山)[116] 꼭대기에서 하려는가?"라고 했으니, 수양산(首陽山)이라는 명칭은 이 시에서 확연하게 보인다. 『모시』 「서」

않으며, 지(志) 부분만 남아 있다. 그 밖에 그는 10권(卷)의 『유동전(幼童傳)』을 남겼는데, 여기에는 재주가 뛰어난 신동(神童)들에 관한 글들이 수록되어 있다.

115 『논어정의』에는 "注補"로 되어 있으나, 유소(劉昭)의 저작은 『보주후한지(補注後漢志)』이므로 "補注"로 고쳤다.

116 주희의 『시경집전(詩經集傳)』에는 "首陽"에 대해 "수양(首陽)은 수산(首山)의 남쪽이다.[首陽, 首山之南也.]"라고 했으나 『모시주소(毛詩注疏)』의 「주」에는 "수양(首陽)은 산 이름이다.[首陽, 山名也.]"라고 했다.

에 "진 헌공(晉獻公)이 참언(讒言)을 듣기 좋아하는 것을 풍자한 시이다."라고 했는데, 참언(讒言)은 바로 여희(驪姬)[117]의 말을 가리킨다. 당시 태자였던 신생(申生)은 무고를 뒤집어쓰고 자살하였는데, 여희는 다시 공자 중이(公子重耳)와 이오(夷吾)를 참소하기를, "두 공자(公子)도 모두 이 음모를 알고 있었다."라고 하자 이에 중이(重耳)는 포성(蒲城)으로 도망가고, 이오(夷吾)는 굴읍(屈邑)으로 도망갔다.[118] 헌공(獻公)이 다시 시인(寺人)인 피(披)에게

---

117 여희(驪姬, ?~기원전 650): 춘추시대 때 여융(驪戎)의 여자. 진 헌공(晉獻公) 12년에 여융을 정벌해 그녀를 얻어 돌아왔다. 헌공의 총애를 받아 부인(夫人)이 되었다. 해제(奚齊)를 낳고 그를 태자(太子)로 세우려고 했다. 이에 헌공의 폐신(嬖臣) 양오(梁五)와 동관오(東關五)에게 뇌물을 주어 여러 공자(公子)를 참언(讒言)을 해 쫓아냈다. 태자 신생(申生)을 모살(謀殺)하고 공자 중이(重耳)와 이오(夷吾)를 몰아냈다. 헌공이 죽고 난 뒤 진나라가 어지러워지자 대부 이극(里克)이 해제와 탁자(卓子)를 살해한 뒤 그녀도 죽였다. 미인으로 이름이 높았다.

118 『춘추좌씨전』「희공」 4년: 당초에 진 헌공(晉獻公)이 여희(驪姬)를 부인으로 삼고자 하여 거북점을 치니 불길하고 시초점을 치니 길하였다. 헌공이 말하였다. "시초점을 따르겠다." 복인(卜人)이 말하였다. "시초점은 맞는 확률이 낮고 거북점은 확률이 높으니, 높은 쪽을 따르는 것만 못합니다. 그리고 그 요(繇)에 '오로지 그만을 총애하면 마음이 변하여 공(公)의 숫양[羭]을 빼앗을 것이다. 향초(香草)와 악초(惡草)를 한 그릇에 담아 두면 10년이 지나도 오히려 악취가 난다.'라고 하였으니, 절대로 안 됩니다." 헌공은 듣지 않고 그를 부인으로 삼았다. 뒤에 여희는 해제(奚齊)를 낳고, 그 동생은 탁자(卓子)를 낳았다. 해제를 태자로 세우려 할 때에 미쳐 이미 중대부(中大夫)와 계획을 정하고서 여희가 태자에게 말하였다. "임금께서 꿈에 제강(齊姜)을 보셨다고 하니 태자는 속히 제사를 지내시오." 태자가 곡옥(曲沃)으로 가서 제사를 지내고서 헌공에게 제사 지낸 고기[胙]를 올리니, 이때 헌공은 사냥을 나가고 없었다. 여희가 그것을 궁중에 두었다가 6일 만에 헌공이 돌아오자 그 고기에 독을 쳐서 올렸다. 헌공이 그 술을 땅에 뿌리니 땅이 끓어오르고, 그 고기를 개에게 주니 개가 죽고, 그 고기와 술을 소신(小臣)에게 주니 소신도 죽었다. 여희가 눈물을 흘리며 말하기를, "이 음모는 태자에게서 나온 것입니다." 태자가 신성(新城)으로 도망가니 헌공은 태자의 스승 두원관(杜原款)을 죽였다. 어떤 사람이 태자에게 말하기를, "태자께서 변명하시면 임금께서 반드시 죄의 유무를 분변하실 것입니다."라고 하자, 태자가 말하였다. "임금께서는 여희가 없으면 편히 거처하지 못하시고 배불리 자시지도 않으신다. 내가 무죄함을 밝힌다면 여희는 반드시 죄를 받게 될 것이다. 임금께서는 늙으셨으니 여희를 잃으면 반드시 즐거워하지 않으실 것이고 이렇게 되는 것을 나도 즐거워하지 않는다." 어떤 사람이 말하였다. "그렇다면

포(蒲)를 치게 하였기 때문에[119] 그『시』에 "버려두고 버려두어[舍旃舍旃]"라고 해서, 헌공이 참소하는 말을 믿고서 토벌하지 말 것을 권한 것이다. "버려두라"라고 거듭 말한 것은 한 번이 아니라는 말이다.『국어』「진어」에 "중이(重耳)를 포성(蒲城)에 머물게 했다."라고 했는데, 위소는 해석하기를, "포(蒲)는 지금의 포판(蒲坂)이다."라고 했으니, 이는 포판현(蒲阪縣)에 있는 수양산이 바로 뇌수산(雷首山)이라는 분명한 증거가 있는 것이다. 김악(金鶚)의『구고록』역시『시경』을 근거로 "수양(首陽)"을 바로 백이와 숙제가 거처하던 곳이라고 했는데, 그 설이 참으로 옳다. 그런데, 수양산을 진(晉)나라의 도읍인 평양(平陽) 서쪽에 있다고 하는 것은 전혀 근거가 없는 것이다. 그 뜻을 헤아려 보면 다만「채령」은 진(晉)나라의 시이니, 수양산이 응당 진나라 도읍지의 주변에 있을 것이라는 것일 뿐, 헌공(獻公) 때의 국경은 매우 넓었으니, 이른바 "하외(河外)의 다섯 성(城)"[120]이라는 것이, 그 지역이 바로 포판

태자는 도망가십시오." 태자가 말하였다. "임금께서 실로 나에게 죄가 없음을 살피시지 못하시니, 이런 죄명을 쓰고서 도망간다면 누가 나를 받아 주겠는가?" 12월 무신일에 태자가 신성에서 스스로 목매어 죽었다. 여희가 드디어 "두 공자(公子)도 모두 이 음모를 알고 있었다"고 참소하니, 중이(重耳)는 포성(蒲城)으로 도망가고, 이오(夷吾)는 굴읍(屈邑)으로 도망갔다.[初晉獻公欲以驪姬爲夫人, 卜之不吉, 筮之吉. 公曰: "從筮." 卜人曰: "筮短龜長, 不如從長. 且其繇曰: '專之渝, 攘公之羭. 一薰一蕕, 十年尙猶有臭.' 必不可." 弗聽, 立之. 生奚齊, 其娣生卓子. 及將立奚齊, 旣與中大夫成謀, 姬謂大子曰: "君夢齊姜, 必速祭之." 大子祭于曲沃, 歸胙于公, 公田. 姬寘諸宮, 六日, 公至, 毒而獻之. 公祭之地, 地墳, 與犬, 犬斃, 與小臣, 小臣亦斃. 姬泣曰: "賊由大子." 大子奔新城, 公殺其傅杜原款. 或謂大子, "子辭, 君必辯焉." 大子曰: "君非姬氏, 居不安, 食不飽, 我辭, 姬必有罪. 君老矣, 吾又不樂." 曰: "子其行乎?" 大子曰: "君實不察其罪, 被此名也以出, 人誰納我?" 十二月戊申, 縊于新城. 姬遂譖二公子曰: 皆知之, 重耳奔蒲, 夷吾奔屈.]

119 『춘추좌씨전』「희공」 5년: 난이 일어나자 헌공(獻公)은 시인 피(寺人披)를 보내어 포(蒲)를 치게 하였다. 중이(重耳)는 "군부의 명은 대항해서는 안 된다."라고 하고서 대중에게 "대항하는 자는 나의 원수이다."라고 선포하고는 담을 넘어 도주하니 시인 피기 도주하는 중이의 소맷자락을 잘랐다.[及難, 公使寺人披伐蒲. 重耳曰: "君父之命不校", 乃徇曰"校者, 吾讎也." 踰垣而走, 披斬其袪.]

120 『춘추좌씨전』「희공」 15년: 진후(晉侯)는 중대부(中大夫)들에게 뇌물을 주기로 허락해 놓고는 임금이 된 뒤에는 모두 배신하였고, 진백(秦伯)에게 하외(河外)의 다섯 성(城)을 뇌물로 주되 동쪽으로는 괵(虢)나라의 경계까지 전부와 남쪽으로는 화산(華山)까지와 하내(河內)

현(蒲阪縣) 대하(大河)의 서쪽에 있다는 것은 알 수 없다. 포(蒲)가 진읍(晉邑)이니, 그 국경 안의 산을 거론할 수는 있겠지만 그렇다고 해서 어찌 굳이 진나라 도읍을 샅샅이 뒤져 수양산의 소재를 찾을 필요가 있겠는가?

『莊子』「讓王」云: "夷 · 齊北至于首陽之山, 遂餓而死." 所謂"北至"者, 蓋夷 · 齊自孟津諫武王伐紂後, 遂由孟津西北至首陽也. 『莊子』大略言之, 故祇稱"北至"矣. 『大戴記』「曾子制言中」, "昔者伯夷 · 叔齊死於溝 · 澮之間." 又云: "夫二子者, 居河 · 濟之間." 孔氏廣森『補注』, "首陽山在蒲阪 · 河曲中, 其南王屋, 濟水所出, 故云'河 · 濟之間'." 孔氏釋首陽, 卽本馬 · 鄭也.

『장자』「양왕」에 "백이 · 숙제 두 사람은 북쪽으로 수양산(首陽山)에 이르러 마침내 산속에서 굶어 죽었다."라고 했는데, 이른바 "북쪽으로 이르다[北至]"라는 것은 아마도 백이와 숙제가 맹진(孟津)에서 무왕(武王)이 주(紂)를 토벌하는 것을 간한 뒤로부터 마침내 맹진을 지나 서북쪽으로 가서 수양산에 이르렀던 것인 듯싶다. 『장자』는 이것을 대략적으로만 말했기 때문에 단지 "북쪽으로 이르렀다[北至]"라고 일컬은 것이다. 『대대례』「증자제언중」에 "옛날 백이와 숙제는 구수(溝水)와 회수(澮水) 사이에서 죽었다."라고 했고, 또 "그 두 사람은 황하와 제수(濟水) 사이에 살았다."라고 했는데, 공광삼의 『대대례기보주』에 "수양산(首陽山)은 포판현(蒲坂縣) 하곡(河曲)의 중간에 있고, 그 남쪽의 왕옥(王屋)이 제수(濟水)가 발원하는 곳이기 때문에 '황하와 제수(濟水) 사이'라고 한 것이다."라고 했는데 공씨(孔氏)의 수양산에 대한 해석은 바로 마융과 정현을 근거로 한 것이다.

金氏亦知平陽不在河 · 濟之間, 因謂"二子先居河 · 濟間, 後乃隱首陽, 河 · 濟間卽孟津, 夷 · 齊諫武王時居此." 此則彊文成義, 不可爲典要矣. 至許愼『說文』謂首陽在遼西, 曹大家

의 해양성(解梁城)까지 주겠다고 허락해 놓고는 들어와 임금이 된 뒤에는 주지 않았으며, 진(晉)나라에 기근(饑饉)이 들었을 때 진(秦)나라는 양곡을 보내 주었는데, 진(秦)나라에 기근이 들자 晉나라는 양곡 보내는 것을 막았다.[晉侯許賂中大夫, 旣而皆背之, 賂秦伯以河外列城五, 東盡虢略, 南及華山, 內及解梁城, 旣而不與, 晉饑에 秦輸之粟, 秦饑에 晉閉之糴.]

注『幽通賦』謂在隴西, 高誘注『呂氏春秋』「有始覽」謂在洛陽東北, 司馬貞『史記索隱』謂在
岐山之西, 皆非是.

김씨(金氏) 역시 평양(平陽)이 황하와 제수 사이에 있지 않다는 것을 알고 있었음으로 인해
"두 사람은 먼저 황하와 제수 사이에 살다가 뒤에 결국 수양산에 은거했는데, 황하와 제수
사이는 바로 맹진(孟津)이니, 백이와 숙제가 무왕에게 간할 당시는 여기에서 살고 있었다."
라고 했는데, 이는 문장을 견강부회해서 뜻을 이룬 것으로 불변의 법칙[典要][121]이 될 수 없
다. 심지어 허신(許愼)의『설문해자』에는 수양산이 요서(遼西)에 있다고 했고,[122] 조대가
(曹大家)[123]는 반고(班固)의『유통부』를 주석하면서 농서(隴西)에 있다 하였고, 고유(高誘)
는『여씨춘추』「유시람」을 주석하면서 낙양(洛陽) 동북(東北)쪽에 있다고 했으며, 사마정
(司馬貞)은『사기색은』에서 기산(岐山) 서쪽에 있다고 했는데, 모두 옳지 않다.

---

121 전요(典要): 불변의 법칙. 역(易)은 오르내림에 일정함이 없고, 강양(剛陽)과 유음(柔陰)이
서로 바뀌어, 불변의 법칙[典要]으로 삼을 수 없고, 오직 변화하여 나아갈 뿐이다.[上下无常,
剛柔相易, 不可以典要, 唯變所適.]『주역』「繫辭下」.

122 『설문해자』권9: 양(崵)은 양산(崵山)이니 요서(遼西)에 있다. 산(山)으로 구성되었고 양
(昜)이 발음을 나타낸다. 일설에는 우철양곡(嵎鐵崵谷)이라고 한다. 여(與)와 장(章)의 반절
음이다.[崵, 崵山, 在遼西. 從山昜聲. 一曰嵎鐵崵谷也. 與章切.]『說文解字注』에 "양(崵)은
수양산(首崵山)이니, 요서(遼西)에 있다.[崵, 首崵山也, 在遼西.]"라고 했다.

123 조대가(曹大家, 45~117?): 후한 부풍(扶風) 안릉(安陵) 사람인 반소(班昭)이다. 여류 시인.
자는 혜반(惠班)이고, 일명 희(姬)다. 반표(班彪)의 딸이고, 반고(班固)의 누이다. 같은 고을
조수(曹壽)에게 출가했지만 남편과는 일찍 사별하고 조대가(曹大家)라 불렸다. 박학하고 재
주가 높았다.『전한서(前漢書)』의 편찬자 반고와 서역 경영에 활약한 무장 반초(班超)의 누
이동생으로 반고가『전한서』를 완성하지 못하고 죽자, 화제(和帝)의 명으로 그 일을 계승하
여『전한서』중 8편 표(表)와 천문지(天文志)를 완성함으로써『전한서』편찬을 완결했다.
『전한서』가 처음 출간되었을 때 교수(敎授) 마융이 송독했다. 궁중에 여러 차례 초빙되어
황후를 비롯한 여러 부인들의 교육을 담당했다. 그녀가 지은『여계(女誡)』7편의 저서는 정
숙한 부녀의 도를 논술한 것이다. 부송(賦頌)을 잘 지어 여행 체험을 담은「동정부(東征賦)」
가 있고, 기타 16편의 작품이 있다.

16-13

陳亢問於伯魚曰: "子亦有異聞乎?" 【注】 馬曰: "以爲伯魚, 孔子之子, 所聞當有異." 對曰: "未也. 嘗獨立, 【注】 孔曰: "獨立謂孔子." 鯉趨而過庭, 曰: '學詩乎?' 對曰: '未也.' '不學詩, 無以言.' 鯉退而學詩. 他日, 又獨立, 鯉趨而過庭. 曰: '學禮乎?' 對曰: '未也.' '不學禮, 無以立.' 鯉退而學禮. 聞斯二者." 陳亢退而喜曰: "問一得三, 聞詩, 聞禮, 又聞君子之遠其子也."

진항(陳亢)이 백어(伯魚)에게 물었다. "그대는 또한 남달리 특별하게 들은 것이 있는가?" 【주】 마융이 말했다. "백어는 공자의 아들이니, 당연히 남달리 특별하게 들은 것이 있을 것이라고 여긴 것이다." 백어가 대답했다. "아직은 없습니다. 일찍이 혼자서 계실 때, 【주】 공안국이 말했다. "혼자서 계신 것은 공자를 이른다." 제가 종종걸음을 걸어 뜰을 지나는데, '시를 배웠느냐?' 하고 물으시기에 '아직 안 배웠습니다.'라고 대답하였더니, '시를 배우지 않으면 말을 할 수 없다.'라고 하시기에 제가 물러나 시를 배웠습니다. 다른 날에 또 혼자서 계실 때에 제가 종종걸음을 걸어 뜰을 지나는데, '예를 배웠느냐?' 하고 물으시기에 '아직 안 배웠습니다.'라고 대답하였더니, '예를 배우지 않으면 설 수 없다.'라고 하시기에 제가 물러나 예를 배웠습니다. 이 두 가지를 들었습니다." 진항이 물러 나와 기뻐하면서 말했다. "하나를 물어서 세 가지를 들었으니, 시를 듣고, 예를 들었으며, 또 군자가 그 아들을 멀리하는 것을 들었다."

원문 正義曰: "異聞"者, 謂有異教獨聞之也. 稱"鯉"者, 將述對父之語, 若當父前, 子自稱名也. "趨而過庭"者, 禮, 臣行過君前, 子行過父前, 皆當徐趨, 所以爲敬也. "過庭"謂東西徑過也.

역문 정의에서 말한다.

"이문(異聞)"이란 어떤 특별한 가르침을 홀로 듣는다는 뜻이다. "이(鯉)"라고 일컬은 것은, 아버지의 말에 대답하려고 한 것이니, 만약 아버지의 앞에 마주 대하고 있으면 자식은 스스로 이름을 일컫는 것이다. "종종걸음을 걸어 뜰을 지난다"라고 했는데, 예에 신하가 군주의 앞을 지나가거나 자식이 아버지의 앞을 지나갈 때는 모두 느린 종종걸음[徐趨]을 걷는 것이 마땅하니 공경을 위한 것이다. "과정(過庭)"은 동서로 빠르게 지나간다는 말이다.

원문 王通『中說』「立命篇」引姚義曰: "夫敎之以詩, 則出辭氣斯遠暴慢矣. 約之以禮, 則動容貌斯立威嚴矣." 義與此章相發. 『說苑』「建本篇」, "孔子曰: '鯉! 君子不可以不學; 見人不可以不飾. 不飾則無根, 無根則失理, 失理則不忠, 不忠則失禮, 失禮則不立.'" 『說苑』所述, 疑卽過庭學禮之訓, 而文校詳.

역문 왕통(王通)[124]의 『중설』「입명편」에는 요의(姚義)[125]가 "시(詩)를 가르치

---

124 왕통(王通, 584~617): 수나라 강주(絳州) 용문(龍門) 사람. 자는 중엄(仲淹), 시호는 문중자(文中子)다. 당나라 왕발(王勃)의 조부다. 어려서부터 준민(俊敏)하여 시서예역(詩書禮易)에 통달했다. 스스로 유자(儒者)임을 자부하고 강학에 힘을 쏟아 설수(薛收)와 방교(房喬), 이정(李靖), 위징(魏徵), 방현령(房玄齡) 등을 배출했다. 수나라 때 촉군사호서좌(蜀郡司戶書佐)를 지냈다. 문제(文帝) 인수(仁壽) 연간에 장안(長安)에 와서 「태평십책(太平十策)」을 상주했는데, 채택되지 않은 것을 알고 하분(河汾) 일대로 돌아와 제자를 가르치는 것으로 업을 삼았다. 제자가 수천 명이라 하분문하(河汾門下)라는 말이 나왔다. 양제(煬帝)로부터

면 예에 맞게 말을 하고 숨을 쉬어 남이 해치거나 거만하게 대함을 멀리하게 된다.[126] 예로써 요약하면 예에 맞게 용모를 움직여 위엄을 세우게 된다."라고 한 말을 인용했는데, 뜻이 이 장과 서로 발명이 된다. 『설원』「건본」에 "공자가 말했다. '이(鯉)야! 군자는 배우지 않으면 안 되고, 사람을 만날 때는 꾸미지 않으면 안 된다. 꾸미지 않으면 좋은 근본이 없고, 근본이 없으면 이치를 잃으며, 이치를 잃으면 진실하지 않고, 진실하지 않으면 예(禮)를 잃고, 예를 잃으면 세상에 서지 못한다.'"[127]라고 했다. 『설원』에 기술한 것이 아마도 뜰을 지나면서 예를 배우라는 가르침인 듯한데, 글이 비교적 상세하다.

원문 "聞斯二者", <u>伯魚自明所聞如此, 未有異也</u>.

역문 "이 두 가지를 들었다[聞斯二者]"

는 부름을 받았지만 응하지 않고 『문중자(文中子)』 10권[또는 『중설(中說)』]을 세상에 남겼다. 일찍이 『춘추(春秋)』를 모방해 『원경(元經)』[또는 『육경(六經)』]을 지었다. 그의 이론이 유자(儒者)들에게는 환영을 받지 못했다.

125 요의(姚義, ?~?): 자(字)는 중유(仲由), 왕통(王通)에게서 예(禮)를 배웠다고 한다. 또다른 제자인 설수(薛收)와 함께 『문중자설(文中子說)』을 편집했다고 한다.

126 『논어』「태백(泰伯)」: 증자가 말했다. "새가 죽으려 할 때에는 울음소리가 애처롭고, 사람이 죽으려 할 때에는 그 말이 착하다고 합니다. 군자가 도에서 귀중히 여기는 것이 세 가지 있으니, 예에 맞게 용모를 움직이면 남이 해치거나 거만하게 대함을 멀리하게 되고, 예에 맞게 얼굴빛을 바르게 하면 신의를 가까이하게 되며, 예에 맞게 말을 하고 숨을 쉬면 비루하게 보고 등져 버림을 멀리하게 됩니다."[曾子言曰: "鳥之將死, 其鳴也哀, 人之將死, 其言也善. 君子所貴乎道者三, 動容貌, 斯遠暴慢矣, 正顔色, 斯近信矣, 出辭氣, 斯遠鄙倍矣."]

127 이 내용은 『상서대전』「약설(略說)」과 『대대례』「권학(勸學)」에는 "꾸미지 않으면 좋은 용모가 없고, 좋은 용모가 없으면 공경함을 잃고, 공경함을 잃으면 진실하지 않고, 진실하지 않으면 예를 잃고, 예를 잃으면 세상에 서지 못한다.[不飾則無貌, 無貌則失敬, 失敬則不忠, 不忠則失禮, 失禮則不立.]"라고 되어 있다.

백어가 스스로 이와 같은 것을 들었을 뿐 아직은 남달리 특별하게 들은 것이 없음을 밝힌 것이다.

원문 "遠其子"者, 司馬光『家範』引此文說云: "'遠者', 非疏遠之謂也, 謂其進見有時, 接遇有禮, 不朝夕嘻嘻相藝狎也." 案, 古者命士以上, 父子皆異宮, 所以別嫌疑, 厚尊敬也. 一過庭須臾之頃, 而學詩學禮, 敎以義方, 所謂"家人有嚴君"者, 是之謂"遠". 『白虎通』「五行篇」云: "君子遠子近孫." 此其義也. 皇本"不學詩無以言", "不"上有"曰"字, "言"下有"也"字, "二者"下有"矣"字.

역문 "그 아들을 멀리함[遠其子]"

사마광(司馬光)의 『가범』에 이 문장을 인용해서 말하기를, "'원(遠)'이란 소원(疏遠)하게 대함을 말하는 것이 아니라, 나아가 뵙는 것이 일정한 때가 있고, 접대하고 만남이 일정한 예법이 있어서 아침저녁으로 희죽거리며 서로 설만하게 함부로 대하지 않았다는 말이다."라고 했다. 살펴보니, 옛날에 명사(命士) 이상은 부자(父子)가 모두 궁을 달리하는 것은 혐의(嫌疑)를 구별하고 존경(尊敬)을 두텁게 하기 위한 것이었다.[128] 한 번 뜰을 지나치는 잠깐의 사이에도 시를 배우고 예를 배움에 올바른 길로 가도록 가르치니, 이른바 "집안사람 중에 엄군(嚴君)이 있다"[129]는 것으

---

128 『예기』「내칙(內則)」에 "명사(命士) 이상부터는 아버지와 아이들이 모두 궁(宮)을 달리한다. 자식들은 날이 샐 무렵에 아침 문안을 드리며 맛이 좋은 음식을 올리며 효심을 표시한다. 해가 뜨면 물러 나와 각자 자기의 일에 종사하다가 해가 진 뒤에는 다시 부모에게 저녁 문안을 드리고 맛있는 음식을 올려 효심을 나타낸다.[由命士以上, 父子皆異宮. 昧爽而朝, 慈以旨甘. 日出而退, 各從其事, 日入而夕, 慈以旨甘.]"라고 했는데, 정현의 「주」에 "궁(宮)을 달리하는 것은 공경을 높이기 위한 것이다.[異宮, 崇敬也.]"라고 했다.
129 『주역』「가인(家人)·단(彖)」.

로, 이것을 일러 "멀리한다[遠]"라고 한 것이다. 『백호통의』「오행」에서 "군자는 아들은 멀리하되 손자는 가까이한다."라고 한 것이 바로 그 뜻이다. 황간본에는 "시를 배우지 않으면 말을 할 수 없다[不學詩無以言]"의 "불(不)" 자 앞에 "왈(曰)" 자가 있고, "언(言)" 아래 "야(也)" 자가 있으며, "이자(二者)" 아래 "의(矣)" 자가 있다.

16-14

邦君之妻, 君稱之曰夫人, 夫人自稱曰小童. 邦人稱之曰君夫人, 稱諸異邦曰寡小君. 異邦人稱之亦曰君夫人. 【注】孔曰: "小君, 君夫人之稱, 對異邦謙, 故曰寡小君. 當此之時, 諸侯嫡妾不正, 稱號不審. 故孔子正言其禮也."

나라 임금의 처를 임금이 일컬을 때는 '부인(夫人)'이라 하고, 부인이 스스로를 일컬을 때는 '소동(小童)'이라 하며, 나라의 백성들이 일컬을 때는 '군부인(君夫人)'이라 하고, 다른 나라에서 일컬을 때는 '과소군(寡小君)'이라 하고, 다른 나라의 백성들이 일컬을 때는 '군부인'이라 한다. 【주】 공안국이 말했다. "소군(小君)이 군주의 부인에 대한 호칭인데, 다른 나라에 대해서는 겸손하기 때문에 '과소군(寡小君)'이라고 하는 것이다. 이 당시에 제후의 정실(正室)과 첩실(妾室)의 위계가 바르지 못하여 칭호가 분명치 않았다. 그러므로 공자가 그 예를 바로잡아 말한 것이다."

원문 正義曰:「曲禮」, "天子之妃曰后, 諸侯曰夫人." 『公羊』「隱」二年「傳」, "女在其國稱女, 在塗稱婦, 入國稱夫人." 明夫人爲君所稱也. 『白虎通』

「嫁娶篇」, "國君之妻, 稱之曰夫人何? 明當扶進夫人, 謂非妾也, 國人尊之, 故稱君夫人也. 自稱小童者, 謙也, 言己智能寡少, 如童蒙也." 「曲禮」, "夫人自稱於其君曰小童." 「注」云: "小童, 若云未成人也." 『唐石經』"稱諸異邦", "諸"誤"謂". 皇本"亦曰君夫人"下有"也"字.

역문 정의에서 말한다.

『예기』「곡례하」에 "천자의 비(妃)를 후(后)라 하고 제후는 부인(夫人)이라 한다." 했고, 『춘추공양전』「은공」 2년의 「전」에 "여자가 그 나라에 있으면 '여(女)'라 일컫고, 시집을 가면 '부(婦)'라 일컫고 나라에 들어가면 '부인(夫人)'이라 일컫는다."라고 했으니, '부인(夫人)'이란 군주가 일컫는 것임을 밝힌 것이다. 『백호통의』「가취」에 "나라 임금의 처를 부인이라 일컫는 것은 어째서인가? 응당 사람을 도와서 나아가게 함을 밝힌 것으로 첩(妾)이 아니라는 말이며,[130] 나라 사람들이 그를 높이기 때문에 군부인(君夫人)이라 일컫는 것이다. 스스로를 소동(小童)이라 일컫는 것은 겸양하는 것이니, 자신의 지혜가 마치 어린아이처럼 적음을 말하는 것이다."라고 했다. 「곡례하」에 "부인은 자기 임금에게 스스로를 일컬어 소동(小童)이라 한다."라고 했는데, 「주」에 "소동(小童)은 마치 아직 성인이 아니라고 하는 것과 같다."라고 했다. 『당석경』의 "칭저이방(稱諸異邦)"에서 "저(諸)"는 "위(謂)"의 잘못이다. 황간본에는 "역왈군부인(亦曰君夫人)" 아래 "야(也)" 자가 있다.

---

130 『백호통의』 권하, 「덕론하(德論下) · 가취(嫁娶)」와 『백호통소증(白虎通疏證)』에 의하면 "夫"는 "八"의 오기이며, "非"는 "八"로 되어 있다. 이에 따르면 이 문장은 "응당 여덟 명을 바치는 일을 도와야 한다는 뜻을 밝힌 것으로, 여덟 명의 첩을 말하는 것이다.[明當扶進八人, 謂八妾也.]"가 된다.

● 「注」, “小君”至“禮也”.

● 正義曰: “小君”者, 比於君爲小也. 『春秋』書“葬我小君”, 是小君卽君夫人之稱, 於本國稱“小君”, 於異邦稱“寡小君”, 猶稱其君於本國曰“君”, 於異邦曰“寡君”也. 『白虎通』云: “『論語』曰: ‘國君之妻, 國人稱之曰君夫人, 稱諸異邦曰寡小君.’ 謂聘問兄弟之國, 及臣於他國稱之, 謙之辭也.” 白虎諸儒, 以“稱諸異邦”爲國人所稱, 當是『論語』家舊義. 故僞孔此「注」, 亦以“寡小君”爲邦人謙稱也. 「曲禮」, “夫人自稱於諸侯曰寡小君.”「注」云: “謂饗來朝諸侯之時.” 彼文以“寡小君”爲夫人自稱於異邦諸侯, 與『論語』言寡小君爲邦人所稱異.

○ 「주」의 “소군(小君)”부터 “예야(禮也)”까지.

○ 정의에서 말한다.

“소군(小君)”이란 군주에 비해 작다는 뜻이다. 『춘추』에 “우리 소군(小君)을 장사 지냈다”라는 표현이 있는데, 이때의 소군은 바로 군부인(君夫人)을 일컫는 것으로, 본국(本國)에 대해서는 “소군(小君)”이라 칭하고, 다른 나라에 대해서는 “과소군(寡小君)”이라 칭하는 것이니, 자기의 군주를 본국에 대해서는 “군(君)”이라 일컫고, 다른 나라에 대해서는 “과군(寡君)”이라고 하는 것과 같다. 『백호통의』「가취」에 “『논어』에서 말하길, ‘나라 임금의 처를 나라의 백성들이 일컬을 때 "군부인(君夫人)"이라 하고 다른 나라에서 일컬을 때 "과소군(寡小君)"이라 한다.’ 했으니, 형제의 나라에 빙문할 때와 신하가 다른 나라에서 나라 임금의 처를 일컬을 때 겸손하게 하는 말이다. 백호관(白虎觀)[131]의 유학자들은, “다른 나라에서 일컬음(稱諸異邦)”을 나라의 백성들이 일컫는 것이라고 했는데, 당연히 『논어』 연구자들의 오래된 생각이다. 그러므로 위공의 이 글에 대한 「주」에도 “과소군(寡小君)”을 나라 백성들의 겸칭이라고 한 것이다. 「곡례하」에 “부인이 다른 제후에게 스스로를 일컬어 과소군(寡小君)이라 한다.”라고 했는데, 「주」에 “향례(饗禮)에서 제후에게 와서 조현할 때를 이른다.”라고 했다.

---

131 백호관(白虎觀): 학궁의 이름인데, 미앙궁 안에 있다. 『후한서』 권3 「장제기(章帝紀)」에 “건초(建初) 4년 11월에 태상(太常)·장(將)·대부·박사(博士)·낭관(郎官) 및 제생(諸生)·제유(諸儒) 들로 하여금 백호관에 모여서 오경(五經)의 동이(同異)를 강의하게 하였다. 그리고 장제가 친히 임석하여 결정을 내리되, 효선제(孝宣帝)의 감로(甘露)·석거(石渠)의 고사와 같이 하여 『백호의주(白虎議奏)』를 만들었다.”라고 하였다.

여기서는 "과소군(寡小君)"을 부인이 다른 나라의 제후에게 스스로를 일컫는 것이라고 했으니, 『논어』에서 과소군을 나라의 백성들이 일컫는 것이라고 한 것과는 다르다.

孫氏奇逢『近指』引郝敬說, "'稱諸異邦', 如大夫·士出使他邦致辭之類, 非夫人自稱也. 夫人無越國, 亦無有自稱爲君者. 「曲禮」謂'夫人自稱於諸侯曰寡小君', 誤也." 此說足正從來傳注之誤. 李氏光地『箚記』, "下兩句皆以邦人之稱言. 君尊之, 則邦人尊之, 故稱於本國者耦君, 以重君命也. 夫人自小, 則邦人小之, 故稱於異邦者, 不敢夷君, 以順夫人意也."
손기봉(孫奇逢)의 『사서근지』에 학경(郝敬)의 말을 인용해서 "'다른 나라에서 일컬음[稱諸異邦]'은 대부나 사가 다른 나라에 사신으로 나갔을 때 하는 말과 같은 따위이지 부인이 스스로를 일컫는 것이 아니다. 부인은 국경을 넘는 경우가 없으니, 역시 스스로를 일컬어 군(君)이라 할 것도 없다. 따라서 「곡례하」에서 '부인이 다른 제후에게 스스로를 일컬어 과소군(寡小君)이라 한다'라는 것은 잘못이다."라고 했는데, 이 말은 종래에 전해 오던 주석의 잘못을 바로잡기에 충분하다. 이광지(李光地)의 『논어맹자차기』에 "아래의 두 구절은 모두 나라의 백성들이 일컫는 것을 가지고 말한 것이다. 군주가 높으면 나라의 백성들도 높이기 때문에 본국에서 일컬을 때는 우군(耦君)이라 하여 군명(君命)을 중히 여기는 것이다. 부인이 스스로를 작게 여기면 나라의 백성들도 작게 여기기 때문에, 다른 나라에서 일컫는 사람은 감히 군주를 아무렇지도 않게 여겨 부인의 뜻을 따라서는 안 되는 것이다."라고 했다.

胡氏培翬『研六室』「雜箸」, "此節惟'小童'句係夫人自稱, 餘皆他人稱謂之辭. '稱諸異邦'亦是邦人稱之. 「雜記」, '夫人薨, 赴於他國曰寡小君,' 此其確證也. 「聘禮」, '夫人使下大夫韋弁歸禮.' 「注」云: '致辭當稱寡小君.' 又「聘禮」「記」, '君以社稷故, 在寡小君.' 「注」云: '此贊拜夫人聘享辭.' 明'寡小君'是臣下對他邦人釋辭之稱, 非夫人自稱審矣. 俗解因「曲禮」有'自稱於諸侯曰寡小君'之文, 遂指爲夫人自稱. 然則云'寡小君不祿', 亦可爲夫人自稱乎? 「曲禮」當屬記者之誤. 孔「疏」謂'古者諸侯相饗, 夫人亦出, 故得自稱.' 考之禮, 饗食, 主賓皆有擯贊傳辭, 亦無夫人對他國君自稱之禮. 「內宰」, '凡賓客之祼獻·瑤爵皆贊.' 是其證. 況『論語』無'自'字, 與『記』文本異. 考古者當據『論語』以訂「曲禮」之非, 不當因「曲禮」而滋『論語』之誤." 案, 孫氏諸說皆精審, 足以證明此「注」矣.

호배휘(胡培翬)의 『연육실』「잡저」에 "이 구절은 오직 '소동(小童)' 문구만 부인이 스스로를 일컬은 것과 관련되어 있고, 나머지는 모두 다른 사람이 칭하는 말이다. '다른 나라에서 일컬음[稱諸異邦]' 역시 나라의 백성들이 그를 일컫는 것이다. 『예기』「잡기상」에 '부인이 죽어서 다른 나라에 부고할 때 〝과소군(寡小君)〞이라 한다.'[132]라고 했으니, 이것이 확실한 증거이다. 『의례』「빙례」에 '부인은 하대부를 시켜 위변복(韋弁服)을 입고 빙문함에 대한 예를 베풀게 한다[歸禮].'라고 했는데, 「주」에 '치사(致辭)할 때는 마땅히 과소군(寡小君)이라 칭해야 한다.' 했고, 또 「빙례」의 「기」에 '임금이 사직의 일 때문에 과소군에게 빙문했다.'라고 했는데, 「주」에 '이는 부인의 빙문과 연향에 찬배(贊拜)[133]하는 말이다.'라고 했으니, 분명 '과소군'이란 신하가 다른 나라 사람에게 치사(致辭)를 해석할 때의 호칭이지, 부인이 스스로를 일컫는 것이 아님이 확실하다. 세속의 해석은 「곡례하」에 '부인이 다른 제후에게 스스로를 일컬어 과소군이라 한다.'라는 문장이 있음으로 인해 마침내 부인이 스스로를 일컫는 것을 가리키는 것이라고 한 것이다. 그렇다면 '과소군(寡小君)이 불록(不祿)합니다.'라고 한 것도 또한 부인이 스스로를 일컬은 것이라고 할 수 있겠는가? 「곡례하」의 내용은 마땅히 기록한 자의 잘못에 속하는 것이다. 『예기』「곡례하」의 내용에 대한 공영달의 「소」에 '옛날 제후가 서로 연향할 때 부인도 또한 나아가 참석하기 때문에 부인이 자칭(自稱)할 수 있다.'라고 했는데, 예를 상고해 보면 향사(饗食)에서는 주인과 손님 모두 빈(擯)과 찬(贊)을 통해 치사(致辭)를 전함이 있으니, 역시 부인이 직접 다른 나라의 군주에 대해 스스로를 일컫는 예는 없다. 『주례』「천관총재하 · 내재」에 '모든 빈객의 관헌(祼獻)[134]과 요작(瑤爵)[135]에 모두 내재

---

132 『예기』「잡기하(雜記下)」에는 "자기의 군주가 죽어서 다른 나라의 군주에게 부고할 경우에는 '과군(寡君)이 불록(不祿)하기에 감히 집사에게 고합니다.'라고 하고, 군주의 부인이 죽어서 부고할 경우에는 '과소군(寡小君)이 불록합니다.'라고 하고, 태자의 상에는 '과군의 적자 모(某)가 죽었습니다.'라고 한다.[君訃於他國之君, 曰: '寡君不祿, 敢告於執事.' 夫人曰: '寡小君不祿.' 大子之喪, 曰: '寡君之適子某死.']"라고 했다.

133 찬배(贊拜): 신하가 조현(朝見)할 때에, 예식을 돕는 사람이 행례(行禮)의 절차를 말하는 것.

134 관헌(祼獻): 제왕(帝王)이나 왕후(王后)의 제사 때, 향주(香酒)를 땅에 붓고 날음식과 익힌 음식을 신에게 바치는 의식. 관(祼)은 왕이나 왕후의 제사 때에 향기로운 술을 땅에 부어 강신(降神)하는 것을 말하고, 헌(獻)은 희생으로 잡은 음식을 올리는 것을 말한다.

135 요작(瑤爵): 여자가 아헌(亞獻)할 때 쓰는 술잔.

가 돕는다.'라고 했으니, 이것이 그 증거이다. 더구나 『논어』에는 '자(自)' 자가 없으니, 『예기』의 문장과는 본래부터가 다르다. 옛날에 『논어』를 근거로 「곡례」의 잘못을 바로잡은 것을 상고해 보면 「곡례」를 따라 『논어』의 잘못을 보태는 것은 마땅하지 않다."라고 했다. 살펴보니, 손씨(孫氏)의 여러 설들이 모두 매우 정밀하고 확실하니 이 「주」를 증명하기에 충분하다.

云"嫡妾不正"者, 『詩』「江有汜」『釋文』, "嫡, 正夫人也." 『白虎通』「嫁娶篇」, "妾者, 接也, 以時接見也." 嫡尊得稱夫人, 妾卽娣媵之屬, 卑不得稱夫人. 春秋時, 嫡妾之禮不正, 多以妾爲夫人. 故『左傳』言魯文公有二妃, 齊桓公有三夫人, 鄭文公有夫人芈氏 · 江氏, 宋平公納其御, 步馬者稱"君夫人", 及左師受饋, 亦改命曰"君夫人", 是當時妾稱夫人也.

"정실(正室)과 첩실(妾室)의 위계가 바르지 못하다"라고 한 것.

『시경』「소남 · 강유범」에 대한 『경전석문』에서 "적(嫡)은 정부인(正夫人)이다."라고 했고, 『백호통』「가취」에 "첩(妾)이란 접(接)한다는 뜻이니, 이따금씩 남편을 접견한다는 말이다." 라고 했으니, 정부인은 존귀하므로 부인이라 일컬을 수 있고, 첩은 바로 잉첩으로 딸려 가는 자매와 같은 등속이니 비천해서 부인이라 일컬을 수 없다. 춘추시대에는 정부인과 첩의 예가 바르지 못하여 첩을 부인으로 삼는 경우가 많았다. 그러므로 『춘추좌씨전』에 노 문공(魯文公)이 왕비가 둘이 있었다는 말이나, 제 환공(齊桓公)은 세 명의 부인이 있었다는 말, 정 문공(鄭文公)은 부인 미씨(芈氏)와 강씨(江氏)가 있었다는 말과 송 평공(宋平公)에게 기(棄)를 시첩으로 주었다는 말,[136] 말을 조련시키는 자가 "군부인(君夫人)"을 일컬은 것,[137]

---

136 『춘추좌씨전』「양공」 26년: 당초에 송나라의 예사도(芮司徒)가 딸을 낳았는데 피부가 붉고 온몸에 털이 났으므로 제방 아래에 내다 버리자, 공희(共姬)의 시첩이 이 아이를 데리고 들어와서 기(棄)라고 이름을 지었는데 자라자 아름다웠다. 하루는 평공(平公)이 공희에게 저녁 문안을 들자, 공희가 평공과 함께 저녁을 먹었는데, 평공이 기를 보고 자세히 바라보면서 뛰어난 미인으로 여기니, 공희는 그녀를 평공의 시첩으로 주었다.[初, 宋芮司徒生女子, 赤而毛, 棄諸堤下, 共姬之妾取以入, 名之曰棄. 長而美. 平公入夕, 共姬與之食, 公見棄也, 而視之尤, 姬納諸御.]

137 『춘추좌씨전』「양공」 26년: 좌사(左師)가 부인의 말을 조련시키는 자를 보고서 누구 말이냐

및 좌사(左師)가 선물을 받고 또 명(命)을 고쳐 "군부인(君夫人)"이라고 하게 했다[138]고 말한 것들이 당시에 첩을 부인이라고 일컬은 것이다.

劉氏逢祿『述何篇』曰: "『春秋』正嫡妾之名, 仲子・成風以天王・太廟・異邦正之, 不得稱 夫人也. 則妾子爲君, 皆繫於子, 君稱之曰'母', 自稱曰'先君之妾', 邦人稱之曰'君母', 稱諸異 邦曰'寡君之母', 異邦人稱之亦曰'君之母'而已. '母以子貴', 公羊氏之駁言也, 以『穀梁』爲 正."

유봉록(劉逢祿)의 『논어술하편』에 "『춘추』에서 적실(嫡室)과 첩실(妾室)의 이름을 바로잡 으면서 중자(仲子)와 성풍(成風)은 천왕(天王)과 태묘(太廟)와 다른 나라를 가지고 바로잡 았으니,[139] 부인을 일컬을 수 없었던 것이다. 그렇다면 첩의 자식이 군주가 되었다면 모두

고 물으니, "군부인(君夫人)의 말입니다."라고 대답하였다.[左師見夫人之步馬者, 問之, 對 曰: "君夫人氏也."]

138 『춘추좌씨전』「양공」 26년: 말을 조련시키던 자가 돌아가서 부인에게 고하니, 부인은 비단 과 말을 보내기에 앞서 옥을 보내며 말하기를, "임금님의 첩인 기(棄)는 아무개를 보내어 이 물건을 바칩니다."라고 하니, 좌사는 "군지첩(君之妾)"이란 명을 "군부인(君夫人)"으로 고치 게 한 뒤에 재배하고 머리를 조아리고서 받았다.[圉人歸, 以告夫人, 夫人使餽之錦與馬, 先之 以玉曰: "君之妾棄使某獻." 左師改命曰: "君夫人." 而後再拜稽首受之.]

139 『춘추좌씨전』「은공」 원년의 경문(經文)에 "가을 7월에 천왕(天王)이 재훤(宰咺)을 보내와 서 혜공(惠公)과 중자(仲子)의 봉(賵)을 주었다.[秋七月, 天王使宰咺來歸惠公・仲子之賵.]" 라고 했는데, 좌씨(左氏)의 「전」에 "가을 7월에 천왕이 재훤을 노나라에 사신으로 보내어 와 서 혜공과 중자의 봉을 주었으니 그 시기가 늦었고, 또 자씨(子氏)는 아직 죽지도 않았는데 봉을 주었으므로 이름을 기록한 것이다.[秋七月. 天王使宰咺來歸惠公・仲子之賵, 緩, 且子 氏未薨, 故名.]"라고 했고, 『춘추곡량전』「희공」 8년의 경문에 "가을 7월에 태묘(太廟)에 체 제(禘祭)를 지내고서 부인의 신주를 태묘(太廟)에 들여 모셨다.[秋七月, 禘于大廟, 用致夫 人.]"라고 했는데, 곡량씨(穀梁氏)의 「전」에 "부인을 말할 때는 반드시 그의 씨와 성을 말하 는 것인데, 부인만 말하고 성씨를 거론하지 않았으니 부인이 아니었으며, 첩을 세운 말로서 예에 합당한 것이 아니었다. 부인이라면 우리 노나라에서 부인이라고 하지 않았겠는가[言 夫人必以其氏姓, 言夫人而不以氏姓, 非夫人也, 立妾之辭也, 非正也. 夫人之, 我可以不夫人 之乎?]"라고 했고, 『춘추곡량전주소(春秋穀梁傳註疏)』에 유향(劉向)의 말을 인용해서, "부 인(夫人)은 성풍(成風)이다.[夫人, 成風也.]"라고 했다. 반면 『춘추좌씨전』 좌씨의 「전」에는

아들에 연계시키는 것이니, 군주는 그를 '어머니'라고 부르지만 스스로를 일컬어서는 '선군의 첩'이라 하고, 나라의 백성들이 일컫기를, '군주의 어머니[君母]'라 하며, 나른 나라에서 일컫기를, '과군의 어머니[寡君之母]'라 하고, 다른 나라의 백성들이 일컫기를 또한, '군주의 어머니[君之母]'라고 할 뿐이다. '어미는 아들로 인해 귀하게 된다[母以子貴]'[140]는 말은 공양씨(公羊氏)의 반박이지만, 『춘추곡량전』을 옳은 것으로 삼는다."라고 했다.

"가을에 체제(禘祭)를 지내고서 애강[哀姜: 문공비(文公妃)]의 신주를 태묘에 들여 모셨으니, 예가 아니다. 범례(凡例)에 의하면 부인이 침(寢)에서 죽지 않고, 태묘에 빈(殯)하지 않고, 동맹국(同盟國)에 부고하지 않고, 고묘(姑廟)에 합사하지 않았으면 그 신주를 태묘에 들여 모시지 않는 것이다.[秋, 禘而致哀姜焉, 非禮也. 凡夫人, 不薨于寢, 不殯于廟, 不赴于同, 不祔于姑, 則弗致也.]"라고 했고, 또 『춘추공양전』에서는 '성강(聲姜: 희공비(僖公妃)]'을 가리킨 것이라고 하였으나, 좌씨와 공양씨의 설은 천착에 가깝고, '성풍(成風: 僖公母)'이라고 한 곡량씨의 설이 두 설에 비해 약간 사리에 맞기 때문에 유향 이후로 제유(諸儒)가 모두 이 설을 따른다.

140 『춘추공양전』 「은공」 원년.

논어정의 권20

論語正義卷二十

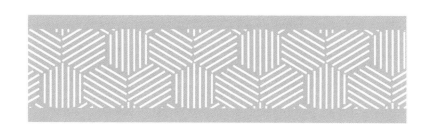

陽貨第十七(양화 제17)

○●○

集解(집해)

○●○

凡二十四章(모두 24장이다)

원문 正義曰:『漢石經』, "凡廿六章." 洪氏頤煊『讀書叢錄』謂, "『漢石經』分 '子曰唯上知與下愚不移'·'子謂伯魚曰'各自爲一章, 故云廿六." 邢本"古者民有三疾"章下有"子曰: '巧言令色, 鮮矣仁!'" 「注」"王曰: '巧言無實, 令色無質.'" 『唐石經』亦有此章, 係旁注. 『御覽』三百八十八引『論語』, "陽貨曰: '巧言令色, 鮮矣仁!'" 疑古傳本有二: 有者非後人所增, 無者亦非後人所删也. 皇本·『考文』引古本·足利本·高麗本皆無此章, 則從『集解』所據本也. 王「注」亦見「學而篇」皇「疏」.

역문 정의에서 말한다.

『한석경』에는 "모두 26장이다."라고 했는데, 홍이훤(洪頤煊)의 『독서 총록』에 "『한석경』에는 '공자가 말했다. ″오직 상지(上知)와 하우(下愚)는 옮길 수 없다″'라고 한 구절과 '공자가 백어에게 말했다[子謂伯魚曰]'라고 한 구절을 나누어 각각 하나의 장으로 만들었기 때문에 26장이라고한 것이다."라고 했다. 형병본에는 "고자민유삼질[古者民有三疾]"장 아래 "공자가 말했다. '말을 잘하고 얼굴빛을 잘 꾸미는 것은, 드물도다, 인

(仁)함이여![子曰: '巧言令色, 鮮矣仁.']"라고 한 구절이 있고, 「주」에 "왕숙이 말했다. '말을 잘하는 것은 진실이 없고, 얼굴빛은 잘 꾸미는 것은 질박함이 없다.[巧言無實, 令色無質.]"라고 했다. 『당석경』에도 이 장이 있고, 방주(旁注)가 달려 있다. 『태평어람』권388에 『논어』를 인용했는데, "양화가 말했다. '말을 잘하고 얼굴빛을 잘 꾸미는 것은, 드물도다, 인(仁)함이여![陽貨曰: '巧言令色, 鮮矣仁!']"라고 되어 있으니, 아마도 옛날에 전해지던 것이 두 개의 판본이 있었던 듯싶은데, 이 구절이 있는 것도 후대의 사람들이 보탠 것이 아니고, 없는 것 역시 후대 사람들이 깎아 낸 것도 아닌 듯싶다. 황간본과 『칠경맹자고문(七經孟子考文)』에 인용한 고본(古本)·아시카가본[足利本]과 고려본(高麗本)에는 모두 이 장이 없으니, 『논어집해』가 근거로 삼은 판본을 따른 것이다. 왕숙의 「주」역시 「학이」황간(皇侃)의 「소」에 보인다.

17-1

陽貨欲見孔子, 孔子不見, 【注】孔曰: "陽貨, 陽虎也. 季氏家臣, 而專魯國之政. 欲見孔子, 使仕." 歸孔子豚, 孔子時其亡也, 而往拜之, 遇諸塗. 【注】孔曰: "欲使往謝, 故遺孔子豚. '塗', 道也, 於道路與相逢."

양화가 공자를 만나고자 했으나, 공자가 만나 주지 않자, 【주】 공안국이 말했다. "양화(陽貨)는 양호(陽虎)이다. 계씨(季氏)의 가신으로 노(魯)나라의 정권을 전횡하였다. 공자를 만나고자 한 것은 벼슬하게 하기 위함이었다." 공자에게 삶은 돼지를 선물로 보냈는데, 공자는 그가 없는 틈을 타 사례하러 갔다가 길에서 마주쳤다. 【주】 공안국이 말했다. "공자로 하여금 양

화의 집에 가서 사례하게 하려고 했기 때문에 공자에게 삶은 돼지를 선물로 보낸 것이다. '도(塗)'는 길[道]이니, 길에서 그와 서로 만난 것이다."

원문 正義曰:『孟子』「滕文公篇」載此事云: "陽貨欲見孔子而惡無禮." "惡無禮"者, 謂孔子不往見, 嫌己無禮以致之也. 又云: "大夫有賜於士, 不得受於其家, 則往拜其門. 陽貨矙孔子之亡也, 而饋孔子蒸豚, 孔子亦矙其亡也, 而往拜之. 當是時, 陽貨先, 豈得不見?" 趙岐「注」, "陽貨, 魯大夫也. 孔子, 士也. 矙, 視也. 陽貨視孔子亡而饋之者, 欲使孔子來答, 恐其便答拜使人也. 豚非大牲, 故用熟饋也. 孔子矙其亡者, 心不欲見陽貨也." 據『孟子』, 則歸豚本由矙亡, 故孔子亦受而矙亡拜之. 彼文作"饋", 此作"歸", 二字通用. 『釋文』載"鄭本作饋", 云: "『魯』讀饋爲歸, 今從『古』." 則作"饋"者『古論』, 作"歸"者『魯論』也.

역문 정의에서 말한다.

　『맹자』「등문공하」에 이 일을 기록하기를, "양화가 공자를 만나 보고 싶었지만, 무례(無禮)하게 구는 것을 싫어했다."라고 했는데, "무례하게 구는 것을 싫어했다[惡無禮]"라는 말은 공자가 가서 만나 보지 않았지만, 자기가 무례하게 공자를 불러들이는 것을 싫어했다는 말이다. 또 "대부(大夫)가 사(士)에게 물건을 하사할 경우, 사가 자기 집에서 그 물건을 직접 받지 못했으면, 대부의 집 문에 가서 절하는 것이 예이다. 이에 양화가 공자께서 없는 틈을 엿보아 공자에게 삶은 돼지고기를 보냈는데, 공자께서도 양화가 집에 없는 틈을 엿보아 그의 집에 찾아가서 사례한 것이다. 당시에 양화가 먼저 찾아왔더라면, 어찌 공자를 만나 보지 못했겠는가?"라고 했는데, 조기의 「주」에 "양화(陽貨)는 노나라 대부이다. 공자는 사의 신분이었다. 감(矙)은 엿본다[視]는 뜻이다. 양화가 공자가 없는 틈을 엿보고 그에게 선물을 보낸 것은 공자로 하여금 와서 답례하게 하려 한 것이니, 아마도 즉시 답배할 것이라고 여기고 사람을 보낸 것인 듯싶다. 돼지는 큰 희생물이 아니기 때문에 삶아서 보낸 것이다. 공자가 양화가 없는 틈을 엿본 것은 마음으로는 양화를 만나보고 싶지 않았기 때문이다."라고 했다. 『맹자』에 의거하면 삶은 돼지를 보낸 것은 본래 공자가 없는 틈을 엿봄으로 말미암은 것이므로 공자 역시 받아서는 양화가 없는 틈을 엿보아 사례하려 했던 것이다. 『맹자』의 문장에는 "궤(饋)"로 되어 있고, 여기의 문장에는 "귀(歸)"로 되어 있는데, 두 글자는 통용된다. 『경전석문』에는 "정현본에는 궤(饋)로 되어 있다"라고 기록하고는, "『노논어』에는 궤(饋)를 귀(歸)의 뜻으로 읽으니, 지금은 『고논어』를 따른다."라고 했으니, "궤(饋)"로 되어 있는 것은 『고논어』이고 "귀(歸)"로 되어 있는 것은 『노논어』이다.

원문 『廣雅』「釋詁」, "覞, 視也." 王氏念孫『疏證』引此文謂"時"與"覞"同.「釋言篇」, "時, 伺也." 此與『孟子』作"矙"義合. 陽貨稱大夫者, 毛氏奇齡『四書賸言』, "季氏是司徒, 下有大夫二人, 一曰小宰, 一曰小司徒, 故邑宰 · 家臣通稱大夫也." 周氏柄中『典故辨正』說, "『禮』「玉藻」云: '酒肉之賜, 弗再拜.' 又云: '大夫親賜於士, 士拜受, 又拜於其室.' 孔「疏」, '此非酒肉之賜, 故再拜.' 陽貨饋蒸豚, 正是酒肉之賜, 弗再拜者, 故必矙亡而來."

역문 『광아』「석고」에 "도(覞)는 본다[視]는 뜻이다."라고 했고, 왕염손(王念孫)의 『광아소증』에는 이 글을 인용해서 "시(時)"는 "도(覞)"와 같은 뜻이라고 했다. 「석언」에 "시(時)는 엿봄[伺]이다."라고 했는데, 이것과 『맹자』에 "감(矙)"으로 되어 있는 것이 뜻이 일치한다. 양화를 대부라고 일컬은 것에 대해, 모기령(毛奇齡)의 『사서승언』에 "계씨는 사도(司徒)이니, 아래로 대부가 2인이 있으니, 하나는 소재(小宰)이고, 다른 하나는 소사도(小

司徒)이므로 읍재(邑宰)와 가신(家臣)을 대부라 통칭한 것이다."라고 했다. 주병중(周柄中)의 『사서전고변정』에 "『예기』「옥조」에 '술과 고기를 하사하는 경우는 재배하지 않는다.'라고 했고, 또 '대부가 직접 사에게 물건을 하사하면 사는 절하고 받고 또 대부의 집에 가서 절한다.'라고 했는데, 공영달의 「소」에 '이 경우는 술과 고기를 하사한 것이 아니므로 재배하는 것이다.'라고 했다. 양화가 삶은 돼지고기를 보낸 것은 바로 술과 고기를 하사한 것이니, 재배하지 않아야 하는 경우이기 때문에 굳이 그가 없는 틈을 엿보고서 사례하러 왔던 것이다."라고 했다.

- 「注」, "陽貨, 陽虎也."
- 正義曰: "貨"·"虎"一聲之轉, 疑貨是名, 虎是字也. 顧氏棟高『春秋大事表』, "陽虎欲以己更孟氏." 疑與孟孫同族.
- ○「주」의 "양화(陽貨)는 양호(陽虎)이다."
- ○ 정의에서 말한다.

  "화(貨)"와 "호(虎)"는 같은 발음이었다가 바뀌어 달라진 것이니, 아마도 화(貨)는 이름이고, 호(虎)는 자인 듯싶다. 고동고(顧棟高)의 『춘추대사표』에 "양호는 자기를 맹씨와 바꾸려 했다."라고 했으니, 아마도 맹손(孟孫)과 동족(同族)이었던 듯싶다.

- 「注」, "欲使"至"相逢".
- 正義曰: 『廣雅』「釋詁」, "歸, 遺也." 『孟子』「疏」引此「注」, "豚, 豕之小者." 今此文脫. 『說文』, "豚, 小豕也. 從象省, 象形. 㒸, 篆文從肉豕." 『方言』, "豬, 其子或謂之豚, 或謂之貕. 吳·揚之間謂之豬子." 是豚爲豕之小者也.
- ○「주」의 "욕사(欲使)"부터 "상봉(相逢)"까지.
- ○ 정의에서 말한다.

  『광아』「석고」에 "귀(歸)는 음식을 보낸다[遺]는 뜻이다."라고 했다. 『맹자주소』「등문공하」

손석(孫奭)의 「소」에는 여기의 「주」를 인용해서 "돈(豚)은 작은 돼지[豕]이다."라고 했는데, 지금 이 글자는 뺐다. 『설문해자』에 "돈(豚)은 작은 돼지[小豕]이다. 단(彖)의 생략형으로 구성되었고, 상형(象形)이다. 돈(豚)은 전문(篆文)인데 육(肉)과 시(豕)로 구성되었다."[1]라고 했다. 『방언』에 "저(豬)는 그 새끼를 더러 돈(豚)이라 하기도 하고, 혹은 혜(豯)라고 하기도 한다. 오(吳)나라와 양주(揚州) 사이에서는 저자(豬子)라고 했다."라고 했으니, 따라서 돈(豚)은 돼지 중에서 작은 놈이다.

『爾雅』「釋宮」, "路·旅, 塗也." 『釋名』「釋道」云: "塗, 度也, 人所由得通度也." 『周官』「司險」「注」, "五塗, 徑·畛·塗·道·路也." 此「注」"塗"訓"道", 又"道"·"路"連言, 皆渾擧不分別也. "相逢"者, 訓"遇"爲"逢"也. 『爾雅』「釋詁」, "遘·逢, 遇也. 遘·逢·遇·逻, 見也." 『穀梁傳』, "不期而會曰遇."

『이아』「석궁」에 "노(路)와 여(旅)는 길[塗]이다."라고 했고, 『석명』「석도」에 "도(塗)는 도(度)이니, 사람들이 이를 말미암아 도(道)를 통하고 진리로 인도할 수 있는 것이다."라고 했으며, 『주례』「하관사마상·사험」의 「주」에 "5도(五塗)는 경(徑)·진(畛)·도(塗) 도(道)·노(路)이다."라고 했는데, 여기의 「주」에는 "도(塗)"를 길[道]의 뜻으로 풀이한 것이고, 또 "도(道)"와 "노(路)"를 이어서 말한 것은 모두 섞어서 열거하고 나누어 구별하지 않은 것이다. "상봉(相逢)"이라고 한 것은 "우(遇)"를 "봉(逢)"의 뜻으로 풀이한 것이다. 『이아』「석고」에 "구(遘)와 봉(逢)은 만난다[遇]는 뜻이다. 구(遘)와 봉(逢)과 우(遇)와 오(逻)는 본디 본[見]는 뜻이다."라고 했고, 『춘추곡량전』에 "기약하지 않고서 회합하는 것을 우(遇)라 한다."[2]라고 했다.

---

1 『설문해자(說文解字)』권9: 돈(豚)은 작은 돼지[小豕]이다. 단(彖)의 생략형으로 구성되었고, 상형(象形)이다. 손[又]으로 고기[肉]를 잡고서 제사에 바치는 모양으로 구성되었다. 모든 돈(豚)부에 속하는 글자는 다 돈(豚)의 뜻을 따른다. 돈(豚)은 전문(篆文)인데, 육(肉)과 시(豕)로 구성되었다. 도(徒)와 혼(魂)의 반절음이다.[豚, 小豕也. 從彖省, 象形. 從又持肉, 以給祠祀. 凡豚之屬皆從豚. 豚, 篆文從肉豕. 徒魂切.]

2 『춘추곡량전(春秋穀梁傳)』「은공(隱公)」 4년과 8년, 「장공(莊公)」 4년에 같은 표현이 보인다.

謂孔子曰: "來! 予與爾言." 曰: "懷其寶而迷其邦, 可謂仁乎?"
曰: "不可." 【注】 馬曰: "言孔子不仕, 是懷其寶也. 知國不治而不爲政, 是
迷邦也." "好從事而亟失時, 可謂知乎?" 曰: "不可." 【注】 孔曰:
"言孔子棲棲·好從事而數不遇, 失時, 不得爲有知." "日月逝矣, 歲不我
與." 【注】 馬曰: "年老, 歲月已往, 當急仕." 孔子曰: "諾. 吾將仕矣."
【注】 孔曰: "以順辭免."

양화가 공자에게 말했다. "이리 오시오! 내 그대와 말 좀 하겠소."
양화가 말했다. "훌륭한 보배를 간직하고 있으면서 나라를 어지
럽게 버려두는 것을 인이라고 할 수 있겠소이까?" "그렇다고 할
수 없습니다." 【주】 마융이 말했다. "공자가 벼슬하지 않는 것이 바로 보배를 간
직하고 있는 것이고, 나라가 다스려지지 않음을 알면서 정치를 하지 않는 것이 바로
나라를 어지럽게 버려두는 것이라는 말이다." "일에 종사하기를 좋아하면서
자주 때를 놓치는 것을 지혜롭다 할 수 있겠소이까?" "그렇다고
할 수 없습니다." 【주】 공안국이 말했다. "공자는 허둥지둥 사방으로 바쁘게
돌아다니며[栖栖] 일에 종사하기를 좋아하면서도 자주 등용될 기회를 만나지 못하고
때를 놓쳤으니, 지혜가 있다고 할 수 없다는 말이다." "해와 달은 가는 것이
니, 세월은 나에게 머물러 주지 않습니다." 【주】 마융이 말했다. "나이
가 늙어 세월이 이미 흘러갔으니, 마땅히 급히 벼슬해야 한다." 공자가 말했다.
"알았습니다. 내 장차 벼슬을 하겠습니다." 【주】 공안국이 말했다. "따
르는 듯한 말투로 상황을 모면한 것이다."

원문 正義曰: 毛氏奇齡『稽求篇』引明郝敬云: "前兩曰'不可', 皆是貨自爲問

答, 以斷爲必然之理, 此如『史記』「留侯世家」張良阻立六國後八不可語,
有云: '今陛下能制項籍之死命乎?' 曰: '未能也.' '能得項籍頭乎?' 曰: '未
能也.' '能封聖人墓, 表賢者閭, 式智者門乎?' 曰: '未能也.' 皆張良自爲問
答. 至'漢王輟食吐哺'以下, 才是高祖語. 此章至'孔子曰'以下, 纔是孔子
語. 孔子答語祇此, 故記者特加'孔子曰'三字以別之." 閻氏若璩『釋地又
續』同.

역문 정의에서 말한다.

　모기령의 『논어계구편』에는 명(明)나라 학경(郝敬)이 "앞의 두 번의
'그렇다고 할 수 없다[不可]'라는 말은 모두 양화가 스스로 묻고 답하여
필연의 이치가 된다는 것을 단정한 것이니, 이는 마치 『사기』「유후세가」
에서 장량(張良)이 6국(六國)[3]의 후예를 복위시키는 것을 저지하면서 여
덟 가지 불가(不可)한 것을 말한 것과 같은 것으로, 거기에 '지금 폐하께
서는 항적[項籍: 항우(項羽)]의 목숨을 통제하실 수 있으십니까?' '할 수 없
습니다.' '항적의 머리를 얻을 수 있으십니까?' '할 수 없습니다.' '성인의
무덤을 높게 봉분하거나 현자의 마을 앞에 정려문을 세워 표창하거나,
지자의 문 앞을 지나며 머리를 숙여 경의를 표할 수 있으십니까?' '할 수
없습니다.'라고 했는데, 모두 장량(張良)이 스스로 묻고 답한 것이다. '한
왕(漢王)이 식사를 멈추고 입안의 음식을 뱉고[漢王輟食吐哺]'라는 그 이하
에 이르러서야 비로소 고조(高祖)의 말이다. 이 장도 '공자왈(孔子曰)'이라
는 그 이하에 이르러서야 비로소 공자의 말이다. 공자가 답한 말은 단지
이것뿐이었기 때문에 기록하는 자가 특별히 '공자왈(孔子曰)' 세 글자를
더해서 이를 구별한 것이다."라고 한 말을 인용했다. 염약거(閻若璩)의

3　6국(六國): 전국시대(戰國時代)의 6국, 즉 제(齊)·초(楚)·연(燕)·한(韓)·위(魏)·조(趙)
　를 가리킨다.

『사서석지우속』도 같다.

원문 樊氏廷枚『釋地補』云: "「孔子世家」'楚令尹子西曰: "王之使使諸侯有
如子貢者乎?" 曰: "無有." "王之輔相有如顔回者乎?" 曰: "無有." "王之
將率有如子路者乎?" 曰: "無有." "王之官尹有如宰予者乎?" 曰: "無有.'
此亦子西自爲問答." 王氏引之『經傳釋詞』, "有一人之言而自爲問答者, 則
加'曰'字以別之. 『論語』云云. 『孟子』「告子篇」'爲是其智弗若與? 曰"非
然也.""是也."

역문 번정매(樊廷枚)의 『사서석지보』에 "「공자세가」에 '초(楚)의 영윤인 자
서(子西)가 말했다. "왕의 사신으로 제후에게 보낼 사람으로 자공만 한
사람이 있습니까?" "없습니다." "왕을 보필할 사람으로 안회만 한 자가
있습니까?" "없습니다." "왕의 군대를 이끌 만한 사람으로 자로만 한 자
가 있습니까?" "없습니다." "왕의 관리로 재여만 한 자가 있습니까?" "없
습니다.'라고 했는데, 이 또한 자서가 스스로 묻고 답한 것이다."라고
했다. 왕인지의 『경전석사』에 "한 사람이 말한 것인데 스스로 묻고 답
하는 경우가 있을 때에는 '왈(曰)' 자를 더해서 구별하는 것이다. 『논어』
에 그렇게 운운했다. 『맹자』「고자상」에 '이는 그의 지혜가 그만 못하기
때문인가? "그렇지 않다."'4라고 한 것이 그것이다."라고 했다.

---

4 『맹자(孟子)』「고자상」: "지금 바둑을 두는 것은 하찮은 기술이지만, 마음을 오로지 하고 뜻
을 다하지 않으면 터득하지 못한다. 혁추(奕秋)는 온 나라에서 바둑을 제일 잘 두는 자이다.
혁추로 하여금 두 사람에게 바둑을 가르치게 할 경우, 그중 한 사람은 마음과 뜻을 다하여
[專心致志] 오직 혁추의 말을 듣고, 다른 한 사람은 비록 혁추의 말을 듣기는 하나 마음 한편
에 기러기와 새가 날아오면 활과 주살을 당겨서 쏘아 맞힐 것을 생각하고 있다면, 비록 그와
함께 배운다 하더라도 그만 못할 것이다. 이는 그의 지혜가 그만 못하기 때문인가? 그렇지
않다."[今夫奕之爲數小數也, 不專心致志, 則不得也, 奕秋通國之善奕者也. 使奕秋誨二人奕,

원문 "懷其寶"者, "懷", 藏也. 皇「疏」, "寶猶道也." 義見『廣雅』「釋詁」. <u>胡氏紹勳</u>『拾義』, "或謂身爲寶, 如『老子』, '輕敵幾喪吾寶.'「注」云: '寶, 身也.'『呂覽』「先己篇」, '嗇其大寶.'「注」云: '大寶, 身也.' 懷其寶, 謂藏其身." 兩義竝通.

역문 "회기보(懷其寶)"에서, "회(懷)"는 간직함[藏]이다. 황간의 「소」에 "보(寶)는 도(道)와 같다."라고 했는데, 뜻이 『광아』「석고」에 보인다. 호소훈(胡紹勳)의 『사서습의』에 "간혹 몸을 일러 보배라고 하는데, 예를 들면 『노자』에 '적을 가볍게 여기면 거의 내 보배를 잃게 될 것이다.[輕敵幾喪吾寶]'[5]라고 했는데, 「주」에 '보(寶)는 몸[身]이다.'라고 했고, 『여씨춘추』「선기」에 '그 큰 보배를 아껴야 한다.[嗇其大寶]'라고 했는데, 「주」에 '큰 보배[大寶]란 몸[身]이다.'라고 했으니, '회기보(懷其寶)'란 그 몸을 간직한다는 말이다."라고 했는데, 두 뜻이 모두 통한다.

원문 『爾雅』「釋詁」, "迷, 惑也."『說文』同. 言懷道不仕, 若己迷惑其邦, 不使致治也. "吾將仕"者, 言己當就仕也. 『左』「僖」二十三年「傳」, "策名委質." 服虔『解誼』, "古者始仕, 必先書其名於策, 委死之質於君." 然則夫子言"將仕", 意亦策名委質, 如今時投選報吏部矣.

역문 『이아』「석고」에 "미(迷)는 미혹됨[惑]이다."라고 했고, 『설문해자』에도 같으니,[6] 도를 간직하고서도 벼슬하지 않는 것은 마치 자기가 그 나라를 미혹시켜 치세를 이루도록 하지 않는 것과 같다는 말이다. "오장사

其一人專心致志, 惟<u>奕秋</u>之爲聽; 一人雖聽之, 一心以爲有鴻鵠將至, 思援弓繳而射之, 雖與之俱學, 弗若之矣, 爲是其智弗若與? 曰'非然也.'"]

5　『노자(老子)』29장.

6　『설문해자』 권2: 미(迷)는 미혹됨[或]이다. 착(辵)으로 구성되었고 미(米)가 발음을 나타낸다. 막(莫)와 혜(兮)의 반절음이다.[迷, 或也. 從辵米聲. 莫兮切.]

(吾將仕)"란 자기가 마땅히 나아가 벼슬하겠다는 말이다. 『춘추좌씨전』 「희공」 23년의 「전」에 "간책(簡策)에 이름을 올리고서 몸을 바쳐 신하가 되었다.[策名委質.]"라고 했는데, 복건의 『춘추좌씨전해의』에 "옛날에 처음 벼슬하면 반드시 먼저 그 이름을 간책에 쓰고서 임금에게 목숨 바쳐 몸을 맡겼다."라고 했으니, 그렇다면 공자가 "장차 벼슬을 하겠다[將仕]" 라고 한 것은, 뜻은 또한 간책에 이름을 올리고서 몸을 바쳐 신하가 되겠다는 것이니, 지금의 가려 뽑아서 이부(吏部)에 보고하는 것과 같은 것이다.

- 「注」, "言孔"至"有知".
- 正義曰: 孔子初適周反魯, 旣又適齊反魯, 是"栖栖"也. 「少儀」, "亟見曰朝夕." 「注」, "亟, 數也." 是"亟"有數訓.
- 「주」의 "언공(言孔)"부터 "유지(有知)"까지.
- 정의에서 말한다.

  공자는 처음에 주(周)나라로 갔다가 노나라로 되돌아왔고, 이윽고 또 제(齊)나라로 갔다가 노나라로 돌아왔으니, 이것이 "허둥지둥 사방으로 바삐 돌아다녔다[栖栖]"라는 것이다. 『예기』「소의」에 "자주 만나 보는 경우에는 '아침저녁으로'라고 말한다.[亟見曰朝夕.]"라고 했는데, 「주」에 "기(亟)는 자주[數]이다."라고 했으니, 이 "기(亟)" 자에는 자주[數]라는 뜻이 있다.

- 「注」, "年老, 歲月已往."
- 正義曰: 陽虎於定八年冬叛魯, 孔子年五十一. 此語在未叛魯前, 時孔子年亦近五十, 始衰, 得稱老也.
- 「주」의 "나이가 늙어 세월이 이미 흘러갔다."
- 정의에서 말한다.

  양호가 정공(定公) 8년에 노나라를 배반했으니, 당시 공자의 나이 51세였다. 이 대화는 아직 노나라를 배반하기 이전에 있었으니, 당시 공자의 나이 역시 50에 가까워 노쇠하기 시작했으므로 늙었다고 일컬을 수 있는 것이다.

- 「注」, "以順辭免."
- 正義曰: 皇「疏」引郭象曰: "聖人無心仕與不仕, 隨世耳. 陽虎勸仕, 理無不諾, 不能用我, 則無自用, 此直道而應者也. 然免遜之理, 亦在其中也."
- ○ 「주」의 "따르는 듯한 말투로 상황을 모면한 것이다."
- ○ 정의에서 말한다.

  황간의 「소」에 곽상(郭象)[7]을 인용해서 "성인은 무심해서 벼슬하거나 벼슬하지 않거나 세상을 따를 뿐이다. 양호가 벼슬할 것을 권했으니, 승낙하지 않을 도리가 없었고, 나를 등용하지 못하면 스스로를 등용할 수 없으니, 이는 도를 정직하게 해서 응대한 것이다. 그러나 겸손하게 위기를 모면하는 이치 또한 그 가운데 있는 것이다."라고 했다.

17-2

子曰: "性相近也, 習相遠也." 【注】 孔曰: "君子慎所習."

공자가 말했다. "성(性)은 서로 비슷하지만 익히는 것에 따라 서로 멀어진다." 【주】 공안국이 말했다. "군자는 익히는 것을 삼간다."

---

7 곽상(郭象, 252?~312): 서진(西晉) 하남(河南) 낙양(洛陽) 사람. 자는 자현(子玄). 일찍부터 노장 사상에 정통했고, 왕연(王衍) 등 청담지사(淸談之士)와 사귀었다. 변재(辯才)에 막힘이 없어 사람들이 위(魏)나라의 왕필(王弼)이 다시 태어났다고 칭송했다. 사도연(司徒掾)과 사공연(司空掾), 태학박사(太學博士), 황문시랑(黃門侍郞) 등을 역임했다. 진혜제(晉惠帝) 영안(永安) 원년(304) 이후 정치에만 전력하여 권세가 하늘을 찔렀다. 저서에 『장자주(莊子注)』 33권이 있는데, 『장자(莊子)』의 본문에 완전히 충실하지는 않지만 역대의 장자 주석서를 두루 읽은 지식을 담았고, 불교사의 발전에 지대한 영향을 끼쳤다. 그 밖의 저서에 『논어체략(論語體略)』이 있었지만, 일부만이 황간(黃侃)의 『논어집해의소(論語集解義疏)』에 산견된다.

正義曰: 戴氏震『孟子字義疏證』, "性者, 分於陰陽五行, 以爲血氣·心

知, 品物區以別焉. 擧凡旣生以後, 所有之事, 所具之能, 所全之德, 咸以

是爲其本, 故『易』曰'成之者性也.' 氣化生人·生物以後, 各以類滋生久

矣. 然類之區別, 千古如是也, 循其故而已矣. 在氣化曰陰陽, 曰五行, 而

陰陽五行之成化也, 雜糅萬變, 是以及其流形, 不特品物不同, 雖一類之中

又復不同. 凡分形氣於父母, 卽爲分於陰陽五行, 人物以類滋生, 皆氣化之

自然.『中庸』曰: '天命之謂性.' 以生而限於天, 故曰'天命'.『大戴禮記』

曰: '分於道之謂命, 形於一之謂性.' 分於道者, 分於陰陽五行也. 一言乎

分, 則其限之於始, 有偏全·厚薄·淸濁·昏明之不齊, 各隨所分而形於

一, 各成其性也. 然性雖不同, 大致以類爲之區別, 故『論語』曰'性相近也',

此就人與人近言之也.『孟子』曰: '凡同類者擧相似也, 何獨至於人而疑

之? 聖人與我同類者.' 言同類之相似, 則異類之不相似明矣. 故語告子'生

之謂性'曰: '然則犬之性猶牛之性, 牛之性猶人之性與?' 明乎其不可混同

言之也."

역문 정의에서 말한다.

대진(戴震)의 『맹자자의소증』에 "성(性)이란 음양오행(陰陽五行)에서

나누어져서 혈기(血氣)와 심지(心知)가 된 것으로 만물이 나뉘어 구별되

게 해 주는 것이다. 모든 것이 이미 생겨난 뒤에 가지고 있는 일과 구비

하고 있는 능력과 온전한 덕은 모두 이 성(性)을 근본으로 한다. 그러므

로 『주역』「계사상」에서 '이루어진 것이 성(性)이다.'라고 한 것이다. 기

(氣)가 변화하면서 사람을 낳고 만물을 낳은 뒤에 각각 종류별로 번성하

고 생존한 지 오래되었다. 그러나 종류의 구별은 영원히 한결같아서 그

본래의 근원[故]을 따를 뿐이다. 기가 변화하는 입장에서 말하면 '음양(陰

陽)'이라 하고 오행(五行)이라 하는데, 음양오행이 변화를 이루어 마구 뒤

섞여 만 가지로 변하기 때문에 각각의 형체를 갖춤에 미쳐서 단지 만물

이 다를 뿐만이 아니라, 비록 한 가지 종류 가운데서도 또한 다시 같아지지 않는다. 부모에게서 형기를 나누어 받은 것은 바로 음양오행에서 나누어 받은 것이 되고, 사람과 만물이 종류별로 번성하고 생존하는 것은 모두 자연스러운 기의 변화이다. 『중용』에서 '하늘이 명한 것을 성이라 한다.'[8]고 했는데 태어나면서부터 하늘에 제한되기 때문에 '하늘의 명'이라고 한 것이다. 『대대례』「역본명(易本命)」에 '도에서 나누어진 것을 "명(命)"이라 하고, 구체적인 하나에서 드러난 것을 "성(性)"이라 한다.'라고 했다. 도에서 나누어진 것은 음양오행에서 나누어진 것이다. 구체적인 하나를 나누어진 입장에서 말하면 그것이 처음에 제한됨이 치우치거나 온전함, 두텁거나 엷음, 맑거나 흐림, 어둡거나 밝음이 가지런하지 않음이 있어서 각각 나누어진 것에 따라서 구체적인 하나로 드러나고, 그 구체적인 하나가 각각 그 성을 이루는 것이다. 그러니 성은 비록 같지 않지만, 크게는 종류별로 구별이 되기 때문에 『논어』에서 '성은 서로 비슷하다[性相近也]'라고 한 것이니, 이는 사람과 사람이 서로 비슷한 측면에서 말한 것이다. 『맹자』「고자상」에 '종류가 같은 것은 모두 서로 비슷하니, 어찌 단지 사람의 경우에 이르러서만 그렇지 않다고 의심을 하겠는가? 성인도 나와 같은 종류이다.'라고 했는데, 같은 종류는 서로 비슷하다는 말이니, 다른 종류는 서로 비슷하지 않음이 분명하다. 그러므로 고자가 '생(生)을 "성"이라 한다.'라고 한 것에 대해 '그렇다면 개의 성이 소의 성과 같으며, 소의 성이 사람의 성과 같단 말인가?'라고 힐난했으니, 혼동해서 말하면 안 되는 것이 분명하다."라고 했다.

원문 又曰: "問: '孟子之時, 因告子諸人紛紛各立異說, 故直以性善斷之. 孔

8　『중용(中庸)』 1장.

子但言"善相近", 意在於警人愼習, 非因論性而發. 故不必直斷以善與!'
曰: '然. 古今常語, 凡指斥下愚者, 矢口言之, 每曰"此無人性", 稍擧其善
端, 則曰"此猶有人性". 以人性爲善稱, 無人性卽所謂"人見其禽獸也". 有
人性卽相近也, 善也.『論語』言"性相近", 正見"人無有不善". 若不善, 與
善相反, 其遠已懸絶, 何近之有? 分別性與習, 然後有不善, 而不可以不善
歸性. 凡得養失養及陷溺梏亡, 咸屬於習也.'"

역문 또 말했다. "'맹자 때에 고자 등 여러 사람들이 분분하게 가각 다른 설
들을 내세웠기 때문에 곧바로 성이 선하다고 단정했다. 공자는 다만 "성
이 서로 비슷하다"라고만 말했을 뿐인데, 그렇게 말한 의도는 사람들에
게 익힘을 신중히 하도록 경계하는 데 있었던 것이지, 성을 논함으로 인
해 발언한 것이 아니다. 그러므로 굳이 곧바로 "선(善)"이라고 단정할 필
요가 없었던 것이 아니겠는가?'라고 묻자, 다음과 같이 대답했다. '그렇
다. 옛날이나 오늘날이나 보통 말할 때, 대부분 가장 어리석은 사람을
지적해서 배척하는 경우에는 입에서 나오는 대로 말하면서 언제나 "이
사람은 인성이 없다"라고 하다가, 조금이라도 선한 실마리를 거론하려
할 때엔 "이 사람은 그래도 인성은 있다"라고 한다. 인성을 선의 명칭으
로 삼았으니, 인성이 없다는 것은 바로 이른바 "다른 사람들이 그의 금
수와 같은 모습만 본다"[9]는 것이다. 인성이 있다는 것은 바로 서로 비슷

---

9 『맹자』「고자상」: 비록 사람에게 있는 것이라 한들 어찌 인의(仁義)의 마음이 없겠는가마는,
그 양심(良心)을 잃어버리는 것이 또한 도끼와 자귀로 아침마다 나무를 베는 것과 같으니,
이렇게 하고서 아름답게 될 수 있겠는가? 그 낮과 밤에 자라난 양심과 새벽의 맑은 기운도,
그 좋아하고 미워함이 다른 사람들과 서로 비슷한 것이 거의 드문데, 낮에 하는 불선한 행동
이 이것을 없애니, 없애기를 반복하면 밤에 자란 선한 기운인 야기(夜氣)도 보존될 수 없고,
야기가 보존될 수 없으면 금수(禽獸)와 다른 것이 많지 않게 된다. 사람들은 금수와 같은 모
습만 보고서 일찍이 훌륭한 재질이 있지 않았다고 생각하니, 이것이 어찌 사람의 본래 모

하고 선하다는 것이다. 『논어』에서 "성이 서로 비슷하다"라고 말한 것은 "사람은 선하지 않음이 없다"[10]는 것을 바로 본 것이다. 만약 선하지 않다면 선과는 서로 반대가 되어 그 멀어짐이 이미 현격해져서 단절되었을 것이니, 무슨 비슷함이 있겠는가? 성과 익힘을 나누어 구별한 뒤에 불선이 있으니 불선을 성으로 귀결시킬 수는 없다. 잘 기르는 것과 잘못 기르는 것 및 빠뜨리거나 없애거나 잃는 것이 모두 익히는 것에 속한다."라고 했다.

원문 李氏光地『論語劄記』, "案, 夫子此言, 惟孟子能暢其說. 其曰'性善', 卽'相近'之說也. 其曰'或相倍蓰而無算, 其所以陷溺其心者然也', 則'習相遠'之說也. 先儒謂孔子所言者, 氣質之性, 非言性之本; 孟子所言, 乃極本窮源之性, 愚謂惟其相近, 是以謂之善; 惟其善, 是以相近, 似未可言孔·孟之指殊也. 蓋孔·孟所言者, 皆人性耳. 若以天地之理言, 則乾道變化, 各正性命, 禽獸·草木, 無非是者. 然禽獸之性, 則不可言與人相近, 相近者, 必其善者也. 故『孝經』曰: '天地之性人爲貴.' 是孔子之說無異於孟子也. 禽獸之性, 不可以言善. 所謂善者, 以其同類而相近也. 故曰'人皆可以爲堯·舜'. 是孟子之說又無異於孔子也."

습이겠는가?[雖存乎人者, 豈無仁義之心哉? 其所以放其良心者亦猶斧斤之於木也, 旦旦而伐之, 可以爲美乎? 其日夜之所息, 平旦之氣, 其好惡與人相近也者幾希, 則其旦晝之所爲有梏亡之矣, 梏之反覆, 則其夜氣不足以存, 夜氣不足以存, 則其違禽獸不遠矣. 人見其禽獸也, 而以爲未嘗有才焉者, 是豈人之情也哉?]

10 『맹자』「고자상」: 맹자가 말했다. "물은 진실로 동서(東西)의 구분이 없지만, 상하(上下)의 구분도 없겠는가? 사람의 성이 선함은 물이 아래로 내려가는 것과 같으니, 사람은 선하지 않은 사람이 없으며[人無有不善], 물은 낮은 데로 흘러가지 않는 것이 없다."[孟子曰: "水信無分於東西, 無分於上下乎? 人性之善也猶水之就下也, 人無有不善, 水無有不下."]

역문 이광지(李光地)의 『논어차기』에 "살펴보니, 공자의 이 말은 오직 맹자만이 그 설명을 제대로 펼쳤다. 그가 말한 '성선(性善)'은 바로 '상근(相近)'을 설명한 것이다. 맹자가 '혹 서로 배(倍)가 되고 다섯 배가 되기도 하여 헤아릴 수 없게 되는 것은 그 마음을 빠뜨리는 것이 그렇게 만드는 것이다.'[11]라고 한 것은 '습상원(習相遠)'을 설명한 것이다. 선유(先儒)들은 공자가 말한 것은 기질지성(氣質之性)이지, 성의 본연을 말한 것이 아니고, 맹자가 말한 것은 바로 본원을 철저하게 추구하는 성[極本窮源之性]이라고 하는데, 내가 생각하기에는 오직 서로 비슷하기 때문에 선이라 하는 것이고, 오직 선하기 때문에 서로 비슷한 것이니, 공자와 맹자가 가리키는 것이 다르다고 말해서는 안 될 것 같다. 대체로 공자와 맹자가 말한 것은 모두 인성일 뿐이다. 만약 천지(天地)의 리(理)를 가지고 말한 것이라면 하늘의 도가 변화함에 각각 성과 명을 바르게 하니 금수와 초목이 이것이 아님이 없다. 그러나 금수의 성은 사람과 서로 비슷하다고 말할 수 없으니, 서로 비슷한 것은 반드시 선한 것이어야 한다. 그러므로 『효경』에 '천지의 성은 사람이 가장 귀하다.'라고 했으니, 이 공자의 말은 맹자와 다를 것이 없는 것이다. 금수의 성은 선을 말할 수 없다. 이른바 선이란 그 종류를 같이하면서 서로 비슷한 것이기 때문이다. 그러므로 '사람은 모두 요·순이 될 수 있다.'[12]라고 한 것이니, 이 맹자의 말은 또 공자와 다를 것이 없는 것이다."라고 했다.

원문 焦氏循"性善"解, "性無他, 食色而已. 飮食男女, 人與物同之. 當其先民知有母, 不知有父, 則男女無別也. 茹毛飮血, 不知火化, 則飮食無節也.

---

11 『맹자』「고자상」.
12 『맹자』「고자하」.

有聖人出, 示之以嫁娶之禮, 而民知有人倫矣; 示之以耕耨之法, 而民知自食其力矣. 以此示禽獸, 禽獸不知也. 禽獸不知, 則禽獸之性不能善. 人知之, 則人之性善矣. 以飮食男女言性, 而人性善不待煩言自解也. 禽獸之性不能善, 亦不能惡; 人之性可引爲善, 亦可引爲惡. 惟其可引, 故性善也. 牛之性可以敵虎, 而不可使之咥人, 所知所能不可移也. 惟人能移, 則可以爲善矣. 是故惟習相遠, 乃知其性相近, 若禽獸則習不能相遠也." 案, 諸說皆精審, 足以發明孔 · 孟言性之旨.

역문 초순(焦循)의 "성선(性善)"에 대한 해석에, "성(性)은 다른 것이 아니라 식욕과 색욕일 따름이다. 음식과 남녀에 대한 욕망은, 사람이나 만물이나 똑같다. 당연히 선민(先民)이 어머니만 있는 줄 알고 아버지가 있음을 알지 못했던 것은 남녀의 구별이 없었기 때문이다.[13] 화식(火食)을 몰라 털을 먹고 피를 마셨던 것은[茹毛飮血][14] 음식의 절도가 없는 것이다. 성인이 나와서 시집가고 장가드는 예를 가르쳐 줌에 백성들이 인륜이 있음을 알게 되었고, 밭 갈고 김매는 법을 가르쳐 줌에 백성들이 스스로 자기 힘으로 먹을 줄 알게 되었다. 이것을 금수와 비교해 보면 금수는

---

13 『시경(詩經)』「국풍(國風) · 왕(王) · 양지수(揚之水)」 주희의 「주」에 "평왕(平王)은 어머니가 있음만 알고 아버지가 있음을 알지 못하여, 자기를 세워 준 것이 은덕이 됨만 알고 아버지를 시해한 것이 원수가 됨을 알지 못하였다. 그리하여 심지어는 복수(復讐)하고 토적(討賊)해야 할 군대로 하여금 도리어 베풀어 준 은혜에 보답하고 은덕을 갚는 행동을 하게까지 하였으니, 그 어버이를 잊고 이치를 거슬려 하늘에 죄를 얻음이 너무 심하다.[平王知有母而不知有父, 知其立己爲有德, 而不知其弑父爲可怨, 至使復讐討賊之師, 反爲報施酬恩之擧, 則其忘親逆理, 而得罪於天已甚矣.]"라고 하였고, 『예기대전(禮記大全)』「교특생」의 「주」에 "금수가 어미만 있는 줄 알고 아비가 있는 줄 모르는 것은 분별이 없기 때문이다.[禽獸知有母而不知有父, 無別故也.]"라고 했다.

14 여모음혈(茹毛飮血): 상고(上古)시대에 화식(火食)을 몰라 짐승의 고기를 날로 먹던 것을 뜻한다.

알지 못하는 것이다. 금수는 알지 못하니, 그렇다면 금수의 성은 선할 수가 없다. 그러나 사람은 그것을 아니 사람의 성은 선한 것이다. 음식과 남녀에 대한 욕망을 가지고 성을 말하더라도 인성이 선하다는 것은 번거롭게 말할 필요도 없이 저절로 이해되는 것이다. 금수의 성은 선하게 될 수 없으며 또한 악하게 될 수도 없고, 사람의 성은 인도해서 선하게 될 수도 있고 또한 악하게 될 수도 있다. 오직 인도할 수 있기 때문에 성이 선한 것이다. 소의 성은 범을 대적하게 할 수는 있지만 사람을 물게 할 수 없으니, 아는 것과 할 수 있는 것은 옮길 수 없는 것이다. 오직 사람만이 옮길 수 있기 때문에 선하게 될 수 있는 것이다. 이런 까닭에 오직 익히는 것에 따라 서로 멀어져야 이에 그 성이 서로 비슷하다는 것을 알게 되니, 금수로 말할 것 같으면 익히는 것에 따라 서로 멀어질 수 없는 것이다."라고 했다. 살펴보니, 여러 설들이 모두 정밀하고 자세해서 공자와 맹자가 말한 성의 취지를 충분히 발명해 주고 있다.

원문 其他家言性, 若荀子性惡, 是就當時之人性皆不善, 此有激之論, 不爲典要. 至世碩言性有善有惡, 與公都子所言性有善有不善同. 又告子言性無善無不善, 或說性可以爲善, 可以爲不善. 及漢後儒者之說, 皆多影響, 故俱略之.

역문 다른 학자들이 말하는 성, 예컨대 순자의 성악(性惡) 같은 경우는 당시 사람들의 성이 모두 불선하다는 입장에서 말한 것으로 이는 격한 논쟁이 있으므로 불변의 법칙[典要]으로 삼을 수 없다. 세석(世碩)[15]이 말한 성

---

15 세석(世碩, ?~?): 춘추시대 진(陳)나라 사람. 스승이 공자(孔子)의 제자였다는 점으로 미루어 기원전 5세기경 사람으로 추정된다. 『전한서(前漢書)』「예문지(藝文志)」에 저서 『세자(世子)』 21편이 기록되어 있다. 후한의 왕충(王充)이 쓴 『논형(論衡)』에는 세석의 설이라

에는 선도 있고 악도 있다는 주장은 공도자(公都子)가 말한 성에 선도 있고 불선도 있다는 주장과 같다. 또 고자(告子)는 성에는 선도 없고 불선도 없다고 하였고, 혹자는 성은 선하게 할 수도 있고 불선하게 할 수도 있다고 했다.[16] 한(漢)나라시대 후기 유학자들의 설에 미치기 까지는 모두 여기에 영향을 받은 것이 많기 때문에 다 생략한다.

원문 『漢書』「宣元六王傳」, "詔曰: '夫人之性, 皆有五常, 及其少長, 耳目牽於耆欲, 故五常消而邪心作, 情亂其性, 利勝其義.'" 由是言之, 性不外乎耆欲, 習卽生於耆欲. 善者能制其耆欲, 而習而爲善; 不善者不能制其耆欲, 而習而爲不善. 善惡殊途, 所以云"相遠也".

역문 『전한서』「선원육왕전」에 "다음과 같이 조서를 내렸다. '사람의 성은 모두 오상(五常)이 있으나 조금 자라나게 되면 이목이 욕망에 끌리기 때문에 오상이 사라지고 사악한 마음이 일어나 정(情)이 그 성을 어지럽히

하여 "사람의 성(性)에는 선(善)과 악(惡)이 섞여 있어 선을 기르면 선인이 되지만 악을 조장하면 악인이 된다."라고 되어 있다. 이것은 성에 대한 논술로 가장 오래된 것이라 할 수 있다.

16 『맹자』「고자상」: 공도자가 말했다. "고자는 '사람의 성(性)은 선(善)함도 없고 불선(不善)함도 없다.' 하였습니다. 혹자는 '성은 선하게 만들 수도 있고 불선하게 만들 수도 있으니, 이 때문에 성군인 문왕(文王)과 무왕(武王)께서 일어나시면 백성들이 선을 좋아하고, 폭군인 유왕(幽王)과 여왕(厲王)이 일어나면 백성들이 포악함을 좋아한다.'라고 하였습니다. 혹자는 '성이 선한 이도 있고 성이 불선한 이도 있으니, 이 때문에 요(堯)를 임금으로 삼고서도 상(象) 같은 동생이 있었고, 고수(瞽瞍)를 아버지로 삼고서도 순(舜) 같은 자식이 있었으며, 주(紂)를 형의 아들이자 또 임금으로 삼고서도 미자(微子) 계(啓)와 왕자(王子) 비간(比干) 같은 사람이 있었다.'라고 하였습니다. 그런데 지금 선생님께서는 '성이 선하다'라고 말씀하시니, 그렇다면 저들은 모두 틀린 것입니까?"[公都子曰: "告子曰: '性無善無不善也.' 或曰: '性可以爲善, 可以爲不善, 是故文·武興則民好善.' 幽·厲興則民好暴.' 或曰: '有性善, 有性不善, 是故以堯爲君而有象; 以瞽瞍爲父而有舜; 以紂爲兄之子且以爲君, 而有微子啓·王子比干.' 今曰'性善', 然則彼皆非與?"]

고 이익을 탐하는 마음이 의(義)를 이기는 것이다.'"라고 했는데, 이를 따라서 이야기해 보면 성은 욕망에서 벗어나지 않고, 익히는 것은 바로 욕망에서 생겨난다. 선한 자는 그 욕망을 제어할 수 있어서 익히는 것에 따라 선하게 되는 것이고, 불선한 자는 그 욕망을 제어하지 못해서 익히는 것에 따라 불선하게 되는 것이다. 선과 악은 길을 달리하기 때문에 "서로 멀어진다[相遠也]"라고 한 것이다.

- 「注」, "君子愼所習."
- 正義曰:『後漢書』「班彪傳」, "時東宮初建, 諸王國竝開, 而官屬未備, 師保多缺, 彪上言曰: '孔子稱"性相近, 習相遠". 賈誼以爲"習與善人居, 不能無善, 猶習與惡人居, 不能無惡." 是以聖人愼所與居, 而戒愼所習.'" 卽此「注」之義.『漢書』「刑法志」, "風俗移易, 人性相近, 而習相遠, 信矣." 亦謂人習於俗也.
- 「주」의 "군자는 익히는 것을 삼간다."
- 정의에서 말한다.
  『후한서』「반표전」에 "당시 동궁(東宮)을 처음 건립하고, 여러 왕국을 아울러 열었지만 관속(官屬)이 미비(未備)하고 사보(師保)[17]가 결점이 많자, 반표(班彪)[18]가 다음과 같이 상소했

---

17 사보(師保): 고대에 제왕의 보필이나 왕실 자제의 교육을 맡은 관원으로서, 사(師)와 보(保)를 합하여 사보(師保)라고 한다.『주역』「계사하(繫辭下)」에 "부모처럼 임해 주는 사보(師保)가 없다.[无有師保, 如臨父母.]"라고 하였다.

18 반표(班彪, 3~54): 후한 부풍(扶風) 안릉(安陵) 사람. 자는 숙피(叔皮). 반고(班固)의 아버지다. 성격이 옛 깃을 좋아했다. 처음에 외효(隗囂)에 의지하여「왕명론(王命論)」을 지어 한실(漢室)의 부흥을 비유했지만, 외효는 끝내 깨닫지 못했다. 결국 하서(河西)로 피해 가 두융(竇融)을 섬기다가 함께 유수(劉秀, 광무제光武帝)에게 귀순했다. 후한 초에 무재(茂才)로 천거되어 서령(徐令)에 임명되었지만 병 때문에 사직했다. 나중에 망도장(望都長)이 되었다. 이후 역사 연구에 몰두하여 많은 자료를 수집하고 여러 사실을 종합 정리하여『사기후전(史記後傳)』60여 편을 편찬했다.『전한서(前漢書)』를 편찬하려다가 마무리하지 못하고

다. '공자께서 일컫기를, "성은 서로 비슷하지만 익히는 것에 따라 서로 멀어진다."라고 하셨고, 가의(賈誼)는 "선한 사람과 함께 거처함에 익숙하면 선이 없을 수 없지만, 오히려 악한 사람과 함께 거처함에 익숙하면 악이 없을 수 없다."라고 했습니다. 그러므로 성인은 함께 거처하는 것을 삼가넌 것이며, 익히는 것을 경계하고 삼가는 것입니다.'"라고 했으니, 바로 이 「주」의 뜻이다. 『전한서』「형법지」에 "풍속이 바뀌었으니, 사람의 성이 서로 비슷하지만 익히는 것에 따라 서로 멀어진다는 것이 참말이다."라고 했으니, 역시 사람은 세속에서 익힌다는 말이다.

子曰: "惟上知與下愚不移."【注】孔曰: "上知不可使爲惡, 下愚不可使彊賢."

공자가 말했다. "오직 지극히 지혜로운 사람과 지극히 어리석은 사람은 바뀌지 않는다."【주】공안국이 말했다. "지극히 지혜로운 사람은 악을 행하게 할 수 없고, 지극히 어리석은 사람은 억지로 현명해지게 할 수 없다."

원문 正義曰: 阮氏元『論性篇』, "性中雖有秉彝, 而才性必有智愚之別. 然愚者, 非惡也, 智者善, 愚者亦善也. 古人每言才性, 卽孟子所謂'非才之罪也'. 韓文公『原性』因此孔子之言, 爲'三品'之說, 雖不似李習之之悖於諸經, 然以下愚爲惡, 誤矣. 或者更欲以性爲至靜·至明, 幾疑孔子'下愚'之言

죽자 아들 반고와 딸 반소(班昭)가 뜻을 이어 완성했다. 사부에는 「남해부(覽海賦)」와 「도이소(悼離騷)」 등이 있다.

爲有礙, 則更誤矣. 『尙書』「召誥」曰: '今天其命哲.' 哲與愚相對, 哲卽智也. 有吉必有凶, 有智必有愚. 召公曰'其命哲'者, 言所命非愚. 然則愚亦命之所有, 下愚亦命之所有, 但今若生子在厥初生, 自貽哲命耳. 孔子之言與召公之言, 無少差謬. 又案, 韓文公『原性篇』謂'孟子性善之說, 得上而遺下.' 蓋文公以子魚 · 楊食我等爲性惡也. 然此正是孔子所謂不移之下愚也, 非惡也." 今案, 阮說是也.

역문 정의에서 말한다.

완원(阮元)의 『논성편』에 "성(性) 가운데는 비록 떳떳한 본성[秉彝]이 있지만, 재성(才性)은 반드시 지혜롭고 어리석은 구별이 있다. 그러나 어리석음은 악함이 아니니, 지혜로운 자도 선하고 어리석은 자도 역시 선한 것이다. 옛사람들이 늘 말하는 재성(才性)이란 바로 맹자의 이른바 '재질의 죄가 아니다[非才之罪也]'[19]라는 것이다. 한문공(韓文公)의 『원성』에서는 이 공자의 말을 따라 성에는 '세 등급[三品]'이 있다는 주장을 했는데, 비록 이습지[李習之: 이고(李翶)]가 여러 경전에 어긋나는 것과는 같지 않지만 지극히 어리석은 사람을 악으로 여긴 것은 잘못이다. 혹자는 다시 성을 지극히 고요하고, 지극히 밝은 것으로 여기고 공자의 '지극히 어리석은 사람'이라는 말이 하자가 있다고 거의 의심까지 하려 하니 더욱 잘못이다. 『상서』「소고」에 '지금 하늘이 현명한 사람[哲]을 명한다.'라고 했는데, 현명한 사람[哲]은 어리석은 사람[愚]과 서로 대가 되니, 현명한 사람[哲]은 바로 지혜로운 사람[智]이다. 길함이 있으면 반드시 흉함이 있고, 지혜로움이 있으면 반드시 어리석음이 있다. 소공(召公)이 '명철한 사람을 명한다[其命哲]'[20]고 한 것은 명한 것이 어리석은 사람이 아

---

19 『맹자』「고자상」: 불선을 행하는 것으로 말할 것 같으면 타고난 재질(才質)의 죄가 아니다. [若夫爲不善, 非才之罪也.]

니라는 말이다. 그렇다면 어리석은 사람 역시 천명[命]이 있는 것이고, 지극히 어리석은 사람 역시 천명이 있지만, 그러나 지금 마치 막 태어난 갓 태어난 아이가 처음 태어났을 때 스스로 명철한 천명을 전해 받은 것과 같을 뿐이다. 공자의 말과 소공의 말은 조금의 차이나 어긋남이 없다. 또 살펴보니, 한문공(韓文公)의 『원성』에 '맹자[21]의 성선설은 상지(上智)를 얻고 하우(下愚)를 빠뜨린 것이다.'라고 했으니, 아마도 한문공은 자어(子魚)[22]와 양사아(楊食我)[23] 등을 성이 악한 사람으로 여긴 듯하다.[24] 그러나 이들이야말로 공자의 이른바 지극히 어리석은 사람들이지 악한 사람이 아니다."라고 했다. 지금 살펴보니, 완원의 설이 옳다..

원문 『漢書』「古今人表」, "傳曰: '譬如堯‧舜, 禹‧稷‧卨與之爲善則行, 鯀‧讙兜欲與爲惡則誅. 可與爲善, 不可與爲惡, 是謂上智. 桀‧紂, 龍

---

20 『논어정의(論語正義)』에는 "旣命哲"로 되어 있으나, 『서경(書經)』「주서‧소고(召誥)」 및 앞의 인용문에 따르면 당연히 "其命哲"로 보아야 한다.

21 『논어정의』에 "孔子"로 되어 있다. 『창려선생집(昌黎先生集)』「원성(原性)」을 근거로 "孟子"로 고쳤다.

22 자어(子魚, 기원전 580~기원전 531): 춘추시대(春秋時代) 진(晉)나라 대부 양설부(羊舌鮒)이다. 희성(姬姓)이고 양설(羊舌)은 씨(氏)이며, 이름이 부(鮒)이다. 또 다른 이름은 숙부(叔鮒)이고 자는 숙이(叔魚). 최초의 부정부패 관료로 알려져 있다. 관직은 신(晉)나라 대리사마(代理司馬)와 대리사구(代理司寇)에 올랐으나, 장물을 탐하고 법을 왜곡시키다가 피살되었다.

23 양사아(楊食我, ?~기원전 514): 춘추시대(春秋時代) 진(晉)나라 대부. 희성(姬姓)이고 양설(羊舌)은 씨(氏)이며, 이름이 사아(食我), 자는 백석(伯石) 또는 양설사아(羊舌食我), 양석(楊石)이라고 한다. 숙향(叔向)의 아들이다.

24 『창려선생집』「원성」: 숙어가 태어났을 때 그의 어머니가 그를 보고는 저 아이는 반드시 뇌물 때문에 죽을 것이라는 것을 알았고, 양사아가 태어났을 때 숙향의 어머니가 그의 울음소리를 듣고는 저 아이는 반드시 일족을 멸망시킬 것임을 알았다.[叔魚之生也, 其母視之, 知其必以賄死. 楊食我之生也, 叔向之母, 聞其號也, 知必滅其宗.]

逢・比干欲與之爲善則誅, 干莘・崇侯與之爲惡則行. 可與爲惡, 不可與爲善, 是謂下愚. 齊桓公, 管仲相之則霸, 豎貂輔之則亂. 可與爲善, 可與爲惡, 是謂中人." 此文略本賈誼『新書』「連語篇」, 以上智爲善, 下愚爲惡.

『전한서』「고금인표」에 "전(傳)에서 말하길, '비유하자면 요와 순은 우(禹)・직(稷)・설(卨)이 함께 선을 행하려고 하면 그들과 함께 선을 행하였고, 곤(鯀)・환두(驩兜)가 요・순을 이끌어 함께 악을 행하려고 하자 죽인 것과 같다. 함께 선을 행할 수 있고, 함께 악을 행할 수 없는 사람, 이를 일러 지극히 지혜로운 사람[上智]이라고 한다. 걸(桀)과 주(紂)는 용봉[龍逢: 관용봉(關龍逢)]과 비간(比干)이 함께 선을 행하려 하자 죽였고, 간신(干莘)[25]과 숭후(崇侯)[26]는 함께 악행을 하려고 하면 악행을 저질렀다. 함께 악행을 저지를 수 있고, 함께 선을 행할 수 없는 사람, 이를 일러 지극히 어리석은 사람[下愚]이라고 한다. 제 환공(齊桓公)은 관중(管仲)이 도왔을 때는 패자가 되었고, 수초(豎貂)가 보좌했을 때는 나라가 혼란했다. 함께 선을 행할 수도 있고, 함께 악을 행할 수도 있는 사람, 이를 일러 중인(中人)이라고 한다.'라고 했다."라고 했는데, 이 글은 대략 가의의 『신서』「연어」를 근거한 것으로, 상지(上智)를 선(善)으로, 하우(下愚)를 악(惡)으로 여긴 것이다.

『論衡』「本性篇」亦云: "孔子曰: '性相近也, 習相遠也.' 夫中人之性, 在所習焉. 習善而爲善, 習惡而爲惡也. 至於極善極惡, 非復在習. 故孔子曰:

---

25 간신(干莘, ?~?): 하(夏) 걸왕(桀王)의 간신으로, 자세한 행적은 미상이다. 간신(干辛)으로도 쓴다.

26 숭후(崇侯, ?~?): 은(殷)나라 주(紂)의 신하로, 숭(崇)나라의 군주(君主) 숭후호(崇侯虎)이다. 이름이 호(虎)이다. 주에게 서백 창[西伯昌: 주 문왕(周文王)]을 참소하여 유리(羑里) 감옥에 갇히게 하였는데, 뒤에 서백 창이 숭나라를 정벌하여 멸하고 풍읍(豐邑)을 만들었다.

'惟上智與下愚不移.' 性有善不善, 聖化賢敎, 不能復移易也." 是以上智‧下愚爲善‧惡之分, 又以上章及此章爲三品, 漢人早有此說, 而文公因之. 然有性善, 有性不善, 性可以爲善, 可以爲不善. 孟子已辭而闢之, 而斷爲性善, 則知三品之言非矣.

역문 『논형』「본성편」에도 "공자가 말하길, '성(性)은 서로 비슷하지만 익히는 것에 따라 서로 멀어진다.'라고 했으니, 중인(中人)의 성은 익히는 것에 달려 있다. 선을 익힘에 따라 선해지고 악을 익힘에 따라 악해진다. 그러나 지극한 선과 지극한 악에 이르면 되돌리는 것이 익히는 것에 달려 있는 것이 아니다. 그러므로 공자는 말하길, '오직 지극히 지혜로운 사람과 지극히 어리석은 사람은 바뀌지 않는다.'라고 했으니, 성에는 선과 불선이 있어서 성현이 교화시킨다 하더라도 능히 되돌려 바꾸기 쉽지 않은 것이다."라고 했는데, 이는 상지(上智)와 하우(下愚)를 가지고 선과 악의 구분을 삼은 것이고, 또 앞 장과 이 장을 가지고 삼품(三品)으로 삼은 것이니, 한(漢)나라시대 사람들은 일찍이 이러한 설을 가지고 있었는데, 한 문공(韓文公)이 그것을 따른 것이다. 그래서 성선도 있고 성불선도 있으며 성은 선하게 될 수도 있고 불선하게 될 수도 있다고 한 것이다. 그러나 맹자가 이미 논리 정연한 말로 물리치고 성이 선하다고 단정 지었으니, 삼품설이 잘못임을 알 수 있다.

원문 夫子言"生而知之爲上", 卽此"上智", "困而學之爲又次", "困"卽是愚, 而"爲又次", 無不可移也. 至"困而不學", 乃云"民斯爲下", "下"卽此所云"下愚". 戴氏震『孟子字義疏證』, "生而下愚, 其人難與言禮義, 由自絶於學, 是以不移. 然苟畏威懷惠, 一旦觸於所畏所懷之人, 啓其心而憬然覺悟, 往往有之. 苟悔而從善, 則非下愚矣; 加之以學, 則日進於智矣. 以不移定爲下愚, 又往往在知善而不爲‧知不善而爲之者, 故曰'不移', 不曰'不可移'.

雖古今不乏下愚, 而其精爽幾與物等者, 亦究異於物, 無不可移也."

역문 공자는 "태어나면서 아는 사람은 자질이 가장 뛰어난 사람이다."라고 했는데, 바로 여기의 "지극히 지혜로운 사람[上智]"이고, "통하지 않는 것이 있어서 배우는 사람은 또한 그다음이다"라고 했는데, "통하지 않는 것이 있다[困]"라는 것은 바로 어리석다[愚]는 것이며, "또한 그다음이다[爲又次]"라는 것은 바꿀 수 없는 것이 없다는 말이다. "통하지 않는 것이 있는데도 배우지 않는 사람"에 와서야, "백성으로서 곧 자질이 가장 낮은 사람이 된다."라고 했으니, "가장 낮은 사람[下]"이 바로 여기에서 말하는 "지극히 어리석은 사람[下愚]"인 것이다. 대진의 『맹자자의소증』에 "태어나면서부터 지극히 어리석은 사람은 그 사람됨이 더불어 예의²⁷를 말하기 어려우니, 스스로 배움을 끊기 때문에 바뀌지 않는 것이다. 그러나 진실로 위엄을 두려워하고 은혜를 생각하기 때문에 일단 위엄을 두려워하고 은혜를 생각하는 사람을 만나면 마음을 열고 환하게 깨닫는 경우가 왕왕 있다. 후회하면서 선을 따른다면 지극히 어리석은 사람은 아닐 것이고, 거기에 배움을 더한다면 날마다 지혜로움으로 나아가게 될 것이다. 바뀌지 않고 고정된 것을 가장 어리석은 사람이라 하고, 또 왕왕 선을 알고 있으면서도 행하지 않고, 불선인 줄 알고 있으면서도 행하는 자가 있기 때문에 '바뀌지 않는다'라고 말하고, '바꿀 수 없다'라고 말하지 않은 것이다. 비록 옛날부터 지금에 이르기까지 가장 어리석은 사람이 적지 않아, 그 정신상태가 거의 동물과 같을지라도 결국에는 동물과는 다르니 바꿀 수 없는 사람은 없다."라고 했다.

원문 程氏瑤田『論學小記』, "人之氣有淸濁, 故有智愚. 然人之智, 固不同於

---

27 대진(戴震)의 『맹자자의소증(孟子字義疏證)』 중권(中卷), 「성(性)」에는 "理義"로 되어 있다.

犬牛之智, 人之愚亦不同於犬牛之愚. 犬牛之愚, 無仁 · 義 · 禮 · 智之端;
人之愚, 未嘗無仁 · 義 · 禮 · 智之端. 是故智者知正其衣冠矣, 愚者亦未嘗
不欲正其衣冠也. 其有不然者, 則野人之習於鄕俗者也. 然野人亦自有智
愚, 其智者亦知當正其衣冠, 而習而安焉, 此習於惡則惡之事也. 其愚者見
君子之正其衣冠也, 亦有所不安於心, 及欲往見君子, 必將正其衣冠焉, 此
習於善則善之事也." 案, 如程說, 是愚亦可爲善, 則愚非惡矣; 如戴說, 卽
下愚亦可移, 蓋均本孟子"性善"之旨, 以發明夫子言外之意.

역문 정요전(程瑤田)의 『논학소기』에 "사람의 기(氣)에는 청탁(淸濁)이 있기
때문에 지혜로움과 어리석음이 있다. 그러나 사람의 지혜는 진실로 개
나 소의 지혜와는 같지 않고, 사람의 어리석음 또한 개나 소의 어리석음
과 같지 않다. 개와 소의 어시석음에는 인 · 의 · 예 · 지의 단서가 없지
만, 사람의 어리석음은 일찍이 인 · 의 · 예 · 지의 단서가 없었던 적이
없다. 이런 까닭에 지혜로운 사람은 자기의 의관을 바르게 할 줄 알고,
어리석은 사람 역시 일찍이 자기의 의관을 바르게 하고자 하지 않은 적
이 없는 것이다. 그렇지 않은 사람이 있다면 촌구석의 풍속에 익숙한 촌
스러운 사람인 것이다. 그러나 촌스러운 사람 역시도 본래 지혜로움과
어리석음이 있어서 지혜로운 자는 역시 마땅히 자기의 의관을 바르게
해야 함을 알아 익히는 것에 따라 그것을 편안히 여기니, 이것이 악을
익히면 악하게 되는 일인 것이다. 어리석은 사람은 군자가 자기의 의관
을 바르게 하는 것을 보았을 때 또한 마음에 편치 않음이 있으니, 가서
군자를 만나 보려 함에 미치면 반드시 자기의 의관을 바르게 하게 될 것
이니, 이것이 선을 익히면 선하게 되는 일인 것이다."라고 했다. 살펴보
니, 정요전의 설과 같은 것은 어리석은 사람 역시 선하게 될 수 있다는
것이니, 그렇다면 어리석음이 악은 아니라는 것이고, 대진의 설과 같은
것은 바로 지극히 어리석은 사람 역시 바뀔 수 있다는 것이니, 대체로

똑같이 맹자 "성선설"의 취지를 근거로 해서 공자의 언외의 뜻을 발명하였다.

17-3

子之武城, 聞弦歌之聲.【注】孔曰: "子游爲武城宰." 夫子莞爾而笑,【注】"莞爾", 小笑貌. 曰: "割雞焉用牛刀?"【注】孔曰: "言治小, 何須用大道."

공자가 무성(武城)에 가서 현악기에 맞추어 부르는 노랫소리를 들었다. 【주】 공안국이 말했다. "자유(子游)가 무성(武城)의 읍재(邑宰)가 되었다." 공자가 빙그레 웃으며 【주】 "완이(莞爾)"는 빙그레 웃는 모양이다. 말했다. "닭을 잡는 데 어찌 소 잡는 칼을 쓰느냐?"【주】 공안국이 말했다. "작은 고을을 다스리면서 뭣 하러 굳이 큰 도(道)를 쓰냐는 말이다."

원문 正義曰: 鄭「注」云: "武城, 魯之下邑." 與前篇包「注」略同. 『御覽』卷一百六十引此文「注」云: "武城今在費縣." 此「注」不知爲誰. 宋氏翔鳳『樸學齋札記』謂"亦鄭「注」", 不知然否.

역문 정의에서 말한다.

정현의 「주」에 "무성(武城)은 노나라의 하읍(下邑)이다."라고 했으니, 앞 「옹야」 포함(包咸)의 「주」와 대략 같다. 『태평어람』권160에 이 문장의 「주」를 인용해서 "무성은 지금의 비현(費縣)에 있다."라고 했는데, 이 「주」는 누가 단 것인지 알 수 없다. 송상봉의 『박학재찰기』에 "역시 정현의 「주」이다”라고 했는데, 맞는지 틀리는지 모르겠다.

원문 “弦歌”者,『說文』, “弦, 弓弦也. 從弓, 象絲軫之形.” 曹憲『廣雅音』, “凡
弓・弩・琴・瑟弦, 皆從弓.” 皇本此文作“絃”, 是別體. 「文王世子」, “春誦
夏弦.” 「注」, “弦謂以絲播詩.” 『周官』 「小師」 “弦歌” 「注」, “弦謂琴瑟也, 歌
依詠詩也.” “依詠詩”者, 謂以琴瑟之弦依詩詠之也.

역문 “현가(弦歌)”

『설문해자』에 “현(弦)은 활시위[弓弦]이다. 궁(弓)으로 구성되었고, 줄
과 거문고 줄받침의 모양을 상형했다.”[28]고 했다. 조헌(曹憲)의 『광아음』
에 “활[弓]・쇠뇌[弩]・거문고[琴]・비파[瑟]의 줄은 모두 궁(弓)으로 구성되
었다.”라고 했다. 황간본의 이 글자는 “현(絃)”으로 되어 있는데, 이것은
현(弦)의 별체(別體)이다. 『예기』 「문왕세자」에 “봄에는 악장(樂章)을 외
우고 여름에는 금슬(琴瑟)을 연주한다.[春誦夏弦.]”라고 했는데 「주」에 “현
(弦)은 금슬(琴瑟)로 악장(樂章)을 널리 퍼뜨린다는 말이다.”[29]라고 했다.
『주례』 「춘관종백하・소사」 “현가(弦歌)”의 「주」에 “현(弦)은 금슬(琴瑟)
을 이르니, 노래에 의지해서 시를 읊조린다는 뜻이다.”라고 했는데, “시
를 읊조림을 의지한다[依詠詩]”라는 것은 금슬의 현으로 시를 의지해서
그것을 읊조린다는 말이다.

---

28 『설문해자』 권12: 현(弦)은 활시위[弓弦]이다. 궁(弓)으로 구성되었고, 줄과 거문고 줄받침
의 모양을 상형했다. 모든 현(弦)부에 속하는 한자는 다 현(弦)의 뜻을 따른다. 호(胡)와 전
(田)의 반절음이다.[弦, 弓弦也. 從弓, 象絲軫之形. 凡弦之屬皆從弦. 胡田切.]

29 『예기주소』 「문왕세자(文王世子)」의 「소」에 “현위이사파시(弦謂以絲播詩)”란 금슬(琴瑟)로
시(詩)의 음절(音節)을 널리 퍼뜨린다는 말이다. 시음(詩音)은 악장(樂章)이다.[弦謂以絲播
詩者, 謂以琴瑟播被詩之音節. 詩音則樂章也.]라고 했다.

원문 『毛詩』「子衿」「傳」, "古人教以詩樂, 誦之歌之, 弦之舞之." 夫子於<u>武城</u>得聞之者, 「樂記」云: "古之敎者, 家有塾, 黨有庠." 春秋時, 庠·塾之敎廢, 故禮樂崩壞, 「雅」·「頌」之音不作. <u>子游爲武城</u>宰, 乃始復庠·塾之敎, 於時受學者衆, 故夫子得問弦歌之聲也.

역문 『모시』「자금」의 「전(傳)」에 "옛사람은 시와 음악을 가르치되 암송하고 노래하며, 금슬을 연주하고 춤추게 하였다."라고 했고, 『예기』「악기」에 "옛날 교육하던 곳으로는 집안[家]에는 숙(塾)이 있었고, 향리[黨]에는 상(庠)이 있었다."라고 했다. 춘추시대에는 상(庠)과 숙(塾)의 가르침이 폐하여졌기 때문에 예와 음악이 붕괴되었고 「아」와 「송」의 음이 일어나지 않았다. 자유가 무성(武城)의 읍재가 되어, 이에 비로소 상(庠)과 숙(塾)의 가르침을 회복시키자 이때 배움을 받는 자가 많아졌기 때문에 공자가 현가(弦歌)의 소리를 들을 수 있었던 것이다.

원문 "莞爾", 『釋文』作"莧, 華版反, 本今作莞." 『易』「夬」九五, "莧陸夬夬." <u>虞翻</u>「注」, "莧, 悅也, 讀如'夫子莧爾而笑'之莧." 案, 『說文』, "莧讀若丸." 與"莞"字從艹從見, 形最相似. "莧"訓山羊細角, 羊有善義, 故引申爲和睦之訓. 『論語』正字作"莧", 叚借作"莞". 『集解』云"小笑貌", 與<u>虞氏</u>"莧睦"之訓亦合. 『釋文』所見本作"莧", 遂音"華版反", 非也. 此說略本之<u>劉氏毓崧</u>, 見其所著『通義堂集』. 『唐石經』作"莞", <u>皇·邢</u>本同. 『列子』「天瑞篇」, "老韭之爲莞也." <u>殷敬順</u>『釋文』, "莞, 一作莧." 亦二字混用不別. 『廣雅』「釋詁」, "莧, 笑也." 疑"莞"字小變. <u>唐貞觀</u>『孔子廟碑』, "哯爾微笑." 此後出俗字.

역문 "완이(莞爾)"는 『경전석문』에 "현(莧)은 화(華)와 판(版)의 반절음이고, 판본에 따라 지금은 완(莞)으로 쓴다."라고 했다. 『주역』「쾌괘」의 구오(九五)에, "현륙쾌쾌(莧陸夬夬)"[30]라고 했는데, 우번(虞翻)의 「주」에 "현(莧)

은 열(悅)이니, '공자가 빙그레 웃으며'라고 할 때의 현(莧)과 같은 뜻으로 읽어야 한다."라고 했다. 살펴보니, 『설문해자』에 "환(莧)은 환(丸)과 같은 발음으로 읽는다."³¹라고 했으니, 초(艹)로 구성되고 현(見)으로 구성된 "현(莧)" 자와 모양이 가장 비슷하다. "환(莧)"의 새김은 가는 뿔을 가지고 있는 산양(山羊)인데, 양(羊)은 선(善)하다는 뜻이 있기 때문에 의미가 확대되어 화목하다는 뜻이 되었다. 『논어』의 정자(正字)는 "환(莧)"으로 되어 있는데, 가차해서 "완(莞)"으로 썼다. 『논어집해』에 "빙그레 웃는 모습"이라고 했으니, 우씨(虞氏)의 "현(莧)은 화목함[睦]이다"라는 뜻풀이와 역시 일치한다. 『경전석문』에서 본 판본에는 "현(莧)"으로 되어 있고, 마침내 "화(華)와 판(版)의 반절음"으로 발음했는데 틀렸다. 이 설은 대략 유육숭(劉毓崧)³²을 근거한 것으로 그가 지은 『통의당집』에 보인다.

---

30 『주역주소(周易注疏)』「쾌(夬)」구오(九五), 육덕명(陸德明)의 「음의(音義)」에 "현(莧)은 한(閑)과 변(辯)의 반절음이다. 3가(三家)의 발음은 호(胡)와 소(練)의 반절음이다. 어떤 판본에는 완(莞)으로 되어 있는데, 화(華)와 판(板)의 반절음이다. 육(陸)은 본음대로 읽는다.[莧, 閑辯反. 三家音, 胡練反. 一本作莞, 華板反. 陸如字.]"라고 했으므로 여기서는 "현"으로 발음했다. "莧陸夬夬"는 정이(程頤)의 「전의(傳義)」에는 "결단(決斷)을 과결(果決)하게 하기를 현륙(莧陸)과 같이 한다.[必決其決, 如莧陸然.]"라고 해서, "비름나물을 경쾌하게 끊듯이 한다.[莧陸, 夬夬.]"라고 해석했고, 주희의 「본의(本義)」에는 "현륙(莧陸)과 같이 하여 만약 결단(決斷)하고 결단(決斷)하다.[如莧陸然, 若決而決之.]"라고 해서 "비름나물의 상(象)이니 결단하고 결단하되"라고 해석했다.

31 『설문해자』권10: 환(莧)은 가는 뿔을 가진 산양이다. 토끼의 다리 모양으로 구성되었고, 멸(苜)이 발음을 나타낸다. 모든 환(莧)부에 속하는 한자는 다 환(莧)의 뜻을 따른다. 환(丸)과 같은 발음으로 읽는다. 관(寬) 자는 이 글자로 구성되었다. 호(胡)와 관(官)의 반절음이다. [莧, 山羊細角者. 從兔足, 苜聲. 凡莧之屬皆從莧. 讀若丸. 寬字從此. 胡官切.]

32 유육숭(劉毓崧, 1818~1867): 청나라 강소(江蘇) 의징(儀徵) 사람. 자는 백산(伯山) 또는 송애(松崖). 유문기(劉文淇)의 아들이고, 유수증(劉壽曾)의 아버지다. 도광(道光) 20년(1840) 우공생(優貢生)으로 천거되어 팔기관학교습(八旗官學敎習)에 임명되었다. 일찍이 증국번(曾國藩)과 증국전(曾國荃)의 막부(幕府)에 들어갔고, 금릉서국(金陵書局)을 주관했다. 아

『당석경』에는 "완(莞)"으로 되어 있고, 황간본과 형병본도 같다. 『열자』「천서」에 "오래된 부추는 왕골이 된다.[老韭之爲莞也.]"라고 했는데, 은경순(殷敬順)의 『열자석문』에 "완(莞)은 다른 책에는 비름[莧]으로 되어 있다."라고 했으니, 역시 두 글자를 혼용하고 구별하지 않았다. 『광아』「석고」에 "완(莧)은 웃음[笑]이다."라고 했으니, 아마도 "완(莞)" 자가 조금 변한 것인 듯싶다. 당(唐)나라 정관(貞觀) 연간의 『공자묘당비』에 "빙그레 미소짓다[晼爾微笑]."라고 되어 있는데, 이 뒤로 속자(俗字)가 나왔다.

원문 "割雞"謂分割肉節也. 『爾雅』「釋言」, "割, 裂也." 『說文』, "雞, 知時畜也. 鷄, 籒文雞從鳥." "牛刀"謂割牛刀也, 不言"割"者, 蒙上省文.

역문 "할계(割雞)"는 고기를 마디별로 나눈다는 말이다. 『이아』「석언」에 "할(割)은 찢는다[裂]는 뜻이다."라고 했다. 『설문해자』에 "계(雞)는 때를 알리는 가축이다. 계(鷄)는 계(雞)의 주문(籒文)인데 조(鳥)로 구성되었다."[33]라고 했다. "우도(牛刀)"는 소를 잡는 칼이라는 말인데, "할(割)"을 쓰지 않은 것은, 앞에 덮어서 쓰고 글자를 생략한 것이다.

● 「注」, "莞爾, 小笑貌."

버지의 사업을 이어 『춘추』를 공부해 평생 교정과 편저에 몰두했지만, 향년이 길지 못해 『구주소증(舊注疏證)』을 완성하지는 못했다. 그 밖의 저서에 『춘추좌씨전대의(春秋左氏傳大義)』와 『주례구소고증(周禮舊疏考證)』, 『예기구소고증(禮記舊疏考證)』, 『상서구소고증(尙書舊疏考證)』, 『모시구소고증(毛詩舊疏考證)』, 『경전통의(經傳通義)』, 『제자통의(諸子通義)』, 『통의당문집(通義堂文集)』 등이 있다.

33 『설문해자』 권4: 계(雞)는 때를 알리는 가축이다. 추(隹)로 구성되었고 해(奚)가 발음을 나타낸다. 계(鷄)는 계(雞)의 주문(籒文)인데 조(鳥)로 구성되었다. 고(古)와 혜(兮)의 반절음이다.[雞, 知時畜也. 從隹奚聲. 鷄, 籒文雞從鳥. 古兮切.]

- 正義曰: 唐貞觀『碑』, "哯爾微笑." 微·小義同. 『楚辭』「漁夫」云: "漁父莞爾而笑." 王逸 「注」, "笑, 離齗也." 『文選』「張衡東京賦」「注」, "莞爾, 舒張面目之貌也."

○ 「주」의 "'완이(莞爾)'는 빙그레 웃는 모양이다."

○ 정의에서 말한다.

　당(唐)나라 정관(貞觀) 연간의 『공자묘당비』에 "빙그레 미소짓다[哯爾微笑]."라고 했으니, 미(微)와 소(小)는 뜻이 같다. 『초사』「어부」에 "어부(漁父)가 빙그레 웃었다.[莞爾而笑.]"라고 했는데, 왕일(王逸)의 「주」에 "소(笑)는 입술을 벌려 이를 드러낸 모양[離齗]이다."라고 했고, 『문선』「장형동경부」의 「주」에 "완이(莞爾)는 얼굴을 편 모양이다."라고 했다.

- 「注」, "言治小何須用大道."

- 正義曰: 此戲言也. 皇「疏」引繆播曰: "惜其不得導千乘之國, 如牛刀割雞, 不盡其才." 此深得夫子之意.

○ 「주」의 "작은 고을을 다스리면서 뭣 하러 굳이 큰 도(道)를 쓰냐는 말이다."

○ 정의에서 말한다.

　이것이 농담이라는 것이다. 황간의 「소」에는 무파(繆播)가 "그가 천승의 나라를 인도하지 못하는 것이 마치 소 잡는 칼로 닭을 잡는 것 같아 그의 재능을 다 발휘하지 못함을 애석해한 것이다."라고 한 말을 인용했는데, 이것은 공자의 뜻을 깊이 이해한 것이다.

子游對曰: "昔者偃也聞諸夫子, 曰: '君子學道則愛人, 小人學道則易使也.' 【注】 "道", 謂禮樂也. 樂以和人, 人和則易使. 子曰: "二三子, 【注】 孔曰: "從行者." 偃之言是也, 前言戲之耳." 【注】 孔曰: "戲以治小而用大道."

자유가 대답했다. "전에 제가 선생님께 들으니 '군자가 도를 배우

면 사람을 사랑하고 소인이 도를 배우면 부리기가 쉽다.'라고 하셨습니다." 【주】 "도(道)"는 예악(禮樂)을 이른다. 음악을 가지고 사람을 화합시키니, 사람들이 화합하면 부리기 쉽다. 공자가 말했다. "제자들아! 【주】 공안국이 말했다. "좇아 다니는 자들이다." 언(偃)의 말이 옳다. 좀 전에 내가 한 말은 농담한 것이다." 【주】 공안국이 말했다. "작은 고을을 다스리면서 큰 도를 쓴 것을 농담한 것이다."

원문 正義曰: "君子"者, 謂王·公·上·大夫之了孫也; "小人"者, 謂凡庶民之子孫也. 『尙書大傳』, "新穀已入, 穫鉏已藏, 祈樂已入, 歲事旣畢, 餘子皆入學." 是小人亦入學習禮樂也. 「樂記」云: "樂者爲同, 禮者爲異. 同則相親; 異則相敬. 合情飾貌者, 禮樂之事也." 又云: "樂至則無怨, 禮至則不爭, 揖讓而治天下者, 禮樂之謂也." 則學禮樂, 自知相親·相敬之道, 故愛人也. 又云: "禮義立, 則貴賤等矣; 樂文同, 則上下和矣." 民知事貴敬上之道, 故易爲上所使也. "戱"者, 『爾雅』「釋詁」, "戱, 謔也." 『呂覽』「重言篇」「注」, "戱, 不誠也."

역문 정의에서 말한다.

"군자(君子)"란 왕(王)·공(公)·사·대부의 자손을 이르고, "소인(小人)"이란 모든 서민의 자손을 이른다. 『상서대전』에 "새로운 곡식이 이미 들어가고, 곰방메와 호미가 이미 갈무리되며, 풍년을 비는 음악이 이미 들어가고 한 해의 농사가 이미 끝이 나면 어린아이들은 모두 학교에 들어간다."라고 했으니, 소인 역시 학교에 들어가 예와 음악을 익혔다. 『예기』「악기」에 "음악은 똑같게 하는 것이고 예는 다르게 하는 것이다. 똑같으면 서로 친하고, 달리하면 서로 공경한다. 정을 합하게 하고 모양을 꾸미는 것은 예악의 일이다."라고 했고, 또 "음악의 교화가 지극하면 원망이 없고, 예의 교화가 지극하면 다투지 않으니, 읍양(揖讓)하면서 천하를 다스린다는 것은 예악(禮樂)을 말하는 것이다."라고 했다. 그렇다면 예와 음악을 배우면 스스로 서로 친하고 서로 공경하는 도를 알게 되기 때문에 사람을 사랑하는 것이다. 또 "예의(禮義)가 확립되면 귀하고 천한 등급이 매겨지고, 음악의 문(文)이 같아지면 위와 아래가 화합한다."라고 했는데, 백성들이 귀한 사람을 섬기고 윗사람을 공경하는 도리를 알기 때문에 윗사람이 부리기 쉬워지는 것이다. "희(戲)"란『이아』「석고」에 "희(戲)는 농담[謔]이다."라고 했고,『여씨춘추』「중언」의 「주」에 "희(戲)는 진실하지 않다[不誠]는 뜻이다."라고 했다.

17-4

公山弗擾以費畔, 召, 子欲往. 【注】孔曰: "弗擾爲季氏宰, 與陽虎共執季桓子·而召孔子." 子路不說, 曰: "末之也已, 何必公山氏之之也?"【注】孔曰: "'之', 適也. '無可之則止, 何必公山氏之適?'" 子曰: "夫召我者, 而豈徒哉? 如有用我者, 吾其爲東周乎?"【注】興周道於東方, 故曰"東周".

공산불요(公山弗擾)가 비읍을 근거로 반란을 일으키고 공자를 부르자, 공자가 가려고 하였다. 【주】 공안국이 말했다. "공산불요가 계씨(季氏)의 읍재(邑宰)가 되어, 양호(陽虎)와 함께 계환자(季桓子)를 잡아 가두고서 공자를 불렀다." 자로가 언짢아하면서 말했다. "가실 곳이 없으면 그만이지 하필 공산씨에게 가려 하십니까?"【주】 공안국이 말했다. "'지(之)'는 감[適]이니, '갈 만한 곳이 없으면 그만둘 것이지, 하필이면 공산씨(公山氏)에게 가

러 하느냐?'라는 말이다." 공자가 말했다. "나를 부르는 자가 어찌 공연히 그러겠느냐? 만일 나를 써 주는 자가 있다면, 내가 어찌 동주(東周)를 돕겠느냐?"【주】 주나라의 도를 동방에 일으킬 것이기 때문에 "동주(東周)"라고 한 것이다.

원문 正義曰:『潛夫論』「志氏姓」, "公山氏, 魯公族, 姬姓." "弗擾", 皇本"弗"作"不". 『左傳』及『史記』「孔子世家」·『漢書』「古今人表」皆作"不狃". 王氏引之『春秋名字解詁』, "不, 語詞, 不狃, 狃也. 『論語』作'弗擾', 叚借字也. 古音'狃'與'擾'同. 不狃字子洩, '洩'與'忕'通, 皆貫習之義."

역문 정의에서 말한다.

『잠부론』「지씨성」에, "공산씨(公山氏)는 노나라 공족(公族)이고 희성(姬姓)이다."라고 했다. "불요(弗擾)"는 황간본에는 "불(弗)"이 "불(不)"로 되어 있다. 『춘추좌씨전』 및 『사기』「공자세가」와 『전한서』「고금인표」에는 모두 "불뉴(不狃)"로 되어 있다. 왕인지(王引之)의 『춘추명자해고』에 "불(不)은 어사(語詞)이니, 불뉴(不狃)는 뉴(狃)이다. 『논어』에 '불요(弗擾)'로 되어 있는 것은 글자를 가차한 것이다. 옛날의 발음으로는 '뉴(狃)'와 '요(擾)'가 같았다. 불뉴(不狃)의 자(字)는 자설(子洩)인데 '설(洩)'은 '세(忕)'와 통용되니, 모두 익힌다[貫習]는 뜻이다."라고 했다.

원문 金履祥『通鑑前編』, "公山不狃以費畔季氏, 佛肸以中牟畔趙氏, 皆家臣畔大夫也. 而召孔子, 孔子雖卒不往, 而云'欲往'者, 蓋大夫畔諸侯而陪臣以張公室爲名也. 子韓晳曰: '大夫而欲張公室, 罪莫大焉.' 此當時流俗之言也. 抑大夫而欲張公室, 亦名義也, 故欲往以明其可也. 然二人者, 皆以

己私爲之, 非眞可與有爲也, 故卒不往, 以知其不可也." 案, 金說是也.

역문 김이상(金履祥)의 『통감전편』에 "공산불뉴(公山不狃)는 비읍을 근거지로 계씨를 배반하고, 필힐(佛肸)은 중모(中牟) 땅을 근거지로 조씨(趙氏)를 배반했는데, 모두 가신이 대부를 배반한 것이다. 그래 놓고 공자를 불렀으니, 공자는 비록 죽더라도 가지 않았어야 하는데 '가려고 했다'라고 했으니, 아마도 대부가 제후를 배반하였으므로 배신(陪臣)으로서 공실의 권위를 신장시키는 것을 명분으로 삼았기 때문인 듯싶다. 자한석(子韓晳)³⁴이 말하길, '대부로서 공실의 권위를 신장시키고자 하였으니 더없이 큰 죄이다.'³⁵라고 했는데, 이는 당시에 떠돌던 세속의 말이다. 그렇지 않다면 대부로서 공실의 권위를 신장시키고자 하는 것 역시 대의명분이기 때문에 가서 그것이 옳음을 밝히고자 한 것이다. 그러나 두 사람은 모두 자기의 사사로움으로 그렇게 한 것이지, 진실로 함께 훌륭한 일을 할 수 있는 자들이 아니었기 때문에 결국에는 가지 않음으로써 그것이 옳지 못함을 알게 한 것이다."라고 했다. 살펴보니, 김이상의 말이 옳다.

원문 翟氏灝『考異』謂, "召, 是季氏召. 下文'何必公山氏之之也?' '何必'下脫 '因'字. 上'之'謂往, 下'之'謂季氏." 此不得其解, 妄爲說之.

역문 적호(翟灝)의 『사서고이』에 "소(召)는 계씨(季氏)가 부른 것이다. 다음 글에 '하필 공산씨에게 가려 하십니까[何必公山氏之之也]?'라고 했는데, '하필(何必)' 아래 '인(因)' 자가 빠진 것이다. 앞의 '지(之)'는 감[往]을 말한 것이고, 뒤의 '지(之)'는 계씨(季氏)를 말하는 것이다."라고 했는데, 이는 해

---

34 자한석(子韓晳, ?~?): 제나라 대부라고 하는데, 자세한 것은 알려져 있지 않다.

35 『춘추좌씨전(春秋左氏傳)』「소공(昭公)」 14년. 그런데, 여기에는 "大夫"라고 되어 있으나, 『춘추좌씨전』에는 "家臣"으로 되어 있다. 전체 문맥을 위해 고치지 않았다.

석이 될 수 없고 마구잡이로 말한 것이다.

원문 “豈徒”者, 言不徒召之而往也. “吾其爲”者, “其”與“豈”同, 言不爲也. “東周”者, 王城也. 周自文王宅豊, 武王宅鎬, 及後伐紂有天下, 遂都鎬, 稱鎬京焉, 天下謂之宗周. 洎周公復營東都於郟鄏, 是爲王城. 幽王時, 犬戎攻滅宗周, 平王乃遷居東都, 遂以東都爲東周, 而稱鎬京爲西周也.

역문 “어찌 공연히[豈徒]”란 공연히 부르는 것이 아니어서 가는 것이라는 말이다. “오기위(吾其爲)”에서 “기(其)”는 “기(豈)”와 같으니, 하지 않겠다[不爲]는 말이다. “동주(東周)”는 왕성(王城)이다. 주나라는 문왕 때부터 풍읍(豊邑)에 살다가 무왕(武王) 때 호(鎬) 땅에 살았는데, 나중에 주왕(紂王)을 토벌하여 천하를 소유하고 마침내 호 땅에 도읍을 정하고는 그곳을 호경(鎬京)이라 칭하니, 천하가 그곳을 종주(宗周)라 하였다. 주공(周公)이 다시 겹욕(郟鄏)에 동도(東都)를 세우니, 이것이 왕성(王城)이 된다. 유왕(幽王) 때 견융(犬戎)이 종주(宗周)를 공격해서 멸망시키자 평왕(平王)이 이에 동도(東都)로 옮겨서 거처하니, 마침내 동도를 동주(東周)라 하고 호경(鎬京)을 일컬어 서주(西周)라고 한 것이다.

원문 『史記』「孔子世家」, “定公九年, 陽虎奔于齊, 是時孔子年五十. 公山不狃以費畔季氏, 使人召孔子. 孔子循道彌久, 溫溫無所試, 莫能己用, 曰: ‘蓋周文·武起豊·鎬. 今費雖小, 儻庶幾乎!’ 欲往, 子路不說, 止孔子. 孔子曰: ‘夫召我豈徒哉? 如用我, 其爲東周乎!’ 然亦卒不行.” 據「世家」之文, 是孔子欲以費復西周文·武之治, 此當出安國故也.

역문 『사기』「공자세가」에 “정공 9년에 양호(陽虎)가 제나라로 달아났는데, 이때 공자의 나이 50이었다. 공산불뉴(公山不狃)가 비(費)를 근거지로 해서 계씨(季氏)를 배반하고 사람을 보내와 공자를 불렀다. 공자는 정도를 따른 지 아주 오래되었지만 줄곧 이를 펼치지 못했고, 아무도 자기를 등용해 줄 수 있는 군주도 없어 답답하게 생각하고 있던 터라, '주나라 문왕과 무왕도 풍(豐)과 호(鎬)에서 일어나 왕이 되었다. 지금 비읍이 작긴 하지만 그와 비슷하지 않겠는가?'라고 하고는 가려고 하자, 자로가 언짢아하면서 공자를 말렸다. 그러자 공자가 말하길, '나를 부르는 자가 어찌 공연히 그러겠느냐? 만일 나를 써 준다면 그곳은 동방의 주나라가 될 것이다!'라고 했으나, 역시 끝내 가지는 않았다."라고 했다. 「세가」의 내용에 의거해 보면 공자는 비(費) 땅을 가지고 서주시대 문왕과 무왕의 정치를 회복하고자 한 것인데, 이는 공안국의 설에서 나왔기 때문에 그런 것이다.

원문 『鹽鐵論』「褒賢篇」, "孔子曰: '如有用我者, 吾其爲東周乎?' 庶幾成湯·文·武之功, 爲百姓除殘去賊, 豈貪祿樂位哉?" 亦據文·武爲孔子欲復西周, 而兼言成湯, 此皆『古論』家說. 其後夫子作『春秋』, 據魯新周, 卽此意. 必據魯者, 周道幽·厲傷之, 而猶在魯, 故據魯『春秋』而一新以西周之治. 新以西周, 不得不絀東周, 故此文亦言不爲東周也.

역문 『염철론』「포현」에 "공자가 말하길, '나를 써 주는 자가 있다면 내가 어찌 동주를 돕겠느냐?'라고 했는데, 거의 성탕(成湯)과 문왕·무왕의 공을 회복해서 백성을 위해 잔적(殘賊)을 제거할 것을 바란 것이니, 어찌 봉록을 탐하고 지위를 즐기기 위해서였겠는가?"라고 했는데, 역시 문왕과 무왕에 의거해서 공자가 서주(西周)를 회복하고자 했다고 하면서 성탕(成湯)을 아울러 말한 것이니, 이는 모두 『고논어』학파의 설이다. 그 뒤에 공자는 『춘추』를 지었으니, 노나라에 의거해서 주나라를 새롭게 한다는 것이 바로 이 뜻이다. 굳이 노나라에 의거해야 했던 것은 주나라의 도를 유왕(幽王)과 여왕(厲王)이 훼손시키는 바람에 오히려 노나라에 있었기 때문에 노나라의 『춘추』에 의거해서 한 번 쇄신하여 서주(西周)를 다스려야 했던 것이다. 서주를 쇄신하기 위해서는 동주를 물리치지 않을 수 없으니, 따라서 이 글 역시 동주를 돕지 않을 것임을 말한 것이다.

원문 鄭注此云: "東周, 據時成周." 案『公羊傳』, 曰: "王城者何? 西周也. 成周者何? 東周也." 成周者, 亦周公所營, 以處殷頑民, 在王城之東. 胡氏渭『禹貢錐指』謂"二城東西相去四十里"是也. 王子朝之亂, 敬王出居成周, 當時遂以王城爲西周, 成周爲東周. 鄭云"據時當指成周." "爲"當訓助. 然考其時, 王室已定, 不致有爲東周之疑也. 皇本"用"上有"復"字.

역문 정현은 이 문장을 주석하면서 "동주(東周)는 시기적으로 보면 성주(成周)이다."라고 했다. 살펴보니, 『춘추공양전』에 "왕성(王城)이란 어디인가? 서주(西周)이다. 성주(成周)는 어디인가? 동주(東周)이다."라고 했는데, 성주(成周)란 역시 주공이 세워서 은나라의 완민(頑民)을 거처하게 하던 곳으로 왕성(王城)의 동쪽에 있었다. 호위(胡渭)의 『우공추지』에 "두 성은 동쪽에서 서쪽까지 서로 간의 거리가 40리이다"라고 한 것이 그곳이다. 왕자 조(王子朝)가 반란을 일으키자 경왕(敬王)은 성주(成周)로 도망가 있었는데, 당시에 마침내 왕성(王城)을 서주(西周)로 삼으니, 성주(成周)가 동주(東周)가 된 것이다. 정현이 이르길, "시기적으로 의거해 보면 마땅히 성주(成周)를 가리킨다."라고 했다. "위(爲)"는 마땅히 돕는다[助]는 뜻으로 새겨야 한다. 그러나 그때를 상고해 보면 왕실이 이미 안정되었기 때문에 동주를 도울 것이라는 의심이 들지는 않는다. 황간본에는 "용(用)" 앞에 "부(復)" 자가 있다.

- 「注」, "弗擾"至"孔子".

- 正義曰: 『左』「定」五年「傳」, "季桓子行東野, 及費, 子洩爲費宰, 逆勞於郊, 桓子敬之. 九月乙亥, 陽虎囚季桓子." 又八年「傳」, "季寤‧公鉏極‧公山不狃皆不得志於季氏, 叔孫輒無寵於叔孫氏, 叔仲志不得志於魯, 故五人因陽虎. 欲去三桓, 將享桓子於蒲圃而殺之." 桓子以計入於孟氏, 孟氏之宰公斂處父率兵敗陽虎, 陽虎遂逃於讙‧陽關以叛, 季寤亦逃而出.

○ 「주」의 "불요(弗擾)"부터 "공자(孔子)"까지.

○ 정의에서 말한다.

『춘추좌씨전』「정공」 5년의 「전」에 "계환자(季桓子)가 동야(東野)를 순행하다가 비읍(費邑)에 이르자, 자설[子洩: 공산불뉴(公山不狃)]이 비(費)의 읍재(邑宰)로 교외까지 나와 맞이해 위로하니, 환자(桓子)가 그에게 경의를 표하였다. 9월 을해일에 양호(陽虎)가 계환자를 잡아 가두었다."라고 했고, 또 8년의 「전」에 "계오(季寤)[36]와‧공서극(公鉏極)[37]과 공산불뉴(公山不狃)는 모두 계씨(季氏)에게 뜻을 얻지 못하고, 숙손 첩(叔孫輒)은 숙손씨(叔孫氏)에게 총애를 받지 못하고 숙중 지(叔仲志)는 노나라에서 뜻을 얻지 못하였기 때문에 다섯 사람이 양호에게 의지했던 것이다. 양호는 삼환(三桓)을 제거하고서 포포(蒲圃)에서 연회를 열어 계씨를 접대하다가 살해하려고 하였다."라고 했다. 환자(桓子)는 계책을 써서 맹씨(孟氏)에게 들어갔고, 맹씨의 읍재(邑宰)인 공렴 처보(公斂處父)가 병사를 이끌고서 양호를 패퇴시키자 양호는 마침내 환(讙)과 양관(陽關)으로 도망가서 반란을 일으켰고, 계오(季寤) 역시 도망쳐 달아났다.

竊意不狃斯時正爲費宰, 而陰觀成敗於其際, 故畔形未露. 直至九年, 始據邑以叛, 然猶曰 '張公室也', 久之而竝與魯爲敵. 故定十二年, "仲由爲季氏宰, 將墮費, 而不狃及叔孫輒率費人襲魯. 夫子命申句須‧樂頎伐之而後北, 國人追之, 敗諸姑蔑, 不狃及輒遂奔齊." 此則不狃畔魯之事, 而非此之以費畔也.

---

36 계오(季寤, ?~?): 계환자의 아우.
37 공서극(公鉏極, ?~?): 공미(公彌)의 증손이고, 환자(桓子)의 동족형제의 아들이다.

가만히 생각해 보니, 공산불뉴는 이 당시 실제로 비읍의 읍재가 되었고 그즈음에서 몰래 성패를 살폈기 때문에 반란의 형세가 드러나지 않았던 것이다. 곧장 9년에 이르자 비로소 읍(邑)을 근거로 반란이 일어났지만 오히려 '공실의 권위를 신장시킨 것이다'라고 하여 오래됨에 모두 노나라와 적대적인 관계가 되었다. 그러므로 정공 12년에 "중유(仲由)가 계씨(季氏)의 읍재가 되어 비(費)를 허물려 하자, 공산불뉴와 숙손 첩이 비인(費人)을 거느리고 와서 노나라를 습격하였다. 이에 공자가 신구수(申句須)와 악기(樂頎)에게 명하여 토벌하게 하니, 나중엔 비인(費人) 패배하여 달아났으나, 국인(國人)이 그들을 추격하여 고멸(姑蔑)에서 패배시키니 공산불뉴와 숙손 첩이 마침내 제나라로 달아났다."[38] 이것은 공산불뉴가 노나라를 배반한 일이지, 이것이 비읍을 가지고 배반한 것이 아니다.

『史記』「孔子世家」載以費叛召孔子在定九年, 可補『左氏』之遺. 趙氏翼『陔餘叢考』信『左傳』而反議『史記』, 竝疑『論語』, 則過矣. 若毛氏奇齡『稽求篇』據此「注」, 謂"陽虎囚季桓子, 弗擾之畔卽在其時, 則爲定五年." 與「世家」不合. 且不狃初以仲梁懷不敬己, 而欲陽虎逐之, 虎逐竝囚桓子. 桓子先亦甚敬不狃, 斯時似尙無釁, 其畔季氏, 乃八年以後事.『左傳』文甚明顯, 不得牽混.

『사기』「공자세가」에 비읍을 가지고 배반하고 공자를 부른 것이 정공 9년에 있었다고 기록하였으니, 『춘추좌씨전』에서 빠뜨린 것을 보충할 수 있다. 조익(趙翼)의 『해여총고』는 『춘추좌씨전』을 신뢰하면서 『사기』를 반론하여 『논어』를 나란히 의심하는데, 잘못된 것이다. 모기령의 『논어계구편』에서 이 「주」를 근거로 "양호가 계환자를 잡아 가두고 공산불요가 배반한 것이 바로 그때 있었으니, 그렇다면 정공 5년이 된다."라고 한 것과 같은 것은 「공자세가」와는 일치하지 않는다. 또 공산불뉴는 애초에 중양회(仲梁懷)가 자기에게 경의를 표하지 않아 양호가 그를 축출시키기를 바란 것인데, 양호는 마침내 환자(桓子)까지 모두 잡아가둔 것이다. 환자는 앞서는 공산불뉴에게 대단히 경의를 표했으니, 이때는 오히려 둘 사이의 틈이 없었던 것 같고, 그가 계씨를 배반한 것은 결국 8년 이후의 일이다. 『춘추좌씨전』의 글이 매우 분명하니 혼동해서 해석하면 안 된다.

---

38 『춘추좌씨전』「정공」12년.

- 「注」, "之, 適也. 無可之則止."
- 正義曰: 武氏億『經讀考異』, "『近讀』從'已'字絶句. 案孔曰云云, 是當以'也'字爲句, '已'爲止, 又作一讀." 今案, 『近讀』義勝.
- ○ 「주」의 "지(之)는 감[適]이니, 갈 만한 곳이 없으면 그만두어야 한다."
- ○ 정의에서 말한다.

  무억(武億)의 『경독고이』에 "『근독』에서는 '이(已)' 자부터 구두를 끊었다. '공안국이 말하길'이라고 운운한 것을 살펴보니, 이 문장은 마땅히 '야(也)' 자로 구두를 삼아야 하고, '이(已)'는 그만둔다[止]는 뜻이 되니, 또 하나의 구두가 된다."라고 했는데, 지금 살펴보니, 『근독』의 뜻이 더 낫다.
- 「注」, "興周道於東方, 故曰東周."
- 正義曰: "費在周東, 故曰東方."
- ○ 「주」의 "주나라의 도를 동방에 일으킬 것이기 때문에 '동주(東周)'라고 한 것이다."
- ○ 정의에서 말한다.

  "비(費)가 주나라 동쪽에 있기 때문에, 동방(東方)이라고 한 것이다."

17-5

子張問仁於孔子. 孔子曰: "能行五者於天下, 爲仁矣." "請問之." 曰: "恭·寬·信·敏·惠. 恭則不侮, 【注】孔曰: "不見侮慢." 寬則得衆, 信則人任焉, 敏則有功, 【注】孔曰: "應事疾, 則多成功." 惠則足以使人."

자장이 공자에게 인에 대해서 묻자, 공자가 말했다. "다섯 가지를 천하에서 행할 수 있으면, 인을 행하는 것이다." 다섯 가지에 대해 질문을 청하자 다음과 같이 대답했다. "공손함, 너그러움, 미

더움, 민첩함, 은혜로움이다. 공손하면 업신여김을 당하지 않고,

【주】 공안국이 말했다. "업신여기거나 오만하게 대함을 당하지 않음이다." 너그러

우면 민중의 마음을 얻으며, 미더우면 남들이 일을 맡기고, 민첩

하면 공이 있으며, 【주】 공안국이 말했다. "일에 대응함이 빠르면 많은 공을

이룬다." 은혜로우면 충분히 남들을 부릴 수 있다."

원문 正義曰: "任"謂任事也. 『國語』「晉語」, "箕鄭曰: '信於令, 則時無廢功:
信於事, 則民從事有業.'" 卽此義也. "惠"者, 仁也, 謂以仁心行仁政也. 『書』
「皐陶謨」云: "安民則惠, 黎民懷之." 民懷其上, 故足使之也.

역문 정의에서 말한다.

"임(任)"은 일을 맡긴다[任事]는 말이다. 『국어』「진어」에 "기정(箕鄭)[39]
이 말했다. '정령에 있어서 신의로 하면 시기에 성공을 폐함이 없을 것
이고, 민사에 있어서 신의로 하면 민중이 일을 따르는 데에 차례가 있게
될 것입니다.'"라고 했는데 바로 이 뜻이다. "혜(惠)"는 인(仁)이니, 인(仁)
한 마음을 가지고 인(仁)한 정치를 행한다는 말이다. 『서경』「고요모」에
"민중을 편안하게 하면 은혜로워 모든 민중이 그리워할 것이다."라고 했
으니, 민중이 그 윗사람을 그리워하기 때문에 충분히 그들을 부릴 수 있
는 것이다.

원문 趙氏佑『溫故綠』, "惠, 順也. 此「康誥」'惠不惠之惠', 仁者待人, 務順乎
人情. 凡有所使, 皆量其長而不苟所短, 予以佚而常體其勞, 是之謂惠." 此

---

39 기정(箕鄭, ?~?): 춘추시대 진(晉)나라 대부이다. 진나라에 기근이 들어 군주가 기근 해결책
   을 기정에게 묻자, 기정이 백성들에게 신뢰 받는 것의 중요함을 강조했다.

義亦通.

역문 조우(趙佑)의 『온고록』에 "혜(惠)는 따름[順]이다. 이는 『서경』「주서·강고」의 '이치를 따르고 따르지 않음[惠不惠]'이라고 할 때의 '혜(惠)'이니, 인자(仁者)는 사람을 대할 때 인정(人情)을 따를 것을 힘쓴다. 남을 부릴 일이 있으면 모두 그의 장점을 헤아리지 단점을 가혹하게 따지지 않는 것이니, 실수를 용서하고 언제나 그 수고로움을 몸소 알아주는 것, 이것을 은혜[惠]라 한다."라고 했는데, 이 뜻 역시 통한다.

- 「注」, "不見侮慢."
- 正義曰: 鄭「注」云: "不致人侮慢之言." 即偽孔所本. 皇「疏」引江熙曰: "自敬者, 人亦敬己也."
- ○「주」의 "업신여기거나 오만하게 대함을 당하지 않음이다."
- ○ 정의에서 말한다.

  정현의 「주」에 "남이 업신여기거나 오만하게 대하는 말을 초래하지 않는다."라고 했으니, 바로 이것을 위공(偽孔)이 근거로 한 것이다. 황간의 「소」에는 강희(江熙)를 인용해서 "스스로를 공경하는 자는 남도 자기를 공경한다."라고 했다.

- 「注」, "應事疾, 則多成功."
- 正義曰: 『說文』, "敏, 疾也." 『管子』「形勢」云: "朝忘其事, 夕失其功." 是言治事當敏疾也. 焦氏循『補疏』, "「僖」四年『公羊傳』「注」, '生事有漸, 故敏則有功.' 徐彦「疏」云: '敏, 審也, 言擧事敏審, 則有成功矣.' 是敏之義爲審. 「僖」二十三年『左傳』, '辟不敏也.' 「注」云: '敏猶審也.' 卅三年『左傳』'禮成而加之以敏.' 「注」云: '敏, 審當於事.' 亦以敏爲審. 『周官』「師氏」, '二曰敏德.' 「注」云: '敏德, 仁義順時者也.' 當其可之謂時, 順時則審當之謂也." 案, 焦從何義, 亦通.
- ○「주」의 "일에 대응함이 빠르면 많은 공을 이룬다."

○ 정의에서 말한다.

『설문해자』에 "민(敏)은 빠르다[疾]는 뜻이다."[40]라고 했다. 『관자』「형세」에 "아침에 자기가 해야 할 일을 잊으면 저녁에 그 공을 잃는다."라고 했는데, 이는 다스리는 일은 마땅히 민첩하고 빨라야 함을 말한 것이다. 초순의 『논어보소』에 "『춘추공양전』「희공」 4년의 「주」에 '일이 생겨남에는 점진적인 것이 있기 때문에 자세히 살피면 공이 있다.'라고 했는데, 서언(徐彦)의 「소」에 '민(敏)은 자세히 살핀다[審]는 뜻이니, 일을 거행할 때 자세히 살피면 성공이 있을 것이라는 말이다.'라고 했으니, 이때의 민(敏)의 뜻은 자세히 살핌[審]이 된다. 『춘추좌씨전』「희공」 23년의 「전」에 '자세히 알 수 없어 잘못 기록하는 것을 피하기 위해서이다.[辟不敏也.]'라고 했는데, 「주」에 '민(敏)은 자세히 살핀다[審]는 뜻과 같다.'라고 했고, 『춘추좌씨전』「희공」 33년에 '예에 따라 행동하고 더욱이 자세히 살핀다.[禮成而加之以敏.]'라고 했는데, 「주」에 '민(敏)은 자세히 살펴 사리에 마땅하다는 뜻이다.[審當於事.]'라고 했으니, 역시 민(敏)을 자세히 살핀다[審]는 뜻으로 여긴 것이다. 『주례』「지관사도하 · 사씨」에 '두 번째는 민덕(敏德)이다.'라고 했는데, 「주」에 '민덕(敏德)은 인의가 때에 맞는 것[仁義順時者]이다.'라고 했다. 그 가(可)함에 적당함을 때[時]라 하니,[41] 때를 따른다[順時]는 것은 살펴서 마땅함을 이른다."라고 했다. 살펴보니, 초순은 하안의 뜻을 따른 것이니 역시 통한다.

17-6

佛肸召, 子欲往. 【注】孔曰: "晉大夫趙簡子之邑宰." 子路曰: "昔者

---

40 『설문해자』 권3: 민(敏)은 빠르다는 뜻이다. 문(攴)으로 구성되었고, 매(每)가 발음을 나타낸다. 미(眉)와 운(殞)의 반절음이다.[敏, 疾也. 從攴每聲. 眉殞切.]

41 『예기(禮記)』「학기」: 대학의 법은 발하지 않았을 때 금함을 예(豫)라 이르고, 그 가(可)함에 적당함을 시(時)라 이르고, 그 절도를 넘지 않고 베풂을 손(孫)이라 이르고, 서로 보고 잘하는 것을 마(摩)라 이르니, 이 네 가지는 가르침이 말미암아 일어나는 것이다.[大學之法, 禁於未發之謂豫; 當其可之謂時; 不陵節而施之謂孫; 相觀而善之謂摩.]

由也聞諸夫子, 曰: ‘親於其身爲不善者, 君子不入也.’【注】孔
曰: “不入其國.” 佛肹以中牟畔, 子之往也, 如之何?”

필힐(佛肹)이 부르자 공자가 가려고 하였다. 【주】 공안국이 말했다.
“필힐(佛肹)은 진(晉)나라 대부 조간자(趙簡子)의 읍재이다.” 자로가 말했다.
“전에 제가 선생님께 듣기로는 ‘직접 그 자신이 불선(不善)을 행하
는 자에게는 군자가 들어가지 않는다.’라고 하셨습니다. 【주】 공안
국이 말했다. “그 나라에 들어가지 않는다는 말이다.” 필힐이 중모읍(中牟邑)
을 가지고 반란을 일으켰는데 선생님께서 가신다 한들 그를 어찌
시겠습니까?”

원문 正義曰: 阮氏元『校勘記』, “佛肹, 皇本作胇肳,『唐石經』作佛肹,「古今
人表」作茀肳. 佛・茀・胇三字音近通借.『五經文字』云: ‘肹・肳, 上『說
文』, 下隸省.’”

역문 정의에서 말한다.

완원의 『십삼경주소교감기』에 “필힐(佛肹)은 황간본에는 필힐(胇肳)로
되어 있고, 『당석경』에는 필힐(佛肹)로 되어 있으며, 「고금인표」에는 필
힐(茀肳)로 되어 있으니. 필(佛)・필(茀)・필(胇) 세 글자는 발음이 비슷하
므로 통용해서 가차하여 쓴다. 『오경문자』에 ‘힐(肹)과 힐(肳)은 앞의 글
자는 『설문해자』에 보이고, 뒤의 글자는 예서체인데 생략형이다.’라고
했다.”라고 하였다.

원문 『史記』「孔子世家」, “佛肳爲中牟宰. 趙簡子攻范・中行, 伐中牟. 佛肳

畔, 使人召孔子"云云, 是中牟爲范·中行邑. 佛肸是范·中行之臣, 於時爲
中牟宰. 而趙簡子伐之, 故佛肸卽據中牟以畔也. 『左』「哀」五年「傳」, "夏,
趙鞅伐衛, 范氏之故也, 遂圍中牟." 此卽簡子伐中牟之事. 然則佛肸之召
孔子, 當在哀五年無疑矣.

역문 『사기』「공자세가」에 "필힐이 중모읍(中牟邑)의 읍재가 되었다. 조간
자(趙簡子)가 범씨(范氏)와 중항씨(中行氏)를 공격하고 중모를 토벌했다.
필힐이 반란을 일으키고 사람을 보내 공자를 불렀다."라고 운운했으니.
중모(中牟)는 범씨(范氏)와 중항씨(中行氏)의 읍(邑)이었던 것이다. 필힐은
범씨와 중항씨의 신하로서, 이때 중모의 읍재가 되었는데, 조간자가 토
벌했기 때문에 필힐이 즉시 중모를 근거지로 해서 반란을 일으킨 것이
다. 『춘추좌씨전』「애공」 5년의 「전」에 "여름에 조앙(趙鞅)이 위(衛)나라
를 토벌하였으니, 이는 범씨(范氏) 때문이었고, 마침내 중모(中牟)를 포위
하였다."라고 했는데, 이것이 바로 조간자가 중모를 토벌한 일이다. 그
렇다면 필힐이 공자를 부른 것이 당연히 애공 5년에 있었다는 것은 의
심할 여지가 없다.

원문 翟氏灝『考異』云: "簡子挾晉侯以攻范·中行, 佛肸爲范·中行家邑宰,
因簡子致伐距之, 于晉爲畔, 于范·中行猶爲義也. 且聖人神能知幾, 范·
中行滅, 則三分晉地之勢成. 三分晉地之勢成, 則大夫自爲諸侯之禍起, 其
爲不善, 較佛肸孰大小哉? 子路見未及此, 但知守其常訓, 聖人雖有見焉,
卻難以前知之幾爲門弟子語也. 故但以堅白恒理答之."

역문 적호의『사서고이』에 "조간자가 진후(晉侯)를 의지해서 범씨(范氏)와
중항씨(中行氏)를 공격했을 때, 필힐은 범씨와 중항씨 가읍(家邑)의 읍재
가 되었었는데, 조간자가 공격해 옴에 따라 그를 물리쳤으니, 진나라의
입장에서는 반란을 일으킨 것이 되지만 범씨나 중항씨의 입장에서는 의

리를 지킨 것이 된다. 또 성인의 신묘한 능력은 기미를 아니, 범씨와 중항씨가 멸망하면 진(晉)나라 땅을 셋으로 나누는 형세가 이루어질 것임을 알았다. 진나라 땅을 셋으로 나누는 형세가 이루어지면 대부가 스스로 제후가 되는 화가 일어날 것이니, 그 불선을 행함이 필힐과 비교해서 누가 더 크고 누가 더 작겠는가? 자로의 견해는 여기까지 미치지 못하고 다만 그 일반적인 가르침만 지킬 줄 알았으니, 성인이 비록 거기에 대한 견해를 가지고 있었다 할지라도 도리어 앞서 알게 된 기미를 가지고 문하의 제자를 위해 말해 주기 어려웠던 것이다. 그러므로 다만 단단하고 희다는 당연한 이치를 가지고 대답해 준 것일 뿐이다."라고 했다.

원문 案, 翟說太深, 反失聖意. 蓋聖人視斯人之徒, 莫非吾與, 而思有以治之, 故於公山·佛肸, 皆有欲往之意. 且其時天下失政久矣, 諸侯畔天子, 大夫畔諸侯, 少加長, 下凌上, 相沿成習, 恬不爲怪. 若必欲棄之而不與易, 則滔滔皆是, 天下安得復治? 故曰 "天下有道, 丘不與易也." 明以無道之故而始欲仕也. 且以仲弓·子路·冉有皆仕季氏, 夫季氏非所謂竊國者乎? 而何以異於畔乎? 子路身仕季氏, 而不欲夫子赴公山·佛肸之召, 其謹守師訓, 則固以 "親於其身爲不善, 君子不入" 二語而已, 而豈知夫子用世之心與行道之義固均未爲失哉?

역문 살펴보니, 적호의 설은 너무 나가서 도리어 성인의 뜻을 잃었다. 대체로 성인은 사람을 봄에 더불어 함께하지 않음이 없으니,[42] 다스릴 것이 있다고 생각했기 때문에 공산불요나 필힐에 대해서 모두 가고자 하는 뜻이 있었다. 또 그 당시는 천하의 정치가 잘못됨이 오래되어 제후가 천

---

42 『논어(論語)』「미자」: 내가 이 사람들의 무리와 더불어 함께하지 않고 누구와 더불어 함께하겠는가?[吾非斯人之徒與而誰與]

자를 배반하고, 대부가 제후를 배반하며, 젊은이가 더 어른 노릇을 하고, 아랫사람이 윗사람을 능멸해서 서로 이어져 습속을 이루는데도 예사로 생각하고 괴이하게 여기지 않았다. 만약 반드시 그들을 버리고 더불어 함께 바꾸고자 하지 않았다면 도도하게 흘러가는 것은 천하가 다 그러하니 천하를 어찌 다시 다스릴 수 있겠는가? 그러므로 "천하에 도가 있다면 내가 더불어 함께 바꾸려 하지 않을 것이다."[43]라고 하여 천하에 도가 없기 때문에 처음으로 벼슬하고자 했음을 밝힌 것이다.

또 중궁·자로·염유는 모두 계씨에게서 벼슬했는데, 계씨가 이른바 나라를 훔친 자가 아닌가? 무엇이 반란을 일으킨 것과 다른가? 자로 자신은 계씨에게서 벼슬했으면서 공자가 공산불요와 필힐의 부름에 달려가기를 바라지 않았으니, 그가 스승의 가르침을 삼가 지킨 것이라곤 오로지 "직접 그 자신이 불선(不善)을 행하는 자에게는 군자가 들어가지 않는다."라는 두 마디뿐인데, 그러고도 어찌 공자가 세상에 등용되기를 바라는 마음과 도를 행하고자 하는 의리가 진실로 똑같이 잘못이 되지 않았음을 알겠는가?

원문 "中牟"者, 邑名. 王氏瑬『四書地理考』, "洪氏亮吉曰: '『管子』云"築五鹿·中牟·鄴"者, 三城相接也. 五鹿今直隸大名府元城縣, 鄴今河南彰德府安陽縣, 是中牟在當時與五鹿·鄴相接矣. 『韓非子』晉平公問趙武曰: "中牟, 三國之股肱, 邯鄲之肩髀." 邯鄲, 卽今直隸廣平府邯鄲縣, 是中牟在當時又與邯鄲咫尺矣. 臣瓚引『汲郡古文』云: "齊師伐趙東鄙, 圍中牟."

43 『논어』「미자」: 도도하게 흘러가는 것은 천하가 다 그러하니 누구와 더불어 그것을 바꿀 수 있겠는가? … 천하에 도가 있다면 내가 더불어 함께 바꾸려 하지 않을 것이다.[滔滔者天下皆是也, 而誰以易之? … 天下有道, 丘不與易也.]

趙時已都邯鄲, 是中牟又在邯鄲之東矣. 『戰國策』, "昔者趙氏襲衛, 魏王身披甲底劍, 挑趙索戰. 邯鄲之中鶩, 河・山之間亂. 衛得是藉也, 亦收餘甲而北面, 殘剛平, 墮中牟之郭." 是中牟又在衛之北境矣. 『太平寰宇記』, "湯水在湯陰縣北, 源出縣西牟山, 去縣三十五里." 『元豊九城志』亦云: "湯陰縣有牟山." 『戰國策』舊「注」云: "中牟在相州湯陰縣." 『史記』, "佛肸爲中牟宰." 『索隱』云: "此河北之中牟, 蓋在漢陽西." 漢陽蓋濮陽之誤, 今湯陰縣正在濮州西也. 張守節『史記正義』亦云: "湯陰縣西五十八里有牟山, 蓋中牟邑在此山側." 則中牟在湯陰無疑也. 今湯陰去安陽不五十里, 去邯鄲・元城, 亦不出一・二百里, 益信『管子』・『韓非子』所云"相接", 云"肩髀", 無一字妄設也. 『春秋傳』, "晉車千乘在中牟, 中牟人欲伐之." 「哀」五年, "趙鞅伐衛, 圍中牟." 杜預以滎陽中牟爲「注」, 而疑其回遠. 裴駰『集解』又以中牟非自衛適晉之次, 不知『春秋傳』之"中牟", 卽今湯陰中牟也. 晉在衛之西北, 今湯陰縣正在滑縣等西北, 爲衛入晉必由之道. 若河南之中牟, 漢雖立爲縣, 而其名實未嘗見於經傳. 班固「地理志」于河南郡中牟縣「注」云: "趙獻侯自耿徙此." 則以鄭之中牟爲趙之中牟, 雖偶有未檢, 然殊非小失矣. 『左傳正義』以爲中牟在河北, 不復知其處, 而又引臣瓚云: "中牟當在溫水之上." 『史記集解』引瓚說, 溫水又作"漯水", 則又未知何據也.' 塈案, 「定」九年'衛侯將如五氏, 過中牟.' 五氏在今邯鄲縣西南, 蓋衛侯自今開州至邯鄲, 而路由湯陰. 是時中牟屬晉, 至哀五年'趙鞅伐衛, 圍中牟.' 則中牟屬衛矣, 豈因佛肸之叛, 地入于衛與. 若臣瓚之說, 引作'溫水'或引作'漯水', 疑當爲'湯水'之譌也." 案, 洪說甚核. 全氏祖望『經史問答』・莊氏述祖『別記』略同.

역문 "중모(中牟)"는 고을의 명칭이다, 왕류(王塈)의 『사서지리고』에 "홍양길(洪亮吉)[44]이 말했다. 『관자』에 "오록(五鹿)・중모(中牟)・업(鄴)에 성을 쌓았다"라고 한 것은 세 성이 서로 접해 있다는 것이다. 오록(五鹿)은 지

금의 직례(直隷) 대명부(大名府) 원성현(元城縣)이고, 업(鄴)은 지금의 하남(河南) 창덕부(彰德府) 안양현(安陽縣)인데 중모(中牟)는 당시에 오록과 업과 서로 인접해 있었을 것이다. 『한비자』「외저설좌하(外儲說左下)」에 진평공(晉平公)이 조무(趙武)[45]에게 묻기를 "중모(中牟)는 3국[三國: 조(趙)·제(齊)·연(燕)]에서는 넓적다리처럼 중요한 지역이며, 한단(邯鄲)에서는 어깨처럼 중요한 지역입니다."라고 했는데, 한단(邯鄲)은 바로 지금의 직례(直隷) 광평부(廣平府) 한단현(邯鄲縣)이니, 중모(中牟)는 당시에 또 한단(邯鄲)과도 지척 간에 있었다. 신찬(臣瓚)[46]은 『급군고문(汲郡古文)』을 인

---

44 홍양길(洪亮吉, 1746~1809): 청나라 강소(江蘇) 양호(陽湖) 사람. 자는 치존(稚存) 또는 군직(君直)이고, 호는 북강(北江). 건륭(乾隆) 55년(1790) 진사가 되고, 편수(編修)에 올랐다. 가경(嘉慶) 4년 시폐(時弊)를 논박한 상서가 격렬해서 겨우 목숨을 건지고 이리(伊犁)로 유형을 당했다. 100일 후인 다음 해 "홍양길에게 죄를 준 뒤부터 일에 대해 말하는 사람이 날로 줄어든다.(罪亮吉後 言事者日少.)" 하여 석방하자 귀향했다. 스스로 갱생거사(更生居士)라 부르며, 10년을 고향에서 지내다가 죽었다. 젊은 시절 시인으로 황경인(黃景仁)과 함께 명성이 높았고, 우정도 돈독했다. '홍황(洪黃)'으로 불렸다. 황경인의 집안이 가난해서 분주(汾州)에서 객사하자 그가 직접 산서(山西)로 가서 장례를 돌봤다. 산문 및 사륙문(四六文)에도 능해 공광삼(孔廣森), 손성연(孫星衍) 등과 함께 '변려문팔대가(駢儷文八大家)'의 한 사람으로 알려졌다. 경학과 역사지리학에도 조예가 깊어, 인구가 지나치게 느는 폐해에 대해 지적했는데, 근대 인구학설(人口學說)의 선구자로 평가받고 있다. 저서에 『춘추좌전고(春秋左傳詁)』20권과 『동진강역지(東晉疆域志)』4권, 『십육국강역지(十六國疆域志)』16권 등을 지었다. 저술 22종은 『홍북강전집(洪北江全集)』84권으로 간행되었다. 시문집에 『권시각집(卷施閣集)』41권과 『갱생재집(更生齋集)』28권, 『북강시화(北江詩話)』6권 등이 있다.

45 조무(趙武 ?~기원전 541): 춘추시대 진(晉)나라 사람인 조맹(趙孟)이다. 조문자(趙文字)로도 불린다. 대부를 지냈다. 진 경공(晉景公) 때 도안가(屠岸賈)가 조씨 집안을 주멸(誅滅)할 때 조삭의 아내 장희(莊姬, 진경공의 누이)가 유복자로 낳았다. 정영(程嬰)과 공손저구(公孫杵臼)의 도움을 받아 목숨을 구하고 어머니 장희를 따라 공궁(公宮)에서 양육되었다. 나중에 조씨의 후사(後嗣)로 세워졌다. 진 도공(晉悼公)이 즉위하자 경(卿)에 임명되었다. 진 도공 10년 국정(國政)을 장악했고, 12년 초나라의 굴건(屈建, 子木)과 함께 종전(終戰)의 회합을 주최했다. 시호는 문(文)이다.

용해서 "제나라 군사가 조(趙)나라 동쪽 시골을 토벌하고 중모(中牟)를 포위했다."라고 했는데, 조나라시대는 이미 한단(邯鄲)에 도읍했으니, 이 중모는 또 한단의 동쪽에 있는 것이다. 『전국책』에 "옛날 조(趙)나라가 위나라를 습격할 때 위왕(魏王)은 몸소 갑옷을 입고 칼을 갈아서 차고 조(趙)나라에 도전하였다. 이렇게 되자 조나라의 수도 한단(邯鄲) 사람들이 놀라 허둥대고, 하수(河水)와 태항산(太行山) 사이가 혼란하게 되었다. 위나라는 이처럼 의지할 바[藉]를 얻어 역시 나머지 군사를 수습하여 북쪽으로 조나라를 쳐서 강평(剛平) 땅을 휩쓸고 중모(中牟)의 성곽까지도 함락시켰다."[47]고 했으니, 이 중모는 또 위나라의 북쪽 국경지대에 있는 것이다. 『태평환우기』에는 "탕수(湯水)는 탕음현(湯陰縣) 북쪽에 있는데, 물의 근원이 현 서쪽의 모산(牟山)에서 발원해서 흘러나오는데, 현까지의 거리가 35리이다."라고 했고, 『원풍구성지』에서도 "탕음현(湯陰縣)에 모산(牟山)이 있다."라고 했으며, 『전국책』의 옛 「주」에 "중모(中牟)는 상주(相州) 탕음현(湯陰縣)[48]에 있다."라고 했다. 『사기』「공자세가」에 "필힐(佛肸)이 중모(中牟)의 읍재가 되었다."라고 했는데, 『사기색은』에는 "이는 하북(河北)의 중모(中牟)이니, 한양(漢陽) 서쪽에 있다."라고 했으나, 한양(漢陽)은 복양(濮陽)의 잘못인 듯싶으니, 지금의 탕음현(湯陰縣)이 바로 복주(濮州)의 서쪽에 있다. 장수절(張守節)의 『사기정의』에도 "탕음현(湯陰縣)[49] 서쪽 58리에 모산(牟山)이 있으니, 아마도 중모읍(中牟邑)은

---

46 신찬(臣瓚, ?~?): 서진(西晉)의 학자, 『전한서(前漢書)』를 주해한 사람으로 알려져 있으며, 이름만 알려져 있고, 성씨(姓氏)는 자세하지 않다. 『한서집해음의(漢書集解音義)』 24권을 지었다.

47 『전국책(戰國策)』 권12, 「제(齊)」.

48 『전국책』의 「주」에는 "蕩"으로 되어 있다.

49 『사기정의(史記正義)』에는 "蕩"으로 되어 있다.

이 산 옆에 있었을 듯싶다."라고 했으니, 중모(中牟)가 탕음현(湯陰縣)에 있었다는 것은 의심할 것이 없다.

지금의 탕음(湯陰)은 안양(安陽)과의 거리가 50리가 되지 않고, 한단(邯鄲)·원성(元城)과의 거리 역시 1~2백리를 넘지 않으니,『관자』와『한비자』에서 "서로 접해 있다"라고 하거나, "어깨와 넓적다리처럼 중요한 지역"이라고 한 것은 더욱 신뢰가 가니, 한 글자도 아무렇게나 가설한 것이 없다.『춘추좌씨전』「정공」 9년에 "진(晉)나라 병거(兵車) 천승(千乘)이 중모(中牟)에 주둔하고 있다가 중모인[中牟人: 진군(晉軍)]이 위군(衛軍)을 공격하려 하였다."라고 했고,「애공」 5년에, "조앙(趙鞅)이 위나라를 토벌하고 중모(中牟)를 포위했다."라고 했는데, 두예(杜預)는 형양(滎陽)의 중모(中牟)라고 「주」를 달고, 그래서 멀리 우회했다고 의심했다.[50] 배인(裴駰)의『사기집해』에는 또 중모가 위나라로부터 진나라로 가는 순서가 아니라고 했는데,『춘추좌씨전』의 "중모"가 바로 지금 탕음현의 중모임을 몰랐던 것이다. 진나라는 위나라의 서북쪽에 있으니, 지금의 탕음현은 바로 활현(滑縣) 등의 서북쪽에 있으니, 위나라에서 진나라로 들어가기 위해서는 반드시 경유해야 하는 길이다.

하남(河南)의 중모(中牟)와 같은 경우는 한나라 때 비록 현을 세웠다고는 하지만 그 명칭이 실재로는 일찍이 경전에 보인 적이 없다. 반고의『전한서』「지리지」하남군(河南郡) 중모현(中牟縣)의 「주」에 "조(趙)나라의 헌후(獻侯)가 경(耿) 땅으로부터 이곳으로 옮겨 왔다."라고 했는데, 그

---

50 『춘추좌씨전』「정공」 9년 두예의 「주」: 이의(夷儀)를 구원하기 위해 주둔한 것이다. 지금 형양(滎陽)에 중모현(中牟縣)이 있는데, 진(晉)나라에서 가려면 멀리 우회해야 하니, 아마도 형양(滎陽)의 중모(中牟)는 전문(傳文)에 말한 중모(中牟)가 아닌 듯하다.[救夷儀也. 今滎陽有中牟縣, 迴遠, 疑非也.]

렇다면 정(鄭)나라의 중모를 조나라의 중모라고 한 것이니, 비록 우연하게나마 아직 검토하지 못한 것이 있다 하더라도 절대로 작은 잘못이 아닐 것이다. 『좌전정의』에는 중모가 하북(河北)에 있다고 했는데, 다시 그 장소는 알려 주지 않았고, 또 신찬(臣瓚)을 인용해서 "중모(中牟)는 마땅히 온수(溫水)[51]의 위쪽에 있었을 것이다."라고 했다. 『사기집해』에는 신찬의 설을 인용하면서 온수(溫水)를 또 "탑수(漯水)"로 썼는데, 그렇다면 또 어디에 근거한 것인지 모르겠다.'[52]고 했다. 내(왕류)가 살펴보니, 『춘추좌씨전』 「정공」 9년에 '위후(衛侯)가 제나라를 돕기 위해 오씨(五氏)로 가면서 중모를 통과했다.'라고 했는데, 오씨(五氏)는 지금의 한단현(邯鄲縣) 서남쪽에 있으니, 아마도 위후가 지금의 개주(開州)로부터 한단(邯鄲)에 이르기까지 길을 탕음(湯陰)을 경유했었던 듯싶다. 이때의 중모는 진(晉)나라에 속해 있었는데, 애공 5년 '조앙(趙鞅)이 위나라를 토벌하고 중모(中牟)를 포위할 때'에 이르러서는 중모가 위나라에 속했던 듯싶으니, 아마도 필힐의 반란으로 인해 땅이 위나라로 편입된 듯싶다. 신찬의 말이 '온수(溫水)'로 인용되거나 혹은 '답수(漯水)'로 인용된 것과 같은 것은, 아마도 마땅히 '탕수(湯水)'가 바뀐 것인 듯싶다."라고 했다. 살펴보니, 홍양길의 설이 매우 자세하다. 전조망(全祖望)의 『경사문답』과 장술조(莊述祖) 『별기』도 대략 같다.

원문 "如之何"者, "之"者, 是也, 謂佛肸也, 言佛肸已畔, 己雖往, 如彼不善何也.

---

51 온수(溫水): 하천의 명칭인지 지명인지 분명하지 않다. 하천의 명칭으로는 사천성(四川省)·귀주성(貴州省)·산서성(山西省)에 있으며, 또 낙수(洛水)의 별칭으로도 불렸다고 한다.
52 여기까지가 홍양길(洪亮吉)의 말이다.

"여지하(如之何)"에서 "지(之)"는 시(是)이니 필힐(佛肸)을 이르는 것으로, 필힐이 이미 반란을 일으켰으니, 자기가 비록 간다 한들 그의 불선을 어쩌겠느냐는 말이다.

● 「注」, "晉大夫趙簡子之邑宰."

● 正義曰: 佛肸是范·中行邑宰, 見「孔子世家」. 此當出安國舊義. 今此孔「注」以爲趙簡子邑宰, 與彼文不合, 其僞顯然.

○ 「주」의 "진(晉)나라 대부 조간자(趙簡子)의 읍재이다."

○ 정의에서 말한다.

필힐(佛肸)은 범씨(范氏)와 중항씨(中行氏)의 읍재이니, 『사기』「공자세가」에 보인다. 이 내용은 당연히 공안국의 옛 뜻에서 나온 것이다. 지금 여기의 공안국「주」에서는 조간자(趙簡子)의 읍재라고 했으니, 『사기』의 내용과는 일치하지 않으니, 위작(僞作)임이 분명하다.

子曰: "然. 有是言也. 不曰堅乎? 磨而不磷; 不曰白乎? 涅而不緇.【注】孔曰: "'磷', 薄也; '涅', 可以染皂, 言至堅者, 磨之而不薄; 至白者, 染之於涅而不黑, 喩君子雖在濁亂, 濁亂不能污." 吾豈匏瓜也哉? 焉能繫而不食?"【注】 "匏", 瓠也. 言匏瓜得繫一處者, 不食故也. 吾自食物, 當東西南北, 不得如不食之物, 繫滯一處.

공자가 말했다. "그렇다. 그와 같은 말을 한 적이 있다. 그러나 '단단하다'라고 하지 않겠느냐? 갈아도 얇아지지 않으니, '희다'라고 하지 않겠느냐? 검게 물들여도 검어지지 않으니.【주】 공안국이

말했다. "'인(磷)'은 얇다[薄]는 뜻이고, '열(涅)'은 검은 물을 들일 수 있는 것이니, 지극히 견고한 것은 갈아도 얇아지지 않고, 지극히 흰 것은 검게 물들여도 검어지지 않는다는 말이니, 군자는 비록 혼탁하고 어지러운 곳에 있어도 혼탁함과 어지러움이 더럽힐 수 없음을 비유한 것이다." 내가 어찌 뒤웅박[匏瓜]이겠느냐? 어찌 한곳에만 매달려 있으면서 먹히지 않는 것일 수 있겠느냐?"【주】

"포(匏)"는 뒤웅박[瓠]이다. 뒤웅박이 한곳에 매달려 있을 수 있는 것은 먹지 못하기 때문이다. 그러나 나는 본래 먹을 수 있는 물건으로 동서남북 어디에나 해당되니, 먹지 못하는 물건처럼 한곳에 매달려 있을 수 없다는 말이다.

원문 正義曰: "不曰堅乎"句上, 皇本有"曰"字. "緇", 『史記』「世家」作"淄". 『新語』「道基篇」·『論衡』「問孔篇」·『文選』「座右銘」「注」亦作"淄". 阮氏元『校勘記』, "淄·緇古字通. 『後漢』「後妃紀」, '恩隆好合, 遂忘淄蠹.' 以淄爲緇." 『漢州輔碑』所謂"摩而不粼, 涅而不緇."者, "摩"與"磨"同, "粼"當"磷"之叚借. 『校勘記』及翟氏灝『考異』·桂氏馥『群經義證』·馮氏登府『異文考證』引『漢費鳳別碑』, "塾而不滓." 『廷尉仲定碑』, "泥而不宰." 『校尉熊君碑』, "泥而不滓穢." 據『史記』「屈賈列傳」有云: "皭然泥而不滓者也." 『後漢書』「隗囂傳」, "賢者泥而不滓." 與三碑略同, 皆是"涅而不緇"異文. 『書』「洪範」「疏」引『荀子』, "白沙在涅, 與之俱黑." 『大戴禮』「曾子制言篇」"涅"作"泥", 是"涅"·"泥"二字通用之證. 鄭「注」云: "'我非匏瓜, 焉能繫而不食者?' 冀往仕而得祿也." 此非經旨.

역문 정의에서 말한다.

　　"불왈견호(不曰堅乎)"라고 한 구절 앞에 황간본에는 "왈(曰)" 자가 있다. "치(緇)"는 『사기』「공자세가」에 "치(淄)"로 되어 있다. 『신어』「도기」와 『논형』「문공편」과 『문선』「좌우명」의 「주」에도 "치(淄)"로 되어 있다.

완원의 『십삼경주소교감기』에 "치(淄)와 치(緇)는 옛글자에는 통용되었다. 『후한서』「후비기」에 '은총이 융성하고 잘 화합하여 마침내 기울어지고 망하는 근심[淄蠹]⁵³을 잊었다.'라고 해서 치(淄)를 검은색[緇]으로 삼았다."라고 했다. 『한주보비』의 이른바 "갈아도 얇아지지 않고, 검게 물들여도 검어지지 않는다[摩而不粼, 涅而不緇.]."라고 한 것에서, "마(摩)"는 "마(磨)"와 같고, "인(粼)"은 당연히 "인(磷)"의 가차자(假借字)이다. 『십삼경주소교감기』 및 적호의 『사서고이』와 계복의 『군경의증』과 풍등부의 『논어이문고증』에는 『한비봉별비』를 인용하면서, "진흙탕에 있어도 더러워지지 않는다.[堊而不滓.]"라고 했고, 『정위중정비』를 인용하면서 "진흙탕에 있어도 더러워지지 않는다.[泥而不宰.]"라고 했으며, 『교위웅군비』를 인용하면서, "진흙탕에 있어도 더러워지지 않는다.[泥而不滓穢.]"라고 했다. 『사기』「굴원가생열전(屈原賈生列傳)」에 "맑고 깨끗해서 진흙탕에 있어도 더러워지지 않았다.[皭然泥而不滓者也.]"라고 한 것이나, 『후한서』「외효전」에 "현자는 진흙탕에 있어도 더러워지지 않는다.[賢者泥而不滓.]"라고 한 것에 의거해 보면 세 개의 비문이 대략 같으니, 모두 "검게 물들여도 검어지지 않는다[涅而不緇]"의 다른 표현[異文]이다. 『서경』「홍범」의 「소」에 『순자』「권학편」을 인용해서, "흰모래가 진흙 속에 있으면 함께 검어진다.[白沙在涅, 與之俱黑.]" 했고, 『대대례』「증자제언」에는 "열(涅)"이 "이(泥)"로 되어 있으니, "열(涅)"과 "이(泥)" 두 글자가 통용된다는 증거이다. 정현의 「주」에 "'나는 뒤웅박이 아니니, 어찌 한곳에 매달려 있으면서 먹지 않을 수 있겠는가?'라는 말이니, 가서 벼슬하여 봉록

---

53 치두(淄蠹): 검은 좀벌레. 『후한서』 권10상, 「후비기(后妃紀)」의 「주」에 "치(淄)는 검은색[黑]이다. 두(蠹)는 나무를 갉아먹는 벌레이니, 기울고 망함[傾敗]을 비유한 것이다.[淄, 黑也. 蠹, 食木蟲, 以諭傾敗也.]"라고 했다.

을 얻기를 바란다는 것이다."라고 했는데, 이것은 경전의 취지가 아니다.

- 「注」, "'磷', 薄也; '涅', 可以染皂."
- 正義曰:『廣雅』「釋詁」, "磷, 褘也." 王氏念孫『疏證』, "「考工記·鮑人」, '雖敝不瓶.' 鄭「注」云: "'瓶', 故書或作鄰, 鄭司農云: "鄰, 讀爲磨而不磷之磷.'"磷·瓶·鄰並通." 褘, 經傳皆通作"薄".
- 「주」의 "'인(磷)'은 얇다[薄]는 뜻이고, '열(涅)'은 검은 물을 들일 수 있는 것이다."
- 정의에서 말한다.

  『광아』「석고」에 "인(磷)은 박(褘)이다."라고 했다. 왕염손의 『광아소증』에 "『주례』「동관고공기상·포인」에 '비록 해지긴 하더라도 닳지는 않는다.[雖敝不瓶.]'라고 했는데, 정현의 「주」에 "'인(瓶)"은 고서(故書)에 더러 인(鄰)으로 쓰기도 하는데, 정사농(鄭司農)이 이르길, "인(鄰)은 갈아도 얇아지지 않는다고 할 때의 인(磷)과 같은 뜻으로 읽는다." 했다.'라고 하였으니, 인(磷)과 인(瓶)과 인(鄰)은 모두 통용된다."라고 했다. "박(褘)"은 경전에서는 모두 "박(薄)"과 통용해서 쓴다.

  『方言』, "涅, 化也. 燕·朝鮮洌水之間曰涅." 『說文』, "涅, 黑土在水中也." 是涅乃黑土, 用以染物, 故『方言』以"涅"訓"化". 『漢書』「敍傳」引此文, 顏「注」, "涅, 汙泥也, 可以染皂." 以"汙泥"當黑土, 辭之誤也.

  『방언』에 "열(涅)은 화(化)이다. 연(燕)과·조선열수(朝鮮洌水)의 사이에서는 열(涅)이라고 한다."라고 했다. 『설문해자』에 열(涅)은 물속에 있는 검은흙이다.[54]라고 했으니, 열(涅)은 바로 검은색 흙으로 이것을 사용해서 물건을 염색하기 때문에, 『방언』에서 "열(涅)"을 "화(化)"의 뜻으로 새긴 것이다. 『전한서』「서전」에 이 문장을 인용했는데, 안사고의 「주」에 "열

---

54 『설문해자』 권11: 널(涅)은 물속에 있는 검은흙이다. 수(水)로 구성되었고 토(土)로 구성되었으며 일(日)이 발음을 나타낸다. 노(奴)와 결(結)의 반절음이다.[涅, 黑土在水中也. 從水從土日聲. 奴結切.]

(涅)은 더러운 진흙이니, 검은 물을 들일 수 있다."라고 했으니, "더러운 진흙[汚泥]"을 검은 흙에 해당시킨 것은 잘못된 말이다.

焦氏循『補疏』, "孔謂'可以染皁'者, 『淮南』「齊俗訓」云: '素之質白, 染之以涅則黑.'「俶眞訓」云: '今以涅染緇, 則黑於涅.' 高誘「注」云: '涅, 礬石也.'「西山經」, '女床之山, 其陰多石涅.' 郭「注」云: '卽礬石也. 楚人名爲涅石, 秦人名爲羽涅也.' 神農『本草經』, '礬石一名羽硅.' 硅卽涅也. 其可以染皁, 蓋指今之皁礬."

초순의 『논어보소』에 "공안국이 '검은 물을 들일 수 있는 것[可以染皁]'이라고 했는데, 『회남자』「제속훈」에 '명주비단의 바탕은 흰색이지만, 개흙[涅]으로 물들이면 검어진다.'라고 했고, 「숙진훈」에 '이제 열(涅)을 가지고 검은 비단을 물들이면 열보다 더 검다.'라고 했는데, 고유의 「주」에 '열(涅)은 명반석[礬石]이다.'라고 했다. 『산해경』「서산경」에 '여상산(女床山)은 그 북쪽에 석녈(石涅)이 많이 난다.'라고 했는데, 곽박(郭璞)의 「주」에 '열석은 바로 명반석[礬石]이다. 초인(楚人)은 이름을 열석(涅石)이라 하고, 진인(秦人)은 이름을 우열(羽涅)이라고 한다.'라고 했다. 신농(神農)의 『본초경』에 '명반석[礬石]의 다른 명칭은 우열(羽硅)인데.' 열(硅)은 바로 열(涅)이다. 검은 물을 들일 수 있는 것은 아마도 지금의 조반(皁礬)[55]을 가리키는 것인 듯싶다."라고 했다.

● 「注」, "匏瓠"至"一處".
● 正義曰: 『詩』「匏有苦葉」「傳」, "匏謂之瓠."『說文』, "匏, 瓠也." 一物二名. 言"匏瓜"者, "匏"亦"瓜"類也. 『詩』「傳」又云: "瓠葉苦, 不可食也." 陸璣『詩疏』謂"匏葉先甘後苦". 王氏念孫『廣雅疏證』謂, "瓠有甘苦二種, 瓠甘者葉亦甘; 瓠苦者葉亦苦. 甘者可食, 苦者不可食." 又引北方農人謂"瓠之甘者, 次年或變爲苦." 以陸氏"先甘後苦"之說爲非. 如王之言, 是此云"不可食"者, 謂匏瓜之苦者也. 「魯語」云: "苦匏不材於人, 共濟而已." 韋昭云: "材讀若裁也, '不裁於人', 言不可食也." 是也. 匏瓜以不食, 得繫滯一處.

55 조반(皁礬): 검금(黔金), 즉 녹반(綠礬), 또는 흑반(黑礬)이라고도 하는데, 검게 물들여진다. 다른 이름은 또 홍반(紅礬)·청반(靑礬)이 있다.

○ 「주」의 "포호(匏瓠)"부터 "일처(一處)"까지.

○ 정의에서 말한다.

『시경』「포유고엽」의 「전(傳)」에 "포(匏)는 뒤웅박[瓠]을 이른다."라고 했고, 『설문해자』에도 "포(匏)는 뒤웅박[瓠]이다."[56]라고 했으니, 물건은 하나인데 이름이 두 개다.

"포과(匏瓜)"

"포(匏)" 역시 오이[瓜]의 종류이다. 『시경』「포유고엽」의 「전(傳)」에는 또 "포(匏)는 잎이 써서 먹을 수 없다."라고 했다. 육기(陸璣)의 『모시초목조수충어소(毛詩草木鳥獸蟲魚疏)』의 「소」에 "포(匏)의 잎은 먼저는 단맛이 나고 뒤에는 쓴 맛이 난다"[57]고 했고, 왕염손의 『광아소증』에 "호(瓠)에는 단맛이 나는 것과 쓴맛이 나는 것 두 종류가 있는데, 호(瓠)가 단 것은 잎사귀 역시 달고, 호가 쓴 것은 잎사귀 역시 쓰다. 단 것은 먹을 수 있지만 쓴 것은 먹을 수 없다."라고 했다. 또 북방의 농민들이 하는 말을 인용해서 "호가 단 것은 다음 해에는 간혹 쓴맛으로 변하기도 한다."라고 하여 육씨의 "먼저는 단맛이 나고 뒤에는 쓴맛이 난다"라는 설을 틀렸다고 했다. 왕염손의 말대로라면 여기에서 "먹을 수 없다"라는 것은 뒤웅박[匏瓜]이 쓴 것을 말하는 것이다. 『국어』「노어」에 "고포(苦匏)는 사람에게 잘려 먹히지 않고 물을 건너는 데에만 이바지할 뿐이다.[苦匏不材於人, 共濟而已.]"라고 했는데, 위소(韋昭)의 「주」에 "재(材)는 재(裁)와 같은 뜻으로 읽어야 하니, '사람에게 잘리지 않는다[不裁於人]'라는 것은 먹을 수 없다는 말이다."라고 한 것이 그것이다. 뒤웅박은 먹지 않기 때문에 한곳에 매달려 있을 수 있는 것이다.

---

56 『설문해자』권9: 포(匏)는 뒤웅박[瓠]이다. 포(包)로 구성되었고, 과(夸)로 구성되었으며, 과(夸)가 발음을 나타낸다. 포(包)는 물건을 싸서 간직할 수 있는 뜻을 취한 것이다. 박(薄)과 교(交)의 반절음이다.[匏, 瓠也. 從包, 從夸聲. 包, 取其可包藏物也. 薄交切.]

57 『모시초목조수충어소(毛詩草木鳥獸蟲魚疏)』권상, 「포유고엽(匏有苦葉)」에는 "포(匏)의 잎은 어릴 때는 국을 끓일 수 있고, 또 물에 담가서 삶으면 매우 맛있어서 양주(揚州) 사람들이 먹었다. 8월이 되면 잎에서 쓴맛이 나기 때문에 '고엽(苦葉)'이라고 한 것이다.[匏葉, 少時可爲羹, 又可淹煮極美, 揚州人食. 至八月, 葉卽苦, 故曰'苦葉'.]"라고 해서, 『논어정의』의 내용과는 조금 다르다.

王粲『登樓賦』, "懼匏瓜之空懸, 畏井渫之不食." "空懸"卽謂懸繫也. 韋昭解「魯語」"共濟", 謂"佩匏可以渡水", 自是釋彼文宜然. 或逐援以解『論語』, 謂"繫卽繫以渡水, 則已有用於人." 於取譬之旨不合矣.

왕찬(王粲)[58]의『등루부』에 "뒤웅박이 허공에 매달려 있음이 두렵고, 우물을 청소해도 먹지 못할까 두렵네[懼匏瓜之空懸, 畏井渫之不食.]"라고 했는데, "공현(空懸)"은 바로 매달려 있다는 말이다. 위소는「노어」를 해석하면서 "공제(共濟)"란 "바가지를 차고 물을 건널 수 있다"라는 것을 이른다고 했는데, 본래 이 문장을 해석할 때는 당연히 이렇게 해야 한다. 그런데 간혹 이 해석을 끌어다가『논어』를 해석하면서 이르길, "계(繫)는 바로 매달고서 물을 건넜다면 벌써 남에게 쓰임이 있었을 것이다."라고 하는데, 비유를 취한 취지에는 부합하지 않는다.

皇「疏」又載一通云: "匏瓜, 星名也. 言人有材智, 宜佐時理務, 爲人所用, 豈得如匏瓜繫天而不可食耶?" 黃震『日鈔』云: "臨川應抑之『天文圖』有匏瓜星, 其下「注」引『論語』, 正指星而言. 蓋星有匏瓜之名, 徒繫於天而不可食. 正與'維南有箕, 不可簸揚; 維北有斗, 不可挹酒漿'同義." 今案, "匏瓜"星名, 見『史記』「天官書」, 此義亦通.

황간의「소」에는 또 하나의 통설을 실어 이르기를, "포과(匏瓜)는 별의 이름이다. 사람에게는 재주와 지혜가 있어서, 마땅히 보좌할 때 업무를 잘 처리하면 남에게 등용될 것이니, 어찌

---

58 왕찬(王粲, 177~217): 후한 말기 산양(山陽) 고평(高平) 사람. 자는 중선(仲宣). 초평(初平) 원년(190) 헌제(獻帝)가 동탁(董卓)의 강요에 못 이겨 장안(長安)으로 천도했을 때 배종(陪從)했다. 당대 제일의 학자 채옹(蔡邕)이 보고 기이하게 여겨 그가 왔다는 소식을 듣고 맨발로 달려 나가 맞았다. 사도(司徒)가 불렀지만 나가지 않았다. 얼마 후 동탁(董卓)이 암살되어 장안이 혼란에 빠지자 형주(荊州)로 몸을 피해 유표(劉表)에게 의지했다. 유표가 죽자 그의 아들 유종(劉琮)을 설득하여 조조(曹操)에게 귀순시키고 자신도 승상연(丞相椽)이 되어 관내후(關內侯)의 작위를 받았다. 군모좨주(軍謀祭酒)로 옮겼고, 위(魏)나라가 건국되자 시중(侍中)에 올랐다. 박학다식했으며 글을 잘 지었고, 시명(詩名)도 높았다. 건안칠자(建安七子)의 한 사람이자 대표적 시인으로, 표현력이 풍부하고 유려하면서도 애수에 찬 시를 남겼는데,「종군시(從軍詩)」5수와「칠애시(七哀詩)」3수,『등루부(登樓賦)』가 유명하다. 저서에『왕시중집(王侍中集)』이 있다.

포과(匏瓜)가 하늘에 매달려 있어서 먹을 수 없는 것처럼 할 수 있겠느냐는 말이다."라고 했다. 황진(黃震)의 『황씨일초』에 "임천(臨川)사람 응억지(應抑之)[59]의 『천문도』에 포과성(匏瓜星)이라는 별이 있는데, 그 아래 「주」에 『논어』를 인용했으니, 바로 별을 가리켜서 말한 것이다. 포과(匏瓜)라는 이름을 가진 별이 있는데, 단지 하늘에 매달려 있을 뿐 먹을 수 없는 것이, 참으로 '남쪽에 기성(箕星)이 있으나 쭉정이를 까불러 날리지 못하며, 북쪽에 두성(斗星)이 있으나 술과 장물을 뜨지 못한다'[60]는 것과 같은 뜻이다."라고 했다. 지금 살펴보니, "포과(匏瓜)"라는 별이름은 『사기』「천관서」에 보이는데 이 뜻 역시 통한다.

"吾自食物"者, 言吾當如可食之物, 與匏瓜異也. "當東西南北"者, 言人當志在四方也. 「檀弓」引夫子云: "今丘也, 東西南北之人也."

"나는 본래 먹을 수 있는 물건[吾自食物]"이란 나는 당연히 먹을 수 있는 물건이니 뒤웅박과는 다르다는 말이다. "동서남북 어디서든 해당된다[當東西南北]"라는 것은 사람은 마땅히 사방에 뜻을 두어야 한다는 말이다. 『예기』「단궁상」에 공자의 말을 인용하기를 "지금 나는 동서남북 어디로든 정처 없이 떠돌아다니는 사람이다."라고 했다.

17-7

子曰: "由也, 女聞六言六蔽矣乎?"【注】"六言六蔽"者, 謂下六事: 仁·知·信·直·勇·剛也. 對曰: "未也." "居, 吾語女.【注】孔曰: "子路起對, 故使還坐." 好仁不好學, 其蔽也愚; 好知不好學, 其蔽也蕩;【注】孔曰: "仁者愛物, 不知所以裁之, 則愚. '蕩', 無所適守." 好信不好學, 其蔽也賊;【注】孔曰: "父子不知, 相爲隱之輩." 好直不好學,

---

59 응억지(應抑之, ?~?): 미상(未詳).

60 『시경』「소아(小雅)·소민지십(小旻之什)·대동(大東)」.

其蔽也絞; 好勇不好學, 其蔽也亂; 好剛不好學, 其蔽也狂."

【注】孔曰: "狂'妄抵觸人."

공자가 말하였다. "유야, 너는 여섯 가지 말과 여섯 가지 폐단에 대해서 들어 봤느냐?" 【주】 "여섯 가지 말과 여섯 가지 폐단[六言六蔽]"은 아래의 여섯 가지 일, 즉 "인(仁)·지(知)·신(信)·직(直)·용(勇)·강(剛)"을 이른다. 자로가 대답했다. "아직 듣지 못했습니다." "앉거라. 내가 너에게 말해 주겠다. 【주】 공안국이 말했다. "자로가 일어나서 대답했기 때문에 도로 앉게 한 것이다." 인을 좋아하고 배우기를 좋아하지 않으면 그것에 가로막혀 어리석게 되고, 지혜로움을 좋아하고 배우기를 좋아하지 않으면 그것에 가로막혀 방탕하게 되고, 【주】 공안국이 말했다. "인자(仁者)가 남을 사랑하되 잘 헤아려 절제할 줄 모르면 어리석게 된다. '탕(蕩)'은 적당하게 지키는 바가 없다." 진실만을 말할 것을 좋아하고 배우기를 좋아하지 않으면 그것에 가로막혀 남을 해치게 되고, 【주】 공안국이 말했다. "부모와 자식 간에 서로를 위해 숨겨 줄 줄을 모르는 무리가 된다." 정직한 것을 좋아하고 배우기를 좋아하지 않으면 그것에 가로막혀 각박하게 되고, 용기를 좋아하고 배우기를 좋아하지 않으면 그것에 가로막혀 어지럽게 되고, 굳센 것을 좋아하고 배우기를 좋아하지 않으면 그것에 가로막혀 함부로 남을 저촉하게 된다." 【주】 공안국이 말했다. "'광(狂)'은 함부로 남을 저촉(抵觸)함이다."

원문 正義曰: "六言六蔽", 是古成語, 夫子以其義問子路也. 『廣雅』「釋詁」, "蔽, 障也." 『荀子』「解蔽」「注」, "蔽, 言不能通明, 滯於一隅, 如有物壅蔽

之也." <u>戴氏震</u>『孟子字義疏證』, "人之血氣心知, 本乎陰陽五行者, 性也. 如血氣資飮食以養, 其化也卽爲我之血氣, 非復所飮食之物矣. 心知之資 於問學, 其自得之也亦然. 以血氣言, 昔者弱而今者彊, 是血氣之得其養 也; 以心知言, 昔者狹小而今者廣大, 昔者闇昧而今者明察, 是心知之得其 養也. 故曰'雖愚必明.'"

역문 정의에서 말한다.

"육언육폐(六言六蔽)"는 옛 성어(成語)인데, 공자가 그 뜻을 가지고 자로 에게 질문한 것이다. 『광아』「석고」에 "폐(蔽)는 가로막는다[障]는 뜻이 다."라고 했다. 『순자』「해폐편」의 「주」에 "폐(蔽)는 밝게 통하지 못하고 한쪽 구석에 막혀 있다는 말이니, 무엇인가가 막는 것과 같은 것이다." 라고 했다. 대진의 『맹자자의소증』에 "음양오행에 근본하고 있는 사람 의 혈기(血氣)와 심지(心知)가 성(性)이다. 혈기(血氣)와 같은 경우는 음식 을 바탕으로 길러지니, 그것이 변한 것, 즉 음식의 소화가 바로 나의 혈 기가 되는 것이지, (혈기라는 것이) 다시 마시고 먹는 물건이 아닌 것이다. 묻고 배움에 있어 심지(心知)가 묻고 배움을 바탕으로 해서 스스로 터득 하는 것 또한 마찬가지다. 혈기를 가지고 말하면 옛날에는 약했다가 지 금은 강한 것은 혈기가 제대로 된 기름을 얻었기 때문이고, 심지를 가지 고 말하면 옛날에는 협소했다가 지금은 광대하고, 옛날에는 어두웠는 데, 지금은 밝고 분명한 것은 심지가 제대로 된 기름을 얻었기 때문이 다. 그러므로 '비록 어리석은 사람이라도 반드시 밝아질 것'[61]이라고 한

---

61 『중용』제20장: 남이 한 번에 잘 하면 나는 그것을 백 번이라도 하고, 남이 열 번에 잘 하면 나는 그것을 천 번이라도 할 것이다. 과연 이 방법대로 잘 행하기만 한다면 비록 어리석은 사람이라도 반드시 밝아지고, 비록 유약한 사람이라도 반드시 강해질 것이다.[人一能之, 己 百之; 人十能, 己千之. 果能此道矣, 雖愚必明, 雖柔必强.]

것이다."라고 했다.

원문 案, "六言", 皆心知之善, 而"不好學", 皆有所蔽. 故『荀子』「勸學」云: "君子博學而參省乎己, 則知明而行無過矣." 即謂學能袪蔽也. 管氏同『紀聞』, "大人之所以'言不必信'者, 惟其爲學而知義所在也. 苟好信不好學, 則惟知重然諾, 而不明事理之是非, 謹厚者則硜硜爲小人. 苟又挾以剛勇之氣, 必如周·漢刺客遊俠, 輕身殉人, 扞文網而犯公義, 自聖賢觀之, 非賊而何哉?"

역문 살펴보니, "육언(六言)"은 모두 심지의 선함인데, "배우기를 좋아하지 않음"은 모두 가로막힘이 있기 때문이다. 그러므로 『순자』「권학편」에 "군자가 배우기를 널리 하고 날마다 자기 자신을 세 번 반성하면 지혜가 밝아져 행실에 잘못이 없을 것이다."라고 했으니, 바로 배우면 가로막힘을 떨쳐 버릴 수 있다는 말이다. 관동(管同)의 『사서기문』에 "대인(大人)이 '말을 함에 반드시 진실만을 말할 것을 기필하지 않는'[62] 까닭은 오로지 그가 배움에 있어서 의(義)가 있는 곳을 알기 때문이다. 만약 진실만을 말할 것을 좋아하고 배우기를 좋아하지 않으면, 오직 승낙을 중히 여길 줄만 알고 사리의 옳고 그름을 분명하게 알지 못하니, 근후(謹厚)한 자라면 빡빡한[硜硜] 소인이 된다. 만일 또 굳세고 용맹스러운 기운을 끼고서 굳이 주나라나 한나라의 자객(刺客)이나 유협(遊俠)처럼 굴어 처신을 가벼이 하고 남을 따라 죽으며, 법[文網]을 막고 공의(公義)를 범하면, 성현의 입장에서 볼 때 도적이 아니고 무엇이겠는가?"라고 했다.

62　『논어』「자로」.

원문 案, 前篇云"直而無禮則絞", 下章云"君子有勇而無義爲亂", 與此言好 直・好勇之蔽同, 蓋禮義皆須學以成也. 皇本"由"下無"也"字, "居"上有 "曰"字.

역문 살펴보니, 앞의 「태백」에서 "정직하되 예가 없으면 어긋나고 뒤틀린 다[直而無禮則絞]"라고 하고, 아래 제20장에서 "용맹함이 있고 의로움[義] 이 없으면 난(亂)을 일으킨다"라고 한 것은 정직함을 좋아하기만 하고 용기를 좋아하기만 함이 가로막는 것과 같으니, 대체로 예와 의는 모두 반드시 배움을 통해서 완성되는 것이다. 황간본에는 "유(由)" 아래 "야 (也)" 자가 없고, "거(居)" 앞에 "왈(曰)" 자가 있다.

- 「注」, "子路起對, 故使還坐."
- 正義曰: 凡尊長問己, 己將答之, 皆起離席以申敬也. 對畢就坐: 若未畢, 尊長命之坐, 則坐.
- ○ 「주」의 "자로가 일어나서 대답했기 때문에 도로 앉게 한 것이다."
- ○ 정의에서 말한다.

  존귀한 사람이나 연장자가 자기에게 질문할 경우 자기가 대답하려 할 때는 모두 일어나 자리 에서 떨어져 공경을 펴는 것이다. 대답이 끝나면 나아가 자리에 앉으니, 만약 끝나지 않았더 라도 존장(尊)이 앉으라 명하면 앉는다.

- 「注」, "仁者"至"適守".
- 正義曰: 仁者不好學, 則不知裁度, 或至愛無差等也; 知者不好學, 多妄自用, 不能據德依仁, 故無所適守.
- ○ 「주」의 "인자(仁者)"부터 "적수(適守)"까지.
- ○ 정의에서 말한다.

  인자(仁者)가 배우기를 좋아하지 않으면 사리를 마름질해서 헤아릴 줄 알지 못하여 간혹 차 등 없는 사랑에 이르게 되고, 지자(知者)가 배우기를 좋아하지 않으면 제멋대로 행동하고,

덕과 인에 의거하지 못하는 경우가 많기 때문에 적당하게 지키는 바가 없다.

- 「注」, "狂, 妄抵觸人."
- 正義曰: 『說文』, "抵, 側擊也. 觸, 牴也." "牴"與"抵"同. 剛者性獷直, 其言行多抵觸人也.
- ○ 「주」의 "광(狂)은 함부로 남을 저촉함이다."
- ○ 정의에서 말한다.

  『설문해자』에 "지(抵)는 곁매치다[側擊]라는 뜻이다.[63] 촉(觸)은 부딪치다[牴]라는 뜻이다.[64]"라고 했으니, "저(牴)"와 "지(抵)"는 같은 글자이다. 굳센 사람은 성품이 사납고 직선적이며, 그 언행이 남을 저촉하는 경우가 많다.

17-8

子曰: "小子! 何莫學夫『詩』? 【注】包曰: "'小子', 門人也." 『詩』, 可以興, 【注】孔曰: "'興', 引譬連類." 可以觀, 【注】鄭曰: "觀風俗之盛衰." 可以群, 【注】孔曰: "群居相切磋." 可以怨. 【注】孔曰: "怨刺上政." 邇之事父, 遠之事君, 【注】孔曰: "'邇', 近也." 多識於鳥獸草木之名."

공자가 말했다. "얘들아! 어찌하여 『시』를 배우지 않느냐? 【주】

---

63 『설문해자』권12: 지(抵)는 곁매치다[側擊]라는 뜻이다. 수(手)로 구성되었고 씨(氏)가 발음을 나타낸다. 제(諸)와 씨(氏)의 반절음이나.[抵, 側擊也. 從手氏聲. 諸氏切.] 『논어징의』에는 "抵, 側擊也."라고 되어 있는데, "저(抵)"는 『설문해자』권12, 「수부(手部)」에 "저(抵)는 배척한다[擠]는 뜻이다. 수(手)로 구성되었고 저(氏)가 발음을 나타낸다. 정(丁)과 예(礼)의 반절음이다.[抵, 擠也. 從手氏聲. 丁礼切.]"라고 되어 있다.

64 『설문해자』권4: 촉(觸)은 부딪치다[牴]라는 뜻이다. 각(角)으로 구성되었고 촉(蜀)이 발음을 나타낸다. 척(尺)과 옥(玉)의 반절음이다.[觸, 牴也. 從角蜀聲. 尺玉切.]

포함이 말했다. "소자(小子)'는 문인(門人)이다." 『시』는 일으킬 수 있으며, 【주】 공안국이 말했다. "'흥(興)'은 비유를 끌어와서 같은 종류를 연결하는 것이다." 살필 수 있으며, 【주】 정현이 말했다. "풍속의 성함과 쇠함을 살핀다는 뜻이다." 무리를 지을 수 있으며, 【주】 공안국이 말했다. "여럿이 함께 어울려 지내며 서로 절차탁마한다는 뜻이다." 원망할 수 있으며, 【주】 공안국이 말했다. "윗사람의 정치를 원망하고 풍자한다는 뜻이다." 가까이는 어버이를 섬길 수 있고, 멀리는 임금을 섬길 수 있으며, 【주】 공안국이 말했다. "'이(邇)'는 가깝다는 뜻이다." 새와 짐승과 풀과 나무의 이름에 대해서 많이 알 수 있다."

원문 正義曰: 學『詩』可以事父事君者, <u>荀子</u>言"『詩』故而不切." 其依違諷諫, 不指切事情, 故言者無罪, 聞者足戒. 『詩』「序」言, "正得失, 動天地, 感鬼神, 莫近於『詩』. 先王以是經夫婦, 成孝敬, 厚人倫, 美教化, 移風俗." 明詩教有益, 故學之可事父事君也.

역문 정의에서 말한다.

『시』를 배우면 어버이를 섬기고 임금을 섬길 수 있다는 것에 대해, 순자가 말하길, "『시(詩)』는 고사만 얘기할 뿐이어서 현실에 절실하지 않다."[65]라고 했지만, 그것은 우물쭈물 망설이듯[依違] 풍간(諷諫)하니, 일의 실정을 지적함이 절실하지 않기 때문에 말하는 자가 허물함이 없어도, 듣는 자는 충분히 경계한다. 『시경』「서」에 "득실(得失)을 바루고 천지(天地)를 움직이며 귀신(鬼神)을 감동시킴은 『시경』보다 더한 것이 없다.

---

65 『순자』「권학편(勸學篇)」.

선왕(先王)은 이것으로 부부(夫婦)를 다스리고 효(孝)와 경건함을 이루며 인륜을 후하게 하고 교화를 아름답게 하며 풍속을 바꾸었다.”라고 하여, 시 교육의 유익함을 밝혔으니, 따라서 시를 배우면 어버이를 섬기고 임금을 섬길 수 있는 것이다.

원문 焦氏循『毛詩補疏』「序」, “夫『詩』溫柔敦厚者也. 不質直言之, 而比興言之, 不言理而言情, 不務勝人而務感人. 自理道之說起, 人各挾其是非以逞其血氣, 激濁揚淸, 本非謬戾, 而言不本於情性, 則聽者厭倦. 至於傾軋之不已, 而忿毒之相尋, 以同爲黨, 卽以比爲爭. 甚而假宮闈廟祀儲貳之名, 動輒千百人哭於朝門, 自鳴忠孝, 以激其君之怨, 害及其身, 禍於其國, 全失乎所以事君父之道. 余讀『明史』, 每歎『詩』教之亡, 莫此爲甚.” 案, 焦說甚通.

역문 초순의 『모시보소』「서」에 “『시』는 온유하고 돈독하며 도타운 것이다. 질박하고 정직하게 말하지 않고 비유와 은유[比興]를 말하며, 이성을 말하는 것이 아니라 감정을 말하고, 남을 이길 것을 힘쓰는 것이 아니라 남을 감동시킴을 힘쓴다. 도리를 말하는 것으로부터 일어나 사람들이 각각 그 옳고 그름을 가지고 혈기를 왕성하게 펼쳐 악을 물리치고 선을 장려하니[激濁揚淸], 근본은 그릇되고 어긋난 것이 아니지만 말이 성정(情性)에 근본하지 않으면 듣는 자가 싫어하고 지루해한다. 그러다가 끊임없이 간계를 부리고 모함하다가 독한 분노가 서로 찾는 지경에 이르면 똑같은 것들끼리 붕당을 만드는 것이 바로 아첨하고 무리 지어[66] 다투게

---

66 『논어』「위정」의 “君子周而不比; 小人比而不周.”를 유보남은 “군자는 성실하고 진실하며, 아첨하고 무리 짓지 않으며, 소인은 아첨하고 무리 지으며, 성실하거나 진실하지 못하다.”라고 해석했으므로, 여기에서 “比”를 “아첨하고 무리 짓는다”라고 해석했다.

되는 것이다. 심지어는 궁궐의 내전[宮闈]과 묘사(廟祀)와 태자[儲貳]의 명분을 빌려다가 걸핏하면 천백인(千百人)이 조문(朝門)에서 곡하고, 스스로 충효를 부르짖다가 그 군주를 내치는 원망 때문에 해가 자기 자신에게 미치고, 나라에 재앙을 끼쳐 완전히 임금과 부모를 섬기는 도리를 잃게 된다. 나는 『명사』를 읽을 때면 언제나 『시경』의 가르침이 없음이 이보다 더 심한 경우가 없음을 탄식했다."라고 하였다. 살펴보니, 초순의 말이 매우 통한다.

원문 『說文』, "鳥, 長尾禽總名也." 『爾雅』 「釋鳥」 云: "二足而羽謂之禽, 四足而毛謂之獸." 鳥 · 獸 · 草 · 木, 所以貴多識者, 人飮食之宜, 醫藥之備, 必當識別, 匪可妄施, 故知其名, 然後能知其形, 知其性. 『爾雅』於鳥 · 獸 · 草 · 木, 皆專篇釋之, 而 『神農本草』 亦詳言其性之所宜用, 可知博物之學, 儒者所甚重矣.

역문 『설문해자』에 "조(鳥)는 긴 꼬리를 가진 새의 총명이다."[67]라고 했고, 『이아』 「석조」에 "다리가 두 개에 날개가 있는 것을 금(禽)이라 하고, 다리가 넷에 털이 있는 것을 수(獸)라 한다."라고 했다. 조(鳥) · 수(獸) · 초(草) · 목(木)을 많이 아는 것을 귀하게 여기는 까닭은 사람이 음식을 마땅하게 하고 의약품을 갖춤에 있어 반드시 마땅하게 식별해야 하고 함부로 베풀어서는 안 되기 때문이니, 그 이름을 안 뒤에 그 모양을 알고 그 성질을 알 수 있다. 『이아』는 조(鳥) · 수(獸) · 초(草) · 목(木)에 대해

---

67 『설문해자』 권4: 조(鳥)는 긴 꼬리를 가진 새의 총명이다 상형(象形)이다. 새의 발이 숟가락 「匕」처럼 생겨서 비(匕)로 구성되었다. 모든 조(鳥)부에 속하는 한자는 다 조(鳥)의 뜻을 따른다. 도(都)와 요(了)의 반절음이다.[鳥, 長尾禽總名也. 象形. 鳥之足似匕, 從匕. 凡鳥之屬皆從鳥. 都了切.]

모두 한 편씩 나누어 해석했고,『신농본초경(神農本草經)』에도 그 성질의 적당한 쓰임새를 자세히 언급했으니, 박물학(博物學)이 유학자들이 대단히 중시한 것이었음을 알 수 있다.

- 「注」, "興, 引譬連類."
- 正義曰:『周官』「大師」, "敎六詩: 曰風, 曰賦, 曰比, 曰興, 曰雅, 曰頌." 「注」, "賦之言鋪, 直鋪陳今之政敎善惡; 比, 見今之失, 不敢斥言, 取比類以言之; 興, 見今之美, 嫌於媚諛, 取善事以喩勸之. 鄭司農云: '比者, 比方於物也; 興者, 託事於物.'" 案, 先鄭解比‧興就物言, 後鄭就事言, 互相足也. 賦‧比之義皆包於興, 故夫子止言興.
○ 「주」의 "흥(興)은 비유를 끌어와서 같은 종류를 연결하는 것이다."
○ 정의에서 말한다.

　『주례』「춘관종백하‧태사」, "여섯 가지 시 형식을 가르치는데, 풍(風)‧부(賦)‧비(比)‧흥(興)‧아(雅)‧송(頌)이다."라고 했는데 「주」에 "부(賦)라는 말은 늘어놓는다[鋪는 뜻이니, 현재 정치와 교화의 선악을 직접적으로 늘어놓고 진술한다는 뜻이고, 비(比)는 지금의 잘못을 보더라도 감히 물리쳐서 말하지 않고 종류를 비유하는 형식을 취해서 말하는 것이며, 흥(興)은 현재의 훌륭함을 보더라도, 아첨을 혐의해서 선한 일을 취하여 권유하는 것이다. 정사농이 이르길, '비(比)란 사물에 견주는 것이고, 흥(興)이란 사물에 일을 의탁하는 것이다.'라고 했다."라고 하였다. 살펴보니, 선정(先鄭: 정사농)은 비(比)와 흥(興)을 풀이하면서 사물의 입장에서 말하였고, 후정(後鄭: 정현)은 일의 입장에서 말했지만 서로 간에 바꿔 설명하기에 충분하다. 부(賦)와 비(比)의 뜻은 모두 흥에 포함되기 때문에 공자는 단지 흥(興)만을 말한 것이다.

　『毛詩』「傳」言興百十有六, 而不及賦‧比, 亦此意也. 此「注」言"引譬"者, 謂譬喩於物也. 「學記」云: "不學博依, 不能安詩." 「注」, "'博依', 廣譬喩也." 卽此"引譬"之義也. 言"連類"者, 意中兼有賦‧比也.
　『모시』의 「전」에서 흥(興)을 116차례나 언급하면서 부(賦)와 비(比)를 언급하지 않은 것 역시 이 뜻이다. 여기의 「주」에서 "비유를 끌어와서[引譬]"라고 한 것은 사물에 비유했다는 말이다. 『예기』「학기」에 "사물의 이치를 널리 구하는 것을 배우지 않으면 시(詩)를 편안히 여기지 못한다.[不學博依, 不能安詩.]"라고 했는데, 「주」에 "'박의(博依)'는 널리 비유한다[廣譬喻]는 뜻이다."라고 했으니, 바로 여기에서 말한 "비유를 끌어온다[引譬]"라는 뜻이다. "종류를 연결한다[連類]"라고 말한 것은, 그 가운데 부(賦)와 비(比)를 겸하고 있음을 의미하는 것이다.

- 「注」, "觀風俗之盛衰."
- 正義曰: 謂學『詩』可論世也. 『詩』「序」云: "治世之音安以樂, 其政和; 亂世之音怨以怒, 其政乖; 亡國之音哀以思, 其民困." 世治亂不同, 音亦隨異, 故學『詩』可以觀風俗而知其盛衰. 若<u>吳季劄觀樂</u>, 最箸也.
○ 「주」의 "풍속의 성함과 쇠함을 본다는 뜻이다."
○ 정의에서 말한다.

『시경』을 배우면 세상을 논할 수 있다는 말이다. 『시경』「서」에 "치세(治世)의 음악은 편안하고 즐거우니 그 정치가 화평하고, 난세(亂世)의 음악을 원망하고 노여워하니 그 정치가 어그러지며, 망국(亡國)의 음악은 애처롭고 그리워하니 그 백성이 곤궁하다."라고 했는데, 세상의 치란(治亂)이 같지 않고 음악 역시 따라서 달라지기 때문에 『시경』을 배우면 풍속을 보고 그 성쇠를 알 수 있다. 오나라의 계찰(季劄)[68]이 음악을 보고 살핀 것이 가장 두드러진

---

68 계찰(季劄, ?~?): 춘추시대 오나라 공자(公子) 계찰(季札)을 이른다. 태백(太伯)이 오나라를 세운 후 14대 군주가 수몽(壽夢)인데, 오왕(吳王) 수몽(壽夢)의 4 아들 중 막내가 계찰이다. 공자 찰(公子札) 또는 연릉(延陵)에 봉해져 연릉계자(延陵季子)라고도 한다. 계찰(季劄)이라고도 쓴다. 나중에 또 주래(州來)에 봉해져 연주래계자(延州來季子)라고도 한다. 아버지 수몽이 왕으로 세우려고 했지만 고사했다. 형 제번(諸樊)이 양보하려고 하자 또 사양했다. 제번이 죽자 그 형 어제(餘祭)가 왕위에 올랐다. 어제가 죽은 뒤 이매(夷昧)가 올랐다. 이매가 죽자 나라를 주려고 하니 피하여 받지 않아 이매의 아들 요(僚)가 즉위했다. 공자 광(公子光)이 전제(專諸)를 시켜 요를 살해하고 스스로 왕위에 오르니, 이가 바로 합려(闔閭)다. 계찰이 비록 복종했지만 요의 무덤에 가서 곡을 했다. 현명하고 해박했으며, 여러 차례 중원(中原)의 제후들을 찾아 질문했는데, 안영(晏嬰), 자산(子産), 숙향(叔向) 등과 회견했다. 노

다.[69]

- 「注」, "群居相切磋."
- 正義曰: 焦氏循『補疏』, "案詩之教, 溫柔敦厚, 學之則輕薄嫉忌之習消, 故可以群居相切磋."
- ○「주」의 "여럿이 함께 어울려 지내며 서로 절차탁마한다는 뜻이다."
- ○ 정의에서 말한다.

  초순의 『논어보소』에 "시의 가르침을 살펴보니, 온유하고 돈독하며 도타워서 이것을 배우면 경박한 시기와 질투가 사라지기 때문에 여럿이 함께 어울려 지내며 서로 절차탁마할 수 있는 것이다."라고 했다.

- 「注」, "怨刺上政."
- 正義曰: 鄭「注」云: "怨謂刺上政." 此僞孔所本. 『廣雅』「釋詁」, "譏諫, 怨也." 諫・刺同. 凡君親有過, 諫之不從, 不能無怨, 孟子所謂"親親之義"也. 然必知比・興之道, 引譬連類而不傷於徑直, 故言易入而過可改也.
- ○「주」의 "윗사람의 정치를 원망하고 풍자한다는 뜻이다."
- ○ 정의에서 말한다.

  정현의 「주」에 "원(怨)은 윗사람의 정치를 풍자한다는 말이다."라고 했는데, 이것을 위공이 근거로 한 것이다. 『광아』「석고」에 "기간(譏諫)은 원망함[怨]이다."라고 했으니, 간(諫)과 자(刺)는 같은 뜻이다. 무릇 임금과 어버이가 허물이 있을 때 간언해도 듣지 않아 원망이 없을 수 없는 것은 맹자의 이른바 "어버이를 친애하는 도리"인 것이다.[70] 그러나 반드시 비(比)와

(魯)나라에 가서 주악(周樂)을 관람했다. 서(徐)나라를 지났는데, 서나라의 임금이 그가 차고 있던 칼을 좋아했지만 여러 나라를 다니고 있는 중이라 미처 주지 못했다. 나중에 돌아와 보니 서나라 임금이 이미 죽어 그의 무덤 앞 나무에 칼을 걸어놓고 떠났다. 음악에도 조예가 깊어 연주만 듣고도 어느 나라의 음악인지 알 정도였다고 한다.

69 계찰(季札)의 음악에 대한 평은 이미 앞에서 여러 번 언급되었다.

70 『맹자』「고자하」: 공손추(公孫丑)가 물었다. "제나라 사람 고자(高子)가 말하기를, '『시경』「소반(小弁)」의 시는 소인의 시이다.'라고 하였습니다." 맹자가 말했다. "무엇을 가지고 그

흥(興)의 도리를 알아야 비유를 끌어와서 같은 종류를 연결함에 곧고 정직함을 해치지 않기 때문에 쉽게 이입이 되어 허물을 고칠 수 있다고 말한 것이다.

謂伯魚曰: "女爲「周南」·「召南」矣乎? 人而不爲「周南」· 「召南」, 其猶正牆面而立也與."【注】馬曰: "「周南」·「召南」, 「國風」 之始. 樂得淑女, 以配君子. 三綱之首, 王敎之端, 故人而不爲, 如向牆而立."

공자가 백어에게 일러 말하였다. "너는 「주남」과 「소남」을 배웠 느냐? 사람으로서 「주남」과 「소남」을 배우지 않으면 바로 담장 을 맞닥뜨린 채 서 있는 것과 같을 것이다."【주】마융이 말했다. "「주

렇게 말하는가?" "원망했기 때문입니다." "고루(固陋)하구나, 고자의 시를 해석함이여! 여기 에 사람이 있는데, 그와 아무 상관이 없는 월(越)나라 사람이 활을 당겨 사람을 쏘려 하면 웃 으면서 타이르는 것은 다름이 아니라 그 사람이 소원하기 때문이고, 자기 형이 활을 당겨 사람 을 쏘려 하면 눈물을 흘리며 타이르는 것은 다름이 아니라 그가 친척이기 때문이네. 「소 반」의 원망은 어버이를 친애하는 마음에서 나온 것이다. 어버이를 친애하는 것은 인(仁)이 다. 고루하구나, 고자의 시를 해석함이여!" "『시경』「개풍(凱風)」 시에서는 어찌하여 원망하 지 않았습니까?" "「개풍」 시는 어버이의 과실이 적은 경우이고, 「소반」 시는 어버이의 과실 이 큰 경우이다. 어버이의 과실이 큰데도 원망하지 않는다면 이는 더욱 소원해지게 하고, 어 버이의 과실이 적은데도 원망한다면 이는 부모로 하여금 자식을 건드릴 수 없게 하는 것이 니, 더욱 소원해지게 하는 것도 불효(不孝)요, 건드릴 수 없게 하는 것도 불효이다."[公孫丑 問曰: "高子曰: '「小弁」小人之詩也." 孟子曰: "何以言之?" 曰: "怨." 曰: "固哉, 高叟之爲詩也! 有人於此, 越人關弓而射之, 則己談笑而道之, 無他. 疏之也. 其兄關弓而射之, 則己垂涕泣而 道之, 無他. 戚之也. 「小弁」之怨, 親親也, 親親, 仁也, 固矣夫. 高叟之爲詩也!" 曰: "「凱風」何 以不怨?" 曰: "「凱風」親之過小者也; 「小弁」親之過大者也, 親之過 大而不怨, 是愈疏也, 親之 過 小而怨, 是不可磯也, 愈疏不孝也; 不可磯, 亦不孝也."]

원문 正義曰: 皇本“召”作“邵”.「周南」·「召南」者, 謂周公·召公分郊所得南國之詩也. 不主一國, 故總繫焉.「二南」之詩, 用於鄕人, 用於邦國, 當時鄕樂未廢, 故夫子令伯魚習之. 依其義說, 以循行之, 故稱“爲”也. 竊又意「二南」皆言夫婦之道爲王化之始. 故君子反身必先修諸己, 而後可刑於寡妻, 至於兄弟, 以御于家邦.『漢書』「匡衡傳」謂“室家之道修, 則天下之理得.” 卽此義也. 時或伯魚授室, 故夫子特擧「二南」以訓之與.

역문 정의에서 말한다.

황간본에는 “소(召)”가 “소(邵)”로 되어 있다. “「주남」”·“「소남」”이란 주공과 소공이 섬주(陝州)를 나눌 때[分郊]71 얻은 남국(南國)의 시를 말한다. 한 국가만을 위주로 한 것이 아니기 때문에 총괄해서 거기에 달아 놓은 것이다. 「이남」의 시는, 향인(鄕人)에게서 사용되고, 방국(邦國)에서 사용되었으니, 당시에는 향악이 아직 폐지되지 않았기 때문에 공자가 백어로 하여금 익히도록 한 것이다. 도의를 근거로 말하여 순리적으로 실천[行]하기 때문에 “위(爲)”라고 일컬은 것이다. 가만히 또 생각해 보니 「이남」은 모두 부부의 도리를 말하여 왕자(王者)의 교화의 시작으로 삼았다. 그러므로 군자는 자기 자신을 돌이켜 보아 반드시 먼저 자기를 수양하고, 그런 뒤에 아내에게 모범이 되어 형제에까지 그 덕이 미쳐

---

71 『별아(別雅)』권3에 “분겹(分郊)은 분섬(分陝)이다.[分郊, 分陝也.]”라고 했다. 분섬(分陝)은 주나라 때에 섬주(陝州)를 중심으로 동쪽은 주공이 맡고, 서쪽은 소공이 맡은 것을 말한다.

집안과 나라를 거느릴 수 있는 것이다. 『전한서』「광형전」에 "가정[室家]의 도가 닦이면 천하의 이치가 얻어진다"라고 했는데, 바로 이 뜻이다. 당시에 어쩌면 백어가 아내를 맞이했기 때문에 공자가 특별히 「이남」을 들어서 가르친 것인 듯싶다.

- 「注」, "周南"至"而立".
- 正義曰:「二南」亦是「國風」, 以列在前, 故言 "「國風」之始". 淑女謂<u>大姒</u>; 君子謂文王也.「關雎」「序」云: "「周南」·「召南」, 正始之道, 王化之基, 是以「關雎」樂得淑女以配君子." 「注」言此者, 見「二南」多言德化之所及, 其致治之本則在「關雎」, 故擧 "淑女配君子" 以爲言也.
- ○「주」의 "주남(周南)"부터 "이립(而立)"까지.
- ○ 정의에서 말한다.

「이남」역시「국풍」인데 앞에 배열했기 때문에 "「국풍」의 시작"이라고 한 것이다. 숙녀(淑女)는 태사(大姒)를 이르고 군자(君子)는 문왕을 이른다.「관저」의「서」에 "「주남」과「소남」은 시작을 바루는 도(道)이고 왕자의 교화의 기본이다. 그러므로「관저」는 숙녀를 얻어 군자에 짝함을 즐거워하였다."라고 했는데,「주」에서 이것을 말한 것은,「이남」에 덕화(德化)가 미친 바를 언급한 것이 많고, 그 다스림을 이룬 근본이「관저」에 있음을 보았기 때문에 "숙녀를 얻어 군자에 짝함"을 들어 말한 것이다.

"三綱"者, 謂君臣·父子·夫婦也. 『後漢』「荀爽傳」, "臣聞有夫婦然後有父子, 有父子然後有君臣, 有君臣然後有上下, 有上下然後有禮義. 禮義備, 則人知所厝矣. 夫婦, 人倫之始, 王化之端, 故文王作『易』, 上經首「乾」·「坤」, 下經首「咸」·「恒」." 『毛詩』「關雎」「傳」亦云: "夫婦有別則父子親, 父子親則君臣敬, 君臣敬則朝廷正, 朝廷正則王化成." 是夫婦爲三綱之首, 王敎之端也.

"삼강(三綱)"이란 군신(君臣)·부자(父子)·부부(夫婦)를 이른다. 『후한서』「순상전」에 "신은 듣자오니 부부가 있은 뒤에 부모와 자식이 있고, 부모와 자식이 있은 뒤에 임금과 신하가 있으며, 임금과 신하가 있은 뒤에 위와 아래가 있고, 위와 아래가 있은 뒤에 예와 의가 있으니, 예와 의가 갖추어지면 인민들이 몸둘 바를 안다고 했습니다. 부부는 인륜의 시작이며 왕화(王化)의 단초이기 때문에 문왕께서 『역』을 지으심에 상경(上經)의 첫머리를 「건」과 「곤」으로 하신 것이며 하경(下經)의 첫머리를 「함」과 「항」으로 하셨던 것입니다.”라고 했고, 『모시』「관저」의 「전」에도 “부부가 분별이 있으면 부모와 자식이 친애하고, 부모와 자식이 친애하면 임금과 신하가 공경하며, 임금과 신하가 공경하면 조정이 안정되고, 조정이 안정되면 왕화(王化)가 이루어진다.”라고 했으니, 부부는 삼강의 첫머리가 되는 것이며, 왕교(王教)의 단초가 되는 것이다.

“向牆而立”者, 訓“正”爲“向”, 與“正南面”之“正”同, 向牆面之而立, 言不可行也. 孟子謂“身不行道, 不行於妻子.” 『漢』「匡衡傳」謂“福之興莫不本乎室家, 道之衰莫不始乎梱內.” 竝此意.

“담장을 맞닥뜨린 채 서 있다[向牆而立]”

“정(正)”을 “향(向)”이라고 뜻을 새긴 것은 “정남면(正南面)”이라고 할 때의 “정(正)”과 같으니, 담장을 향해 맞닥뜨린 채 서 있다는 것은 갈 수 없다는 말이다. 맹자가 이르길, “자신이 도(道)를 행하지 않으면 처자식에게조차 도가 행해지지 않는다.”[72]라고 했고 『전한서』「광형전」에 “복이 일어나는 것은 가정에 근본을 두지 않음이 없고, 도가 쇠하는 것은 문지방 안에서 시작하지 않음이 없다.”라고 했는데 모두 이러한 의미이다.

17-9

子曰: “‘禮’云‘禮’云, ‘玉帛’云乎哉? 【注】鄭曰: “‘玉’, 圭璋之屬; ‘帛’, 束帛之屬. 言禮非但崇此玉帛而已, 所貴者, 乃貴其安上治民.” ‘樂’云‘樂’云, ‘鐘鼓’云乎哉?” 【注】馬曰: “樂之所貴者, 移風易俗, 非謂鐘鼓而已.”

---

72 『맹자』「진심하」.

공자가 말했다. "'예이다'라고 하고, '예이다'라고들 하는데, '옥이다, 비단이다'라고 하는 것이겠는가? 【주】 정현이 말했다. "'옥(玉)'은 규장(圭璋) 따위이고, '백(帛)'은 속백(束帛) 따위이다. 예는 단지 이 옥이나 비단만을 숭상할 뿐만이 아니고, 귀하게 여기는 것은 바로 그 예가 윗사람을 편안하게 하고 백성을 다스림을 귀하게 여긴다는 말이다." '음악이다'라고 하고, '음악이다'라고들 하는데, '종이다, 북이다'라고 하는 것이겠는가?"【주】 마융이 말했다. "음악을 귀하게 여기는 까닭은 풍속을 바꾸기 때문이지, 종이나 북을 이르는 것뿐만이 아니다."

원문 正義曰:『說文』, "鐘, 樂鐘也, 秋分之音, 萬物種成."『白虎通』「五行篇」, "鐘者, 動也, 言陽氣於黃泉之下動養萬物也." 皇本"鐘"作"鍾". 鍾者, 酒器. 經傳二文多通用.『荀子』「大略篇」, "「聘禮」志曰: '幣厚則傷德, 財侈則殄禮.' '禮'云'禮'云, '玉帛'云乎哉?" 是言禮不重玉帛也.

역문 정의에서 말한다.

『설문해자』에 "종(鐘)은 악기로 쓰이는 종[樂鐘]이니, 추분(秋分)의 소리이고 만물이 늦벼처럼 이루어진다는 뜻이다."[73]『백호통의』「오행」에 "종(鐘)이란 움직인다[動]는 뜻이니, 양의 기운이 황천 아래서 움직여 만물을 기른다는 말이다."라고 했다. 황간본에는 "종(鐘)"이 "종(鍾)"으로 되어 있다. 종(鍾)이란 술그릇[酒器]이다. 경전에서는 두 글자가 통용되는

---

73 『설문해자』 권14: 종(鐘)은 악기로 사용하는 종[樂鐘]이다. 추분(秋分)의 소리이니, 만물이 늦벼처럼 이루어진다는 뜻이다. 금(金)으로 구성되었고 동(童)이 발음을 나타낸다. 옛날에 수(垂)가 종(鐘)을 만들었다. 종(鋪)은 종(鐘)의 혹체자인데 용(甬)으로 구성되었다. 직(職)과 용(茸)의 반절음이다.[鐘, 樂鐘也. 秋分之音, 物種成. 從金童聲. 古者垂作鐘. 鋪, 鐘或從甬. 職茸切.]

경우가 많다. 『순자』「대략편」에 "『의례』「빙례」의 기록에 '폐백이 후하면 덕을 손상시키고, 재물이 많으면 예를 없애 버린다.'라고 했다. '예이다'라고 하고, '예이다'라고 하는데, '옥이다, 비단이다'라고 하는 것이겠는가?"라고 했는데, 이는 예는 옥이나 비단을 중히 여기지 않음을 말한 것이다.

원문 『漢書』「禮樂志」, "樂以治內而爲同, 禮以修外而爲異. 同則和親, 異則畏敬. 畏敬之意難見, 則著之於享獻辭受, 登降跪拜. 和親之說難形, 則發之於詩歌詠言, 鐘石筦弦. 蓋嘉其敬意而不及其財賄, 美其歡心而不流其聲音. 故孔子曰: '"禮"云"禮"云, "玉帛"云乎哉? "樂"云"樂"云, "鐘鼓"云乎哉?' 此禮樂之本也." 案, 此謂敬爲禮本, 和爲樂本也.

역문 『전한서』「예악지」에 "음악을 가지고 안을 다스려 똑같게 하고, 예로써 밖을 닦아 다르게 한다. 똑같으면 화친(和親)하고 다르면 외경(畏敬)한다. 외경의 뜻은 보기 어려우니, 제향을 올리거나 사양하거나 받아들일 때, 섬돌을 오르내리거나 무릎 꿇고 절하는 데서 드러난다. 화친(和親)의 설명은 형용하기 어려우니, 시나 노래를 읊조리거나 말할 때, 편종(編鐘)이나 편경(編磬), 피리[筦]나 현악기로 연주할 때 드러난다. 대체로 그 공경하는 뜻을 가상히 여기면서도 그 재물에는 미치지 않고, 기쁜 마음을 찬미하면서도 성음(聲音)으로 흐르지 않는다. 그러므로 공자가 말하길, '"예이다"라고 하고, "예이다"라고 하는데 "옥이다, 비단이다"라고 하는 것이겠는가? "음악이다"라고 하고 "음악이다"라고 하는데, "종이다, 북이다"라고 하는 것이겠는가?'라고 했으니, 이것이 예와 음악의 근본인 것이다."라고 했다. 살펴보니, 이것은 경(敬)이 예의 근본이 되고 화(和)가 음악의 근본이 됨을 말한 것이다.

원문 『禮記』「仲尼燕居」云: "師! 爾以爲必鋪几筵, 升降酌獻酬酢, 然後謂之
禮乎? 爾以爲必行綴兆·興羽籥·作鐘鼓, 然後謂之樂乎? 言而履之, 禮也;
行而樂之, 樂也." 亦與此章義相發. 皇「疏」引繆播曰: "玉帛, 禮之用, 非禮
之本. 鐘鼓者, 樂之器, 非樂之主. 假玉帛以達禮, 禮達則玉帛可忘; 借鐘
鼓以顯樂, 樂顯則鐘鼓可遺. 以禮假玉帛於求禮, 非深乎禮者也; 以樂託鍾
鼓於求樂, 非通乎樂者也."

역문 『예기』「중니연거」에 "사(師)야! 너는 반드시 안석과 대자리를 펴고,
오르내리며 잔에 술을 부어 올리고, 술잔을 서로 주고받은 뒤라야 그것
을 예라 이른다고 생각하느냐? 너는 반드시 졸조(綴兆)[74]를 행하고 우약
(羽籥)[75]을 일으키고 종과 북을 연주한 뒤에 그것을 음악이라 이른다고
생각하느냐? 말을 하면서 그것을 실천하는 것이 예이고, 실천하면서 즐
거워하는 것이 음악이다."라고 했으니, 역시 이 장과 뜻이 서로 발명된
다. 황간의 「소」에는 무파(繆播)가 "옥과 비단은 예의 쓰임이지 예의 근
본이 아니다. 종과 북은 음악의 기구이지 음악의 주(主)가 아니다. 옥과

---

74 철조(綴兆): 악인(樂人)의 행렬(行列) 또는 악무(樂舞)의 위치. 『예기』「악기(樂記)」에, "몸
    을 구부리고 펴는 자태와 빠르고 느리게 진퇴하는 동작은 악무의 모습이다.[屈伸俯仰, 綴兆
    舒疾, 樂之文也.]"라고 하였는데, 진호(陳澔)의 「주」에 "철은 춤추는 사람의 행렬 위치가 서
    로 연결되어 있는 것이고, 조는 그 행렬의 위치 바깥의 영역이다.[綴, 舞者行位, 相連綴也.
    兆, 其外之營兆也.]"라고 했다. "철(綴)"은 『예기집설대전(禮記集說大全)』에 음이 졸(拙)로
    되어 있다.

75 우약(羽籥): 옛날 제사나 향연(饗宴) 때 사용하던 무구(舞具)이다. 우(羽)는 꿩의 깃털로 만
    들었고, 약(籥)은 관악기이다. 약에는 취약(吹籥)과 무약(舞籥)이 있는데, 취약은 피리 비슷
    한 악기로 짧고 작으며 구멍이 세 개이고, 무약은 길쭉하며 구멍이 여섯 개이고 춤출 때 손
    에 쥔다. 참고로 『시경』「국풍·패(邶)·간혜(簡兮)」에 "왼손에는 피리를 쥐고, 오른손에는
    꿩 깃을 잡고서 춤을 춘다.[左手執籥, 右手秉翟.]"라고 하였고, 『수서(隋書)』「음악지하(音樂
    志下)」에 "지금 문무는 우약을 쥐고, 무무는 간척을 잡는다.[今文舞執羽籥, 武舞執干戚.]"라
    고 하였다.

비단을 빌려 예를 달성하는 것이니, 예가 달성되면 옥과 비단은 잊을 수 있고, 종과 북을 빌려 음악을 드러내는 것이니, 음악이 드러나면 종과 북은 버릴 수 있다. 예를 추구함에 있어 예 때문에 옥과 비단을 빌리는 것은 예를 깊이 달성한 것이 아니고, 음악을 추구함에 있어 음악 때문에 종과 북에 의탁하는 것은 음악을 통달한 것이 아니다."라고 한 말을 인용했다.

- 「注」, "玉圭"至"治民".

- 正義曰:『周官』「典瑞」云: "珠圭·璋·璧·琮以頫聘." 圭以聘君, 璋以聘夫人, 璧·琮以享, 皆瑞玉也. 「注」偏擧"圭璋", 故云"屬"以兼之. 『說文』, "帛, 繪也." 鄭注『尙書』云: "帛, 所以 薦玉也." 「聘禮」, "釋幣制玄纁束." 「注」云: "凡物十日束. 玄纁之率, 玄居三, 纁居二. 『朝貢 禮』云: '制丈八尺.'" 「疏」云: "制謂舒之長短,『雜記』云: '納幣一束, 束五兩, 兩五尋, 然則每 卷二丈.' 若作制幣者, 每卷丈八尺爲制, 合卷爲匹也."

○ 「주」의 "옥규(玉圭)"부터 "치민(治民)"까지.

○ 정의에서 말한다.

『주례』「춘관종백상·전서」에 "규(圭)와 장(璋)과 벽(璧)과 종(琮)을 아로새겨 이것으로 조 빙[頫聘][76]을 한다."라고 했는데, 규(圭)를 가지고 군주를 빙문하고, 장(璋)을 가지고 부인(夫 人)을 빙문하며, 벽(璧)과 종(琮)으로써 연향을 하니, 모두 서옥(瑞玉)이다. 「주」에서 "규 (圭)와 장(璋)" 한쪽만 거론했기 때문에 "따위[屬]"라고 해서 아우른 것이다. 『설문해자』에 "백(帛)은 명주비단[繪]이다."[77]라고 했고, 정현은 『상서』를 주석하면서 "백(帛)은 옥을 올리

---

76 『주례(周禮)』「춘관종백상(春官宗伯上)·전서(典瑞)」에 "頫聘"으로 되어 있으나, 조선(朝 鮮) 김장생(金長生)의 『사계전서(沙溪全書)』 권16, 「경서변의(經書辨疑)·예기(禮記)」에 "'조빙(頫聘)'의 '조(頫)' 자는 '조(覜)' 자로 써야 한다.[頫聘之頫, 當作覜.]"라고 했다.

77 『설문해자』 권7: 백(帛)은 명주비단[繒]이다. 건(巾)으로 구성되었고 백(白)이 발음을 나타 낸다. 모든 백(帛)부에 속하는 한자는 다 백(帛)의 뜻을 따른다. 빙(旁)과 맥(陌)의 반절음이

기 위한 것이다."라고 했다.『의례』「빙례」에 "축(祝)이 폐백을 진열하는데, 검은색과 분홍색 비단 묶음을 마름질한다[釋幣制玄纁束.]"라고 했는데,「주」에 "모든 물건의 10단위를 속(束)이라고 한다. 검은색 비단과 분홍색 비단의 비율은 검은색 비단이 3, 분홍색 비단이 2이다.『조공례』에 '여덟 자의 길이로 마름질한다.' 했다."라고 하였고,「소」에 "제(制)는 길고 짧게 폄을 이른다.『예기』「잡기」에 '납폐는 1속(束)인데, 1속은 5량(兩)이고, 1량의 길이는 5심(尋)이니, 그렇다면 매 권(卷)마다 2장(丈)이다'라고 했다. 폐백을 마름질하는 것으로 말할 것 같으면 매 권(卷)마다 한 장 여덟 척[丈八尺]이 1제(制)가 되니, 권을 합한 것이 1필(匹)이 된다."라고 했다.

胡氏培翬『正義』謂, "「雜記」是言昏禮納徵, 束帛用二丈, 取成數, 其他禮幣皆以一丈八尺爲節也." 案, 帛亦言"屬"者, 據「聘禮」束帛之外, 又有錦紡, 鄭此「注」意兼有之也.『孝經』「廣要道章」, "安上治民, 莫善於禮." 此鄭所本.

호배휘의『의례정의』에 "「잡기」는 혼례에서 신부의 집에 폐백을 보내는 것[納徵]을 말한 것인데, 속백(束帛)으로는 2장(丈)을 사용하니, 성수(成數)를 취한 것이고, 그 외의 예폐(禮幣)는 모두 한 장 여덟 재[一丈八尺]를 절도로 삼는다."라고 했다. 살펴보니, 비단[帛] 역시 "따위[屬]"라고 말한 것은 「빙례」에 의거해 보면 속백(束帛) 외에 또 금방(錦紡)이 있으므로, 정현의 이「주」에서 의도적으로 그것을 겸한 것이다.『효경』「광요도」에 "윗사람을 편안하게 하고 백성을 다스림은 예보다 더 좋은 것이 없다."라고 했는데, 이것을 정현이 근거로 한 것이다.

- 「注」, "樂之"至"而已".
- 正義曰:『孝經』云: "移風易俗, 莫善於樂." 亦馬所本. 鄭「注」云: "言樂不但崇此鐘鼓而已, 所貴者, 貴其移風易俗也." 與馬略同.
- 「주」의 "악지(樂之)"부터 "이이(而已)"까지.
- 정의에서 말한다.

다.[帛, 繒也. 從巾白聲. 凡帛之屬皆從帛. 旁陌切.]

『효경』에 "풍속을 바꾸는 것은 음악보다 더 좋은 것이 없다."라고 했는데, 역시 마융이 이것을 근거로 한 것이다. 정현의 「주」에 "음악은 다만 이 종과 북을 숭상할 뿐만 아니고, 귀하게 여기는 것은 그 풍속을 바꾸는 것을 귀하게 여긴다는 말이다."라고 했는데, 마융과 대략 같다.

17-10

子曰: "色厲而內荏,【注】孔曰: "'荏', 柔也, 謂外自矜厲而內柔佞." 譬諸小人, 其猶穿窬之盜也與?"【注】孔曰: "爲人如此, 猶小人之有盜心. '穿', 穿壁. '窬', 窬牆."

공자가 말했다. "얼굴빛은 엄격하면서 마음이 나약한 것을,【주】공안국이 말했다. "'임(荏)'은 나약함이니, 겉으로는 스스로 씩씩하고 엄격하지만 마음이 나약해서 남에게 아첨함을 이른다." 소인에게 비유하면, 벽을 뚫고 들어가는 도둑과 같을 것이다."【주】공안국이 말했다. "사람됨이 이와 같다면 도둑의 심보를 가진 소인과 같다. '천(穿)'은 벽을 뚫는다는 뜻이고, '유(窬)'는 담을 넘는다는 뜻이다."

원문 正義曰: 『說苑』「修文篇」, "顓孫子莫曰: '去爾外厲.' 曾子曰: '外厲者必內折.'" "內折"與"內荏"同義. 『釋文』, "穿踰, 本又作窬." 此誤依孔義改經文作踰, 陸所見本已然也.

역문 정의에서 말한다.

『설원』「수문」에 "전손자막(顓孫子莫)이 말하길, '너의 외면에 나타나

는 엄격함을 버려라.'라고 하자, 증자가 말길 '외면이 엄격한 사람은 반
드시 마음이 잘 꺾인다.'라고 했다."라고 했는데, "마음이 꺾임[內折]"은
"마음이 나약함[內荏]"과 같은 뜻이다. 『경전석문』에 "천유(穿踰)는 판본
에 따라 또 유(窬)로 되어 있다."라고 했는데, 이는 공안국의 뜻에 잘못
의거해서 경(經)의 글자를 유(踰)로 고친 것이니, 육덕명(陸德明)이 본 판
본이 이미 그러했던 것이다.

원문 先伯父五河君『經義說略』, "「儒行」, '篳門圭窬.' 鄭「注」, '圭窬, 門旁窬
也, 穿牆爲之.' 『釋文』, '圭窬, 『說文』云: "穿木戶也." 郭璞『三蒼解詁』
云: "門旁小窬也."' 此則鄭本作竇, 陸本作窬. 『玉篇』引『禮記』及『左傳』
竝作圭窬, 今『左傳』亦作'圭竇', 是知窬與竇通. 『說文』, '竇, 空也.' 窬下
曰: '一曰空中也.' 窬是穿木戶, 亦取空中之義. 故凡物之取於空中者, 皆
得爲窬. 『淮南』「泛論訓」, '古者爲窬木方版以爲舟航.' 高誘曰'窬, 空也.'
是也. 窬與廞同. 孟康『漢書』「注」曰'東南謂鑿木空中如曹曰廞'是也. 此穿
窬猶言穿戶, 與踰牆之踰不同. 『孟子』'穿窬'亦此解."

역문 돌아가신 백부(伯父) 오하군(五河君)의 『경의설략』에 "『예기』「유행」에
'보잘것없는 초라한 집[篳門圭窬].'이라고 했는데, 정현의 「주」에 '규두(圭
窬)는 대문 옆의 작은 문[窬]이니, 담장을 뚫어서 만든 것이다.'라고 했다.
『경전석문』에 '규유(圭窬)에서 『설문해자』에 "유(窬)는 나무를 뚫어서
만든 지게문[穿木戶]이다."[78]라고 했고, 곽박의 『삼창해고』에 "대문 옆의
작은 협문이다."라고 했다.'[79]고 했는데, 이것이 정현본에는 두(竇)로 되

---

78 『설문해자』 권7: 유(窬)는 나무를 뚫어서 만든 지게문[穿木戶]이다. 혈(穴)로 구성되었고 유
(俞)가 발음을 나타낸다. 일설에는 가운데가 텅 빈 것[空中]이라고 한다. 양(羊)과 주(朱)의
반절음이다.[窬, 穿木戶也. 從穴俞聲. 一曰空中也. 羊朱切.]

어 있고, 육덕명본에는 유(窬)로 되어 있다. 『옥편』에 『예기』 및 『춘추
좌씨전』을 인용했는데, 모두 규유(圭窬)로 되어 있고, 지금의 『춘추좌씨
전』에 또한 '규두(圭竇)'로도 되어 있으니, 유(窬)와 두(竇)가 통용된다는
것을 알 수 있다. 『설문해자』에에 '두(竇)는 구멍[空]이다.'[80]라고 했고, 유
(窬) 아래 '일설에는 가운데가 텅 빈 것[空中]이라고 한다.'라고 했으니, 유
(窬)가 나무를 뚫어 만든 지게문이라는 것도 가운데가 텅 비었다는 뜻을
취한 것이다. 따라서 무릇 가운데가 텅 빈 것을 취한 물건은 모두 유(窬)
라 할 수 있다. 『회남자』「범론훈」, '옛날에는 나무의 속을 비워 내고 판
자를 나란히 해서 배를 만들어 항해했다.'라고 했는데, 고유(高誘)의 「주」
에 말하길, '유(窬)는 비운다[空]는 뜻이다.'라고 한 것이 이것이다. 유(窬)
는 유(廥)와 같은 뜻이다. 맹강(孟康)의 『전한서』「주」에 '동남쪽에서는
나무를 깎아서 가운데를 비워 변기[圂]처럼 만든 것을 유(廥)라 한다.'라
고 한 것이 그것이다. 여기의 천유(穿窬)란 지게문을 뚫는다[穿戶]는 말과
같고, 담을 넘는다[踰牆]고 할 때의 유(踰)와는 같지 않다. 『맹자』의 '천유
(穿窬)'[81] 역시 이렇게 해석해야 한다."라고 했다.

원문 謹案, 臧氏庸『拜經日記』略同. 『漢書』「胡建傳」, "『黃帝李法』曰: '壁
壘已定, 穿窬不繇路, 是謂姦人, 姦人者殺.'" 此在軍律尤嚴也.

역문 삼가 살펴보니, 장용의 『배경일기』도 대략 같다. 『전한서』「호건전」
에 "『황제이법』에 말했다. '군영의 성벽이 이미 완비되었는데 벽에 구멍

---

79 『경전석문』권13, 「禮記音義‧儒行」, "圭窬"에 대한 「주」.

80 『설문해자』권7: 두(竇)는 구멍[空]이다. 혈(穴)로 구성되었고, 독(瀆)의 생략형이 발음을 나
    타낸다. 도(徒)와 주(奏)의 반절음이다.[竇, 空也. 從穴, 瀆省聲. 徒奏切.]

81 『맹자』「진심하」: 사람이 벽에 구멍을 뚫고 들어가서 도둑질하지 않으려는 마음을 확충시킬
    수 있다면 의를 이루 다 쓰지 못할 것이다.[人能充無穿踰之心, 而義不可勝用也.]

을 뚫고 들어가고 규정된 길을 따라다니지 않으면 이런 이를 간악한 사람이라고 이르니, 간악한 사람은 죽여야 한다.'"라고 했으니, 이는 군율(軍律)에 있어서는 더욱 엄격한 것이다.

- 「注」, "荏, 柔也."
- 正義曰:『漢書』「翟方進傳」引此文, 應劭「注」, "荏, 屈橈也."『詩』「巧言」, "荏染柔木." 毛「傳」, "荏染, 柔意也."『說文』, "葇, 弱貌." 葇與荏同.『廣雅』「釋詁」, "恁, 弱也."

○「주」의 "임(荏)은 나약함[柔]이다."
○ 정의에서 말한다.
  『전한서』「적방진전」에 이 글을 인용했는데, 응소(應劭)의 「주」에 "임(荏)은 굽실거리고 나약하다[屈橈]는 뜻이다."라고 했다.『시경』「교언」에 "이리저리 휘어지는 부드러운 나무[荏染柔木]"라고 했는데, 모형(毛亨)의 「전」에 "임염(荏染)은 부드럽다는 뜻[柔意]이다."라고 했다.『설문해자』에 "임(葇)은 나약한 모양[弱貌]이다."[82]라고 했으니, 임(葇)과 임(荏)은 같은 글자이다.『광아』「석고」에 "임(恁)은 나약하다[弱]는 뜻이다."라고 했다.

- 「注」, "'穿', 穿壁; '窬', 窬牆."
- 正義曰:『說文』, "穿, 通也. 從牙在穴中." "壁"卽牆也. 云"'窬', 窬牆"者, 謂"窬"卽踰之叚借. 孔「注」本亦是窬字, 不作踰也. 或謂僞孔亦解窬爲空, 則與"穿壁"義復, 孔意不如是.

○「주」의 "'천(穿)'은 벽을 뚫는다는 뜻이고, '유(窬)'는 담을 넘는다는 뜻이다."
○ 정의에서 말한다.
  『설문해자』에 "천(穿)은 꿰뚫는다[通]는 뜻이다. 어금니가 구멍 안에 있는 모양으로 구성되었다."[83] 벽(壁)은 바로 담장이다. "'유(窬)'는 담을 넘는다는 뜻이다."라는 것은 "유(窬)" 자가

---

82 『설문해자』권6: 임(葇)은 나약한 모양[弱貌]이다. 목(木)으로 구성되었고 임(任)이 발음을 나타낸다. 여(如)와 심(甚)의 반절음이다.[葇, 弱貌. 從木任聲. 如甚切.]
83 『설문해자』권7: 천(穿)은 꿰뚫는다[通]는 뜻이다. 어금니가 구멍 안에 있는 모양으로 구성

바로 유(踰)의 가차자(假借字)라는 말이다. 공안국의 「주」도 본래는 역시 유(窬) 자로 되어 있지 유(踰) 자로 되어 있지 않다. 혹자는 이르길, 위공 역시도 유(窬)를 공(空)의 뜻으로 해석했다고 하는데, 그렇다면 "벽에 구멍을 뚫음[穿壁]"과 뜻이 중복되니, 공안국의 의도는 이와 같지는 않다.

17-11

子曰: "鄉原, 德之賊也." 【注】周曰: "所至之鄉, 輒原其人情, 而爲意以待之, 是賊亂德也. 一曰: '鄉, 向也, 古字同.' 謂人不能剛毅, 而見人輒原其趣嚮容媚而合之, 言此所以賊德也."

공자가 말했다. "향원(鄉原)은 덕을 해친다." 【주】주생렬이 말했다. "향원은 이르는 고을마다 문득문득 그곳 사람들의 뜻을 선의로 파악해서, 자기의 의도대로 그곳 사람들을 대하니, 이것이 덕을 해치고 어지럽히는 것이다. 일설에는 '향(鄉)은 향(向)이니, 옛날에는 글자가 같았다.'라고 하는데, 사람이 강직하지도 의지가 굳세지도 못하고 사람을 보면 문득문득 그 사람의 취향을 선으로 파악하고 아첨하면서 영합함을 이르니, 이것이 덕을 해치는 것이라는 말이다."

원문 正義曰: 『孟子』「盡心篇」云: 孟子答萬章問引"孔子曰: '過我門而不入我室, 我不憾焉者, 其惟鄉原乎. 鄉原, 德之賊也.'" 此孟子述所聞語較詳. "曰: '何如斯可謂之鄉原矣?'" 曰: "'何以是嘐嘐也? 言不顧行, 行不顧言, 則曰"古之人, 古之人."'? '行何爲踽踽涼涼? 生斯世也, 爲斯世也, 善斯可

되었다. 창(昌)과 연(緣)의 반절음이다.[窬, 通也. 從牙在穴中. 昌緣切.]

矣.’閹然媚於世也者, 是鄕原也.” 此孟子言鄕原異於狂·狷也.

역문 정의에서 말한다.

『맹자』「진심하」에서 맹자는 만장의 질문에 대답하면서 인용하기를, "공자가 말했다. ‘내 집 문 앞을 지나면서 내 집에 들어오지 않더라도 내가 서운해하지 않은 자는 오직 향원뿐이다. 향원은 덕을 해치는 자이다.’"[84]라고 했는데, 이는 맹자가 들었던 말을 비교적 자세하게 전술한 것이다. "만장이 물었다. ‘어떠하면 향원이라고 할 수 있습니까?’" 맹자가 대답했다. "향원이 광자(狂者)를 비난하기를, ‘어찌하여 광자(狂者)는 뜻이 크다고 큰소리를 치는가? 말은 행실을 돌아보지 않고 행실은 말을 돌아보지 않고서 걸핏하면 "옛사람이여, 옛사람이여!" 하는가?’ 하며, 향원이 견자(狷者)를 비난하기를, ‘행실을 어찌하여 그렇게 위축되고 쓸모없이 하는가?[85] 이 세상에 태어났으면 이 세상을 위하여 남들이 선하다고 하면 괜찮다.’라고 하여 아무 생각 없이 아득하게 세상에 아첨하는 자가 향원이다."라고 했는데, 이는 맹자가 향원(鄕原)이 광자(狂者)나 견자(狷者)와는 다름을 말한 것이다.

---

84 여기에 인용한 공자의 말을 『맹자집주(孟子集註)』에서 주희(朱熹)는 만장(萬章)이 공자의 말을 인용해서 맹자에게 질문한 것이라고 보았는데, 유보남은 맹자가 인용해서 만장의 질문에 대답한 것으로 보았다. 조선의 다산(茶山) 정약용(丁若鏞) 역시 『논어고금주(論語古今註)』에서 이를 그대로 인용하였다.

85 주희는 『맹자집주』에서 "踽踽涼涼"을 "‘우우(踽踽)’는 혼자서 길을 가 나아가지 못하는 모양이고, ‘양량(涼涼)’은 박(薄)함이니, 남에게 친후함을 받지 못하는 것이다.[‘踽踽’, 獨行不進之貌; ‘涼涼’, 薄也, 不見親厚於人也.]"라고 해서, "踽踽涼涼"을 "외롭고 쓸쓸함"으로 해석하는데, 조기의 「주」에는 "위의가 마치 퍼지지 못함이 있는 것 같은 모양이다. … 스스로 우우량량(踽踽涼涼)해서 지금의 세상에 태어나 쓰일 곳이 없는가?[有威儀如無所施之貌也. … 自踽踽涼涼, 而生於今之世, 無所用之乎?]"라고 했다. 유보남(劉寶楠)은 주로 조기의 「주」를 인용했으므로 여기서는 조기 「주」의 뜻을 따라 해석했다.

원문 "萬子曰: '一鄕皆稱原人焉, 無所往而不爲原人, <u>孔子</u>以爲"德之賊", 何哉?' 曰: '非之無擧也, 刺之無刺也, 同乎流俗, 合乎汚世, 居之似忠信, 行之似廉潔, 衆皆說之, 自以爲是, 而不可與入<u>堯</u>·<u>舜</u>之道, 故曰"德之賊"也. <u>孔子</u>曰: "惡似而非者, 惡莠, 恐其亂苗也; 惡佞, 恐其亂義也; 惡利口, 恐其亂信也; 惡<u>鄭</u>聲, 恐其亂樂也; 惡紫, 恐其亂朱也; 惡鄕原, 恐其亂德也.""' <u>趙岐</u>「注」, "<u>萬章</u>言'人皆以爲原善所至, 亦謂之善人.'" 是<u>趙</u>訓"原"爲善.

역문 "만자[萬子: 만장(萬章)]가 물었다. '한 고을의 사람들이 모두 선(善)한[86] 사람이라고 일컫는다면 가는 곳마다 선한 사람이 되지 않음이 없을 것인데, 공자께서 "덕을 해친다."라고 하신 것은 어째서입니까?' '비난하려 해도 들추어 낼 것이 없고, 풍자하려 해도 풍자할 것이 없으며, 유속(流俗)과 동화하고 더러운 세상에 영합하여, 평소에는 성실하고 진실한 듯하고 행동함에는 청렴결백한 것 같아서 여러 사람이 다 그를 좋아하면 스스로 옳다고 여기지만, 그런 자와는 함께 요·순의 도에 들어갈 수가 없기 때문에 "덕을 해친다."라고 하신 것이다. 공자께서 말씀하시기를, "비슷하지만 아닌 것[似而非]을 미워하니, 피를 미워하는 것은 그것이 벼싹을 어지럽힐까 염려해서이고, 아첨하는 말을 미워하는 것은 그것이 의(義)를 어지럽힐까 염려해서이며, 구변 좋은 말재주를 미워하는 것은 그가 진실[信]을 어지럽힐까 염려해서이고, 정나라 소리를 미워하는 것은 그것이 음악을 어지럽힐까 염려해서이며, 자주색을 미워하는 것은 그것이 붉은색을 어지럽힐까 염려해서이고, 향원을 미워하는 것은 그가

---

86 "原"에 대해서 주희는 『맹자집주』에서 "원(原)은 역시 근후(謹厚)함을 일컫는다.[原, 亦謹厚之稱.]"라고 해서 일반적으로 "점잖다"라고 해석하는데, 유보남은 조기의 해석을 따랐으므로 "善"의 뜻으로 해석했다.

덕을 어지럽힐까 염려해서이다."라고 하셨다.'"[87]고 했는데, 조기(趙岐)의 「주」에 "만장이 말하길, '사람들이 모두 선이 이르는 곳이라고 여기면 또한 그를 일러 선한 사람이라 한다.'라고 한 것이다."라고 했으니, 여기 서 조기는 "원(原)"의 뜻풀이를 선(善)의 뜻으로 새긴 것이다.

원문 前篇"侗而不愿", 鄭「注」, "愿, 善也." 原與愿同. 『中論』「考僞篇」, "鄕 愿無殺之罪, 而仲尼深惡之." 字直作"愿", 與趙訓同矣. 一鄕皆稱善, 而其 忠信廉潔皆是假託, 故足以亂德, 所謂"色取仁而行違"者也. 子貢問鄕人皆 好, 夫子以爲未可, 亦是恐如鄕原者在其中也.

역문 앞의 「태백」에 "어리석고 무지하면서도 선(善)하지 않다[侗而不愿]"라 고 한 문장에 대한 정현의 「주」에 "원(愿)은 선(善)이다."라고 했는데, 원 (原)과 원(愿)은 같은 글자이다. 『중론』「고위」에 "향원(鄕愿)은 사람을 죽 인 죄가 없는데도 중니가 몹시 미워했다."[88]고 하여 글자를 곧장 "원(愿)" 으로 썼으니, 조기와 뜻을 새긴 것이 같다. 한 고을에서 모두 선하다고 칭찬하지만, 그의 성실함과 진실함 청렴결백함이 모두 거짓 핑계[假託] 이기 때문에 충분히 덕을 어지럽힐 수 있으니, 이른바 "얼굴빛은 인(仁) 을 취하지만 행실은 위배되는"[89] 자인 것이다. 자공이 고을 사람들이 모 두 좋아하면 어떡하냐고 물었을 때 공자가 아직 괜찮지 않다고 한 것[90] 역시 어쩌면 향원(鄕原)과 같은 자가 그중에 있을까 염려해서였을 것이다.

---

87 『맹자』「진심하」.
88 『중론(中論)』 권하, 「고위(考僞)」에는 "향원은 또한 사람을 죽인 죄가 없는데도 중니가 미 워한 것은 어째서인가? 덕을 어지럽히기 때문이다.[鄕愿亦無殺人之罪也, 而仲尼惡之何也? 以其亂德也.]"라고 했다.
89 『논어』「안연」.
90 『논어』「자로」.

- 「注」, "所至"至"德也".
- 正義曰:「注」前讀"鄉"如字, 後讀"鄉"與"向"同. 其解"原"字, 竝謂"原人之情", 與『孟子』不合,

  蓋未然也.
- 「주」의 "소지(所至)"부터 "덕야(德也)"까지.
- 정의에서 말한다.

  「주」에서 앞에서는 "향(鄉)"을 본래의 뜻대로 읽었고, 뒤에서는 "향(鄉)"을 "향(向)"과 같은

  뜻으로 읽었다. "원(原)" 자를 해석하면서는 모두 "남의 뜻을 선으로 파악한다"라고 했는데,

  『맹자』와는 부합되지 않으니, 대체로 옳지 않다.

17-12

子曰: "道聽而塗說, 德之棄也." 【注】 馬曰: "聞之於道路, 則傳而說之."

공자가 말했다. "길에서 듣고 길에서 말하면 덕 있는 사람의 말을
버리는 것이다." 【주】 마융이 말했다. "길에서 들은 말을 즉시 전달해서 말하는
것이다."

원문 正義曰: 此爲闇於大道, 不知審擇者戒也. 『荀子』「大略篇」, "君子疑則
不言, 未問則不立, 道遠日益矣." 楊倞「注」, "未曾學問, 不敢立爲論議, 所
謂不知爲不知也. 爲道久遠, 自日有所益, 不必道聽塗說也."

역문 정의에서 말한다.

이것은 큰 도[大道]에 대해 어두워 자세하게 살피고 가릴 줄 모르는 자
를 위해 경계한 것이다. 『순자』「대략편」에 "군자는 의심스러운 것은 말

하지 않고 아직 질문해서 확인하지 않은 것은 말하지 않으니, 도를 행함이 오래될수록 날마다 유익한 것이다."라고 했는데, 양경(楊倞)의 「주」에 "일찍이 학문을 하지 않았으면 감히 논의를 수립하지 않는다는 말이니, 이른바 '모르는 것을 모른다고 한다'라는 것이다. 도를 행함이 오래될수록 스스로는 날마다 유익한 바가 있으니, 굳이 길에서 듣고 길에서 말할 필요가 없는 것이다."라고 했다.

- 「注」, "聞之於道路, 則傳而說之."
- 正義曰: 皇「疏」云: "記問之學, 不足以爲人師. 師人必當溫故而知新, 研精久習, 然後乃可爲人傳說耳. 若聽之於道路, 道路乃卽爲人傳說, 必多謬妄, 所以爲有德者所棄也, 亦自棄其德也." 案, 「注」"傳而說之", 卽"言說"之"說". 『釋文』於"塗說"無音, 於「注」"說"之音悅, 此不可解.
○ 「주」의 "길에서 들은 말을 즉시 전달해서 말하는 것이다."
○ 정의에서 말한다.
　황간의 「소」에 "스스로 터득한 것은 없이 단지 옛글을 기억하여 남의 물음에 응대하는 학문[記問之學]으로는 남의 스승이 될 수 없다.[91] 남의 스승은 반드시 예전에 배워서 터득한 것을 거듭 익히고 새로운 것을 알아 정밀하게 연구하고 오랫동안 익힌 뒤라야 남에게 전달해서 말할 수 있을 뿐이다. 만약 길에서 듣고 길에서 그 즉시 남에게 전달해서 말하면 반드시 허황된 오류가 많아 그 때문에 덕 있는 자에게 버림을 받게 되니, 또한 스스로 그 덕을 버리는 것이다."라고 했다. 살펴보니, 「주」의 "전달해서 말한다[傳而說之]"라는 것은 바로 "언설(言說)"이라고 할 때의 "설(說)"이다. 『경전석문』에는 "도설(塗說)"에 대해서는 발음을 기록하지 않

91　『예기』「학기」: 옛 글을 기억하고 외워서 배우는 자의 질문에 대비하는 학문은 남의 스승이 될 수가 없으니, 반드시 그 제자가 말하는 것을 들어야 한다. 자기 능력으로 묻지 못한 뒤에 말해 주니, 말해 주어도 알지 못하면 비록 버려두더라도 괜찮다.[記問之學, 不足以爲人師, 必也其聽語乎. 力不能問, 然後語之, 語之而不知, 雖舍之可也.]

았고, 「주」에서 "說"의 발음을 열(悅)이라고 했는데, 이렇게 되면 해석할 수가 없다.

17-13

子曰: "鄙夫, 可與事君也與哉?【注】孔曰: "言不可與事君." 其未
得之也, 患得之.【注】"患得之", 患不能得之, 楚俗言. 旣得之, 患失
之. 苟患失之, 無所不至矣."【注】鄭曰: "'無所不至'者, 言其邪媚無所
不爲."

공자가 말했다. "비루한 사람과 함께 임금을 섬길 수 있겠는가?
【주】 공안국이 말했다. "함께 임금을 섬길 수 없다는 말이다." 아직 녹위(祿位)
를 얻지 못하여서는 얻을 것을 걱정하고,【주】 "얻을 것을 걱정한다[患
得之]"라는 것은 얻지 못할까 걱정한다는 뜻이니, 이는 초(楚)나라의 속언(俗言)이다.
이미 얻고 나서는 잃을까를 걱정한다. 진실로 잃을까를 걱정한다
면 하지 않는 짓이 없을 것이다."【주】 정현이 말했다. "무소부지(無所不
至)'는 간사하게 아첨하는 짓을 하지 않는 것이 없다는 말이다."

원문 正義曰: 『釋文』, "與哉, 本或作無'哉'." "得之"·"失之", "之"者, "是"也,
謂祿位也. 鄙夫患不得祿位, 則有夤緣干進之術. 旣得而又患失, 則益思固
其祿位, 而不敢正言直諫, 以取媚人主, 招權納賄, 以深病民. 『漢書』「朱
雲傳」, "今朝廷大臣, 上不能匡主, 下亡以益民, 皆尸位素餐, 孔子所謂'鄙
夫不可與事君, 苟患失之, 亡所不至'者也."

역문 정의에서 말한다.

『경전석문』에 "여재(與哉)는 판본에 따라 간혹 '재(哉)' 자가 없다."라고 했다. "얻는다[得之]" 또는 "잃는다[失之]"라고 할 때의 "지(之)"는 이것[是]이라는 뜻이니, 녹위(祿位)를 이른다. 비루한 사람이 녹위를 얻지 못할까를 걱정하게 되면 인연을 빌미로 청탁에 의해 벼슬에 나아가기를 구하는 술수를 쓰게 된다. 녹위를 얻은 뒤에 또 잃을까를 걱정하게 되면 더더욱 그 녹위를 견고하게 지킬 것을 생각해서 감히 바른 말로 정직하게 간하지 못해서 군주에게 아첨하고, 권력을 부르고 뇌물을 바쳐 민중에게 심한 병폐를 끼치게 된다. 『전한서』「주운전」에 "지금 조정의 대신들은 위로는 군주를 바로잡지 못하고 아래로는 민중을 유익하게 함이 없으니, 모두가 벼슬자리에 있으면서 직무를 행하지 않고 자리만 지키면서 녹만 받는[尸位素餐] 자들이니, 공자의 이른바 '비루한 사람과는 함께 임금을 섬길 수 없으니, 진실로 녹위를 잃을까를 걱정해서 하지 않는 짓이 없는' 자라는 것이다."라고 했다.

원문 又『後漢』「李法傳」法上疏諫, "坐失旨, 免爲庶人. 還鄕里, 人問其不合上意之由, 法未嘗應對, 固問之, 法曰: '鄙夫可與事君乎哉? 苟患失之, 無所不至.'" 正以己無患失之心, 遂上疏諫, 致罷免耳, 是與鄙夫異也. 若然, 『禮』「雜記」云: "旣得之而又失之, 君子恥之." 與鄙夫所患同者, 君子恥不稱其位而失之, 與鄙夫思固其位之志殊也.

역문 또 『후한서』「이법전」에 이법(李法)[92]이 소(疏)를 올려 간하기를, "죄에 연좌되어 본래의 뜻을 잃고 파면당해 서인이 되어 향리(鄕里)로 돌아가

---

92 이법(李法, ?~?): 한중(漢中) 남정(南鄭) 사람. 자는 백도(伯度). 동한(東漢)의 이목강(李穆姜)의 아우이다. 관직은 여남태수(汝南太守)와 사례교위(司隷校尉)를 지냈다. 여러 서적에 널리 통했고, 성품이 강직하며 절개가 있었다.

자, 사람들이 제가 임금님의 뜻에 부합하지 못한 연유를 물었으나 저는 일찍이 응대하지 않았지만, 집요하게 묻기에 저는 대답하였습니다. '비루한 사람과 함께 임금을 섬길 수 있겠습니까? 만일 녹위를 잃을까 걱정했다면 하지 못할 짓이 없었을 것입니다.'"라고 했다. 참으로 자기는 녹위를 잃을까 걱정하는 마음이 없었기 때문에 마침내 소를 올려 간하다가 파면을 당한 것일 뿐이니, 이것이 비루한 사람과 다르다는 것이다. 만약 그렇다면 『예기』「잡기」에 "이미 녹위를 얻고서 또 다시 그것을 잃는 것을 군자는 부끄러워한다."라고 했는데 비루한 사람이 걱정하는 것과 같은 점은 군자로서 그 지위에 걸맞지 않아 녹위를 잃음을 부끄러워한 것이니, 비루한 사람이 그 녹위를 견고하게 지키려는 뜻을 생각하는 것과는 다르다.

원문 先伯父五河君『經義說略』曰: "自'色厲而內荏'至'鄙夫', 凡四章, 語意大略相同, 皆言中不足而外有餘. 蓋貌爲有德則色厲, 而陰實小人故內荏, 貌爲好學, 則道聽而中無所守故塗說. 是故居則爲鄕愿, 出則爲鄙夫, 欺世盜名之徒, 其害可勝言哉?"

역문 돌아가신 백부 오하군(五河君)의 『경의설략』에 "'얼굴빛은 엄격하면서 마음이 나약함[色厲而內荏]'부터 '비루한 사람[鄙夫]'까지는 다해서 4장인데, 말뜻이 대략 서로 같으니, 모두 마음은 부족하면서도 겉으로는 그럴싸함을 말한 것이다. 대체로 겉으로는 덕이 있는 체하면 얼굴빛이 엄격하지만 속으로는 실제로 소인이기 때문에 마음이 나약한 것이고, 겉으로는 배우기를 좋아하는 체하지만 길에서 듣고는 마음속으로 지키는 바가 없기 때문에 길에서 말해 버린다. 이런 까닭에 평상시에는 향원(鄕愿)으로 지내다가 벼슬에 나아가서는 비루한 사람으로 세상을 속이고 명예를 훔치는 무리가 되니, 그 해를 이루 다 말할 수 있겠는가?"라고 했다.

- 「注」, “言不可與事君.”
- 正義曰:「注」以“與”爲我與之也. 王氏引之『經傳釋詞』解此文云: “‘與’猶以也. 下文‘患得’·‘患失’, 皆言鄙夫所以不可事君之故, 非謂不可與鄙夫事君也. 顏師古『匡謬正俗』曰: ‘孔子曰: ″鄙夫可以事君也與哉?″’ 李善注『文選』「東京賦」曰: ‘『論語』曰: ″鄙夫不可以事君.″’ 變‘與’言‘以’, 正與經旨相合.”

○ 「주」의 “함께 임금을 섬길 수 없다는 말이다.”

○ 정의에서 말한다.

「주」에서는 “여(與)”를 내가 그와 함께하는 것으로 여긴 것이다. 왕인지의 『경전석사』에 이 문장을 해석하면서 “여(與)는 이(以)와 같다. 아래 문장의 ‘환득(患得)’·‘환실(患失)’은 모두 비루한 사람이 임금을 섬길 수 없는 까닭을 말한 것이지, 비루한 사람과 함께 임금을 섬길 수 없다는 말이 아니다. 안사고의 『광류정속』에 ‘공자가 말했다. ″비루한 사람이 임금을 섬길 수 있겠는가?″’라고 했고, 이선(李善)은 『문선』「동경부」를 주석하면서 ‘『논어』에서 말했다. ″비루한 사람은 임금을 섬길 수 없다.″’라고 했는데, ‘여(與)’를 바꿔서 ‘이(以)’라고 한 것이니, 참으로 경전의 취지와 서로 부합한다.”라고 했다.

- 「注」, “‘患得之’者, 患不能得之, 楚俗言.”
- 正義曰: 臧氏琳『經義雜記』, “古人之言, 多氣急而文簡, 如『論語』‘其未得之也, 患得之.’ 以‘得’爲‘不得’, 猶『尙書』以‘可’爲‘不可’.” 焦氏循『補疏』, “古人文法有急緩, 不顯, 顯也, 此緩讀也.『公羊傳』, ‘如勿與而已矣.’ 何休「注」云: ‘如卽不如也, 齊人語也.’ 此急讀也. 以‘得’爲‘不得’, 猶以‘如’爲‘不如’. 何云‘楚俗語’, 孔子魯人, 何爲效楚言也?”

○ 「주」의 “‘얻을 것을 걱정한다[患得之]’라는 것은 얻지 못할까 걱정한다는 뜻이니, 이는 초나라의 속언(俗言)이다.”

○ 정의에서 말한다.

장림의 『경의잡기』에 “옛사람의 말은 숨 가쁘면서도 문장이 간략한 것이 많은데, 예를 들면 『논어』의 ’아직 녹위를 얻지 못하여서는 얻을 것을 걱정한다[患得之].’라고 해서 ‘득(得)’을 ‘부득(不得)’의 뜻으로 삼은 것과 같은 것으로, 『상서』에서 ‘가(可)’를 ‘불가(不可)’라고 여긴 것과 같다.”[93]고 했다. 초순의 『논어보소』에 “옛사람들의 문법(文法)에는 완급과 드러내지 않는 것, 그리고 드러내는 것이 있는데, 이것은 느리게 읽어야 하는 것이다. 『춘추공양전』에 '함께하지 말라는 것과 같은 것이었을 뿐이었기 때문이다.[如勿與而已矣.]'[94]라고 했는데, 하휴의 「주」에 "'여(如)'는 바로 "불여(不如)"이니, 제나라 사람의 말투이다.'라고 했으니, 이것은 빠르게 읽어야 하는 것이다. '득(得)'을 '부득(不得)'의 뜻으로 삼은 것은 '여(如)'를 '불여(不如)'로 여긴 것과 같다. 하안이 '초나라의 속어(俗語)이다'라고 했는데, 공자는 노나라 사람인데 어째서 초나라의 말투를 본받았을까?'라고 했다.

今案,『荀子』「子道篇」, "孔子曰: '小人者, 其未得也, 則憂不得; 旣已得之, 又恐失之.' 是以有終身之憂, 無一日之樂也."『潛夫論』「愛日篇」, "孔子病夫'未得之也, 患不得之.'" 又毛氏奇齡『贖言』引『家語』, "患弗得之." 皆以訓詁增成其義. 韓愈『王承福傳』, "其賢於患不得之, 而患失之, 以濟其生之欲者." 亦此意. 沈作喆『寓簡』據『王承福傳』, 謂"古本必如是", 此未達古人立文之法.

이제 살펴보니, 『순자』「자도편」에 "공자가 말하길, '소인이라는 자들은 아직 녹위를 얻지 못하여서는 얻지 못할까 근심하고, 이미 얻고 나서는 또 그것을 잃을까 걱정한다.'라고 했으니, 이런 까닭에 종신토록의 근심은 있어도 하루의 즐거움은 없는 것이다."라고 했다. 『잠부론』「애일」에 "공자는 '아직 녹위를 얻지 못하여서는 그것을 얻지 못할까 걱정하는 것'을 병통으로 여겼다."[95]라고 했고, 또 모기령의 『사서승언』에는 『공자가어』를 인용해서 "얻지 못할까

93　『서경』「우서(虞書)·요전(堯典)」: 요임금이 "누가 이 등용에 합당하겠는가?" 하고 묻자, 방제가 "맏아드님인 단주가 계명합니다."라고 대답했다. 그러자 요임금이 말했다. "에이! 어리석고 잘 다투니 되겠는가?[帝曰: "疇咨若時, 登庸?" 放齊曰: "胤子朱啓明." 帝曰: "吁! 嚚訟, 可乎?"]

94　『춘추공양전(春秋公羊傳)』「은공」원년의 경문에 "여름 5월에 정백(鄭伯)이 단(段)을 언(鄢)에서 이겼다.[夏, 五月, 鄭伯克段于鄢.]"라고 했는데, 「전(傳)」에 "'극(克)'이란 무슨 뜻인가? 죽였다는 뜻이다. 죽였다면 어째서 극(克)이라고 한 것인가? 정백(鄭伯)의 악을 크게 부각시킨 것이다. 어째서 정백의 악을 크게 부각시킨 것인가? 어머니가 단(段)을 즉위시키려 하자 자기가 죽여 버렸으니, 함께하지 말라는 것과 같은 것이었을 뿐이었기 때문이다.[克之者何? 殺之也. 殺之則曷爲謂之克? 大鄭伯之惡也. 曷爲大鄭伯之惡? 母欲立之, 己殺之, 如勿與而已矣.]"라고 했다.

를 근심한다.[患弗得之.]'라고 했는데, 모두 훈고(訓詁)를 통해 부족한 부분을 보충해서 그 뜻을 이룬 것이다. 한유의『왕승복전』에 "그는 녹위를 얻지 못할까 걱정하고 그것을 잃을까 걱정해서 자기 삶의 욕심을 이룬 자보다 월등히 현명했다."라고 했는데, 역시 이 뜻이다. 심작철(沈作喆)[96]의『우간』에『왕승복전』을 근거로 "고본(古本)은 분명 이와 같았을 것이다"라고 했는데, 이는 옛사람들의 문장을 짓는 법을 알지 못한 것이다.

- 「注」, "'無所不至'者, 言其邪媚無所不爲."
- 正義曰:『鹽鐵論』「論誹篇」, "君子疾鄙夫之不可與事君, 患其聽從而無所不至也." 聽從者無所匡正, 但知保其祿位, 故必至邪媚無所不爲也. 『後漢』「李法傳」「注」引此「注」"邪媚"上多"諂佞"二字.
- 「주」의 "무소부지(無所不至)'는 간사하게 아첨하는 짓을 하지 않는 것이 없다는 말이다."
- 정의에서 말한다.

『염철론』「논비편」에 "군자는 비루한 사람은 함께 임금을 섬길 수 없음을 병통으로 여기고, 듣고 따르기만 하면서 하지 못하는 짓이 없음을 근심한다."라고 했는데, 듣고 따르기만 하는 자는 바로잡는 것이 없이 단지 그 녹위를 보전할 줄만 알 뿐이기 때문에 반드시 간사하게 아첨하는 짓을 하지 않음이 없는 지경에까지 이른다. 『후한서』「이법전」의 「주」에 이 「주」를 인용했는데, "사미(邪媚)" 앞에 "첨녕(諂佞)" 두 글자가 더 많다.

---

95 『잠부론(潛夫論)』「애일(愛日)」에는 "공자는 '아직 녹위를 못하여서는 그것을 얻지 못할까 걱정하고, 이미 얻었으면 그것을 잃을까 걱정하는 자'를 병통으로 여겼다.[孔子病夫'未之得也, 患不得之, 旣得之, 患失之者.']"라고 되어 있다.

96 심작철(沈作喆, ?~?): 송대(宋代) 호주(湖州) 덕청현[德淸縣: 지금의 절강성(浙江省) 덕청현] 사람. 자는 명원(明遠), 호는 우산(寓山). 저서에『우간(寓簡)』이 있다.

17-14

子曰: "古者民有三疾, 今也或是之亡也. 【注】 包曰: "言古者民疾與今時異." 古之狂也肆, 【注】 包曰: "'肆', 極意敢言." 今之狂也蕩; 【注】 孔曰: "'蕩', 無所據." 古之矜也廉, 【注】 馬曰: "有廉隅." 今之矜也忿戾, 【注】 孔曰: "惡理多怒." 古之愚也直, 今之愚也詐而已矣."

공자가 말했다. "옛날에는 백성들에게 세 가지의 병폐가 있었는데, 지금에는 더러 이것마저도 없는 경우가 있다. 【주】 포함이 말했다. "옛날 백성들의 병통이 지금 시대 백성들의 병통과는 다름을 말한 것이다." 옛날의 뜻이 큰 자는 뜻을 지극히 해서 거리낌 없이 말하였으나, 【주】 포함이 말했다. "'사(肆)'는 뜻을 지극하게 해서 과감하게 말하는 것이다." 지금의 뜻이 큰 자는 방탕하고, 【주】 포함이 말했다. "'방탕함[蕩]'이란 의거하는 바가 없는 것이다." 옛날의 자긍심이 있는 자는 스스로를 단속하고 거두어들임이 있었으나, 【주】 마융이 말했다. "행실이 방정해서 모남[廉隅]이 있다는 말이다." 지금의 자긍심이 있는 자는 성내고 어그러졌으며, 【주】 공안국이 말했다. "도리를 싫어하고 노여움이 많은 것이다." 옛날의 어리석은 자는 정직했으나 지금의 어리석은 자는 속이기만 할 뿐이다."

원문 正義曰: 朱子『集注』云: "氣失其平則爲疾, 故氣稟之偏者亦謂之疾. 昔所謂疾, 今亦亡之, 傷俗之益衰也." 鄭「注」云: "『魯』讀'廉'爲貶, 今從『古』." 陳氏鱣『古訓』曰: "貶, 自貶損也.『釋名』云: '廉, 自檢斂也.' 貶·廉義同." 案, 陳說固是, 然"廉"字義勝, 故鄭從『古』.

역문 정의에서 말한다.

주자의 『논어집주』에 "기운(氣運)이 화평함을 잃으면 병[疾]이 되기 때문에 기품(氣稟)이 편벽(偏僻)된 것도 병이라고 말한다. 옛날의 이른바 병폐라고 하는 것이 지금에는 그것마저도 없어졌다고 했으니, 이는 풍속이 더욱 야박해진 것을 안타까워한 것이다."라고 했다. 정현의 「주」에 "『노논어』에서는 '염(廉)'을 폄(貶)의 뜻으로 읽으니, 지금은 『고논어』를 따른다."라고 했다. 진전의 『논어고훈』에 "폄(貶)은 스스로를 낮추고 덜어 낸다는 뜻이다. 『석명』 「석언어(釋言語)」에 이르길, '염(廉)은 스스로를 단속하고 거두어들인다는 뜻이다.'라고 했으니, 폄(貶)과 염(廉)은 뜻이 같다."라고 했다. 살펴보니, 진전의 말이 진실로 옳지만 "염(廉)" 자의 뜻이 더 낫기 때문에 정현이 『고논어』를 따른 것이다.

원문 宋氏翔鳳 『發微』云: "狂也, 矜也, 愚也, 皆氣質之偏, 古所謂疾也. 有肆以救狂, 有廉以救矜, 有直以救愚, 是不失爲古之疾也. 蕩則失其所謂狂, 忿戾則失其所謂矜, 詐則失其所謂愚, 此古但爲人疾, 而今邃至於死亡. 人情日變, 風俗日漓, 聖人所爲明禮樂以救之與."

역문 송상봉의 『논어발미』에 "뜻이 큰 것[狂]과 자긍심이 넘치는 것[矜]과 어리석은 것[愚]은 모두 기질이 치우친 것으로 옛날의 이른바 병인 것이다. 뜻을 지극히 해서 거리낌 없이 말함[肆]으로써 뜻이 큰 것[狂]을 구제하고, 스스로를 단속하고 거두어들임[廉]으로써 자긍심이 넘치는 것을 구제하며, 정직함으로써 어리석음을 구제하니, 이에 옛날의 병폐가 행해지더라도 잘못되지 않았던 것이다. 방탕하면[蕩] 이른바 뜻이 큼[狂]을 잃고, 사나우면[忿戾] 이른바 자긍심[矜]을 잃으며, 속이면 이른바 어리석음[愚]을 잃으니, 이렇게 되면 옛날에는 단지 남의 미움을 샀을 뿐이었지만 지금에는 결국 사망하는 지경에까지 이른다. 인정이 날마다 변하고 풍속이 날마다 엷어져서 성인이 예악을 밝혀 이를 구제하려 한 것인 듯싶다."라고 했다.

- 「注」, "肆, 極意敢言."
- 正義曰:『孟子』「盡心下」言狂者云: "其志嘐嘐然, 曰: '古之人! 古之人!' 夷考其行, 而不掩焉者也." 趙岐「注」, "嘐嘐, 志大言大者也. 重言'古之人', 欲慕之也." "志大言大", 卽此「注」所云"極意敢言"也.
- ○ 「주」의 "'사(肆)'는 뜻을 지극하게 해서 과감하게 말하는 것이다."
- ○ 정의에서 말한다.

  『맹자』「진심하」에 광자(狂者)를 말하면서 "그 뜻이 높고 커서 말만 했다 하면 '옛사람이여, 옛사람이여!' 하나, 평소에 그의 행실을 살펴보면 행실이 말한 바를 다 실천하지 못하는 자이다."라고 했는데, 조기의 「주」에 "효효(嘐嘐)는 뜻이 크고 말이 큰 것이다. '옛사람이예[古之시]'라고 거듭 말하는 것은, 사모하고자 해서이다."라고 했는데, "뜻이 크고 말이 크다"라는 것은 바로 이 「주」에서 말한 "뜻을 지극하게 해서 과감하게 말함"이다.

- 「注」, "蕩無所據."
- 正義曰: "據"卽"據於德"之"據". 無所據, 則自放禮法之外, 若原壤者也.
- ○ 「주」의 "'탕(蕩)'은 의거하는 바가 없는 것이다."
- ○ 정의에서 말한다.

  "거(據)"는 바로 "덕에 의거한다[據於德]"[97]고 할 때의 "거(據)"이다. 의거하는 바가 없으면 스스로 예법의 밖에서 방종하니 원양(原壤)과 같은 경우인 것이다.

- 「注」, "有廉隅."
- 正義曰:『說文』, "廉, 仄也." 仄與側同. 『漢書』「賈誼傳」, "廉遠地則堂高." 「注」, "廉, 側隅也."『荀子』「不苟篇」, "廉而不劌." 「注」, "廉, 稜也." 義俱相近.

---

97 『논어』「술이」.

○ 「주」의 "행실이 방정해서 모남[廉隅]이 있다는 말이다."

○ 정의에서 말한다.

『설문해자』에 "염(廉)은 측(仄)이다."라고 했는데, 측(仄)은 측(側)과 뜻이 같다. 『전한서』「가의전」에 "모서리가 땅에서 멀면 당이 높다[廉遠地則堂高]."라고 했는데 「주」에 "염(廉)은 모서리[側隅]이다."라고 했고, 『순자』「불구편」에 "모나면서 다치지 않음[廉而不劌]."이라고 했는데 「주」에 "염(廉)은 모서리[稜]이다."라고 했으니, 뜻이 모두 서로 가깝다.

● 「注」, "惡理多怒."

● 正義曰:「注」以"惡理"訓"戾", "多怒"訓"忿". 『說文』, "戾, 曲也." 『字林』, "戾, 乖戾也." 乖戾則多違理, 故「注」云"惡理".

○ 「주」의 "도리를 싫어하고 노여움이 많은 것이다."

○ 정의에서 말한다.

「주」에서는 "오리(惡理)"를 "어그러짐[戾]"의 뜻으로 새겼고, "다노(多怒)"를 "성냄[忿]"의 뜻으로 새긴 것이다. 『설문해자』에 "여(戾)는 굽다[曲]는 뜻이다."[98]라고 했고 『자림』에 "여(戾)는 어그러짐[乖戾]이다."라고 했는데, 어그러지면 도리에서 벗어나는 경우가 많기 때문에 「주」에서 "도리를 싫어한다[惡理]"라고 말한 것이다.

17-15

子曰: "惡紫之奪朱也, 【注】 孔曰: "'朱', 正色. '紫', 間色之好者, 惡其邪好而奪正色." 惡鄭聲之亂雅樂也, 【注】 包曰: "鄭聲, 淫聲之哀者, 惡其奪雅樂." 惡利口之覆邦家者." 【注】 孔曰: "利口之人, 多言少實, 苟能說

---

98 『설문해자』 권10: 여(戾)는 굽다[曲]는 뜻이다. 개[犬]가 문 아래로 나오는 모습을 형상했다. 여(戾)란 몸이 굽고 뒤틀렸다는 뜻이다. 낭(郎)과 계(計)의 반절음이다.[戾, 曲也. 從犬出戶下. 戾者, 身曲戾也. 郎計切.]

媚時君, 傾覆國家."

공자가 말했다. "자주색이 붉은색을 빼앗는 것을 미워하며,【주】
공안국이 말했다. "'붉은색[朱]'은 정색(正色)이고, '자주색[紫]'은 간색(間色) 중에서
예쁜 것이니, 간사한 색이 예뻐서 정색(正色)을 빼앗는 것을 미워하는 것이다." 정
나라 소리가 아악을 어지럽히는 것을 미워하며,【주】 포함이 말했다.
"정나라 소리는 음란한 소리 중에 애절한 것이니, 그것이 아악을 빼앗는 것[99]을 미워
하는 것이다." 구변 좋은 말재주가 나라를 전복시키는 것을 미워한
다."【주】 공안국이 말했다. "구변 좋은 말재주를 가진 사람은 말이 많고 진실함이
적으니, 만약 당시 군주를 기쁘게 하면서 아첨하면 국가를 전복시킬 수 있다."

원문 正義曰: 皇本"者"作"也". 『孟子』「盡心下」引孔子此言"惡莠, 恐其亂苗
也; 惡佞, 恐其亂義也; 惡利口, 恐其亂信也; 惡鄭聲, 恐其亂樂也; 惡紫,
恐其亂朱也; 惡鄕原, 恐其亂德也." 較此文爲詳, 而總之云"惡似而非者."
趙岐「注」, "似眞而非眞者, 孔子之所惡也."

역문 정의에서 말한다.

황간본에는 "자(者)"가 "야(也)"로 되어 있다. 『맹자』「진심하」에 공자
의 이 말을 인용해서 "피를 미워하는 것은 그것이 벼 싹을 어지럽힐까
염려해서이고, 아첨하는 말을 미워하는 것은 그것이 의(義)를 어지럽힐
까 염려해서이며, 구변 좋은 말재주를 미워하는 것은 그것이 진실[信]을
어지럽힐까 염려해서이고, 정나라 소리를 미워하는 것은 그것이 음악을

---

99 『논어집해의소(論語集解義疏)』에는 "奪"로 되어 있고, 『논어주소(論語注疏)』에는 "亂"으로
되어 있다.

어지럽힐까 염려해서이며, 자주색을 미워하는 것은 그것이 붉은색을 어지럽힐까 염려해서이고, 향원을 미워하는 것은 그가 덕을 어지럽힐까 염려해서이다."라고 했으니, 비교적 이 문장보다는 상세하고, 총괄해서 이르길, "비슷하지만 아닌 것[似而非]을 미워한다"라고 했는데, 조기의 「주」에 "진실과 비슷하면서도 진실이 아닌 것을 공자가 미워한 것이다."라고 했다.

- 「注」, "朱正"至"正色".
- 正義曰:『說文』云: "朱, 赤心木." 趙岐『孟子注』亦云: "朱, 赤也."『儀禮』「士冠禮」「注」, "凡染絳, 一入謂之縓, 再入謂之赬, 三入謂之纁, 朱則四入與." 朱爲正色者, 「考工記」"畫繢之事": 東方靑, 南方赤, 西方白, 北方黑, 赤是朱, 居南方之正, 故爲正色也. 紫爲間色者, 「鄕黨」皇「疏」引穎子嚴云: "北方水, 水色黑, 水克火, 火色赤. 以黑加赤, 故爲紫, 紫爲北方間也."『釋名』「釋采帛」, "紫, 疵也, 非正色也, 五色之疵瑕以惑人者也." 是紫爲間色, 以黑加赤, 稍有赤, 故與朱亂也.
- 「주」의 "주정(朱正)"부터 "정색(正色)"까지.
- 정의에서 말한다.

『설문해자』에 "주(朱)는 속심이 붉은 나무이다."[100]라고 했고, 조기의 『맹자주』에도 "주(朱)는 붉은색[赤]이다."라고 했다. 『의례』「사관례」의 「주」에 "진홍색[絳] 염색을 할 때 한 번 물들인 것을 전(縓)이라 하고, 두 번 물들인 것을 정(赬)이라 하며, 세 번 물들인 것을 훈(纁)이라 하니, 주(朱)는 네 번 물들인 것인 듯싶다."라고 했다. 주(朱)가 정색(正色)이 되는 까닭은 『주례』「동관고공기상·화회」의 "화회(畫繢)의 일"에 동방을 청(靑)이라 하고 남방을 적(赤)이라 하고 서방을 백(白)이라 하고 북방을 흑(黑)이라 한다고 했는데, 적은 붉은색[朱]으로,

---

100 『설문해자』 권6: 주(朱)는 속심이 붉은 나무로, 소나무나 측백나무의 등속이다. 목(木)과 일(一)이 그 가운데 있는 모양으로 구성되었다. 장(章)과 구(俱)의 반절음이다.[朱, 赤心木, 松柏屬. 從木, 一在其中. 章俱切.]

남방(南方)의 정위(定位)에 있기 때문에 정색(正色)이 되는 것이다. 자주색[紫]이 간색(間色)이 되는 것에 대해서는 「향당」 황간의 「소」에 영자엄(潁子嚴)[101]을 인용해서 "북방(北方)은 수(水)가 되고 수(水)의 색은 검으며[黑] 수는 화(火)를 이기고 화의 색은 붉다[赤]. 검은색을 붉은색에 더하기 때문에 자주색[紫]이 되니, 자주색은 북방의 간색(間色)이다."라고 했다. 『석명』「석채백」에 "자주색[紫]은 흠결[疵]이 있는 것으로 정색(正色)이 아니다. 5색 중에 흠결이 있는 것이 사람을 미혹시키는 것이다."라고 했으니, 이는 자주색[紫]이 간색이 되는데, 검은색[黑]을 붉은색[赤]에 더해서 조금은 붉은색을 띠기 때문에 붉은색에 어지러움을 끼친다는 것이다.

云"間色之好者", 以時尙紫, 知色好也. 『困學紀聞』, "周衰, 諸侯服紫. 「玉藻」云: '玄冠紫緌, 自魯桓公始.' 『管子』云: '齊桓公好服紫衣, 齊人尙之, 五素易一紫,' 皆周衰之制也." 江氏永 『鄕黨圖考』又引"渾良夫紫衣, 僭君服." 是當時好服紫矣. 夫子以紫奪朱, 惡之, 非謂其間色 也, 若他間色紅綠碧緇之類, 皆得用之.

"간색(間色) 중에서 예쁜 것"이라고 했는데, 당시에는 자주색을 숭상했기 때문에 색이 예쁘다는 것을 알 수 있는 것이다. 『곤학기문』에 "주나라가 쇠하자 제후들이 자주색 옷을 입었다. 『예기』「옥조」에 '현관(玄冠)에 자주색 갓끈을 맨 것은 노나라 환공(桓公)으로부터 비롯되었다.'라고 했고, 『관자』에 이르길, '제 환공(齊桓公)이 자주색 옷 입기를 좋아하자 제나라 사람들이 자주색을 숭상하여 흰색 옷 다섯 벌과 자주색 옷 한 벌을 맞바꾸었다.'라고 했는데, 모두 주나라가 쇠했을 때의 제도이다."라고 했다. 강영의 『향당도고』에도 "혼량부(渾良夫)가 자주색 윗도리를 입은 것은 군주의 복장을 참람한 것이다."라고 했으니, 당시에는 자주색 옷 입기를 좋아했었다. 공자는 자주색이 붉은색을 빼앗기 때문에 미워한 것이지, 그것이 간

---

101 영자엄(潁子嚴, ?~?): 동한 때 진(陳)나라 장평현[長平縣: 지금의 하남성(河南省) 주구시(周口市)] 사람. 이름은 용(容), 자엄(子嚴)은 그의 자. 박학다식했고, 『춘추좌씨전(春秋左氏傳)』에 조예가 깊었다. 벼슬에 나아가지 않고, 헌제(獻帝) 초평(初平) 연간에 형주(荊州)로 피난하였는데, 문도 1천여 명이나 모여들었다. 유표(劉表)가 무릉태수(武陵太守)로 삼으려 했으나, 응하지 않았다. 저서로는 『춘추좌씨조례(春秋左氏條例)』와 『춘추석례(春秋釋例)』10권이 있다. 건안(建安) 연간에 죽었다.

색(間色)이기 때문이라는 말이 아니다. 예를 들어 다른 간색인 홍색[紅]·녹색[綠]·옥돌색[碧]·검은색[緇] 따위와 같은 것은 모두 사용할 수가 있다.

- 「注」, "利口"至"國家".
- 正義曰: 鄭「注」云: "疾時利口, 多言少實也." 此僞孔所襲. "多言少實", 是其言不由中, 但務爲說媚而已.
- 「주」의 "이구(利口)"부터 "국가(國家)"까지.
- 정의에서 말한다.

정현의 「주」에 "당시 구변 좋은 말재주를 가진 사람이 말만 많고 진실함이 적음을 미워한다는 것이다."라고 했는데, 이것을 위공이 그대로 따른 것이다. "말이 많고 진실함이 적다"라는 것은 그 말이 마음속에서 말미암지 않고 단지 기쁘게 하면서 아첨하는 것만 힘쓸 뿐인 것이다.

『中論』「核辨篇」, "且利口者, 心足以見小數, 言足以盡巧辭, 給足以應切問, 難足以斷俗疑. 然而好說而不倦, 諜諜如也. 夫類族辨物之士者寡, 而愚闇不達之人者多, 孰知其非乎? 此其所以無用而不見廢也, 至賤而不見遺也. 先王之法, 析言破律, 亂名改作者殺之. 行僻而堅, 言僞而辨, 記醜而博, 順非而澤者亦殺之, 爲其疑衆惑民, 而潰亂至道也. 孔子曰: '巧言亂德', '惡似而非者也'."

『중론』「핵변」에, "또 구변 좋은 말재주를 가진 사람은 마음으로는 충분히 작은 수를 볼 수 있고, 말은 충분히 교묘한 말을 다할 수 있으며, 민첩한 말솜씨는 충분히 급박하고 절실한 질문에 응대할 수 있고, 논난(論難)은 충분히 세속의 의혹을 단정 지을 수 있다. 그러나 떠벌이기를 좋아하면서도 지치질 않고 쉴 새 없이 재잘재잘 지껄인다. 겨레와 하나가 되고 사물을 변별하는 선비[102]가 적고, 어리석고 어두우며 이치에 통달하지 못한 사람이 많으니, 누가 그

---

[102] 『주역』「동인(同人)·상(象)」: 상에서 말했다. "하늘이 불과 어울리는 것이 동인이다. 군자가 이 괘의 이치를 보고 겨레와 하나가 되고 사물을 변별한다."[象曰: 天與火同人, 君子以, 類族, 辨物.]

잘못을 알겠는가? 이것이 말재주를 가진 사람이 쓸모없으면서도 용도폐기 되지 않는 이유이며, 지극히 천박한데도 버려지지 않는 이유이다. 선왕의 법은 말을 분석해서 법률을 파괴하며 명물(名物)을 어지럽히고 제도를 고치는 자는 죽인다. 행실이 편벽되어 있으면서도 견고하고, 말이 거짓되면서도 논리적이며 추악한 것을 기억하면서도 해박하고, 그릇된 것을 따르면서 말만 번지르르한 자도 역시 죽이니, 뭇사람을 의심하게 하고 민중을 현혹시켜 지극한 도를 무너뜨리고 어지럽히기 때문이다.[103] 공자가 말하길, '교묘한 말재주는 덕을 어지럽힌다.' 하였고, '비슷하지만 아닌 것[似而非]을 미워한다' 했다.”라고 하였다.

17-16

子曰: “予欲無言.”【注】言之爲益少, 故欲無言. 子貢曰: “子如不言, 則小子何述焉.” 子曰: “天何言哉, 四時行焉, 百物生焉, 天何言哉?”

공자가 말했다. “나는 말이 없고자 한다.”【주】 말하는 것이 이익이 됨

---

103 『예기』「왕제(王制)」: 말을 분석하여 법률을 파괴하며 명물(名物)을 어지럽히고 제도를 고치며 좌도[左道: 이단(異端)]를 잡아서 정사를 혼란시키면 죽이며, 음탕한 음악과 괴이한 의복과 기이한 기예와 이상한 기물을 만들어서 사람들을 의혹시키면 죽이며, 행실이 거짓되면서도 견고하고 말이 거짓되면서도 논리적이고 학문이 잘못되었으면서도 해박하고 비행(非行)을 순히 꾸며 문식을 잘해서 사람들을 의혹시키면 죽이며, 귀신(鬼神)과 시일(時日)과 복서(卜筮)에 가탁해서 사람들을 의혹시키면 죽이니, 이 네 가지 죽임은 다시 심리하지 않는다. 무릇 금령을 집행하여 무리를 가지런히 해야 할 경우에는 과실을 용서하지 않는다.[析言破律, 亂名改作, 執左道以亂政, 殺. 作淫聲·異服·奇技·奇器以疑衆, 殺. 行僞而堅, 言僞而辨, 學非而博, 順非而澤以疑衆, 殺. 假於鬼神·時日·卜筮以疑衆, 殺. 此四誅者, 不以聽. 凡執禁以齊衆, 不赦過.]

이 적기 때문에 말이 없고자 한 것이다. 자공이 말했다. "선생님께서 만일 말을 하지 않으시면 저희들이 무엇을 좇아서 따르겠습니까?" 공자가 말했다. "하늘이 무슨 말을 하더냐? 사계절이 운행되고 만물이 자라나는데, 하늘이 무슨 말을 하더냐?"

원문 正義曰: 皇「疏」引王弼曰: "子欲無言, 蓋欲明本, 舉本統末, 而示物於極者也. 夫立言垂敎, 將以通性, 而弊至於湮; 寄旨傳辭, 將以正邪, 而勢至於繁. 旣求道中, 不可勝御, 是以修本廢言, 則天而行化." 案, 夫子本以身敎, 恐弟子徒以言求之, 故欲無言以發弟子之悟也.

역문 정의에서 말한다.

황간의 「소」에 왕필을 인용해서 "공자가 말이 없고자 한 것은 대체로 근본을 밝히고자 해서였으니, 근본을 들어 말단까지 통틀어 궁극에서 만물을 보여 준 것이다. 말을 남기고 가르침을 드리워 장차 성(性)에 통달하려 하다가 폐단이 인멸되는 지경에 이르고, 뜻을 맡겨 말을 전달해서 장차 사특함을 바로잡으려 하다가 형세가 번거로운 지경에 이르게 된다. 이미 도(道)를 구하는 중에는 이루 다스릴 수 없으니, 이런 까닭에 근본을 닦고 말을 폐하여야 하늘을 본받고 교화가 행해지는 것이다."라고 했다. 살펴보니, 공자는 몸소 가르침을 근본으로 삼고, 제자들이 단지 말로 구하는 것을 걱정했기 때문에 말을 하지 않음으로써 제자들의 깨우침을 촉발시키고자 한 것이다.

원문 『詩』「日月」, "報我不述." 毛「傳」, "述, 循也." 言弟子無所遵行也. 鄭「注」云: "『魯』讀天爲夫, 今從『古』." 鄭以 "四時行", "百物生", 皆說天, 不當作 "夫", 故定從『古』. 翟氏灝『考異』謂 "兩句宜有別, 上句從『魯論』爲

勝.”誤也.

역문 『시경』「패풍・일월」에 "나에게 보답하기를 순리(循理)로 하지 않도다.[報我不述.]"라고 했는데, 모형의 「전」에 "술(述)은 순(循)이다."라고 했으니, 제자들이 좇아서 따를 바가 없다는 말이다. 정현의 「주」에 『노논어』에서는 천(天)을 부(夫)의 뜻으로 읽으니, 지금은 『고논어』를 따른다."라고 했는데, 정현은 "사계절이 운행됨"과 "만물이 자라남"은 모두 하늘을 말하는 것이니, "부(夫)" 자로 보는 것은 합당하지 않기 때문에 『고논어』를 따르기로 결정한 것이다. 적호의 『사서고이』에서는 "두 구절은 구별을 두어야 마땅하니, 앞 구절은 『노논어』를 따르는 것이 더 낫다."라고 했는데, 틀렸다.

원문 "四時行"者, 謂春・夏・秋・冬四時相運行也. 『春秋繁露』「四時之副篇」, "天之道, 春暖以生, 夏暑以養, 秋淸以殺, 冬寒以藏. 暖・暑・淸・寒, 異氣而同功, 皆天之所以成歲也." 又「人副天數篇」, "春生夏長, 百物以興; 秋殺冬收, 百物以藏." 是百物之生隨四時爲興藏也. 『詩』「文王」云: "上天之載, 無聲無臭." "載"者, 事也. 天不言而事成, 故無聲無臭也.

역문 "사시행(四時行)"이란 봄・여름・가을・겨울 네 계절이 운행된다는 말이다. 『춘추번로』「사시지부」에 "하늘의 도는 봄에는 따뜻함으로 만물을 태어나게 하고, 여름은 더위로 만물을 자라나게 하며, 가을은 서늘함으로써 만물을 시들어 죽게 하고, 겨울은 추위로써 만물을 감추고 숨어 보관하게 한다. 이처럼 따뜻함・더위・서늘함・추위는 기를 달리하지만 공은 같으니, 모두 하늘이 한 해의 일을 이루는 바탕인 것이다."라고 했고, 또「인부천수」에 "봄에는 태어나게 하고 여름에는 자라나게 하니, 모든 만물이 그 때문에 일어나고, 가을에는 시들어 죽게 하고 겨울에는 거두어들이니, 모든 만물이 그 때문에 감추고 숨어 보관되는 것이다."라

고 했는데, 이는 모든 만물의 삶은 네 계절을 따라 일어나고 감추며 숨
고 보관된다는 것이다. 『시경』「문왕」에 "하늘의 일[載]은 소리도 없고
냄새도 없다."라고 했는데, "재(載)"는 일[事]이다. 하늘은 말을 하지 않아
도 일이 이루어지기 때문에 소리도 없고 냄새도 없는 것이다.

원문 『禮』「哀公問篇」, "孔子云: '無爲而物成, 是天道也; 已成而明, 是天道
也.'" 『荀子』「天論篇」, "列星隨旋, 日月遞炤, 四時代禦, 陰陽大化, 風雨
博施, 萬物各得共和以生, 各得其養以成, 不見其事而見其功, 夫是之謂
神. 皆知其所以成, 莫知其無形, 夫是之謂天."

역문 『예기』「애공문」에 "공자가 이르길, '인위적인 작위가 없이 저절로 만
물이 이루어지는 것이 천도이고, 이미 이루어짐에 환하게 드러나는 것
이 천도이다.'라고 했다."라고 하였다. 『순자』「천론편」에 "수많은 별은
차례로 돌고, 해와 달은 번갈아 가며 비추며, 네 계절은 갈마들고, 음과
양은 크게 변화하며, 바람은 두루 불고 비는 널리 내린다. 만물은 각각
그 조화를 따라서 생겨나고, 각각 그러한 그 길러 줌에 따라 이루어진
다. 그런 일을 보이지 않고 그 공적만 드러내는 것을 일러 신묘하다고
한다. 모두가 그것이 어떻게 이루어진 것인지는 알지만 아무도 그것이
형체가 없음을 알지 못하는데, 이것을 일러 하늘이라 한다."라고 했다.

원문 案, 聖人法天, 故『大易』「咸」取爲象, 夫子『易·傳』特發明之. 故曰:
"大人者, 與天地合其德, 與日月合其明, 與四時合其序, 與鬼神合其吉凶.
先天而天弗違, 後天而奉天時." 其敎人也, 亦以身作則. 故有威可畏, 有儀
可象, 亦如天道之自然循行, 望之而可知, 儀之而可得, 固不必諄諄然有話
言矣.

역문 살펴보니, 성인은 하늘을 본받기 때문에 『대역』「함괘」에서 취하여

상(象)으로 삼았고, 공자는『주역』「건괘」의 「문언」에서 특별히 그것을 발명하였다. 그러므로 "대인(大人)이란 천지와 그 덕이 합하고, 일월(日月)과 그 밝음이 합하며, 사시(四時)와 그 질서가 합하며, 귀신(鬼神)과 그 길흉(吉凶)이 합하여, 하늘보다 먼저 하여도 하늘이 어기지 않으며, 하늘보다 뒤에 하여도 천시(天時)를 받든다."[104]라고 했는데, 그가 사람을 가르친 것도 역시 몸소 본보기로 삼은 것이다. 그러므로 두려워할 만한 위엄이 있고, 본받을 만한 거동이 있는 것 역시도 천도가 자연스럽게 순행하는 것과 같아서 바라만 보고도 알 수 있고, 본보기로 삼으매 얻을 수 있는 것이니, 진실로 굳이 간곡하게 말할 필요가 없는 것이다.

● 「注」, "言之爲益少."
● 正義曰: 夫子欲訥於言而敏於行, 故恐徒言之則爲益少也.
○ 「주」의 "말하는 것이 이익이 됨이 적다."
○ 정의에서 말한다.
　공자는 말에는 굼뜨고 행동에는 민첩하고자 했기 때문에 부질없이 말하면 이익이 됨이 적음을 걱정했던 것이다.

17-17

孺悲欲見孔子, 孔子辭以疾. 將命者出戶, 取瑟而歌, 使之聞之. 【注】孺悲, 魯人也. 孔子不欲見, 故辭之以疾. 爲其將命者不知己, 故歌,

---

104『주역』「건(乾)·문언(文言)」.

令將命者悟, 所以令孺悲思之.

유비(孺悲)가 공자를 만나 보려고 하였지만, 공자가 병을 핑계로 거절하였다. 명령을 전달하는 자가 문밖으로 나가자, 비파를 가져다 노래를 부르며 그로 하여금 듣게 하였다. 【주】 유비(孺悲)는 노나라 사람이다. 공자는 만나고 싶지 않았기 때문에 병을 핑계로 거절한 것이다. 명령을 전달하는 자가 자기의 뜻을 알아차리지 못했기 때문에 노래를 불러 명령을 전달하는 자로 하여금 깨닫게 한 것이니, 이는 유비로 하여금 거절의 의미를 생각하게 하기 위한 것이었다.

원문 正義曰:『釋文』, "孺, 字亦作孺." 此俗體. 『禮』「雜記」云: "恤由之喪, 哀公使孺悲之孔子, 學士喪禮, 「士喪禮」於是乎書." 是孺悲實親學聖門, 而孔子不見之者, 此"欲見"是始來見, 尙未受學時也.

역문 정의에서 말한다.

『경전석문』에 "유(孺)는 글자를 또 유(孺)로 쓰기도 한다."라고 했는데, 이 글자는 속체(俗體)이다. 『예기』「잡기하」에 "휼유(恤由)[105]의 초상에 노나라 애공(哀公)이 유비를 공자에게 보내어 사의 상례(喪禮)를 배우게 했는데, 「사상례」가 여기에서 기록되었다."라고 했으니, 유비가 실제로 직접 성인의 문하에서 배웠음에도 불구하고 공자가 만나 주지 않았다고 했으니, 여기에서 "만나 보려고 했다[欲見]"라는 것은 처음으로 와서 만나 보려 했던 것으로, 아직은 배움을 받지 아니할 때였던 것이다.

---

105 휼유(恤由, ?~?): 춘추시대(春秋時代) 노(魯)나라 애공(哀公) 때의 대부(大夫)이다.

원문 『儀禮』「士相見禮」「疏」謂"孺悲不由紹介, 故孔子辭以疾." 此義當出鄭「注」. 『御覽』四百二引『韓詩外傳』云: "子路曰: '聞之於夫子, 士不中間而見, 女無媒而嫁者, 非君子之行也.'"「注」云: "'中間', 謂介紹也." 『禮』「少儀」云: "聞, 始見君子者, 辭曰: '某固願聞名於將命者.' 不得階主." 此少者見尊長之禮, 當有介紹. 「聘義」所謂"君子於其所尊, 弗敢質, 敬之至也." 是也.

역문 『의례』「사상견례」의「소」에 "유비가 아무런 소개도 통하지 않았기 때문에 공자가 병을 핑계로 거절한 것이다."라고 했는데, 이 뜻은 당연히 정현의「주」에서 나온 것이다. 『태평어람』권402에『한시외전』을 인용하면서 "자로가 말했다. '선생님께 들으니, 사(士)가 소개도 없이 만나보는 것과 여자가 중매도 없이 시집가는 것은 군자가 할 소행이 아니다.'"라고 했는데,「주」에 "중간(中間)은, 소개[介紹]를 이른다."라고 했다. 『예기』「소의」에 "들자 하니, 군자를 처음 뵙는 자의 말은 '아무개[某]는 명령을 전달하는 자[將命者]를 통하여 제 이름을 알리기를 굳이 원합니다.'라고 해야 하니, 주인에게 바로 올라갈 수 없다."라고 했는데, 이것이 젊은 사람이 자신이 높이는 사람이나 어른[尊長]을 만나 보는 예이니 마땅히 소개가 있어야 하는 것이다. 『예기』「빙의」의 이른바 "군자가 자신이 높이는 분에게 감히 곧바로 상대하지 못하여 소개하는 절차를 두는 것은 공경함이 지극한 것이다."라고 한 것이 바로 이것이다.

원문 鄭「注」又云: "將命, 傳辭者." 此指主人之介, 傳主人辭者也. "戶", 室戶也. 古人燕居在室中, 卽見賓亦然. "取瑟而歌", 謂取瑟鼓之, 而復倚聲以歌也. 皇本"辭"下有"之"字.

역문 정현의「주」에는 또 "장명(將命)은 말을 전달하는 자이다."라고 했는데, 이는 주인의 소개인[介]을 가리키는 것으로 주인의 말을 전달하는 자이다. 호(戶)는 방문[室戶]이다. 옛사람들은 방 안에서는 편안하고 한가롭게 거처했는데, 손님을 만나 볼 때도 역시 그랬다. "비파를 가져다 노래를 불렀다[取瑟而歌]"라는 것은 비파를 가져다 연주하면서 다시 비파 소리에 맞춰 노래를 불렀다는 말이다. 황간본에는 "사(辭)" 아래 "지(之)" 자가 있다.

- 「注」, "爲其"至"思之".
- 正義曰: "不知己", 邢本脫"知"字, "己"誤"已", 此從皇本補正. 將命者悟知其非疾, 必亦告之孺悲, 令孺悲自思其失禮而改之也.
- ○「주」의 "위기(爲其)"부터 "사지(思之)"까지.
- ○ 정의에서 말한다.

"부지기(不知己)"는 형병본에는 "지(知)" 자가 빠져 있고, "기(己)"도 "이(已)"로 잘못되어 있는데, 여기서는 황간본을 따라 보충하고 바로잡았다. 명령을 전달하는 자가 공자가 병 때문에 거절한 것이 아님을 깨달아 알았다면 반드시 또 유비에게 일러 주어 유비로 하여금 스스로 자신의 실례를 생각해서 잘못을 고치도록 했을 것이다.

17-18

宰我問, "三年之喪, 期已久矣. 君子三年不爲禮, 禮必壞; 三年不爲樂, 樂必崩. 舊穀旣沒, 新穀旣升, 鑽燧改火, 期可已矣."【注】馬曰: "『周書』「月令」有更火之文, '春取楡柳之火, 夏取棗杏之火, 季夏取桑柘之火, 秋取柞楢之火, 冬取槐檀之火.' 一年之中, 鑽火各異木, 故曰 '改火'也."

재아(宰我)가 물었다. "삼년상은 그 기간이 너무 오래입니다. 군자가 3년 동안 예를 익히지 않으면 예가 반드시 무너지고, 3년 동안 음악을 익히지 않으면 음악이 반드시 무너질 것입니다. 묵은 곡식이 이미 다 없어지고 새 곡식이 익으며, 나무에 구멍을 뚫고 비벼서 불씨를 바꾸니, 일 년이면 상을 그쳐도 괜찮을 것 같습니다."【주】 마융이 말했다. "『주서』「월령」에 철 따라 불을 바꾼다는 글이 있으니, '봄에는 느릅나무와 버드나무의 불을 취하고, 여름에는 대추나무와 살구나무의 불을 취하며, 늦여름[季夏: 6월 12일~6월 30일]에는 뽕나무와 산뽕나무의 불을 취하고, 가을에는 상수리나무와 졸참나무의 불을 취하고, 겨울에는 홰나무와 박달나무의 불을 취한다.'라고 했다. 1년 중에 철 따라 각각 다른 나무를 사용해 구멍을 뚫어 불을 피우기 때문에 '불을 바꾼다'라고 한 것이다."

원문 正義曰: 三年喪期, 鄭君以爲二十七月, 王肅以爲二十五月. 『儀禮』「士虞禮」云: "朞而小祥, 又朞而大祥, 中月而禫. 是月也吉祭, 猶未配." 「注」, "'中', 猶間也, 與大祥間一月, 自喪至此, 凡二十七月."

역문 정의에서 말한다.

3년의 상기(喪期)에 대해서 정군(鄭君)은 27개월이라고 했고, 왕숙(王肅)은 25개월이라고 했다. 『의례』「사우례」에 "1년이 지나 소상(小祥)을 지내고 다시 1년이 지나 대상(大祥)을 지내며, 중월(中月)에 담제(禫祭)를 지낸다. 이달에는 길제(吉祭)가 되어도 오히려 배향하지는 않는다."라고 했는데, 「주」에 "'중(中)'은 간(間)과 같으니, 대상과 한 달을 사이에 두어 초상으로부터 담제까지 모두 27개월이다."라고 했다.

원문 胡氏培翬『正義』, "三年之喪, 二十五月而大祥, 二十七月而禫. 猶期之

喪十三月而大祥, 十五月而禫, 皆與大祥間隔一月也. 「檀弓」曰: ‘祥而縞, 是月禫, 徙月樂.’ ‘祥而縞’, 謂二十五月也; ‘是月禫’, 二十七月也; ‘徙月樂’, 二十八月也. 戴德『喪服變除禮』云: ‘二十五月大祥, 二十七月而禫.’ 『白虎通』云: ‘二十七月而禫, 通祭宗廟, 去喪之殺也.’ 自王肅誤讀‘祥而縞, 是月禫’之文, 以禫亦在二十五月, 祥禫同月. 又以「士虞禮」‘中月而禫’ 爲月中而禫, 謂在祥月之中. 與鄭異說, 非也.”

역문 호배휘(胡培翬)의 『의례정의』에 “삼년상에서 25개월에 대상을 지내고 27개월에 담제를 지내는 것은 기년상에서 13개월에 대상을 지내고 15개월에 담제를 지내는 것과 같으니, 모두 대상과 1개월을 사이에 두는 것이다. 『예기』「단궁상」에 ‘대상(大祥)을 지내고서 호관(縞冠)을 쓰며, 이달에 담제(禫祭)를 지내고서 한 달이 지나면 음악을 연주한다.’라고 했는데, ‘대상을 지내고서 호관을 쓴다’라는 것은 25개월이 되었다는 말이고, ‘이달에 담제를 지낸다[是月禫]’라는 것은 27개월이 되었다는 말이며, ‘한 달이 지나면 음악을 연주한다[徙月樂]’라는 것은 28개월이 되었다는 말이다. 대덕(戴德)의 『상복변제례』에 ‘25개월에 대상을 지내고 27개월에 담제를 지낸다.’라고 했고, 『백호통의』「상복(喪服)」에서는 ‘27개월에 담제를 지내는데, 통상 종묘에서 제를 지내면서 초상을 치르는 동안의 살벌한 분위기를 마치는 것이다.’라고 했으니, 원래 왕숙은 ‘대상(大祥)을 지내고서 호관(縞冠)을 쓰며, 이달에 담제(禫祭)를 지낸다’라는 문장을 잘못 읽는 바람에, 담제 역시 25개월에 있다고 해서 대상과 담제를 같은 달에 있다고 한 것이다. 또 왕숙은 『의례』「사우례」에서 ‘중월(中月)에 담제(禫祭)를 지낸다’라고 한 것을 그달 안에 담제를 지낸다[月中而禫]고 했는데, 대상을 지내는 달 안에 담제를 지낸다는 말이다. 정현과는 말이 다르니, 잘못된 것이다.”라고 했다.

원문 案, 二十五月之說, 見『禮』「三年問」及『公羊』「閔」二年「傳」, 或彼文止據大祥爲再期, 未數禫月也. 梁氏玉繩『瞥記』, "閔二年, '吉禘于莊公.'「傳」云: '譏始不三年也.' 文二年, '公子遂如齊納幣.'「傳」云: '譏喪娶也.' 蓋周衰禮廢, 三年之喪久已不行."『論語』"宰我問三年喪", 「疏」引繆協謂, "宰我思啓憤於夫子, 以戒將來, 義在屈己明道." 此解極確, 與齊宣王欲短喪不同.

역문 살펴보니, 25개월이라는 설은『예기』「삼년문」과『춘추공양전』「민공」 2년의「전」에 보이니, 어쩌면 거기의 문장에서는 다만 대상에 의거해서 2주기로 삼고, 근거로 담월(禫月)[106]을 포함시키지 않은 것인 듯싶다. 양옥승의『별기』에 "민공(閔公) 2년『춘추공양전』의 경문(經文)에 '장공(莊公)에게 길체(吉禘)[107]를 지냈다.'라고 했는데,「전」에 '시작부터 3년의 상기를 지키지 않은 것을 책망한 것이다.'[108]라고 했고, 문공(文公) 2년의 경문에, '공자 수(公子遂)가 제나라에 가서 납폐(納幣)하였다.'라고 했는데 「전」에 '상(喪)을 벗지 않았는데 장가든 것을 책망한 것이다.[109]'라고 했

---

106 담월(禫月): 대상(大祥)을 지낸 다음 달 하순의 정일(丁日)이나 해일(亥日). 초상으로부터 27개월. 대상(大祥)을 지낸 뒤에 한 달을 건너서 담제(禫祭)를 지내는데, 초상부터 윤달을 따지지 않고 27개월이 되는 달 하순의 정일(丁日)이나 해일(亥日)에 지낸다. 담제를 지내는 달을 담월(禫月)이라고 하고, 그때 입는 옷을 담복(禫服)이라고 한다. 대상은 죽은 뒤 2년, 정확하게는 25개월 만에 지내는 제사를 말한다.

107 길체(吉禘): 상례(喪禮)는 흉례(凶禮)이지만 제례(祭禮)는 길례(吉禮)이므로 길체(吉禘)라 한 것이다. 체(禘)는 큰 제사라는 뜻인데, 길체(吉禘)는 대체로 삼년상 25개월을 마치고 종묘에 새로 죽은 사람의 신주를 바치는 것이다.

108『춘추공양전』「민공(閔公)」 2년: 장공(莊公)에게 길체(吉禘)를 지낸 것을 어째서 기록했는가? 책망한 것이다. 어째서 책망한 것인가? 처음부터 3년의 상기를 지키지 않은 것을 책망한 것이다.[吉禘于莊公, 何以書? 譏. 何譏爾? 譏始不三年也.]

109『춘추공양전』「문공」 2년: 납폐(納幣)는 기록하지 않는 것인데 여기에서는 어째서 기록했는가? 책망한 것이다. 어째서 책망한 것인가? 상을 벗지 않았는데 장가든 것을 책망한 것이

으니, 대체로 주나라가 쇠퇴하고 예가 무너지자 삼년상이 이미 오랫동안 행해지지 않았던 것이다."라고 했다. 『논어』의 "재아가 삼년상에 대해 질문한" 구절에 대한 형병의 「소」에는 무협(繆協)이 "재아가 공자에게 분한 마음을 아뢰어 장차 닥치게 될 두려움을 경계할 것을 생각한 것이니, 그 뜻이 자기를 굽혀 도(道)를 밝히는 데에 있었던 것이다."[110]라고 한 말을 인용했는데, 이 해석이 지극히 정확하니, 제 선왕(齊宣王)이 상기를 단축시키고자 했었던 것[111]과는 같지 않다.

원문 案, 『詩』「素冠」「序」, "刺不能三年也." 檜爲鄭武公所滅, 此詩當作於平王之世. 又『公羊』「哀」五年「經」, "秋九月癸酉, 齊侯處臼卒." 六年「傳」,

---

다.[納幣不書, 此何以書? 譏. 何譏爾? 譏喪娶也.]

110 『논어주소(論語注疏)』「양화」 형병(邢昺)의 「소」. 형병의 「소」에는 "무협이 말하기를, '이때에 예악이 붕괴되어, 삼년상을 행하지 않으니, 재아는 장래가 크게 두려운데도 성인이 심오한 뜻으로 장래를 경계함이 없다고 여겼다. 그러므로 당시 사람들의 말에 가탁하여 공자에게 분한 마음을 아뢴 것이니, 그 뜻이 자기를 굽혀 도를 밝히는 데에 있었던 것이다.'라고 하였다.[繆協云: '爾時禮壞樂崩, 三年不行, 宰我大懼其往, 以爲聖人無微旨以戒將來. 故假時人之謂, 啓憤於夫子, 義在屈己以明道也.']라고 되어 있다.

111 『맹자』「진심상」: 제 선왕(齊宣王)이 상기(喪期)를 단축하고자 하자, 공손추가 말했다. "1년상인 기년상(朞年喪)이라도 하는 것이 그만두는 것보다는 나을 것입니다." 맹자가 말했다. "이는 어떤 사람이 자기 형의 팔뚝을 비트는데도 자네가 그에게 '우선 좀 천천히 비틀라.'라고 하는 것과 같은 것이다. 또한 그에게 효제(孝弟)를 가르쳐야 할 뿐이다." 왕자(王子) 중에 그의 어머니가 죽은 자가 있었는데, 그의 사부가 그를 위해 몇 달의 상이라도 지킬 수 있게 해 주기를 청하였다. 공손추가 물었다. "이와 같은 경우는 어떻습니까?" 맹자가 말했다. "이는 상기(喪期)를 마치고자 해도 할 수 없는 경우이니, 비록 하루를 더하더라도 그만두는 것보다는 낫다. 앞에서 말한 것은 금하지 않는데도 상기를 지키지 않는 경우를 말한 것이다."[齊宣王欲短喪, 公孫丑曰: "爲期之喪猶愈於己乎." 孟子曰: "是猶或紾其兄之臂, 子謂之姑徐徐云爾. 亦敎之孝悌而已矣." 王子有其母死者, 其傅爲之請數月之喪. 公孫丑曰: "若此者何如也?" 曰: "是欲終之而不可得也. 雖加一日, 愈於已, 謂夫莫之禁而弗爲者也."]

"秋七月, 除景公之喪." 是三年之喪, 當時久不行. 故滕文公問孟子, 定爲三年之喪, 而父兄百官皆不欲. 且云: "吾宗國魯先君莫之行, 吾先君亦莫之行." "魯先君", 則文公以來之謂也. 然「檀弓」言子夏·閔子騫皆三年喪畢, 見於夫子, 是聖門之徒皆能行之.

역문 살펴보니, 『시경』「소관」의 「서」에 "「소관」은 삼년상을 행하지 못함을 풍자한 시이다."라고 했는데, 회(檜)나라는 정 무공(鄭武公)에게 멸망당했으니, 이 시는 당연히 주나라 평왕(平王)시대에 지어진 것이다. 또 『춘추공양전』「애공」 5년의 「경」에 "가을 9월 계유일에 제후(齊侯) 처구(處臼)[112]가 죽었다."라고 했고, 6년의 「전」에 "가을 7월에 경공(景公)의 상을 벗었다."라고 했으니, 당시까지는 삼년상이 오랫동안 행해지지 않았던 것이다. 그러므로 등 문공(滕文公)이 맹자에게 질문을 하고 나서 삼년상을 치르기로 결정하자, 종친(宗親)과 백관(百官)이 모두 하고 싶어 하지 않았던 것이다.[113] 또 "우리의 종주국인 노나라 선군(先君)께서도 삼년상

---

112 『춘추좌씨전』에는 "저구(杵臼)"로 되어 있는데, 제나라 경공(景公)을 가리킨다.

113 『맹자』「등문공상(滕文公上)」: 등나라 정공(定公)이 죽자, 세자가 사부(師傅)인 연우(然友)에게 말했다. "지난번에 맹자께서 일찍이 저와 함께 송나라에서 말씀하신 적이 있는데, 제 마음에 끝내 잊히지 않습니다. 이제 불행히도 상(喪)을 당하였으니, 제가 사부께 부탁해서 맹자에게 물은 뒤에 장례를 치르고자 합니다." 연우가 추(鄒) 땅에 가서 맹자에게 묻자, 맹자가 말했다. "갸륵하지 않습니까! 부모상은 진실로 스스로 정성을 다해야 하는 것입니다. 증자(曾子)께서 말씀하시기를, '부모가 살아 계실 때는 섬기기를 예(禮)로써 하며, 돌아가셨을 때는 장례하기를 예로써 하고 제사하기를 예로써 하면 효(孝)라고 이를 수 있다.' 하셨습니다. 제후(諸侯)의 예는 제가 아직 배운 적이 없으나 제가 일찍이 들은 적이 있으니, 삼년상에 거친 베로 만든 상복을 입고 미음과 죽을 먹는 것은 천자(天子)로부터 서인(庶人)에 이르기까지 하·은·주 삼대(三代)가 공통이었습니다." 연우가 돌아와 보고하매 삼년상을 치르기로 결정하자, 종친(宗親)과 백관(百官)이 모두 하고 싶어 하지 않으며 말했다. "우리의 종주국인 노나라 선군(先君)께서도 삼년상을 행하지 않으셨고, 우리 선군께서도 행하지 않으셨으니, 임금의 대(代)에 이르러 이것을 뒤집는 것은 불가합니다. 또 옛 기록에 '상례(喪禮)와 제

을 행하지 않았고, 우리 선군도 행하지 않았다."라고 했는데, "노나라 선군(先君)"은 문공(文公) 이후를 이르는 것이다. 그러나 『예기』「단궁」에서는 자하(子夏)와 민자건(閔子騫)이 모두 삼년상을 마치고 공자를 만났다고 했으니,[114] 그렇다면 성인 문하의 문도들은 모두 행할 수 있었던 것이다.

원문 宰我親聞聖敎, 又善爲說辭, 故擧時人欲定親喪爲期之意, 以待斥於夫子. 其謂"君子三年不爲禮, 禮必壞; 三年不爲樂, 樂必崩", 此亦古成語, 謂人久不爲禮樂, 則致崩壞, 非爲居喪者言. 而當時短喪者或據爲口實, 故宰我亦直述其語, 不爲諱隱也.

역문 재아는 직접 성인의 가르침을 들었고, 또 말을 잘했기 때문에 당시 사람들이 어버이의 상기를 1년으로 정하고자 하는 뜻을 거론하여 공자에

례(祭禮)는 선조를 따른다.'라고 했습니다."라고 하자, 연우가 말했다. "제가 전수받은 바가 있습니다.'[滕定公薨, 世子謂然友曰: "昔者, 孟子嘗與我言於宋, 於心終不忘. 今也不幸至於大故, 吾欲使子問於孟子, 然後行事." 然友之鄒, 問於孟子. 孟子曰: "不亦善乎! 親喪固所自盡也. 曾子曰: '生事之以禮, 死葬之以禮, 祭之以禮, 可謂孝矣.' 諸侯之禮, 吾未之學也, 雖然[嘗聞之矣, 三年之喪, 齊疏之服, 飦粥之食, 自天子達於庶人, 三代共之." 然友反命, 定爲三年之喪, 父兄百官皆不欲曰: "吾宗國魯先君, 莫之行, 吾先君亦莫之行也, 至於子之身而反之不可. 且志曰: '喪祭, 從先祖.'" 曰: "吾有所受之也."]

114 『예기』「단궁상」: 자하(子夏)가 이미 상복을 벗고 공자를 만나 보자 공자가 거문고를 주었는데, 거문고 줄을 고르되 소리가 고르지 않고, 그 거문고를 타되 소리가 이루어지지 않자 자하가 일어나 말하기를, "슬픔이 아직 잊혀지지 않았습니다마는 선왕이 제정한 예이기 때문에 감히 넘을 수가 없었습니다."라고 하였다. 자장(子張)이 이미 상복을 벗고 공자를 만나보자 공자가 거문고를 주었는데, 그 거문고 줄을 고르되 소리가 고르며 그 거문고를 타되 소리가 이루어지자 자장이 일어나 말하였다. "선왕이 제정한 예인지라 감히 삼년상에 이르지 않을 수가 없습니다."[子夏旣除喪而見, 予之琴, 和之而不和, 彈之而不成聲, 作而曰: "哀未忘也, 先王制禮, 而弗敢過也." 子張旣除喪而見, 予之琴, 和之而和, 彈之而成聲, 作而曰: "先王制禮, 不敢不至焉."] 「단궁(檀弓)」에는 민자건이 삼년상을 마치고 공자를 만나 본 내용은 보이지 않는다. 유보남이 자장을 민자건으로 착각한 것인 듯싶다.

게 대비하여 물리치게 한 것이다. "군자가 3년 동안 예를 행하지 않으면 예가 반드시 무너지고, 3년 동안 음악을 익히지 않으면 음악이 반드시 무너진다."라고 했는데, 이 또한 옛날의 성어(成語)이니, 사람이 오래 동안 예와 음악을 익히지 않으면 무너지게 된다는 말이지, 초상을 치르는 사람 때문에 한 말은 아니다. 그런데도 당시 상기를 줄이려고 하는 자들이 더러들 걸핏하면 구실로 삼았기 때문에 재아 역시 그 말을 직접적으로 진술하고 피하거나 숨기지 않았던 것이다.

원문 "期已久矣", "期"讀如其, 『釋文』云: "期音基, 下同. 一本作其." 一本是也, "其已久矣", 謂"三年太久". 『史記』 「弟子列傳」 作 "不已久乎?" 可證也. 下文 "期可已矣", 方讀如基, 與 "期已久矣" 之 "期", 文同義異. 盧氏文弨 『考證』 反疑 "其" 爲 "基" 之誤, 非也. 『說文』云: "穀, 續也. 百穀之總名." "沒", 盡也. 鄭 「注」 云: "升, 成也." 言舊穀已盡, 新穀已成, 明期是周歲, 天道將復始也.

역문 "기이구의(期已久矣)"

"기(期)"는 기(其)와 같은 뜻으로 읽어야 하니, 『경전석문』에 "기(期)는 발음이 기(基)이니, 아래도 같다. 다른 판본에는 기(其)로 되어 있다."라고 했는데, 다른 판본[一本]이 옳으니, "기이구의(其已久矣)"란 "삼년은 너무 오래"라는 말이다. 『사기』 「중니제자열전」에 "너무 오래지 않습니까?[不已久乎?]"라고 했으니, 증거가 될 만하다. 아래 글의 "기가이의(期可已矣)"도 마찬가지로 기(基)와 같은 발음으로 읽지만, "기이구의(期已久矣)"라고 할 때의 "기(期)"와는 글자는 같지만 뜻은 다르다. 노문초의 『경전석문고증』에는 반대로 "기(其)"를 "기(基)"의 오자라고 의심했는데, 아니다. 『설문해자』에 "곡(穀)은 잇는다[續]는 뜻이다. 모든 곡식의 총명(總名)이다."[115]라고 했다. "몰(沒)"은, 다함[盡]이다. 정현의 「주」에 "승(升)은 이루어진다[成]는 뜻이다."라고 했으니, 묵은 곡식이 이미 다 없어지고 새 곡식이 이미 익었다는 말이니, 1년이면 한 해를 한 바퀴 돌아 천도(天道)가 장차 다시 시작된다는 것을 밝힌 것이다.

원문 "燧"者, 『左』「文」十年「傳」, "命夙駕載燧." 杜「注」, "燧, 取火者." 『禮』「內則」事佩有"木燧"·"金燧", 鄭「注」, "木燧, 鑽火也; 金燧, 可取火於日." 「考工記·輈人」, "鑒燧之齊." 鄭「注」, "鑒燧, 取水火於日月之器也." 此卽金燧之制與木燧名同. 『世本』云: "造火者燧人." 因以爲名也. 周氏柄中『典故辨正』, "鑽燧之法, 書傳不載. 揭子宣『璿璣遺述』云: '如楡剛取心一段爲鑽, 柳剛取心方尺爲盤, 中鑿眼, 鑽頭大, 旁開寸許, 用繩力牽如車, 鑽則火星飛爆出竇, 薄煤成火矣. 此卽『莊子』所謂"木與木相摩則燃"者, 古人鑽燧之法, 意亦如此.' 今案, 揭說頗近理. 若然, 則'春取楡柳'者, 正用兩木, 一爲鑽, 一爲燧也. 其'棗杏'·'桑柘', 意亦然矣."

역문 "수(燧)"

『춘추좌씨전』「문공」 10년의 「전」에 "초자(楚子)가 새벽 일찍이 수레에 수(燧)를 실으라고 명하였다."라고 했는데, 두예의 「주」에 "수(燧)는 불을 채취하는 도구이다."라고 했다. 『예기』「내칙」에 오른쪽에 차는 패옥(佩玉) 중에 "목수(木燧)"와 "금수(金燧)"가 있는데, 정현의 「주」에 "목수(木燧)는 나무에 구멍을 뚫고 비벼서 불을 얻는 것[鑽火]이고, 금수(金燧)는 해[日]로부터 불을 취하는 것이다."라고 했다. 『주례』「동관고공기상·주인」에 "감수제(鑒燧齊)[116]라고 한다."라고 했는데, 정현의 「주」에 "감수

---

115 『설문해자』 권7: 곡(穀)은 잇는다[續]는 뜻이다. 모든 곡식의 총명(總名)이다. 화(禾)로 구성되었고 殼가 발음을 나타낸다. 고(古)와 (祿)의 반절음이다.[穀, 續也. 百穀之總名. 從禾殼聲. 古祿切.]

(鑒燧)는 해와 달로부터 물과 불을 취하는 기구이다."라고 했으니, 여기서는 바로 금수(金燧)의 제도가 목수(木燧)와 명칭이 같은 것이다. 『세본』에 "불을 만든 사람은 수인(燧人)이다."라고 했는데, 이에 따라 명칭으로 삼은 것이다. 주병중(周柄中)의 『사서전고변정』에 "나무에 구멍을 뚫고 비벼서 불씨를 얻는 방법[鑽燧之法]이 글로 전해지는 것에는 기록되어 있지 않다. 게선(揭宣)[117]의 『선기유술』에 '예컨대 단단한 느릅나무의 속심한 단을 취해서 발화용 송곳[鑽]을 만들고, 단단한 버드나무에서 속심 사방 한 자를 취해 밑받침을 만들어 가운데 눈구멍을 파고, 발화용 송곳 대가리의 큰 쪽을 옆으로 한 치 남짓 쪼개어 노끈을 사용해서 수레처럼 힘껏 끌어당겨 발화용 송곳을 계속해서 비비면 구멍에서 불티가 날듯 터져 나와 엷게 그을리다가 불이 붙는다. 이것이 바로 『장자』「외물(外

---

116 감수제(鑒燧齊): 일종의 부싯돌로 주석(朱錫)과 쇠의 비율을 1: 1로 합해서 만든 것이다. 『주례(周禮)』「동관고공기상(冬官考工記上)·주인(輈人)」에 "쇠는 여섯 가지 정제하는 방법이 있다. 쇠를 6등분해서 주석과 쇠의 비율이 1: 6인 것을 종과 솥을 만드는 종정제(鍾鼎齊)라 하고, 쇠를 5등분해서 주석과 쇠의 비율이 1: 5인 것을 도끼를 만드는 부근제(斧斤齊), 쇠를 4등분해서 주석과 쇠의 비율이 1: 4인 것을 창을 만드는 과극제(戈戟齊), 쇠를 3등분해서 주석과 쇠의 비율이 1: 3인 것을 칼을 만드는 대인제(大刃齊), 쇠를 5등분해서 주석과 쇠의 비율이 2: 5인 것을 화살을 만드는 삭살시제(削殺矢齊), 주석과 쇠의 비율이 1: 1인 것은 부싯돌을 만드는 감수제(鑒燧齊)라고 한다.[金有六齊, 六分其金而錫居一, 謂之鍾鼎之齊; 五分其金而錫居一, 謂之斧斤之齊; 四分其金而錫居一, 謂之戈戟之齊; 參分其金而錫居一, 謂之大刃之齊; 五分其金而錫居二, 謂之削殺矢之齊, 金錫半, 謂之鑒燧之齊.]"라고 했다.

117 게선(揭宣, 1613~1695): 명(明)나라 말기에서 청(淸)나라 초 수학자이자 병법가인 게훤(揭暄)이다. 선(宣)은 자이고, 호는 위륜(韋綸) 또는 위문(緯紛)이며 반재(半齋)라고도 한다. 천문·지리·역사·병법·문학·철학 등 모든 분야에 두루 밝았다. 저서로는 『게자병경(揭子兵經)』, 『게자전서(揭子戰書)』, 『선기유술(璇璣遺述)』, 『게자성서(揭子性書)』, 『게자호서(揭子昊書)』, 『게자이회편(揭子二懷篇)』, 『도서(道書)』, 『사서(射書)』, 『제왕기년(帝王紀年)』, 『게방문답(揭方問答)』, 『주역득천해(周易得天解)』, 『성도(星圖)』, 『성서(星書)』, 『화서(火書)』, 『여지(興地)』, 『수주(水注)』 등이 있다.

物)」의 이른바 "나무와 나무가 서로 마찰하면 불이 타오른다"라는 것이니, 옛사람들이 나무에 구멍을 뚫고 비벼서 불씨를 얻던 방법은 아마도 또한 이와 같았을 것이다.'라고 했다. 지금 살펴보니 게선(揭宣)의 말이 제법 이치에 가깝다. 만약 그렇다면 '봄에 느릅나무와 버드나무를 취한다'라는 것은 바로 두 종류의 나무를 사용해서 하나는 발화용 송곳[鑽]을 만들기 위한 것이고, 다른 하나는 부싯돌[燧]을 만들기 위한 것이다. '대추나무와 살구나무'·'뽕나무와 산뽕나무'도 의도는 또한 그러했을 것이다."라고 했다.

원문 徐氏頲『改火解』, "改火之典, 昉於上古, 行於三代, 迄於漢, 廢於魏·晉以後, 復於隋而仍廢. 『尸子』曰: '燧人上觀星辰, 察五木以爲火.' 故曰'昉於上古'也. 周監二代, 『周禮』有司爟行火之政令, 故曰'行於三代'也. 漢武帝時, 別置火令·丞, 中興省之, 然「續漢志」曰: '冬至鑽燧改火.' 故曰'迄於漢.' 隋王劭以改火之義近代廢絶, 引東晉時有以雒陽火渡江者, 世世事之, 非見紐於魏·晉後乎? 隋文從劭請而復之, 然其後不見踵行者, 蓋視爲具文而已, 故曰'復於隋而仍廢'者也."

역문 서정(徐頲)[118]의 『개화해』에 "불씨를 바꾸는 법은 상고시대에 비롯되어, 삼대(三代)에 행해지고 한나라 때까지 이어지다가, 위(魏)·진(晉) 이후에는 폐지되었고, 수(隋)나라 때 회복되는가 싶더니 그대로 폐지되었다. 『시자』에 '수인(燧人)이 위로는 별을 살피고, 다섯 종류의 나무를 관찰해서 불을 만들었다.'라고 했기 때문에 '상고시대에 비롯되었다'라고 한 것이다. 주나라는 하나라와 은나라 2대를 겸하였고, 『주례』에 사관

---

118 서정(徐頲, ?~?): 未詳. 단옥재(段玉裁)의 제자라고 하는데, 자세한 것은 알 수 없다.

(司爟)이 불에 관한 정령을 담당하여 거행함이 있었기 때문에[119] '삼대에 행해졌다'라고 한 것이다. 한 무제(漢武帝) 때에는 별도로 화령(火令)과 화승(火丞)을 설치해서 중흥시키다가 없앴지만, 그러나 「속한지」에 '동지에 나무에 구멍을 뚫고 비벼서 불씨를 바꾼다.'라고 했기 때문에 '한나라 때까지 이어졌다.'라고 한 것이다. 수나라의 왕소(王劭)는 불씨를 바꾸는 도리가 근대에는 폐절되었다고 여기고, 동진(東晉) 때 낙양(雒陽)의 불을 가지고 양자강을 건넌 자가 대대로 그 일에 종사했다는 것을 인용했으니, 위・진 이후에 폐지된 것이 아니겠는가? 수 문제(隋文帝)가 왕소(王劭)의 청을 따라 회복했으나, 그 뒤에는 뒤따라 행하는 자가 보이지 않으니, 대체로 형식적인 문서로만 보여 준 것일 뿐이기 때문에 '수(隋)나라 때 회복되는가 싶더니 그대로 폐지되었다.'라고 한 것이다."라고 했다.

원문 案, 『周官』「司爟」云: "四時變國火, 以救時疾." 『管子』「禁藏篇」, "鑽燧易火, 所以去茲毒也." 蓋四時之火, 各有所宜, 若春用楡柳, 至夏仍用楡柳便有毒, 人易以生疾, 故須改火以去茲毒, 卽是以救疾也.

역문 살펴보니, 『주례』「하관사마상・사관」에 "사계절마다 나라의 불 피우는 나무를 바꾸어 때에 따라 유행하는 질병을 구제한다."라고 했고, 『관자』「금장」에 "나무에 구멍을 뚫고 비벼서 불씨를 바꾸는 것은 창궐하는 독기를 제거하기 위한 것이다."라고 했는데, 대체로 네 계절의 불은 각각 마땅한 바가 있으니, 예를 들면 봄에는 느릅나무와 버드나무를 썼지만 여름에 이르러서도 여전히 느릅나무와 버드나무를 쓰면 곧바로 독성

---

119 『주례(周禮)』「하관사마상(夏官司馬上)・사관(司爟)」: 사관은 불에 관한 정령을 담당하여 거행하는데, 사계절마다 나라의 불 피우는 나무를 바꾸어 때에 따라 유행하는 질병을 구제한다.[司爟, 掌行火之政令, 四時變國火, 以救時疾.]

이 있게 되어 사람이 쉽게 질병이 생기기 때문에 반드시 불씨를 바꿔서 창궐하는 독기를 제거해야 하는 것과 같은 것이니, 바로 이렇게 함으로써 질병을 구제하는 것이다.

- 「注」, "周書"至"火也".
- 正義曰: 『周書』「月令篇」今亡, 『漢書』「藝文志」, "『周書』七十一篇." 劉向云: "周時誥誓號令, 蓋孔子所論百篇之餘." 『周禮』「司爟」「疏」引鄭此「注」 "『周書』曰"云云, 與馬「注」同. 漢人皆見『周書』, 則『隋書』「經籍志」繫之『汲冢』, 謂"與『竹書』竝出晉世", 誤也. 先鄭「司爟」「注」引『鄒子』同, 亦本『周書』.
- 「주」의 "주서(周書)"부터 "화야(火也)"까지.
- 정의에서 말한다.

  『주서』의 「월령」이 지금은 없는데, 『전한서』「예문지」에 "『주서』는 71편이 있다"라고 했는데, 안사고의 「주」에 유향(劉向)이 이르길, "주나라 때의 고(誥) · 서(誓) · 호(號) · 영(令)은 대체로 공자가 논한 100편의 나머지이다."라고 했다. 『주례』「하관사마상 · 사관」의 「소」에 정현의 이 「주」를 인용해서 "『주서』에서 말했다"라고 운운했는데, 마융의 「주」와 같다. 한대(漢代)의 사람들은 모두 『주서』를 보면 『수서』「경적지」를 『급총주서(汲冢周書)』[120]에

---

120 『급총주서(汲冢周書)』: 급총(汲冢)은 진(晉)나라 태강(太康) 2년(281)에 급군(汲郡) 사람 부준(不準)이 도굴한 전국시대 위 양왕(魏襄王)의 무덤인데, 이 무덤에서 선진(先秦)의 과두문자(蝌蚪文字)로 기록된 죽간(竹簡)의 고서(古書) 75편을 얻었는데, 이를 『급총주서(汲冢周書)』 혹은 줄여서 『급총서』라고 한다. 『기년(紀年)』 · 『역경(易經)』 · 『역주음양괘(易繇陰陽卦)』 · 『괘하역경(卦下易經)』 · 『공손단(公孫段)』 · 『국어(國語)』 · 『명(名)』 · 『사춘(師春)』 · 『쇄어(瑣語)』 · 『양구장(梁丘藏)』 · 『격서(繳書)』 · 『생봉(生封)』 · 『대력(大曆)』 · 『목천자전(穆天子傳)』 · 『도시(圖詩)』 및 잡서인 『주식전법(周食田法)』 · 『주서(周書)』 · 『논초사(論楚事)』 · 『주목왕미인성희사사(周穆王美人盛姬死事)』 등 모두 75편으로 이루어져 있으며, 선진(先秦)의 과두문자(蝌蚪文字)로 되어 있다. 진 무제(晉武帝)가 순욱(荀勗)에게 편찬하도록 하여 『중경(中經)』이라 하였는데, 원래의 죽간은 이미 전하지 않는다.

연계시키고는, "『죽서』와 함께 모두 진(晉)나라시대에 나왔다"라고 했는데, 잘못이다. 선정(先鄭)의 「사관」「주」에 인용한 『추자』도 내용이 같으니, 역시 『주서』를 근거로 한 것이다.

榆·柳·棗·杏·桑·柘·柞·楢·槐·檀, 皆木名. 『說文』, "柘, 桑也." 疑柘是桑之屬. 又『說文』"樜"下云: "樜, 木, 出發鳩山." 而『北山經』, "發鳩之山, 其上多柘木." 則樜·柘通也. 此木今不知所指.

유(榆)·류(柳)·조(棗)·행(杏)·상(桑)·자(柘)·작(柞)·유(楢)·괴(槐)·단(檀)은 모두 나무 이름이다. 『설문해자』에 "자(柘)는 뽕나무(桑)이다."[121]라고 했으니, 아마도 자(柘)는 뽕나무(桑)의 등속인 것 같다. 또 『설문해자』의 "자(樜)" 아래 "자(樜)는 나무[木]이니 발구산(發鳩山)에서 나온다."[122]라고 했고, 『산해경』「북산경」에 "발구산(發鳩山)은 위쪽에 산뽕나무[柘木]가 많다."라고 했으니, 자(樜)와 자(柘)는 통용되는 글자이다. 하지만 이 나무는 지금은 어떤 나무를 가리키는지 알 수 없다.

鄭『詩』「箋」云: "柞, 櫟也." 櫟, 今之皁斗. 陸璣引『三蒼』, "械, 卽柞也." 『爾雅』「釋木」, "械, 白桵." 郭「注」以爲"小木叢生". 二說各異. 然高誘注『淮南』「時則訓」云: "木不出火, 惟櫟爲然." 則以"柞"爲"械"近之矣. 『說文』, "楢, 柔木也. 工官以爲耎輪." 郭注『中山經』又云: "楢, 剛木也, 中車材." 段氏玉裁『說文注』謂"此木堅韌, 故剛柔異稱而同實." 是也.

정현의 『시경』「대아·면(綿)」의 「전(箋)」에 "작(柞)은 역(櫟)이다."라고 했는데, 역(櫟)은 지금의 상수리[皁斗]이다. 육기(陸璣)는 『삼창』을 인용해서 "역(械)은 바로 상수리나무[柞]이다."라고 했고, 『이아』「석목」에 "역(械)은 상수리나무[白桵: 일설에는 두릅나무 또는 졸참나무라고도 함]이다."라고 했는데, 곽박의 「주」에 "작은 나무인데 떨기로 자란다"라고 했으니, 두 설이 각각 다르다. 그러나 고유는 『회남자』「시칙훈」을 주석하면서 "불타지 않는 나무는

---

121 『설문해자』 권6: 자(柘)는 뽕나무[桑]이다. 목(木)으로 구성되었고 석(石)이 발음을 나타낸다. 지(之)와 야(夜)의 반절음이다.[柘, 桑也. 從木石聲. 之夜切.]

122 『설문해자』 권6: 자(樜)는 나무[木]이다. 발구산(發鳩山)에서 나온다. 목(木)으로 구성되었고 서(庶)가 발음을 나타낸다. 지(之)와 야(夜)의 반절음이다.[樜, 木. 出發鳩山. 從木庶聲. 之夜切.]

오직 상수리나무[櫟]뿐이다."라고 했으니, 그렇다면 "작(柞)"을 "상수리나무[械]"라고 하는 것이 근리(近理)하다. 『설문해자』에 "유(楢)는 여린 나무[柔木]이다. 공관(工官)이 이것을 가지고 연륜(輮輪)[123]을 만든다."라고 했고, 곽박은 『산해경』「중산경」을 주석하면서 또 "유(楢)는 단단한 나무[剛木]이니, 중거(中車)를 만드는 목재이다."라고 했는데, 단옥재의 『설문해자주』에 "이 나무는 단단하고도 질기기 때문에 단단함과 부드러움을 달리 일컫지만 실제는 같다."라고 한 것이 이것이다.

皇「疏」云: "楡柳色靑, 春是木, 木色靑, 故春用楡柳也. 棗杏色赤, 夏是火, 火色赤, 故夏用棗杏也. 桑柘色黃, 季夏是土, 土色黃, 故季夏用桑柘也. 柞楢色白, 秋是金, 金色白, 故秋用柞楢也. 槐檀色黑, 冬是水, 水色黑, 故冬用槐檀也." 案, 『淮南』「時則訓」, "春爨其燧火; 夏秋爨柘燧火; 冬爨松燧火." 此與『周書』不同. 又「天文訓」云: "冬至甲子受制, 木用事, 火煙靑, 七十二日; 戊子受制, 土用事, 火煙黃, 七十二日; 庚子受制, 金用事, 火煙白, 七十二日; 丙子受制, 火用事, 火煙赤, 七十二日; 壬子受制, 水用事, 火煙黑, 七十二日." 其次土先於金, 金先於火. 周氏炳中以董子『繁露』證之, "木令後當次火, 火令後當次土, 今文錯誤." 其說甚確.

황간의 「소」에 "느릅나무와 버드나무는 색이 푸르고, 봄은 오행 중에서 목(木)에 해당하는데, 목(木)은 색이 푸르기 때문에 봄에는 느릅나무와 버드나무를 사용하는 것이다. 대추와 살구는 색이 붉고, 여름은 화(火)인데, 화(火)는 색이 붉기 때문에 여름에는 대추나무와 살구나무를 사용하는 것이다. 뽕과 산뽕은 색이 황색이고, 늦여름[季夏: 6월 12일~6월 30일]은 토(土)인데, 토는 색이 황색이기 때문에 늦여름에는 뽕나무와 산뽕나무를 사용하는 것이다. 상수리나무와 졸참나무는 색이 희고, 가을은 금(金)인데, 금(金)은 색이 희기 때문에 가을에는 상수리나무와 졸참나무를 사용하는 것이다. 홰나무와 박달나무는 색이 검고, 겨울은 수(水)인데 수는 색이 검기 때문에 겨울에는 홰나무와 박달나무를 사용하는 것이다."라고 했

---

123 연륜(輮輪): 단옥재의 『설문해자주(說文解字注)』에 "연륜(輮輪)은 수레를 안정시키는 바퀴이다.[輮輪者, 安車之輪也.]"라고 했고, 서개(徐鍇)는 『설문계전(說文繫傳)』권11, 「목부(木部)」의 "유(楢)"자 아래에 "연륜(輮輪)은 수레바퀴 바깥쪽을 단단하게 감싸는 재목이다.[輮輪, 謂車輪外固抱之才也.]"라고 했다.

다. 살펴보니, 『회남자』「시칙훈」에 "봄에는 콩깍지를 태워서 얻은 불로 밥을 짓고, 여름과 가을에는 산뽕나무를 태워서 얻은 불로 밥을 지으며, 겨울에는 소나무를 태워서 얻은 불로 밥을 짓는다."라고 했는데, 이는 『주서』와 같지 않다. 「천문훈」에 "동지(冬至)에는 갑자일(甲子日)에 목덕(木德)의 정령을 받으니, 만사는 목의 기운에 의해 영위되며, 화연(火煙)은 푸른색이고, 그 기간은 72일이고, 72일을 지나 무자일(戊子日)이 되면 토덕(土德)의 정령을 받으니, 만사는 토의 기운에 의해 영위되며, 화연(火煙)은 황색이고 그 기간은 72일이며, 72일이 지나 경자일(庚子日)이 되면 금덕(金德)의 정령을 받으니, 만사는 금의 기운에 의해 영위되며, 화연(火煙)은 흰색이고 그 기간은 72일이고, 72일을 지나 병자일(丙子日)이 되면 화덕(火德)의 정령을 받으니, 만사는 화의 기운에 의해 영위되며, 화연(火煙)은 붉은색이고 그 기간은 72일이며, 72일을 지나 임자일(壬子日)이 되면 수덕(水德)의 정령을 받으니, 만사는 수의 기운에 의해 영위되며, 화연(火煙)은 검은색이고 그 기간은 72일이다."라고 했으니, 그 순서는 토(土)가 금(金)보다 앞이고, 금(金)이 화(火)보다 앞이다. 주병중(周炳中)은 동자(董子)의 『춘추번로』를 가지고 증명했는데, "목덕(木德)의 정령 뒤에는 마땅히 화가 그다음이어야 하고, 화덕의 정령 뒤에는 마땅히 토가 그다음이어야 하니, 지금의 글에는 착오가 있다."라고 했으니, 그의 말이 매우 정확하다.

『管子』「幼官篇」又云: "春以羽獸之火爨, 夏以毛獸之火爨, 秋以介蟲之火爨, 冬以鱗獸之火爨, 中央以倮蟲之火爨." 周氏柄中云: "「月令」, '春, 其蟲鱗; 夏, 其蟲羽; 秋, 其蟲毛; 冬, 其蟲介.' 蓋冬至後改春火, 春其蟲鱗, 而時則猶冬也, 故曰'冬以鱗獸之火爨', 其實木用事, 乃春火也. 由此推之, 春改夏火, 夏其蟲羽, 故曰'春以羽獸之火爨'; 夏改秋火, 秋其蟲毛, 故曰'夏以毛獸之火爨'. 秋改冬火, 其蟲介, 故曰'秋以介蟲之火爨'. 「月令」以四時之正言, 『管子』以改火之始言, 故異耳."

『관자』「유관」에는 또 "봄에는 남방의 불[羽獸之火][124]로 밥을 짓고, 여름에는 서방의 불[毛

---

124 우수지화(羽獸之火): 당(唐) 방현령(房玄齡)의 「주」에 "우수(羽獸)는 남방(南方)의 주작[朱鳥]이니, 남방의 불을 사용하기 때문에 '우수지화(羽獸之火)'라고 한 것이다.[羽獸, 南方朱鳥, 用南方之火. 故曰'羽獸之火'.]"라고 했다. 봄에 남방의 불을 사용한다는 것은 여름의 기운을 맞이한다는 의미이다. 매 계절마다 다음에 오는 계절의 기운을 맞이하기 때문에 표현 방식

獸之火]¹²⁵로 밥을 지으며, 가을에는 북방의 불[介蟲之火]¹²⁶밥을 짓고, 겨울에는 동방의 불
[鱗獸之火]¹²⁷로 불을 지으며, 중앙(中央)은 중앙의 불[倮蟲之火]¹²⁸로 밥을 짓는다."라고 했
다. 주병중(周柄中)이 이르길, "『예기』「월령」에 '봄은 그 충(蟲)이 비늘 달린 동물[鱗蟲]이
고, 여름은 그 충(蟲)이 깃이 달린 짐승[羽蟲]짐승이며, 가을은 그 충(蟲)이 털이 있는 짐승
[毛蟲]이고, 겨울은 그 충(蟲)이 껍질 있는 짐승[介蟲]이다.'라고 했으니, 대체로 동지 이후에
봄의 불씨를 바꾸는데, 봄은 그 충이 비늘 달린 동물이지만 시기적으로는 아직 겨울이기 때
문에 '겨울에는 동방의 불로 밥을 짓는다'라고 한 것이니, 실제로는 목덕(木德)의 정령을 받
아 만사가 수의 기운에 의해 영위되는 것이 바로 봄의 불씨인 것이다. 이를 말미암아 미루어
보건대, 봄에는 여름의 불씨를 바꾸는데, 여름은 그 충이 깃이 있는 짐승이기 때문에 '봄에는
남방의 불[羽獸之火]로 밥을 짓는다'라고 한 것이고, 여름에 가을의 불씨를 바꾸는데, 가을은
그 충이 털이 있는 짐승이기 때문에 '여름에는 서방의 불로 밥을 짓는다'라고 한 것이며, 가
을에 겨울의 불씨를 바꾸는데, 겨울은 그 충이 껍질 있는 짐승이기 때문에 '가을에는 북방의
불로 밥을 짓는다'라고 한 것이다. 「월령」은 사시의 바른 순서대로 말을 한 것이고, 『관자』
는 불씨를 바꾸는 시작을 가지고 말을 한 것이기 때문에 차이가 날 뿐이다."라고 했다.

이 동일하다.

125 모수지화(毛獸之火): 방현령의 「주」에 "모수(毛獸)는 서방(西方)의 백호(白虎)이니, 서방의
    불을 사용하기 때문에 '모수지화(毛獸之火)'라고 한 것이다.[毛獸, 西方白虎, 用西方之火. 故
    曰 '毛獸之火.']라고 했다. 『논어정의』에는 "毛蟲"으로 되어 있는데, 『관자(管子)』「유궁(留
    官)」을 근거로 고쳤다.

126 개충지화(介蟲之火): 방현령의 「주」에 "개충(介蟲)은 북방(北方)의 현무(玄武)이니, 북방의
    불을 사용하기 때문에 '개충지화(介蟲之火)'라고 한 것이다.[介蟲, 北方玄武, 用北方之火. 故
    曰 '介蟲之火.']라고 했다.

127 인수지화(鱗獸之火): 방현령의 「주」에 "인수(鱗獸)는 동방(東方)의 청룡(靑龍)이니, 동방의
    불을 사용하기 때문에 '인수지화(鱗獸之火)'라고 한 것이다.[鱗獸, 東方靑龍也, 用東方之火.
    故曰 '鱗獸之火.']라고 했다. 『논어정의』에는 "鱗蟲"으로 되어 있는데, 『관자(管子)』「유궁
    (留官)」을 근거로 고쳤다.

128 나수지화(倮獸之火): 방현령의 「주」에 "나수(倮獸)는 털이 얕은 동물을 이르니, 범이나 표변
    의 등속이다.[倮獸, 謂淺毛之獸, 虎豹之屬.]라고 했다.

子曰: "食夫稻, 衣夫錦, 於女安乎?" 曰: "安." "女安, 則爲之.
夫君子之居喪, 食旨不甘, 聞樂不樂, 居處不安, 故不爲也.
今女安, 則爲之."【注】孔曰: "'旨', 美也. 責其無仁恩於親, 故再言'女安
則爲之'." 宰我出, 子曰: "予之不仁也! 子生三年, 然後免於父
母之懷.【注】馬曰: "子生未三歲, 爲父母所懷抱." 夫三年之喪, 天下
之通喪也,【注】孔曰: "自天子達於庶人." 予也有三年之愛於其父母
乎?"【注】孔曰: "言子之於父母, 欲報之德, 昊天罔極, 而予也有三年之愛乎?"

공자가 말했다. "쌀밥을 먹고 비단옷을 입는 것이 너에게는 편안
하냐?" "편안합니다." "네가 편안하다면 그렇게 하라. 군자가 거
상할 때에 맛있는 음식을 먹어도 달지 않으며, 음악을 들어도 즐
겁지 않으며, 처소에 있어도 편안하지 않았다. 그러므로 하지 않
은 것이다. 지금 네가 편안하다면 그렇게 하거라."【주】공안국이 말
했다. "지(旨)'는 아름답다[美]는 뜻이다. 재아(宰我)가 어버이에 대한 인애와 은정이
없음을 꾸짖은 것이기 때문에 '네가 편안하다면 그리하라.'라고 재차 말한 것이다."
재아가 밖으로 나가자 공자가 말했다. "재여(宰予)의 인하지 못함
이여! 자식은 태어나서 3년이 지난 연후에야 부모의 품에서 벗어
나는 것이다.【주】마융이 말했다. "자식이 태어나서 아직 세 살이 되지 않았을
때는 부모의 품안에서 지낸다." 삼년상은 천하에 공통된 상인데,【주】공
안국이 말했다. "천자로부터 서인에 이르기까지 공통된다." 재여도 그 부모에
게 3년의 사랑이 있기나 한 것일까?"【주】공안국이 말했다. "자식이 부
모에 대해서 그 은덕을 갚고자 하면 하늘과 같이 끝이 없어 갚을 길이 없는데, 재여
도 그 부모에게 3년의 사랑이 있기나 한 것일까라는 말이다."

원문 正義曰:『說文』, "稻, 稌也." 別二名. 北方以稻爲穀之貴者, 故居喪不食 之也.『儀禮』「喪服」「傳」言, "居喪旣虞, 食疏食水飮; 旣練, 始食菜果, 飯 素食." 練者, 小祥之祭. 鄭彼「注」云: "'疏', 猶麤也; '素', 猶'故'也, 謂復平 生時食也."

역문 정의에서 말한다.

『설문해자』에 "도(稻)는 찰벼[稌]이다."129라고 했으니, 두 가지의 명칭 으로 구별된다. 북방에서는 벼를 귀한 곡식으로 여기기 때문에 초상을 치를 때는 먹지 않는다.『의례』「상복」의「전」에 "초상을 치를 때 우제 (虞祭)를 마치고 나서 거친 밥을 먹고 물을 마시며, 연제(練祭)130를 마치 고 나서 비로소 채소와 과일을 먹고 평소에 먹던 밥[素食]을 먹는다."라 고 했는데, 연(練)이란 소상(小祥)의 제사이다. 정현의 이곳에 대한「주」 에 "'소(疏)'는 거칠다[麤]와 같고, '소(素)'는 '예전[故]'과 같으니, 평상시에 먹던 밥으로 돌아감을 말한다."라고 했다.

원문 程氏瑤田"疏食素食"說云: "疏食者, 稷食也, 不食稻粱黍也. 素食, 鄭云 '復平生時食', 謂黍稷也. 賤者食稷, 然豐年亦得食黍. 若稻粱二者, 據「聘 禮」·「公食大夫禮」皆加饌, 非平生常食, 居喪更何忍食? 故夫子斥宰我 曰: '食夫稻, 於女安乎?'" 是雖旣練飯素食, 亦必不食稻粱, 宜止於黍稷也.

역문 정요전(程瑤田)은 "거친 밥과 평소 먹던 밥[疏食素食]"을 설명하면서 "거 친 밥[疏食]이란 기장밥[稷食]이니, 벼와 기장과 조를 먹지 않는다는 말이

---

129 『설문해자』권7: 도(稻)는 찰벼[稌]이다. 화(禾)로 구성되었고 요(舀)가 발음을 나타낸다. 도 (徒)와 호(皓)의 반절음이다.[稻, 稌也. 從禾舀聲. 徒皓切.]

130 연제(練祭): 아버지가 살아 있을 때, 돌아간 어머니의 한 돌 만에 지내는 소상(小祥)을 미리 당겨서 열한 달 만에 지내는 제사(祭祀).

다. 소식(素食)에 대해 정현은 '평상시에 먹던 밥으로 돌아감'이라고 했는데, 기장밥이나 조밥을 말하는 것이다. 천한 사람은 기장밥을 먹지만 풍년에는 또한 조밥을 먹을 수 있다. 쌀이나 차조[稻粱] 같은 두 가지 종류는『의례』「빙례」와 「공사대부례」에 의거하면 모두 가찬(加饌)으로 평소 일반적으로 먹는 것이 아니니, 초상을 치르면서 더더욱 어찌 차마 먹을 수 있겠는가? 그러므로 공자가 재아를 물리치면서 '쌀밥을 먹는 것이 너에게는 편안하냐?'라고 한 것이다."라고 했는데, 이는 비록 연제를 마치고 나서 평소 먹던 밥을 먹더라도 또한 반드시 쌀이나 차조[稻粱]는 먹지 않고, 마땅히 기장밥[黍稷]에서 그쳐야 한다는 것이다.

원문 『詩』「碩人」「箋」, "錦, 文衣也."「終南」「傳」, "錦衣, 采色也." 錦是有文采之衣, 謂凡朝祭服以帛爲之者也. 「檜詩」"刺不能三年", 而云"庶見素冠・素衣?" 素冠, 練冠也. 『禮』「檀弓」云: "練, 練衣黃裏緣緣."「間傳」云: "期而小祥, 練冠緣緣; 又期而大祥, 素縞麻衣."「注」云: "麻衣, 十五升布深衣也. 謂之麻者, 純用布, 無采飾也." 陳氏奐『毛詩』「疏」, "小祥・大祥, 皆用麻衣. 大祥之麻衣配縞冠, 小祥之麻衣配練冠." 是未終喪, 皆服麻衣無采飾, 則不得衣錦可知. 皇本"稻"下・"錦"下有"也"字, "汝安則爲之"句上有"曰"字.

역문 『시경』「위풍・석인」의 「전(箋)」에 "금(錦)은 무늬 있는 옷[文衣]이다."라고 했고,「진풍・종남」의 「전(傳)」에 "금의(錦衣)는 채색(采色)이다."라고 했으니, 금(錦)은 무늬와 채색이 있는 옷으로, 모든 조복(朝服)과 제복(祭服)은 비단[帛]으로 만든다는 말이다.「회풍(檜風)」의 시는 "삼년상(三年喪)을 행하지 않음을 풍자한 시(詩)이다."[131]라고 하고, "행여 흰 관[素冠]

---

131 『시경』「국풍(國風)・회(檜)・소관(素冠)」의 「모서(毛序)」.

을 쓰고 흰옷[素衣]을 입은 사람을 볼 수 있을까?"¹³²라고 했는데, 소관(素冠)은 바로 연관(練冠)이다. 『예기』「단궁상」에 "연제(練祭)에는 연의(練衣)를 입되 누런빛 천으로 안을 대고 연한 붉은빛 천으로 연의의 옷깃과 소매에 선을 두른다."라고 했고, 「간전」에 "기년이 되어 소상제를 지내면 마전한 삼으로 만든 관인 연관(練冠)을 쓰고 연한 붉은색 천으로 가선을 두른 옷을 입고, 다시 기년이 돌아와 대상을 지내면 흰색의 관[素縞]와 마의(麻衣)를 입는다."라고 했는데, 「주」에 "마의(麻衣)는, 15새[升]의 삼베로 된 심의(深衣)이다. 마(麻)라고 하는 것은 순전히 삼베만 사용하고, 채색 장식이 없기 때문이다."라고 했다. 진환(陳奐)의 『모시』「소」에 "소상(小祥)과 대상(大祥)에 모두 마의(麻衣)를 착용한다. 대상의 마의는 호관(縞冠)과 짝을 이루고, 소상의 마의는 연관(練冠)과 짝을 이룬다."라고 했으니, 이는 아직 상을 마치기 전에는 모두 채색과 장식이 없는 마의를 입으니 비단[錦]을 입을 수 없다는 것을 알 수 있다. 황간본에는 "도(稻)" 아래와 "면(綿)" 아래에 "야(也)" 자가 있고, "여안즉위지(汝安則爲之)" 구절 앞에 "왈(曰)" 자가 있다.

원문 『說文』, "甘, 美也." 『詩』多言"旨酒", 此文"食旨", 兼凡飮食言之. 「喪大記」云"祥而食肉", 謂大祥也. 「間傳」云: "期而大祥, 有醯醬." "有醯醬"者, 明始得食肉也. 又云: "中月而禫, 禫而飮醴酒. 始飮酒者, 先飮醴酒; 始食肉者, 先食乾肉." 則自小祥後但得食菜果, 飯素食, 而醯醬食肉必待

---

132 『시경』「국풍·회·소관」: 행여 흰 관을 쓴 극인(棘人)의 수척함을 볼 수 있을까? 노심(勞心)하기를 단단(慱慱)히 하노라. 행여 흰옷을 입은 사람을 볼 수 있을까? 내 마음에 서글퍼하고 슬퍼하노니 애오라지 그대와 함께 돌아가리라.[庶見素冠兮棘人欒欒兮? 勞心慱慱兮. 庶見素衣兮? 我心傷悲兮, 聊與子同歸兮.]

至大祥之後, 飮醴酒必待至禫之後, 則小祥後不得食旨明矣.

『설문해자』에 "감(甘)은 아름답다[美]는 뜻이다."[133]라고 했다. 『시경』에 "맛있는 술[旨酒]"이라는 표현이 많은데, 이 글의 "식지(食旨)"는 모든 마시고 먹는 것을 겸해서 말한 것이다. 『예기』「상대기」에 "상제(祥祭)를 지내고서 고기를 먹는다.[祥而食肉.]"라고 했는데, 대상(大祥)을 이른다. 「간전」에 "다시 기년이 돌아와 대상을 지내면 초와 육장이 있다[有醯醬]."라고 했는데 "초와 육장이 있다[有醯醬]"라는 것은 비로소 고기를 먹을 수 있다는 것을 밝힌 것이다. 또 "한 달을 사이하여 담제(禫祭)를 지내는데 담제를 지내고서 단술을 마신다. 처음 술을 마시는 자는 먼저 단술을 마시고, 처음 고기를 먹는 자는 먼저 마른고기를 먹는다."라고 했으니, 소상을 지낸 뒤로부터는 단지 채소와 과일만 먹고, 평소 먹던 밥만 먹을 수 있을 뿐이고, 초와 육장을 두고 고기를 먹는 것은 대상을 지내고 난 뒤에 이르길 기다려야 하며, 술을 마시는 것은 반드시 담제를 지낸 뒤에 이르기를 기다려야 하니, 그렇다면 소상을 지낸 뒤에는 맛있는 음식을 먹을 수 없다는 것은 분명하다.

「喪大記」, "祥而外無哭者, 禫而內無哭者, 樂作矣故也." 「喪服四制」云, "祥之日, 鼓素琴." 則自大祥之前, 不與於樂, 故「曲禮」云"居喪不言樂"是也. "居處"謂居常時之處也. 「間傳」云: "父母之喪, 居倚廬, 寢苫枕塊, 不說絰帶. 旣虞卒哭, 柱楣翦屛, 苄翦不納. 期而小祥, 居堊室, 寢有席, 又期而大祥, 居復寢. 中月而禫, 禫而床." 「喪服」「傳」言"旣虞寢有席", 與

---

[133] 『설문해자』 권5: 감(甘)은 아름답다[美]는 뜻이다. 입[口]이 일(一)을 머금은 모양으로 구성되었다. 일(一)은 도(道)이다. 모든 감(甘)부에 속하는 한자는 다 감(甘)의 뜻을 따른다. 고(古)와 삼(三)의 반절음이다.[甘, 美也. 從口含一. 一, 道也. 凡甘之屬皆從甘. 古三切.]

「間傳」言"寢有席"在小祥之後稍異.

역문 『예기』「상대기」에 "대상을 지냈으면 중문 밖에서 곡함이 없고, 담제(禫祭)를 지냈으면 중문 안에서도 곡함이 없으니, 음악을 연주해도 되기 때문이다."라고 했고, 「상복사제」에 "대상을 지낸 날에 소금을 탄다.[祥之日, 鼓素琴.]"라고 했는데, 그렇다면 대상을 지내기 이전까지는 음악에 참여하지 않는 것이니, 따라서 「곡례하」에서 "상중에는 음악에 대하여 말하지 않는다"라고 한 것이, 바로 이것이다. "거처(居處)"는 평상시에 기거하는 처소를 말하는 것이다. 「간전」에 "부모의 상에서는 여막에 거처하고, 거적자리에 흙덩이를 베고 자며, 질대(絰帶)를 벗지 않는다. 우제와 졸곡제를 마치고는 바닥에 두었던 의려(倚廬)의 도리[楣]를 들어 기둥으로 받치고 의려를 덮는 거적자리를 다듬으며 부들자리를 자르되 끝을 말아 속으로 넣지 않는다. 기년에 소상제를 지내고는 악실(堊室)에 거처하여 침소에 자리가 있으며, 다시 기년이 돌아와 대상제를 지내고는 빈궁의 침소로 돌아가 거처한다. 한 달을 사이하여 담제를 지내니, 담제를 지내고는 침상에서 잔다."라고 했고, 『의례』「상복」의 「전」에 "우제를 지내고 나면 침소에 자리가 있다"라고 했는데, 「간전」에서 "침소에 자리가 있다"라고 한 것이 소상을 지내고 난 뒤에 있다고 한 것과는 조금 다르다.

원문 又「喪服」「傳」言"旣練舍外寢", 「注」云: "舍外寢於中門之外, 所謂堊室也." 則鄭以「喪服傳」與「間傳」合也. 又「喪大記」, "旣練居堊室, 旣祥黝堊, 禫而從御, 吉祭而復寢." 復寢在禫後, 與「間傳」在大祥後又稍異. 以理衡之, 當以「(喪)大記」爲備也.

역문 또 「상복」의 「전」에 "연제를 마치고 나서는 외침(外寢)에서 거처한다"라고 했는데, 「주」에 "중문(中門) 밖에서 외침(外寢)에 거처하는 것이니,

이른바 악실(堊室)이라는 것이다.”라고 했으니, 그렇다면 정현은 『의례』
「상복」의 「전」을 『예기』「간전」과 합한 것이다. 또 『예기』「상대기」에
“연제를 지내고 나서는 악실(堊室)에 거처하고, 대상을 지낸 뒤에는 악실
의 바닥을 검게 칠하고 악실의 벽에 흰 흙을 바르며, 담제를 지내고 나
서는 부인을 거느리고, 길제를 지내고 나서는 평상시의 침실로 돌아간
다.”라고 했는데, 평상시의 침실로 돌아가는 것이 담제를 지낸 뒤에 있
으니, 「간전」에서 대상을 지낸 뒤에 있다고 한 것과는 또 조금 차이가
난다. 이치를 가지고 균형을 맞춰 보니, 「상대기」가 더 잘 갖추어졌다
고 하는 것이 마땅하다.

원문 『禮』「問喪」云: “夫悲哀在中, 故形變於外也; 痛疾在心, 故口不甘味,
身不安美也.” 『孝經』「喪親章」, “服美不安, 聞樂不樂, 食旨不甘, 此哀戚
之情也.”

역문 『예기』「문상」에 “슬픔이 마음속에 있기 때문에 형체가 변하여 외모
에 나타나며, 애통함이 마음속에 있기 때문에 입은 맛있는 음식이 달지
않고 몸은 좋은 옷이 편안하지 않은 것이다.”라고 했고, 『효경』「상친장」
에 “좋은 옷을 입어도 편안하지 않고 음악을 들어도 즐겁지 않으며, 맛
있는 음식을 먹어도 달지 않으니, 이는 슬픈 감정 때문이다.”라고 했다.

원문 “不仁”者, 言不愛父母, 是不仁也. 故又曰“予也有三年之愛於其父母
乎?” 言無有也. 『大戴禮』「盛德篇」, “凡不孝, 生於不仁愛也; 不仁愛, 生
於喪祭之禮不明. 喪祭之禮, 所以敎仁愛也. 致愛故能致喪祭.” 卽此義也.
『漢石經』“於其父母”下無“乎”字, 當誤脫.

역문 “불인함[不仁]”이란 부모를 사랑하지 않는 것이 불인하다는 말이다. 그
러므로 또 “재여도 그 부모에게 3년의 사랑이 있기나 한 것일까?”라고

했으니, 없다는 말이다. 『대대례』「성덕」에 "모든 불효는 인애(仁愛)하지 않는 데서 생기고, 인애하지 않음은 상례와 제례가 불분명한 데서 생긴다. 상례와 제례는 인애를 가르치는 방법이다. 지극히 사랑하기 때문에 상례와 제례를 지극하게 할 수 있다."라고 했으니, 바로 이 뜻이다. 『한석경』에는 "어기부모(於其父母)" 아래 "호(乎)" 자가 없으니, 당연히 잘못해서 글자가 빠진 것이다.

● 「注」, "旨, 美也."
● 正義曰:『說文』同.
○ 「주」의 "지(旨)는 아름답다[美]는 뜻이다."
○ 정의에서 말한다.
　『설문해자』에도 같다.

● 「注」, "子生未三歲, 爲父母所懷抱."
● 正義曰:『說文』, "裛, 俠也. 裛, 裛也." 今字作"懷" · 作"抱", 皆叚借字. 「蓼莪詩」云: "父兮生我, 母兮鞠我. 拊我畜我, 長我育我: 顧我復我, 出入腹我."
○ 「주」의 "자식이 태어나서 아직 세 살이 되지 않았을 때는 부모의 품안에서 지낸다."
○ 정의에서 말한다.
　『설문해자』에 "회(裛)는 낀다[俠]는 뜻이다.[134] 포(裛)는 품는다[裛]는 뜻이다.[135]"라고 했는데, 지금의 글자는 "회(懷)"로 쓰고 "포(抱)"로 쓰니, 모두 가차자(叚借字)이다. 『시경』「소

---

[134] 『설문해자』 권8: 회(裛)는 낀다[俠]는 뜻이다. 의(衣)로 구성되었고 답(衆)이 발음을 나타낸다. 일설에는 전대[橐]라고 한다. 호(戶)와 괴(乖)의 반절음이다.[裛, 俠也. 從衣衆聲. 一曰橐. 戶乖切.]

[135] 『설문해자』 권8: 포(裛)는 품는다[裛]는 뜻이다. 의(衣)로 구성되었고 포(包)가 발음을 나타낸다. 박(薄)과 보(保)의 반절음이다.[裛, 裛也. 從衣包聲. 薄保切.]

아·요아」에 "아버지여! 나를 낳으시고, 어머니여! 나를 길러 주셨다. 나를 어루만지고, 나를

길러 주시며, 나를 자라게 하고 나를 키워 주시며, 나를 돌아보고 나를 다시 돌아보시며 출입

(出入)할 때에 나를 가슴속에 두셨다."라고 했다.

- ●「注」, "自天子達於庶人."
- ● 正義曰:『禮』「三年問」引『論語』此文, "通喪"作"達喪", 「注」, "達, 謂自天子至於庶人." 此孔
  所本.『禮』「中庸」云: "父母之喪, 無貴賤一也."
- ○「주」의 "천자로부터 서인에 이르기까지 공통된다."
- ○ 정의에서 말한다.

  『예기』「삼년문」에 『논어』의 이 문장을 인용했는데, "통상(通喪)"이 "달상(達喪)"으로 되어

  있고, 「주」에 "달(達)은 천자로부터 서인에 이르기까지를 이른다."라고 했는데, 이것을 공안

  국이 근거로 한 것이다.『예기』「중용」에 "부모의 상(喪)은 귀천에 관계없이 똑같았다."[136]라

  고 했다.

- ●「注」, "欲報之德, 昊天罔極."
- ● 正義曰:『詩』「蓼莪」文.「注」引此者, 見三年之喪亦是思報德也.
- ○「주」의 "그 은덕을 갚고자 하면 하늘과 같이 끝이 없어 갚을 길이 없다."
- ○ 정의에서 말한다.

  『시경』「소아·요아」의 문장이다.「주」에서 이것을 인용한 것은 3년상 역시 은덕을 갚을 것

  을 생각해야 함을 나타낸 것이다.

17-19

子曰: "飽食終日, 無所用心, 難矣哉!【注】馬曰: "爲其無所據樂善,

---

136 『중용』제18장.

生淫欲." 不有博弈者乎? 爲之, 猶賢乎已."

공자가 말했다. "배부르게 먹고 하루해를 마치도록 마음을 쓰는 곳이 없다면, 어렵다! 【주】 마융이 말했다. "그런 사람은 의거하여 선(善)을 즐길 곳이 없어서 저절로 음탕한 욕심이 생기기 때문이다." 장기와 바둑이라도 있지 않은가? 그것이라도 하는 것이 그래도 하지 않는 것보다는 나을 것이다."

원문 正義曰: 『孟子』「告子篇」, "心之官則思, 思則得之, 不思則不得也." "思"者, 思理義也. 無所用心, 則於理義皆不知思, 其不說學可知. "難"者, 言難以成德也. 『孟子』「告子篇」, "今夫弈之爲數, 小數也, 不專心致志, 則不得也." 是博弈皆用心也. "賢"者, 勝也. "已"者, 止也. 博弈之人, 知用其心, 若作他事, 當亦用心, 故視無所用心者爲勝也. 『荀子』「修身篇」, "偸儒憚事, 無廉恥而嗜乎飮食, 則可謂惡少者矣." "偸儒憚事", 卽無所用心之人也.

역문 정의에서 말한다.

『맹자』「고자상」에 "마음의 기능은 생각하는 것이니, 생각하면 얻고 생각하지 아니하면 얻지 못한다."라고 했는데, "생각한다"라는 것은 의리(義理)를 생각한다는 것이다. 마음을 쓰는 곳이 없으면 의리에 있어서 모두 생각할 줄 몰라서 배움을 좋아하지 않는다는 것을 알 수 있다. "어렵다[難]"라는 것은 덕을 이루기 어렵다는 말이다. 『맹자』「고자상」에 "지금 바둑의 수(數)가 하찮은 수이지만, 마음을 오로지 하고 뜻을 다하지 않으면 터득하지 못한다."라고 했으니, 장기와 바둑 모두 마음을 쓰

는 것이다. "현(賢)"이란 낫다[勝]는 뜻이다. "이(已)"란 그만둔다[止]는 뜻
이다. 장기나 바둑을 두는 사람은 그 마음을 쓸 줄 아니, 만약 다른 일을
하더라도 또한 마음을 쓸 것임이 당연하기 때문에 마음을 쓰는 곳이 없
는 사람에 비해 더 낫다는 것이다. 『순자』「수신편」에 "구차하고 나약해
서 게을러 일을 꺼리고[137] 염치없이 마시고 먹는 것만 즐기면 나쁜 젊은
이라고 말할 수 있다."라고 했는데, "구차하고 나약해서 게을러 일을 꺼
린다[偸儒憚事]"라는 것이 바로, 마음을 쓰는 곳이 없는 사람인 것이다.

원문 "博"者, 『說文』, "簙, 局戲也, 六箸十二棊也." 『方言』, "簙謂之蔽, 或謂
之菌, 秦·晉之間謂之簙, 吳·楚之間或謂之蔽, 或謂之箭裏, 或謂之簙毒,
或謂之夗專, 或謂之匴璇, 或謂之棊." "簙"與"博"同. 『荀子』「大略篇」,
"六貳之博." 楊倞「注」, "六貳之博, 卽六博也." 王逸注『楚辭』云: "投六箸,
行六棊, 故曰六博." 今之博局, 亦二六相對也.

역문 "박(博)"

『설문해자』에 "박(簙)은 국면을 향하여 노는 놀이[局戲]이니, 육저(六
箸)[138]와 열두 골패[十二棊][139]이다."[140]라고 했고, 『방언』에는 "박(簙)은 폐

---

137 『순자』권1, 「권학편(勸學篇)』 양경(楊倞)의 「주」에 "투(偸)는 구차하게 일을 피한다는 말
   이고, 유(儒) 역시 나약해서 일을 두려워한다는 말이니, 모두 게으르고 나태하다는 뜻이다.
   [偸, 謂苟避於事, 儒亦謂懦弱畏事, 皆怠惰之義.]"라고 했다.

138 육저(六箸): 쌍륙(雙六) 에 사용하는 대나무로 만든 기구. 길이가 여섯 푼[六分]이다.

139 열두 골패[十二棊]: 고대 놀음[博戲]의 일종. 지금의 쌍륙을 옛날에는 십이기(十二棊)라고 했
   다고 한다.

140 『설문해자』권5: 박(簙)은 국면을 향하여 노는 놀이[局戲]이니, 육저(六箸)와 열두 골패[十二
   棊]이다. 죽(竹)으로 구성되었고 박(博)이 발음을 나타낸다. 옛날 오주(烏冑)가 박(簙)을 만
   들었다. 보(補)와 각(各)의 반절음이다.[簙, 局戲也. 六箸十二棊也. 從竹博聲. 古者烏冑作簙.
   補各切.]

(蔽)라고 하고, 더러는 균(箘)이라고도 하는데, 진(秦)나라와 진(晉)나라 사이에서는 박(簿)이라고 하고, 오나라와・초나라 사이에서는 더러 폐(蔽)라 하기도 하고, 더러는 전리(箭裏)라고도 하고, 혹은 박독(簿毒)이라 하기도 하며, 혹은 원전(兇專)이라 하기도 하고, 혹은 전선(匵璇)이라 하기도 하고, 혹은 기(棊)라 하기도 한다."라고 했으니, "박(簿)"은 "박(博)"과 같은 글자이다. 『순자』「대략편」에 "육이지박(六貳之博)."이라고 했는데, 양경의 「주」에 "육이지박(六貳之博)은 바로 쌍륙놀이[六博]¹⁴¹이다."라고 했고, 왕일은 『초사』를 주석하면서 "여섯 가치의 대젓가락[六箸]을 던져 여섯 말[六棊]을 쓰는 것이기 때문에 육박(六博)이라 한다."라고 했는데, 지금의 박국(博局) 역시 여섯 가치의 대젓가락[六箸]과 말 여섯 개[六棊]를 가지고 서로 상대하는 것이다.

원문 『西京雜記』, "許博昌善陸博法, 用六箸, 以竹爲之, 長六分, 或用二箸." 『列子』「說符篇」『釋文』引『六博經』云: "博, 二人相對坐向局. 局分爲十二道, 兩頭當中名爲水, 用棊十二枚, 法六白六黑, 又用魚二枚, 置於水中, 其擲采以瓊爲之. 二名牽魚, 每一牽魚獲二籌, 翻一魚獲三籌. 若已牽兩魚而不勝者, 名曰'被翻雙魚', 彼家獲六籌爲大勝也."

역문 『서경잡기』에 "허박창(許博昌)¹⁴²은 육박법(陸博法)에 뛰어났으니, 여섯

---

141 육박(六博): 고대중국 놀이의 일종. 여섯 가락의 주사위를 던져 승부를 겨룸. 하북성(河北省) 평산현(平山縣) 중산국(中山國) 유적에서는 전국시대의 석제 육박반이 발견되었고 또한 하남성(河南城) 영보장만(靈寶張灣)이나 감숙성(甘肅省) 무위(武威)의 한묘에서 출토된 육박용을 비롯하여 화상석이나 거울 문양에서도 보임. 인간이 술잔 등을 옆에 두고 승부를 즐기고 있기도 하고 선인(仙人)들이 즐기고 있는 장면도 있으며 '선인육박'의 명(銘)이 새겨진 거울도 있음. 반면(盤面)에는 방격규구경(方格規矩鏡)이나 한대(漢代)의 해시계와 동양(同樣)의 문양이 그려져 있어 천지를 상징한 것으로 보인다.

가치의 젓가락을 사용했는데, 대나무로 만들고, 길이는 여섯 푼(六分)이며, 간혹 두 가치의 젓가락을 사용하기도 했다."라고 하였고, 『열자』「설부편」에 대한 『경전석문』에는 『육박경』을 인용해서 "박(博)은 두 사람이 마주 대하고 앉아서 국면을 향한다. 국면은 열두 개의 길[十二道]로 나누고 양쪽 머리에서 중앙에 해당되는 곳을 수(水)라 명명하고 12매(枚)의 말[棊]을 사용하는데, 규칙은 여섯 개의 말은 흰색이고 여섯 개의 말은 검은색이며, 또 2매의 어(魚)를 사용하는데, 수(水) 가운데 놓고, 던지는 주사위[擲采]는 옥[瓊]으로 만든다. 두 명이서 어(魚)를 끌어당기는데, 한 번 어(魚)를 끌어당길 때마다 두 개의 산가지를 얻고, 어를 한 번 뒤집을 때마다 세 개의 산가지를 얻는다. 만약 이미 두 번 어를 끌어당겼는데도 이기지 못하는 경우에는 '한 쌍의 물고기를 되치기 당했다[被翻雙魚]'라고 하는데, 상대방이 여섯 개의 산가지를 얻으면 크게 승리하는 것이 된다."라고 했다.

원문 "弈"者, 『說文』云: "弈, 圍棋也." 『文選』「博弈論」「注」引邯鄲淳 『藝經』曰: "棊局從橫, 各十七道: 合二百八十九道, 白黑棊子, 各一百五十枚." 焦氏循 『孟子正義』, "博, 蓋卽今之雙陸, 弈爲圍棊. 以其局同用板平承於下, 則皆謂之枰, 以其同行於枰, 皆謂之棊. 上高而銳如箭, 亦如箸, 今雙陸棊俗謂之鎚, 尙可考見其狀, 故有箭箸之名. 今雙陸枰上亦有水門, 其法古今有不同. 如弈, 古用二百八十九道, 今則用三百六十一道, 亦其例也. 蓋弈但行棊, 博以擲采而後行棋, 後人不行棋而專擲采, 遂稱擲采爲博, 博與弈益遠矣."

역문 "혁(弈)"

---

142 허박창(許博昌, ?~?): 안릉(安陵) 사람으로, 육박법(六博法)에 뛰어났다고 한다.

『설문해자』에 "혁(奕)은 바둑[圍棋]이다."143라고 했고,『문선』「박혁론」의 「주」에 한단순(邯鄲淳)의 『예경』을 인용해서 "바둑판의 가로와 세로는 각각 17개의 길[十七道]로 되어 있으니, 합해서 289개의 길[줄의 교차점]이 있고, 흰색과 검은색의 바둑돌이 각각 150매(枚)씩이다."라고 했다. 초순의 『맹자정의』에 "박(博)은 아마도 바로 지금의 쌍륙(雙陸)이고, 혁(奕)은 바둑[圍棊]인 듯싶다. 국면놀이에서 똑같이 아래에다 평평한 판을 받쳐 놓고 사용하면 모두 판[枰: 바둑판·쌍륙판]이라 하고 판에서 함께 움직이는 것을 모두 바둑돌[棊: 혹은 말]이라고 한다. 위쪽은 높으면서 예리하기가 화살과 같고 또한 젓가락과도 같은데, 지금 쌍륙의 말[棊]을 세속에서는 추(鎚)라고 하니, 그래도 아직은 그 모습을 상고해서 알 수 있기 때문에 화살이니 젓가락이니[箭箸] 하는 이름이 있는 것이다. 지금의 쌍륙판 위에도 수문(水門)이 있지만, 그 놀음 방법은 옛날과 지금이 같지 않은 점이 있다. 예컨대 바둑은 옛날에는 289개의 길을 사용했지만, 지금은 361개의 길을 사용하는 것이 또한 그 예이다. 대체로 바둑[奕]은 단지 바둑돌[棊]만 움직이지만, 박(博)은 주사위를 던진 뒤에 말[棋]을 움직이는데, 후대의 사람들은 말을 움직이지 않고 오로지 주사위만 던지다가 마침내 주사위를 던지는 것을 일컬어 박(博)이라고 하게 되었으니, 박(博)과 바둑[奕]이 더욱 멀어지게 되었다."라고 했다.

● 「注」, "爲其無所據樂善, 生淫欲."

143『설문해자』권3: 혁(奕)은 바둑[圍棊]이다. 공(廾)으로 구성되었고 역(亦)이 발음을 나타낸다. 『논어』에 "장기와 바둑[博奕]이라도 있지 않은가?"라고 했다. 양(羊)과 익(益)의 반절음이다.[奕, 圍棊也. 從廾亦聲. 『論語』曰: "不有博奕者乎?" 羊益切.]

● 正義曰: 不用心則無所據依以樂善, 旣不樂善, 則自生淫欲. 「魯語」敬姜曰: "夫民勞則思, 思

則善心生; 逸則淫, 淫則忘善, 忘善則惡心生."

○ 「주」의 "그런 사람은 의거하여 선(善)을 즐길 곳이 없어서 저절로 음탕한 욕심이 생기기 때

문이다."

○ 정의에서 말한다.

마음을 쓰는 곳이 없으면 의거해서 선을 즐길 곳이 없고, 이미 선을 즐길 곳이 없으면 저절로

음란한 욕심이 생겨난다. 『국어』「노어」에 경강(敬姜)이 말했다. "백성은 고생하면 생각하게

되니, 생각하면 착한 마음이 생기지만, 안일하면 음탕해지고, 음탕하면 선을 잊고, 선을 잊으

면 악한 마음이 생겨난다."

17-20

子路曰: "君子尚勇乎?" 子曰: "君子義以爲上. 君子有勇而無
義爲亂, 小人有勇而無義爲盜."

자로가 말했다. "군자는 용맹함을 숭상합니까?" 공자가 말했다.
"군자는 의로움을 숭상한다. 군자가 용맹함이 있고 의로움이 없
으면 난을 일으키고, 소인이 용맹함이 있고 의로움이 없으면 도
적질을 할 것이다."

원문 正義曰: "尚"·"上"義同, 故二文竝用. "義以爲上"者, 言以義勇爲上也,
『禮』「聘義」云: "有行之謂有義, 有義之謂勇敢. 故所貴於勇敢者, 貴其能
以立義也; 所貴於立義者, 貴其有行也; 所貴於有行者, 貴其行禮也. 故所

貴於勇敢者, 貴其敢行禮義也. 故勇敢強有力者, 天下無事則用之於禮義, 天下有事則用之於戰勝, 用之於戰勝則無敵, 用之於禮義則順治, 外無敵, 內順治, 此之謂盛德. 故聖王之貴勇敢強有力如此也. 勇敢強有力, 而不用之於禮義戰勝, 而用之於爭鬪, 則謂之亂人, 刑罰行於國, 所誅者亂人也.”

又『荀子』「榮辱篇」, “爲事利, 爭貨財, 無辭讓, 果敢而振, 猛貪而戾, 悻悻然惟利之見, 是賈盜之勇.” 二文竝可證此章之義.

역문 정의에서 말한다.

"상(尙)"과 "상(上)"은 뜻이 같기 때문에 두 글자를 병용한 것이다. "의로움을 숭상한다[義以爲上]"라는 것은 의로운 용맹을 숭상한다는 말이다. 『예기』「빙의」에 "행실이 있음을 '의(義)가 있다.'라고 하고, 의가 있음을 '용감하다.'라고 한다. 그러므로 용감함을 귀하게 여기는 까닭은 의를 확립함을 귀하게 여기기 때문이고, 의를 확립함을 귀하게 여기는 까닭은 행실이 있음을 귀하게 여기기 때문이며, 행실이 있음을 귀하게 여기는 까닭은 예를 행함을 귀하게 여기기 때문이다. 그러므로 용감함을 귀하게 여기는 까닭은 용감하게 예의를 행함을 귀하게 여기기 때문이다. 이 때문에 용감하고 강하고 힘이 있는 자는 천하에 사변(事變)이 없으면 그것을 예의에 사용하고, 천하에 사변이 있으면 그것을 전쟁하여 승리함에 사용하는 것이니, 전쟁하여 승리함에 사용하면 대적할 자가 없고, 예의에 사용하면 순조롭게 다스려지니, 밖으로 대적할 자가 없고 안으로 순조롭게 다스려지는 것, 이것을 일러 '성덕(盛德)'이라 한다. 그러므로 성왕(聖王)이 용감하고 강하고 힘이 있음을 귀하게 여김이 이와 같은 것이다. 용감하고 강하고 힘이 있으나 이것을 예의와 전쟁하여 승리하는 데에 사용하지 않고, 싸우고 다투는 데에 사용하면 그것을 '난을 일으킬 사람[亂人]'이라 하니, 형벌이 나라에 시행되면 주벌을 당할 자는 난을 일으킬 사람일 것이다."라고 했다.

또 『순자』 「영욕편」에 "일을 처리할 때 이익만을 도모하여 재물을 쟁탈하고 사양하는 일이 없이 과감하게 떨쳐 일어나 사납고 탐욕스러워 도리에 어긋나면서 게걸스럽게 욕심이 팽배하여 오직 이익만 눈에 보이는 것은 곧 장사치기와 도둑의 용맹이다."라고 했으니, 두 글은 모두 이 장의 뜻을 증명할 수 있다.

17-21

子貢曰: "君子亦有惡乎?" 子曰: "有惡: 惡稱人之惡者, 【注】包曰: "好稱說人之惡, 所以爲惡." 惡居下流而訕上者, 【注】孔曰: "'訕', 謗毀." 惡勇而無禮者, 惡果敢而窒者." 【注】馬曰: "'窒', 窒塞也."

자공이 말했다. "군자도 또한 미워함이 있습니까?" 공자가 말했다. "미워함이 있다. 남의 나쁜 점을 말하는 사람을 미워하며, 【주】 포함이 말했다. "남의 나쁜 점을 들춰내서 말하기 좋아하기 때문에 미워한다." 낮은 자리에 있으면서 윗사람을 비방하는 사람을 미워하며, 【주】 공안국이 말했다. "'산(訕)'은 헐뜯고 비방함이다." 용맹스럽기만 하고 예가 없는 사람을 미워하며, 과감하기만 하고 꽉 막힌 사람을 미워한다." 【주】 마융이 말했다. "'질(窒)'은 꽉 막혔다[窒塞]는 뜻이다."

원문 正義曰: 皇本"子貢"下有"問"字. 『漢石經』作"君子有惡乎? 子曰: '有.'" 案, "亦"是承上之辭, 此句上無所承, 自不當有"亦"字. 陳氏鱣 『古訓』曰: ""子曰'有.'"者, 與「檀弓」'曾子曰"有."'句法同." 又『漢石經』"惡居下而訕

上者"無"流"字.

역문 정의에서 말한다.

황간본에는 "자공(子貢)" 아래 "문(問)" 자가 있다. 『한석경』에는 "군자는 미워함이 있습니까? 공자가 말했다. '있다.'[君子有惡乎? 子曰: '有.']"라고 되어 있다. 살펴보니, "역(亦)"은 앞 문장을 이어서 하는 말로 이 구절 앞에 이어받을 문장이 없다면 원래는 "역(亦)" 자가 있는 것이 온당치 않다. 진전(陳鱣)의 『논어고훈』에 "'공자가 말했다. "있다"[子曰"有"]'라고 한 것은 『예기』「단궁」에서 '증자가 말했다. "있다."[曾子曰"有."]'144고 한 것과 구법(句法)이 같다."라고 했다. 또 『한석경』에는 "오거하이산상자(惡居下而訕上者)"라고 되어 있고, "유(流)" 자가 없다.

원문 惠氏棟『九經古義』云: "當因「子張篇」'惡居下流', 涉彼而誤. 『鹽鐵論』, '大夫曰"文學居下而訕上.'" 『漢書』「朱云傳」, '小臣居下訕上.' 是漢以前無'流'字." 陳氏鱣『古訓』云: "『四輩經』·『比丘尼經音義』引亦無'流'字." 馮氏登府『異文考證』云: "『白六帖』兩引俱無'流'字." 案, 皇「疏」云: "又憎惡爲人臣下, 而毀謗其君上者也." 邢「疏」云: "謂人居下位, 而謗毀在上." 竝無"流"字, 今經文有"流"字, 後人據誤本加也. 「少儀」「疏」引此文, 雖有"流"字, 亦後人所增. 蔡邕『楊賜碑』, "惟我下流, 二三小臣." 此自稱, 爲謙

---

144 『예기』「단궁상」과 「단궁하(檀弓下)」에 "曾子曰有"라는 표현은 없다. 오히려 「단궁상」에 "자유가 장례 도구에 대하여 묻자, 공자가 말했다. '가산의 있고 없음에 알맞게 해야 한다.' 자유가 '있고 없음에 어떻게 해야 고르게 할 수 있습니까?'라고 하고 묻자, 공자가 대답했다. '재산이 있더라도 예를 넘지 말 것이요, 만일 재산이 없거든 머리와 발의 형체를 거두어서 곧바로 장례하되, 관을 매달아 무덤을 쓰더라도 사람들이 어찌 비난하는 자가 있겠는가?[子游問喪具, 夫子曰: '稱家之有亡.' 子游曰: '有無, 惡乎齊?' 夫子曰: '有, 毋過禮, 苟亡矣, 斂首足形, 還葬, 縣棺而封, 人豈有非之者哉?']"라고 했는데, 이 문장을 말하는 것인 듯싶다.

辭, 非本『論語』此文.

역문 혜동(惠棟)의 『구경고의』에 "당연히 「자장」의 '하류에 처하는 것을 싫어한다[惡居下流]'[145]라는 말로 인해 거기에 영향을 받아 잘못된 것이다. 『염철론』에 '대부가 말했다. "문학은 낮은 자리에 있으면서 윗자리에 있는 사람을 비방한다."'라고 했고, 『전한서』「주운전」에 '하찮은 신하는 낮은 자리에 처하여 윗사람을 비방한다.'라고 했으니, 한나라시대 이전에는 '유(流)' 자가 없었다."라고 했고, 진전의 『논어고훈』에 "『사배경』과 『비구니경음의』에서 인용한 것에도 '유(流)' 자가 없다."라고 했으며, 풍등부(馮登府)의 『논어이문고증』에 "『백육첩』에 두 번 인용했는데, 모두 '유(流)' 자가 없다."라고 했다. 살펴보니, 황간의 「소」에 "또 남의 신하가 되어서 그 군주나 윗사람을 헐뜯고 비방함을 미워한다는 것이다."라고 했고, 형병의 「소」에 "사람으로서 낮은 자리에 있으면서 높은 자리에 있는 사람을 비방하고 헐뜯는다는 말이다."[146]라고 했는데, 모두 "유(流)" 자가 없고, 지금 경문(經文)에는 "유(流)" 자가 있으니, 후대의 사람들이 잘못된 판본을 근거로 글자를 보탠 것이다. 『예기』「소의」의 「소」에 인용한 이 문장에 비록 "유(流)" 자가 있긴 하지만[147] 역시 후대의 사람들이 보탠 것이다. 채옹(蔡邕)의 『양사비』에 "오직 나만이 하류(下流)로

---

145 『논어』「자장(子張)」: 자공이 말했다. "주왕의 불선이 이처럼 그렇게 심하지는 않았다. 이 때문에 군자는 하류에 처하는 것을 싫어하니, 천하의 악이 다 거기로 돌아가기 때문이다." [子貢曰, "紂之不善, 不如是之甚也. 是以, 君子惡居下流, 天下之惡, 皆歸焉."]

146 형병「소」의 원 문장은 "사람으로서 낮은 자리에 있으면서 높은 자리에 있는 사람을 비방하고 헐뜯기 때문에 미워한다는 말이다.[謂人居下位而謗毁在上, 所以惡之也.]"라고 되어 있다.

147 『예기주소』 권35, 「소의(少儀)」에 "남의 신하된 자는 임금의 잘못을 간하되 결코 비방함이 없어야 하며, 몸을 피하여 도망치되 미워함이 없어야 하고, 덕을 칭찬하되 아첨함이 없어야 하며, 임금의 잘못을 간하되 교만함이 없어야 한다.[爲人臣下者, 有諫而無訕; 有亡而無疾; 頌而無諂; 諫而無驕.]"라고 한 곳의 공영달의 「소」.

서 몇몇 하찮은 신하일 뿐이다."라고 했는데, 이는 스스로를 일컬은 것
으로, 말을 겸손하게 한 것이지 『논어』의 이 문장을 근거로 한 것이 아
니다.

원문 鄭「注」云: "『魯』讀窒爲室, 今從『古』." 馮氏登府『異文考證』, "『說文』,
‘室, 實也.’『集韻』, ‘窒, 實也.’ 義本通, 古二字亦相假.『周卯敦銘』, ‘孚乎
家窒.’『韓勑碑』, ‘廬城庫窒.’『漢書』「功臣表」有‘<u>淸簡侯窒中同</u>’,『史記』
作‘室’, 皆其證也. <u>馬氏應潮</u>曰: ‘室有窒義.’『太玄經』曰: ‘泠竹爲管, 室灰
爲候.’ <u>虞翻</u>「注」, ‘室, 窒也.’" 案, 室·窒音義俱近, 故『魯論』作“室”. 鄭以
“窒”義較顯, 故從『古』.

역문 정현의 「주」에 "『노논어』에서는 질(窒)을 실(室)의 뜻으로 읽으니, 지
금은『고논어』를 따른다."라고 했다. 풍등부의『논어이문고증』에 "『설
문해자』에 ‘실(室)은 가득 찼다[實]는 뜻이다.’[148]라고 했고,『집운』에 ‘질
(窒)은 가득 찼다[實]는 뜻이다.’라고 했는데, 뜻이 본래 통하니, 옛날에는
두 글자 역시 서로 가차해서 썼다.『주묘돈명』에 ‘집안 가득 미쁨을 받
다[孚乎家窒].’라고 했고,『한래비』에 ‘장성(廬城)의 창고가 가득 찼다.’라
고 했으며,『전한서』「공신표」에 ‘청간 후(淸簡侯) 질중 동(窒中同)’이 있는
데,『사기』에는 ‘실(室)’로 되어 있으니, 모두 질(窒)과 실(室)을 통용하고
가차해서 썼다는 증거이다. 마응조(馬應潮)[149]는 ‘실(室) 자에는 질(窒)의
뜻이 있다.’라고 했고,『태현경』에 ‘영(泠)이 대나무를 취하여 대롱[管]을

---

148 『설문해자』권7: 실(窒)은 가득 찼다[實]는 뜻이다. 면(宀)과 지(至)로 구성되었다. 지(至)는
　　머무는 곳이다. 식(式)과 질(質)의 반절음이다.[窒, 實也. 从宀从至. 至, 所止也. 式質切.]
149 마응조(馬應潮, ?~?):『구경고의주(九經古義注)』를 저술했다고 하는데, 자세한 정보는 알
　　수 없다.

만들고 갈청을 태운 재를 채워 입구를 막아 절기를 정했다.'150라고 했는데, 우번(虞翻)의 「주」에 '실(窒)은 막는다[窒]는 뜻이다.'라고 했다."라고 하였다. 살펴보니, 실(室)과 질(窒)은 발음과 뜻이 모두 가깝기 때문에 『논어』에서 "실(室)"이라고 쓴 것이다. 정현은 "질(窒)" 자의 뜻이 비교적 더 분명하다고 여겼기 때문에 『고논어』를 따른 것이다.

- 「注」, "好稱說人之惡, 所以爲惡."
- 正義曰: 君子隱惡揚善, 故稱說人惡, 爲君子惡也.
- ○ 「주」의 "남의 나쁜 점을 들춰내서 말하기 좋아하기 때문에 미워한다."
- ○ 정의에서 말한다.
  군자는 악을 숨기고 선을 드러내기 때문에 남의 나쁜 점을 들춰내서 말하는 것을 군자가 미워하는 것이다.

- 「注」, "'訕', 謗毀."
- 正義曰: 『說文』, "訕, 謗也." 『一切經音義』五引『蒼頡』, "訕, 誹毀也." 『禮』「少儀」云: "爲人臣下者, 有諫而無訕." 孔「疏」謂"道說君之過惡".
- ○ 「주」의 "'산(訕)'은 헐뜯고 비방함이다."
- ○ 정의에서 말한다.
  『설문해자』에 "산(訕)은 헐뜯음[謗]이다."151라고 했고, 『일체경음의』권5에 『창힐』을 인용

<small>150 진(晉) 범망(范望)의 「주」에 "영(泠)은 황제(黃帝)의 악관(樂官)인 영윤(伶倫)인데, 대하(大夏)의 서쪽으로 가서 대나무를 가져다 12개의 대롱를 만들고 불어서 그 소리를 들어 보니 각각의 마디 수마다 소리의 높낮이가 있고 열두 달의 절기에 맞으므로, 갈대청을 대운 재를 채워서 입구를 덮어놓아 12달 기운의 절기를 정했는데, 절기가 도래하면 재가 날아올랐다.[泠, 黃帝時伶倫, 到大夏西取竹, 斷以爲十二管, 吹而聽之, 各有寸數, 聲有大小, 以應月氣, 人置於深室, 實以葭灰, 穀蒙其口, 以候十二月氣, 氣至者則灰飛也.]"라고 했다.</small>

해서 "산(訕)은 헐뜯고 비방함[誹毀]이다."라고 했다. 『예기』「소의」에 "남의 신하된 자는 임금의 잘못을 간하되 결코 비방함이 없어야 한다."라고 했는데, 공영달의 「소」에 "임금의 허물과 나쁜 점을 말함을 이른다."라고 했다.

- 「注」, "'窒', 窒塞也."
- 正義曰: 「注」當云"窒, 實也", 衍一窒字. 『說文』, "窒, 塞也. 塞, 隔也." 戴氏望「注」云: "不通恕道, 窒塞於事."『廣雅』「釋詁」, "怪, 很也." 王氏念孫『疏證』, "'玉篇'怪, 惡性也.'『論語』'惡果敢而窒者', 窒與怪通, 言很戾也. 馬融訓'窒'爲塞, 失之. 下文云'痊, 惡也.', 義與怪相近." 案王說亦備一義, 其斥馬「注」爲失, 誤也.
○ 「주」의 "'질(窒)'은 꼭 막혔다[窒塞]는 뜻이다."
○ 정의에서 말한다.

「주」에서는 마땅히 "질(窒)은 가득 참[實]이다"라고 해야 하는데, 질(窒) 한 글자가 붙어났다. 『설문해자』에 "질(窒)은 막힘[塞]이다.[152] 색(塞)은 막히다[隔]라는 뜻이다.[153]"라고 했다. 대망(戴望)의 『논어』「주」에 "서(恕)의 도(道)에 통달하지 못해서 일에 꽉 막혀 있다."라고 했고, 『광아』「석고」에 "질(怪)은 패려궂다[很]는 뜻이다."라고 했으며, 왕염손의 『광아소증』에 "'옥편'에 '질(怪)은 성품이 나쁘다[惡性]는 뜻이다.'라고 했고, 『논어』에 '과감하기만 하고 패려궂[窒]은 자를 미워한다'라고 했으니, 질(窒)과 질(怪)은 통용되는 글자이니, 패려궂고 어그러졌다[很戾]는 말이다. 마융(馬融)은 '질(窒)'을 꼭 막혔다[塞]는 뜻으로 새겼는데, 잘못이다. 아래 글에 '치(痊)는 나쁘다[惡]는 뜻이다.'라고 했으니, 뜻이 질(怪)과 서로 가깝다."라고 했다. 살펴보니, 왕염손의 설도 일관된 뜻은 갖추고 있으나, 마융의 「주」가 잘못이라고 배척한 것은 잘못이다.

---

151 『설문해자』 권3: 산(訕)은 헐뜯음[謗]이다. 언(言)으로 구성되었고 산(山)이 발음을 나타낸다. 소(所)와 안(晏)의 반절음이다.[訕, 謗也. 從言山聲. 所晏切.]

152 『설문해자』 권7: 질(窒)은 막힘[塞]이다. 혈(穴)로 구성되었고 지(至)가 발음을 나타낸다. 척(陟)과 율(栗)의 반절음이다.[窒, 塞也. 從穴至聲. 陟栗切.]

153 『설문해자』 권13: 색(塞)은 막히다[隔]라는 뜻이다. 토(土)로 구성되엇고 하(廾)로 구성되었다. 선(先)과 대(代)의 반절음이다.[塞, 隔也. 從土從廾. 先代切.]

曰: "賜也亦有惡乎. 惡徼以爲知者,【注】孔曰: "徼', 抄也. 抄人之意以爲己有." 惡不孫以爲勇者, 惡訐以爲直者."【注】包曰: "訐', 謂攻發人之陰私."

자공이 말했다. "저도 또한 미워하는 것이 있습니다. 남의 뛰어난 지모와 훌륭한 생각을 베끼고 가로채는 것을 자기의 지혜로 삼는 사람을 미워하며,【주】 공안국이 말했다. "요(徼)'는 베낌[抄]이니, 남의 생각을 베끼고 가로채어 자기의 것으로 삼는 것이다." 불손함을 용맹스러움으로 여기는 사람을 미워하며, 들추어냄을 정직함으로 여기는 사람을 미워합니다."【주】 포함이 말했다. "알(訐)'은 남의 비밀스러운 사생활을 지적해서 들추어냄을 이른다."

원문 正義曰: "曰賜也亦有惡乎", 皇本"乎"作"也", 以此語屬子貢. 邢「疏」同. 『文選』「西征賦」「注」引"子貢曰: "賜也, 亦有惡乎?" 尤可證. 『釋文』, "徼', 鄭本作絞, 古卯反."』中論』「核辨篇」, "孔子曰: '小人毀訾以爲辨, 絞急以爲智, 不遜以爲勇.' 斯乃聖人所惡."』中論』此文, 誤以此節爲夫子語.

역문 정의에서 말한다.

"왈사야역유오호(曰賜也亦有惡乎)"는 황간본에는 "호(乎)"가 "야(也)"로 되어 있으니, 이 말을 자공이 한 말로 귀속시킨 것이다. 형병의 「소」도 같다. 『문선』「서정부」의 「주」에 인용하기를, "자공이 말했다. '저[賜]도 또한 미워하는 것이 있습니다.'"라고 했으니, 더욱 증명이 될 수 있다. 『경전석문』에 "'요(徼)'는 정현본에는 교(絞)로 되어 있는데, 고(古)와 묘(卯)의 반절음이다."라고 했고, 『중론』「핵변」에 "공자가 말하길, '소인은 헐뜯고 비난하는 것을 분별[辨]로 여기고, 각박하고 급박함을 지혜로 여기며 불손함을 용맹으로 여긴다.'라고 했으니, 이것이 바로 성인이 미워하는 바이다."라고 했는데,『중론』의 이 글 때문에 오인해서 이 구절을 공자가 한 말이라고 여기기도 한다.

"毁訾以爲辨", 卽"訐以爲直"之義. "絞急"與"鄭本作絞"字同. 阮氏元『校勘記』曰: "敫聲·交聲, 古音同部, 故得通借." 案,『左』「成」十四年「傳」引『詩』, "彼交匪傲."『漢書』「五行志」引『左傳』"彼交"作"匪傲", 亦交·敫二聲旁通之證. "絞急"者, 謂於事急迫, 自炫其能以爲知也,『中論』此文, 可補鄭義. 馮氏登府『異文考證』, "『禮記』‘隱義’云: ″齊人以相絞訐爲掉磬,″ 『論語』言‘絞以爲知.’ 又云‘訐以爲直.’ 絞·訐連文, 正齊·魯之方言. 鄭氏北海人, 其注『三禮』多齊言. 故於『齊』·『古』·『魯』參校之時, 不從『古』而從『魯』也." 案, 鄭作"絞", 不知何論, 必如『隱義』之說, 亦是『齊論』, 而馮君以爲從『魯』, 殊屬臆測.

"헐뜯고 비난하는 것을 분별로 여긴다[毁訾以爲辨]"라는 것이 바로 "들추어냄을 정직함으로 여긴다[訐以爲直]"라는 뜻이다. "각박하고 급박함[絞急]"은 "정현본에는 교(絞)로 되어 있다."라고 한 것과, 글자가 같다. 완원의 『십삼경주소교감기』에 "교(敫)의 발음과 교(交)의 발음은 고음(古音)이 동부(同部)이기 때문에 통용해서 가차할 수 있다."라고 했다. 살펴보니,『춘추좌씨전』「성공」14년의 「전」에 『시경』「소아·상읍」을 인용해서 "저 사람의 각박하고 급박한 태도 오만하지 않다.[彼交匪傲.]"[154]라고

---

154 『춘추좌전주소(春秋左傳注疏)』 두예의 「주」에 "저 사람의 교제(交際)함이 태만하거나 오만하지 않다.[彼之交, 于事而不惰傲]"라고 했고,『시경』「소아(小雅)·상호(桑扈)」에 대한 정현(鄭玄)의 「전(箋)」에 "거처할 때 공손하게 하며, 일을 집행할 때 경건하게 해서 남과 교제할

했는데, 『전한서』「오행지」에 『좌전』을 인용하면서 "피교(彼交)"를 "비교(匪徼)"155라고 썼으니 역시 교(交)와 교(敫) 자의 두 발음이 두루 통한다는 증거이다.

"교급(絞急)"이란 일에 있어서 급박(急迫)하게 하면서 스스로 자기의 능력을 자랑하는 것을 지혜로 여긴다는 말이니, 『중론』의 이 글은 정현의 뜻을 보충할 만하다. 풍등부의 『논어이문고증』에 "『예기』「내칙」육덕명의 「음의(音義)」에 '「은의」에 "제나라 사람156들은 서로 각박하게 잘못을 들추어냄을 조급한 일[掉磬]로 여긴다." 했다.'라고 하였고, 『논어』에 '각박함[絞]을 지혜로 여긴다.'157고 했으며, 또 '들추어냄을 정직함으로 여긴다.'라고 했는데, 교(絞)와 알(訐)을 연문(連文)으로 쓴 것은 바로 제나라와 노나라의 방언(方言)이다. 정씨(鄭氏)는 북해(北海) 사람이므로 그가 삼례를 주석함에는 제나라 말이 많다. 그러므로 『제논어』·『고논어』·『노논어』에 대해 본경(本經)을 가지고 주를 참고해 교정(校訂)할 때 『고논어』를 따르지 않고 『노논어』를 따랐던 것이다."라고 했다. 살펴보니, 정현이 "요(徼)"를 "교(絞)"라고 한 것은 무슨 논리인지 모르겠고, 굳이 『은의』처럼 설명하는 것 역시 『제논어』이니, 풍군(馮君)이 『노논어』를 따른 것이라고 한 것은 특히나 억측에 속하는 것이다.

때 예로써 한다.[居處恭, 執事敬, 與人交必以禮.]"라고 했으며, 주희 역시 『시경집전(詩經集傳)』에서 "교제(交際)하는 사이에 오만(傲慢)함이 없다.[交際之間, 無所傲慢.]"라고 해서, "交"를 모두 "交際"의 뜻으로 보았는데, 유보남은 여기에서 "絞急"의 뜻으로 보았기 때문에 "각박하고 급박함"으로 해석했다.

155 『논어정의』에는 "徼"로 되어 있으나, 『전한서』를 근거로 "徼"로 고쳤다.

156 『논어정의』에는 "人" 자가 없으나, 『예기주소』「내칙(內則)」육덕명(陸德明)의 「음의(音義)」를 근거로 보충했다.

157 『논어』에는 이러한 표현이 없다.

원문 "惡不遜以爲勇者", 言本無勇, 叚不遜以爲勇也. 『荀子』「修身篇」, "加
惕悍而不順, 險賊而不弟焉, 則可謂不詳少者矣." 卽此文之意.

역문 "불손함을 용맹스러움으로 여기는 사람을 미워한다"라는 것은 본래는
용맹함이 없으면서 불손함을 빌려 용맹스러움으로 삼는다는 말이다.
『순자』「수신편」에 "방탕하고 흉포함을 더하여 도리에 순응하지 않고
음흉하게 사람을 해치며 어른에게 공손하지 않으면 상서롭지 못한 젊은
이라고 말할 수 있다."라고 했으니, 바로 이 글의 뜻이다.

- 「注」, "徼, 抄也, 抄人之意以爲己有."
- 正義曰: 『說文』, "徼, 循也, 循, 行順也." 『漢書』言"中尉徼循京師", 引申爲凡遮取之義, 故
「注」訓抄. 『說文』, "鈔, 又取也." 無"抄"字. 『一切經音義』二引『字書』, "抄, 掠也." 又引『通
俗文』, "遮取謂之抄掠." 「音義」又云: "古文抄剿二形." 案, 「曲禮」"毋剿說", 「注」, "剿猶擥
也, 謂取人之說以爲己說." 與此「注」意同.
- 「주」의 "요(徼)는 베낌[抄]이니, 남의 생각을 베끼고 가로채어 자기의 것으로 삼는 것이다."
- 정의에서 말한다.

  『설문해자』에 "요(徼)는 순(循)이다.[158] 순(循)은 가는 것이 순서가 있다[行順]는 뜻이다."[159]
  라고 했고, 『전한서』「백관공경표(百官公卿表)」에 "중위(中尉)는 경사를 순찰한다[徼循京
  師]"[160]고 했는데, 의미가 확장되어 무릇 가로채어 취한다는 뜻이 되었기 때문에 「주」에서

---

158 『설문해자』권2: 요(徼)는 좇는다[循]는 뜻이다. 척(彳)으로 구성되었고 교(敫)가 발음을 나
타낸다. 고(古)와 요의 반절음이다.[徼, 循也. 從彳敫聲. 古堯切.]

159 『설문해자』권2: 순(循)은 가는 것이 순서가 있다[行順]는 뜻이다. 척(彳)으로 구성되었고 순
(盾)이 발음을 나타낸다. 상(詳)과 준(遵)의 반절음이다.[循, 行順也. 從彳盾聲. 詳遵切.] 『논
어정의』에 "順行"으로 되어 있다. 『설문해자』를 근거로 고쳤다.

160 『전한서』권19上, 「백관공경표(百官公卿表)」에는 "중위는 진나라 관직으로 경사의 순찰을
관장한다.[中尉, 秦官, 掌徼循京師.]"라고 되어 있다.

베낌[抄]으로 뜻을 새긴 것이다. 『설문해자』에 "초(鈔) 손으로 집어서 취한다[又取]는 뜻이다."[161]라고 했고, "초(抄)" 자는 없다. 『일체경음의』 권2에 『자서』를 인용하면서 "초(抄)는 노략질함[掠]이다."라고 했고, 또 『통속문』을 이용해서 "차취(遮取)를 노략질[抄掠]이라고 한다."라고 했다. 「음의」에는 또 "고문(古文)에는 초(抄)와 초(劋) 두 가지 형태가 있다."라고 했다. 살펴보니, 『예기』 「곡례상」에 "남의 말을 제 말인 것처럼 하지 말아야 한다[毋劋說]"라고 했는데, 「주」에 "초(劋)는 취함[擥]과 같으니, 남의 주장을 가져다가 자기의 주장인 것처럼 말하는 것을 이른다."라고 했으니, 여기 「주」의 뜻과 같다.

- 「注」, "訐謂攻發人之陰私."
- 正義曰: 『釋文』引『說文』云: "訐, 面相斥." 是訐爲"攻發"也. "陰私", 人所諱, 言而面相攻發, 以爲己直也.
- 「주」의 "알(訐)은 남의 비밀스러운 사생활을 지적해서 들추어냄을 이른다."
- 정의에서 말한다.
  『경전석문』에 『설문해자』를 인용해서 "알(訐)은 얼굴을 서로 지적함.[面相斥.]"[162]라고 했는데, 이 때문에 알(訐)을 "지적해서 들추어냄[攻發]"이라고 한 것이다. "비밀스러운 사생활[陰私]"은 사람이 숨기는 바인데, 떠벌이면서 얼굴에 대고 지적해서 들추어냄을 자기의 정직함으로 여긴다는 것이다.

---

161 『설문해자』 권14: 초(鈔)는 손으로 집어서 취한다[又取]는 뜻이다. 금(金)으로 구성되었고 소(少)가 발음을 나타낸다. 초(楚)와 교(交)의 반절음이다.[鈔, 又取也. 從金少聲. 楚交切.]

162 『설문해자』 권3: 알(訐)은 얼굴을 서로 지적하면서 죄를 서로 폭로하는 것이 알(訐)이다. 언(言)으로 구성되었고 간(干)이 발음을 나타낸다. 거(居)와 알(謁)의 반절음이다.[訐, 面相斥, 罪相告, 訐也. 從言干聲. 居謁切.]

子曰: "唯女子與小人爲難養也, 近之則不孫, 遠之則怨."

공자가 말했다. "오직 여자와 소인은 상대하기가 어려우니, 가까이하면 불손하고 멀리하면 원망한다."

원문 正義曰: 此爲有家國者戒也. "養"猶待也. 『左』「僖」二十四年「傳」, "女德無極, 婦怨無終." 杜「注」, "婦女之志, 近之則不知止足, 遠之則忿怨無已." 卽此"難養"之意.

역문 정의에서 말한다.

이것은 집안과 나라를 소유한 자들을 위해 경계한 말이다. "양(養)"은 상대함[待]과 같다. 『춘추좌씨전』「희공」 24년의 「전」에 "부녀(婦女)의 덕(德)은 다함이 없고, 부인의 원망은 그침이 없다."라고 했는데, 두예의 「주」에 "부녀(婦女)의 뜻은 가까이하면 만족하여 그칠 줄을 모르고, 멀리하면 분해서 원망하기를 그치지 않는다."라고 했으니, 바로 이것이 "상대하기 어렵다[難養]"라는 뜻이다.

원문 『易』「家人」九三云: "家人嗃嗃, 悔厲, 吉. 婦子嘻嘻, 終吝." 「象傳」, "家人嗃嗃, 未失也. 婦子嘻嘻, 失家節也." 此卽不孫之象. 故初九云: "閑有家." 言當敎之於始也; 六二云: "無攸遂, 在中饋, 貞吉." 言婦人惟酒食之議, 故能順以巽也. 「師」上六云: "開國承家, 小人勿用." "小人"卽此篇上章所指"鄕原"·"鄙夫"之屬. 皇本"怨"上有"有"字.

역문 『주역』「가인괘」의 구삼(九三)에 "집안사람들이 냉엄하면 엄격함을 후회하게 되더라도 길(吉)하다. 부녀자나 아이들이 깔깔거리고 웃어대면 마침내 곤란해진다."라고 했는데, 「상」에 "집안사람들이 근엄하게 있는 것은 아직 예절을 잃지 않은 것이고, 부녀자들이 깔깔거리고 웃는 것은 가정의 예절을 잃은 것이다."라고 했으니, 이것이 바로 불손(不孫)한 형국[象]이다. 그러므로 초구(初九)에 "가정을 둔 처음에 법도로 막는다.[閑有家.]"라고 했으니, 마땅히 처음부터 가르쳐야 한다는 말이고, 육이(六二)에 "이루는 바가 없이 집안에서 음식을 장만해 먹이는 상황이니, 절개를 지키면서 참고 견디면 길하다."라고 했으니, 부인(婦人)은 오직 술과 음식만을 의논할 뿐이므로 순종하여 겸손할 수 있다는 말이다. 『주역』「사괘」의 상육(上六)에 "나라를 열고 집안을 계승하는 데 소인은 쓰지 말아야 한다."라고 했는데, "소인"은 바로 이 편 앞장에서 지적했던 "향원(鄕原)"이나 "비루한 사람[鄙夫]"의 등속이다. 황간본에는 "원(怨)" 앞에 "유(有)" 자가 있다.

17-23

子曰: "年四十而見惡焉, 其終也已." 【注】鄭曰: "年在不惑, 而爲人所惡, 終無善行."

공자가 말했다. "나이 마흔이 되어서도 남의 미움을 받으면, 그대로 끝나고 말 것이다." 【주】 정현이 말했다. "불혹의 나이가 되어서도 남의 미움을 받으면 끝내 선행(善行)이 없을 것이다."

원문 正義曰:『漢石經』, "年卌見惡焉." "卌"從兩"廿", 卽"四"·"十"字之倂.
漢碑多如此作.

역문 정의에서 말한다.

『한석경』에는 "연십견오언(年卌見惡焉)."이라고 되어 있는데, "십(卌)"
자는 두 개의 "입(廿)" 자로 구성되었으니, 바로 "4(四)" 자와 "10(十)" 자
를 나란히 쓴 글자이다. 한나라시대 때의 비석에는 이렇게 쓴 글자들이
많다.

- 「注」, "年在"至"善行".
- 正義曰: 皇「疏」云: "人年未四十, 則德行猶進, 當時雖未能善, 猶望可改. 若年四十在不惑之
  時, 猶爲衆人共所見憎惡者, 則當終其一生, 無復有善理." 案, 「曾子立事篇」, "三十·四十
  之間而無藝, 卽無藝矣; 五十而不以善聞, 則無聞矣; 七十而無德, 雖有微過, 亦可以勉矣."
  孔氏廣森『補注』, "勉當爲免, 言不足責." 竝言人年至壯老, 無所成德, 譏論之也.
- 「주」의 "연재(年在)"부터 "선행(善行)"까지.
- 정의에서 말한다.

황간의 「소」에 "사람의 나이가 아직 마흔이 되지 않았을 때는 덕행이 그래도 진작되므로 당
시에는 비록 선(善)에 능하지 못하더라도 개선할 수 있음을 전망할 수 있다. 그러나 만약 나
이 마흔에 불혹의 시기가 되었는데도 여전히 뭇사람들에게 한꺼번에 증오를 받는 사람이라
면 그가 일생을 마칠 때를 당해서도 다시는 선해질 수 있는 이치가 없다."라고 했다. 살펴보
니, 『대대례』「증자입사」에 "서른에서 마흔 살 사이에 재예[藝]가 없으면 영영 재예가 없을
것이고, 쉰 살에 잘하는 재예[藝]로 명성이 알려지지 않으면 영영 명성이 알려짐이 없을 것이
며, 일흔 살에 덕이 없으면 비록 작은 허물이 있더라도 또한 꾸짖음을 면할 수 있을 것이다
[可以勉矣]."라고 했는데, 공광삼(孔廣森)의 『대대례기보주』에 "면(勉)은 마땅히 면(免)이
되어야 하니 족히 꾸짖을 것도 못 된다[不足責]는 말이다."라고 했으니, 모두 사람이 나이가
지긋해지고 늙음에 이를 때까지 덕을 이룸이 없으면 비난을 받게 된다는 것을 말한 것이다.

색 인

사항 색인

478

저자 유보남(劉寶楠)

1791년 강소성 보응현에서 아버지 이순(履恂)과 어머니 교씨(喬氏) 사이에서 태어났으며, 다섯 살에 아버지를 여의고, 어머니의 가르침 속에 성장하였다. 종부 태공(台拱)의 학문이 깊고 정밀하였으므로 그에게 전수받기를 청하여 학행으로 향리에서 명성이 자자하였다. 제생(諸生)이 되었을 때 의징(儀徵)의 유문기(劉文淇)와 명성을 나란히 하여 사람들이 "양주이유(揚州二劉)"라고 칭송하였다. 도광 20년(1840) 진사가 되어 직례성 문안현의 지현(知縣)을 제수받았다. 문안현은 지형이 웅덩이에 비해 낮았는데도 둑이나 제방이 닦이지 않아 장마가 내리거나 가을 홍수가 나면 번번이 백성들의 해가 되곤 하였다. 이에 유보남은 제방을 두루 걸어 다니면서 병폐와 고통을 묻고 옛 서적들을 검토하여 일군의 주둔병과 백성이 함께 정비하도록 독촉하였다. 함풍 원년(1851) 삼하(三河)를 수비하고 있었는데, 동성(東省)의 군대가 국경을 지나는 것을 맞닥뜨리고는 병거를 모두 마을 아래로 출동시켰다. 병사가 많아 들쭉날쭉하니 백성들이 감당할 바가 아니라 생각해 수레 품삯을 백성들의 값으로 지급하자 백성들이 동요하지 않을 수 있었다. 16년 동안 관직에 있었는데, 항상 의관이 소박하여 마치 제생 때와 같았다. 송사를 처리함에 삼갔고, 문안에서 관직 생활을 하는 동안 쌓인 현안 1,400여 건을 자세하게 살펴 결론을 내렸으며, 새벽닭이 처음 울 때면 당청에 앉아, 원고와 피고가 모두 법정에 나오고 증거가 구비되면 때에 맞춰 상세히 국문하였다. 큰 사건이건 작은 사건이건 할 것 없이 균등하게 자기의 뜻대로 안건을 판결했고, 패도한 자는 법의 판례에 비추어 죄를 다스렸다. 무릇 소송에 연루된 친척이나 오랜 친족은 내외척 간의 친목[睦婣]으로 깨우쳐, 대체로 화해하고 풀도록 하였다. 송사와 옥사가 한가해지고 나면 아전들은 자리를 떠나 돌아가 농사를 짓게 하였으니, 멀고 가까이에 있는 자들이 화합하여 순량(循良)이라는 칭호를 붙여 주었다. 『논어정의』는 그가 38세에 뜻을 두고 착수하여 평생을 바친 저작으로, 청대 『논어』 연구의 결정판으로 널리 알려져 있다. 24권까지 지었으나 완성하지 못하고 아들 공면에게 이를 이을 것을 맡긴 후 함풍 5년(1855)에 죽으니, 향년 65세이다.

저자 유공면(劉恭冕)

광서 5년(1879)에 거인(擧人)이 되었다. 가학을 지켜 경훈(經訓)에 통달했고, 경학을 공부해 거처하는 당의 이름을 광경당(廣經堂)이라 했다. 안휘성의 학정(學政) 주란(朱蘭)의 막에 들어가 이이덕(李貽德)의『춘추가복주집술(春秋賈服注輯述)』을 교정하여 백수십 가지의 일을 옮겨서 보충하였다. 후에 호북성의 경심서원(經心書院)에서 주강(主講)이 되었는데, 돈독한 품행과 신중한 행실로 질박한 학문을 숭상하였다. 어려서『모시(毛詩)』를 익혔고, 만년에는『공양춘추(公羊春秋)』를 연구해서, "신주(新周)"의 뜻을 발명하여, 하휴(何休)의 오류를 물리치니, 같은 시대의 모든 선비가 그것을 아름답게 여겼다. 역대 제가의 이설(異說)을 참고하고 비교하여 아버지가 완성하지 못한『논어정의』를 완성했다.『면양주지(沔陽州志)』와『황주부지(黃州府志)』,『한양부지(漢陽府志)』,『황강현지(黃岡縣志)』를 편찬했다. 향년 60세이다.

역주자 함현찬(咸賢贊)

1963년 강원도 영월에서 태어나 고등학교까지 마쳤다. 1987년 성균관대학교 동양철학과를 졸업하고, 같은 대학교 대학원 유학과에서 석사와 박사과정을 마쳤으며, 2000년 중국 송대 철학 전공으로 박사학위를 받았다. 성균관 한림원에서 한문을 공부하였으며, 현재 성균관대학교 유학·동양학과 및 대학원 초빙교수로 재직하고 있고, 아울러 성균관 한림원 교수로 재직하고 있다. 저서로는『장재: 송대 기철학의 완성자』(2003),『주돈이: 성리학의 비조』(2007),『(교수용 지도서) 사자소학』(1999),『(교수용 지도서) 추구·계몽편』(1999),『(교수용 지도서) 격몽요결』(2010) 등이 있고, 함께 번역한 책으로는『논어징』전 3권(2010),『성리논변』(2006),『증보 동유학안』전 6권(2008),『주자대전』전 13권(2010),『주자대전차의집보』전 4권(2010),『역주 예기집설대전 2』(2021),『왕부지 중용을 논하다』(2014) 등이 있다. 이 외에 연구논문으로는「《논어징》에 나타난 오규 소라이의 성인관」(2015),「《논어징》에 나타난 오규 소라이의 도 인식」(2011),「성리학의 태동과 정체성에 대한 일고찰」(2011) 등이 있다.

Lun Yu Zheng Yi

—The Corrected Meaning of the
LUN YU—